〈驚異〉の文化史

中東とヨーロッパを中心に

Yuriko Yamanaka
山中由里子 編

名古屋大学出版会

〈驚異〉の文化史——目　次

第II部　驚異の編纂と視覚化

第IV部　驚異の転生

凡例

一、引用文中の［ ］は引用者による補足や訳注を示す。
一、引用文のうち、出典に邦訳文献が挙げられていないものは、引用者による日本語訳である。
一、特に断らない限り、年数は西暦を表す。
一、一次資料の書名は、本文中では日本語訳のみを挙げ、索引に原題のローマ字表記との対応を記した。
一、表記・転写については下記のとおり。

〈ギリシア語〉
・ギリシア文字はラテン文字に転写する。アクセント記号と気息記号は省略する。
・長音はカタカナ表記しない。ただし、慣用化された地名、名詞は例外とする。
・重子音は表記する。ただし、アポロンなど慣用化されている場合は、アポッロンとはしない。
・ph はパ行で表記せず、ファ、フィ、フ、フェ、フォを当てる。

〈アラビア語〉
・アラビア語の字母の配列順に b, t, th, j, ḥ, kh, d, dh, r, z, s, sh, ṣ, ḍ, ṭ, ẓ, ʻ, gh, f, q, k, l, m, n, h, w, y, ʼ を用いる。
・短母音は a, i, u, 長母音は ā, ī, ū, 二重母音は ay, aw とする。
・定冠詞 al- は、ローマ字転写においては、発音における太陽文字との同化の有無にかかわらず、al- とする。カタカナ表記では、表音主義に従う。
　イブン・アル＝ナディーム→イブン・アン＝ナディーム
　ただし、イブン・アブド・ル＝ハカム→イブン・アブド・アル＝ハカム
・固有名詞冒頭の「アル＝」は表記しない。
・人名の「…の父」abū＋al- や、dhū＋al- の構成においては、仮名表記では連結ハムザと先行文字との同化を考慮す

る。さらに連結ハムザの直前の長母音は発音通り、短母音として仮名表記する。

　ズー・ル＝カルナイン→ズ・ル＝カルナイン

・語頭のハムザは表記しない。連結ハムザは省略する。

・語尾のター・マルブータは省略する。ただし、属格限定される名詞末尾、および長母音に続くター・マルブータはローマ字表記においてtで示す。

・母音を伴わない「アイン」は小文字で表記する。

　サアラビー、サーラビー→サァラビー、

　ミイラージュ、ミーラージュ→ミィラージュ

　ムウタミド、ムータミド→ムゥタミド

　ただし、小文字が重なってしまう場合は大文字で表記する。

　ムカッファア、ムカッファー→ムカッファア

・「〜の息子」を意味する「イブン」が人名の間にある場合は、カナ表記では「ブン」とする。

〈ペルシア語のローマ字転写〉

・アラビア語の場合に準じ、これにp, ch, zh, gを補う。wの代わりにvを用いる。

・母音は一七世紀までのテキスト、人名、書名においては古典音を採用した。すなわち、短母音a, i, u、長母音ā, ī, ū、二重母音ay, awとした。ただし、古典書の書誌情報においても、現代の校訂者、出版社などは現代音で転写した。

序章　驚異考

山中　由里子

Only the curious
have if they live a tale
worth telling at all.
Alastair Reid, "Curiosity"

1　驚異とは？

「世界の謎と驚異」、「驚異の大自然」、「驚異の人体」、「驚異の大宇宙」……。「驚異」という活字は感嘆符とともに、秘境ツアーの広告、図鑑の帯、展覧会のポスターなどに踊り、我々の好奇心をくすぐる。この世には自分が知らないもの、説明できないものがあるという驚きは、知的探究心を刺激するだけでなく、興奮や快感ももたらす。「そんなものがこの世にあったのか！」「こんな仕組みになっているのか！」という「わくわく」「びっくり」を求めて、人々は旅をし、研究を進め、知識を集めるのである。

アリストテレスは『形而上学』でまさに述べている。「驚異することによって人間は、［中略］知恵を愛求し《フィロソフェイン》（哲学し）始めたのである。［中略］このように疑念をいだき驚異を感じる者は自分を無知な者だと考える」（アリストテレス

1959：上巻、28)。つまり、人は驚異し（*thaumazein*）、疑念をいだき（*aporōn*）、自らの無知（*agnoein*）を自覚することで、科学的・哲学的探究の起点に立つ。

『弁論術』でアリストテレスは、次のようにも述べている。

また、学ぶことや驚嘆することは概して快い。なぜなら、驚嘆することには、それを知りたいという欲望が含まれており、したがって、驚嘆されるものは欲望の対象となるからであるし、一方、学ぶことには、本来の状態を取り戻すという行為が含まれているからである。（アリストテレス 1992：120）

驚異は知識につながるだけでなく、快（*hēdonē*）をもたらすものだというアリストテレスの認識は、本書が対象とする中世のヨーロッパとイスラーム世界の驚異譚に受け継がれている。巨人族や巨大蟻などが登場する驚異譚の不可思議は人々を魅了したが、空想として否定されるべきではない自然誌の一部でもあった。驚異なるものに関する知識は中世の人々の世界観の形成に大きな役割を果たしたのである。

しかし、ツヴェタン・トドロフが『幻想文学論序説』(Todorov 1970）で定義したように、現代文学の観点からすると、驚異（*merveilleux* / *marvellous*）や怪異（*étrange* / *uncanny*）の語りは、自然界には存在しえない現象を描いた幻想文学、いわゆるファンタジーの部類に入るとみなされる。近代的な理性の発展とともに、科学的に証明がされていない「超常現象」や「未確認生物」はオカルトの範疇に閉じ込められ、古代から中世にかけて驚異と深く結びついていた「知」と「快」は乖離の途を辿った。そして科学によって追放された驚異譚は、娯楽の世界に活路を見出したのである。現代の科学はグリフォンや一角獣を本当に生きているかのように目の前のスクリーンに映し出すことができ、我々の心を躍らせるが、科学的理性は現実世界でのそれらの存在を、残念ながら否定する。

2　驚異と中世一神教世界

本書は、驚異がこの世のどこかに存在する（かもしれない）ものとして信じられ、それがもっとも生き生きと語られ、描かれた中世という時代を中心に据えて、その対象である物や現象が何であり、そしてどのように表象されてきたのかを考察することを目的としている。西洋中世の驚異研究にすでにかなりの蓄積があることをご存知の読者も少なくないであろうが、本書の一つのねらいはその成果を中世イスラーム世界の驚異と対照させてみようというところにある。

中世ヨーロッパでは、辺境・異界・太古の怪異な事物、生き物、あるいは現象はラテン語でミラビリア（*mirabilia*）と呼ばれ、これは「驚く」という意味の動詞 *mirari* に由来する。フランス語の *merveilles*、英語の *marvels* もここからきている。

一方、中世イスラーム世界においては、未知の世界の摩訶不思議は、アラビア語・ペルシア語でアジャーイブ（*ʿajāʾib*）と呼ばれる。こちらも「驚く」という意味のアラビア語の動詞 *ʿajiba* に由来する。いずれも「驚異、驚異的なもの」（複数）を意味するヨーロッパのミラビリアと中東のアジャーイブは、似たような語源を持つだけでなく、語られる内容にも類似する点が多い。

それは決して偶然ではなく、双方が共有する基盤に、古代世界から継承された自然学・地理学・博物学の知識、「アレクサンドロス物語」などユーラシアに広く流布した物語群、一神教的世界観があるからであり、また人々の交流が情報の伝播をもたらしたからでもある。驚異にとっての「黄金時代」といえるのが、ヨーロッパにおいてもイスラーム世界においても一一世紀から一三世紀頃であったという点においても重なる。

しかしながら、「オクシデント」と「オリエント」、もしくは「キリスト教文化圏」と「イスラーム文化圏」は相互に対立するものという固定観念が根強くあるせいか、あるいは学問の専門化のせいか、中世一神教世界という大きな枠組みにおいて驚異の問題を捉えた研究は、これまでほとんど進められてこなかった。本書ではそれを試みるのである。

3　先行研究

ここで、驚異に関する先行研究を概観しておこう。

すでに述べたように、中世ヨーロッパの驚異もしくは想像界に関する研究には、かなりの蓄積がある。例えばフランスのアナール学派の中世史家ジャック・ル＝ゴフの『中世の夢』(ルゴフ 1992) や、美術史家バルトルシャイティスの『幻想の中世』(バルトルシャイティス 1998) と『異形のロマネスク』(バルトルシャイティス 2009) などは上記の課題に関連する代表的な研究であるといえよう。特にル＝ゴフによる中世ヨーロッパの「驚異」の類型化は、比較のための枠組み作りに大変参考になる。また、邦訳はないが、ロレーン・ダストンとキャサリン・パークの共著『驚異と自然の摂理――一一五〇―一七五〇年』(Daston and Park 1998) は、中世から近世にかけてのヨーロッパにおける「驚異」の在り方の時代的変遷とその歴史的文脈を大きく捉えている。イスラーム世界における驚異譚の歴史的展開と比較するにあたって参照すべき研究である。

日本の研究者の著作の中でも、彌永信美の『幻想の東洋――オリエンタリズムの系譜』(彌永 1987) や樺山紘一の『異境の発見』(樺山 1995) などは示唆に富む。また、池上俊一は、「西洋中世奇譚集成」というシリーズを監修しており、本書にとって重要な中世ヨーロッパの驚異譚の諸作品の翻訳を着々と進めている。池上自身の大著『ロマネスク世界論』(池上 1999) や『中世幻想世界への招待』(池上 2012) は、中世ヨーロッパの心性・感性・想像界が驚異を生み出す、その心的メカニズムを解明しており、ル＝ゴフの研究とともに、本書にとって非常に重要な方法論的指標となる。

一方、中東地域に関していえば、フランスのアンドレ・ミケルによる中世ムスリムの人文地理に関する大著『イスラーム世界の人文地理――一一世紀半ばまで』(Miquel 1967–88) がある。最近では、シリンクス・フォン・ヒースによるカズウィーニーの博物誌に関する研究『世界像の鏡としての博物誌』(Hees 2002) や、トルコ語圏の「創造物の驚異」に関する論文集 (Heuer et al. 2012) なども出ている。アジャーイブという「ジャンル」の問題を議論した個別の論文も見逃せない (Hees 2005 ; Zadeh 2010)。国内では、竹田新によるアラブ人文地理学に関する一連の研究や、杉田英明による個別の説話やモチーフの東西伝播に関する詳細な論考が本書のテーマに深く関連している。重要な作品の邦訳も進められている。家島彦一は、『大旅行記』(イブン・バットゥータ 1996–2002)、『中国とインドの諸情報』(2007)、『ヴォルガ・ブルガール旅行記』(イブン・ファドラーン 2009)、『インドの驚異譚』(ブズルク・ブン・シャフリヤール 2011) などアラビア語の旅行記を次々と訳している。守川知子は、ムハンマド・ブン・マフムード・トゥースィーによる『被造物の驚異と万物の珍奇』というペルシア語の百科全書作品の翻訳を若手研究者らとともに進めており、『イスラーム世界研究』に連載中である (トゥースィー 2009–)。

興味深い展覧会も過去に開催されており、驚異の表象の研究に関する優れた研究書もある。例えば、ルーヴル美術館で二〇〇一年に開かれた「イスラームの地の不思議と驚異 (*L'Étrange et le merveilleux en terres d'Islam*)」展は、イスラーム世界の美術品 (細密画、陶器、金属器) に描かれた異形の表象を展示したものであった (Bernus-Taylor 2001)。また、中世イスラーム世界の博物誌挿絵については、ペルシス・ベルレカンプによる『中世イスラームにおける驚異、イメージ、コスモス』(Berlekamp 2011) が詳しい。

4　比較研究の可能性と問題点

このようにヨーロッパおよび中東の文学や美術のそれぞれの分野においては、これまでにも異形・異境・想像界に関する研究は国内外において行われてきている。しかし、従来のこれらの研究のほとんどは、「西洋から見た東洋像」、「西洋中世の想像世界」、あるいは「中世ムスリムの世界観」などの抽出にとどまっている。文化圏の相互交流をダイナミックに捉え、中東とヨーロッパにおける驚異の古代・中世・近世にかけての大きな展開を比較し、俯瞰しようとした研究は、日本国内のみならず海外においてもこれまでほとんどない。筆者が知る限り、例外として挙げられるのは、フランスのイスラーム専門家がル＝ゴフなどと協力して中東とヨーロッパの中世驚異譚の比較を試みたシンポジウムの報告書『中世イスラームにおける不思議と驚異』(Arkoun et al. 1978) ぐらいである。驚異は中東とヨーロッパの比較心性史を構築するには格好のテーマでありながら、その比較研究はまだまだ未開拓の領域なのである。

このような研究が日本で行われることの意義は大きいと思う。日本人として我々は、「オリエント対オクシデント」の二項対立の罠にはまることなく、より複眼的な視点からこの問題に取り組むことができるからである。さらには、東アジア漢字文化圏には「怪異」という、いわば兄弟概念もあり、小松和彦が牽引してきた日本における怪異研究も進境著しい。驚異も怪異も、既知の世界の彼方にある不可知なるものを知ろうとする人間の営みが生み出したものであり、中国や日本の怪異の概念と中東やヨーロッパの驚異の概念を照らし合わせたとき、後者の一神教ならではの世界観がより明確に浮かび上がるはずである。

ただし、こうしたマクロな比較研究には一種の危険が伴うことは常に意識する必要がある。例えば、限られた事例をもって、「キリスト教世界はこうで、イスラーム世界はああだ」と安易に言い切ったり、単純化してしまったりすることは避けなければならない。また、特定の文化特有の用語を、別の文化的コンテクストの現象を語る際に無批判に使うこと――例えば、「イスラーム世界の妖怪」といった表現――にも注意が必要である。ミクロなレベルでの原テクストや図像の緻密な分析があってこそ、マクロな比較が可能になるのである。

また、単純化を免れるには東西比較という横軸だけでなく、時代的変遷という縦軸も考慮しなければならないが、長いタイムスパンを視野に入れると、今度は文化圏の分け方において灰色の領域が大きくなる。対照するためには、「ヨーロッパキリスト教世界」と「イスラーム世界」という括りは操作概念としてどうしても必要であるが、しかし例えば、ルッジェロ二世にシチリアに招かれて活躍したマグリブ出身の地理学者イドリースィーがアラビア語で作成した世界地図は、ヨーロッパの産物とみなすべきか、イスラーム世界の産物とみなすべきか。

さらに、ヨーロッパが様々な言語と文化を内包する地域であるのと同様に、イスラーム世界と呼ばれる文化圏も実態はもちろん一枚岩ではなく、アラビア語圏・ペルシア語圏・トルコ語圏、あるいはスンナ派・シーア派など、様々な言語的・思想的な文脈が存在する。第I部第2章や第IV部第4章で見るように、イスラーム世界は中東（西アジア）にとどまらず、ムスリム王朝の成立とともにインド（南アジア）にも拡がった。また、第II部第5章で採りあげるコプト聖人伝のように、イスラーム政権が支配する地域において、アラビア語で書かれたキリスト教文学が生み出されていた。ユダヤ、キリスト、イスラームの信者たちが同一の聖者崇拝の空間を共有するというパレスチナの事例（第IV部第6章）も、中東地域の文化的な複雑さを示す。

このように決して単純ではないが、それぞれの分野の専門家が学問上の境界を越えてあえて驚異の比較研究に挑戦することによって、知識や図像の伝播、世界観や自然観の変遷といった動きが大陸単位で見えてくるはずである。また、驚異の想像と語りのメカニズムの比較を通して、宗教・言語・文化・時代的な特異性と超域的な包括性を抽出することができると考える。この比較の理念は本書全体の構成に反映されている。各章で扱う事例を読み進めながら相互に対照させることで、地域間や時代間の比較が可能になるという仕組みになっているのである。まず序章と第I部においては、両文化圏における「驚異」とその隣接概念を対比的に概説し、第II部では驚異に関する情報がどのように収集・編纂され、また視覚化されたかを対比的に論じ、第III部では巨大蟻や女人国、あるいは古代遺跡といった具体的な驚異のトポスを紹介し、第IV部では驚異への関心が近世から近代にかけてどのように転生／転成していったかを追った。全体的に、なるべく地域、分野の均衡がとれた章立てを心がけた。

5　ジャンルの問題

相互比較にとりかかる前にまずは、驚異譚というジャンルの枠組みをある程度画定する必要があるだろう。ただし、ジャンルの厳密な定義を示して、境界線の内か外かと議論することにはあまり意味がない。本書では「ジャンル」を、むしろ輪郭のはっきりしない「磁場」のようなものと捉え、磁場の中心に位置する主要な著作を本書が扱うコーパスとしたい。そのコーパスとはすなわち、ミラビリアおよびアジャーイブの要素が特に色濃く表れる、旅行記・地理書・博物誌・百科全書などの類である。

本書第II部の第1章から第4章においては、中東とヨーロッパの代表的な旅行記および博物誌について、その成立の時代的背景や情報収集・編纂の手法などを考察する。このような旅行記や博物誌には、不可思議な民族、動物、植物などを視覚化した挿絵が多く施された。さらに驚異の絵姿はテクストから離れ、装飾としても広がった。第II部の後半では、絵画、装飾などの美術品や世界地図における驚異の描写を解析する。驚異のトポスを扱った第III部においてはいくつかの驚異のトポスを、作品・地域・時代を横断して検討する。第III部後半では驚異の対象であった古代遺跡の事例を紹介する。特定のトポスを追うことによって、知識の伝播の跡、イメージの変化、象徴性の類似、世界観の相違などが明らかになるであろう。

宗教書に見られるような奇跡は、驚異と密接な関係にあり、驚異との境界線は揺れ動く。ヨーロッパのキリスト教世界においては、中世初期のラテン語の諸テクストでは驚異と奇跡の間に明確な断層が見られないが、一三世紀の神学者トマス・アクィナスが驚異・奇跡・魔術の境界をより明確にした。詳細は第I部第1章、および第IV部第1章に譲る。一方、第I部第2章で見るように、イスラーム神学においては奇跡を指す用語（ムウジザやカラーマ）と驚異を指す用語（アジャーイブ）は明確に分けられているようであるが、本章で後述するカズウィーニーの博物誌の序文では、奇跡は驚異に内包されるものとして定義されている。さらに、エジプトのコプト教会のアラビア語で書かれた聖人伝において奇跡はもっぱら「アジャーイブ」と呼ばれるし、キリスト教徒とムスリムが聖者崇敬の空間と言説を共有するパレスチナにおいても「アジャーイブ」は奇跡を指す。驚異と奇跡の双方の「磁場」の重なり合い、あるいは相互作用は、「ヨーロッパ」対「中東」、「キリスト教」対「イスラーム」という単純な二項対立では語れない問題であり、具体的な事例研究を重ねる必要がある。

歴史書・年代記などにも実際に起こったと考えられていた不思議な出来事や、天変地異の話が記録されることがあり、これらも一種の驚異譚とみなすことができるが、本書ではほとんど採りあげていない。また、神話や物語などにももちろん不可思議な動植物や民族は登場するが、「作り話」という位置づけが強いものは、本書においては「磁場の周縁」にある作品とみなした。ミラビリアやアジャーイブは、あくまでも、自然界に在る(かもしれない)と考えられていたものである。ただし、例えば『千夜一夜物語』のように作り話と認識されていたような作品でも、その素材を旅行記や地誌に含まれる驚異譚に得ているものもあり、こうしたものは本書の議論から排除はしない。

最後の第IV部では、近世から近代にかけての驚異の転生を追う。本書はあくまでも中世という時代を中心に据えているので、後期中世以降、驚異が次第にその輝きを失い、飼い慣らされてゆく過程については、充分に比較考察ができたとはいえない。近世から近代にかけての驚異の「ジャンル」の展開については、本章末の「歴史的展望」の節でもう少し詳しく触れる。

6　驚異の定義

さてそれでは、中世の知識人たちが「驚異」をどのように捉えていたのか、ここで具体的なテクストに沿って見てみる必要があるだろう。ヨーロッパのミラビリアとその隣接概念に関しては、第I部第1章で詳しく述べられているので、ここでは主にアラビア語やペルシア語のテクストにおける「驚く」という語 *'ajiba* とその派生語に注目する。

驚異が神と自然と人間の関係を理解するために重要な概念の一つであることは、一神教世界に共通するといえよう。聖典『クルアーン』の「洞窟の章」の一節では、迫害を逃れて洞窟で三〇〇年以上眠り続けたという七人の眠り人のことを神は「わが印（*āya*）の中でも驚嘆すべきもの（*ʿajaban*）であった」（18 : 9）と言っている。神の存在を示す証である奇跡は驚嘆すべきものであり、その驚嘆は神の業に対する畏敬の念につながる。これは、キリスト教の教義と古代の驚異の伝統を融合させたアウグスティヌスの視点（本書第II部第4章）に通じるものである。

中世ヨーロッパの驚異の概念を定義する際にアウグスティヌスに次いで言及されるのがトマス・アクィナスであるが、彼がイスラーム哲学のフィルターを通して古代ギリシア哲学を受容していることを忘れてはならない。アクィナスの驚異論に関する従来の研究は、彼が影響を受けたとされるイブン・スィーナー（アヴィケンナ）やガザーリー（アルガゼル）の著作との関係にはほとんど注意をはらってこなかったといえよう。

これらの哲学者たちはアリストテレスの系譜上の美学理論の文脈において驚異の要素に触れている。イブン・スィーナー（九八〇―一〇三七年）はアリストテレスの『詩学』の注釈において、詩的表現の享受とは「言葉によって起こる驚き（*taʿajjub*）と心地よさ（*ladhdha*）に由来する共感」であると述べている。驚きと快感のこの密接な結びつきは、冒頭で挙げたアリストテレス『弁論術』の「学ぶことや驚嘆することは概して快い」という一節を意識したものと思われる。イブン・スィーナーにおいて驚きと快感は、物事の意味を受け止めるために必要で、詩の審美的価値の判断基準ともなっている（Kemal 1991 : 161–169）。

一世代後のガザーリー（一〇五八―一一一一年）は、ギリシア哲学をスンナ派教義に同化させた神学者である（Sabra 1987）。ガザーリーの思想においてアリストテレス的な「知」と「快」は、神の絶対的な力を覚知するためのあくまでも補助的なものとして捉えられている。『幸福の錬金術』においてガザーリーは、「詩や文章や芸術作品の非凡さ（*gharāyib*）を知るほど詩人や作家や芸術家の偉大さが顕わになるように、神の創造物の驚異（*ʿajāyib*）は神の偉大さを知ることへの鍵」であると述べている（Ghazālī 1985 : vol. 1, 44 ; Ettinghausen 1947 : 164–165）。第II部第2章で詳しく扱われるトゥースィーの百科全書『被造物の驚異と万物の珍奇』は、神の知に近づくための知識の集成であるという意味において、まさにガザーリーの思想的枠組みを踏襲しているといえよう。驚異が知識につながるという観念そのものはギリシアの知的伝統にのっとっているが、驚異の先にある探究はアリストテレスが述べたように知恵《フィロソフェイン》を愛求すること自体を目的とするのでなく、神の印（*āya*）を見出すための行為と位置づけられる。創造物の驚異の百科全書化は、古代ギリシアの自然学が一神教的知の枠組みに同化されるプロセスの一つの到達点ともいえないであろうか。

美術史家のネジプオールは、イブン・スィーナーやガザーリーといったムスリムの哲学者たちの著作がヨーロッパのスコラ学者たちに積極的に受け入れられたのは、ギリシアの異教的な哲学を一神教的文脈に適合させるモデルとなったからであると述べている（Necipoğlu 1995：196）。中世ヨーロッパとイスラーム世界の哲学・美学・神学的思弁における驚異の概念の相互関係は、今後より詳細に比較検討する必要がある。特に比較の焦点となるのは、奇跡・驚異・自然・神の関係性の解明であろう。イスラーム世界においては奇跡と驚異は神の存在を直接示すものと理解されるのに対し、ヨーロッパの場合はそこに「自然」という概念が介在するところが、どうやら大きな相違点であるようだ。また、後期中世から近世にかけて魔術や悪魔の存在感が高まり、驚異の原因の一つとされてゆくところもヨーロッパ独自の展開ではないかと考える。

これは自然観や宇宙論の問題にもなってくるので、ここで正面切って採りあげるには大きすぎる。これ以上深く立ち入らないことにして、次に代表的な驚異の書の序文を比較してみることにしよう。序文という——ジェラール・ジュネット流にいえば——パラテクストは旅行記や百科全書の著者や編者が編纂の意図、内容の正当性を宣言するマニフェストであり、驚異の捉え方がよく表れている。驚異は好奇心・探究心を刺激する一方で、その信憑性を疑う者が必ずいた。驚異譚を含む書の多くは、信じられないような話でも嘘や作り話として否定されるべきではないという主張を序文で繰り返し唱えている。

（1）ガルナーティーの序文

中東においては、アッバース朝がイスラーム帝国の版図を拡げ、インド、中国、東アフリカ、北ヨーロッパをつなぐ商業ネットワークができあがる九世紀後半頃から、異国の珍しい物事に関する情報を記した地理書や旅行記が出始める。そのうちの一つが、スペインのアンダルス地方からエジプト、シリア、ペルシア、コーカサスを通ってヴォルガ川流域まで旅をしたガルナーティー（一〇八〇―一一六九／七〇年）という学者がアラビア語で記した『理性の贈り物と驚異の精選』（一一六二年頃）である。その序文には次のようにある。

> 理性を持った者（*al-ʿāqil*）は理にかなった驚異（*ʿajaban jāʾizan*）の話を聞けば、それが正しいと判断し、それを語る者を嘘つきだとは決めつけず（*lam yukadhdhibu*）、間違いだと言うことはしない。一方、無知な者（*al-jāhil*）は、自分の目で見ていないことを聞くと、語る人が嘘つき（*takdhīb*）で、ねつ造をしていると非難するであろう。それは、知性が乏しく、教養も限られているからである。
> ［中略］その物の隠れた意味が分からなくても、それを否定してはならない。なぜなら偉大で全能なるアッラーはこう言った、「かれらはその知識で理解できないもの、またその解説がかれらに未だ下されないものを、偽りであるとする（*kadhdhabū*）」（『クルアーン』10：40[39]）。人間は理解力の不足のために自分の目で見たことがない事柄をすぐに虚偽だと決めつけ（*takdhīb*）、非難する。このことを恐れて、私は以上のことを序文として記そうと考えたのである。（Gharnāṭī 1925：37）

この作者はまた、「知性を備えた者や識者は、可能なこと（*al-jāʾiz*）と不可能なこと（*al-mustaḥīl*）の違いを知っている。至高の神の創造物の驚異を語ることは立派なことであり、それを伝えることによって至高の神が創造物の驚異にこめたその万能が明らかになるのである」と、初代カリフのアブー・バクルの言を引用して書いている。

自ら広く旅をして珍しい事物を見聞したこの著者が言う「正当な驚異」とは、その実在が知性と教養を備えた人間には合理的に説明できる「可能なこと」（自然界に存在しうること・もの）である。それは決して想像力に任せて作り上げた虚構ではなく、驚異を「嘘」と決めつけるのは「無知」であるからに過ぎないことをガルナーティーは強調している。さらには、驚異はそれを創造した「神の万能」を示す証拠であるため、驚異を語ることは賞賛すべきことであるとも述べている。当時、『千夜一夜』のような物語はアラブの知識層には「フラーファ」(ほら話)と呼ばれ、蔑まれる傾向にあったが(Pinault 1992 : 1-5)、ガルナーティーは、自分が諸国を周歴し集めたのはそのような作り話とは一線を画す有益な情報であると、自己正当化しようとしているわけである。

(2) トゥースィーの序文

次に、ほぼ同時代のムハンマド・トゥースィーがセルジューク朝のスルタン、トゥグリル三世(在位一一七六―九四年)のためにペルシア語で記した『被造物の驚異と万物の珍奇』に移ろう。トゥースィーは、ガルナーティーのように自ら広く旅をして情報を集めたわけではなく、先人の知的遺産を書物から得て、それを百科全書の形式に編纂している。トゥースィーの日本語訳を監修する守川は本書第II部第2章で、トゥースィーの博識の背景にセルジューク朝の名宰相ニザーム・アル＝ムルクが設立した学問府ニザーミーヤ学院がある可能性を指摘する。

トゥースィーは執筆の意図について、次のように記している。

それは、本書の読者が世界の方々や隅々を巡ることなく、また陸や海を踏破することなしに、世界の驚異や当代の珍奇のすべてについて情報を獲得し、[大地の姿を知り、]至高なる神は被造物を何種類に分けて創造したのか、またどの集団に目をかけ、神の怒りはどの集団を破滅の風で滅ぼしたのかを知るようにするためである。この願いは、たとえば世界を巡ったイスカンダル(アレクサンドロス)や、諸国を歩き回ったマルヤムの子イーサー(マリアの子イエス)のような旅人には[容易に]叶えられよう。[中略]

さて私がこの書を著すのは、すべての人が諸国を歩き巡るだけの財力を持たないがゆえである。[中略]人々は本書を読み、至高なる創造主の御業を知り、思索することができるだろう。(トゥースィー 2009- : 1, 207)

アレクサンドロスやイエスのように諸国を駆け巡る手段がない人でも「目にしたことがないものをも見ることができるよう」に記した、というこの意図には、セルジューク朝期の教養人の啓蒙思想が表れている。驚異を「読む(見

図1　トゥースィー『被造物の驚異』より食人族と犬頭人

る）」ことは「知る（信じる）」ことであり、さらに「考える」ことにつながるという思考の展開は、アリストテレスが『形而上学』で言うところの、驚異から哲学にいたる過程に通じる。しかし、世界の驚異を知ることは神の御業を知ることという態度はガルナーティーとも共通しており、イスラーム的であるといえるかもしれない。

またトゥースィーは、本を通して世界を「見る」ことの重要性を、書物を「鏡」に喩えて強調している。

「鏡とは」そなたが見ることができないものを、そなたに示してくれるものである。そこで私は、この本を「鏡」となるように編纂した。あらゆる世界の驚異をそなたに示すために。天界であれ、下界であれ、海や陸にある宮殿、砦、町、要塞［すべて］について私は記した。（同前：1, 212）

『被造物の驚異』の写本には早い段階から多くの挿絵が挿入されていたようで（図1）、まさに世界を視覚的にも映し出す鏡であった（Moor 2010）。驚異を描いて「見せる」ことは、二次的な目撃者を作り出すという行為に等しい。現代人には稚拙に見える挿絵であれ、読者が「自分の目で見る」ということが、不可思議なものの「存在を信じる」ということにつながる。それは、ネス湖のネッシーや空飛ぶ円盤のぼやけた写真が持つ妙な効力にも通じると言ってしまうのは飛躍だろうか。

さらに、トゥースィーは見ていないものの存在を否定することに対する批判を次のように述べている。

さて、人が自分の町の驚異についてさえ知らない場合、他の町のことを知らないとしても、何を不思議がることがあろうか。つまりは、否定することは賞賛されることではない、ということであり、たとえ誰かが見なかったとしても、他の人々も見ていないとは限らないのである。(トゥースィー 2009-：1, 217)

「驚異」や「不思議」という感覚が主観的なものであるというこの主張には、フランツ・ボアズなど、二〇世紀の人類学者たちが唱えた文化相対主義に通じるものがある。

(3) カズウィーニーの序文

トゥースィーから一世紀ほど後のカズウィーニー(一二〇三―八三年)は同題の博物誌『被造物の驚異と万物の珍奇』をアラビア語で編纂している。物語的な逸話も多く含んでいたトゥースィーの書に比べると、知識の体系化がさらに徹底している。ペルシア語、トルコ語にも翻訳され、その写本が後代に広く流布したため、中世イスラーム世界の博物誌の代表的な作品とみなされる[1]。

この書の初めには、本の題にある「驚異」と「珍奇」の定義がなされている。

驚異(*al-'ajab*)とは、物事の原因が不明であったり、それがどのような作用をどのように及ぼすのかが分からないときに、人が混乱(*hayra*)に陥ることを言う。[中略]人は概念や感覚に慣れると、時間とともに驚きを忘れる。だが突然、奇妙な動物、珍しい植物、異常な行為を見れば、「神に讃えあれ」と賛辞を唱えるだろう。人は一生のうちには、理性を迷わせ、知性を当惑させるものを必ずや見ることになる。(Qazwīnī 1994：5)

非常に合理的な説明である。驚異を原因不明の物事に対する反応とする定義は、カズウィーニー以前のムスリム知識人たちも記している(Mottahedeh 1997：30；Zadeh 2010：38-39)。また、原因が分からないために混乱に陥った状態のことが「ハイラ」と表現されているが、これはギリシア哲学における「アポリア」(困惑、難題)のアラビア語訳としてイスラーム哲学において使われていた言葉である（Afnan 1964 : 84）。冒頭に挙げたアリストテレスの『形而上学』で使われていた「疑念をいだく」という意味の *aporōn* とまさに同じ語源である。現存する『形而上学』のアラビア語訳や注釈書ではこの部分が欠落しているが、アリストテレスの驚異の概念は中世イスラーム世界でも広く知られていたようで（Zadeh 2010 : 39, n. 70）、カズウィーニーもその学問的伝統に依拠している。

続いてカズウィーニーは、この混乱の状態を説明するのに蜂の巣や蜂蜜の例を挙げている。

> 人は蜂の巣を初めて見れば、何者がそれを作ったのか分からず混乱に陥るであろう。それを蜂が作ったということを知れば、これほどの微弱な生き物が、巧みな技術者がコンパスと定規をもってしても作れないような六角形を作り出したことにさらに混乱するであろう。（Qazwīnī 1849 : 5）

蜂という虫がそれらを作り出しているという因果関係を知らなければ極めて不思議な現象であるし、知ったとしても蜂のような小さな生物が正六角形の巣を作り、甘い蜜を作り出すということがさらに驚くべきことである、というのである。カズウィーニーにとっては、地理的に遠い未知の世界の現象だけでなく、身近なものも驚異の対象となりうるのである。蜂への言及は、『クルアーン』の「蜜蜂の章」の一節（16 : 68–69）を喚起するもので、聖典では蜂の巣や蜜は人々に神の印（*āya*）を示すものとされている（Berlekamp 2011 : 40–46）。創造主である神が創り出した自然の均整に対する驚きと畏敬の念は、それを見慣れてしまうと忘れがちであるが、万物に神の印があることを知るべきであると、蜂の例をもってカズウィーニーは説いている。そしてこの博物誌の章の中には、ラクダや蜜蜂など、当時の読者にとっては見慣れた生き物に関する項目も含まれている。

続く章では「珍奇」の定義がなされている。アラビア語で「驚異」と「珍奇」はほぼ同義語として用いられることが多く、厳密に定義して使い分けられるのではなく、セットで使われることも多いが、カズウィーニーは、この「珍奇」の項目で「奇跡」にも触れている。

珍奇 (*al-gharīb*) とは、その出現／存在が稀少な (*qalīl al-wuqūʿ*) 全ての驚異的な物事であり、馴染みある日常、見慣れた光景とは異なるものである。それは強い精神の影響か、天体または元素の影響による。これら全ては至高なる神の力と意思による。預言者たち——神の祝福あれ——の奇跡 (*muʿjizāt*) も含まれる。(Qazwīnī 1849 : 9)

この序文の一節でカズウィーニーは、月や海を割ったり杖を蛇に変えたりという預言者たちによる奇跡の例をいくつか挙げているが、この書の中身はあくまでも珍しい民族、動植物や自然現象の分類と解説である。イスラーム世界において奇跡譚はむしろ、ハディース(ムハンマドの言行録)や諸預言者伝集といった宗教書の類に含まれ、別のジャンルとして発展している。だが、カズウィーニーが「奇跡」を「驚異」に内包されるものとして位置づけていることは興味深い。

(4) ティルベリのゲルウァシウスの序文

ここで、中世ヨーロッパに目を向け、「驚異」と「奇跡」の密接な関係について述べているティルベリのゲルウァシウス(一一五四年以降—一二二二年)の驚異譚集『皇帝の閑暇』(一二一五年頃)を見ておこう。ゲルウァシウスはカズウィーニーのほぼ同時代人である。『皇帝の閑暇』は神聖ローマ皇帝オットー四世の教育と娯楽のために書かれたもので、三部構成の大部の書である。第三書が南フランス、イタリア、イングランドなどで採集された驚異譚集となっている。その第三書の序文で、中世盛期ヨーロッパにおける驚異の概念を代表するような論が展開されている。

実際、わたしどもによれば、新奇さとは、四つの理由からそう判断されるものです。①創造、②事件性、③稀少性、そして④未聞の性格です。すなわち、①新たに創造された物は、自然の運動という理由で人々を喜ばせます。②最近に出来した物事は、われわれを驚かせます。③そしてそれが頻繁に起これはさほどではないとしても、稀ならばもっとずっと驚かせるものです。さらに④かつてだれも噂を聞いたことのないものについては、われわれは、これをいつくしみますが、それが未曽有と判断されるのは、一方では、われわれを驚嘆させる自然の運行の変動ゆえであり、他方では、計り知ることのできない道理をもつ原因についてのわれわれの無知からであり、また最後には、われわれが妥当な判断を下すことができぬままに、よそに、いくつもの変化が起きるのを見る、という習慣のためです。

そこから、二つの現象がでてまいります。すなわち《奇跡》と《驚異》で、どちらも「感嘆」という目標をもっています。さて、《奇跡》という言葉を、わたしどもは、ごく日常的には、自然の法則に従わず、全能の神の力にわたしどもが帰している物事のことだと理解しております。［中略］そして《驚異》という言葉は、自然のものでありながら、わたしどもの理解を超えた物事を指すととらえています。しかるにじつは、《驚異》を創るのは、ある現象の原因を説明することのできない、わたしたちの無知なのだというべきです。（ティルベリのゲルウァシウス 2008：20–21）

驚きは、「稀少」で「未聞」なもの、頻繁には起こらないことに対して生じるという理解はカズウィーニーとも共通している。また、驚異が「ある現象の原因を説明することのできない、わたしたちの無知」に起因するという説明を裏返せば、驚異には「計り知ることのできない道理」があるはず、つまり、知らないだけで、合理的な説明がありうる現象が驚異であるという認識がある。これまで見てきた中東の著述家たちも同様の認識を共有しているといえよう。

さらに、「奇跡」と「驚異」に「感嘆」という共通項があるというところは、カズウィーニーと同じである。だが、奇跡が「自然の法則に従わず、全能の神の力にわたしどもが帰している物事」であり、驚異は「自然のものでありながら、わたしどもの理解を超えた物事」であるという定義を見る限り、ゲルウァシウスはどうも「自然の法則」と「神の力」というものを区別しているようであり、この論理だと奇跡は自然の一部ではないと読み取れる。奇跡も神が創造した驚異の一部とみなすカズウィーニーのイスラーム的な世界観とのずれが見られるのはこのあたりであろう。

これらの著作を見る限り、現象とその原因の因果関係が未だ解明されていないもの、凡常でないもの、未知のものを驚異と捉えるという共通性が、中世の中東とヨーロッパにおける驚異譚のジャンルの「磁場」の中心にあるだろう、ということがひとまずはいえる。

（5）山海経

最後に、本筋から少し外れるが『山海経《せんがいきょう》』の序文を挙げて、東アジアの「怪異」との比較研究の可能性を示す接点を指摘しておこう。紀元前四世紀頃までその起源が遡るとされるこの古代中国の地誌は、異形の民族や動植物の記述に満ちており（図2）、「奇書」とされてきた。その注釈者の一人である郭璞《かくはく》（二七六―三二四年）が付した序文には、こう書かれている。

世間の『山海経』を読む人々は、みなこの書が常識を超えた大ぶろしきを広げ、奇怪で並外れたことばが多いところから、疑いを持たぬ者はいない。私は試みに、次のような議論を立ててみた。『荘子』に「人間の知っていることは、知らないことよりも少ない」とある。私は『山海経』にその実例を発見した、と。そもそも宇宙は広々と、多くの生物は入り乱れ、陰陽が暖め育み、万物がそれぞれに分かれている中で、精気が渾然と混じり合い、おのずからわき上がり、遊行する魂や霊怪が事象に触れて形状を構成し、山や川に形を動かし、木や石に姿を託する場合は、いちいち言いきれぬほど多い。

［中略］世間でいう「異」も、それが異である理由はわからないであろうし、世間で「異でない」というものも、それが異でない理由はわからないであろう。

なぜならば、物はそれ自体が異なのではなく、こちらの判断

図2　『山海経』より形天

があってのちに異となるので、異はけっきょくこちらのがわにあり、物が異なのではないからである。［中略］だいたい、ふだん見慣れたことに心がとらわれて、めったに聞かないことを珍しいと思う、これがいつの時代にも人の心の曇りやすい点である。（『山海経』1975：33）

異なるものに対して驚きや疑いを抱く人間の心理の分析という点においては、すでに見てきた驚異の書の序文と相通じるものがある。「人間の知っていることは、知らないことよりも少ない」という荘子の言葉を引いて、自らの無知を意識せよと戒める郭璞と、『クルアーン』の一句を挙げて「物の隠れた意味が分からなくても、それを否定してはならない」と諭すガルナーティー、その言わんとしていることは同じである。また、「物はそれ自体が異なのではなく、こちら［「我」］の判断があってのちに異となるので、［中略］物が異なのではない」という見解は、トゥースィーやカズウィーニーに見られた文化相対主義と重なる。

これらの序文を通して見えてくるのは、驚異も怪異も、未知のものや異なるものに対する謙虚な態度が土台にあるのではないか、ということである。存在が疑わしいものをも、どこかにあるかもしれない、と、心のどこかで信じる。この、「信じるか」、「信じないか」の狭間のスリルが、驚異や怪異のオーラの源泉にあるのかもしれない。

7　歴史的展望

最後に、時代区分の問題に触れ、比較文明史的な展望を示しておこう。古代、中世、近世という大きな区分は西洋史でも東洋史でも適用されるので本書でも用いるが、「初期中世」「盛期中世」「後期中世」といったより細かな区分や、何年頃をその時代の起点とするかといった点ではヨーロッパと中東とで齟齬が生じる。ましてや、「ロマネスク期」「ゴシック期」といったヨーロッパ史の区分をイスラーム世界に当てはめるわけにはいかない。時代区分の厳密な定義は、本書ではあまり意味をなさないであろう。重要なのは、時間軸に沿った大局的な歴史の流れと、時代を輪切りにした際の歴史の断面図が見えてくることである。

本書のほとんどの章は、特定の地域や時代を扱っているが、全体を通読することで、ヨーロッパと中東を比較対照することができ、より巨視的な歴史的展望が見えてくるという構成になっている。さらには、時代の潮流、関連性のある歴史的事件、各章に登場する主要な関連作品をまとめた比較年表を巻末に挿入した。北アフリカも含めた地中海世界からユーラシア全体にかけての「驚異の時代」の潮合を俯瞰することが可能になるかもしれない。

「イスラーム黄金期」とも呼ばれるアッバース朝時代には、バグダードの「知恵の館」でアリストテレス、ヒポクラテス、ガレノス、プトレマイオスなど、ギリシアの学術がアラビア語に翻訳される。同時にインド、中国、東アフリカ、北ヨーロッパをつなぐ国際商業ネットワークが形成され、異国の珍しい物事に関する情報が集められた。こうした動きを背景に九世紀後半から地理書や旅行記が出始め、そこにはギリシア・ローマ起源の知識だけでなく、旅人や船乗りが実際に体験し目撃したとされることの記録も含まれた。

一〇世紀にアッバース朝の中央集権が弱体化し、学問の中心は分散してゆく。それまでに集積された情報は旅行記や歴史書といった文脈から切り離され、イスラーム的な宇宙論のもとに体系化され、百科全書として編纂され、知識が普及するのが一一世紀頃から一三世紀にかけてである。

内陸アジアからのモンゴルの侵攻はイスラーム世界全体に衝撃を与えるが、一三世紀後半—一四世紀のモンゴル帝国の覇権は「パクス・モンゴリカ」と呼ばれる安定をユーラシアにもたらした。マルコ・ポーロがヴェネツィアから、イブン・バットゥータが北アフリカのタンジェから中国まで大旅行を果たすことができたのも、広大な交易ネットワークが築かれていたからである。

このモンゴルの覇権以前の時代はイスラーム世界の方が移動可能な範囲がはるかに広く、ヨーロッパに比べ異境に関する情報収集力があったといえよう。第II部第1章や第III部第5章、同第6章で採りあげた九世紀から一二世紀のアラビア語の旅行記には、東方（インド・中国）、西方（西欧・北アフリカ）、北方（北欧・東欧）、南方（アフリカ東部、インド洋）で実際に旅行者が見聞きしたと思われる驚異の記述が見られる。書き留められるまでに誇張や歪曲されたであろう話もあるが、なかには自然現象や儀礼・信仰に関する民族学的観察とさえ言える現地情報の報告もある。

この間、ヨーロッパのキリスト教徒たちは十字軍として東に何度か遠征したが、目指したのはエルサレム、エジプト、北アフリカなどで、結局は地中海世界から外には出ていない。中国やインドやアフリカに関する情報は、もっぱら「アレクサンドロス大王からアリストテレス宛の手紙」や「プレスター・ジョン（司祭ヨハネ）の手紙」などの架空の異国体験（当時の読者はそれが架空とは思っていなかったであろうが）に基づいていた。実地の見聞に基づく驚異的伝承の収集はティルベリのゲルウァシウスなどが行っているが、イギリスやフランスなど宮廷を拠点として農村や都市で集められたもので、比較的「身近な」驚異であった。

しかしヨーロッパが鉄のカーテンで閉ざされていたわけではなく、十字軍やイベリア半島のレコンキスタなどはイスラーム世界との接触を促し、アラビア語訳経由でヨーロッパにアリストテレスやプトレマイオスの自然学をもたらした。アリストテレスの自然学がヨーロッパに受容されるのは一三世紀初頭であり、イスラーム世界に二世紀近く遅れて、自然界に関する情報を収集し、体系的に分類し、百科全書化するという動きが起こる。

ヨーロッパがそれまで未知であった世界とのコンタクト・ゾーンを拡げたのは一五世紀から一七世紀にかけての「大航海時代」である。ルネサンス、活版印刷の普及、宗教改革などを背景に、驚異の在り方も大きく変わってゆく。宗教改革が生んだ混乱に誘発され、魔女狩りが盛んに行われるようになる。神の業と魔女や悪魔の行いとを区別しようとする態度から悪魔学が発展し、驚異もこの神と悪魔のせめぎ合いに絡めとられてゆく。一方で、それまで直接接触する機会がほとんどなかったアフリカ、アジア、そして「新大陸」から、情報だけでなく物質としての驚異が流入し、財力のある蒐集家たちはそれを集め、「驚異の部屋」に陳列するようになる。遠い異国の珍品のみならず、比較的身近なところに存在する怪物や奇形に対する関心も高まった。怪物という現象を凶事の前兆、神の怒りの印とする見方は存続したが、生殖に関する考察の一環として採りあげられるようにもなり、近代科学の芽生えがそこに見てとれる。

宗教改革そして大航海時代を経て驚異がどのように変化していったかという歴史的展開について、ヨーロッパ研究においては解明がかなり進んでいることは、本書第IV部の論考を通しても分かるだろう。一方、一五世紀以降のイスラーム世界は、インドのムガール朝、イランのサファヴィー朝、そしてトルコのオスマン朝という巨大な帝国が勢威をふるった時代であったが、従来の研究では異境・異人に対する好奇心の欠如が指摘されてきた。バーナード・ルイスは、ヨーロッパが世界を「発見」している時代に、ムスリムは異教徒たちの世界に無関心であり続け、そのことがイスラーム世界の「没落」の要因の一つであるとさえ唱えている（Lewis 1982 : 299–303 ; ルイス 2003 : 54–64）。驚異の書の分野においても、カズウィーニーの博物誌の翻訳や写本製作が繰り返されるだけで新たな展開はあまり見られない、と切り捨てられてきた。しかし、この時代の旅行記や海洋史に関する近年の研究を見る限り（Alam and Subrahmanyam 2007 ; Casale 2010）、「探究心の停滞」と片付けてしまうわけにはいかない様々な動きがイスラーム世界にもあったようである。まだ多くの課題が残る部分であり、今後オスマン朝・サファヴィー朝・ムガール朝の専門家が細分化された学問の境界を越えて、総合的視野のもとで考察してゆかなければならない。本書第IV部では、近世イスラーム世界における驚異の「懐柔」の例を二つ採りあげる。まず、驚異の地として描かれてきたインドがムスリム王朝の確立とともに、知識として内在化してゆく過程を考察する。さらに、オスマン朝帝都イスタンブルに残る古代の遺構をめぐる奇譚を紹介し、身近にある怪しげな異教の気配と共存する手段として都市伝説を捉える。最後の章で採りあげる、現代パレスチナの聖者の奇跡譚には驚異の残照が見てとれるであろう。生活圏と信仰の一部を共有する一神教徒たちの共生の鍵として奇跡譚が機能してきたところは、オスマン朝下のイスタンブルを扱う論考にも通じる。

未知なるものに対する好奇心がヨーロッパを「近代」にぐっと近づけた原動力だとしたら、イスラーム世界が近代化の波に乗れず、政治的・経済的・科学技術的に西欧に遅れをとっていったのはその原動力が失われていたからであろうか。前述のバーナード・ルイスなどはそのような見解であるようだが、西欧至上主義の匂いがして、どうも釈然としない。

これは本書の探究を通して浮かび上がってきた大きな問題である。説得力のある見通しを得るには、すでに述べたように近世イスラーム世界の思想と科学に関する、より総合的な検証が俟たれるが、本書の目的はそこにあるのではない。〈驚異〉の黄金時代から、その黄昏にいたるまでの一神教世界の精神史を大きく捉えた本書が、より「風通しの良い」今後の議論の起点となることを願っている。

注

（1）カズウィーニーの博物誌の写本史については Berlekamp 2011 を参照。

第Ⅰ部

驚異とは何か

第1章　ヨーロッパ中世における驚異

池上俊一

はじめに

ヨーロッパ中世は、驚異に取り憑かれた時代であった。東方には、奇妙な怪物たちが蠢き金銀宝石が溢れかえっていると信じられ、北方の森の中では、毛むくじゃらの野人や言葉をしゃべる鳥、あるいは十字架を角の間に据えた鹿たちがいるとも噂された。

こうした中世の驚異の大半は、通常の世界・自然世界の要素の拡張と多数化、歪曲と強調、混淆・結合で成り立っている。そしてそれは、空間的にどこまでも広がり時間的に古代にまで遡行することにより、中世想像界の非常に大きな苗床となった。言い換えれば、驚異の力によって、一般のイメージはその表象＝代理という機能を超えていくことができたのである。というのも、それは、受容者の驚きを誘発することで、「感情」の世界と「思考」の世界を太いパイプで繋げて、「想像」を賦活する力を備えていたからである。またそれとともに、イメージを外部へと解放して、時間と空間、文化の層序を繋いで意味作用を広げていく機能を有していたからでもある。つまりキリスト教と異教、現在と古代、民衆とエリートを連結したり、新たな価値を創造するという作用である（池上 1999：385–390）。

本章では、ヨーロッパ中世の驚異とは何であったのか、中世の知識人にとっての驚異と、現代の歴史家の用いる歴史概念としてのそれをひとまず分けて考え、加えて、キリスト教とのアンビバレントな関係についても考察してみたい。

1　中世知識人にとっての驚異

最初に、中世人、なかでも科学的エピステモロジーに敏感な知識人たちが、「驚異」についていかなる発言をしているのかを検討してみよう。たしかに中世の知識人らの間では、自然とその彼方にある超自然との区別はずっと存在していたが、両者が接触したときに現れたのが、「驚異」概念であった。たとえば、一三世紀初頭、イングランド王、シチリア王、ドイツ皇帝などに仕えた知識人であるティルベリのゲルヴァシウス（一一五四年以降—一二二二年）は、『皇帝の閑暇』の中で、「〈驚異〉という言葉は、自然のものでありながら、わたしどもの理解を超えた物事を指すととらえています。しかるにじつは、〈驚異〉を創るのは、ある現象の原因を説明することのできない、わたしたちの無知なのだというべきです」と記している（ティルベリのゲルヴァシウス 2008 : 21）。ここには自然のもののうち、人間の理性による把握を超えた不可思議な現象が、驚異と明言されている。

また、卓越した説教師で、後にサン・ジャン・ダークル（アッカ）司教になったヴィトリのヤコブス（一二四〇年没）は、その著作『東洋の歴史』で驚異について触れている。

私は、歴史の叙述を一時中断して、細々した逸話を紹介してきたが、私はそれらを、一部オリエントの数々の著作家と世界図から、また他の一部を福者アウグスティヌスとイシドルスまたプリニウス、ソリヌスの著書から採用した。もしある人々にとって、これらが信じがたいと思われるようなことがあるとすれば、私は無理強いして信じさせようとはまったく思わない。各人の判断に委ねよう。しかしながら、信仰や道徳に背馳しない物事を信じることに、何か危険が潜んでいるなどとは、私は考えない。というのも私は、神のあらゆる業は驚異的だと知っているから。ただし、驚異現象の観察に慣れ親しみ習慣的になった人たちは、驚きへと駆り立てられることはないのだが。(Jacques de Vitry 2005 : 188)

ここには「自然」との言葉は出てこないが、やはり、神の業で人間の目の前に呈示されるもののうち、常識では信じがたいような現象が驚異(的)だとされ、しかもそれは、キリスト教信仰に背馳しないとされている点が重要であろう。

では、イングランド王ヘンリ二世に仕えた聖職者であるウォルター・マップ(一一四〇―一二一〇年頃)はどうだろうか。彼もその著作『宮廷人の無駄話』(一一八一―八二年)に、数々の奇跡とともに、「驚異」現象を多く取り上げ、紹介している。それはたとえば、森の中を嵐とともに大騒動を起こしながら走りすぎる荒ぶる軍勢(エルカン軍団)であり、日毎に村人の元にやって来ては一人ずつ名前を呼んで招き、病気にして死に至らしめる悪辣な者の幽霊であり、あるいは月明かりの夜に湖の傍らの燕麦畑で踊った後、その湖に潜って戻っていく女たち(妖精)の集団などである。それらについて語るとき、ウォルター・マップは、はっきり奇跡と区別し、「ウェールズ人らはもうひとつのことをわれわれに語った、それは奇跡(*miraculum*)ではなく、驚異(*portentum*)であった」と断っている(Walter Map 1983 : 148)。

中世最大の神学者、トマス・アクィナス(一二二五年頃―一二七四年)はどう考えていたのだろうか。トマスも、ゲルウァシウス流の驚異概念を踏襲して、自然と超自然の諸境界という問題圏の中で、驚異を扱っている。神の業とは、すなわち奇跡であるが、奇跡でなくとも神の創ったモノはすべて驚くべきものだ。つまり驚異とは、自然のうち珍しい(異常な)部分なのであり、神が創りなしたことは自然の秩序を超えていても自然に反するのではない、と述べる。さらにトマスは、奇跡と魔術は分けねばならないとし、神のみが奇跡を起こせるのであって、一方魔術は自然の物事の隠秘な諸力であり、悪魔の魔術は超自然ではなく、自然に属するものとしてカテゴライズしている。ところが彼の驚異への評価はじつはかなり低く、驚異を快楽や探求と結びつけながらも、知性の活動の停滞状態、無規律状態、そして最終結果として「知識」というより「神の権威との遭遇」と関連させている（Thomas Aquinas 1940-44 : pt. 1 of pt. 2, q. 32, art. 8, vol. 1, p. 732）。

この奇跡・驚異・魔術という三つの分類には、神学者にとどまらず、ときに一般の中世人自身も十分自覚的で、たとえば一三世紀の『オベロン物語』では、ある人物が言葉を喋る鹿に、お前は神から送られたのかそれとも悪魔が遣わしたのかと問うと、「私は妖精です」と答えるのだが、この答えは、その鹿がとりもなおさず「驚異（*mirabilis*）」の存在たることを語っているのである。

要するに、ヨーロッパの知識人の間で驚異について活発な議論が展開された一二世紀から一三世紀にかけての時代、驚異とは、どうやら自然の現象・出来事のうち普通ではないもので、奇跡とも魔術とも異なっていた、と位置づけられよう。

2　分類・定義の試み

現代の学者による分類・定義については、ジャック・ル＝ゴフが定式化したものが、今でも有効である（ルゴフ 1992 : 4-7）。ル＝ゴフは、基本的に、上記の一二―一三世紀知識人たちの驚異概念を受け継ぎながら、より後の時代まで含めた操作概念・歴史概念としての「驚異」概念を練り上げてみせた。そして彼は、中世の驚異は三つに分けられる、とする。すなわち、(1) *mirabilia*（驚異）は、キリスト教以前の諸起源を持つ、本来の驚異。エキゾチックで異教的な不思議である。(2) *ars magica vel diabolica*（魔術）は、元来は、善い、あるいは少なくとも中立的な白魔術もあったはずだが、すぐに悪に傾く。したがってこれは悪辣で悪魔由来の超自然を意味する。そして(3) *miraculum*（奇跡）は、本来的なキリスト教の超自然で、神から由来する。

ル＝ゴフは、奇跡は驚異の一種（キリスト教的驚異）ともみなせるが、そのうちのごく一部にすぎない、と言う。また奇跡は驚異を消し去る傾向があり、やがてはそれは大半の驚異を迷信の領域に押しやって悪魔化し、自分（奇跡）を驚異から救出しようとするだろう、という見通しを立てているが、これは、きわめて明晰で説得力がある考え方だ。

では、ル＝ゴフ以外の研究者は、驚異をどう捉えているだろうか。まず、ゲルマンの驚異や精霊を専門に研究しているクロード・ルクトゥーによると、驚異は一種の精神の弛緩状態を惹き起こす知覚であり、その結果として緊張や恐怖を伴うものだという（Lecouteux 1995 : 13）。そして、驚異の概念とは、なにより心的な態度・世界観であるが、そこでは想像力が、理性や経験によって抑止されるがままになるのを拒む。だからそれは、いわば未開人的な心性であり、矛盾や因果関係に対して無関心である。日常の流れにおいて馴染み深いモノ、規則的に生起する自然や人事のこと以外に、日蝕月蝕、彗星や火のような赤い雲など、説明のできない現象が起きると、人々はそれを何か禍事（国王の死、戦争、疫病）の前兆とする。さらにルクトゥーは、やむを得ない条件・制限の必然性に従って生きざるを得ない人間にとって、願望に啓発された驚異＝夢がまさに補償となり、荒涼たる無慈悲な世界から逃れさせてくれる、とも言っている。

こうした驚異の心的な世界への位置づけは、中世にとくに当てはまるわけでも、ヨーロッパにのみ妥当するのでもないが、押さえておくべき特徴である。

つぎに、キャロライン・ウォーカー・バイナムは、驚異の中世的概念を採りだそうとしている（Bynum 1997）。神学・哲学のディスクール、学校、大学でのそれを調べると、驚異（*admiratio*）は視角・見地に依拠するとともに心理（学）的なものでもあり、それは知識への第一歩である。説教・聖人伝などからは、驚異というのは模倣できず、所有・領有不可能なものだということが分かる。ついで年代記、旅行記や娯楽文学では、驚異は、ある場所に位置し、視角・見地に依拠するゆえに、畏敬や恐れを惹き起こすことが理解できる。驚異は美しいモノ、恐ろしいモノ、巧みに創られたモノ、奇妙で珍しいモノなどだが、いずれもわれわれの期待に挑戦し、あるいはそれを啓発する。日常のモノとの相違の幅の大きさ、あるいは逆にこの世の秩序と規則性の徹底によっても、人々を驚かすことがあるが、とくに存在論的・精神的な境界が飛び越えられ、混乱し、消えてしまうという混淆・融合の驚きが多い。つまりそれは、複雑な意味論的領域なのである。

中世の驚異は、しかし珍しいからでなく、秘密の理由——道徳的な——をそこに隠しているからこそ、驚きが増すのである、ともバイナムは指摘している。驚異のモノはたしかに奇妙で珍しく説明できないが、それは、自分を超えて意味を指し示す重要な奇妙さなのであり、強度の認識的構成要素を持つものとされ、だから理解に失敗した驚き（驚異）には、自分に欠けていた知識に対する情熱的な願望が含まれているのである。

このように、ヨーロッパ中世の驚異については、奇跡とも魔術とも違う位相にあり、またそれは、社会的抑圧からの解放をもたらすとともに、いつでもコンテクストの中にある。換言すれば、それは特定の観点から見られたモノであり、かならずある場所と結びついた視角・見地依存のモノで、さらに隠された道徳的な意味を備えている、と整理できよう。

最後に一点、文学史料の博捜により驚異研究に新生面を開いたフランシス・デュボストや、驚異の社会学的な研究をしているジャン＝ブリュノ・ルナールも指摘しているのだが、ヨーロッパの驚異というのは、感覚・知覚で捉えられる物質的な現象ないし出来事であり、いわば驚異の物質主義があることも見落としてはならない (Dubost 1991: 40-41; Renard 2011: 16)。驚異が驚異であるためには、あくまでも珍奇で異常であることが要件で、あまりに多くの類似ケースがあって一般化され法則ができると驚きはなくなってしまうのはもちろんだが、さらに、それぞれの時代の日常的現実の中に、その異常な出来事が、感覚・知覚可能な形で出現することも驚異として不可欠の条件なのである。

そもそも *mirabilia* とは *mir* を語根とし、それは何か視覚で捉えうるものを意味する。驚異には、つねに視覚、ないし嗅覚・触覚によって感知しうる証拠が残されていなくてはならない。その点が、神とか魂とか三位一体とか恩寵とかへの「信仰」と違うところであるし、驚異はたんなるイメージでも、抽象的観念でもありえないのである。驚異はいつも具体的に具現するモノ・出来事・現象、そうしたものに関わる。だからそれを実見するために「旅」や「調査・視察」に出掛ける必要があるのである。驚異に対する反応とは、たんなる生理学的反応であるだけでなく、人が出会ったモノが、普段の参照枠に収まりきらないという、その単独性と意義の認識でもあるのである。

3　キリスト教的驚異について

先に、驚異が宗教的な観念やイメージと異なる所以について述べた。だが他方で、ヨーロッパ中世においては、宗教（キリスト教）と驚異が切り離せないことも、厳然たる事実である。

ジャック・ル＝ゴフが、キリスト教的驚異＝奇跡が、驚異全体のごく一部に過ぎないとし、あるいは驚異の本質を消していく作用がある、としたのに対し、それはキリスト教的驚異の過小評価であり、キリスト教的驚異こそが、驚異の版図を格段に広げたのだと改めて注目したのが、ルクトゥーである（Lecouteux 1995：17–22）。

彼によると、キリスト教的驚異（le merveilleux chrétien）というのは、「神にできないことは何一つない」（「ルカによる福音書」第一章三七節）という明確な公準に則っている。つまりあらゆる神の業は驚異にして奇跡で、それを認めることは「信仰の表明」に属する。キリスト教徒は、そこに神の全能の証を見出し、この世への神の介入の印を認める。多くの聖人伝の常套パターンが、そこからやってくる。

ルクトゥーの言うように、教会は早くよりキリスト教的驚異を利用して、その目的を達しようとした。つまりそれを、あまりに人々の心に染み着いていて根絶できない局地的な信仰・異教的な神話学の残滓と結び合わせて、伝道に使ったのである。

時代を遡ってみれば、異教的な慣習・迷信・神話に対しては、キリスト教は、三世紀から五―六世紀くらいまでは教父を先頭として激烈に戦い、激しく攻撃したが、地理的驚異と動物の驚異は、比較的無害と考えられたためか、あまり攻撃されず、それは後に、キリスト教的驚異の一大貯蔵庫になった。

六世紀以降、キリスト教の聖職者が文化の唯一の担い手となっていくと、キリスト教信仰に資する書き物を広め、図書室を創り、問題のありそうな文書を検閲するだけでなく、さまざまな魔除け・占い法などとの戦いが行われ、自然物崇拝が攻撃された。だが他方では、この時代には、異教をうまく取り込み、キリスト教的な驚異を本格的に創ることとなった。たとえばその前まで異教の神々に捧げられていた泉が聖人に捧げられるようになって、聖人崇敬として広められるといった形がその例だし、もちろん奇跡譚の発展もある。六世紀以後、トゥールのグレゴリウスの聖マルティヌス伝などに人気が集まったことが物語っているように、また七〇五年以前にベーダの聖カスバート伝が伝えるように、動物と結びついた聖人が登場し、七世紀からは幻視文学も発展していったのは、こうした趨勢に乗っている。

その後盛期中世になっても、たとえばジェノヴァ大司教ヤコブス・デ・ウォラギネの聖人伝集成『黄金伝説』(一二六四年以前)などには、キリスト教的驚異が大きく展開している様が窺われる(ヤコブス・デ・ウォラギネ 1979–87)。そこには、聖人がさまざまな病を治す、死人が生き返る、竜や蛇あるいは悪魔が聖人の眼差しや命令、十字の印に敗退する、責め苦の鉄が折れる、毒が効かない、小鳥が食べ物を持ってくる、天の火が異教徒の神殿を焼く、鹿が喋ったり鹿の角の間に聖十字架が見えて太陽より明るい光を放つ、木や石が宝石に替わる……などの奇跡が満載である。これらは、いわば政治的な意図がある伝統的な驚異であり、神の力を知らしめて、改宗・回心を惹き起こす、異教の最後の澱を取り除くためのお話であった。

『黄金伝説』以外に、盛期中世には、聖書の外典、エノク書や幼児イエスの福音書などの、正典には記されていない驚異や秘伝を語っている文書や、パウロの黙示録をはじめとする異界譚などが広まったが、これらはまさにキリスト教的驚異の宝庫だろう。また盛期中世からきわめて数多く書かれるようになった奇跡録、聖人伝、聖遺物遷移譚、エクセンプラ(教訓逸話)なども、いずれも「本当のこと」として語られたのだが、ここには、キリスト教的な驚異が溢れている。世俗文学における聖杯伝説のキリスト教化の進行も、キリスト教的驚異の世俗版として、ここに付け加えておこう。

奇跡と驚異の中間・混淆領域たるキリスト教的驚異は、厳密には驚異とは言えないかもしれないが、しかしこうした領域が大きく成長したのは、まさにヨーロッパ中世の特質を表していることもたしかなので、留意しておきたい。

4　驚異の歴史

ではつぎに、ヨーロッパ中世において「驚異」はどのような歴史をたどったのかを、概略、見ていくことにする (Poirion 1982; Meslin 1984; Lecouteux 1995; 池上 2012)。

五世紀から数世紀の間、驚異の抑圧があった。初期中世は、ずっとキリスト教会と異教との戦いの時代だったからである。異教の誘惑からキリスト教徒を守らねばならないとして、エリート文化は民衆的な驚異を隠蔽・抑圧した。だが、この戦いの時代においても、キリスト教的驚異という形で、異教的要素を採り入れた奇跡が急成長したことは既述した。

だがカロリング期の終わり頃より、驚異との「戦い」の局面から、別の局面に替わっていったと考えられる。というのも、本来の驚異のモチーフの貯蔵庫というべき作品が、九世紀から輩出したからであり、『怪物の書』、ディクイルの地理書『全世界の測定』(八二五年)、シャルル禿頭王に捧げられた逸名氏の『地理』(八四五—八七〇年の間)、そしてラバヌス・マウルスの『宇宙について』、ヴァチカンの三神話記述者の論考、というように、こうした「文学」が一気に自由を取り戻したのである。

一〇世紀から一一世紀前半に北欧・東欧の諸国がつぎつぎキリスト教に帰依したが、この時代はまた、一二—一三世紀の驚異の一大発展への「移行期」になったので、無視できない。『オリエントの驚異的事物について』が複写・翻訳・解説され、またシュパイエルのヴァルターが、『聖クリストフォルス伝』(九八二年頃)という、神が人間の姿にしたキュノケファロイ(犬頭人)の伝記を書いた。とりわけ重要なのは、「アレクサンドロス大王物語」が一気に広まったことである。ナポリのレオが偽カリステネスのロマンを翻訳（九五三年頃）したのがきっかけである。同時にアレクサンドロス大王のアリストテレスへの手紙が爆発的に広まる（最古の写本は九世紀）。一一世紀にはマルボードの石譜、マンのオドーに帰されている薬草書『マケル・フロリドゥス』などの論考が日の目を見て、古代作品の再発見を証拠立てている。

驚異は、これらのいくつかの細々とした流れに運ばれ、一二世紀になると一気に爆発的に広まっていくのである。まず、サン＝トメールのランベルトゥスの『華の書』とホノリウス・アウグストドゥネンシスの『世界像』が生まれる（一二世紀前半）。これらは古代や初期中世の作品、あるいは同時代の諸作品から、石や動植物・怪人などの情報を得ている。とくにソリヌスの権威があまねく広まっており、その権威は中世神学者の権威を増強している。おなじ世紀には『インドの怪物について』と『人間と動物の怪物的本性』が編まれ、驚異の情報は、ソリヌス、イシドルス、ホノリウスなどから採られている。またソリヌスの著作は、フランドル伯ボドワンの依頼でフランス語に訳された。一二世紀は、驚異にとっては、ソリヌスの時代だと断じてよいだろう。

いわゆる「プレスター・ジョン（司祭ヨハネ）伝説」が広まるのも一二世紀であり、同時に、「ブルターニュもの」が世俗文学に侵入する。マリ・ド・フランスとクレチャン・ド・トロワが代表的作家である。さらに「古代もの」文学によって、古代とその神話が復活し、さまざまな半人半獣の怪物や水の精などが驚異の世界の常連となってくる。俗語に訳されて広まったアレクサンドロス大王伝説がますます人口に膾炙してオリエントの驚異、インドの驚異を広める。ライン川の向こうについては、「皇帝年代記」（一一四五年頃）が、本来の伝説集の様相を見せる。

要するに、八—九世紀は驚異への抑圧が終わった時代、一〇—一一世紀は移行期として驚異の諸構造・テーマ・モチーフが明瞭な形で登場して資産形成した時代、そして一二世紀になってようやく驚異の一大開花が現出して、その刻印を娯楽文学の中の随所に捺すことになったのである。

だが一二世紀は、それ以前の（昔の）「文学」の領域から驚異を拾い集めてくるだけでなく、むしろ民間伝承、口頭伝承がますます大きな位置を占めるようになる事実に注視すべきである。ウォルター・マップやティルベリのゲルウアシウスがその例であり、民衆的なイマジネールは足枷をはずされて、エリート文学の通路を介して、古代から来た諸要素と幸せに結合して、かくて驚異が一大開花するのである。

一二―一三世紀には、エリート文化に驚異が闖入してきた。これは台頭しつつあった中小貴族＝騎士が、自分らの立場を守り、主張し、とくに教会文化と対峙するために、自前の文化を創る意欲を示したためである。そこで彼らは自分たちのまわりに堆積していた口承文化、農民たちの民間伝承を好意的に受容し、そこにタップリ詰まっていた驚異に注目した。武勲詩や宮廷風ロマンにおいて、異界の人間、怪物、妖精、不思議な力を持つ動植物・鉱物・モノなど、驚異がかくも大きな役割をはたすのは、それらが理想化された騎士たちの個人的・集団的アイデンティティー追求と深く統合されていたからだろう。ロマンの英雄は驚異（動物・妖精あるいはモノ）に助けられ、試練を課されて進んでいくのである。

一二世紀から、シチリアやスペインのトレドで、アラブ・ギリシア文献の翻訳紹介が進んで、そこに貯水池のように保存されていた古代の知識へと容易に接近できるようになった。その結果、一三世紀は百科全書の全盛期となるが、そこにも驚異が無数に含まれていた。加えて聖職者・修道士らのうち知識人の教養の一部として、驚異が位置づけられることにもなった。

さらに、驚異には政治的利用もある。王家や貴族が神話的起源を誇って、驚異に縋るのである。盛期中世とくに後期中世には、世俗の王権、貴族の政治的野望・想像力に奉仕し、その家系の優越や正統性主張のために驚異が利用された。たとえば、メリュジーヌ（一二世紀のラテン文学、一三世紀の俗語文学）がそうで、この妖精はリュニジャン家というフランス西部の領主階級の家系と結びついた。また「白鳥の騎士」の物語も、家系伝説の列に加えてよいだろうし、プランタジネット王家が一一世紀に女デモンを祖に持つとの伝説を、リチャード獅子心王や、敵方のフィリップ・オーギュストが双方で利用することもあった。

他方で、教会も、初期中世のように驚異を抑圧する必要を感じなくなり、戦うよりも飼い慣らし取り込むことに方針転換した。そこには、異端闘争に没頭していたキリスト教会の、異教・驚異への統制がゆるんだという事情もある。

教会のキリスト教文化、エリート文化は民衆的驚異に対してより鷹揚になり、必要に応じて回収・変形して、その存在を許すことにした。前節で述べた「キリスト教的驚異」の大拡張と合わせて、ゴシック時代に驚異が沸騰したのは、こうした事情による。とりわけ、一一八〇年から一三二〇年頃にかけて、夥しい驚異、怪物、奇跡、幽霊についての話が溢れることになった。

興味深いのは、この時代の「驚異」には、キリスト教の公的イデオロギーへの抵抗の一形態という特質が備わっていたことである。それは人間中心の世界ではない、いわばユマニスムとは反対の世界、どんどん脱人間化が進む世界であり、そこでは動植物・鉱物・怪物が跋扈・増殖する。「神の似姿に創られた人間」への大いなる抵抗！　キリスト教や父権主義的な封建社会に抑圧された、異教や母権制が、それなりに古い信仰・習俗を表現する仕方が、驚異であると言うことも可能である（Poirion 1982 : 56–57）。たとえ聖職者の手になる作品でも、支配的イデオロギーに沿った捉え方ではなく、しばしば公的支配的思想の反対潮流に棹さし、「野生の思考」に属する古いイデーを表面に持ってくることがあったが、それはもうひとつ別の文化の遺物の上に、説明を受けつけない領域（驚異の領域）を構成するためだった。そうした領域が存在を許された時代は、中世においても、もっとも自由で豊かな時代であった。

ついで、一四—一五世紀には、驚異をより文学的・知的に洗練させる局面がやってくる。驚異は、その迫真性を失い、審美化されてゆく。それは装飾としての役割を強め、文学や美術の技法・手法・スタイル（様式）の遊びとなる。この時期には、盛期中世に驚異成長の肥沃な土壌となった、エリート文化と民衆文化の対話や戦いは、もはやあまり問題ではなくなっていた。教会のほうにも余裕のある態度はなくなり、キリスト教的ユマニスムへの抵抗は、許されなくなるのだろう。

この中世末には、同時に驚異現象の原因が自然か、神か、悪魔か、を見極める必要がより痛感され、とりわけ悪魔に属させる解決が好まれた。それが一五世紀末からの、魔女信仰・迫害へとつながることはもちろんである。つまりヨーロッパの「キリスト教化」がすっかり完遂されたら、もはや教会は異教と妥協する必要はなく、宗教的な正統に入らない者はすべて異端か妖術使い、悪魔の結託者として排除されるべきだ、と考えられるようになったのである。

異端審問ではこうした超常現象について、はてしなく議論がつづけられ、嫌疑を掛けられた者を異端・魔女として陥れる、仮借ない原理主義が横行する。ジャンヌ・ダルク裁判（一四三〇―三一年）が好例だ（『ジャンヌ・ダルク処刑裁判』2002）。

一一世紀から一三世紀にかけて、異教的なもの、民衆文化的なものが、キリスト教・エリート文化と「融合」したところに大発展した驚異の世界であったが、その驚異が、制度と教理を整えたカトリック教会にとって、もはや布教・改宗の道具として仕えるよりも、信仰の純粋化・内面化の邪魔をし、それどころか正統なるキリスト教信仰を汚染し、歪曲するように観じられるとき、教会は、驚異を悪魔化せざるを得なくなった。この驚異の悪魔化が、後期中世以降、本格化したのである。

＊

ここで、驚異がエリート文化・キリスト教によって「回収」される、という機制について考えてみよう。驚異の回収・懐柔は、キリスト教的、科学的、歴史的の三種類ある。

(1)キリスト教的な回収は、一部を奇跡のほうに持ってきて、他を象徴的・道徳的に回収する。たとえばもともと「教訓」のなかった『フュシオログス』の中の話に、だんだん象徴的・道徳的説明が付加されていって、驚異の力が弱化するというケースがその代表例である。また『ユオン・ド・ボルドー』でオベロンが、自分の奇跡力をイエスに帰したり、また宮廷風ロマンとりわけ聖杯物語群の中で、グラールが、魔法の杯から本来の聖杯になったりといったことである。盛期中世以降、奇跡（キリスト教的驚異）の中に取り込んだ驚異を規制・統制する傾向があり、それはやがて驚異を蒸発・合理化させ、そこからその本質要素のひとつである予見不可能性を奪っていく。元来、驚異というのは予見できないことを身上とするが、奇跡というのは、聖人という仲介者が起こすようになったときから、いわば予見可能になるからである。驚異をキリスト教的驚異にすることで、回収・懐柔するのである。

(2)科学的回収とは、どういうことかと言えば、一部の知識人が科学的精神をもって、驚異を周縁的現象、極限・例外ケースとしつつも、しかしそれは自然の外にはなく——超自然現象ではなく——本来理性で理解・解明できるべきものとする立場から発している。とくに一三世紀になると、アルベルトゥス・マグヌスによって、自然の驚異に対して合理的説明をしようとする科学的説明への要請・意欲が高まったのである。怪物や化石や地誌的な驚異——たとえば固形化する泉など——について、それまで、神か悪魔の介入とされ、さもなければ自然の驚異とされてきたが、そこから超自然性を払拭する捉え方もこの時代から現れたということである。アルベルトゥス・マグヌスのほか、バースのアデラルドゥス、ロジャー・ベーコン、ブラバンのシゲルスなどが、それを自然の原因にのみ帰そうとすることで一致した。それをもっとも意識的・包括的に行ったのが、ニコル・オレームの『驚異の原因について』(一三七〇年頃)であった。

(3)歴史的な知による回収はどうか。これは、驚異を特定の事件や日付と結びつける。するとそれは、時間や歴史の中断においてしか、開花しない一回性のものとなり、その結果、驚異の驚異性が徐々に消えていくのだ。そのとき、驚異は「エクセンプラ」になってしまう。この歴史的な知への回収と並行して、とりわけ後期中世から驚異の物語化・フィクション化という動きが盛んになる。するとそれはもう現場で目撃するモノとしての驚異ではなく、楽しいお話、誰もその真実性を信じない虚構となる。それは歴史的回収とは逆に、フィクション的解体ということだろうか。

おわりに

近世になると、為政者、布教者、博物学者らにより、異国の珍奇な動植物、鉱物、怪物などが、新大陸からもエキゾチックなものとしてもたらされる。これは自己の投影としての他者の構築、というオリエンタリズムの初期の例である。驚異はそこで、ますます外部の世界の他者認識と、その反照としての自己認識への取り込みとして機能するようになる。自分とは違い、驚嘆に値する、怪しい存在に満ちた世界に住むオリエント住民は、野蛮で非理性的存在である、その反対が文明化され理性的な西洋人だ……というわけである（Daston and Park 2001）。

驚異のモノを、たんに持ってくるだけでなく、驚異「研究」が盛んになるのも、おなじ時代である。イッカクの角や宝石、奇形胎児、土人捕虜などのコレクション、薬剤や香辛料のような治療用の驚異や、ミイラ、患者の結石などが、医者・薬種商・科学者らによって集められ「研究」され「実用」に供された。彼らは驚異の物自体よりも、彼ら自身の博識で目の肥えた所有者としての力を誇る。こうした研究では、簒奪没収し、領有すべき（できる）モノとしての驚異への熱狂が強調される。

だが、近世には、中世とは驚異の境位が大きく替わる点に注目しよう。知りたいと努めるモノ（驚異）を収集・領有する願望や、想像上の他者に自己を投影する願望は、中世の驚異には（あまり）ない。中世の驚異が驚異であるためには、それが一定のコンテクストの中で起きる現象であり、領有できないことを条件としている、と上に説いた。コンテクストから引き離して領有する行為（博物館、コレクション）は、驚異の死にほかならない。「博物学」という学問が生まれ、また「驚異の部屋（Wunderkammer）」が作られる。すると驚異の本当の享受の権利が、民衆たちからは奪われ、エリートの中でも、趣味人・目利きという独特の人種が幅を利かすことになる。

だが近世には、中世の広々とした野外に生きた驚異が、薄暗い部屋に閉じ込められるとはいえ、それでも、それが注目の的でありつづけたことはたしかだ。というのも、この時代、驚異が、特異な存在論的カテゴリー、魔術的・錬金術的なカテゴリーとして、日常的なものと奇跡的なものの中間に宙吊りにされて、自然哲学・自然誌の寵児となったからである。客観的秩序と主観的感性の貼り合わさった心的態度を持していた近世の知識人たちは、自らの自然探求の情熱の対象として、驚異に異常な関心を示し、既知世界の縁辺に寄せ集めて、隠秘な動因をそこから探り出し、世界の新たな知見を得たからである。

ところが一七世紀末―一八世紀になってさらに科学的な知が進むと、自然秩序は規則正しいものとなり、自然はいたるところつねに同一の不可侵の普遍的な法則に基づくのであり、驚異がたまに起きても、「例外」とされるにとどまる。こうなると、驚異の居場所は失われ、ＳＦやファンタジー・童話の世界に逃げ込むしかなくなるだろう。驚異が、信仰とも科学とも袂を分かつとき、その分離が、近代的なヨーロッパの知を、物質主義、理性中心主義、機械論へと強力にプッシュして、それが進歩とみなされることもたしかだが、反面、中世の驚異が保証していた、イマジネールの豊かな人間性・霊性・倫理性を大きく減殺したことは否めまい。

第2章　イスラームにおける奇跡の理論

二宮文子

はじめに

奇跡と驚異は、ともに常識を超えた稀な事象である。両者には重なりあう部分も多いが、差異も存在する。ヨーロッパ・キリスト教世界における驚異研究においては、このような差異についての議論の蓄積がすでに存在するが、イスラーム世界に関しては残念ながらそうではない。本章では、イスラームにおける奇跡をめぐる議論や奇跡譚の分析を通して、イスラームにおける奇跡と驚異の違い、驚異の特徴についての基礎的な整理を目指したい。

まず、イスラームにおいて、奇跡が起こる仕組み、発生原理はどのように説明されているのかを紹介し（第1節）、ムスリムやイスラーム研究者による奇跡の分類や、それらの分類の基準を扱う（第2節）。次いで、中世南アジアのイスラーム奇跡譚や歴史書の記述を通して、イスラーム世界における驚異譚の一例や、奇跡譚との違いあるいは共通点を示す（第3節）。最後にこれらの議論をふまえ、キリスト教世界とイスラーム世界における驚異と奇跡の関係の違いについて簡単な見通しを述べる（おわりに）。

1　イスラームにおける奇跡の発生原理

イスラームにおいては、ムゥタズィラ派[1]など一部の神学派を除き、奇跡の存在は肯定されており、この点が議論されることはない。また、奇跡の発生原理についても、一一―一二世紀までにはほとんどの人々が受け入れていた主流派の見解が存在する。それは、「神の慣行（慣習・習慣）の破棄（中絶）」という考え方である。この考え方は、ムゥタズィラ派を批判し一一世紀以降スンナ派イスラームの中心的な神学派となったアシュアリー派が唱えた「原子論」という世界観と密接な関わりを持っている。以下は、日本におけるイスラーム思想の代表的専門家による、原子論についての解説である。

彼ら［原子論者］によれば、神は瞬間毎にこの世界を新しく創造しているのである。あらゆる出来事、全てこの世に起こることは悉く一つ一つの特殊な神の創造的行為である。故に現にこの瞬間に我々の目の前にある世界は、一瞬前の世界の状態と何等本質的な関係が無いのである。この世界は一つの世界が続いて発展して行くかのように見えるが、実は刻々に新しく創造される無数の世界が次々と連続し重なって行くに過ぎない。このように、先行するものと、後に来るものとは互いに独立した全く別個のものであるから、自然界に因果律なるものは絶対に存在しない。（井筒 1975：71–72）

このように、イスラームの原子論的世界観では、世界は一瞬毎に唯一神たるアッラーが新しく創造しているとされる。つまり、物事の時間的な継続性が否定されるため、この世におけるあらゆる事象について、因果関係（たとえば、摩擦の結果熱が生じ、さらにその熱によって火が起こるといった）は必然的に否定される。マッチを擦れば火がつくとか、物体は上から下に落ちるといった物理的法則の類いは、アッラーが不断に行っている創造行為で通常そのようにしている「慣行（慣習・習慣）」である。そして、アッラーは望めばいつでもその慣行を止め、通常とは異なった現象を創造することができる。それが「慣行の破棄」、すなわち奇跡である。このような世界観と奇跡論は、アッラーの全能性を強調し、世界に対するアッラーの支配力を最大限に重く見たアシュアリー派の立場に基づくものと言えるだろう。この理論によって、一瞬にして遠隔地に移動する瞬間移動や、空中から食物を取り出すといった無からの創造、病気の治癒などの物理的な奇跡について説明が可能になる。なお、この理論を突き詰めていけば、もともと自然法則などは存在しないので、超自然的な奇跡という表現は成立しない（同前：72）、あるいはアッラーは望めばどのような現象でも起こせるのだから、人間から見てどんなに突飛に感じる現象が起こっても特に驚くには価しないという見方にも繋がる。このような見解は、実際に驚異譚のまとめとして述べられることもあるが、稀なものに驚き、奇跡を認める心性が完全に否定されることはなかった。

一方、以下のような奇跡の原理の説明も存在する。

［前略］人間の心［魂］と神とを隔てるヴェールが一つ一つ取り除かれ、最後に「私」という個我意識が除去されると、たとえ瞬時ではあっても人間は不可視界［神の永遠なる予定の世界］を垣間見て神の予定の一部を知ることがありうる。それはきれいに磨きあげられた鏡面が外界を正確に映し出すのに似ている。そのような状態にある人は、非日常的な知識や超能力をしばしば与えられる。もっとも、通常の人間でも、外界との接触が断たれ、感覚的活動が休止して心が一時的に清澄な状態に近づく睡眠中には、不可視界との不完全な接触が行われることがあり、その結果が夢であるといわれる。（中村 1977：215–216）

このような考え方は、中世スンナ派を代表する思想家ガザーリー（一〇五八―一一一一年）の主要作『宗教諸学の再興』の第四〇書にも述べられている。この理論は、一二世紀までにはムスリムの間に広く共有されていたと考えられるが、特に、スーフィズムの文脈においてよく見られる。スーフィズムでは、ズィクル（唱名）などの修行によって魂を浄化し、内面（魂、心のレベル）でのアッラーとの合一が目指される。一定程度に魂が浄化された人々は、不可視界に記録されている神の予定（この世で起こるべきこと全て）の一部を知ることができる。この理論は、スーフィーの導師や敬虔な人々などが行う、読心や透視、未来予知といった、感覚・知覚的な奇跡の仕組みの説明となる。この理論には特に呼び名はないが、本章では仮に「魂の力」理論と呼んでおく。

以上の理論は、いずれも一二世紀までには定説となっていたものであり、以降の時代においても、ほとんどの奇跡論はこれらの説に基づいている。これらの奇跡の理論は、いずれもアッラーの意志を、奇跡の直接的かつ即時的な発生要因としている。初めに挙げた「慣行の破棄」理論におけるアッラーの意思と奇跡の発生の直接的かつ即時的な関係は言わずもがなであろう。二番目に挙げた「魂の力」理論においても、魂が浄化された人物に対して、非日常的な知識や超能力が「与えられる」と表現されている通り、奇跡の発生にはアッラーの側からの働きかけが必要とされる。人間が修行によって魂を浄化するのは、アッラーから選ばれて、神秘体験や奇跡という恩寵を受けるための準備である。たとえアッラーから恩寵が下されても、人間の側の魂の浄化が不十分であった場合は、不十分な神秘体験しか得られない。この理論では人間とアッラーの相互関係によって奇跡が成立し、人間の側の準備とアッラーの側からの働きかけの、どちらが欠けても奇跡は起こらない。「魂の力」理論では、全能のアッラーの意志の役割は、「慣行の破棄」理論に比べれば若干限定されているが、依然として奇跡の必須要因であり、その発生に直接的かつ即時的に関与している。最後に、これらの理論では、奇跡の行い手が存在し、短時間で終わる現象が、最も説明しやすいものであることも指摘しておきたい。

2　イスラームにおける奇跡の分類

奇跡といっても、その様態は多種多様である。それらをいくつかの類型に分類しようという試みも、古今東西で度々なされてきた。ムスリムによる奇跡とそれに類似した現象の分類として頻繁に見られるのは、奇跡の行い手に着目したものである。

ムウジザやカラーマの話になった。［ニザームッディーンは］仰った。「これには四段階ある。ムウジザ、カラーマ、マアウーナ (*ma'ūna*)、惑わし (*istidrāj*) である。ムウジザは預言者のものである。彼らは完璧な知識と行いを持ち、啓示を受け取る。彼らが行うのはムウジザである。カラーマは聖者に起こる。彼らにもまた完璧な知識と行いがある。［預言者との］違いは［奇跡に］圧倒されている (*maghlūb*) ことである。彼らから発せられるのはカラーマである。マアウーナは一部の狂人 (*majānīn*) に起こる。彼らには完璧な知識も行いもないが、時々彼らには「慣行の破棄」に類することが見られる。それはマアウーナと呼ばれる。惑わしに関しては、魔術師やその他、全く信仰心のない者たちについて見られるものが惑わしと呼ばれる。」(*Fawā'id al-fu'ād* 2007 : 368–370 ; 同 1996 (英訳) : 173–174)

これは、南アジアのスーフィー、ニザームッディーン・アウリヤー（一三二五年没）が、信徒に向けて行った奇跡的事象の解説である。この例から分かるように、イスラームにおいて奇跡的現象を表現する言葉には様々なものがあり、その語彙の違いは、ほとんどの場合、誰がそれを行うかに基づいている。引用文では、奇跡やそれに類する現象が四種類登場する。預言者が行うムウジザ、聖者が行うカラーマ、狂人が行うマアウーナ、不信仰者（非ムスリム）が行う惑わしである。このような、奇跡の行い手に着目した分類には多くのバリエーションが存在するが、ムウジザ、カラーマ、惑わしを誰が行うかという点については、諸説の間でほぼ一致している (Gramlich 1987 : 125–137)[2]。ここで引用したニザームッディーンの説も、この点については他の時代地域の説と変わるものではない。マアウーナについては定説があるとは言い難く、ニザームッディーンのこの見解が何らかの先行説に基づいたものか、それとも彼個人の考えなのか、現在のところ確定できない。なお、「慣行の破棄」という言葉を用いていることから、奇跡の発生理論については、ニザームッディーンの理解は前節に挙げた先行説二つのうち前者のものに基づいていると見られる。

ムウジザとカラーマの違いについては、預言者と聖者の違いという神学上重要な論点との関係で議論が蓄積されてきた。ムウジザは、預言者を疑う人々に対して、彼が真に預言者であることを示すためにアッラーが発生させるものであり、『クルアーン』に登場する「徴（*āyāt*）」と同一視されることもある。したがって、ムウジザには、それに先立って預言者性の主張（*da'wa*）と、疑念を抱く者からの挑戦が存在する。また、ことの性質上、ムウジザは衆人環視のもとで行われる。一方、カラーマは魂の浄化の過程で発生する副産物のようなものと位置づけられ、聖者はカラーマを行えることをなるべく隠すことが望ましいとされる。先の引用で聖者が「［奇跡に］圧倒されている」と表現されているのは、ムウジザが預言者のアッラーへの呼びかけに応じて、つまり預言者が望んで発生するのに対し、カラーマは聖者が望まずとも発生することがあるためだと考えられる（同前：16–73；Renard 2008：267–275）。

また、異教徒が行う「惑わし」の存在は、『クルアーン』の「わが印を拒否する者は、かれらの気付かないうちに、少しずつ（破滅に）落し入れられるであろう」（7：182）や、「われはかれら［クルアーンを否定する者］が気付かない方面から、一歩一々（堕落に）導き」（68：44）という章句に見える、「（破滅に）落し入れられる」「（堕落に）導く（*nastadriju*）」という表現から導かれる[3]。ここでの「われ」はアッラーである。つまり、惑わしは、アッラーが自らに従わない異教徒を破滅や堕落に導くために生じさせるものである。惑わしは、目に見える現象としては、異教徒がムスリムと同じような奇跡（たとえば病の癒しのような）を行うことになる。それによって異教徒は自らの誤った信仰が正統なものと信じ、アッラーが示した正しい道を信じないという破滅・堕落にますます深く陥るのである。惑わしというと、一見、異教徒が誤った信仰で他人を惑わせていることを指すように感じられるが、惑わしの本質はあくまで、アッラーが異教徒を惑わしていることにある（Gramlich 1987：134–137）。惑わしは、発生原理としてはムウジザやカラーマと同じく「慣行の破棄」理論で説明できるが、奇跡の直接的発生要因であるアッラーの意図が異なるということになる。いずれにせよ、惑わしの存在によって、ムスリムに対する恩寵の結果生じるカラーマと同様の奇跡を、異教徒が行う可能性が認められる。なお、不信仰者の中にも生来的に魂の力が強い者が存在するため、未来予知などを行うことができる異教徒も存在するという説明もなされる（同前：133）。こちらは、異教徒が奇跡を行うことを「魂の力」理論に即して説明したものである。

奇跡の行い手に着目した分類以外に、人類に恩恵を与えるジャマール（美・慈愛）型奇跡と、人類に災厄を与えるジャラール（威厳・怒り）型奇跡という分類も見られる（同前：41–58）。これは、アッラーの属性を表す神名がジャマール系とジャラール系に大別されることに対応している。そのため、現象の性質というより、奇跡を発生させるアッラーの意図の有り様に基づく分類とみなすほうが妥当であろう。奇跡の行い手に着目した分類においても、ムウジザはアッラーが預言者を援助する意図、カラーマはアッラーが信仰者に恩寵を与える意図、惑わしはアッラーが不信仰者を破滅に導く意図、というように、それぞれの背景にはアッラーの固有の意図が存在する。

イスラームの奇跡の分類の中でも詳細なものとして、イスラームにおける聖者の奇跡論の古典的研究の著者グラムリッヒは、スーフィーのムハンマド・アミーン・ウマリー（一七八八年没）による分類を紹介している（同前：128）。

A　［預言者性の正当性に対する］挑戦があり
　1　その最中に起こる＝ムウジザ
　2　その前に起こる＝啓示
　3　その（長期の）後に起こる＝カラーマ、あるいはムウジザ
B　挑戦がなく
　I　神の友（ワリー）を介して生じる＝カラーマ
　II　普通の信仰者を介して生じる＝マグーサ（*maghūtha*）、マアウーナ（*ma'ūna*）
　III　不信仰者を介して生じる
　　a　彼らの意思に応じて生じる
　　　α　道具を用いない＝惑わし
　　　β　道具を用いる＝スィフル（*siḥr*）、呪術（*sha'baha*）
　　b　彼らの意思に反して生じる＝辱め（*ihāna*）

この分類では、まず、奇跡の行い手に基づいてA（預言者）とB（預言者以外）が分けられ、さらにBの下位分類とし

て、同じく奇跡の行い手によってⅠからⅢが設けられている。さらにAについては、ムウジザの要件である挑戦と奇跡の時間的な関係性によって、またⅢについては奇跡を行う不信仰者の意思や道具の使用の有無によって細分がなされている。この説は、複数の基準を組み合わせることによって、より細かい分類を行っているが、イスラーム世界において一般的に驚異（アジャーイブ）とみなされる、古代の建築物や不思議な生き物などまでをも対象にしたものではない。

このように、主流の奇跡論は驚異の類いを射程に含めない形で展開したが、例外も存在する。著名なスンナ派神学者ファフルッディーン・ラーズィー（一一四九―一二〇九年）は、『東方の諸論点』の中で、特異な現象を精神の働きによるものと物理的な要因によるものに分け、前者には人類に救済をもたらすムウジザと人類に災いをもたらすスィフルを、後者には天（天体）の力による魔術（*tilism*）と地上にある物質の力によるまじない（*nayranj*）を含めた（同前：131）。この分類に含まれる魔術やまじないは、一般に驚異譚で語られることが多く、奇跡論ではあまり見られない。この分類は、奇跡的事象の直接的要因をアッラーとしていない点においても、主流の奇跡論とは異なっている。『東方の諸論点』は「神と自然に関する物事の知識（*'ilm al-ilāhiyyāt wa ṭabī'iyyāt*）」を扱ったものであるが、作者自身が今までに類書がない作品と述べており、その独自性は奇跡の分類からも見て取ることができる（Anawati 1991）。

イスラームにおける奇跡を扱う研究者の中では、現象の形式や性質に着目した分類が主流である。たとえば宗教学者J・レナルドは、聖者が行う奇跡の分類基準として、奇跡が行われる対象（scope of action）、形式（type of action）、主題（subject or theme）の三点を挙げている。対象は、まず聖者本人か他者かに分けられ、他者の場合は、病の癒しなど人間同士の間で起こるもの、雨を降らせるなど人間と自然の間で起こるもの、予知夢など可視界と不可視界の間で起こるものの三種類に分けられる。形式は、超常的な認識能力などの知覚的なものと、空中浮遊といった物理的なものに分けられる。主題とは、蛇からの守護のように自然を操るもの、瞬間移動など時間と空間を操るもの、などである（Renard 2008：91–92）。この分類基準は、奇跡的事象の網羅的な分類を目指したものと考えられるが、これまで見てきたムスリム自身の分類とは大幅に異なっている。この差異を生んでいる一因は、奇跡におけるアッラーの意図を重視するか否かというスタンスの違いであろう。

以上の理論から分かるのは、イスラーム思想において奇跡を主に扱ってきた神学やスーフィズムでは、ムウジザやカラーマといった奇跡と、アジャーイブと呼ばれる驚異が、同じ俎上で論じられることがほとんどないという点である。これは、神学やスーフィズムが驚異について論じることそのものも稀であることからして、当然の帰結と言えるだろう。

3　驚異譚・奇跡譚・歴史叙述――中世南アジアの事例から

本節では理論を離れ、特定の時代地域――筆者の専門である一四世紀の南アジア――において、ムスリムが驚異譚の類いをどのように語っていたか、また驚異譚と奇跡譚の関係を具体的に見ていきたい。

まず確認しておかなければならないのは、管見の限り、この時代の南アジアにおいては、トゥースィー（一二世紀）やカズウィーニー（一二〇三―八三年）が著した『被造物の驚異と万物の珍奇』のような、驚異譚を主に記した単独の書物は書かれていないか、書かれたとしても現存していないということである。(4) カズウィーニー作『被造物の驚異と万物の珍奇』自体は南アジアにおいて非常によく読まれ、写本も非常に多く作成されているし、以下に見るように歴史書や文学作品の中に驚異譚の類いが残されていないわけでもないが、この時代の南アジアにおいて、独立した文学ジャンルとして驚異譚が存在していたとは言い難い。

ヨーロッパにおいて、驚異譚の類いが記録されているのは主に説教、聖人伝、年代記、旅行記、百科全書、娯楽文学であった。一四世紀の南アジアでは、スーフィーの伝記類（奇跡譚）や歴史書に驚異譚の類いが見られる。まずは、一四世紀後半に成立した『求道者の鍵』の記述を取り上げたい。『求道者の鍵』は、クトゥブッディーン・バフティヤール（一二三五年没）という著名なスーフィーの語りという体裁で、デリーにあるシャムスの貯水池というため池の尊さを説明している小作品である。(5) 作品の冒頭では、シャムスの貯水池には霊験があり、その場所で特定の時間に願を掛けたらそれが叶うと説明されるが、その後のほとんどの部分は、貯水池にいたクトゥブッディーンとその友人たちが、不可思議な訪問者の姿を目撃するというエピソードの羅列である。

その後、私は見た。南の方から二人の男がやって来た。彼らは二人とも緑の長衣をまとい、緑の帽子を被り、緑の靴を履き、緑の礼拝用絨毯を持っていた。二人のうち一人が「シャイフ・クトゥブよ、汝に平安あれ」と言った。この貧者は「平安あれ」と返した。彼らは「マウラーナー・ハミードッディーン・ナーガウリーとは汝か」と尋ねた。この貧者は「私です」と答えた。すると、彼らは「マウラーナーは偉大なる人である」と言った。その後、二人とも服と靴をつけたまま貯水池の中に入り、貯水池の中でシャコのように飛び上がり、空に飛んでいった。(fols. 7b–8a)

これは比較的長い描写であり、人称が乱れている部分があるものの、『求道者の鍵』内のエピソードの語りのパターンをほぼ満たしている。まずは訪問者の姿形が説明される。訪問者は大体、貯水池のそばで礼拝などの行為を行い、場合によっては語り手に挨拶するなど短い会話を交わし、去って行く。去り方は摩訶不思議なものも多い。

本作では、二〇近いエピソード中、登場人物が願掛けのために訪れたことが明確なのはただ一つであり、さらにそれが叶ったか否かは語られない。願掛けとその成就のような分かりやすい奇跡譚の代わりに、『求道者の鍵』には、獅子の皮をまとって腰と頭に蛇を巻き、蛇を手綱と鞭にして獅子にまたがる赤毛の男、光り輝く老人や逆さ吊りの修行を行う人々、象に乗り金の装飾具をつけた美しい若者、黒人に引かれたラクダに乗った三人の女性などが入れ替わり立ち替わり登場する。以下に引用するのは比較的短い二つの例である。

色が黒く太った一人の男が泣きながら進んできた。一四歳くらいの少年が、鞭を手に持って［彼を］打っていた。その男は貯水池の中に入った。少年も彼の後について貯水池の中に入り、二人は見えなくなった。(fol. 8b)

［修行者の印である］鉄［の装身具］を身につけ、頭と髭を剃った五人の男を私は見た。その五人の肩には、五人の裸の赤子が乗っていた。彼らは貯水池のそばに降りて清めを行った。清めの後、その裸の赤子たちは五人の鉄をまとった男たちの肩に乗り、来た時と同じように帰って行った。（fol. 11a）

これらの人物には寓意的な意味が与えられている可能性が高い。しかし、スーフィズムの寓意に関する専門的な知識がなければそれを読み取るのは難しい。普通の読者にとっては、これらのエピソードは特に意味や意図が感じられない、しかし非常に空想力をかき立てられるイメージの数々である。この点から、『求道者の鍵』は奇跡譚というより驚異譚に近い性格を持っていると言うことができるだろう。常にアッラーの意図が意識され、それゆえある程度予測可能な奇跡譚と比べると、驚異譚は、その驚異がなぜ、どのような目的を持って存在するのかという点についての説明はほとんどなされない。このような面において、驚異は奇跡に比べて無意味であり、同時に予測が困難である。驚異譚を好んで鑑賞し面白がる心性には、このような無意味さを受け入れ、楽しむことも含まれると考えられる。『求道者の鍵』に次々と登場する様々な姿の登場人物は、まさにそのような楽しみを与えてくれる。予測不可能なイメージに対する驚きは、この後に続く寓意の説明に興味を持たせるための仕掛けとして機能しただろう。

さて、次に、中世南アジアにおいて驚異譚の類いが記録されているもう一つの作品群である歴史書からの例を見てみよう。以下に引用するのは、デリー・サルタナト時代トゥグルク朝のスルターン・フィールーズ（在位一三五一—八八年）の治世を記録した歴史書『フィールーズ・シャーの歴史』の第五部第五節の一部である。

二人の巨人、一人の小人、二人のあごひげがある女性についての節

スルターン・フィールーズ・シャーの治世には、偉大なるアッラーの思し召しにより、世にも稀なる被造物が現れたと伝えられる。巨人であったり、小人であったり、あごひげを持つ女であったり、驚くべき動物であったり。読者への忠言になるように、それぞれについて記そう。

小人の話　スルターン・フィールーズ・シャーがタッタ遠征から帰還されたことについては、筆者が第三部でそ

の出来事を記述している。その通り、高名なる支配者［フィールーズ・シャー］がタッタからデリー市の方へ帰還されている際、小人の類いの男一人がもたらされた。彼の背の低さと言えば、大体一ガズ［インドでは概ね七〇―八〇センチ］の背丈であった。彼の手足の長さは背丈から推し量れよう。また、彼の頭の大きさは、大人の頭の［背丈に対する］大きさから推し量れる小ささであった。また、手や足も背丈から推し量れる大きさであった。彼はしばらくの間、王の命令によってデリー市とフィールーザーバード市に留めおかれた。周辺の町々や各地方から見物のために人々が訪れ、筆者も彼を見た。驚異の父 (*bū al-ʻajab*) の業の神秘よ。めでたく至高のアッラーのお力に能わぬことなどあろうか。(ʻAfīf 1888–91 : 384–385)

さて、驚くべき動物について記そう。偉大なるアッラーのお力により、スルターン・フィールーズ・シャーの治世には三本足の羊が現れた。筆者はその羊を見た。その羊は白黒まだらであった。その羊には二本の前足と一本の後ろ足があり、二本目の後ろ足があるはずの場所には、牝牛の乳房ほどの大きさの乳房状のものがついていた。その羊は、三本の足で思うままに動き回ることができ、飼い葉や水を好きなように口にしていた。人々がその羊を見て、偉大なる真実在［アッラー］の力を見物することができるように、しばらくの間、それは世界の王の謁見場の前につながれ、［その後］フィールーザーバードの宮殿で飼われた。(同前 : 386)

この他の驚くべき動物は、赤いくちばしと足を持つカラス (*zāgh*)、白い体に黒いくちばしと足を持ち、頭が魚のようなオウム (*tūṭī*)、五本足の牛、蹄が馬のような牛である。この節は、『フィールーズ・シャーの歴史』の最終部であり、スルターン・フィールーズ・シャーの性質と行状、王子や重臣たちの伝記、スルターンの晩年の様子で構成される第五部において、スルターンの性質の説明の最後に置かれている。本文中でアッラーの力の偉大さがたびたび讃えられていることから、この節は全体として、アッラーの力の偉大さと、特殊な生き物の出現によってアッラーの力が遺憾なく示されたスルターン・フィールーズ・シャーの治世の特殊さ、めでたさを示す意図を持っていると判断できる。

作者のアフィーフもこれらの小人や生き物を見たと書かれている通り、この記述は驚異の実録であり、紹介されている小人や生き物は一種の奇形であったと推察される。この記録をヨーロッパの同様の記述と比べたときに興味深いのは、これらの記録においては、奇形に対する恐れや忌避、それを悪魔の仕業と判断するような心性がほぼ見られず、全体として肯定的な捉え方をされているということである(6)。フィールーズ・シャーの治世は、末期には後継者争いが発生したが全体としては安定していたことが、この肯定的傾向の最大の要因であることはほぼ確実であろう。このような安定した時代であったことが、君主が珍しい生き物を公開し、それを市井の人々が見物するという文化の発展をももたらしたと考えられる。またこの記述からは同時に、アッラーは信仰者に必ず良い報いを与えるという前向きな信仰心が読み取れるように思われる。このようなアッラーへの信頼、アッラーの存在感の強さは、前節までで見てきた奇跡論におけるアッラーの存在感の強さに通じるものである。

おわりに

最後に、これまで見てきたイスラームにおける奇跡の特徴や、奇跡と驚異の違いに基づき、イスラームにおける奇跡論や驚異論とキリスト教のそれ(前章参照)との差異についてまとめてみよう。

イスラームの奇跡は、アッラーの意図を直接的かつ即時的な発生要因としている。アッラーの意図とは関連が薄いと感じられる奇跡の分類基準においても、見方を変えるとアッラーが信仰者や不信者に対して抱く意図の違いに基づいていると解釈できる。要するに、イスラームの奇跡においてはアッラーの意図の存在が大変濃厚であり、それは奇跡に宗教的意味や理由を与えている。そして、イスラームでは、キリスト教のように、奇跡と驚異が同一の文脈で論じられることは稀であり、ヨーロッパで驚異の議論に極めて大きな役割を果たしたとされる「自然」のような存在も、イスラームの奇跡論ではほぼ見られないと言ってよい。

本章では、中世南アジアのムスリムが記録した驚異譚においては、驚異や奇形と悪魔を結びつけるような発想は見られなかったことを指摘したが、イスラーム世界の驚異譚の類いは、アラビア語やその他地域のペルシア語文学にも記録されている。イスラーム世界独自の驚異論を築くには、これら様々な時代地域の事例の検討がさらに必要とされるであろう。なお、本章で扱った事例のうち、奇跡譚内のものは西アジア・中央アジアのスーフィズムの伝統に大きく基づいており、また歴史書内のものは奇形を驚異として扱うという普遍的な感性に基づいていると考えられ、両者ともに特に南アジアらしいと言えそうな点は挙げられない。北インドにムスリム政権が確立する一三世紀以前は、南アジア（インド）は驚異譚の宝庫であった。南アジアに定着したムスリムがそれらの驚異譚をどのように受け止めていたのかという点、また南アジアの驚異譚の特色の抽出などに関しては、本章で扱った時代より後、史料が豊富になる一六―一七世紀を中心に検討するべきだと思われる。

イスラーム世界独自の驚異論について現時点で明確なのは、キリスト教ヨーロッパのように、驚異の歴史を教会との関わりから整理することは不可能だということである。イスラームにおいては、教皇を頂点として各教区、教会へと意思伝達が行われる、キリスト教のようなトップダウン型の組織が存在しておらず、驚異と関わる主体として、ある程度意識統一された宗教界や宗教者の集団というものが想定しえないからである。また、統一的な教会組織を持たないイスラームは、特定の意見を教会の公的見解として認定する、あるいは教会に反するものを異端として追放するシステムも持たない。本章で紹介した奇跡論にしても、特定の組織あるいは団体によって公的に認定されたものなどではなく、あくまでも個人あるいは特定の神学派の説が、他の多くの時代地域の宗教者や知識人によって受け入れられたものという位置づけになる。そして、広く認められている説以外のものがことごとく「非イスラーム」あるいは「反イスラーム」として退けられるわけでもない。

以上のような事情から、イスラーム世界における宗教権威と驚異の関係は、同じ時代でも地域によってかなり異なったものになり、その性質はそれぞれ個別に判断するしかないということになる。また、第Ⅰ部第１章や第Ⅱ部第４章で述べられている、中世から近世のヨーロッパにおける教会と驚異との相反あるいは協調関係をもとにした事象、すなわち、教会と驚異との戦い、迷信の悪魔化、奇跡が驚異を消し去る傾向、キリスト教への抵抗としての驚異といった現象についても、イスラーム世界においては見られないか、類似の状況が発生するとしてもヨーロッパと同様の社会的文脈で語ることはできない。教会という軸を欠くイスラームにおける驚異の社会史は、キリスト教ヨーロッパとは異なったものになるはずである。

注

（1）八世紀前半に発生し、九—一〇世紀に大きな影響力を持った、イスラーム史上初の体系的神学派。理性的推論を用いた論理的な学説を形成した。「創造されたクルアーン」説や、聖者や奇跡の否定といった同派の主張は、一〇世紀以降に主流となったアシュアリー派から批判された。

（2）この書籍をはじめ、本節で参照した研究書の多くは京都大学アジア・アフリカ地域研究研究科の東長靖教授にご教示いただいたものである。ここに記して謝意を表したい。

（3）アラビア語の動詞 *nastadriju* と名詞 *istidrāj* は、ともに語根 d-r-j から導かれ、共通の意味を持つ。

（4）トゥースィー作『被造物の驚異と万物の珍奇』については、第Ⅱ部第2章を参照されたい。

（5）『求道者の鍵』は、アリーガル大学 Maulana Azad Library 所蔵の写本を参照した（写本番号 University Collection, ḍamīma, fārsī tasawwuf 152）。詳しい作品情報については、二宮 2013 を参照されたい。

（6）中世から近世にかけてのヨーロッパでの奇形に関する議論や、驚異と悪魔や魔女との関係については、第Ⅳ部第1章を参照されたい。

第II部

驚異の編纂と視覚化

第1章　中世イスラーム世界の旅行記と驚異譚

――驚異を目にした人々

亀谷　学

はじめに

現代人にとって旅は身近で手軽なものになってしまった。百年前の日本人にとってはまったくの異国であった中東やヨーロッパまで、今やたった一二時間のフライトで到着できてしまう。かつては何年もかけてユーラシア大陸を横断したものが、近代には八〇日間で世界一周が可能となり、現在では二日で世界を一周することも難しいことではない。

とはいうものの、旅は今でも「新奇なもの」をもたらしてくれるものとして認識されている。自ら旅に出ることがなくとも、テレビでは旅番組や海外の面白話を伝える番組が多数制作放送されているし、身の回りで遠い場所へと旅をしてきた人に会うと、必ずその土地のことについて尋ねてしまう。

このような、自分の知らない土地のことを知りたいという心性は、今も昔も変わらず一定数の人間の中に深くまで染み付いているのだろう。当然、中世イスラーム世界においても、旅で出会った「驚異」を語り、それを聞くという営為が行われていた。

本章では、中世イスラーム世界の旅と旅行記一般について整理した後、「旅と驚異」そして「旅行記と驚異譚」という視点から、一二世紀に旅行記と驚異譚の書を著したガルナーティーという人物を中心に考察を行ってゆくこととする。

1　イスラーム世界における旅と旅行記

イスラーム世界における旅と驚異、あるいは旅行記と驚異譚について考える前に、イスラーム世界における旅と旅行記一般について整理しておこう。中世イスラーム世界における旅人は、必ずしも「驚異」を求めて旅に出たわけではない。彼らの旅の目的は非常に多様であった。

イスラーム世界では、旅に出る際の動機として概ね、①巡礼、②商売、③外交使節、④学問の探究という四つの動機を挙げることができる。これらは時に重複するものであるし、最初に目的としていた旅の目的がその途上で変更される場合もあり、排他的なものではない。当然、これ以外の動機を排除するものでもない。

第一の巡礼に関しては、イスラームにおいて、その信徒が行うべき義務のひとつとなっているものであり、ハッジ（大巡礼）と呼ばれている。これは、年に一度、イスラーム暦一二月の八日から、メッカのカアバ神殿およびメッカ周辺の諸地点を巡る儀礼行為を行うというものである。

このハッジはムスリムにとって、経済的・身体的に可能であれば一生に一度は行うべき義務とされ、現在でも多くのムスリムが、一度は巡礼のためメッカに行くことを願っている。これは中世イスラーム世界においても同様であった。イスラームが東は中央アジア、インド西北部から、西は北アフリカ、イベリア半島へと拡大してゆくとともに、巡礼の旅路も長いものとなっていったが、このような広大な地域からの巡礼者が年に一度、メッカで会することとなったわけで、その際には交易活動や学問的な交流などが活発に行われたのである。イスラーム世界における旅行記作者として高名なイブン・ジュバイルやイブン・バットゥータもその旅の最初の動機は巡礼を行うことであった（家島

2013)。

また、イスラーム世界の外からも、宗教的動機によってイスラーム世界へと旅してやってくる者がいた。特にヨーロッパのキリスト教徒がエルサレムへと巡礼にやってくるというのが最も顕著な例だろう。一一世紀末から猛威を振るった十字軍の活動も、広義の巡礼に含めうるものであろうし、一四世紀頃書かれ、広く読まれたと言われるジョン・マンデヴィルの旅行記も、その冒頭においてはエルサレムへの巡礼という目的が示され、イスラーム世界やさらにその東方で見聞した驚異を述べるものとなっている(ヨーロッパの人々による東方旅行記に関しては第II部第3章を参照されたい)。

第二に、商売のために旅に出るということが挙げられる。八世紀以降のいわゆるパクス・イスラミカと呼ばれる秩序のもとで、商業は大いに栄えた。陸路では中国からいわゆるシルクロードを通って中央アジアから中東に至り、そこからビザンツ帝国やエジプト、さらにはヨーロッパまで至るルートがあった。また海路ではインド洋、ペルシア湾、紅海、地中海を軸に、実に活発な商業活動が営まれていた(家島 1991b)。『中国とインドの諸情報』や『インドの驚異譚』の情報源となった人々は間違いなくインド洋方面の海洋交易に従事していた人々であるし、一二世紀半ばにはイベリア半島のトゥデラのユダヤ教徒ベンヤミンはエルサレム巡礼に加えて商売のために地中海沿岸と西アジア一帯を巡った旅行記を残している。さらに時代を下ると、遠くイタリアから中東イスラーム世界を横断し、モンゴル帝国に至った商人マルコ・ポーロが格好の例となる。また、商人が組織したキャラバンは、少人数で旅する者たちにとっては、それと行動をともにすることによって旅路の安全を確保するという役割を果たしてもいた。

第三に、外交使節、あるいはその一団にまぎれて、旅を行う場合が挙げられる。例えば『リサーラ(ヴォルガ・ブルガール旅行記)』を著したイブン・ファドラーンの場合は、アッバース朝のカリフの命により、ブルガールの王のもとに派遣された時の記録と考えられているし(第III部第5章を参照)、イブン・バットゥータも、旅の先々で王やスルターンから情報収集を命じられて辺境の地へと赴いている。また直接の命がない場合でも、一〇世紀のイラン北東部から中央アジアにおいて勢力を持っていたサーマーン朝のアミールが他国の王の娘を自分の息子の妻として迎えるために派遣した使節団に便乗し、「中国」に向かったとされるアブー・ドゥラフのような例もある。

最後に挙げた学問の探究、特にムハンマドの言行に関する伝承・ハディースを学ぶための旅は、イスラーム世界において、社会秩序たる宗教、および法規範として実際的な社会運営の手段と結びつくものであり、学問の道を志す若者に対して旅立ちを決意させる装置として大きな役割を果たしていた。

そのような学問の旅では、学者の集まる大都市が目的地となることが多かったが、旅の中で辺境に向かった際には、そのような知識人がその地に知識を伝える役割を果たすような事例も多く見られる。なんらかの理由で辺境に向かった者が、その地で知識人として尊ばれ、場合によっては法官などに任命され、数年その地に留まることもそれほど珍しいことではなかった。イブン・ファドラーンにはそもそも旅の目的のひとつとして、ヴォルガ川流域のサカーリバ王国の人々にイスラームについて教えるということがあったし、イブン・バットゥータや、本章で中心的に扱うガルナーティーも、イスラーム世界にとっての「辺境」にあたる地域で、イスラームの宗教的知識を教授し、それと引き換えに好待遇を得たことが彼らの旅行記から見て取れる。

以上のような様々な動機をもって、人々はイスラーム世界を旅したわけであるが、そのうちの幾人か、特により遠方、より未知であるような地域へと向かった人々の中にそれを記録に残した者たちがおり、またそのうちのいくつかが現在まで旅行記として残されているのである。

これらの営為の結果として、イスラーム世界では広くイスラーム世界の内外についての地理的情報が蓄積され、数々の地理書が著されることになった (cf. Miquel 1967–88)。地理書の中には旅行者の情報を用いた記述も散見される。例えば九世紀に著された、現存する中で最も古い人文地理学的書物であるイブン・フルダーズビフの『諸道と諸国の書』には、伝説的な蛮族であるゴグとマゴグを防ぎ止めておくためにアレクサンドロスが建設した北方の防壁を調査するよう、アッバース朝カリフによって派遣された者の報告が採録されている。また、中世イスラーム世界の地名辞典の最高峰とされるヤークートの『諸国集成』の「中国 (*al-ṣīn*)」の項には、アブー・ドゥラフの「中国」への旅の報告がまるまる引用されている。

さて、旅行記の多くは、それを読む人々が訪れたことがなく、それについて詳しいことを知らない地域を旅したことを記すものであった。実際にその場所を旅する人々が使うことのできる実用的な情報も残されてはいたものの、そこではやはりありふれたことよりもそこでしか見られない驚くべきこと、珍しいことが書き残される場合が多かった。そして、ほとんどの旅行記作者の記述に共通するのは、「実際に見ること」の「伝聞情報」に対する優位性を強調していることである。例えば、イブン・ジュバイルはアレクサンドリアの灯台についての記述の中で、以下のような形でそれを強調している。

［アレクサンドリアの灯台の］最上階には御利益があるといわれるモスクがあって、人々がそこで礼拝すればこれを受けるのである。われわれはそこにズルヒッジャ月五日木曜日に昇って、前述の祝福されたモスクで礼拝した。われわれはその建物の正体について、いかなる記述も描ききれない驚異的なものを見た。（イブン・ジュバイル 2009：32-33）

また、ナーセル・ホスローはその旅行記の末尾に「私は、この記録では、目にしたことをそのまま記述した。いくらかの部分は人が物語るのを聞いたものであるが、もしそこに事実に反することがあったとしても、読者には、それを私めの非ととることなく、非難や叱責をすることがないようお願いしたい」（ナースィレ・フスラウ 2005：50）と記しており、逆説的ながら自分が目にしたことについては事実に反することはないと述べている。

このことは、クルアーンの暗誦やハディースの記憶に代表されるような、伝聞と暗誦による学習の価値が最上位に置かれるイスラーム世界の中心的な学問のあり方とはやや異なる価値観を表明するものである。それは当然、常識的理解から外れる事柄を扱う驚異の探求と必然的に相通ずるものであったと思われる。

2　旅と驚異

旅とはそもそも日常を離れ、見慣れぬ土地へと行くことである。そのため、そこでは常に未知のもの、珍しいものと出会うことになる。その時に自らの理解する「常識」との隔絶の度合いが甚だしければ、それは「驚異」として認識されることになるだろう。となれば、旅行記において驚異について記されることはある種の必然であるとも言える。

その場合にも、より遠方、より地理的・文化的に異なる地域を旅した者の方が「驚異」に出会う頻度は高いであろう。主にイスラーム世界の中を旅したナーセル・ホスローやイブン・ジュバイルの旅行記には「驚異」に関する記述は比較的少なく、イブン・ファドラーンやイブン・バットゥータのようにイスラーム世界の外の世界を旅した場合にはそこで語られていることが「驚異」として認識されるような記述が多くなる。

例えば遠くインド洋を越えた領域にまで旅した人々の話を伝える『インドの驚異譚』では、中国の島々のひとつであるとされる「ワークワーク」に踏み入った人物の話として、以下のような逸話を伝えている。

そこには丸みを帯びた葉を付ける大きな樹木があって、その葉の一部は細長く、ヒョウタンのような形をした実を結ぶ。ただし、その実はヒョウタンよりも大きく、その形状は人間の姿形であって、風がそれを揺らすと、そこから声が出る。またウシャルの豆果のように膨れ上がった状態であるため、もしも、その実が木から切り離されると、たちまちそこから空気が抜け出て、［萎んで］皮のようになる。ところで、水夫たちの一人がその実を見て、その時姿形の一部に情欲を抱くと、切り取り、一緒に持って帰ろうとした。ところが、それを切ったとたん、そこから空気がスッと抜け出て、まるで死んだカラスのようなものだけになってしまったという。（ブズルク・ブン・シャフリヤール 2011: 1, 223）

これはイスラーム世界のほとんど誰も行ったことのない場所についての話となっており、そうした土地についての語りは大部分が驚異と見なしうるようなものである。

一方で、イブン・ジュバイルの『旅行記』には、「東方人の奇異な行動」と題された一節で以下のようなことが語られている。

これについてわれわれはまことに驚嘆すべき次のような話を聞かされた。ダマスクスからの巡礼者が、仲間に加わったマグリブからの巡礼者たちと一緒にヒジュラ暦五八〇年［西暦一一八四―八五年］にダマスクスに帰って来たときのこと。男女の大群衆が彼らを出迎えようと出てきて巡礼者と握手し、体に触り、出会った者の中に貧者がいればお金を与え、食物を供した。それを目撃したある者が言うには、多くの女たちが、巡礼者たちに会い、彼らにパンを渡し、巡礼者がそのパンにかじりつくとこれを奪い取って、巡礼者が口にしたそのパンを急いで食べ、御利益を得ようとし、巡礼者にはそのパン代としてお金を渡すのである。その他マグリブでは日頃見かけないような奇異なことをするのである。バグダードでも、われわれ巡礼者を迎える時には、これと同じか、これに近いことがなされた。（イブン・ジュバイル 2009 : 392）

イブン・ジュバイルは、イベリア半島からの旅行者であり、かつその旅行記もイベリア半島やマグリブの人々のために書かれたものである。彼自身がバグダードでも似た体験をしたというダマスクスの人々の奇異な行動についての記述は、マグリブの人のために語られたものであることは明らかである。

ただし、同様にイベリア半島出身のガルナーティーの場合は、その旅行記の中でシリアやイラクの驚異についてはほとんど何も述べていない。しかしその一方で、イブン・ジュバイルが触れることのないイベリア半島、特に彼の故郷グラナダの驚異も語っている。

グラナダの近くに、頂きに雪のある山がある。夏であろうが冬であろうが雪がなくなることはない。人間がそこまで登ることはできない。その山の近くには、教会の遺跡がある。そこには泉とオリーブの木があり、人々は、春のある特定の日に、その木からオリーブを取ろうと出かけてゆく。朝、太陽が昇ると、その泉は大量の水であふれ、オリーブの木に花が咲き、オリーブの実がなる。実はその日のうちに大きくなり、黒くなるので、取れるだけ取るのである。また彼らは治癒のためにその泉から水を持って帰る。(Gharnāṭī 1991 : 11)

このように、ガルナーティーは彼自身が生まれ育ち、よく知っていた土地に関する驚異譚についてもその旅行記の中で記述しているのである。これは、通常の旅行記が、著者の故郷など、旅の出発点へと帰着した後に書かれるものであるのに対し、ガルナーティーは故郷であるイベリア半島に帰ることなく、イラク地方で旅行記を記したという事情によるのだろう。

このことをふまえると、著者にとって単純に遠方であるということや未知であるということだけではなく、聴衆あるいは読者の関心が、何が驚異として記述されるかということに大きく影響していることがわかる。つまり「驚異に出会う」こと自体は、当然程度の差はあるものの、どの場所においても不可能ではなかったと思われるが、それを驚異として語る際には、受け手がどのような人間であるのかということが考慮されたのである。

そこで次節では、最も驚異に特化した旅行記としてガルナーティーの旅と著作を取り上げ、より具体的に旅行記における驚異譚について考察してゆこう。

3　ガルナーティーの旅と驚異

ガルナーティーは一〇八〇年にイベリア半島のグラナダ(アラビア語でガルナータ。彼の呼び名としているガルナーティーは彼の故郷にちなんだもの)で生まれた。彼に関して詳細な伝記情報は残されていないが、彼の同時代人であるイブン・アサーキルの『ダマスクス市史』にある情報と、ガルナーティー自身の著作の各所で言及されている情報から、彼の人生における旅の経路をおおよそ描くことができる。以下それを簡単にまとめておこう。

生まれてから三〇年ほどの月日をアンダルスの地で過ごしたガルナーティーは、一一一〇年頃からマグリブに滞在した。彼の出立の理由は明らかではないが、その後、一一一七／八年にシチリアを経由して東に向かい、エジプトに入った。イブン・アサーキルによると、エジプトで幾人かの師についてハディースを学んだとのことであるから、東方への旅の目的のひとつはハディースを学ぶためであったと言えるだろう。

ガルナーティー自身の記述によると、彼はアレクサンドリアやカイロで学問的研鑽を積むにとどまらず、アレクサンドリアの灯台（Gharnāṭī 1925：70）や「地下都市」（Gharnāṭī 2003：79）、カイロ近郊にあって古代遺跡の残るアイン・シャムス（Gharnāṭī 1989：91）、上エジプト（Gharnāṭī 1925：73）、あるいはナイル川の西に点在するオアシス（Gharnāṭī 1991：86）にも足を運び見聞を広めたことがわかる。

彼はその後シリアへと向かい、アスカロンを経由してダマスクスに到着した（Ducène 2003：51）。いつダマスクス入りしたかについての記述は見当たらないが、ある程度の期間滞在して学問を行ったことが、彼があるマドラサの近くに居を定めたというイブン・アサーキルの記述からも窺える（Ibn ʻAsākir 1995–2001：vol. 54, 114）。

彼はその後一一二二年にバグダードに行き、後の宰相アウン・アッディーンの家に寄留し、一一二六年までそこに滞在した（Gharnāṭī 1991：8）。彼はバグダードでも多くの師からハディースを聞くなど学問を修めたという（Ibn ʻAsākir 1995–2001：vol. 54, 114）。

バグダードを去った理由は判然としないが、ガルナーティーは北方へと向かい、一一二八年あるいは三〇年にはアブハルに到着していた。アブハルはイラン西北部にあたるジバール地方の北部、カズウィーンとザンジャーンの中間にある町である。彼はその後さらに北へと進み、カスピ海西岸沿いにアルダビール、バクー、ダルバンドを経由して一一三一年にヴォルガ川下流域にあったとされるサクスィーンに到着し、そこに三年間滞在する。

ガルナーティーはさらに北へ進みブルガールに滞在する（ここで言うブルガールは現在のブルガリアではなく、ヴォルガ川中流域のブルガール族が支配していた地域、およびその中心都市である）。ブルガール滞在前後の時間経過については記述がないのでわからないが、その地の王から一定の待遇を受けて、二〇年ほどの期間をブルガールかあるいはさらに北方で過ごしたと推測される。彼はその後グールクーマーンの町（Ducène 2006：92–93, 175–177 によるとキエフのことであるという）を経由して、ハンガリーのバシュキールの人々の町に向かい、そこで一一五五年から五八年まで滞在することになる。

その後彼は再びサクスィーンに戻った後、一一五九年にはホラズムに向けて出発する。さらに一一六〇年のシャウワール月にはメッカ巡礼を志してホラズムを出立し、一路メッカを目指し、その年のうちに巡礼を行ってそこからバグダードに帰還した。

そして一年あまりのバグダード滞在の間に、彼は『西方の驚異のいくつかを明らかにするもの』を完成させている。また彼はモスルに移り、一一六二年に彼の驚異譚書である『理性の贈り物と驚異の精選』をアブー・ハフス・アルダビーリーに献呈している。

イブン・アサーキルによると、ガルナーティーはその後アレッポに数年住んだ後ダマスクスに居を定め、一一六九年一〇月三〇日に同地で死亡したという（Ibn ʻAsākir 1995–2001：vol. 54, 114）。

このようにガルナーティーは故郷であるグラナダを後にしてから、五〇年以上、数年ごとに移動を繰り返し、最終的には特にゆかりがあるわけでもないダマスクスにて死亡したことになる（ただしブルガールにおける謎の二〇年間という問題はあるが）。

ガルナーティーの旅行記の特異な点は、彼が旅した土地の多くについて、驚異的な事物を記していることである。そして、驚異的ではないことについてはほとんど記されていないことも、特徴的である。例えば、マグリブからの旅行者によって著された旅行記の中心的なテーマであったメッカへの巡礼については、巡礼を志してホラズムを離れ、同年のうちに巡礼を果たしたことがほんの数単語で記されているのみである（Gharnāṭī 1953：44）。

先程述べたように、ガルナーティーの主要な著作は二つあり、そのうちの一つ『西方の驚異のいくつかを明らかにするもの』が彼の「旅行記」として知られるものである。この著作には天文学や自然地理学などに関する解説なども含まれるが、そのほとんどは彼が旅した体験に基づく記述となっている。

この著作は彼の二度目のバグダード滞在中に宰相アウン・アッディーン・イブン・フバイラのために執筆されたものであるが、写本、校訂本ともに著作の全体をカバーしたものがないため、全体像がわかりにくくなっている(1)。少なくとも現存する写本においては、「旅行記」と聞いて我々が想像するような、日付が明記され、時系列順に行程が並べられるという構成を取っているわけではないが、概ね著者の故郷であるイベリア半島の事柄から、東へと向かって旅する中での見聞、特にエジプトにおける驚異、その後バグダードを発って北方へと向かう旅路、そこから東欧方面へと旅してゆく中で見聞した事柄が語られている。

これまでガルナーティーの旅行記の記述として貴重なものと認識されてきたのは、東欧や北欧に関する記述である。例えばその中には、ビーバーに関する話などがある。

> 彼ら［北方からの商人］は極上のビーバー（*qunduz*）の毛皮をもたらす。ビーバーは驚くべき動物である。それは大きな川におり、その川岸の陸地に家を造る。自分のためには高棚のようにして部屋を造り、その下の段に、右手には彼の妻たちの、左手には彼の子供たちのための部屋を造る。そして一番下には奴隷たちのための場所を造るのである。そこには川に面した門があり、また陸地に面した門もある。エリカの木を食べるときもあれば、魚を食べるときもあり、お互いに攻撃し、捕虜をとったりする。（同前：13–14）

ここに見られるビーバーはまるで人間のような身分制のある社会を営んでいるものとして描かれている。このような珍しい動物の話も遠方の土地を巡った人々の話としてよく見られるものである(2)。

また、彼が長く滞在したと思われるブルガールでの話として、以下のような話も伝えられている。

> 彼らの土地には、アード族の骨も存在している。一つの歯がその幅が二シブル、縦が四シブル［一シブルは約二五センチメートル］である。その頭からその側面までは五バーウ［一バーウは約二メートル］ある。その頭は巨大な

ドームのようである。そのようなものはその土地には多くある。（同前：10–11）

冒頭で語られているアード族とは、イスラーム以前の古代のアラビアに存在したとされる巨人族である（前島 1976；堀内 2003）。このアード族に関しては、ハンガリーにおいても言及がある。

その地方において、アード族の人々の墓が多くあるのを見た。彼らの前歯の根の半分が私にもたらされたが、その幅は一シブル、重さは一二〇〇ミスカール［一ミスカールは約四・二五グラム］であった。またその手首の頭は、その骨を片手では地面から持ち上げることができないほどであった。（Gharnāṭī 1953：35）

さらに、ガルナーティーはブルガールに今も存在するアード族の子孫について述べている。

私はブルガールでアード族の子孫を見た。彼の身長は七ズィラーウ［一ズィラーウはおおよそ五〇－六〇センチメートル］以上であった。私は彼の腰にも届いていなかった。彼は力が強く、屠られた馬を取って、あっという間にその骨を壊し、皮と神経を切ってしまったが、私は斧を使ってもそんなに速く切ることができなかった。ブルガール王は戦いのときには車で運ばなくてはならないような鎧を使い、また大釜のような鉄兜を使っていた。彼は巨大な長いオークの材木を武器として戦った。それは他の誰にも持ち上げられなかったが、彼の手にあるときには、我々の手に棒があるような具合であった。（同前：37–38）

これらの話のそれぞれはガルナーティーが別々に経験した事柄であるものの、古代イランの暴王ダッハークの命によってアード族の巨人たちが北方に派遣され、その後ダッハークが倒されたためにその巨人たちが北方、特にブルガールとバシュキールの地に留まり続けることになったのである、という逸話によって繋ぎあわされることになる（同前：35–37）。

もうひとつ、彼の旅において出会った驚異として、アブハルにおける逸話を見てみよう。

私がヒジュラ暦五二二年［西暦一一二八年］にアジャムの地にあるアブハルという町に着いたとき、アブー・アルヤスルというカーディー［イスラーム法官］のもとに寄留した。彼はアブー・イスハーク・シーラーズィー師の弟子の一人であった。彼はある日、私に語った。「アブハルの近くにルスタムの山として知られる山があり、そこにはヤルサムの洞窟と呼ばれる洞窟がある。その洞窟の天井には、水差しの口のような穴があり、その洞窟に入った者は、棒の束を発見する。その束は一五の棒からなり、それぞれ一ズィラーウである。その束は棒を糸でこれ以上なく強く締め付けている。誰もその棒がなんの木であるのかわからず、糸についても何からできているのかわからない。私がその束を手に取り、洞窟から出ると、洞窟の天井にある穴からもうひとつの束が落ちてくる。私がそれを外に持って出る度に、また別の束が落ちてくる。もし一日に千回外に出たとしても、また別の束が落ちてくる。もし棒をその洞窟に千年放っておけば、もうそれ以上落ちてくることはなくなる」。私はそれを［実際に］見てとても驚いた。（Gharnāṭī 2003 : 52–53）

これこそ驚異、と言いたくなるような理解を超えた話である。特に、この棒が何かに役立つというわけでもなく、ただただ不思議な話となっている。もちろんそのことで真偽を判断するわけにはいかないが、この脈絡のなさが逆にこの話が「ナマの驚異」であるという印象を与えているようにも思える。

4　旅行記と驚異譚の書

旅行記、特に、それを聴いた者、あるいは読んだ者にとって未知であるような遠方に旅したときのそれについては、常に不信の目をもって見られ、また時にそれが嘘であると論難されることも少なくない。

そのような批判者の急先鋒として、西暦二世紀にギリシア語で著作をものした風刺家ルキアノスなどは、遠方の情報を伝える書物を風刺して、以下のように語っている。

クニドスの人でクテーシオコスの子のクテーシアスは、インドの国々やその事物について自分が見たのでも他の実地に見聞した人から聞いたのでもない話をいろいろと書きしるしている。またイアンブーロスも大洋中のことについてさまざまな不可思議を伝えているが、それはだれにでもうそっぱちをこね上げてるとわかってながら、それながらになお読み物として面白くないこともない物語である。その他にもたくさんの人たちが好んでこれを同様なやり方をして、自分の旅行記とか漫遊談とか称しては、巨大な動物や野蛮な人種のことや奇異な風俗などについてのべている［後略］。（ルキアノス 1989 : 10）

ルキアノスはこのようなことを書きつつも、この著作『本当の話』では、自らが実際に行ったということとして、どう考えてもありえないような空想的で荒唐無稽な旅の話を記述している。

ルキアノスのように先鋭的な考えを持っている人間はそれほど多くなかったかもしれないが、ガルナーティーの生きた中世イスラーム世界においても、驚異的な事柄を記した旅行記はしばしば不信の目で見られ、批判された。例えば、ガルナーティーの同時代人でありその伝記情報を残しているイブン・アサーキルは、以下のように彼を評価している。

彼は冬の国で数々の驚異を見たと記しているが、そのほとんどは理性において不可能なものであり、彼がダマスクスに戻ってきたときに、彼のもとに人が集まることはなかった。彼が話したことが嘘であると思われたためである。（Ibn ʻAsākir 1995–2001 : vol. 54, 114）

おそらくこのように嘘つきであると評価されたことが、ガルナーティーが初めに旅行記を書き、その後体系化された驚異譚の書を著した原因だと思われる。彼がバグダードで書いた『西方の驚異』は、比較的素直に自らが見聞したことや自分の知識を記したものとなっている。しかし、その後モスルに移った後に著した『驚異の精選』は、自らの体験した驚異的な話に、他の人々から聞いた話を加えながら、それらを四つの章に分類したものとなっている。

その四つの章は、それぞれ「世界とその住人である人間とジンの記述」「諸国の驚異と諸建築物の珍奇の記述」「諸海、および、そこにいる動物たち、それから出る竜涎香とタール、そこの島々にある各種のナフタと火の驚異の記述」「発掘された場所と墓、復活の日まで保存されている偉大な人々の骨の記述」と題され、その四章すべてに自らの体験した話が含まれている。

『西方の驚異』と『驚異の精選』との間には、その驚異の語りが「本当であること」についてのガルナーティーの姿勢の違いがかいま見られる。『驚異の精選』の中では、彼がエジプトにいた時に聞いた話として、中国とインドの地に四〇年滞在したという人物、アブー・アッバース・ヒジャーズィーの話を紹介している。その冒頭でガルナーティーは以下のようなやりとりを記録している。

人々は彼から数々の驚異を伝え聞いていた。私［ガルナーティー］は彼に言った。「アブー・アッバースよ。私はあなたから多くの驚異的なことを聞いた。今私は至大なる神の創造の驚異について聞きたいと思う」。そのときアブー・バクル・ムハンマド・ブン・ワリード・フィフリー師が同席していた。アブー・アッバースは言った。「私は多くのものを見てきたが、それを語ることはできない。というのも、人々はそれを嘘だと思うからだ」。するとアブー・バクル師が言った。「それは無知な大衆の場合のことで、理知ある人々や知識ある人々は可能なことと不可能なことを知っている。至大なる神の創造の驚異を述べることについては、至大なる神の創造物の驚異における彼の力を明らかにしようとしてそれを語ることは望ましいことである」。（Gharnāṭī 1925：106）

以上のようなやりとりを経てからアブー・アッバースは彼の体験した話を語り始めるのである。

実はこれと同様の主張は、『驚異の精選』の序文にも見られる。

理性を持った者は理にかなった驚異の話を聞けば、それが正しいと判断し、それを語る者を嘘つきだとは決めつけず、間違いだと言うことはしない。一方、無知な者は、自分の目で見ていないことを聞くと、語る人が嘘つきで、ねつ造をしていると非難するであろう。それは、知性が乏しく、教養も限られているからである。(同前：37)

さらにこれに続いてガルナーティーは、クルアーンの文言を引用して、驚異とそれを語ることについて正当化を行ってもいる。

『西方の驚異』の時点ではアブー・アッバース・ヒジャーズィーの言葉も紹介されておらず、序文で驚異についてこのように語られてもいない。おそらく、イブン・アサーキルが記したように、ガルナーティーの数々の驚異譚は嘘であると一定以上の人々に認識されたのであろう。『西方の驚異』を初めて記した後に、この驚異というテーマにより自覚的になって書かれたのが『驚異の精選』だったのではなかろうか。

そのような視点から前述の「巨人」の話を見ると、『驚異の精選』においては、ガルナーティーはこれらの記述の順番を整理し、ウマイヤ朝カリフ・ムアーウィヤの時代にアード族の預言者フードの墓が見つかったという逸話や、自身の経験談から事実性を補強するような情報を盛り込んで、このトピック全体の説得力を高めようと腐心している。例えば、バシュキールの地で発見された骨については、

私はそれを量った。それは今もバシュキールの地にある私の家にある。(同前：131)

という『西方の驚異』にはない文言を追加し、その「もの」自体が存在することを強調し、また、ブルガールで実際に見たという巨大な男についての記述の冒頭については、

私はヒジュラ暦五三〇年[西暦一一三五—三六年]にブルガールで、アード族の子孫の一人である巨大な男を見た。彼の身長は七ズィラーウ以上であった。彼の名はドゥンカーと言った。(同前：132)

というように書き換え、自分が見たのがいつのことであるかという情報、またその者の名前を付け加えている。これもまた具体的な情報を盛り込むことによって、それが本当らしく見えることを意図したものであろう。

また、アブハル近郊の洞窟にある棒の束の話については、『驚異の精選』において、後日談が追加されている。

> 私は言った。「聞いた話は目で見るのとは違う」。そこで私はその驚異を見たとき、アブー・アルヤスルに言った。「私にこの束をください。また、あなたの手でこの話を私のために書いてください」と。彼はそうした。彼の手で書かれたものが今も私のもとにある。この棒のことを［私から］聞き、それを見た偉大な師匠たちが、そこから一本ずつ棒を取っていったので、私のもとには一本しか残っていなかったが、それも私と私が恥じ入るような［偉大な］人との間で分けてしまった。糸もまた彼が取っていった。（同前：81）

後段はなにやらひどく言い訳めいていて、元の話にあった理解不能な不可思議さをかき消してしまっているようにも思えるが、これもまた、この話が受け入れられやすくなるように補足したものであることは明らかだろう。この追加部分の冒頭にある「聞いた話は目で見るのとは違う」という台詞は、彼の驚異に対する基本的な姿勢を表明していると同時に、その目撃の真実性をさらに確認、強調することを狙ったものだろう。

むすびにかえて

中世イスラーム世界をめぐる旅は、その広大な領域とさらに広大な周辺地域を舞台に、多様な目的のもとに行われ、多様な体験を惹起した。彼らが目にしたものを知ろうとする者のために、旅の話が語られ、旅行記が記された。そして見た者の理解を超えた事物は、驚異として語られ、それを聞いた者、読んだ者に伝えられた。

本章で見てきたように、驚異についての語りは本質的に信不信の対立構造をもたらすものであったと考えられる。

それに対して、驚異を語った旅人は、「直接この目で見た」ということを最も堅固な根拠として提示することができた。ガルナーティーの場合においても、それが一定程度受け入れられたことは、いくつもの写本が現代まで伝わっていることから窺える。おそらく現存するものに倍する写本が作成され、読み継がれたことであろう。

　しかしそれを受け入れない人々もいた。旅行記やそれをもとに記された驚異譚の書では、それらがより広く受け入れられるための工夫がなされた。それは、直接目にしたということの重要性を様々な角度から強調することであったり、また、真実性を増すための情報を付加することであった。そのことは自らの体験した（と旅行記作者の主張する）驚異を、読者のために「飼いならす」ものであっただろう。しかし一方ではまた、驚異のために読者を飼いならすものでもあっただろう。

　おそらくはその多くが旅行者によってもたらされたであろう驚異譚は、直接それを経験したわけではない者によって収集・編纂され、他の書物の知識と統合された上で、本格的な「驚異の書」として体系化されることになる。ガルナーティーの二つの著作は、旅行記と驚異の書との間の過渡期的な状況を示してくれていると言えるのではなかろうか。

注

(1) 本章では基本的に三つの校訂テクスト Gharnāṭī 1953, Gharnāṭī 1991, Gharnāṭī 2003 を用いた。これらのテクストには若干の重複部分もあるが、本来のテクストがそうであった順に並べると、①Gharnāṭī 1991、②Gharnāṭī 1953、③Gharnāṭī 2003 の順になると考えられる。なお仏訳（Gharnāṭī 2006）は、この三つのテクストから旅行記的ではない部分を取り除き、旅行記として時系列順などをあわせて復元した独自の構成のテクストを翻訳したものとなっている。

(2) なお、このビーバー社会については、一三世紀後半に動物に関する大部の著作を残したケルンのアルベルトゥスも言及しているという（Gharnāṭī 2006 : 162）。このような驚異についての、中東にもたらされた情報とヨーロッパにもたらされた情報の関係は明らかではないが、共通する事例を集めてゆくことは必要であろう。

第2章　天上・地上の驚異を編纂する

――ペルシア語百科全書成立の一二世紀

守川知子

はじめに

西アジアや北アフリカに広く展開したイスラーム世界では、一一世紀ごろより「宇宙誌《コスモグラフィー》」や「博物誌」という新たなジャンルの書物が編まれるようになる。その背景には、各地の地理情報や産物を集めた「地理書」の隆盛があり、またアッバース朝（七五〇―一二五八年）のお膝元である都バグダード（現イラク）での種々の古典文献の翻訳活動があった。[1] 一〇世紀にアッバース朝が弱体化し、各地に地方政権が林立すると、学芸の中心もまた各地に分散し、シーア派のファーティマ朝（九〇九―一一七一年）下のカイロ（現エジプト）や、ガズナ朝（九七七―一一八七年）下のガズナ（現アフガニスタン）、ブワイフ朝（九三二―一〇六二年）やセルジューク朝（一〇三八―一一九四年）下のイスファハーン（現イラン）など、バグダードから遠く離れた各地で学芸が爛熟期を迎える。特に、おそらくイスラーム世界最古となるアラビア語の驚異《アジャーイブ》（*'ajā'ib*）集成本である『技芸の珍奇と目への楽しみ』（以下『技芸の珍奇』）は、ファーティマ朝下のエジプトで作成されている。[2]

このような文芸潮流の中、その名も『被造物の驚異と万物の珍奇』（以下『被造物の驚異』）と名づけられたペルシア語の書籍が誕生するのは一二世紀のことである。書名が意図するところは、まさしく「世界万物の驚異《アジャーイブ》を集めた書」であり、天文学、医学、本草学、動物学といった自然科学から地理や歴史、神話・伝承にいたるまで幅広く収集し、網羅した「百科全書」（もしくは「博物誌」）である。著者はイラン（ペルシア）系のムハンマド・ブン・マフムード・トゥースィーなる人物で、当時のごく一般的かつ標準的な学識者と考えられる。トゥースィーにはアラビア語やペルシア語での著作があるとされるものの、同書以外はまったく知られていない。イスラーム世界の学問の爛熟期に生まれたこの百科全書は、西アジアを広く支配したスンナ派のトルコ系君主を載くセルジューク朝政権下において、その最後の君主となったトゥグリル三世（在位一一七六—九四年）に献呈された。

本章では、スンナ派イスラーム世界における百科全書的驚異集成本がいかなるものか、トゥースィーの『被造物の驚異』をもとに検討していこう。

1　トゥースィーの『被造物の驚異と万物の珍奇』

（1）構　成

トゥースィーの著した『被造物の驚異』は、著者自らの目次と序文をあわせ持った欠落のない完全な著作であり、全一〇章からなる。

序　文
第一章　天体の驚異について
第二章　火と空気（風）の驚異について
第三章　水（海・湖・河川）と大地（山・鉱物・石）の驚異について
第四章　諸都市の驚異について

第五章　樹木の驚異について
第六章　遺構や遺物（彫像・壁画・墓・財宝）の驚異について
第七章　人間の驚異について
第八章　ジンやシャイターン（悪鬼・妖霊）の驚異について
第九章　鳥の驚異について
第一〇章　動物の驚異について

『被造物の驚異』の構成は、天界に属する「驚異なるもの」に始まり、四元素（火・風・水・土）の説明、そして地上の諸都市や遺跡、地上に暮らす人間や動物、鳥や虫の項目からなっている。すべての章のタイトルに「驚異（*ʿajāʾib*）」という文言が入っていることからも明らかなように、同書は、世界万物、森羅万象のすべてを「驚異」という範疇に入れ、網羅収集したものである。

若干詳しく内容を紹介しよう。第一章「天体の驚異」では、『クルアーン』に描かれる天の玉座・天の筆と書板、イスラーフィールやジブリール（ガブリエル）、ミーカーイール（ミカエル）など数柱の天使や聖霊といった、天の最上位から上位に位置するものについて述べられ、北天・南天とそれらの星座、七つの天（月天・水星天・金星天・太陽天・火星天・木星天・土星天）と恒星天、太陽、月、土星・木星・火星・金星・水星、そして黄道一二宮についての説明がなされる。

また第二章「火と空気の驚異」では、火やそれにまつわる稲妻・流星・雷鳴・虹・彗星と、空気もしくは風や雲の説明がなされ、第三章「水と大地の驚異」では、水と、水にまつわるものとして、インド洋やカスピ海、ナイル、ティグリス、ユーフラテス、地中海、大地を取り囲む「周海（オケアノス）」など三八項目の海・湖・大河、およびヴォルガ川やアラス川など計三九項目の川や泉がアルファベット順に挙げられる。水に続いては、土や大地の説明があり、地上の地域区分や気候帯、そして大地の礎となる「カーフの山」を筆頭に、アルファベット順にダマーヴァンド山、シナイ山、ヌーフ（ノア）の方舟が着いたとされる「ジューディー山」など五四項目の山と、ダイヤモンドや大理石、ラピスラズリ、ルビー、明礬、水銀、珊瑚、硫黄といった約五〇種類の鉱物や宝石、さらには、いにしえの教訓たる文字の書かれた六項目の石碑が言及される。

第四章以降は地上の「被造物」が「種」ごとに分類され、それぞれがアルファベット順に列挙される。第四章「諸都市の驚異」は全編を通して最も大部の章であり、メッカのカアバ殿やメディナの預言者モスクに始まり、エルサレムのシオンの聖堂や聖墳墓教会、ローマのサン・マルコ教会といったユダヤ教やキリスト教の聖所・聖堂に加えて、バグダード、イスファハーン、セイロン島、カーブル、メッカ、メディナ、コンスタンティノープル、カシュガル、アンダルス、イエメン、バビロン、チベット、アルメニア、ローマ、サマルカンド、トレド、エジプト、ヌビア、中国、広東など二一三項目に及ぶ地上の町や地方が述べられ、そして最後に、神の怒りによって滅ぼされた町々や、各地で生じた地震や石が降るといった「天変地異」が挙げられる。

第五章「樹木の驚異」では、黒檀、イチジク、ザクロ、オリーブ、リンゴ、柘植、シナモン、竜涎香、沈香、ブドウ、ナツメヤシといった六七項目の樹木や果樹・香草、さらには一六例の「未知の木々」などの植物が紹介され、第六章「遺構や遺物の驚異」では、バーミヤーンの石仏やパルミラの女神像といった世界各地の彫像・石像・図像、アーダム（アダム）やダーニヤール（ダニエル）、イラン伝説上のタフムーラス王といった預言者や王たちの墓、アレクサンドロスや暴君ザッハークらの財宝や埋蔵品について述べられている。

そして第七章「人間の驚異」では、知性、霊魂、視覚・聴覚などの五感、身体の諸器官、女、去勢者、巨人、ヤージュージュとマージュージュ（ゴグとマゴグ）、トルコ人やロシア人など北方・南方の諸民族、預言者の優越性と歴史上の偽預言者、錬金術や医学・治療法、そして最後に、夢や死など、「人」にまつわる「驚異」について言及される。一方の第八章「ジンやシャイターンの驚異」では、人間でもなく天使でもない、ディーヴやグールと呼ばれる妖霊や悪鬼、人喰い、「犬頭族」などの「類人」について紹介される。

第九章の「鳥の驚異」では、鷲やハゲタカといった猛禽および鶏や鳩などの家禽、スズメやカモ、オウム、孔雀、カラス、コウモリ、各地の珍しい鳥など四三種類の鳥が挙げられ、最後の第一〇章「動物の驚異」に挙がるものは、象やラクダ、馬、ライオンなどの大型動物から海の動物やロバ、羊、シカ、オオカミ、毒蛇、サソリ、クモ、ハエ、蟻などであり、最後は「被造物の中で最も弱きもの」(Ṭūsī 1966 : 636) である蚊で締めくくられる。

このように『被造物の驚異』の構成は、天の最も高い位置に存在する「被造物」から、天界と地上のあいだにある火や風を経て徐々に地上に降り、第四章以降はすべて地上の「被造物」を、諸都市・遺跡・人間・非人間・植物・動物という分類で順に説明していくものとなっている。すなわち、「天界の最も偉大なものから地上の最も卑小なものまで」世界中のありとあらゆる被造物を扱っているのである。この点において、トゥースィーの著作は、『技芸の珍奇』とは異なり、「宇宙誌」と「博物誌」を掛け合わせた真の「百科全書」であり、より完成度の高い驚異《アジャーイブ》集成本であると言えよう。

(2) 「被造物はすべてが驚異」

例として、天体の一つである「太陽」の書き出し部分を見てみよう。

至高なるアッラーのいわく、「また太陽は、規則正しく運行する。これも全能全知の御方の摂理である」(『クルアーン』36 : 38)。創造主は被造物に恩恵を施されている。「われは天で太陽をめぐらせた」とあるように。太陽は世界を秩序づけ、世の中に光を与え、果実を熟させ、草木を地面から引き出す。海からは蒸気を取り出すが、その蒸気は大気中で雲となる。そして乾いた大地に雨が降り、世界の繁栄がもたらされる。さらに太陽の熱によって、タールやピッチ、ナフサ、塩、水銀、硫黄、金、銀、銅、鉄といった鉱脈が地中に生じる。そなたが目にするこれらの驚異たるや、完璧ではないか。太陽が沈むと、あらゆる動物は穴の中に逃げ込み、あらゆる生きものは死者のような体勢で眠り込む。世界中が黒く、暗くなってしまう。そして太陽が東から頭を出すと、すべてのものが動き始める。静かだった鳥たちは歌い出し、さまざまなメロディーで創造者を讃える。獣や動物

> は穴から這い出し、この世のすべての住人が動き出す。庭に行き、手入れされた木々を見ると、心が和むであろう。だが太陽が沈んでしまうと、そなたは思う。「それぞれの木が魔物であり、枝は剣なのだ」と。樹上ではフクロウが啼いている。太陽が昇り、世界が一変する朝が来るまでは。（トゥースィー 2009-：2, 422）

と、太陽がいかに不思議で驚異にみちた存在であるか、また神こそがこのような太陽を生み出し、天をめぐらせることによって被造物はあまねくその恩恵を享受できるのだと謳われる。このあとは、太陽の大きさ（地球の一六〇倍とされる）や運行速度、その姿かたちや効用について記される。ここからもわかるように、トゥースィーはまず、『クルアーン』の章句をアラビア語の原文のまま挙げ、ときにそのペルシア語の解説を付した上で、個々の「被造物」がいかなるものかについて説明する。

なお、太陽や諸都市、宝石、果樹など、現実に確認し得る「被造物」がある一方、上半身が雪で下半身が火の天使や、手に握ると嘔吐する「嘔吐の石」、離れたところに持って行くと毒になる泉水、人のかたちをした「人間草」や引き抜く者はみな死んでしまう「マンドレイク（*vabrūj*）」、落ちた葉がすべてスズメになって飛んでいってしまう巨木、春になると動きだす山や、演奏者がいないのに太鼓やシンバルの音が聞こえる山、不死や何千年も生きる人間、水中に暮らす人や体がまだらの男、一本手一本足の種族、火の中で生きる火トカゲ《サラマンダー》（*samandar*）や目にした者は死んでしまう動物など、一見すると摩訶不思議で存在を疑いたくなるようなものも載せられている。たとえば「キリン（ジラフ）」のもとになったアラビア語の「ザラーファ（*zarāfa*）」の項では、

> 「ザラーファ」はヌビアの地にいる。不思議な動物である。体はラクダで、頭は角のない山牛、蹄は牛で、鶏の尾とロバの歯をもつ。二本の手は長いが、二本の足は膝がなく短い。皮膚には美しい色の斑点がある。父親はヒョウで母親はラクダである。（Tūsī 1966：569）

とされている。実際のキリンと似ているようでありつつ、中国の伝説上の「麒麟」との類似点もまたわずかながら垣

間見られる(3)。

このように虚実ないまぜでありながらも、「この世界のいかなる微分子の中にも驚異がある」(トゥースィー 2009：4, 510)という著者の一貫した姿勢のもと、『クルアーン』に述べられているものや、誰であれ見たり聞いたりしたことがあるものについては決してその存在が否定されることなく、すべてが全知全能の神の「被造物」であり、「驚異《アジャーイブ》」であるとして包括的に紹介されるのである。

2　諸学を編纂する

『被造物の驚異』の著者トゥースィーの経歴はほとんど明らかとなっていないが、その内容やイラン北東部のトゥースの町の出身を表す呼称からイラン系の学識者であり、一時期イスファハーンに滞在し、後にイラン西部のハマダーンに移ったと考えられる。アラビア語やペルシア語の素養があったトゥースィーはスンナ派であり、晩年居住したハマダーンでこの書を執筆し、時の君主トゥグリル三世に捧げた。

(1) 執筆の目的

トゥースィーは序文の中で、「言葉」や「書物」の有用性を説いた上で、「私の死後、読む者すべてが私のことを記憶するような記念碑的作品を著そう」と執筆の動機を述べ、さらにその目的を次のように述べている。

［本書を執筆するのは］本書の読者が世界の方々や隅々を巡ることなく、また陸や海を踏破することなしに、世界の驚異や当代の珍奇のすべてについて情報を獲得し、［大地の姿を知り、］至高なる神は被造物を何種類に分けて創造したのか、またどの集団に目をかけ、神の怒りはどの集団を破滅の風で滅ぼしたのかを知るようにするため

である。(同前：1, 207)

また別の箇所では、

> 私がこの書を著すのは、すべての人が諸国を歩き巡るだけの財力を持たないがゆえである。［読者が実際には］目にしたことがないものをも見ることができるように、私は、これまで人々が見聞きしてきた世界の驚異を記し、［さまざまな］姿かたちについてできる限り描いていこう。そして本書に『被造物の驚異と万物の珍奇』と名づけよう。そうすれば、人々は本書を読み、至高なる創造主の御業を知り、思索することができるだろう。(同前：1, 208)

と述べており、この書がまずは、読者が家に居ながらにして世界万物のことについて知ることができるために、そして万物の創造主たる神の「御業」について思いめぐらすために執筆されたことがうかがえる。

『被造物の驚異』は全編を通して、「知れ」という二人称への呼びかけ語で文章が始まっている。これはセルジューク朝期のペルシア語鑑文学の特徴でもある。年長者が上からやさしく解き明かす形式であることから、献呈先のトルコ系君主（ペルシア語が共通語）をはじめ、おそらくは、さほど「知」とは無縁な、あるいはまだ知識が十分ではない人々をも対象としているのであろう。読んで興味を引かれる逸話や見てわかりやすい挿絵（ミニアチュール）がふんだんに用いられるなど、読者を飽きさせない工夫が随所に見られる。[4] 特に、本文中の項目の脇にちりばめられた天使の図像や地図、遺跡の模式図や動植物の挿絵は、読者の理解を助けるためにきわめて有用である。

さらに、この書はイスラーム諸学の基本的な文章語であるアラビア語ではなく、ペルシア語で書かれている。もっとも、アラビア語が皆無というわけではなく、表題や項目名や『クルアーン』の章句はアラビア語で書かれ、随時それらはペルシア語に翻訳されているのだが、ここからは二つの点を指摘し得る。一つは、著者の典拠となった情報がアラビア語であったということ(これについては後述)と、もう一つは著者の時代、すなわち一二世紀には、アラビア語が「書き言葉」としては、シリア・パレスチナ地方やアラビア半島を除くセルジューク朝支配下の西アジア一帯では、もはや通用しなかったということである。献呈先の君主がトルコ系であるという点も大きいが、当時の西アジアとその周辺域では「ペルシア語文化圏」と呼び得る文化圏ができあがっており、話し言葉のみならず、文章語としてもペルシア語が共通語として用いられた（森本編 2009）。この時代以降、アラビア語はほぼ神学や自然科学の領域に限定される一方、ペルシア語文献のジャンルは歴史書、地理書、鑑文学など多岐にわたり、イラン系の学識者はアラビア語とペルシア語の両言語を用いて盛んに著述活動を行った（守川 2011）。同書はまさにこのようなペルシア語優位の時代を体現しているが、何よりも一般の読者が世界万物のことについて知ることができるよう挿絵や逸話を駆使し、平易なペルシア語で書かれたトゥースィーの著作こそは、当時の「ペルシア語文化圏」における知的水準の高さを示すと同時に、ありとあらゆる「知の結晶」とも言うべき作品となっている。

（2）『被造物の驚異』の典拠

トゥースィーの『被造物の驚異』には、古今東西の様々な学識が盛り込まれている。同書の根幹をなすのはイスラームの聖典『クルアーン』であるが、それ以外にも、ギリシア・ローマの古典由来の自然科学に関する文献や、地理書や旅行記、驚異譚、そしてサーサーン朝（二二六―六五一年）の伝統を受け継ぐ歴史書や神話・伝承のたぐいが典拠となる。『クルアーン』やハディースについては改めて言うまでもないので、ここでは自然科学と地理書と神話・伝承について簡単に見ていこう。

自然科学の分野では、『被造物の驚異』にはアリストテレス、ヒポクラテス、プトレマイオス、ガレノスなどの名前が挙がる。たとえば天体の項目では、その大半においてプトレマイオスの『アルマゲスト』と同じ記述（前出の太陽の大きさや運行速度など）が見られ、さらに宝石や鉱石の項の中で個々の石に加筆される「まじない」（鋼と銅と金を熔かして指輪用の石を作り、そこにサソリの絵と「アッラーの名において」と書くとサソリの傷に効く、など）は、魔術師とも言われたティアナのアポロニウスに由来する。このように、同書の約四分の一は、ギリシア・ローマの学識に依拠している。もっともこれらはギリシア語からそのまま受け継いだのではなく、九世紀以降にバグダードの「知恵の館」などの学術機関において、シリア語や中世ペルシア語を通してアラビア語に翻訳されたものがもとになっている。医学者・哲学者として名高いイブン・スィーナー（一〇三七年没、ラテン名アヴィケンナ）や天文学者で『星座の書』を著したスーフィー（九八六年没）、同じく数学者・天文学者のビールーニー（一〇四八年没）など、本文中では名前が挙がらないまでも、ギリシア・ローマの古典を踏襲したイスラーム時代の多くのイラン系の学者たちの書籍が参照されており、当時、このような知識が西アジアのイスラーム社会で広く流布していたことがうかがわれる(5)。

また、『被造物の驚異』のような「驚異集成本」が現れる背景に、世界各地の情報収集に努めたアラビア語地理書や旅行記の伝統があったことは看過すべきではない。特に、『諸国の書』（九〇三年頃筆）の著者であるイブン・ファキーフや『諸道と諸国の書』（九五一年筆）のイスタフリー、イブン・ハウカル（九九〇年頃没）など実際に各地を踏破した著者たちによって、九世紀末から一〇世紀にかけて数多く編纂されたアラビア語の地理書は、世界各地を「地域」に分割し、イラクやイラン、シリア、エジプトを中心に、それぞれの「地域」の中の町や産品、実際の距離、そして何よりもその地域の「驚異《アジャーイブ》」について知らしめる。このような地理書の対象は、「イスラーム圏」以外にも及び、遠く中国やインド、東南アジア、チベット、ヴォルガの草原地帯やヨーロッパ、西地中海世界に広がる。彼ら地理書の執筆者たちの情報源として、イブン・ファドラーンの『リサーラ（ヴォルガ・ブルガール旅行記）』やブズルク・ブン・シャフリヤールの『インドの驚異譚』といった一〇世紀の旅行記や驚異譚もまた、重要な役割を果たしている。トゥースィーの『被造物の驚異』においても、直接見聞したであろう地理書や旅行記史料の情報が随所で引用されており、これらの史料に基づくことで「読者が世界の方々や隅々を巡ることなく」世界中の驚異を知ることが可能となる。同書が、世界中の「驚異《アジャーイブ》」を収集した百科全書として成立する背景には、実際に各地を見聞した地理書や旅行記の情報が不可欠であり、典拠の大半を占めるこれらの書物や編纂物に触発されるかたちでこの著作は誕生したと言えよう。

さらに歴史や神話・伝承に関しては、タバリー（九二三年没）の著した預言者の歴史とイラン系の帝王の歴史を編年体でまとめた史書（後にバルアミー（九七四年没）によるペルシア語版が作成される）と、イランの神話時代の歴史をペルシア語韻文で詠んだフィルドウスィー（一〇二五年没）の『王書』などにトゥースィーは依拠したと考えられる。もっとも、『被造物の驚異』は歴史や神話を扱った書物ではないので、これらの書からの直截的な引用は少ないが、サーサーン朝の歴史伝統を受け継ぐ「ペルシア語文化圏」においては、イスラーム以前のイランの帝王たちの歴史や伝承は、知識人でなくとも当然の「教養」として有していたであろう。『技芸の珍奇』と比べても、イラン以東のユーラシア大陸部やインド洋の情報が豊富に盛り込まれている点が、『被造物の驚異』の書かれた地域を大きく反映しており興味深い。

一二世紀のごく一般的な学者であったトゥースィーが序文の中で何度も強調して述べているように、古来、学者たちにとっては「知識の編纂」こそが重要であり、また「知識」を有する学者たる者の責務でもあった。これは必ずしもイスラームという宗教や信仰箇条とは関係しない。いつの時代であれ、「知識の編纂」は国を統治する柱であり、何であれ書物を編むことによって学者の名は残ると考えられてきた。それゆえ、天上界も地上界もバランスよく、すべての知識を集めた「百科全書」として『被造物の驚異』という驚異集成本は成立したのである。ギリシア伝来であれ、地理書や歴史や伝説であれ、天文学から東西の最果ての地や動植物、イランの神話・伝承まで、著者トゥースィーの生きた社会において蓄積されていた「知」を余すところなくまとめ、提示する。この点にこそ、この書の最大の特徴や意義が見出せるのである。

3　一二世紀の思想潮流の中で

『被造物の驚異』が生まれた背景を考えるにあたって、当時の思想潮流に触れておきたい。

（1）スンナ派の「擁護者」としてのセルジューク朝

当時、イランやイラクといった西アジア社会はセルジューク朝の支配下にあった。セルジューク朝は、イスラームに改宗したトルコ系の君主を戴く政権であり、一〇五五年にはバグダードに入城し、アッバース朝カリフから支配の正統性を担保され、カリフの「擁護者」としてイラン、イラクから中央アジアを統治する。しかしながらセルジューク朝に先立つ一〇－一一世紀は、アッバース朝カリフはシーア派のブワイフ朝の「庇護」下にあり、また北アフリカからエジプトにかけてはアッバース朝とは別個に「カリフ」を名乗ったイスマーイール・シーア派のファーティマ朝が君臨するなど、西アジアから東地中海にかけてのイスラーム世界はシーア派勢力が席巻していた。シーア派はセルジューク朝期に入ってからも衰えることはなく、セルジューク朝が支配したイランからシリアにかけての山岳地帯には、「ニザール派」と呼ばれたシーア派の一派が街道脇の山城を拠点に跋扈し、神学や哲学などにおける思想的な優位を背景に勢力を伸張した。

このようにシーア派が優勢であった中で、セルジューク朝はスンナ派カリフの「擁護者」として、スンナ派教義の確立と普及に尽力した。セルジューク朝の名宰相とされるニザーム・アル＝ムルク（一〇九二年没）は、スンナ派教義（正統なイスラーム思想）の普及と官僚の養成のために、イスファハーンやバグダード、ニーシャープールなどイランやイラクの主要な都市に「ニザーミーヤ学院」を設立した。ニザーミーヤ学院ではスンナ派法学や神学を中心とした教育活動がなされ、バグダードではガザーリー（一一一一年没）などの著名な学者が教鞭をとっている。『被造物の驚異』の著者トゥースィーはスンナ派であり、イスファハーンでの滞在経験があることから、おそらくはイスファハーンのニザーミーヤ学院で学んだものと思われる。学院ではスンナ派教育の要としての法学や神学が教授されたことが強調されてきたが（湯川 1980）、他方、自然科学や地理書を含め、先に挙げた著者トゥースィーが典拠としたであろう書籍の一つひとつこそは、セルジューク朝下の主要都市に設立されたニザーミーヤ学院での教授内容だったと想定される。この点は、当時の学問環境を考える上で改めて見直すべき点である。

（2）多様な思想集団

『被造物の驚異』と題する書はなぜ生まれたのか。結論から言うと、同書は「正統派たるスンナ派イスラーム理論の普及」を目指して執筆された。先にも挙げたように、同書執筆の最たる目的は、「至高なる神は被造物を何種類に分けて創造したのか、またどの集団に目をかけ、神の怒りはどの集団を破滅の風で滅ぼしたのかを知る」ためであり、「人々が本書を読み、至高なる神の御業を知り、思索することができる」ためである。神に叛き、神の怒りで滅ぼされた人々とは別に、同書の中には、さまざまな思想をもつ人々が現れる。試みにそれらを列挙してみよう。

A　シーア派（*shīʿa*）、イスマーイール派（*ismāʿīlī*）、カルマト派（*qarāmiṭ*）、ハワーリジュ派（*ḫawārij*）

B　イスラエルの民（*banī isrāʾīl*）、ユダヤ教徒（*juhūd/yahūd*）、キリスト教徒（*tarsā/naṣārā*）、ネストリウス派（*suriyānī*）、サービア教徒（*ṣābiʾī*）

C　ザンダカ主義者（*zindīq*）、マギ（*majūs*）、マニ教徒（*mānī*）、ゾロアスター教徒（*gabrī*）、拝火教徒（*ātesh-parast/ʿabada al-nayrān*）、多神教徒、偶像崇拝者、太陽崇拝者（*āftāb-parast*）、星辰崇拝者（*ʿabada al-kawākib*）、牛崇拝者（*gāv-parast*）、無神論者（唯物論者）（*dahrī*）

D　賢人（*hakīm*）、自然主義者（*ṭabāyiʿī*）、天文学者（*munajjim*）、まじない師（*muʿazzim*）

E　僭称者（*muddaʿī*）、予言師（偽預言者）（*kāhin*）

イスラームの分派であるシーア派やハワーリジュ派、ユダヤ教徒やキリスト教徒、ゾロアスター教徒、さらには偶像や星を崇拝する者など、実に多くの集団名が現れる。いずれも項目が立てられているわけではなく、本文中に散見されるだけであるが、彼らこそは当時名の知られていた思想集団であったと考えられる。

スンナ派イスラーム（『被造物の驚異』の中では「イスラームの民（*ahl al-islām*）」と称される）とは異なるこれらの人々に対し、「それぞれの集団がどのような見解を持っているかを、そなたに明らかにするためなのだから」（トゥースィー 2009-：2, 416）と著者トゥースィーは述べているが、上に挙げたように、種々雑多な思想集団がいたからこそ、「正統派イスラーム」の確立期である一二世紀に、著者はこれらの「異端」の見解を否定すべく同書を執筆したとも考えられよう。

トゥースィーはこの多様な思想集団の中にあって、『クルアーン』を最重要視する「クルアーン中心主義」とも呼べる姿勢を貫いている。さらには、「私は、荘厳なるクルアーンが語っていることや、使徒や預言者たちが語っていることはすべて信じている」(同前：2, 405)と言明しているように、預言者ムハンマドの言行であるハディースこそが正しい慣行(スンナ)である、とハディースを重視する「ハディース学の徒(*ahl al-ḥadīth*)」である。「太陽」の項目でも見たように、同書は章や節の始まりには、該当する『クルアーン』の章句の引用がある。そしてその章句に基づき、「すべては神の被造物である」という見解のもと、個々の事象や事物の説明が施される。『クルアーン』やハディースを最重要視する姿勢こそは当時のスンナ派の根本的な考え方である。

ただここで注意したいのは、著者の批判の矛先は、実際には「シーア派」には向かっていないという点である。確かに、当時のシリア・北アフリカから西アジア一帯を席巻していたシーア派は、著者にとっては批判・糾弾すべき相手である。だが、現実の勢力関係が反映しているのか、トゥースィーは同じイスラームの範疇内のシーア派に対してはさほど否定的な姿勢を取らない。

一方、著者の姿勢がやや批判的になるのは、上記のDグループの「賢人」や「自然主義者」、すなわちギリシア・ローマの自然科学者・哲学者らに対してである。トゥースィーは、彼らの「知」の到達点である太陽や惑星の大きさや地上からの距離、会合周期など、数値を挙げて具体的に示している一方、たとえば、

水星の姿は、天文学者たちの言葉によれば、玉座の上で書物を手にした痩せた男であり、彼の下には老人、従僕、女、少年が一人ずついる。天文学の徒のこのような迷妄な話もまた馬鹿げたことである。なぜなら水星はある種の星であり、水星のある世界はすべてが水星であり、端から端まで水星で覆われている。誰ひとりとして、その縦横の大きさや端を見ることなどできない。(同前：2, 435–436)

と断言する。「迷妄であり、馬鹿げている」というこのような著者の見解は随所にあり、「石」の項で頻出するアポロニウスに対しても、著者はそのまじないの効果には大いに疑問を呈し、「その結果については（人知を超え）神のみぞ知る」と述べている。これらのことから、彼がギリシア由来の自然科学者を否定的に見ていたことは疑いない。とはいえ、「しかし過去の賢人たちは私よりも学があると信じているので、私は彼らの言葉を軽視するわけにはいかない」（同前：4, 536）とあるように、自然科学者や哲学者に対しては、彼らの「独善的な」解釈を否定しつつも、彼らが到達した「知」の成果については認める姿勢を打ち出すのである。

では、著者が断固否定するものは何か。Eグループは「預言者」を騙るために、イスラーム的観点からは決して認められない人々であり、またそれと同等の扱いを受けるのが上記のCグループである。なかでも「火」を拝むゾロアスター教徒やマニ教徒、それらの後継とされるザンダカ主義者に対してトゥースィーは真っ向から否定する。

火を拝む者たちの不幸は、創造主が定められたことである。知るがよい。この世界にある信仰の中で火を拝む信仰ほど不吉なものはない。（同前：3, 379）

拝火教徒の信仰ほど堕落した教えはない。もし火を拝む理由が火の有益さにあるとするならば、水の有益さは火に劣るものではなく、空気が水に劣ることもない。なぜ彼らは水や空気を崇拝しないのか。（同前：3, 381–382）

と非難し、火が「驚くべき被造物」であり神からの贈り物であることは認めつつも、それがその被造物を拝む理由にはならないと説き、「被造物」の一つにすぎない火を崇めたてまつる彼らこそは無知蒙昧の輩だと切り捨てる。

ゾロアスター教や偶像崇拝などのイスラーム到来以前の信仰形態がイスラーム勃興後数百年を経た一二世紀当時にどれほど残存していたのかは未だ明らかになっていないが、著者が執拗なまでにこれらの「異端」思想を持つ者たちに言及し糾弾している様子に鑑みると、一二世紀に入ってなお、様々な「異端」思想が各地で見え隠れしていた可能性は否定できないであろう。『クルアーン』やムハンマドのハディースを重視するスンナ派教義がほぼ確立したとはいえ、同書でのシーア派やザンダカ主義者や哲学者といった実に多様な思想集団への言及こそは、一枚岩でもなければ盤石でもない一二世紀の「イスラーム社会」なるものの現実のすがたではなかろうか。

（3）イスラーム的宇宙論・世界観

『被造物の驚異』は一見するとプリニウスの『博物誌』に体裁の面では非常によく似ている。だが、先にも見たように、トゥースィーは『クルアーン』や地理書などイスラーム社会の新たな「知」を収集し、時代や信仰を反映した独自の世界観を構築する。

最後に簡単に、著者が目指した「正統派」たるスンナ派イスラームの「イスラーム的宇宙論・世界観」について触れておこう。『被造物の驚異』から読み取れる一二世紀の学問的到達点は、まずは、万物の創造者であり破壊者である神（創造主）の存在の強調であり、その創造主によって創られた多種多様な被造物がこの世界には溢れている、ということである。そして、神の被造物の一つでもある「この世界」は、地上から天上への層になっており、上層には、神に近い天使や精霊といった「霊的なもの」が存在し、そこから下降して火や風が存在し、そして地上の土や水に至る。地上は、須弥山にも比される世界中の山の根幹である「カーフの山」や、世界を取り囲む「周海」など様々な海の中、「七つの気候帯」やイランの伝説上の「三区分」といった古来の伝統的な概念に基づいて陸地が分割され、地域ごとに寒暖の差と、白人、黒人、巨人といった人間の特徴がある。地上の中心はイラクやイランなど西アジアにあり（守川 2013：52–53）、インドや東南アジア、中国、ロシア、西地中海世界にまで、情報の範囲は広がる。このような地上の世界には、人間のみならず、動物や植物、さらには人間とは容姿のかけ離れた種族が暮らす。さらに時間軸で見ると、いにしえの時代にもすばらしい技能を有した帝王や神に召された預言者たち、あるいは神に叛いた人々がいたが、いずれの「被造物」も永遠ではなく、時に神の怒りに触れ、時に寿命が尽きて死んでいき、後には廃墟のみが残る。結果、永遠なのは、万物を創り出す造物主のみである。そして、千差万別な被造物を創り出す創造主たる神こそが帰依するに値するのである。

益あるものであれ害あるものであれ、美しいものであれ醜いものであれ、神は様々な「被造物」を「教訓」として創る。ゆえに人間はそこから神の「英知」を学ばねばならない。たとえ人間の「知」が未知なる領域までは及ばないとしても、世界中に存在する「被造物」を「知る」ことで全知全能の神を「知る」ことができる。

これが、『被造物の驚異』の中で、著者トゥースィーが述べ伝えたかったイスラームの教えに基づく世界観である。

おわりに

一二世紀末に、イラン系のスンナ派知識人であったトゥースィーがペルシア語で著した『被造物の驚異』は、天上界と地上界の万物、すなわち「神の被造物」を余すところなく網羅した博物誌である。そして同書は、『技芸の珍奇』に見られるような「宇宙誌」ではなく、地上界の万物に大半のページを割いていることから、むしろ純粋な「百科全書」と呼び得る新たな境地を切り拓いた書物である。彼の活躍した一二世紀は、スンナ派の擁護者を自認したセルジューク朝下にあって、ニザーミーヤ学院に象徴されるように、スンナ派イスラームの理論的かつ教義上の真の確立期ともいうべき時代であった。イスマーイール派やニザール派といったシーア派や、インドと接する西アジア社会で未だその痕跡が見られたであろうゾロアスター教や仏教などを論駁し、スンナ派の理論武装が必要とされる中、トゥースィーは世界中の万物を集めた書物である『被造物の驚異』によってスンナ派の「イスラーム的世界観」を構築し、それを読者の教材として供した。

しかし、トゥースィーが『被造物の驚異』を執筆し、おそらくはトゥグリル三世に献呈してほどなく、トゥグリルは死去し、セルジューク朝は滅亡してしまう。その結果、トゥースィーのこの書は、さほど大きな影響を当時の学術環境に与えることなく、歴史の中に埋没していくこととなった。ただし、トゥースィーやトゥグリル三世が活動の本拠としたのがイラン西部であったことから、彼の『被造物の驚異と万物の珍奇』は、一世紀の時を経て、バグダードで活躍したイラン系の学識者ザカリヤー・カズウィーニー（一二八三年没）に受け継がれ、まったく同名の書が今度はアラビア語で編まれたのである。[6]カズウィーニーの時代、すなわち一三世紀には、モンゴルの到来によりアッバース朝は滅亡（一二五八年）し、ニザール派も駆逐されていたために、もはやイスラーム教義上でのスンナ派理論武装の必然性が認められない。時代環境が大きく変化した中でカズウィーニーは新たな『被造物の驚異』を編纂するにあたって、より体系立てて個々の項目を説明する。また、第II部第6章でみるように、挿絵ははるかに増加し、動物や草木の具体的な図絵がふんだんに盛り込まれる。それゆえ、カズウィーニーの『被造物の驚異』に至って、この種の書物は本格的な百科全書・博物誌の態をなし、むしろ君主や知識人の「教養」「娯楽」として、さらにはページを実際にめくって挿絵を楽しむ「読み物」として受容され、各地で非常に多くの写本が作られたのだと言えよう。

一一世紀の『技芸の珍奇』や一三世紀のカズウィーニーなど、これら前後の「驚異集成本」と比較すると、トゥースィーの『被造物の驚異』は、「宇宙誌」や「博物誌」というよりも、教育的配慮のもとに著された当時の「総合知」である「百科全書」としての色彩が濃い。彼の執筆の意図は「娯楽の提供」ではなく、「正しい」イスラーム教義の普及であり、世界の万物はいずれも創造主の「被造物」であるというテーゼのもと、彼は世界中の「被造物」を古今東西の様々な書籍から集め、自らの分類に従って同書をまとめた。それはひとえに、神こそが信仰の対象であると理解するためである。

「神」を知るために「被造物（の世界）」を知る。読者が興味を引くような小話や図絵を挿入しつつ、「正しい」イスラーム教義を教え諭そうとする姿勢がトゥースィーの書には色濃く表れているが、彼の『被造物の驚異』こそは、一二世紀の西アジアの学問環境の投影であり、かつ、当時の知的営為の集大成なのである。

注

（1）アッバース朝期の学術機関「知恵の館（バイト・アル＝ヒクマ）」での翻訳活動については、グタス 2002 に詳しい。「知恵の館」

以前に、サーサーン朝下のイランでは、サンスクリット語やギリシア語、シリア語から中世ペルシア語（パフラヴィー語）への翻訳活動がなされており、アッバース朝の「知恵の館」はこのシステムを受け継いだものである（グタス 2002；守川 2011 参照）。

（2）一一世紀前半に、シーア派のファーティマ朝下のエジプトで編まれたとされる『技芸の珍奇』（*Gharā'ib al-funūn* 2014）は、「天界」と「地上」の驚異・珍奇に大別される。「百科全書」や「博物誌」というよりは、天文学や地理学などを中心とした「宇宙誌」的要素が強く、地図や宇宙図（星座や月宿）が豊富に付され、地中海世界およびスーダンやヌビアなどアフリカ大陸の情報が多いという特徴がある。同書は、イスラーム世界の驚異集成本の「祖型」と言うにふさわしいものであるが、「珍奇」な植物は一〇点に満たず、動物に関してもすべてを網羅するのではなく、「辺境」の「珍奇」な動物のみが挙がり、情報としては不十分である。「一一世紀前半（一〇二一―五〇年）」という同書の成立時期は、ファーティマ朝がアズハル学院設立（九八八年）とともに、シーア派思想や自然科学を中心とした学芸運動を奨励した時期と重なることから、同書においてシーア派思想がどの程度反映されているのかなど、成立の背景や著者の思想に関するより具体的な研究が俟たれる。

（3）ちなみに『技芸の珍奇』では、「ザラーファ」は、「三色で、とても長い首と短い腿をもつ。角があり、牛の耳のような耳がある」とされる（*Gharā'ib al-funūn* 2014 : 49, 520）。なお、トゥースィーの『被造物の驚異』の内容については、守川 2013 でも簡単に紹介している。

（4）『被造物の驚異』が当初から挿絵入りの書物であったことは、本文中に「これが○○の図である」という説明が付されていることからも明らかである。フランス国立図書館蔵の一三八八年制作の写本（Suppl. persan 332）、およびウォルターズ美術館蔵の一六世紀写本（W. 593）はデジタル化されており、オンラインで閲覧可能で、挿絵も含めた全体像がよくわかる。http://gallica.bnf.fr/ark:/12148/btv1b8422994d および http://www.thedigitalwalters.org/Data/WaltersManuscripts/html/W593

（5）イブン・スィーナーら当時西アジアで活躍した学者たちが、アラビア語で執筆したもののアラブ系ではなく、イラン系であったことは重ねて明記しておきたい。この点でも、シリア・エジプト以西のファーティマ朝領域の北アフリカやシチリアの影響下で生まれたとされる『技芸の珍奇』とは大いに異なる。ただし、興味深いことに、『技芸の珍奇』においても、天体の部ではそれぞれの語（一二宮や土星、火曜日など）のペルシア語（やギリシア語）での呼び名が正しく付されている。同書もまた、著者にペルシア語の知識があったか、あるいは上記のイラン系学者の著作物を参照したのであろう。

（6）ただし、カズウィーニーの書は、構成が「天上界」と「地上界」の二部立てであるため、むしろファーティマ朝下の『技芸の珍奇』に拠るところが大きいかもしれない。「驚異本」の中では最も名が知れ、後世広く流布したカズウィーニーの『被造物の驚異』については、さしあたり本書序章および第II部第6章、Hees 2002、Berlekamp 2011 を参照のこと。

第3章　ヨーロッパ中世の東方旅行記と驚異

大沼由布

はじめに

およそ一千年のヨーロッパ中世において、様々な年代・地域で、それぞれの目的地へ、各自異なった旅の目的を持って、人々は旅し、その記録を残した。旅に出る目的は、巡礼や宣教などの宗教関連、十字軍を含む軍事関連、さらには外交や商業活動などであった。そして、旅行記を記す際には、その旅がいかなる目的を持って行われたかが当然影響してくる。(1) しかし、その「目的」が重要であればあるほど、例えば、巡礼地自体の記述や、遠征先で行われた戦いなどが主体となり、記述に「語り手」や「驚異」の入り込む余地は少なくなる。この意味で、驚異の編纂と旅行記の関係は、例えばC・K・ザッカーが論じているように巡礼記が「好奇心」に影響され、宗教的情熱だけでなく旅することと自体が意味を持つようになってくる中世後期の方が、強まるかもしれない (Zacher 1976)。実際、驚異を前面に押し出した旅行記は、中世後期に、より目立ち、そのような旅行記では、「場」から「人」や「内容」へと権威あるいは関心が移ったといえる。つまり、主要な関心事である驚異を効果的に見せるための道具として、旅行記が機能するようになったのである。(2) そして、特に驚異との関連で重要なのは東方旅行記である。ギリシア・ローマの時代、インドなどの東方は、限られた人しか足を踏み入れることができない未知の世界であり、多くの驚異が存在する場と考えられていたが、その考え方が、ヨーロッパ中世に受け継がれたためである。そこで本章では、ヨーロッパ中世において、驚異に満ちた東方というイメージを定着させるのに特に大きな役割を果たした驚異の目撃譚、マルコ・ポーロの『東方見聞録』（一二九八年）、『マンデヴィルの旅行記』（一三五六年頃）、『アレクサンドロス大王からアリストテレス宛の手紙』を中心に取り上げ、それらがいかに驚異を編纂し、信憑性を持たせるためにどのような工夫を用いていたかを中心に紹介する。

1　驚異の目撃譚としての旅行記

旅行記という枠組みに伴う要素の中で、驚異の編纂において最も大きな影響を持つのは、旅行者の存在といえる。「驚異」とは、当然ながら信じがたいものではあるが、全く荒唐無稽とみなされるようでは、驚きの感情を呼び起こせず、驚異たり得ない。信じがたいものを信じさせる、という逆説的な取り組みが、驚異の編纂においては常につきまとう問題である。その点「旅行者」の書いた「旅行記」であれば、いかに信じがたいものを書いたとしても、それを実際に体験した人間による目撃譚として仕上げることができる。そのため、体験し目撃する存在としての旅人の紹介と、それに伴う実際の見聞に基づく記述の真実性の強調とが、驚異に重点を置いた旅行記には、多かれ少なかれ見られる。これは、本書第II部第1章で論じられているように中東の旅行記にも見られ、洋の東西を問わない現象である。この節では、語り手が架空の人物であるかどうか、旅行記が一部なりとも実際の体験なのかどうか、という点において異なっている上述の三種の旅行記の記述を具体的に見ていくことにより、驚異の信憑性を高めるために旅行記に仕掛けられた諸要素を分析したい。

（1）実在の人物による実際の旅行記——マルコ・ポーロ『東方見聞録』

まずは、ヨーロッパ中世の旅行記としておそらく最も知名度があるだろうマルコ・ポーロのいわゆる『東方見聞録』から始めたい[3]。作品の序章部分は、マルコとその父ニコロ、叔父マフェオの旅程を紹介する部分となっており、冒頭にある聞き手への呼びかけの直後に、マルコは次のように紹介される。

［読者は本書に］大アルメニア、ペルシエ、タルタル人、インディエ、その他数多の地域のいとも驚くべき事どもと大いに異なる事どもを全て見出されるでありましょう。本書は、聡明にして高貴のウェネス市人マルク・ポル殿が己自身の目で見たるところを語るがとおりに、順をおってはっきりと皆さんにお話するものだからであります。もっとも、彼が見たのでないこともいくらかありますが、それは信頼できる真実の人たちから聞いたものであり、それゆえ、本書が何の嘘偽りもない正しく真実のものであるよう、見たことは見た聞いたことは聞いたと記すでありましょう。本書を読むあるいは聞く御方は、全て本当のことなのですから、どなたも信じてもらわねばなりません。（Polo 1928 : 3 ; ポーロ／ルスティケッロ 2013 : 3）[4]

このように、まずはこの本で触れられる国々すなわちマルコが訪れた国々や、マルコがヴェネツィア市民であることなどが紹介され、マルコが記述されている国々へ実際に旅をし、驚異を目撃したことが明記される。その上で、旅行者が見たままに驚異を語る、という書物の姿勢も示される。さらには、実際に体験しておらず、信用できる人から聞いたことも含まれていると断った上で、それらは伝聞であると明記するということや、「全て本当」であることを主張し、読者に対して記述を信じるよう、物語を始める前から促している。

旅行者について詳しく述べることにより、その人物が体験する驚異の信憑性をも高めようとする姿勢は徹底しており、マルコの旅行体験について、書物はさらに続ける。

我らが主なる神がその手で我らが始父アダムを造り給いしよりこの方、キリスト教徒であれ異教徒であれ、タルタル人であれインディエ人であれ、このマルク殿が探索し知ったほどに世界の様々な地のこととその大なる驚異を知ったり探索したりした者は、いかなる人種のいかなる人間とてないことを、皆さんに知って戴きたい［中略］。彼は、これら様々な地方や地域に二六年もあってそれを知るに至ったことを申し上げておきましょう。(Polo 1928 : 3 ; ポーロ／ルスティケッロ 2013 : 3)

つまり、マルコ・ポーロを、有史以来最も驚異を体験した人物であり、東方の驚異に関して最高の権威として紹介しているのだ。そして、その見聞した数々の驚異を、ジェノヴァの牢獄の中で、ピサのルスティケッロが一二九八年に口述筆記で書き留めたのがこの書物であるとして、序章の導入部は終わる。こうして、驚異を語るにふさわしいマルコ・ポーロの経歴を紹介し、その上で、その人物による実体験あるいは信頼できる形での伝聞とすることにより、驚異に真実味を与えているのである。

さらにその後、マルコの父ニコロと叔父マフェオの旅程を具体的に紹介していき、二人が一度ヴェネツィアに戻り、ニコロの息子マルコを伴って再度東方へ赴いたと記述する。その後、マルコの能力や、モンゴル宮廷での活躍が述べられる。

さてニコラオ殿の息子マルクは、タルタル人の風習と彼らの言葉と文字を上手に習得するまでになった。というのも全く本当の話、大君の宮廷にやって来るずっと前から彼は言語と四種の文字と書き方を知っていたからだった。彼は並外れて利発で、グラン・カアンは、彼の中に見出した善良さと優れた能力ゆえにとても寵愛した。マルクがこれほど聡明なのを見てグラン・カアンは、そこに行くのに六か月もかかるさる土地に使者として派遣した。この若き騎士見習いはその使命を巧みにかつ賢く果たした。(Polo 1928 : 10 ; ポーロ／ルスティケッロ 2013 : 24–25)

ここでもまた、驚異の体験者として、マルコがこの上ない人物であることが強調されている。ヨーロッパ中世の人々にとって驚異の象徴ともいえる東方の宮殿の内情をよく知ることのできる能力や立場も備え、その記述にも信頼が持てるような人格者であることが、東方の皇帝による評価をもって示される。実は、皇帝だけでなく、廷臣たちも同様にマルコを高く評価し、「この若者が成長するときっと優れた知性と大した能力をもった人間になるに間違いない」と言い合っていたことも、この後に記述されている（Polo 1928：10；ポーロ／ルスティケッロ 2013：26）。さらに、引用部分の直後では、長年大カーンにつかえたマルコは、使者として派遣されるたびに、任務をこなすだけではなく、旅先の土地の不思議な風習や事物を大カーンに報告したと述べている。つまりは、誰よりも広く旅したマルコはまた、人一倍注意深くその旅先に存在した驚異に注意を払った人物でもあったというのである。それに加え、優秀で誠実な人物であり、マルコの言葉に虚偽や間違いが混入する可能性はきわめて低いと『東方見聞録』は読者に説く。

こうして、序章で十分に目撃者の経験と能力とを説明し終え、満を持して本文に入った後には、実はさほどマルコは前面に出ない。序章で十分に、驚異の体験者としての描写を済ませたため、本文は、その人物が語ったものであるとわかっていれば十分、ということなのであろう。マルコ・ポーロという旅人は単に書物の真実性の「保証人」として登場したにすぎない、という指摘もある（Rubiés 2009：49）。『東方見聞録』という実際の人物による、体験に基づいた旅行記は、驚異を記述する際、驚異を目撃した旅人自身の権威を念入りに紹介し、それによって、記述の信憑性を高めるという工夫を施していたといえる。

（2）架空の人物による架空の旅行記——『マンデヴィルの旅行記』

次に、架空の旅行記の場合を考えてみたい。この場合、真実の旅行記以上に、旅行者をどう描写し、記述をどう提示するかが重要になってくる。真実以上に真実らしく見せることができなければ、目撃譚としての体裁が保てず、記述の信憑性が失われるからだ。その意味で、『マンデヴィルの旅行記』は中世当時非常な成功を収めたといってよいだろう。この作品は、英語版が最もよく知られているが、もとはフランス語で書かれ、ヨーロッパ各国語で多くの写本が残る、当時人気を博した作品である。イングランド出身の騎士サー・ジョン・マンデヴィルによる東方旅行記と本文中ではうたっているが、次第に信憑性が疑われ始め、一九世紀になると、宣教師の記述や百科全書をはじめとする、様々な先行文献を切り貼りして作られたものと判明し、現代ではマンデヴィル自体の存在すら疑われるようになった。とはいえ、誕生から優に二〇〇年ほどは、偉大な旅行者による真実の東方旅行記と信じられていたらしく、一人称の語り手による旅行記として、非常に巧妙に造形されたといえる。そのことから、この作品における表現上の工夫を見ることにより、旅行記という枠組み内での驚異の編纂に必要とされる要素が、より明らかになると考えられる。

まず初めに、マンデヴィルとはいかなる人物かを見ていきたい。(5)『マンデヴィルの旅行記』には、『東方見聞録』の冒頭と似たような形で、語り手が自分自身について紹介する部分が作品の冒頭と最終部分とにある。まず、冒頭部分でマンデヴィルは以下のように自己紹介をする。

私こと騎士ジョン・マンデヴィルは、取るに足らぬ者であるが、イングランドのセント・オールバンズの町に生まれ、我らが主イエス・キリストの年一三二二年の聖ミカエル祭の日［九月二九日］に海を渡った。そしてその後長きにわたり海の向こうにとどまり、数多くの様々な土地と多くの地方と王国と島々とを見て回った。そして私はトルコ、大・小アルメニア、タタール、ペルシア、シリア、アラビア、上・下エジプトを通り、リビア、カルデア、さらにエチオピアの大部分を通り、アマゾン族の国、大・小インドの大部分を通り、さらには、様々な習俗と宗教とを持ち、様々な姿形を持つ多種多様な人々の住む、インドの周りの他の多くの島々を通った。(*Mandeville's Travels* 1967 : 3)(6)

このように、マルコ・ポーロの場合と似て、出身地、旅に出た年などを挙げ、さらには訪れた地域を列挙することにより、マンデヴィルという人物が多くの国々を旅した実在の人物であるという具体性を持たせている。こうして、ここに語られる驚異は騎士マンデヴィルの実体験に基づいていると見せかける周到な仕掛けが施される。

この冒頭部分では、『東方見聞録』にあるような作品執筆時の状況説明はないのだが、それは、『マンデヴィルの旅行記』では、作品の最終部分にある。そこでは、マンデヴィルが旅を終え、病などにより休養をとることとなり、

「惨めな休養の慰めとして」徒然なるままに自分の体験を書き留めたと明らかにされる（同前：229）。さらに執筆の年は、バージョンにより多少異なるが、故郷を出てから三四年目になる一三五六年である、との記述もある。これらのことからわかるように、語り手であるマンデヴィルに真実味を与えるため、作品はその経歴や状況を詳しく述べ、いかにも本当らしい設定を与えている。

さらに、興味深いことに、実際の体験者による記録ではない『マンデヴィルの旅行記』において、旅をした人間が実際見て体験した、と本文中で再三主張することが特色となっている[7]。例えば、これから大カーンの宮廷や風習について詳しく話そうというときに、マンデヴィルは、カーンの宮廷のあまりの豪華さや不思議さに、自分を信じない人もいるかもしれない、と述べる。しかし続けて、「それでも私は彼［大カーン］と国民とについて少々話そう。私がその風習や決まりを何度も見たとおりに」（同前：159；強調は引用者による）と述べる。そしてさらにたたみかけるように、「私は見た」という表現を何度も重ねて、大カーンの宮廷における驚異に信憑性を与えようとする。

> 私は、海の向こうの国々に行ったことがある人ならば、大カーンのいる場所に行ったことがなくとも、カーンについて、あまりに驚くべき、すぐには信じがたいことを聞くものだとよくわかっていた。実は私自身も自分で見るまではそうだった。だがしかし、それらの国々や大カーンの宮廷へ行ったことのある方々は、私が真実を語っているとよくご存知だ。だから私は包み隠さず話そう。自分で見たものしか理解せず信じない人たちのために。
>
> （同前：159；強調は引用者による）

大カーンの宮廷があまりにも驚異に満ちているため、いくら話を聞いても信じがたい、と話を始め、実際自分も「見る」まではそうだった、とマンデヴィルはまず読者側に立つ。その上で、そんな自分でさえ、自分の目で「見た」以上は信じないわけにはいかず、疑い深い読者も含め、全ての人に対して自分が目撃した驚異を物語る、という構図を作っている。

さらにそれに加えて、マンデヴィルは、「見る」という権威付けをした上でもなお、譲歩する余地があると自ら認めることにより、さらなる信憑性の付加をはかっている。それは、プロローグの最後の部分にある、現代の作者によるあとがきにも通ずるような文章に見られる。

諸公や騎士や他の高貴で立派な方々でラテン語があまりお読みになれないが海の向こうへ行かれたことのある方々は、私が真実を言っているかどうかおわかりになるだろう。もし忘却かなにかの理由で私の言うことが間違っていれば、それを正し、直していただきたい。というのも、人の記憶や視界から長い間消え去っていた物事は、すぐに忘却へと追いやられるものだから。なぜなら人の記憶とは、人間の儚さゆえに、保ちがたく引き留めがたいものであるのだから。（同前：4）

このように、マンデヴィルは、もしも記述が違っていれば、直してほしいという謙虚さを見せている。マルコ・ポーロの場合でも、版によっては、記述した驚異は「その時まで記憶に留めていたわずかなこと」(Polo 1998：4；ポーロ／ルスティケッロ 2013：4) のみと記し、体験者の記憶による制限を驚異に与えているが、実際の旅人ではないマンデヴィルは、さらに巧妙に、「記憶違いの可能性」という安全策をとっている。そうすることにより、万一の場合の批判をかわすこともできる上、驚異の目撃者・体験者であるマンデヴィルが、物事を誇張したり、嘘をついたりするような人物ではなく、控えめで誠実な人物である、ということを読者に印象づけ、より目撃譚の信憑性を高める効果も上げている。さらにそれだけでなく、マンデヴィルの人柄も示しつつ、万一誤謬や勘違いがあった場合に、それを正すことができるのは、「見た」人に限られる、ということをほのめかしている。これにより、見ることの権威はさらに高められ、マンデヴィルの記述の信憑性もさらに高められることとなった。

このように、目撃譚の形をとりつつも実はそうではない、という『マンデヴィルの旅行記』の場合、実際の旅人であるマルコ・ポーロほどにマンデヴィルの経験を強調するのではなく、むしろ信頼はできるものの、ある程度等身大の人物を設定している。その人物の口から語らせ、体験させることにより、より読者に近い形で、臨場感あふれる驚異を提供できるようにしたと考えられる。マルコ・ポーロの場合は、経歴による裏付けで驚異の信憑性を増したのに対し、マンデヴィルは、実際体験したと強調することにより記述の信憑性を高め、読者に対して驚異を媒介する存在として働いたといえよう。

(3) 実在の人物に帰せられる架空の旅行記――『アレクサンドロス大王からアリストテレス宛の手紙』

最後に、旅行者と旅行記の造形として、もう一つのパターンを挙げておきたい。実在の人物で、旅も実際にしているが、その詳細が別の人間によって書かれた架空のもの、という組み合わせである。それが、『アレクサンドロス大王からアリストテレス宛の手紙』である。これは、アレクサンドロス大王が東方遠征でインドへ行った際に、自らの師であったアリストテレスへ宛てた手紙という形をとり、数々の東方の驚異を物語った作者不詳の作品である。おそらく古代末期にギリシア語で書かれたとされるが、ギリシア語版は現存せず、ヨーロッパ中世においては、ラテン語版をもとに各国語に訳されて人気を博した。

この作品の場合、語り手のアレクサンドロスも、語られる対象であるアリストテレスも、歴史上の非常に重要な人物であり、その存在自体が権威として働いている。前項の『マンデヴィルの旅行記』の場合、旅行者は全く無名の人物であり、その人物に驚異を語らせるにあたっては、具体的な経歴や状況を細かく記し、実在の人物による体験談という形を強調していたが、旅行者がこのように誰もがよく知る人物、つまりは権威のある旅人である場合は、語り手の描写がまた違ってくる。つまり、ながながと経歴を語る必要はない。これは、同じ実在の旅人ではあるものの、旅人であるということ以外の付加価値はない、マルコ・ポーロの場合ともまた異なっている。

アレクサンドロスの場合、経歴や経験を紹介して現実味を与える必要はないものの、もちろん、何も工夫をせず驚異を提示するということはない。マンデヴィルやマルコ・ポーロでも、嘘をつくような人物ではないというその性質の保証に関する記述があったが、アレクサンドロスの場合にもそれがあるのだ。

何ものも作り話だとか、みっともない出まかせなどと譴責されることのないように努めましょう。それに、貴方ご自身、わが師傅であられるゆえ、私の魂の性質、つまりいかに私が公正の条件を遵守し、完遂した仕事を謙虚至極に話すという習慣があるかということを、知らないわけではありますまい。われらが軍隊の栄誉を独り占めしたり、見せびらかしたりする者のような心根は、私にはまったくないことをご承知ください。（*Alexander's Letter to Aristotle* 1973 : 2 ;『アレクサンドロス大王からアリストテレス宛の手紙』2009 : 17）(8)

マルコ・ポーロやマンデヴィルの場合と同じく、嘘の混じる心配のない性質を備えた語り手による記述であることを、読者に伝えている。アレクサンドロスは歴史上の英雄で、東方に旅をしたことは間違いないが、それに加え、驚異を体験し、それを、虚偽を交えず報告することのできる人物だと再確認した上で、実は虚構の物語を展開していくのである。

さらに、この作品の場合は、語り手をよく知る人物に宛てた手紙という設定にし、その人物に、語り手の人格を保証させることにより、語り手だけでなく手紙を宛てた人物にも、驚異の真実性に対する保証人の役割を果たさせている。登場しているのは英雄アレクサンドロスと、偉大なる哲学者アリストテレスの組み合わせであるため、これは、マルコ・ポーロの旅の経験以上に、強力に信憑性を付与する装置といえるかもしれない。このように、『アレクサンドロス大王からアリストテレス宛の手紙』の場合は、他の二作品にはなかった、「受け手」という存在であるアリストテレスがおり、旅行者アレクサンドロスだけでなく、読者アリストテレスをも、巧妙に驚異の権威付けに用いている。不特定多数の読者へ向けている他の旅行記と違い、手紙というこの作品の形式の上では、想定されている読者は限定されているはずだが、そういった一対一の設定の作品を、さらに実際は、不特定多数の読者に掲示する、という入れ子構造になっている。その上で、アリストテレスをアレクサンドロスの権威付けに用い、権威付けされたアレクサンドロスを驚異の権威付けに用いているのである。さらには、アリストテレスについても、「完全無欠の叡智」を持つ（*Alexander's Letter to Aristotle* 1973 : 1 ;『アレクサンドロス大王からアリストテレス宛の手紙』2009 : 16）とアレクサンドロスに言わせ、お互いに権威付けを行うようにもしている。

また、『マンデヴィルの旅行記』にも共通するような、驚異の信じがたさと、それでも目撃することによって信じることができるようになったという、「見ること」の権威を強調する部分もある。アレクサンドロスは、作品冒頭で、「私があらかじめこの目ですべてを見て考察しなかったとしたら、私はこのような不思議の存在を、誰に言われようとけっして信じられなかったことでしょう」(*Alexander's Letter to Aristotle* 1973 : 1 ;『アレクサンドロス大王からアリストテレス宛の手紙』2009 : 16–17) と、大カーンの宮廷に関するマンデヴィルの発言と似た言葉を発している。つまりは、内容が架空であるという点で、二作品は共通しており、架空の驚異に真実味を与えるために、「見ること」による裏付けは欠かせなかったと考えることができる。

2　旅行記という枠組みが与える他の条件

目撃譚という形以外に、旅行記が備える特性の一つに、日常から離れ、通常とは異なった状態や環境を、必然的にもたらすという点がある。これは、驚異を内包するのに大いに役立つ要素であった。そのような認識は中世当時からあり、一三世紀に驚異譚『皇帝の閑暇』を著したティルベリのゲルヴァシウスは、水に触れると発火する石灰石の例を挙げ、それは不思議な性質を持つものの、ヨーロッパ中世の人々が日常的に目にするものであるため、驚異とはなり得ないとし、逆にインドに多くの驚異が見られるのは、地理的に遠くヨーロッパ人が普段目にしないからである、と説く (Gervase of Tilbury 2002 : 560, 562)。もちろん、驚異が驚異たるには、事物それ自体が不可思議であることは必須だが、このように、物理的な距離により自分たちの知識の範囲外に置かれるという点は、驚異性を高める因子となった。(9) 旅行記という形態は、この非日常性を、旅行者という媒介により、読者がアクセスできるところまで持ってくる道具となり得たのである。それは、驚異のための「場」の提供に他ならない。

さらに、ゲルヴァシウスが言うように、距離が驚異をもたらすことが、古代から中世にかけてのヨーロッパにおいて東方に驚異があふれる一因だが、それはなにも東方の専売特許というわけではない。例えば、一三世紀のフランシスコ会宣教師ウィリアム・ルブルックは、東方で、ローマ教皇が五〇〇歳というのは本当かどうか聞かれた、という逸話を紹介している（Willelmi de Rubruc 1929 : 222）。こういった、東方旅行記の中に、翻って、東方から見た西方の驚異を滑り込ませ、驚異の相対化を行う記述も、中世後期の旅行記には少しずつ見られるようになっていく。自己と他者とが出会う場である旅行記は、自分たちから見た驚異だけでなく、驚異そのものの性質を考える上でも大きな役割を果たしたといえる。

また、旅行記が驚異の編纂に果たした役割として、上記以外にも、驚異の掲示の仕方に一つの法則性を与えたという点が挙げられる。これらは、目撃譚という枠組みや非日常性という条件付けほどには目立たないものであるが、記述に一定の秩序を与え、情報を分類したという点では、見逃すことのできない役割だといえる。つまり、旅行者が訪れた土地ごとに記述することによって、地理上の連続性にある程度沿って情報が提示されることとなり、わかりやすい分類を生み出すのだ。また、経験した順に記録していくことにより、ある種の時間軸を与えることもできる。こういった、一人の人間の体験による分類があることが、奇譚集との差ともいえよう。

3　信憑性を持たせるための記述上の工夫

これまで述べてきた、旅行記という形態そのものが提供する条件に加え、具体的な記述のレベルでも、驚異に信憑性を与えるための工夫が見られる。これらは必ずしも旅行記特有のものではないかもしれないが、驚異をいかに掲示するかという点で興味深い。

まず一つ目は、イメージを持ちやすいよう、外形を詳しく描写し、具体的に述べることである。描写される驚異は当然読者が普段目にするようなものではないはずだから、旅行者が、自分の見聞に基づくという枠組みの中で、具体的な描写を驚異に与え、それにより、読者の想像を助けていると考えられる。例えば『マンデヴィルの旅行記』はフェニックスを紹介する際、読者の身近な鳥を用いて大きさや特徴を説明したり、細かい部分まで色を述べたりと、その外形を精妙に描写する。

［フェニックスは］鷲よりも大して大きくはなく、頭の上に、孔雀が持っているのより大きい羽冠がある。首はよく光る宝石オリエルのような黄色で、背中はインディゴのような青、翼は紫で尾は黄色と赤の縞である。そしてフェニックスは、非常に壮麗かつ高貴に輝くので、陽の光の中で見るとたいそう美しい鳥である。(*Mandeville's Travels* 1967 : 34)

実在の鳥と比べることにより、大きさをイメージしやすくし、体の各部の色を記すなど、見たことのない驚異を読者が想像しやすいよう、記述には工夫がこらされている。もちろん一度死んでその灰からまた復活する、というフェニックスに関するよく知られた伝説もマンデヴィルは紹介しているが、そういった行動だけでなく、この色彩豊かな美しい外面もまた、この鳥を驚異たらしめている部分だと考えられる。

こういった細かく外見を描写するというスタイルは、フェニックスのような空想上の動物だけでなく、現実にあってもおかしくないような驚異を述べる際でも同じである。例えば『アレクサンドロス大王からアリストテレス宛の手紙』では、東方の豪華な王宮を描写する際、その装飾を細かく説明している。

寝室とベッドは、すべて大真珠と貴石とルビーで飾られていました。それから扉は、目もあやな純白に輝く象牙で、羽目天井は艶めく黒檀であり、また糸杉の円屋根で覆われていました。(*Alexander's Letter to Aristotle* 1973 : 5 ;『アレクサンドロス大王からアリストテレス宛の手紙』2009 : 20)

先ほどのフェニックスの外形を述べるときと同じく、対象を部分ごとにわけ、それぞれについてどのような見た目かわかるような説明を施している。ここでもまた、読者がきらびやかな対象を想像しやすいよう、視覚的イメージの助けを借りている。「私は見た」という主張が作中に欠かせないことと併せて考えると、旅行記の中では、五感の中でも特に視覚が、驚異の信憑性を高めるために用いられているといえよう。伝聞に対する視覚の優位性は中東の旅行記にも見られ、洋の東西を問わず旅行記に共通する現象である（本書第II部第1章参照）。

それに加え、驚異の描写の一つとして、古典古代に記述されたものを引き継ぎ、古典文学という権威によって信頼を獲得する、という方法がある。先行する作品の記述を典拠として用いているため、すでに知る他の話と一致し、読者も安心して信じることができたとも考えられる。古代からの知識の継承の具体例は第III部第2章に譲るが、すでに述べたように、ヨーロッパの人々は、自分たちの世界から地理的に離れた東方には、多くの不思議なものがあると考えていたため、特に東方旅行記は、古典由来の驚異を詰め込むための格好の場となった。『アレクサンドロス大王からアリストテレス宛の手紙』などは、まさにその好例である。比較的早い時期から広い地域と直接に関わりを持ち、実際に旅をした人間の記録が得られたイスラーム世界と異なり、古代から中世初期にかけてのヨーロッパでは、実際に東方へ旅をした人間からの情報は限られており、架空のものも少なくない。そういった限られた情報源から敷衍していくうちに、自己と他者との差が強調されていき、驚異に満ちあふれた未知の世界としての東方が確立していったと考えられる。そして、そのような書物の権威は、時に実際の旅の経験さえもしのぐような権威を獲得するに至るのである。

『東方見聞録』の場合、黄金や宝石に満ちあふれ、奇妙な動物や不思議な人々が住む、というイメージが古典を受け継いでいることに加え、一角獣やグリフォンといった具体的な古典由来のモチーフも登場する。しかし、マルコ・ポーロの特徴は、例えば一角獣もグリフォンも、ヨーロッパで伝えられている伝説とは違う姿だと明言していることである。例えば、一角獣の場合は、「目にしてひどく醜い獣である」(Polo 1928 : 171 ; ポーロ／ルスティケッロ 2013 : 425) と述べ、乙女だけに心を許すというヨーロッパの伝説との違いを強調している。さらに同じ章では、これも東方の伝統的な驚異である、小人族の存在をも否定している。グリフォンの場合も、自分は見たことはないものの、見たことのある人の言に基づき、グリフォンが実は、半獣半鳥の怪物ではなく、「全く鷲そっくりで、しかもとてつもなく大きい」鳥であるとしている (Polo 1928 : 206–207 ; ポーロ／ルスティケッロ 2013 : 519)。つまり、マルコの語りは、このように、古典古代のイメージに基づきつつも、若干の修正を施し、より現実的な形で驚異を提供するものであった。しかし、これは必ずしも功を奏さなかったようで、例えば、ウィトカウアーが指摘するように、豪華な挿絵を多く含むフランス国立図書館蔵 fr. 2810 写本の挿絵において、一角獣もグリフォンも、伝統的な古典由来の姿に戻されてしまっている (Wittkower 1977 : 76–79)。これはまた、そういった古典由来の権威の中世における強さを示していると考えられる。

一方『マンデヴィルの旅行記』の場合は、先行文献の切り貼りで作られたという作品の性質上、書物の権威に基づいた古典由来の驚異を大量に含んでいる。それだけでなく、英語版と、イングランドで書かれたラテン語版の一写本では、書物の権威が象徴的に現れるエピソードが付け足されている。[10] 物語のほぼ最後の部分で、旅を終えたマンデヴィルは、ローマに立ち寄り、教皇に頼み事をする。

> 私はローマ教皇に［中略］この小著をお見せした。そして聖なる父に、賢明で思慮深い枢機卿会のご意見によりこの本が審査訂正されるようお願いした。すると我らが聖なる父は格別の恩寵により、私の本を、前述の枢機卿会のご意見により審査証明されるべく送ってくださり、それにより、私の本は真実であると証明された。審査会は私の本が照会された本をわざわざ見せてくださった。その本は［私の本の］優に百倍もの情報を含んでおり、世界地図もその本から作られたのだ。(*Mandeville's Travels* 1967 : 228–229)

つまり、マンデヴィルは、ローマ教皇庁に所蔵されているラテン語の権威ある書物に照らし合わせ、自分の本の内容が正しいかどうかを、ローマ教皇と枢機卿たちに検証してもらったのだ。その結果、首尾良くマンデヴィルの書物は教皇庁のお墨付きとなり、そこに書かれた驚異は、マンデヴィル個人の体験に加えて古代からの知識および宗教的にも裏付けられることとなった。しかし、実は当時はアヴィニョン捕囚の時期にあたり、教皇はローマではなくアヴィニョンにいたため、この記述は史実と矛盾する。しかも物語の中では、このすぐ後に、マンデヴィル自身の言葉として、すでに見たように、旅行記の執筆は旅を終えて療養中のことだとある。このように、史実に照らしても、作品の一貫性という見地からも、矛盾するエピソードではあるが、それでもなお、これを付加した写本群があるということの一因は、驚異との関連において、この教皇と書物とによる権威付けが大きな後ろ盾となるからだろう。

おわりに

本章では、ヨーロッパ中世の多くの旅行記のうち、特に、驚異の編纂と関わりの深いものを取り上げ、それらが驚異を伝える際に行ってきた工夫や手段を論じ、「旅行記」という枠組みが驚異の編纂においてどのような役割を果たしたかを検証した。旅行者とその体験という権威が、驚異の編纂において果たした役割は大きい。ただ驚異を記述するよりも、それが誰かに体験され目撃され検証された、という形にすることにより、信憑性を増すようにしたのである。マルコ・ポーロのような真実の旅行者の場合は、その体験を高らかにうたい、全面的に体験に基づいた権威付けを行っている。それに対し、「偽」の旅行者であるマンデヴィルは、周到に経歴や人格を作り上げ、その上で「自分が体験した」ということを、ことさらに強調しつつも、記憶違いの可能性も自ら指摘している。この場合は、実際の経験者であるマルコと違い、人物像を少々謙遜して示すことにより、等身大の権威として、読者と驚異との橋渡しをする存在となり、真実味を増す装置となっている。アレクサンドロスの場合は、実在の人物でありかつ人物自体に権威があるので、詳細な経歴は不要だが、真実を話すという点のみは再確認し、「権威ある体験者」という点を、受け手であるアリストテレスをも用いて強調している。

こういった目撃譚による権威付けや、普段見知った土地から遠く離れ、通常にはない状態をもたらすことに、旅行記はうってつけだったといえる。その構造は、非日常性を現出させ、驚異に旅程による地理的・時間的な分類をも与えた。それに加え、実際の記述では、驚異を、それがどのような外形を持つかなど詳しく描写し、読者が具体的なイメージを持つ手助けをし、すでに存在している伝統に依拠することで権威付けしつつ読者の期待に応えるという工夫も見られる。さらに、旅人が真実として語ることにより、ただ驚異がそこにあるだけでなく、それを体験した者が読者との間をつなぎ、より身近に感じやすくしている。すなわち、旅行記という枠組みは、驚異に対し、それが紹介されるにふさわしい場を与え、それを体験し、真実だと保証する旅人によって信憑性を与える、という一種の文脈を与える役割を担ったのである。驚異の編纂において旅行記が果たした貢献は、個々の驚異を、それぞれ独立したものではなく、こういった文脈を与えて有機的なものとし、より想像しやすく現実味のある、ある意味で身近なものとしたことといえる。

注

(1) さらに、後出のティルベリのゲルヴァシウスのように、異国の地に一定期間逗留し、そこでその地に伝わる驚異を集め、奇譚集とするケースなどもあるが、それは第II部第4章に譲りたい。

(2) 中世ヨーロッパの旅行記については、Whitfield 2011 : 1–38 ; Campbell 1988 などを参照。

(3) マルコ・ポーロの記述の真実性や、実際に書物の中で書かれている通りの旅をしたのか、という点は、議論を招くものではあるが、ここでは「(おそらく) 実在の人物」が一部なりとも経験に基づいた「体験談として語った」、という点が重要なため、それらの問題は取り上げない。

(4) 使用した高田訳では、より原典に忠実な『世界の記』という邦題がついているが、本章では、一般に膾炙している『東方見聞録』という書名で記述することとする。また、『東方見聞録』には様々な版があり、高田訳では、三つの版の邦訳が同時に載せられているが、本章では、特に断りのない限り、最も成立当初の形に近いとされるフランク-イタリア語版から引用した。各版と写本については、ポーロ／ルスティケッロ 2013 : 736–751 を参照。

(5) マンデヴィルの人物像については、Onuma 2006 : 5–7 や大沼 2013 : 2–6 でもすでに扱っている。

(6) 『マンデヴィルの旅行記』には様々な言語によるいくつもの版があるが、本章では、最もよく知られた版である英語版の中の代表的なバージョンに基づいて記述し、年号やエピソードの並びなどのバージョン間の差異は特に取り上げない。なお、『マンデヴィルの旅行記』の複数の版については Tzanaki 2003 : 14–18、各国語版写本については Seymour 1993 : 42–53、英語版の各バージョンについては Higgins 2004：104–111 を参照。

（7）『マンデヴィルの旅行記』と「見ること」の権威については、大沼 2013：6–13 でも取り上げた。

（8）『アレクサンドロス大王からアリストテレス宛の手紙』からの引用は全て池上訳によるが、池上訳は Boer 版（*Alexander's Letter to Aristotle* 1973）からの訳ではない。

（9）受け手により、何を驚異とするかが変わるという現象は、自らの生地の驚異を異国で紹介するガルナーティーなど、中東の旅行記にも見られた（本書第II部第1章参照）。

（10）このエピソードと書物の権威については、大沼 2013：12–13 から改訂した。また、このエピソードの挿入に関する議論については、Moseley 1970 および May 1987 を参照。

第4章　ヨーロッパ中世の奇譚集

黒川正剛

はじめに

「イングランド海には、人魚が岩の上に座っているのが目撃されます」（第六四章）。「［エジプトの］ブリソン河にはもうひとつの島があって、そこには無頭人種が生息し、胸部に眼と口があるのです。かれらの背丈は十二尺、幅七尺、そして皮膚の色は金に類しています」（第七五章）。「アルル王国のある大司教管区には、澄明至極な一つの泉がございます。もしそこにだれかが石、木片、あるいは何かその種のものを投げいれれば、たちどころにこの泉から湧然と雨が立ち上って、その物を投げた下手人を濡れ鼠にするのです」（第八九章）。このような不可思議な話を一二九章にわたって、まことしやかに記しているのは一三世紀初頭にティルベリのゲルウァシウス（一一五四年以降―一二二二年）が著した『皇帝の閑暇』である（ティルベリのゲルウァシウス 2008）。ほぼ同時代にイングランドの宮廷付聖職者ギラルドゥス・カンブレンシス（一一四五年頃―一二二三年）によって著された『アイルランド地誌』（一一八八年）にも同様の不可思議な話が数多述べられている。特にその第二部「驚異と奇蹟に関する記述が始まる」に収められている全五五章には、「戸外に置かれた遺体の腐らぬ島」（第六章）、「泉の驚くべき特徴」（第七章）、「三本の金色の歯を持つ魚」（第一〇章）、「ひげが生え、背中にたてがみのある女」（第二〇章）、「半牛人と半人牛」（第二一章）、「逃げる鐘」（第三三章）

など種々様々な不可思議な話が記載されている（ギラルドゥス・カンブレンシス 1996）。

南フランスに位置するアルル王国は、ゲルウァシウスが主君である神聖ローマ皇帝オットー四世によって元帥として赴任を命じられた土地であった。一方、アイルランドは、一一八五年にイングランド王子ジョンがアイルランド君主として上陸した土地であり、ギラルドゥスはこれに随行したのだった。ゲルウァシウス、ギラルドゥスはともに、こうして職務で赴いた土地で自ら見聞した情報や伝聞情報、また古代から伝わる文献情報をもとに不可思議な話をしたためたのである。

『皇帝の閑暇』は三部構成の書である。第一部全二四章は主に旧約聖書「創世記」の最初の部分の注釈からなる「宇宙論」、第二部全二三章は地上の様々な地域について論じた「地理論」であり、第三部全一二九章が驚異について論じた部分である（ティルベリのゲルウァシウス 2008：293–294）。前述の不可思議な話は第三部に記載されているものだ。一方、『アイルランド地誌』は驚異・奇跡を扱った第二部と、第一部「アイルランドの自然に関する記述が始まる」、第三部「この地の住人に関する記述が始まる」から成る。こうしてみると、両著は対象とする地域に偏りはあるにせよ、二人の著者が当時、それぞれ把握できる限りの森羅万象を視野に収めた著述を試みている点で百科全書的な性格を持っていると言えるだろう。

奇譚とは「珍しくて、ふしぎな言伝え、物語」（『日本国語大辞典』）のことだが、本章では驚異を包含した範疇として奇譚を位置づけ、ヨーロッパ中世における奇譚集を含む百科全書的な著作の誕生と成長について検討する。そしてその作業を通して、中世の驚異の多面的な特徴を明らかにすることにしたい。

1　古代から中世へ——奇譚集の誕生

「いろいろな著述家が心を砕き骨を折ったため東方の驚異譚がひろく知られるようになって久しいように、これまでは確かにほとんど人目につかず未知だった西方のそれが、この世が終末に向かっている今になってやっと、私の努力の成果として明らかになればと思う」(ギラルドゥス・カンブレンシス 1996 : 97)。ギラルドゥスはこのように『アイルランド地誌』第二部の最初の部分で述べている。ギラルドゥスは自分が企てようとする著述が「西方の驚異」についてのものであり、古代以来蓄積されてきた「東方の驚異」についてのものとは異なることを主張しているのだ。しかし、この「東方の驚異」こそ、ヨーロッパ中世の奇譚の筆頭に挙げられるものであり、中世ヨーロッパの人々の想像界を支配してきたのであった。なかでも無頭人種やバシリスク(鶏のトサカと体、蛇の尻尾を持ち、吐息やひとにらみで人を殺す怪物)といった異境に棲む異形の人種や怪物は「典型的な中世の驚異」であった(Daston and Park 2001 : 173)。

「東方の驚異」の伝統は古代ギリシア・ローマ時代にさかのぼる。

古代ギリシア人は、東方の地であるインドに異形の種族や怪物が住んでいると考えていた。「驚異の国」としてのインドのイメージ形成に大きな役割を果たしたのは、ギリシア人のクテシアスである(ウィトカウアー 1991 : 84-85)。クテシアスはアケメネス朝ペルシアの王アルタクセルクセス二世の宮廷に侍医として仕えた人物で、ギリシアに帰還した紀元前三九八年頃に『インド史』を著した。クテシアスはホメロスの『イリアス』やヘロドトスの『歴史』など時代的に先行する典拠によりながら、東方に関する奇妙で不思議な話を繰り返し記述した。たとえばホメロスは鶴と戦う矮人種について、ヘロドトスは人狼、犬ほどの大きさがある巨大蟻、羽のある蛇、フェニックス(寿命が尽きる頃自ら身を焼き死んだあと、その灰から蘇る怪鳥)、グリフォン(鷲の頭・翼、獅子の胴体・後脚を持ち、砂金を守護する怪物)、全身毛むくじゃらの野人、犬頭人種、山羊脚人種、無頭人種、一足人種などについて述べている。多指人種と一角獣に初めてふれたのはクテシアスであった(Lecouteux 1993 : 19)。

クテシアスとならんでギリシア＝ローマ世界と初期中世の「東方の驚異」観の源となったのが、紀元前四世紀末にセレウコス朝シリアの使節としてインドに派遣されたギリシア人のメガステネスである。数年間のインド滞在の経験をもとに著された『インド誌』には、臭いや香りを吸って生きる口無人種、鼻無人種、俊足人種、爪先と踵が逆さまの人々、長脚鳥、羽のある蠍などが記されている。

このような古代ギリシアの伝統を吸収して浩瀚な著作にまとめ上げ、中世のみならずルネサンス期の「東方の驚異」観に大きな影響を与えたのが古代ローマのプリニウス（大）である。プリニウスは偏執的な「読者」にして「編集者」であった。『博物誌』序文には次のように記されている。「これまでそのうちのごく少数しか学者に論じられなかった約二千巻の書物を熟読して、私は約百人の著作家から得られた二万件の注目に値する事柄を三六巻に収載したのである」（Wilson 1993 : 22–23）。プリニウスの関心は好奇心をそそる様々な事実を探求し包括的に収集することにあり、説明することにはなかった。「自然」の溢れんばかりの豊饒さを記録することを主眼としていたので、異形の種族や怪物の存在について報告するものの、それを保証することはなかった。またプリニウスは異形の種族や怪物がインドだけでなくエチオピアにもいると考えていた（同前 : 23）。中世における異形の種族や怪物の大部分は、このプリニウスの百科全書的な著作か、これと紀元一世紀ローマのポムポニウス・メラの地理書をもとに三世紀ローマのカイウス・ユリウス・ソリヌスが著した『珍奇集成』に由来する（Lecouteux 1993 : 23）。

中世キリスト教世界において、キリスト教の教義とこのような驚異の伝統を一致させたのがアウグスティヌス（三五四―四三〇年）である。アウグスティヌスは『神の国』第一六巻第八章のなかで次のように述べている。「個々の種族のうちにある種の奇怪な人間が存在するように、人類全体のうちにある種の奇怪な種族が存在するとしても、わたしたちはそれを不合理なことと見てはならない」、「神は万物の創造者であられるのであるが、どこで、いつ、何がつくられるべきであるか、また、つくられるべきであったか、御自身が知っておられるのである」（アウグスティヌス 1986 : 149）。アウグスティヌスにとって、異形の種族の存在は神の全能を示すものであり、それに驚異の念を抱くことは人間の神に対する謙遜を示す適切な表現にほかならなかった。このようなアウグスティヌスの立場は、中世のすべての著作家に受け入れられた（ウィトカウアー 1991 : 92–93）。次に、プリニウスに主に依拠したアウグスティヌスに対して、ソリヌスに依拠して中世キリスト教的驚異観に大きな影響を与えたのがセビリャ司教のイシドルス（五六〇年頃―六三六年）である。その『語源論』全二〇巻は一種の百科全書であり、異形の種族や怪物についても論じられている。またイシドルスの見解は、怪物を含む森羅万象が神の創造物であるとする点でアウグスティヌスの見解を踏襲するものであったが、その一方で怪物を来るべき災厄を告げ知らせる神のしるし、すなわち凶兆とみなすものであった(Daston and Park 2001 : 50-51)。驚異を何らかの兆しとみなす伝統は、古代ローマのキケロ(前一〇六―前四三年)にさかのぼる。

驚異全般に対する関心が高まった一二―一三世紀になると百科全書的な著作物が数多く誕生したが、そのなかで「東方の驚異」に関する内容は重要な位置を占めていた。「東方の驚異」に対する関心は、その後近世に至るまで持続する。百科全書的著作の代表的な例として、すでに挙げたゲルウァシウスとギラルドゥスの著作のほか、一二―一三世紀のものではサン＝トメールのランベルトゥスの『華の書』、オータンのホノリウスの『世界像』、トマ・ド・カンタンプレの『事物の本質についての書』、ヴァンサン・ド・ボーヴェの『自然の鑑』、バルトロマエウス・アングリクスの『事物の属性について』、一五世紀初めのものではピエール・ダイイの『世界像』、一五世紀末のものではハルトマン・シェーデルの『世界年代記』などが挙げられる(ウィトカウアー 1991 : 94 ; Lecouteux 1993 : 26-27)。

ヨーロッパ中世の奇譚集は、以上のような「東方の驚異」を呑み込みつつ、またゲルウァシウスやギラルドゥスが述べているような、不可思議な効力を持つ泉や湖の話などヨーロッパ内の奇譚を取り込んで成立しているのである。

2　『皇帝の閑暇』における奇譚

中世における驚異の多面性を知るための最もよい方法は、実例を確認してみることだろう。ここでは、二つの奇譚集、ゲルウァシウスの『皇帝の閑暇』とギラルドゥスの『アイルランド地誌』の具体的な内容を見ることにしよう。前述のように『皇帝の閑暇』は中世の驚異研究で夙に有名な書である。一方、『アイルランド地誌』も同じく有名だが、アイルランドという「西方」地域の驚異を主要な対象としている。したがって二書を確認することで、中世の驚異の多面性がつかめるはずである。ただし、二書の内容を網羅的に検討することは紙幅の都合上不可能なので、便宜上、ジャンル別に分けていくつかの奇譚をピックアップすることにしたい。

まず『皇帝の閑暇』である。「東方の驚異」系の奇譚として、本章冒頭で「無頭人種」のことはふれたが、次のような話も記されている。それは馬のたてがみをもち、身体屈強を誇り、巨大な歯から火を吐き出します。「馬頭人種」が生まれる狭い地域がございます。「紅海の方向に向かって、セレウキアの南側には［中略］［ある］島には、ガルガルス河があり、その彼方には、「ミルミドン蟻」が成育しております。そいつらは子犬ほども大きさがあり、六本脚で、からだの中心はまるで大海老のようです。それらは犬の歯をもち、黒くて、土から掘り出した金を溜めこんでいます」(第七三章)。「紅海の方に向かうとその右手にフェニックスとイオラキアという二つの町がございます。そこには富裕大尽の人がたくさん住んでいて、インド・アラビア方面に商いに出掛けているのです。［中略］このあたりに、胸まで髭が伸びている恐るべき女どもがおります。偏平な頭をし、毛皮を纏って狩りをしています」(第七六章)。これに続く第七七章では、「またその近辺には、山羊の歯をもち、踵までとどく長髪を蓬々と垂らし、腰には牝牛の尻尾をつけた女たちが生活する山々がございます。彼女らの背丈は七尺で、からだは駱駝のように毛むくじゃらなのです」と述べられている。また中近東のある地域の奇譚として次のような話が記されている。「フィロニア城に向かうと、当国ものに似たひよこがいて、色もおなじでございますが、それらを食べようと思うと、からだがカッカと焼けついてしまうのです。そこにはまた、物音がするだけで逃げだす猿のような人間がおります。かれらは八本足でおなじく八つ目と二本の角をもっています。殺めようと思うなら、武装おさおさ怠りなきようにすべきでしょう」(第八一章)。

この第八一章で注目しておきたいのは、奇譚集の、いわば編集方針が述べられているくだりである。「わたしどもは、記述したものすべてをわれとわが目で直接確認したわけではございませんが、いくつかのものをある書物からとり、他のものは信頼のできる人の口づてに聞いたのであり、嘘つきの妄言や、物真似のおべんちゃらから借り受けたものは一切ない［のです］」。あらためて確認するまでもないが、奇譚集は現実と想像のアマルガムなのだ。ゲルウァシウスは、以上述べてきたような人間や動物に関わる奇譚だけでなく、植物に関する奇譚も述べている。パレスチナ地方のペンタポリスという地域で育つある果物は、「時を選ばず成長しますが、完熟の時節がめぐりくると、潰してみれば、何と煙と灰が溢れでるのです」(第五章)。また、「ペルシアには、セレナイトという、その光沢が月とともに増減する石がございます」と述べているように、石という自然物に関する奇譚も記されている(第六章)。

動植物や石など自然物に関わる奇譚は、ヨーロッパ内にも存在する。いわば「東方の驚異」系ならぬ「ヨーロッパ本土の驚異」系とでも言えようか。たとえば、第一二三章は「樹から生まれる鳥」について述べたものだが、これはイングランドの「カンタベリ大司教管区のケント伯領のファヴァシャム修道院の領地付近」で見られたものである。ゲルウァシウスが述べるには、海辺に生えた柳ほどの高さの灌木には所々に瘤がついており、しばらく成長を続けると、「それらの瘤は、小鳥の形に変じ、一定期間の経過したあと、嘴で殻をやぶってブラ下がり、雛が孵る」のである。おまけにゲルウァシウスは、成長して「小型のガチョウくらいの大きさ」になった鳥たちを、四旬節の期間に人々が「炙って食べます」と断言する。キリストの受難と復活を思い、悔悛し、肉を断つ期間であるべき四旬節にこの鳥が食されたのは、これが植物生まれであったからである。

冒頭でふれた不可思議な泉の話のように、ゲルウァシウスは赴任地であったアルル王国の奇譚もいくつか記している。様々な泉の奇譚のほか、次のような奇譚も扱われている。アルル王国のタラスコン市に一人の豚飼いがいた。男は「慣習によって突棒のような形の皮を剝いだ枝を手に携えて、犂で土地を耕」していた。ある日の昼過ぎ、「とぐろを巻いた蛇」を発見した男は衝動に任せて手に持っていた枝で蛇をたたき殺してしまう。枝に付着した「黒々とした汚れ」は枝を腐敗させたので、手につくのを恐れた男は枝を遠くに投げ捨てた。「すると見る間にそれは全体が腐り、バラバラになって砕け落ちたのです」(第一〇一章)。

「人工の驚異」系についてもゲルウァシウスは述べている。古代ローマ最大の詩人と称されるウェルギリウス(前七〇—前一九年)の事績に関わるもので、ナポリ市近郊の山に据えられた「口に喇叭をくわえた男の青銅製の像」がその一例である。ウェルギリウスがこの像を建てたのは、「ナポリ近くの海に迫って、足下に広がるラヴォーロの広野を睥睨する、屹然たる山」、すなわちヴェスヴィオス火山の噴煙を避けるためであった(Daston and Park 2001 : 22)。

噴煙が南風にのってナポリ市に達すると「灼熱の煤煙が収穫物やあらゆる実りを焼き尽くし、かくてこのいとも肥沃な土地が不毛の荒蕪地に逆行してしまうのです」。この災害を防ぐためにかの像が建てられたのである。喇叭のなかに南風の最初の一吹きが入ると、その風力で喇叭が鳴る仕組みで、その響きとともに南風を押し返すことができたというのである。

いささか表現が適切でないかもしれないが、「霊的存在」系の奇譚も記されている。たとえば、第八六章「ラミアと夜の幽霊」では次のように述べられている。「通常フランス語で「マスク」とか「エストリ」と呼ばれているラミアは、医者たちの言によると夜の幻視であり、かれらは体液を濃縮させて眠り人の魂を混乱させ、その重さで魂を押し潰すのだということでございます」。そしてアウグスティヌスの見解を引用し、ラミアは「悪霊」であるとの説を述べている。ゲルウァシウスはラミアを魔女と関連づけていないが、ラミア（*lamia*）は魔女のラテン語表記でもある。この章ではさらに、夜中に嬰児を揺籠から連れ出す「夜の幽霊」の話、また「魔術師の神業」が「悪霊」によるものであることが述べられている。こうしてみると「魔術」系の驚異も奇譚に含まれることになろう。

最後に「奇跡」系の奇譚について述べておこう。たとえば次のような話が述べられている。シリアのダマスクス大司教管区にあるサルデナイの聖母寺院の「聖母像を表したイコン」は、「神の奇蹟によって生身の乳房を有していて、それは乳のかわりに病人介護に適した油を分泌する」のである（第四六章）。奇跡について述べた、この引用箇所の直前でゲルウァシウスが次のように述べていることに注意しなければならない。「わたしどもの趣意は、世界の驚異を扱うことでございます。さて、ことほど左様に、日々の賞賛に値し神の全能が証するもの、そしてわたしどもにとって益あることが判明するもの以上に、その名にふさわしいものはございません」。すなわち、奇跡と驚異は互換可能な言葉なのだ。これはアウグスティヌス的な驚異観にほかならない。

以上、主要なジャンルに分けて『皇帝の閑暇』に記されている奇譚について見てきた。それは驚異、奇跡、魔術の領域を包括するものだったと言えよう。

3　『アイルランド地誌』における奇譚

次は『アイルランド地誌』である。まず、「西方の驚異」に関わる奇譚をいくつか見てみよう。現在もアイルランドをはじめ、ヨーロッパ各地に残っているドルメンやメンヒルなどの巨石記念物をおそらく指して、ギラルドゥスは次のように述べている。「古代のアイルランドには人を驚嘆させるほどの積石があった。それは「巨人族の舞踏」とよばれていた。巨人たちがそれをアフリカの果てからアイルランドに運び、ネイス城近くのキルデアの平地に才知と力で立ててつくったからで、それはじつに驚かされるわざだった。それゆえそこでよく似た、そして同じように立てられた石が今日でも見られるのである」(第一八章)。積石自体が驚異であることに加えて、「巨人族」もまた驚異であった。巨人族は、「東方の驚異」系に属する異形の種族でもある。アレクサンドロス伝説によれば、アレクサンドロス大王はインドで巨人族と遭遇し、これを打ち破ったのである (Friedman 2000 : 15)。

この奇譚のように、「西方の驚異」が実は「東方の驚異」の焼き直しである例はほかにも見られる。「リムリクのドゥヴェナルドゥス王(ドムノール)のもとにはへそまで髭ののびた女がいた。背骨にそってたてがみもはえていた。首から下に走るその毛は生後一年の動物の子のようにふさふさしていた。この女性はこうした二重の驚異を持つ点で怪物のようであったが、両性具有者ではなく、ほかの点では女性らしくおとなしく、笑いと驚愕の対象としてずっと宮廷について移動した」(第二〇章)。「髭の生えた女性」はアレクサンドロス伝説にも出てくるものであり、インドの山岳で犬を使って狩猟するタイプも存在する(同前 : 12–13)。このような例から考えると、「西方の驚異」は「東方の驚異」系の一つのバリエーションと言えるのかもしれない。

第二一章「半牛人と半人牛」は次のような内容である。ギラルドゥスの母方のおじモーリス・フィッツジェラルドが支配していたウィクロウ城がある地方に「不思議な人間がいた」。それは「体は全体として人間だったが、その末端はウシだった。つまり手首・足首の関節のところからウシの蹄になっていたのである」。頭には毛がなく、目の大きさ・形・色はウシそっくりで、鼻は顔面に二つの穴があいているだけであった。そして言葉は話さず、吠えるのだった。ギラルドゥスはこの怪物を「不思議な人間」として述べているものの、「もし彼を人間とよべるならば」と但し書きを付け加えることを忘れていない。同章の後半では、この「半牛人」に対して「半人牛」のことが述べられている。「イングランド人がこの島にやって来る少し前、男が雌ウシと交わって［中略］グレンダロホの山中でウシが人のようなウシを生んだ」。怪物は獣姦によって生まれたというわけだが、ギラルドゥスはこの性的逸脱行為をアイルランド人の特色と結びつけている（「ことにこうした罪悪によってこの民は苦労している」）。「東方の驚異」「西方の驚異」のいずれにせよ、驚異としての怪物の問題が他者認識に深く関わるものであり、オリエンタリズムの問題（サイード）と通底していることを忘れてはならない。「中世の怪物は、植民地主義者のはしりの心性の産物として理解されるかもしれない。すなわち、領土、国家、国民間の差別をシステマティックに創造するための青写真」（Bildhauer and Mills 2003 : 8）とも言えるのだ。

第一〇章「三本の金色の歯を持つ魚」にはこう記されている。「イングランド人が来島するしばらく前にアルスタ［レンスタ］のカーリングフォドで、ひじょうに大きく、姿形も普通とは違う魚が見つかった。この魚が三本の金色の歯と五〇オンスの重さを持つことも人を驚かせたという」。「自然の金以上に輝」く、この魚の歯に対するギラルドゥスの解釈には、まさに「植民地主義者のはしりの他者認識」が反映されていると言ってよい。ギラルドゥスは、「それはおそらく、近い将来にせまった征服が生む黄金の時代を予言していた、と考えることができるだろう」と述べているのである。イングランドによるアイルランド征服は「黄金時代」の到来を意味するのであり、金色の歯を持つこの魚の発見は、吉兆とみなされるものだったのである。「前兆としての驚異」観が、この奇譚には含まれている。

自然物に関わる奇譚として、泉の例も見ておこう（第七章、第八章）。「マンスタのある泉では、その水で体を拭う人がすぐ白くなってしまう。この泉水で洗った部分だけひげが白くなった人を私は見たことがある。ほかはもとどおり黒いままであった」。「アルスタの北の果てにある泉はひじょうに冷たいため、そこに七年つけておいた木は固くなって石化する」。『アイルランド地誌』という書名ではあるが、アイルランド以外の地域の奇譚も取り上げられている。

泉の奇譚も例外ではなく、木だけではなく麻や亜麻の布を石化させるノルウェーの泉や「赤いものを着た人がそこに近づくと、ただちにその人の背の高さまで水が噴出する」シチリアの泉などが取り上げられているのである。

「霊的存在」系の奇譚として、第五章「ある部分にはよい霊が、別の部分には悪い霊がよく訪れる島」を見ておこう。アルスタに存在するある湖に浮かぶ島は二つの部分からなる。「一方にはあつくうやまわれている教会があり、ひじょうに美しく魅力的」であり、「天使たちが訪れ、また土地の聖人たちもしばしば眼前にあらわれる」。しかし「もう一方はひじょうに荒れ果てて恐ろしく、デモンのみにわりふられた所だと言われている。そこでは化け物の集団や行列がほとんどいつも見られる」。後者には九つの穴があり、「そのうちのどれかの中で一夜を過ごすことになどするとただちに悪霊たちがとびかかって来て、一晩中大いに責めさいな」まれることになる。「当地の人はここを「パトリキウスの煉獄」とよんでいる」。デモン(悪魔)や悪霊についての言及は、「魔術」系の奇譚との関連性を想起させる。実際、第一九章「当代の驚異、その一、聖職者と話したオオカミ」のなかで、人狼と動物に変身する人間の話を述べたあと、魔術の問題がふれられている。悪魔や悪しき者(フランス語訳では魔術師)ができることといえば、「神によってつくられたものを、神の許しを得て、外見上変化させる」だけであり、そうすることによって「存在しないものがあるように見えたり、人間の感覚が驚くべき幻影にとらわれ麻痺して、事物がそのとおりには見えず、あるまがいの、虚偽のかたちへと、幽霊の力で、あるいは魔術で、驚くほどに変えられたりするのである」。人狼、動物変身、神の許しのもとで可能となる悪魔や魔女の活動、悪魔がもたらす幻覚の話はいずれも近世の魔女信仰において重要な位置を占めるものである。

最後に、「奇跡」系の奇譚から一つ取り上げておこう。第四四章「当代の奇蹟　口をきき真実を述べるダブリンの十字架」には、「現代におこったこと」として次のように記されている。ダブリンの聖三位一体教会には、磔刑に処されたキリスト像がついた十字架があるが、この像は「イングランド人がやって来るしばらく前［中略］多数の聴衆を前に聖なる口を開いてことばを述べた」。金の貸し借りをめぐる契約について、ある市民が「この十字架を唯一の証人・保証人」としたが、相手が契約を反故にしようとしたとき、「証言を求められた十字架は、真実を述べたのである」。

ゲルウァシウスの『皇帝の閑暇』と同じく、ギラルドゥスの『アイルランド地誌』という奇譚集にも驚異、奇跡、魔術の領域に関わる多様な不可思議な話が満載されている。三つの領域は截然と分離されているというよりは、相互に連絡回路を保ちながらゆるやかに結びついて奇譚集を作り上げていると言ってよいだろう。アウグスティヌスは『神の国』第二一巻で、「神によって創造された万物はすべて驚異にして奇跡である」という趣旨のことを述べているが、アウグスティヌスを引用しているゲルウァシウス、ギラルドゥスはともにそのような驚異観の影響下にある。驚異の歴史を概観するとき、中世初期以降の「驚異と奇跡の癒着状態」から中世末以降の「驚異と魔術の癒着状態」への変化があったことが指摘できるが、一二—一三世紀という時期はこの癒着状態の切り替わりが起こった時期であったと言えるかもしれない。

4　三大百科全書と奇譚

ギラルドゥスとゲルウァシウスがそれぞれの奇譚集を著してから、数十年経った一二四〇年代、三つの代表的な百科全書的著作が著された。トマ・ド・カンタンプレ、ヴァンサン・ド・ボーヴェ、バルトロマエウス・アングリクスが著した各書は、一三世紀に著された百科全書的著作のうち最も影響力があり広く流布したものとして知られる。三人ともドミニコ会修道士にして同会の学校施設で教鞭をとった人物であり、いずれもアウグスティヌスの影響下にあった。アウグスティヌスは『キリスト教の教え』のなかで、聖書は自然界に由来する直喩や隠喩を使用しているので、聖書を人々に解釈する責任を負っている説教師や聖書解釈学者は自然の事物の性質についての専門的な知識を持っていなければならず、よって自然のなかで生起する驚異について熟知することの必要性を強調した。三者はこうしたアグスティヌスの驚異観に影響を受けていたが、力点の置きどころがそれぞれ異なっている（Daston and Park 2001 : 41,

44-48)。以下、ダストンとパークの研究によりながら、これら百科全書的著作の特色と後世に与えた影響について見ることにしたい。

三人のなかで聖書解釈を最も重要視したのはバルトロマエウスであった。バルトロマエウスが述べるには、彼の著書『事物の属性について』の目的は「自然の事物と人工の事物の属性の象徴や像のなかに聖霊によって伝えられ覆い隠されている聖書の謎」を、読者が理解できるようにするための一助とすることであった。したがって、バルトロマエウスが扱うのは聖書と聖書注解書で言及されている比較的平凡な現象にとどまるものだった。一方、トマとヴァンサンはバルトロマエウスよりも対象を広げ、神の創造行為、転じて創造主に驚異の念をおぼえることがキリスト教徒の義務であるというアウグスティヌスの立場を強調した。たとえばトマは、「実を言えば、三位一体の神の痕跡が見出されうる人間性を除いて、神が天のもとのほかの事物において驚くべきことを行うことはほとんどないと言うことができる」としながらも、クジラを含む「海の怪物」について次のように述べている。「それらは地球の驚異のために全能の神によって与えられたのである。それらは稀にしか人の目にふれることがない。だから尋常ならざる驚異と思われるのだ」(『事物の本質についての書』)。ヴァンサンは、「我々はあるものの大きさに、また別のものの小ささに驚異の念をおぼえるのだ」と述べてゾウと羽虫、トラとカメなど生き物の大きさの著しい違いに驚嘆するとともに、花や宝石の色の多様性と美しさにも驚嘆する。そしてアウグスティヌスの『神の国』第二一巻を引用しながら、人間の喜び・歓喜のためにつくられた「驚異のスペクタクル」として「創造された世界」を捉える。

ヴァンサンの『自然の鑑』は、フランスのディジョンにあるドミニコ会修道院の図書室の一三〇七年の図書目録のなかに、聖書用語索引、聖書注解書などと同じ項目のもと記されている。一方、トマとバルトロマエウスの著作は縮約版が説教用に作成され、流通した。またその内容は、ソリヌス、プリニウス、ティルベリのゲルウァシウス、動物寓話集に収載されている奇譚を付け加えて、『ゲスタ・ロマノールム』のような説教師に使用された説話集に記されている。『ゲスタ・ロマノールム』はヤコブス・デ・ウォラギネの著名な聖人伝『黄金伝説』(一三世紀後半)とならんで人気のあった書物と推測され、聖人伝、伝説、史話、逸話、動物譚、笑話、寓話、ロマンスなど様々なジャンルの物語を収め、すべての話の後に教訓解説を付している[1]。一四世紀初頭にイングランドのフランシスコ会修道士が使用するために編集された『ゲスタ・ロマノールム』にはバシリスク、アルメニアのドラゴン、シチリアの不可思議な泉、異形の異種族に関する章が含まれている。そして、たとえば犬頭人種は修道士が苦行のために地肌に直接着た「毛衣」を身にまとった禁欲的な説教師を、スキティア人の巨大な耳朶は神の言葉を喜んで聴くことを象徴するものであると解釈された。

ヴァンサンの三二巻四千章におよぶ浩瀚な『自然の鑑』はラテン語から俗語に翻訳されることはなかったが、トマの『事物の本質についての書』とバルトロマエウスの『事物の属性について』は一四―一五世紀を通じてラテン語から俗語に翻訳され、聖職者だけでなく俗人にも広く読まれることになった。ことにバルトロマエウスの書は人気を博し、一三〇九年までにイタリア語に訳され、以後、フランス語、プロヴァンス語、英語、スペイン語に次々に訳され多くの写本が流通した。それは活版印刷以前の時代において、一五世紀の個人所有の図書室所蔵本のなかに多く見いだされるお気に入りの写本の一つであった(Daston and Park 2001 : 379-380)。しかし、俗語に訳され、流通していくにしたがって、内容にも変化が見られるようになった。たとえばバルトロマエウスは著書の序文で自著が聖書を解釈するために使用されるものであることを強調していたが、俗語翻訳者たちはバルトロマエウスのこの強調点を削除し、一般的な百科全書に仕立てあげてしまった。一三七二年のフランス語訳本を手がけた訳者ジャン・コルベションは、この訳書は「森羅万象を収載した一般的な大全」であると述べている。聖職者だけに好まれるような煩瑣で生真面目な聖書解釈は驚異から剝ぎ取られ、俗人たちの興趣をそそる書物にいわば作り変えられたのである。

おわりに

一三世紀の神学者の手になる百科全書が一四―一五世紀に俗語に翻訳されていく過程で、驚異がもつ喜びや魅惑の側面が浮上してくることになった。しかし、時代は中世末に向かいつつあり、驚異の暗部が次第に拡大してくることになる。もちろん、驚異の喜び・歓喜を説いたヴァンサンにも驚異の暗部についてふれた箇所は見られる。たとえばヴァンサンは『自然の鑑』第三二巻で奇形の誕生についてふれ、神はご自身の未来の意向を啓示したり、来るべき災厄について警告したりするために、夢やお告げとならんで、奇形の誕生を用いることがあると述べている。

驚異の暗部の肥大化は中世末を経て近世に時代が移りゆくなか、宗教改革をはじめとする社会的大変動の生起のもとに、ますます昂進することになるだろう。驚異は悪魔や魔術との関係を強く結ぶようになる一方、驚異の発現を神の怒りや警告として捉える立場も前面にせり出してくることになる。すなわち、中世の終焉とともに、ヨーロッパ中世の奇譚集が持っていた雑多性・豊穣性は次第に失われていくことになるのである。

注

（1）高橋一也「『ゲスタ・ロマノールム』（シュトラースブルグ／ストラスブール、［ゲオルグ・フスナー印行］一四九九年一月一三日）」慶應義塾大学インキュナブラコレクション（http://project.lib.keio.ac.jp/dg_kul/incunabula_detail.php?id=005）二〇一五年六月二七日アクセス。

第5章　コプト聖人伝に見られる驚異な奇跡譚

辻　明日香

はじめに

キリスト教アラビア語において、「奇跡」はアラビア語の動詞アジバ（*'ajiba*）に由来する名詞、アジャーイブ、またはウジューバ（*u'jūba*, 複数形アアージーブ）と呼ばれる。「驚異（アジャーイブ）」と同義語が使われているわけである。では、東方キリスト教諸教会の文学において、奇跡譚はどれほど驚異譚との共通性を見いだせるのであろうか。

結論から述べると、現代の我々にとって驚異譚や奇跡譚はいずれも摩訶不思議な物語に感じられたとしても、奇跡譚にはキリスト教文学としての一定の制約があり、「驚異」といった要素が含まれることは稀であるように思われる。アラビア語の「アジャーイブ」には驚異と奇跡双方の意味が存在するが、キリスト教アラビア語では、この用語はイスラームにおいて奇跡を意味する「カラーマ」や「ムウジザ」（第I部第2章参照）とほぼ同意となる。そして、管見の限りではあるが、この用語が「驚異」という文脈で使用されることはない[1]（Graf 1954 : 259）。また、中世のキリスト教アラビア語文学においては、奇跡について語る場合（「アジャーイブ」を使用して）「カラーマ」や「ムウジザ」という用語は使用しない[2]。しかし、そうはいっても、奇跡譚の中に、当時の人々の想像力をかき立て、自分たちの環境から遠く離れた世界にいざなうような物語も存在しないわけではない。

本章においては、中世ヨーロッパとの比較材料を提供することを意図し、中東を中心にユーラシア大陸に広がる、東方キリスト教諸教会（東方キリスト教諸教会の全貌については、戸田 2013 等を参照）の一つであるコプト教会の文学を取り上げる。東方キリスト教諸教会の大半は七世紀以降、イスラーム諸政権の支配下に置かれた。各教会はコプト語やシリア語といった、彼らの伝統的教会言語で、そしてある時期以降はアラビア語で文学作品を生み続けた。後者が一般にキリスト教アラビア語文学と称されるのだが、本章はそのような作品の紹介でもある。また、イスラーム政権下のキリスト教徒やユダヤ教徒は、多くの場合ムスリムと生活空間を共にした。それゆえ、本章においてはコプトの奇跡譚とムスリムの奇跡譚との共通性についても言及したい。

1　もう一つのキリスト教世界における奇跡譚の編纂

古代キリスト教世界の伝統を受け継ぎながらも、イスラーム政権下においてヨーロッパ世界とは別の発展を遂げた教会、その一例がエジプトのコプト教会である。誤解されがちであるが、キリスト教世界はヨーロッパに限定されるわけではない。ある時期までは、その文学活動の中心は東地中海世界、あるいは中東・北アフリカ地域にあった。本書の随所に登場するアウグスティヌスも実は現チュニジアのカルタゴに生きた人物である。ヨーロッパ世界に伝わる聖人伝（奇跡譚を含む）のほとんどは、その原型を古代末期の地中海世界の文学に求めることができる。その中でもエジプトは、『（砂漠の師父）アントニウス伝』といった、その後のキリスト教世界における聖人伝文学に多大な影響を与えた作品を生み出した。ヨーロッパ中世は、古代ギリシアやローマの文化のみならず、東地中海世界における教会文学の諸遺産を引き継ぎ、その文化を開花させたのである。

また、ある時期まで、地中海一帯においてキリスト教は似たような変貌を遂げた。例えば、第Ⅰ部第1章で池上が述べたように、古代末期、キリスト教は異教的な慣習を激しく攻撃し、そして後にはそのような慣習をキリスト教の中に取り込んでいった。エジプトの場合、五世紀に生きた教父シェヌートは神殿に仕える神官たちのみならず、異教的な慣習を激しく攻撃したことで知られる。同時に、これら慣習は姿を変えつつ、コプト教会文学における奇跡譚の中に登場するようになっていく。フランクフルターによると、これらは聖人による予言（かつては神託）、悪魔払い、動物の退治や訓伏などである（Frankfurter 2003 : 349–355）。後者の動物の退治や訓伏は、池上のいうキリスト教的驚異に該当するであろう。

さて、コプト教会はとりわけその聖人崇敬において知られる。聖人の生涯を讃え、さらに彼にまつわる奇跡譚を記したものが、いわゆる聖人伝である（キリスト教アラビア語文学において、聖人伝は「聖人伝」自体と、「奇跡録」から構成されることが多い）。聖人伝や奇跡譚というと、伝説的な性格が強いと考えられがちである。けれども、中世ヨーロッパ世界においても、東地中海世界においても、同時代の「生きた」聖人の事績について、それを目撃した人々の証言をもとに、聖人の死後間もなく、その弟子たちにより執筆あるいは編纂された聖人伝が一定数存在する（コプト聖人伝のうち、この定義に該当するものについてはGraf 1944–53 : vol.2, 474–475；辻 2012を参照）。

本章で取り上げる聖人伝は、コプト教会の聖人伝の中においてもやや特殊な部類に属し（ローマ期の殉教者の墓やその周辺で起きたとされる奇跡を記したものではなく）、修道士や隠修士で、生前から聖人（*qiddīs*）として崇敬された人々に関する作品である。これら聖人は、人並みはずれた修行や断食などにより聖性を獲得し、神と人との仲介者、治癒者、そして助言者として活躍したとされる。(3) 彼らの崇敬者たちは恩寵や執り成しを求めて聖人のもとを訪れたわけであるが、参詣者たちは病の治癒や助言、道中の安全の保障など、特定の聖人にどのような執り成しを求めることができるかということを熟知していたようである。そのため、各聖人伝における「奇跡録」の内容は、ある聖人が、ある地域において、何を行い、それゆえ人々はどのような利益を得たのかということに集約される。

このような人物の業績について記録した聖人伝は、主に一三世紀後半から一五世紀初頭にかけて著された（本章はこれを「長い」一四世紀として捉えている）。他の時代においては、さほど確認されていない。なぜ一四世紀なのかというと、これは同じく聖人の奇跡譚を扱う、イスラームの聖者・スーフィー文学が本格的に著されるようになったという時代背景（第I部第2章を参照）、そしてそれら文学の存在自体が影響していると考えられる。

コプト教会のみならず、中世ヨーロッパにて著された聖人伝についても該当することであるが、このような性格の聖人伝における奇跡譚には、どのような人物による証言に基づいているのか、またどれほどの人々により目撃されたのか、ということが記されている。どこかに存在するもの、あるいはどこかで起こりうる出来事ではなく、「我々の住む世界において」、確かに起きた、ということが重要なのである。

そのため、奇跡譚においては、まず聖人のもとへやってきた人物について、その出自や出身地、また何を求めてやってきたのか／どのようなトラブルを抱えてやってきたのかが説明される。次に聖人が執り行ったこと、あるいは聖遺物の前で起きたことが記され、神を讃えながら帰っていく姿が描写される（Finucane 1977 : 53–54）。これら聖人伝は聖人の列聖運動と結びつけられ、それゆえ「実際に起きたことであり、目撃者が多数いる」ことが重視され、聖人の聖性について説得的に提示しようとしているのである。コプト教会の聖人伝においては、空間移動やテレパシーなど、にわかには信じ難い内容の奇跡譚の場合、集団がその奇跡の現場に居合わせたという設定になっている。

一四世紀に著されたコプト教会の聖人伝の奇跡譚を眺め渡すと、新約聖書にその類型を見いだすことが可能な内容のものから、物語としての要素が強いものへと並べることができる。もちろん、各聖人伝における「奇跡録」の内容は、聖人自身の個性や著者／編纂者の社会的背景、そして時代背景に左右される（辻 2012 を参照）。とはいえ、奇跡譚の大半はキリスト教徒に「実際に起こりうる出来事」として受け入れられやすいものであり、かつその類型を新約聖書に求めることができるものなのである。これらは主に病人や身体障がい者の治癒譚であるが、悪霊払い、死者の再生、食糧を増やす、そして予言に関する奇跡譚も見られる。

また、ここには先述したような悪魔払い、動物の退治や訓伏といったキリスト教的驚異も含まれている。つまり、奇跡譚の中には、合理性を重視する現代の我々からは驚異、あるいは超現実、と解釈されそうな物語も数多く見られるのだが、これらの奇跡譚は、超自然的な現象について述べていたとしても、前述のように聖書にその類型を求められるものが大半であり、そうでない場合は、その現象は伝説上の聖人の所業と結びつけられる、あるいは聖人の修行ゆえに可能となった行為として説明される。あくまでキリスト教の教義に沿った形で記されているのである。これは、聖職者が奇跡について語ったり記録したりする際、彼らの念頭には常に聖書に記された奇跡譚があったからであろう（Finucane 1977 : 59）。中世の人々にとって、聖書の中で語られる奇跡を「ありえないこと」として退けることは難しかったはずである。また、聖ギルギス（ゲオルギウス、またはジョージ）や聖メルコリウスが出現し、旅人を盗賊から守ったりお告げを行う、といった内容の奇跡譚も、キリスト教文学としては珍しいものではない。

他方、上述したように、コプト教会の聖人伝に登場する奇跡譚は、同時代に著されたムスリム聖者やスーフィーの奇跡譚集に、これらと類似性の高いものを認めることができる。例えば、食糧を増やす、作物の被害からの保護、病や身体障がいの治癒、空間移動やテレパシー、動物の訓伏などが挙げられる（私市 2009 : 105–134）。これらの奇跡は、聖書に類型を求められるものであるとともに、キリスト教徒・ムスリムを問わず、少なくともエジプトを含む東地中海世界の人々にとっては、奇跡として実際に起こりうること、と捉えられたものなのであろう。中世という時代について忘れてはならないことは、当時、知識人であれ庶民であれ、彼らは、奇跡を起こす人物については疑念を挟むことがあっても、奇跡の事象自体は自明のものとして受け入れていたということである。

ただし、キリスト教徒と同様、ムスリムにおいても、奇跡譚集の著者は、自分たちの目の前、あるいは信頼の置ける証人の前で起きた（とされる）ことを伝える点に重きを置いている（Talmon-Heller 2002 : 116）。例えば、一三世紀に著された、パレスチナ地方のナーブルス周辺で活躍したシャイフたち（具体的には、イスラーム法学の一派であるハンバル派の法学者たち）にまつわる奇跡譚集（カラーマート *Karāmāt*）を分析したタルモン・ヘラーは、奇跡譚集の内容について、聴衆の関心をひきつけておくために、ユーモラスな語りや、サスペンスといった要素が挿入されることがあっても、聴衆を自分たちが見知った現実の世界から遠くへいざなうことは少ないと述べている。以上をふまえると、キリスト教文学、イスラーム文学を問わず、中世においては、自分たちの時代に生きた聖人の事績を讃える、という聖人伝文学の性格ゆえに、奇跡譚において未知の要素が見いだされることは稀であると考えられる。

2　「驚異」としての奇跡譚

このように、中世のコプト教会の奇跡譚には、本書が扱う驚異譚に見られるような、キリスト教世界において「起こりうる出来事」から離れるような物語は収録されにくい。しかし、全く存在しないわけではない。中世イギリスの聖人／聖遺物崇敬研究で知られるフィヌカンは、(列聖審査において) 奇跡の審査基準が厳格化していく中においても、聖人伝の著者がその著述において、物語の面白さや、奇跡の摩訶不思議さを優先してしまうことがあった、と述べているが (Finucane 1977: 54-55)、以下では、一四世紀後半から一五世紀初頭に著されたコプト教会の聖人伝、『ルワイス伝』と『ムルクス・アルアントゥーニー伝』からそのような奇跡譚を紹介してみたい。(4)

隠修士ルワイス (一四〇四年没) は下エジプトの農村で生まれた。おそらく二〇代の頃、エジプトでキリスト教徒に対する迫害が起こると、ルワイスは故郷を捨て、以後カイロ周辺で放浪生活を送るようになったとされる。放浪時に神の啓示を受け、信仰と修行の生活に目覚めたとされ、その禁欲生活ゆえに多くの人々から崇敬された。晩年はカイロ郊外の修道院を拠点とし、各地から参詣者を集めた。

ルワイスに帰せられる主な奇跡は、治癒、死者の再生、子授け、そして予言である。同時に、『ルワイス伝』には、一四世紀から一五世紀に著された他の聖人伝には見られなかった、摩訶不思議な現象について記した奇跡譚が見られる。これらは空間移動や、モノを隠す、井戸の水を甘くする、といった内容であり、治癒や死者の再生といった、新約聖書において確認される奇跡とは性格を異にしている。

このような、奇跡譚におけるいわば「驚異」としての要素は、『ルワイス伝』「奇跡録」(全一四話) の各所に見受けられる。例えば、三番目に収録されている奇跡は、死者の再生にまつわる一般的な奇跡譚のようでありながら、ルワイスが連れ去ろうとする天使の手から死者を救い出す様子が描かれ、聴衆を生と死の狭間の世界へといざなっている。空間移動については第五と第九の奇跡に見られ、第五の奇跡では、ルワイスが一時間のうちにカイロとシリアの間を往復し、反乱軍の捕虜となったコプトの書記を救い出したとされている。第九の奇跡では、ルワイスは病気の男をカイロ市内からアスユート（中部エジプト）の山中にある教会へ瞬時に送り届けたと述べられている。また、前述した第三の奇跡では、ルワイスは死者を蘇生させた後、井戸の水を甘くしたとされているが、第七の奇跡では、不法な砂糖の所持について家宅捜査を受けることになった男を助けるために、ルワイスはまずは砂糖を隠し、次に井戸の水を砂糖水に変えた、という逸話が語られている（フランス国立図書館蔵 Ms. arabe 282, fols. 115a–116b（第三の奇跡）, 118b–120a（第五の奇跡）, 123a–125a（第七の奇跡）, 126a–128a（第九の奇跡））。以下は『ルワイス伝』の第七の奇跡として記された物語である。

ある日ルワイスがカイロのルーム人街区に住む、砂糖水（*sharābātī*）売りの家を訪問していたところ、男が通りに落ちていた砂糖の袋を家に持ち帰った。ルワイスはその袋は災いをもたらすので捨てるよう忠告したが、男の妻はそれが惜しく、家の中に隠した。実はその砂糖の袋はスルターンの私設倉庫から盗まれたものであり、噂を聞きつけた役人が、男を通りで逮捕した。その知らせを聞いたルワイスは、砂糖をすべて中庭の井戸に捨てた。そのため、役人が家宅捜査に来たときには、砂糖を見つけられず、男を釈放することとなった。ルワイスの指示で家人が井戸の水を煮沸すると、元の袋と同等の量の砂糖が得られた。男の妻が欲を出し、何回も煮沸を繰り返したところ、井戸の水は塩水になってしまった。（同前 fols. 123a–125a）

聖人がモノを隠したり、発見したりする奇跡譚は、コプト聖人伝においてもムスリム聖者伝においても珍しいものではない。これらは聖人の予知能力、ひいては神の御業を讃えるために必要な要素である。けれども、この奇跡譚は聖人の予知能力を讃えながらも、井戸水が砂糖水になる、という描写を通して、摩訶不思議な現象で聴衆を驚嘆させようとする意図も見え隠れしている、といってよいであろう。

次に紹介するのは、『ムルクス・アルアントゥーニー伝』における奇跡譚である。ムルクス・アルアントゥーニー（一三八六年没）は上エジプトの出身で、上エジプトの紅海に近い砂漠地帯に位置する聖アントニウス修道院で修道士となった後、七〇年間修道院の外に出ることなく、生涯を終えたとされる。ムルクスの名声は生前から広まり、修道院周辺のベドウィンや上エジプトの農村のみならず、遠く離れたカイロや諸外国から参詣者を集めたという。『ムルクス伝』によると、ムルクスの名がエジプト中に広まるや老若男女、高位の者、さらには王たちまでムルクスのもとへやってきた。当時のスルターン、バルクーク（在位一三八二―八九年）は密かにムルクスのもとへ使者を送り、彼に物事を相談するまでは王位に就かなかったと記されているが、この記述は曖昧である（聖パウロ修道院（上エジプト）蔵 Ms. tarikh 115, fol. 29b）。『ムルクス伝』はさらに、ムルクスはエチオピア、ビザンツ、フランクの王たちを見守っていたと語る。ムルクスの名声が広まると、王たちは貢ぎ物を贈ったり、戦いのときに助けを求めたりしたとして、以下のような逸話を伝えている。

あるときフランクの王の一人が、戦いにて敵に囲まれた。王は彼の国の言葉で、聖アントニウスに助けを求めた。すると突然、シャイフ（ムルクス）が現れ、王の脇に立った。王は周囲にいた敵を倒し、さらに敵軍自体も打ち負かした。戦いの後、近臣に彼に起きた出来事を語ると、その男は聖アントニウスの弟子の一人、ムルクス・アルアントゥーニーかもしれない、と言われた。王は一年間の旅の末、聖アントニウス修道院を訪れたが、修道士の中に目撃した男の姿が見当たらなかった。悲しみにくれていたところ、彼の前を天秤棒を担いだみすぼらしい男が通りかかった。彼こそ、戦いの際に姿を現した男であると確信した王は、ムルクスの前にひれ伏した。［中略］ムルクスは当初、王からの貢ぎ物を断ったが、修道士たちの懇願により、彼に鐘の寄進を依頼した。王は喜び勇んで故郷に帰り、大きな鐘を鋳造し、それを修道院に届けさせた。その鐘は現在も修道院にて見ることができる。（同前 fols. 31a–33a）

この物語は、空間移動に関する奇跡譚の変型とみなしてよいであろう。しかも、物語の舞台はエジプトやシリアという、聴衆にとってなじみのある世界ではなく、遠い異国、「フランクの地」となっている。

なぜこのような物語が『ムルクス伝』に記されているのだろうか。一四世紀当時、聖アントニウス修道院の存在はヨーロッパでよく知られていた。ヨーロッパ人旅行者はこの時代、しばしばこの修道院を訪れていたようであり、その中には、王侯ではないものの数多くの貴族や騎士が含まれていた。このことは、修道院の壁にこれらの貴族や騎士が残した紋章付きの落書きが残されていることから明らかである（Meinardus 1966 : 520–527 ; Kraack 1997 : 249–267）[5]。そうであるならば、上記の物語は、これらのヨーロッパ人と、修道士たちの接触の結果生まれたものだと考えられるだろう。『ムルクス伝』はフランクの集団がやってきてムルクスに会おうとしたこと、ムルクスは彼らに布きれといったお守りを与えたことも伝えている。

おわりに

管見の限り、イスラーム期以降に著されたコプト（教会）文学において、驚異譚集の存在は知られていない。これは、人々が「驚異」として捉えた事象がキリスト教文学の中に取り込まれていった結果として捉えることも可能であるし、イスラーム文明の傘下に生きていた中世コプト教会の人々は、そのような文学を我々が今日イスラーム文学として捉えているものの中に求めていた、と推測することもできる。

今日に伝わる、中世のコプト教会文学はもっぱら聖人伝の類いである。コプト聖人伝は、聖人を讃えることを目的とし、そこに含まれた奇跡譚は「妥当性」を重視しており、キリスト教の聖人として起こしうる奇跡が中心であった。そのため、物語として人を愉しませるような、あるいは摩訶不思議な要素はさほど含まれていない。これがおそらく、列聖運動に結びつき聖人の命日に教会で読み上げるために著された文学、すなわち聖人伝と、探究心から、あるいは余暇で読む文学、すなわち驚異譚集との違いなのであろう。けれども、本章の後半で紹介したように、聖人伝においても、摩訶不思議な物語も全く見られないわけではない。もちろん、当時の人々にとっては、そのような物語はエンターテイメントというよりは、神の御業を讃えるもの、という捉え方の方が強かったであろう。しかし、そのような物語は人々の想像力をかき立て、彼らの知らない世界へといざなうものであり、そこには驚異譚を求めた、当時の人々の心性の一端を見いだすことができるのである。

注

(1) キリスト教アラビア語文学は近年急速な発展を遂げている研究分野である。キリスト教アラビア語文学における「アジャーイブ」の用例や、東方キリスト教文学における奇跡論に関する研究は今後に期待したい。なお、本章で扱う「奇跡」とは後述するように、人々により目撃された「生きた」聖人による奇跡であり、第IV部第6章に見られる聖母マリアや聖人の幻視は含まれない。

(2) 一四世紀にエジプトで著された『バルスーマー伝』では、コプト聖人バルスーマー（一三一七年没）の奇跡について目撃者が語る際、ムスリムはその奇跡について「ムウジザ」と称し、キリスト教徒は「アジャーイブ」と称しており、著者による意図的な用語の使い分けが窺われる（フランス国立図書館蔵 Ms. arabe 72 (1358), fol. 69b）。

(3) 古代末期からイスラーム期にかけ、東地中海世界においては、このような聖人（いわゆる holy man）が人々の崇敬を集めていた (Brown 1971)。その代表的人物としては、古代末期のアンティオキア近郊に生きた柱頭行者シメオンが挙げられる。

(4) いずれも未校訂。『ルワイス伝』フランス国立図書館蔵 Ms. arabe 282 (1650), fols. 82b–152b；『ムルクス・アルアントゥーニー伝』聖パウロ修道院（上エジプト）Ms. tarikh 115 (n. d.), fols. 2b–90a.

(5) 巡礼先に名や紋章を書き残していくことは当時のヨーロッパ貴族の習慣であった。

第6章　中東イスラーム世界の写本絵画と驚異

林　則仁

はじめに

驚異譚が書き綴られた書物にはしばしば挿絵が施されている。本を開いて驚異の説話を読み進めると、未知の世界の不思議な現象や世にも奇妙な生き物たちが相次いで挿絵に登場し、老若男女の好奇心を大いに刺激してきた。これは東西文化どちらにも見られることで別段驚くことはないのだが、挿絵の絵画描写にはそれぞれの世界観が色濃く反映されていておもしろい。

中東イスラーム世界では、特定の図像・イメージが伝統的に共有されて視覚化が行われてきた。例えば、伝説上の巨鳥スィームルグと聞いて中東の人々が目にしたこともないその巨鳥の姿を思い描くことができるのは、特定の図像が伝統的に共有されてきたからである。

しかし、図像そのものはそもそもこの巨鳥を「見た」という人が画いたものではない。驚異譚などに記述された巨鳥の外見をもとに画工たちが作り上げた像であり、驚異譚の挿絵は一般的に画工本人が「見た」ものが描かれていることは少ないのである。驚異譚の挿絵は本文に描写された外見や特徴、驚異の情景に従ってさえいれば、あとは画工それぞれの想像力に委ねられることになる。

実際はどうであっただろうか。現代の私たちは、写本が制作された時代の人と同じようには驚異譚の挿絵を見ていない。高度な情報伝達の技術の発達によって世界中のあらゆる情報がすぐに得られる時代では、巨鳥スィームルグが想像上の動物であったことを知るのは容易い。だが、近代以前の世界では多分にそうではなかったはずである。おそらくは挿絵に見る巨鳥の図像を実在の姿と信じていただろう。

この点から考えると、驚異の視覚化という行為は驚異そのものの信憑性を高めていることになる。驚異の情景や外見、特徴を文字から知識として得てもそれが実際のものと一致するとは限らない。ところが、挿絵による驚異の視覚化によってそれを「見た」という体験ができることで、その驚異の信憑性は一気に高まることになる。

このように見ていくと、驚異譚に施された挿絵は、読者の内容理解を助けるだけの「副次的役割」という扱いをすることはもはやできなくなろう。本章でこれから探索する『被造物の驚異と万物の珍奇』(以下、『被造物の驚異』)という書物にはいくつもの驚異譚が含まれており、挿絵によって視覚化された驚異の世界を堪能できる書物でもある。「驚異の視覚化」をテーマに本章を進めていくが、そのまえに中東世界における挿絵の重要性について触れておきたい。

1　中東イスラーム世界における写本絵画の伝統と『被造物の驚異』

一二五八年、アッバース朝の都であったバグダードはモンゴル帝国によって攻め落とされた。チンギス・ハーンの孫フラグが率いる一〇万といわれるモンゴル軍はバグダードに侵攻すると殺戮、略奪、破壊を徹底的に行い、街は壊滅的な被害を受けた。この事件はイスラームの歴史のなかでひとつの大きな転換点となっている。預言者ムハンマド没後から続いてきたカリフの系統がここで途絶え、モンゴル統治下で新たな支配体制が形成されたことは政治的な変革といえるが、その一方でモンゴル軍がバグダードで行った大規模な破壊は文化面でも大きな変化をもたらした。モンゴル軍が破壊した建物のなかには宮殿や図書館も含まれていたが、これらは五〇〇年に及ぶアッバース朝のもとで栄えた文化が集約された遺産でもあった。とりわけ、図書館の破壊は大きな文化的損失といえよう。八世紀以降、中国から製紙法が伝わると次第に本の制作が活発になり、各地から集められたあらゆる分野の学者が、バグダードに設立された「知恵の館」とよばれる部局で執筆・翻訳活動を行い、[1]膨大な数の写本が制作されたが、それらが保管されていた図書館を失ったことは書物による情報の伝達が大きく損なわれたことを意味している。

このとき失われた写本には挿絵が施されたものも多くあったであろう。現在、西暦一〇〇〇年以前にイスラーム世界で制作された挿絵入り写本は本としては残っておらず、そこにどのような図像が描かれていたかを知ることは難しい。しかし、一一世紀から一三世紀前半にかけて制作されたアラビア語の挿絵入り写本は僅かながら現存しており、それを見る限り写本絵画の伝統は一一世紀までに確立されていたと考えられる。[2]

この時代の挿絵入り写本で大きなグループを形成しているのは科学書である。科学書に見られる挿絵は描く対象を図鑑のように図示する意図で施されている。したがってそれ以外のもの（同じ空間に存在しているものなど）を描く理由はなく、描かれていてもせいぜい装飾的な描写の樹木や草花に限られる。アラブ絵画では風景画（landscape painting）のように空間そのものを描くことが稀であった。ところが、モンゴル時代に入るとアラビア語写本の制作自体が衰えていき、中東イスラーム世界の写本芸術がペルシア語写本を中心とするようになり、科学書の挿絵にも背景や空などの空間要素が頻繁に含まれるようになった。これは、この時代に挿絵が「立面図画面（真横から見ている構図）」から「俯瞰図画面（斜め上から見ている構図）」へと絵の構成を移行して、空間表現に奥行きができたという大きな変化と関係している（桝屋 2014：56–79）。この点、ペルシア語文化圏の読者が長い韻文文学の歴史のなかで叙事文学に親しんできたため、文学書に見るような一つの空間そのものを描く絵画表現の伝統を強く好んだことや、モンゴル支配の時代になって中国文化の影響が強くなったことも指摘できる。また読者層もそれまでは学者や限られたエリート階級の者が中心であったが、モンゴル時代以降は権力者や裕福な階級の者に変わっていった。そのことが、挿絵のかたちにも影響を及ぼしていると考えられる。

カズヴィーニーの『被造物の驚異』は、この過渡期にあたる一三世紀後半に著されたもので、一二八〇年に制作された現存する最古の写本に施された挿絵には、中東世界における写本絵画の新しい幕開けを見ることができる（後掲図3）。まず、図像は輪郭を線で明瞭に表現したイル・ハーン朝絵画によく見られる中国の影響を受けた手法で描かれ、人物の顔にはモンゴル人の特徴が見られる。その一方で、人物像の描写は極めて静的で表情は固い。半世紀ほど後の「大モンゴル『王書』」に見られるような豊かな感情表現も見られず、モンゴル時代以前のアラブ絵画やセルジューク絵画の特徴を維持している。また、色彩の幅は同時代のバグダードやイランのマラーゲで制作された写本と比べると極めて狭く、まるで水墨画のように全体的に淡い色調で彩色されており、陰影部分のみ濃い色を用いている。

絵の構図は奥行きのない「立面図画面」だが、画面の枠いっぱいに大きく主題を描くことで細部までしっかり描けるようにしている。すべての挿絵において背景は描かれておらず、この点でもモンゴル時代以前の科学書と共通する。同時代にマラーゲで制作されたイブン・バフティーシュー著『動物の効用』（一二九七年）やイランまたはイラクで制作されたビールーニー著『過ぎし時代の痕跡』（一三〇七年）では、絵の構図が「俯瞰図画面」へと移行し始めており、奥行きの空間が広がったことにより背景らしき描写が出てきていることを踏まえると、一二八〇年の『被造物の驚異』においてこの移行がまだほとんど見られないという事実は興味深い。その後の『被造物の驚異』写本における挿絵の空間構成や絵画様式、図像表現などは、その写本が作られた時代や環境に影響を受けて大きく変わるため、一般的にその写本が制作された同時代の他の書物の写本に見る挿絵と比べて大きな違いはなくなる。とりわけ、一五世紀以降に制作された『被造物の驚異』のペルシア語版とトルコ語版の挿絵は、絵画表現すべてにおいて初期のアラビア語版写本の挿絵とは大きく異なっている。(3)

実は、カズヴィーニーの『被造物の驚異』と同名の著書がカズヴィーニーより一世紀ほど前にトゥースィーによってペルシア語で書かれている（第II部第2章参照）。カズヴィーニーの『被造物の驚異』には、書名や本文の構成などにトゥースィーの著書と類似する点が多く、カズヴィーニーが著書執筆の際にトゥースィーの『被造物の驚異』から大きな影響を受けていたことがわかるのだが、挿絵はどうであったかわからない。トゥースィーの『被造物の驚異』の挿絵入り写本は、七冊のみ現存が確認されており（Moor 2010）、そのうち最も古いものは、パリのフランス国立図書館に所蔵されている一三八八年にバグダードで制作されたペルシア語写本（Suppl. Persan 332）である。この写本の挿絵の大多数は一四世紀後半のバグダードで制作された『ブルハーンの書』など他の書物の挿絵と同様の構図（枠内全域を草花の生えた地面とし、地上線や空を描かない）で描かれており、すでに「俯瞰図画面」に移行したものとなっている。今後、カズウィーニーの一二八〇年の『被造物の驚異』と同時代にバグダード周辺で制作されたトゥースィーの『被造物の驚異』が発見されれば、そのときはカズウィーニーがトゥースィーの著書から挿絵においても影響を受けていたかどうかがわかるであろう。

2　カズウィーニーの『被造物の驚異』

『被造物の驚異』の著者であるカズウィーニー（一二〇三―八三年）はイラン北西部の出身で、中近東一帯で判事などを務めながら遍歴し、バグダードにてアッバース朝の宮廷に仕えたといわれている（Lewicki 2001）。しかし、一二五八年モンゴル軍がバグダードに侵攻すると公の職から離れ、宇宙形状論の研究に没頭した。その後、新たに興ったイル・ハーン朝のバグダード総督ジュワイニー（一二二六―八三年）の主宰する学術サークルに参加して支援を得たことで、自らの研究の集大成である『被造物の驚異』をジュワイニーに献呈した。この書は、中東イスラーム世界における百科全書のひとつとしてその後数世紀にわたって複製本が制作されつづけるベストセラーとなり、ペルシア語やトルコ語にも翻訳されて中東全域で読まれつづけた。

この書はまず四つのプロローグで始まり、その後大きく二つに分けられた主論文が続く。このうち前者では天界に関する事物が扱われており、天体、惑星、星座や天界の住人としての天使などが説かれている。また、時の計り方や年代学、カレンダーなども前者に含まれている。後者では、地界の諸現象や動植物について述べられている。まずは四つの要素（地、火、空気、水）について始まり、その天候との関係、また海や川についての考察に入る。そして地震の説明や山の構成、続いて鉱物、植物、動物の章へと続く。動物の章の中では人間、悪霊、鬼から奇異な生き物まで幅広く扱われている。それぞれの項目には伝承・逸話などが盛り込まれており、科学的内容にナラティヴの要素が組み合わさって、百科全書を物語文学のような読み物として楽しめる構成にしている。

上述のとおり、現存する最古の写本は一二八〇年に現在のイラクのワースィトで制作されたもので、今はドイツ・ミュンヘンのバイエルン州立図書館に所蔵されている（Ms. cod. arab. 464）。アラビア語で書かれたこの写本は極めて保存状態がよく、ほぼ完全なかたちで残っていると考えてよい。写本には実に四六八点の挿絵が施されているのだが、すべてではないにしても上質といえる挿絵が多く含まれている。

3　驚異の視覚的描写から見る世界観

挿絵で描かれる驚異といってもその主題は幅広く、遠い異国の不思議な現象から珍奇な生き物まで多種多様である。また、写本間で多少に相違があるものの、挿絵が描かれる主題は本文中の特定のものに厳選されている。必ず挿絵が付けられる題材とまったく描かれることのない題材があるということである。

カズウィーニーの『被造物の驚異』に描かれる驚異のなかで、特によく見られるものは怪異・珍奇な生き物である。どのような生き物がよく描かれるかというと、例えば、龍、一角獣、巨鳥スィームルグ、怪鳥ルフ、大魚、犬頭人、軟足人、有翼人、巨人、ジン（精霊）などで、これら生き物は『被造物の驚異』に限らず、他のアラビア語やペルシア語の文学書にも挿絵のなかでしばしば登場する。例えば、フィルドウスィー著『王書』のなかでは、英雄によって退治される龍や一角獣の姿を挿絵で目にすることができる。また、巨鳥スィームルグは退治される姿のほか、守護鳥として英雄を助ける姿などでも繰り返し挿絵のなかで登場している。『王書』では、物語の「見せ場」としてこれら怪異な生き物を効果的に視覚化しており、英雄と怪異な生き物が遭遇し、英雄によって退治される、もしくは英雄を守護する構図が特徴的である。しかし、カズウィーニーの『被造物の驚異』は百科全書であるという点で、『王書』の挿絵に描かれる龍や一角獣、巨鳥スィームルグとは異なる。この怪異・珍奇な生き物たちの視覚化において、『被造物の驚異』の挿絵で最も大きな特徴は、物語の英雄に退治される恐ろしい生き物という描き方よりも、地上の生き物のひとつとして科学的に描くという意識が感じられることである。現代の私たちも得体の知れない未知なるものや悪事を働いて危害を加えるものに対し、無意識に心理的恐怖を覚えてしまうことがあるが、それが視覚化されるときもその心理は表現に反映していることが多い。無意識に怪異なもの・珍奇なものを恐ろしい存在と心理的に位置づけていると、そのような図像が創られていく。この視点から『被造物の驚異』におけるこれら怪異・珍奇な生き物の挿絵を見ると、異様な外見や動作などから得体の知れない生き物としてそれらを捉えていたことは伝わってくるが、その描写に恐怖というものは感じない。例えば、龍（ティンニーン）は本文において以下のように表現されている。

> ティンニーン（*tinnīn*）は恐ろしい姿をした巨大な生き物である。とてつもなく長い体躯、大きな頭部、稲妻のように光る目、巨大な口と胃袋とたくさんの歯を持っていて、数え切れないほどの動物を飲み込んできた。海の動物はティンニーンの脅威にさらされている。(Ms. cod. arab. 464, fol. 73b)

この記述から想像できる龍の姿は十分恐ろしいものになってよい。しかし、カズウィーニーの写本で頻繁に描かれる龍は獰猛さで人々を恐怖で震え上がらせる姿ではなく、どこか愛嬌のあるのんびりとした姿である（図1）。中東イスラーム世界における龍の図像はモンゴル時代以降、中国の影響を受けて形態が変化していくが、それ以前の図像では中央アジア・テュルク文化の影響が強く、文様化された形状で表現されてきた（ヤマンラール水野 2003）。「装飾的」写実性に富んだ龍の図像は、モンゴル時代以前に描かれたあらゆる美術媒体（タイル装飾や壁面浮彫り、金具など）に見ることができる。イスラーム世界では絵画において模写の伝統を尊ぶ傾向があり、中国の影響を受けた後も写本絵画では繰り返し装飾的に形式化された図像で表されたのである。したがって、龍の獰猛さを写実的に表現する文化は写本絵画にはあまり見られず、「恐ろしさ」が写実的に表現されない、形式化された図像に倣った挿絵が多く存在している。(4)

軟足人、犬頭人やジンなども、人間に残酷な行為をして危害を加える恐ろしい生き物として記述されている一方で、その挿絵からはこれら未知なるものに対する恐怖よりも異境や怪異なもの・珍奇なものへの知的興味のほうが前面に出ている。犬頭人の例を見てみよう。

図１　『被造物の驚異』（バイエルン州立図書館蔵）に描かれた龍

図２　『被造物の驚異』（大英図書館蔵）に描かれた犬頭人

> ヤアクーブ・イブン・イサークと彼を島から連れ出してくれた顔に火傷のある男の話によると、その島には犬の頭を持った獰猛な人々が棲んでおり、［中略］彼らの敵や犠牲者を建物のなかに閉じ込めて食べ物を与え、ほどよく肥えた頃に食べるという。（Ms. cod. arab. 464, fol. 67b）

この描写で強烈な印象を与えるのは、犬の頭を持っていることのほかに人肉を喰うという点だが、後者の特徴を強調した図像は『被造物の驚異』のどの写本にも見られない。(5) 頻繁に描かれる犬頭人の挿絵は、二つのパターンがあり、穏やかな草原に立っている犬頭人を側面から描いただけのものと、人間を相手に戦闘している様子を描いたものである。描き手は、犬頭人の最も恐ろしい一面を描くことよりも、外見や戦闘場面のほうに興味を示している(図2)。

一方で、軟足人や犬頭人、有翼人などは恐ろしさを表現しない代わりに、野蛮さはその外見で強烈に表現されている。これら生き物では、ケモノのような姿、衣服を身に纏っていない姿や粗末なぼろ切れを身につけて描かれている姿がよく見られるが、そのような場合はしばしばきちんとした身なりの人間が同じ画面のなかに描かれている。頭にはターバンを巻き、仕立ての良い衣服を身につけた男が布切れ一枚やぼろを纏った人々と描かれる構図は、文化的優越の表現として捉えることができる。ここでは「文明化された」側と「野蛮な」側という構図が暗に示されており、驚異を視覚化することで異境に対する潜在的な世界観が示されている。

4　視覚化によって高められる信憑性

驚異を視覚的に表現するという画工の行為は、それが挿絵である以上は読み手の理解を助ける働きもあるが、ある意味では読み手の想像力を奪うわけである。驚異の情景や外見、特徴などを本文の記述を通して頭のなかでイメージするという作業は挿絵によって省かれることになる。

しかし、本章の冒頭でも述べたが、驚異譚の挿絵の多くは驚異そのものを見たという人が画いたものではない。それに対して『被造物の驚異』の読者はこの百科全書の挿絵をおそらく図鑑のように捉えていたであろう。この点からして、挿絵が画工の想像によるイメージ絵であっても、描かれた驚異の存在そのものが疑われるような挿絵になっては意味がない。つまり、視覚化するからには、本来はその驚異の信憑性を高めるような挿絵が求められるのである。

では、視覚化によってどう信憑性が高められているというのだろうか。ひとつは、読者が普段目にしている風景や光景から逸脱しない範囲で描くことが、意図的ではなかったとしても結果的に信憑性を高めている。読者にとって身近なもので構成される世界は自らも属している実在の世界であり、その世界の中で描かれていることは受け入れやすい。『被造物の驚異』のなかで描かれる挿絵は、天界の天使も非イスラーム地域の人間もターバンを巻き、その時代の衣服を身に纏っている姿がしばしば見られる（図3）。これはイスラームの写本絵画における伝統的習慣であり、『被造物の驚異』の驚異譚の挿絵もそれに倣った形なのだが、結果的には驚異の視覚化による信憑性を高める効果になっている。

また、挿絵の構成に工夫がなされているケースもある。例えば、ある驚異の逸話においてその驚異を実際に見てきたという男がいる場合、その男も挿絵のなかに描いている。罪を犯してその罪を償うためにバビロンの井戸のなかで逆さ吊りにされて投獄されている堕落天使ハールートとマールート（*Hārūt wa Mārūt*）を描いた挿絵では、バビロンの井戸のなかで逆さ吊りにされているハールートとマールートを実際に見に行ったという男の姿を井戸の外に描いている（図4）。ここでの挿絵の役割は、図鑑というよりも実際にそれを見たという男の証拠写真のようなものである。これは驚異の視覚化で信憑性を高めるにはとても重要な策といえるだろう。

さらに、驚異の視覚化においては図像の一貫性が信憑性を高めるということもある。特定の驚異がどの写本にも同じように描かれているということは読者の信頼を得ることにつながり、信憑性を高める効果をもたらす。逆に、同じ怪異・珍奇な生き物の姿が写本ごとに異なると、挿絵に描かれた場合の信憑性は低くなろう。

しかしながら、実際には必ずしも特定の図像が共通してどの写本にも描かれているということはなく、写本によって表現のなかに多少の相違点が見られる。[6] 先ほど挙げた犬頭人は、頭全体が犬の頭部を持ち二本足で直立する生き物として多くの写本に描かれているが、一四世紀から一五世

図3　『被造物の驚異』（バイエルン州立図書館蔵）に描かれた天界の天使

図4　『被造物の驚異』（大英図書館蔵）に描かれた堕落天使ハールートとマールート

紀の写本では人間の後頭部に犬の顔が付随している姿のものも頻繁に見られる。体は腰に布一枚だけ纏った裸体の人間の姿もあれば、犬のように全身が毛で覆われて尻尾がある姿のものもある。同様に、一角獣の姿も写本ごとに多少の相違点が見られる。とりわけ、角から美しい音色を出すとされる一角獣シャーダワール（*shādawār*）の角の描写は多種多様である（Contadini 2005）。カズウィーニーによると、シャーダワールには頭に一本の角があり、四二の穴の枝がある。風が吹くとその穴を通り抜けて美しい音を奏でるため、他の動物たちはこの音の力に魅了されてしまうという。『被造物の驚異』では頻繁に描かれているが、エッティングハウゼンによると、描かれる角の形状は二つのパターンに分けられる（Ettinghausen 1950）。額から長く伸びた一角に複数の短い枝がついているものと、枝ではなく一角に複数の穴が空いているものである。写本ごとに角の詳細な表現に相違が見られるが、なかでも最も素晴らしい例は、長く伸びた一角に左右それぞれ一一本と一〇本の筒状の枝を配置し、それを先端で二分することで見事に四二の穴の枝を描いたものである（図5）。これには、視覚化するうえで先例の図像にただ倣うのではなく、信憑性の高い図像を描くことの重要性を画工が認識していたという理解もできよう。

いずれにせよ、カズウィーニーの『被造物の驚異』では、画工自身が挿絵を描くうえで、驚異の信憑性を高めるということを常に強く意識していたとは思えないが、おそらく項目によっては視覚化の必要性の認識はあったと考えられる。項目によって挿絵で描いているものとそうでないものが見られるが、挿絵の必要がある項目は画工もそれを認識していたに違いない。挿絵で表されるイメージはものの見方を具体化する。挿絵を通してその驚異を「見る」という体験、もしくは「見た」という錯覚を読者に提供することでその信憑性は高まるのである。

図５　『被造物の驚異』（イギリス王立アジア協会蔵）に描かれた一角獣

図６　『被造物の驚異』（フリーア美術館蔵）に描かれたキリン

挿絵を本文の内容理解の補助、もしくは読者の好奇心を刺激する副次的なものとして捉えることは、驚異譚の挿絵を理解するうえで本来は意味のないことかもしれない。なぜならば、驚異を「見る」という行為のほうがまず先にきて、言葉はそれを文字で説明しているものであるとするならば、本来は文字のほうが視覚的に捉えることを補助していることになるからである。しかし、挿絵は「見た」という人が画いたものでなければ、その視覚的描写をテクストに頼らざるを得ない。画工はテクストの描写から「見た」人の見たものや現象を再構築（reconstruction）するために、自らがこれまで見てきたあらゆるものを基にしてその姿や現象を描いている。当然ながら、画工がどのようなものを目にしてきたかによって挿絵の描写も異なってくるということである。これは先例の図像の模写の場合も同様だと考える。

カズウィーニーの『被造物の驚異』では、キリン（*zarāf*）は雄ジカのような頭部とウシのような角、トラのような毛皮にラクダのような脚をしている、と記されている。また、蹄はウシのようであり、尻尾はシマウマ、首と前脚はとても長く、後脚は短い、とも表現されている。実在の姿とそう遠くはないにせよ、この記述から描かれるキリンの姿は珍奇な形状で描かれていても不思議ではない。実際にしばしばこの記述に従って再構築されて描かれたキリンの挿絵に出会うことがあるが、画工がそれまでに見てきたものによって再構築された、もしくは模写された姿に差異がある（図6）。一目でキリンと判別できないものから、なかにはまるでキリンそのものを写生したかのように写実的な例を見ることもある。一五世紀後半に制作されたペルシア語写本の一冊では、キリンの挿絵でアミメキリンの特徴である六角形の網目模様を正確に描くだけでなく、肌の色や短い鬣など細かい特徴まで実によく描いている例が見られる（林 2012）。おそらくこれは画工が記述や先例の図像に従ったのではなく、実物を「見る」ことによって挿絵が実際の姿で表現されたのだろう。もっとも、キリンはアッバース朝時代にはすでにバグダードで目にすることができた動物であるから、その後の時代に画工が実在の姿を目にする機会があってもおかしくはない[7]。しかし、このような例は稀であり、画工による再構築で描き出される姿は画工がそれまで見てきたあらゆるものや現象が基になっている。これは、その写本が制作された時代および地域の絵画様式と相俟って、写本ごとのアイデンティティを形成している。

5　『被造物の驚異』写本絵画と他の書物

カズウィーニーの『被造物の驚異』の写本はイスラーム世界で数世紀にわたって愛読されていたベストセラーであった。そのため、挿絵入りの写本も数多く現存している。世界中の図書館の中東部門では、フィルドウスィー著『王書』やニザーミー著『ハムサ（五部作）』と並んでカズウィーニーの『被造物の驚異』が挿絵入り写本の常連となっており、世界中で所蔵されている写本の数は把握できないほどである。

挿絵の入った『被造物の驚異』の写本を手にとって読むと、無数に続くかのような挿絵の数に誰もが驚くだろう。

通常、一冊の写本のなかに数百の挿絵が施されており、最も多い写本では七〇〇近い数の挿絵が一冊の写本に挿入されている。挿絵の数が多いということは読者にはありがたいのだが、同じような姿の樹木や野草を数百点、昆虫や動物を数百点と描かされた画工にとっては喜ばしいことではなかっただろう。一冊の写本の挿絵を描くために画工は数名いたとしても、ひとつの挿絵に全力を注いで傑作となるような作品を描くということはまず不可能であり、自ずと挿絵は機械的な作業によって描かれることが多くなる。残念ながら、そのような環境のもとで描かれた挿絵は粗いスケッチに粗雑な彩色がなされただけの仕上がりとなり、無数に続くそのような挿絵にがっかりしてしまう。また、非常にクオリティの高い挿絵が巻頭部分に出現して心躍らされるものの、頁が進むごとに粗雑なものになっていくパターンもよくある。したがって、『被造物の驚異』の写本で、挿絵が巻頭から巻尾まで一定の高いクオリティを維持している例はあまりない。

現存している写本はアラビア語版が最も多く、大多数は一六世紀以降に制作されたものである。ペルシア語版も一六世紀以降に多く制作されたが、一四二〇年代に制作された写本が現存するなかで最も古い。トルコ語版は筆者の知る限りは一六世紀以後に制作されたものしか確認されていない。つまり、世界中の図書館に無数にある『被造物の驚異』の写本のなかでも、一六世紀以前に作られた挿絵入り写本はアラビア語版とペルシア語版を合わせても、二十数冊しか現存していないのである（林 2012）。

その一方で、カズウィーニーの『被造物の驚異』の挿絵で見られた驚異は、他の書物の挿絵でもしばしば見ることができる。オスマン朝の詩人アフメディーが一五世紀初頭に著した長編叙事詩『イスケンデル・ナーメ』（アレクサンドロスの書）の写本挿絵では、龍のほか犬頭人の姿も見られる。例えばこの書の一六世紀初頭の写本（トプカプ宮殿図書館蔵 H. 679）では、アレクサンドロス王がインドの島を征服するために、水晶でできた犬頭人の城を攻めている場面が描かれているが、カズウィーニーの『被造物の驚異』の挿絵に見られた犬頭人の特徴が同様に見られる。犬頭人は二足歩行で人間のような手足を持っているが、頭部は犬であり、裸の体には短い体毛が生えている。その姿は野蛮であり、文明化されていない未開人としての存在を強調している。馬上のアレクサンドロス軍兵士は頭にターバンを巻き、きちんとした身なりで野蛮な犬頭人と対照的に描かれている点でも、カズウィーニーの挿絵と同じ世界観を共有している。犬頭人は一四世紀の詩人ムハンマド・アッサールの『太陽と木星』の挿絵にもしばしば見ることができるが、一五世紀末のイランで作られた写本（フランス国立図書館蔵 Suppl. Persan 766）でも、犬頭人はカズウィーニーやアフメディーの写本の挿絵と同様の姿・世界観で表されている。これは、アフメディーやアッサールの写本の挿絵画工がカズウィーニーの『被造物の驚異』の挿絵に精通していた可能性もあるが、カズウィーニーの挿絵にみる犬頭人の図像の特徴がイランやトルコで一般化していたと理解することもできる。カズウィーニーの『被造物の驚異』は、イスラーム世界で最も多く制作された挿絵入り百科全書であるが、挿絵による驚異の視覚化によって怪異・珍奇な生き物の図像をイスラーム世界に広く一般化することにも多大な貢献をしているのである。

おわりに

カズウィーニーの『被造物の驚異』の現存最古の写本は一二八〇年、つまり著者が他界する三年前に制作されている。そして制作地のワースィトはカズウィーニーが当時居住していた地であることから、この写本が著者本人の監督のもとで制作されたと考える研究者も多い（Hees 2002）。どのような目的で制作されたかはともかく、もしそうであれば、挿絵についても著者の意向が当然反映されているであろう。絵の様式や構成もさることながら、最も注目すべき点は写本一冊に四六八点もの挿絵を施していることである。これは著者本人が驚異の視覚化の重要性を十分認識していたことを示唆している。天上・地上の構成要素として異境の世界や未知なるもの、怪異・珍奇なものまでを挿絵で一つ一つ視覚化することは百科全書としての『被造物の驚異』をより有益なものとし、読む者にまるでその驚異を実際に目にしたかのような体験をさせたであろう。挿絵の充実なくして、カズウィーニーの『被造物の驚異』が数世紀にわたってイスラーム世界であれほど広く愛されることはなかったかもしれない。

注

（1）グタスは、この「知恵の館」はサーサーン朝の歴史と文化についてペルシア語からアラビア語への翻訳活動を行い、本を保存する部局だったとする一方で、これら活動の明確な情報がないことから実際には翻訳活動はなかったとも考えられると述べている（グタス 2002 : 67）。

（2）制作年の特定できる挿絵入り写本としては、スーフィーの『星座の書』（一〇〇九年製、オックスフォード・ボドリアン図書館蔵 Marsh 144）が現存する最古のものとされている。また、制作年の特定が難しいもので九世紀から一〇世紀に制作されたといわれる挿絵入り写本も存在する（Rice 1959）。

（3）アラビア語版写本においては、初期から数世紀にかけて挿絵の絵画表現に伝統が見られ、時代ごとに絵画様式は異なるものの、図像表現自体は初期の写本に見られるものと大差ない（Carboni 1995）。

（4）例外的に一五世紀前半のペルシア語版写本（特にベルリン・イスラーム美術館所蔵 Inv.I. 6943）では、龍や異境の人々の姿に一部悍ましさを含む表現が見られる（Kuhnel 1943）。

（5）カズウィーニーの『被造物の驚異』では、人肉を喰う描写は見られないが、その一方でトゥースィーの『被造物の驚異』の挿絵では、唯一パリ写本（フランス国立図書館蔵 Suppl. persan 332）の挿絵（fol. 218）において犬頭人が鍋で人を煮ている描写が見られる。

（6）場合によっては、類似する複数の図像が次第に同一化される例も見られる。詳しくは第II部第7章参照。

（7）キリンは、イスラーム世界以外にも同時代の中国で同じように写実的な描写で描かれている。明代に描かれたとされる絵では、ターバンを巻いたアラブ人によって引かれるキリンが描かれ、首には中国の赤く染めた馬の毛の房飾りがかけられている。一五世紀には貢物として中国にもキリンが渡っていたことを示している。詳しくはラウファー 1992 を参照。

第7章　イスラーム美術に表された驚異の動物

小林一枝

はじめに

前章で述べられているように、イスラーム世界において、いわゆる「驚異の書」は多くの情報をもたらすとともに、それらの挿絵において、驚異の視覚化が行われてきた。気象や大地の表現などは少ないものの、天文図などは古代ギリシアの科学書に端を発しながら、徐々にイスラーム世界独特の表現へと変化していった。特に黄道十二宮の図像に取り入れられた星座図は、挿絵のみならず、鏡・筆箱などの金属器、陶器の大皿などにも描かれた。また、『クルアーン』自体に生物描写を戒める章句は見つからないが、『クルアーン』に次ぐ重要な宗教書である『ハディース』は、生物、特に天使の図像を描くことを禁止しているにもかかわらず、実際には、夥しい数の天使が描かれた。翼もつ天上界の住人たちは、写本挿絵のみならず、陶器をはじめとする工芸作品や絨毯・服飾などテキスタイルにおいても好個のモティーフとして採用された。植物の表現もまた、古代ギリシアの科学書、例えばディオスコリデス著『薬物誌』や偽ガレーノス著『テリアカ（解毒）の書』などに根拠をもつものが多いが、美術作品には総じて、写実的な植物表現よりも様式化された植物表現、いわゆる「アラベスク文様（イスラーム文様）」と呼ばれる多様な蔓草の意匠が採用された。特筆すべきは、人間の頭部や後述する動物の一部を構成要素とする「ワークワーク」文様の存在である。

イスラーム世界全般に流布するワークワーク島伝説とも関連する、この驚異の植物は、本来、「人間の女性の姿に似た果実がなる樹」であり、その実が「朝な夕なにワークワーク（*wāq wāq*）と叫び声をあげる」樹木であった。のちに、蔓草文様の一要素として動物もしくは人間の頭部をもつ植物文様は、ワーク（文）と呼ばれるようになったが[1]、文様としてのワーク文は、蔓草文様の一バリエーションとして、写本の欄外装飾や、タイル、金属工芸、絨毯など様々な作品に描かれた。

しかしながら、イスラーム美術のあらゆる分野において、最も多く視覚化された驚異の表象は、間違いなく動物であろう。本章は、動物、ただし四足獣のみならず鳥類・爬虫類、合成獣を含めた空想動物のモティーフを取り上げ、これら「驚異の動物」の視覚的表象における変遷とその位置づけを再確認することにしたい。なかでも、一三世紀以降、中国美術の影響を受けて、頻繁に表現されるようになったイスラーム世界の龍「ティンニーン」、鳳凰の造形表現と同化していった「スィームルグ」、そしてしばしば東洋の麒麟や西洋の一角獣ユニコーンと比較される「カルカッダン」に焦点を当てて述べていくこととする。

1　初期の動物表現、実在する動物と空想動物

イスラーム世界、とりわけ、中東のイラン、イラク、エジプト、シリア、ヨルダンといった国々においては、古代以来、伝統的に実在する動物、空想獣の視覚表現に長けていた。イスラーム美術の黎明期から、宗教とは無縁の世俗世界、たとえば王侯貴族の宮殿装飾や工芸作品・染織などで、動物は好んで造形化された。

中国・日本など極東の美術と異なり、中東で制作された作品には「余白の美」を尊ぶ姿勢は見られず、古代エジプトの時代より中東に蔓延している「空間恐怖（*horror vacui*）」の概念は、壁面・紙面の余白や金属器・陶器の口縁部など、作品の空間をすべて埋め尽くす造形表現に適用された。そして植物（蔓草文様）とならび、ときに動物は、こう

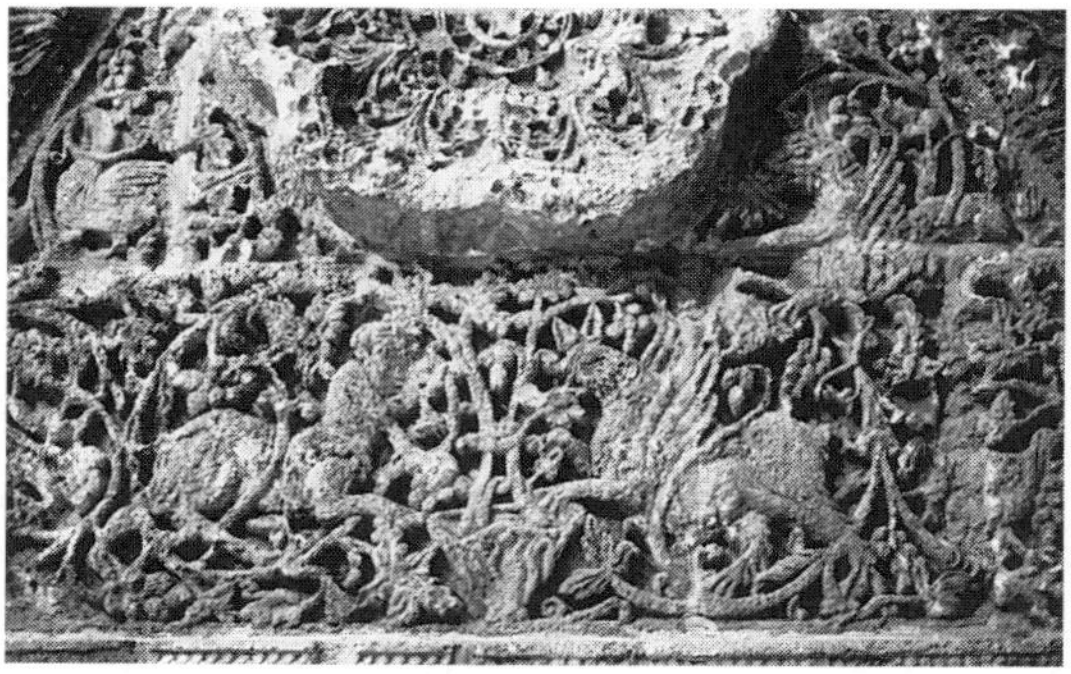

図1　「ケンタウロスとグリフォン」，ムシャター離宮ストゥッコ浮彫り（ヨルダン，8世紀前半）

した空間を埋める充塡文として用いられた。獅子と羊、鹿などの草食動物の組み合わせで描かれる動物闘争文やササン朝ペルシア美術の伝統的な主題、たとえば帝王狩猟文、聖樹聖獣文などは、インドも含めた中東地域一帯でそのための好個のモティーフとなっていた。

実在する動物ばかりでなく、想像上の生物も、繰り返し造形化された。メソポタミアやエジプトの古代世界以来、中東では、スフィンクス型の人面獣やハーピー型の人面鳥、グリフォン型の鳥と獣の合成獣などの視覚的表象が溢れ、明らかにギリシア神話に由来する半身半獣のケンタウロスなども、ギリシア・ローマ美術のそれと同様の姿で表現された（図1）。人面魚や人魚など、海に棲息する「驚異の動物」もまた、容器の装飾や、旅行記などの挿絵に頻繁に登場した。たとえばウマイヤ朝時代に造営された「砂漠の離宮」と呼ばれる遺構のいくつかに、そうした動物の絵画や彫刻が豊富に残されている。この時代の作品は、造営にあたった芸術家や職人がムスリムではなかったため、古典古代の絵画伝統やビザンティンのキリスト教美術、ササン朝ペルシアの伝統的モティーフなどが、そのまま採用された。

本格的に挿絵付き写本制作が開始されたのはアッバース朝時代以降であるが、現存する作品は限られており、主に一三世紀以降に制作されたものである。一二八〇年にイラクのワースィトで制作された、イスラーム世界における博物誌・百科事典にあたるカズウィーニーの『被造物の驚異と万物の珍奇』（ミュンヘン州立図書館蔵 Ms. cod. arab. 464、以下『被造物の驚異』ミュンヘン写本）は、こうした動物図像の宝庫である。同書は、何世紀にもわたってアラブ世界のみならず、ペルシア語圏やトルコ語圏でも繰り返し書写された。この書には、鳥類と動物だけで、平均して九〇種類を超える項目が含まれており、爬虫類や合成獣の章を合わせれば、ゆうに百を超える種類の実在および空想の生き物が挿絵付きで記されている。また、『動物の効用』にも、身近な動物の写実的な描写に加え、想像上の生物とみなしうる動物の図像が見いだされる。この書は、一一世紀にバグダードでカリフの侍医をしていたイブン・バフティーシューが、動物の生態とその薬効を伝えたものであるが、挿絵付き写本としては、イル・ハーン時代にマラーゲで制作されたペルシア語版（一二九七―九八年）が現存している（ニューヨーク、モーガン図書館蔵 M. 500）。こうした挿絵付き書物からは、工芸・染織また建築の装飾としても描かれた「驚異の動物」を、当時の人々がいかに認識していたか、その片鱗を読み解くことができる。

2　聖獣もしくは瑞獣としての空想動物

テキストの内容を説明する挿絵の場合を除き、通常、工芸や絨毯などのテキスタイル作品には、持ち主の幸運や富など「吉祥」を願う図案が好まれた。モティーフが驚異の意匠である場合も同様に、ある程度、吉祥の意味あいをもつものが選択された。中東では、吉祥を示す文様として採用されたのは、その多くが動物の表現であった。動物と共に生命の木が植物文として描かれた場合も多々あるが、驚異の要素すべてが、美術作品、すなわち工芸やテキスタイル作品に視覚化されたわけではない。

また、よく知られているように、他の宗教美術と異なり、イスラームという宗教は、聖なる表象をもたない。例外として、モスク・ランプや、天国への入り口を示唆するミフラーブ（壁龕）の図像、護符としての「ファーティマの手」などがあるが、基本的には「聖なる動物」図像は、古代のメソポタミアやペルシア世界のようには存在しない。しいてイスラーム世界の聖獣をあげるとすれば、ムハンマドの「ミィラージュ（昇天）伝説」に関連する「ブラーク（*Burāq*）」という人面獣身の天馬であろう。ブラークは、一説には「稲妻」を意味する駿馬で、頭部は人間の女性、身体は馬、尾は孔雀、翼をもった合成獣とされる（Bernus-Taylor 2001）。ブラークの図像は、一四世紀以降に制作された『昇天の書』の挿絵など、「ムハンマドの昇天」の場面に描かれた。単独の表現もあるが、数はそれほど多くない。他方、イスラーム以前の古代文明より継承されたり、イスラーム世界の外から伝わってきた聖なる空想獣は、本来それが有していた神性や意義を失い、「驚異の動物」としてイスラーム美術の造形表現の中に受容されていった。

(1) 霊鳥——スィームルグ、鳳凰、フェニックス

ペルシア語圏では、その起源をアヴェスターに求められる伝説的な霊鳥「スィームルグ(*sīmurgh*)」が好んで視覚化された(Schmidt 2003)。中世ペルシア語で「センムウ／センムルヴ」、アヴェスターでは「ムルガ・サエーナ」として知られるスィームルグは、サーサーン朝の美術において、しばしば王権を象徴するリボンのモティーフとともに、頭部は犬、尾は孔雀の姿をした有翼の合成獣(グリフォン型)として描かれた。スィームルグが彼の地にて絶大な人気を博するようになるのは、イランの建国叙事詩であるフィルドウスィーの『王書』(一〇一〇年頃完成)の中で、英雄ザールとルスタム親子の守護鳥の役割を与えられたことに起因する。この霊鳥は、アッタールの『鳥の言葉』(一一七七年)に代表されるように、後代のイスラーム神秘主義文学においては、一種の神性を与えられた。ここで、鳥は人間の魂の比喩であり、すべての鳥の帝王スィームルグは、神そのものの象徴として表されている。『王書』においては、超自然的かつ魔術的な役割をもっていた「スィームルグの羽」も、『鳥の言葉』では、地上における神性の比喩となっている(ヤマンラール水野 2003)。

スィームルグの他に吉祥の鳥ホマー(*humā*)も知られているが、これはまさに中国の鳳凰に匹敵する。ホマーの影が射した者は王者になるといわれ、ペルシア文学においては、かなり頻繁にこの瑞鳥の名が登場する。ホマーの語を用いず、鳳凰と訳されることもある。しかし、造形表現におけるホマーは、イラン航空のロゴとして知られるように、アヴェスターに記載されるグリフォン型の怪鳥としてのイメージが強い。また、ホマーのものとされる羽は、吉祥の徴としてターバンの飾りに用いられた。

他方、アラブ世界の巨鳥といえば、海のシンドバードの航海譚に登場するルフ鳥(*rukh*、ヨーロッパではロック鳥

Roc）が有名であるが、ルフ鳥の名称は、スィームルグ、ホマーに比べると比較的新しく、「スィームルグ」の転訛とする説もある（Wittkower 1938）。

アラブ世界の霊鳥としては、巨鳥アンカー（*ʿanqāʾ*）の方が知られていた。この霊鳥は、次項で述べるイスラーム世界の龍ティンニーン同様、『旧約聖書』の記述に起源をもつという。ただし、その造形は一定しない。カズウィーニーの『被造物の驚異』でも、ミュンヘン写本や一三二二年に制作されたスレイマニエA写本（イスタンブル、スレイマニエ図書館蔵 Yeni Cami 813）では、鳩などの造形に近いが、同じく一四世紀に制作されたとされる通称ザレ写本（The Sarre Qazwīnī）では、双頭の猛禽類として描かれている（fol. 104v, Badiee 1978 : pl. 53. ザレ写本に関しては同書を参照）。アンカーの伝説には、火の中での再生、すなわち西洋の『フュシオロゴス』などに記されている「不死鳥（フェニックス）」と同様の性質も認められ（杉田 1989 : 242）、その絵画化もなされた。時代が経るにしたがって『被造物の驚異』の写本に登場する巨鳥アンカーは、ルフ鳥やスィームルグの造形と同化していった。(2)

イブン・バフティーシューの『動物の効用』（モーガン図書館蔵 M. 500, fol. 55）に描かれたスィームルグは、孔雀のように長い尾羽、冠羽をもち、足は鶴で胴体は鴛鴦《おしどり》のような姿を示すが、それは中国の鳳凰図と一致している。テクストは、スィームルグの巣や生息地、とてつもなく大きな動物、たとえば象や犀などを、足の爪でつかんで飛び去ることができることなどを伝えるが、これらはルフ鳥やアンカーの伝説にも認められる。

イル・ハーン朝のモンゴル系支配者たちは、一三世紀後半に、中国美術の諸要素をイスラーム世界、とりわけイラン・中央アジアに持ち込んだ。以降、スィームルグのプロトタイプとして、鳳凰の造形が定着していくのであるが、この鳥の場合、「善なるもの」「霊鳥」としてのイメージが元々あったところに、中国の代表的な端獣である鳳凰のもつ優美な形態がその造形に転用されたので、イランの地に根付いたのは当然の成り行きであったといえよう。(3) イル・ハーン朝時代には、タフテ・スライマーンのタイル装飾に見られるように、中国の鳳凰が元来備えていた「支配者の象徴」としての性格ももち合わせるようになった（桝屋 2014 : 167）。

洋の東西を問わず存在する龍の造形は、人々の心を捉えて離さない[4]。イスラーム美術においても、多くの研究者が龍について触れている。

（2）龍——ドラゴン、ティンニーン、アジュダハー

スィームルグが、その視覚的表象も吉祥文の一つとしてイスラーム世界に取り入れられたのに対し、龍のイメージは、総じて、邪悪なもの・忌むべきものであった。アラビア語で龍には、通常、「ティンニーン (*tinnīn*)」の語を用いる。

この語はヘブライ語のタンニーン (*tannīn*) に由来し、『旧約聖書』にも登場する。ときに蛇や、海の獣とも訳される。他方、古代ギリシア語のドラコーン (*drakōn*) やラテン語のドラコ (*draco*) は、英語の *dragon* の語源となった。ギリシア語で書かれた『新約聖書』の「ヨハネの黙示録」では、第一二章に「大きな赤い龍 (*drakōn*)」に関する記述があるが、そこでは「七つの頭と一〇の角とがあり、その頭に七つの冠を被っていた」「ミカエルとその御使いたちと戦った」「この巨大な龍、すなわち、悪魔とか、サタンとか呼ばれ、全世界を惑わす歳を経たへびは、地に投げ落とされ、その使いたちも、もろともに投げ落とされた」とされている (12 : 3–9)。このように、キリスト教世界でドラゴン＝タンニーンは、神の仇敵、悪の化身として、大天使ミカエルや聖ゲオルギウスに退治されるべき「怪物」であった。

イスラーム世界ではギリシア天文学の受容とともに、ドラコーン／ドラコが「天空の龍」すなわち「ティンニーン座（龍座）」の造形として、天文学写本において、大蛇の姿で描かれた。現代の「ドラゴン」がもつイメージとは異なって、ドラコーン／ドラコもティンニーンも、「巨大な蛇」とみなされており、その姿は、蛇を基本として様々に描かれた。オックスフォードのボドリアン図書館所蔵のスーフィー著『星座の書』（一〇〇九／一〇年）写本 (Ms. Marsh 144) には、「ティンニーン座」の図像として、翼も角（尺木）も足もない蛇が描かれている (Daneshvari 2011 : 55–57)。

また、怪物としての龍の概念も、イスラーム世界のティンニーンに継承された。『被造物の驚異』（ミュンヘン州立図書館蔵 Ms. cod. arab. 464, fol. 73v）は、以下のように説明する。

ティンニーンは恐ろしい姿をした巨大な生き物である。とてつもなく長い体躯、大きな頭部、稲妻のように光る目、巨大な口と胃袋とたくさんの歯をもっていて、数え切れないほどの動物を飲み込んできた。海の動物はティンニーンの脅威にさらされている。［中略］その長さは、おおよそ二ファルサフで、その色は豹のそれに似ている。魚のように鱗に覆われ、魚のヒレのような二つの翼をもっている。その頭部は大きな丘のようで、人間の頭部にも似ている。非常に長い耳と大きな目をもっている。その首からは、六つの長い首がさらに生えていて、各々約二〇キュービットの長さで、各々の首には蛇の頭部がついている。（Berlekamp 2011 : 77-78, fig. 38）

ところが、そこに付された挿絵の方は、「陸地の蛇」「その首からは、六つの長い首がさらに生えていて［＝七つの頭部］」というテクスト五行目の記載にもかかわらず、頭部が一つの中国的な四足の龍の形態を示している。一方、同じ『被造物の驚異』でも、ザレ写本のティンニーン（fol. 70r, Badiee 1978 : pl. 42）の挿絵には、テキスト通りに、ひと巻きしてもあまりあるほど長い胴体の先端に丸い人間の頭部、頭部から三分の一くらいの位置の胴体両脇から小さなヒレのような翼、さらに頭部を囲むように長くくねった首四つに加え、顔両脇に位置する、やや大きめな首二つの、合わせて六つの龍の頭部をもつ、脚のない蛇が描かれている。しかし、一五世紀のペルシア語写本になると、ザレ写本の人面および六ないしは四つの龍頭をもつティンニーンはまた、胴体に四本の脚が付き、前後の脚部付け根から雲気（もしくは炎）のごとき翼を生やした龍として表される（図2）。

図2　「アジュダハー（龍）」，カズウィーニー『被造物の驚異』I. 6943, fol. 95v（イラン，15世紀前半）

さらに興味深いのは、ペルシア語の写本では、ティンニーンの図像と「アジュダハー」の図像が同一化されている点である。アジュダハーは、イラン世界の龍であり、イスラーム以前からインド・イラン世界でティンニーン同様、巨大な蛇とみなされてきた。ときにそれは、自然現象、特に降雨および食（日食・月食）とも結びついていた。ペルシア文学においては、前述した『王書』やニザーミー（一一四一年頃—一二〇九年頃）の『ハムサ（五部作）』などで、ルスタムをはじめバフラーム・グール、フェレイドゥーン、アレクサンドロスなど多くの英雄が悪龍アジュダハーの退治に挑んでいる。一四世紀以降に、そうした場面は絵画化されたが、それらアジュダハーについても、別タイプの「悪しき龍」同様、当初より、四足の龍の図像が採用されていた。(5)

また、龍は、イブン・アル＝ムカッファア訳の動物寓話集『カリーラとディムナ』の中の「欲望の井戸」の逸話では、「死」の象徴であるとされる。一三世紀前半に制作された現存最古の挿絵付き写本では、大蛇として描かれたが（フランス国立図書館蔵 Ms. arabe 3465 fol. 43v）、一四世紀以降に書写されたペルシア語版やトルコ語版では、蛇の造形が中国的な四足の龍の造形へと変換されている。

イスラーム世界では、建築装飾、写本、工芸、テキスタイルと、至るところで龍が視覚的に表現されたが、もちろん中国的な造形表現ばかりではなかった。蔓草と龍頭が組み合わされた文様としての龍、龍頭をもつ合成獣、玉座・楽器・食器などの装飾に用いられた龍の表現などもあり、それらの思想的背景を探る研究も意欲的になされている。(6)

（3）実在と空想の狭間——犀、一角獣、カルカッダン、麒麟

『アラビアン・ナイト』の「海のシンドバードの航海譚」にルフ鳥の話が登場することは前述した通りだが、そこでは一角獣カルカッダン（*karkaddan/karkadann*）についての記述も散見できる。たとえば、カルカッダンが草食獣で、ラクダよりも大きく、四足獣だが、頭の上に太い角が一本だけ生えていること、角の大きさは六メートル近くあり、角の内部に人間の姿の文様が認められることなどが書かれている。さらに「巨象を角の先にひっかけて持ち運び」「象が死ぬと、その脂が太陽の熱で融けて、カルカッダンの頭に流れおち、目の中にはいるので、目が見えなくなり、海ばたなどに倒れ伏してしまい」「ルフ鳥がやって来て、爪にひっかけて運び、そのまんまひな鳥のところに飛んで

行き、その角にささった象ごと餌として与える」という(『アラビアン・ナイト』1966–92 : vol. 12, 44)。

前述の『動物の効用』(fol. 14v)でも、カルカッダンの項目には、宿敵である象との戦いの様子が述べられており、その内容は「海のシンドバード」とほぼ同じである。また、角について「人の肘の先くらいの長さだが、象の牙よりは強く、とがっていて、堅いので、そのひと突きは非常に威力を発揮する」とあり、角と肝の効用として、「それらを火の中に入れて燃やせば、つき物がとれ、呪いが避けられる」と記されている。

カルカッダンの造形に関しては、リチャード・エッティングハウゼンの著書が、今なお研究の基本的資料となっている(Ettinghausen 1950)。それによれば、カルカッダンは「犀」のことを指すのであるが、一方で西洋的な「一角獣」とも解釈されていたという。「カルカッダン」も、犀の角「ビシャーン(*bishān*)」という語も、サンスクリット語の犀 *khadga*、犀の角 *visāna* に由来するという。『動物の効用』の挿絵(モーガン図書館蔵 M. 500 fol. 14v)では、水牛型で(水牛は別項目、同前 fol. 20r)縞の身体をもち、角の位置や向き、蹄の描写など、不正確ながら、ユニコーン型より実在の犀に近い(図3)。

図3　「カルカッダン」, イブン・バフティーシュー『動物の効用』(マラーゲ, イラン, 1297–98年)

しかし、『被造物の驚異』写本群においては、有翼のもの/翼のないもの、直線の角/曲がった角、角の位置が額の上/鼻の上、二本角をもつもの/角のないもの、水牛型/羚羊型/象型/馬型/獅子型など、実に様々な形態のカルカッダンが描かれており、テクストも写本ごとに微妙な違いが見られる。「ハリーシュ(*harīsh*)」など、別種の一角獣についても数種言及されている。

カルカッダンの驚異譚は、西洋の一角獣・ユニコーンのそれと類似点も多い。ユニコーン伝説は、クテシアスが著したロバのような「インドのモノケロース(一角)」に始まるが、その百年後に実際にインドを訪れたメガステネスは、インドの一角獣「カルタゾーン」について報告して

図4　「象とカルカッダン」，ラスター彩浮彫タイル（カーシャーン，イラン，13世紀）

いる。彼は、「馬のような身体に象のような足、頭からは一本の長くて黒い角が生えている」という、ロバ型とは別のユニコーンについて述べており、その後、ローマの作家たちもこの一角獣の記述を採用したが、どちらもインドに実在する一角犀にイメージの源泉をもつことは間違いない。また、古来より東洋のみならず西洋でも、実在の「犀角」の有する解毒作用が知られていた。獰猛なこの生き物が、処女にのみ馴らされるという逸話も、インドの一角犀と関連した「一角仙人」伝説が西に伝播したものであるという。

他方、中国においても、仏典が漢訳される際、「犀（*khadga*）は麟（麒麟の雌）」とされた事実から、犀と麒麟の二つは、しばしば混同されていたことがわかる（杉田 1989：247）。

当初、イスラーム美術のカルカッダンは、ユニコーンと同じ「直線に伸びた長い角」をもった四足獣の姿を採用し、それと象との組み合わせで描かれることが多かった（図4）。一角獣と象、この両者の戦いは、ユニコーン伝説とも一致する。両者の違いは、ユニコーンが（例外はあるが）総じて、直線に伸びた長い角をもつ馬であるのに対し、カルカッダンは角のある羚羊や獅子・水牛・象などの姿を取り、さらに前脚部分に翼をもつものが多いことである。

また、カルカッダンと同一視された動物に、「カルグ（*karg*）」があるが、これは『王書』に登場する怪物で、同書の龍と同じく退治されるべき存在であった。エッティングハウゼンによれば、当時のペルシア語文字表記では、گ *gāf* はしばしば ک *kāf* として書かれていたため、二つの文字の混同から、「グルグ（*gurg*）＝狼」と「カルク＝カルカッダン」のイメージが錯綜し、結果的に両方が折衷した動物の誕生に至ったという（Ettinghausen 1950：37–38）。『王書』の写本挿絵には、有翼の一角獣カルグと戦う英雄たち（イスファンディヤールやグシュタースプ、バフラーム・グー

図5　巻頭口絵，カズウィーニー『被造物の驚異』Inv. 34.109（イラン，15世紀前半）

ル、アレクサンドロスなど）の図像が多数含まれている。

「実在の動物・犀」に酷似したカルカッダンも見られる(7)。角先に象を持ち上げる主題では、実在の犀型カルカッダンが描かれた。犀型の中にも、角の位置が正確なものと、額に角があるユニコーン型のものとがあった。特にムガル朝時代のインドで制作された作品には、正確な犀の描写が多く見られた。

ところで、イスラーム美術の一角獣の系譜に連なるモチーフとしてもう一つ重要なものがある。「麒麟」である。中国で麒麟は、龍・鳳凰・亀などとともに、天からの贈り物であった祥瑞の動物とされ、その造形表現も時代により多様性を示してきた。イル・ハーン朝時代以降、この麒麟の図像もまた、イスラーム世界の美術に取り入れられたが、特に、明代に中国から輸入した陶磁器の図案が、格好の手本となった。また、宮廷工房の画家にとって粉本として知られるトプカプ・サライ美術館所蔵の『サライ・アルバム（宮廷画冊）』やベルリン国立博物館イスラーム美術館所蔵の『ディーツ・アルバム』には、中国絵画や陶磁器の絵柄の写しとみられる龍や鳳凰図に混じって、麒麟が山林に遊ぶ白描画が数点残されている（ヤマンラール水野 2003：図48–50）。これらの図様は、テキスタイルの図案として、とりわけイランやトルコの美術の中で好まれた。

「驚異の動物」カルカッダンと、中国の瑞獣・麒麟は、イスラーム美術史において、通常、全く別の生き物として認識されているが、実際、両者に接点はなかったのだろうか。一五世紀前半に制作されたとされる『被造物の驚異』の巻頭口絵の図像をめぐって、翼の有無の問題から、エッティングハウゼンは、これらを「怪物と化したカルカッダン」とみなしているが、筆者は、ここに見られる二匹のカルカッダンに麒麟との接点を見る(図5)。見開き右頁右下には、長い角と翼はあるが、特徴的な顔や顎髭の表現、体中を覆う鱗を備えたカルカッダンが描かれている。それらは、まさしく明代に描かれた中国の麒麟に見られる特徴であり、かの動物の図像には、明らかに麒麟との混同もしくは折衷が見られる。

これを描いた画家は、それまでに伝えられてきたカルカッダンの驚異譚を熟知していた。なぜなら、かの動物と線対称に象が同じ大きさで描かれ、象を捕らえて運ぼうとする鳳凰姿のルフ鳥も描かれているからである。さらに、左側の頁左下に描かれた一角獣は、前脚の翼が麒麟のような雲気(炎)形になっており、角も同じく枝分かれしている。右上には、中国的な四足の龍と鳳凰の闘争図が見える。画家は同時に、龍・鳳凰・麒麟の図像を目にする機会があり、それを取り入れたのではないだろうか。

いずれにせよ、ときに実在の動物であり、益獣であり、空想獣でもあったカルカッダンは、一定しないその図像の多様性とあわせ、まさしく「驚異の動物」の代表格といえるだろう。

おわりに

本章の最後に、サファヴィー朝時代に制作された一群の「サングスク絨毯」を見ておきたい。ここでは、蔓草文様や雲文に囲まれた、龍と鳳凰、麒麟の図案が用いられている(図6)。こうした「瑞獣の棲むイスラームの楽園の光景」の構図はシノワズリー(中国趣味)の一種とされているが、しかしそこでは、中国美術が有していた龍と鳳凰、麒麟のもつ意味あいが異なっている。中国美術では、吉祥の動物(特に龍と鳳凰)は相互に戦わない。その上、イスラ

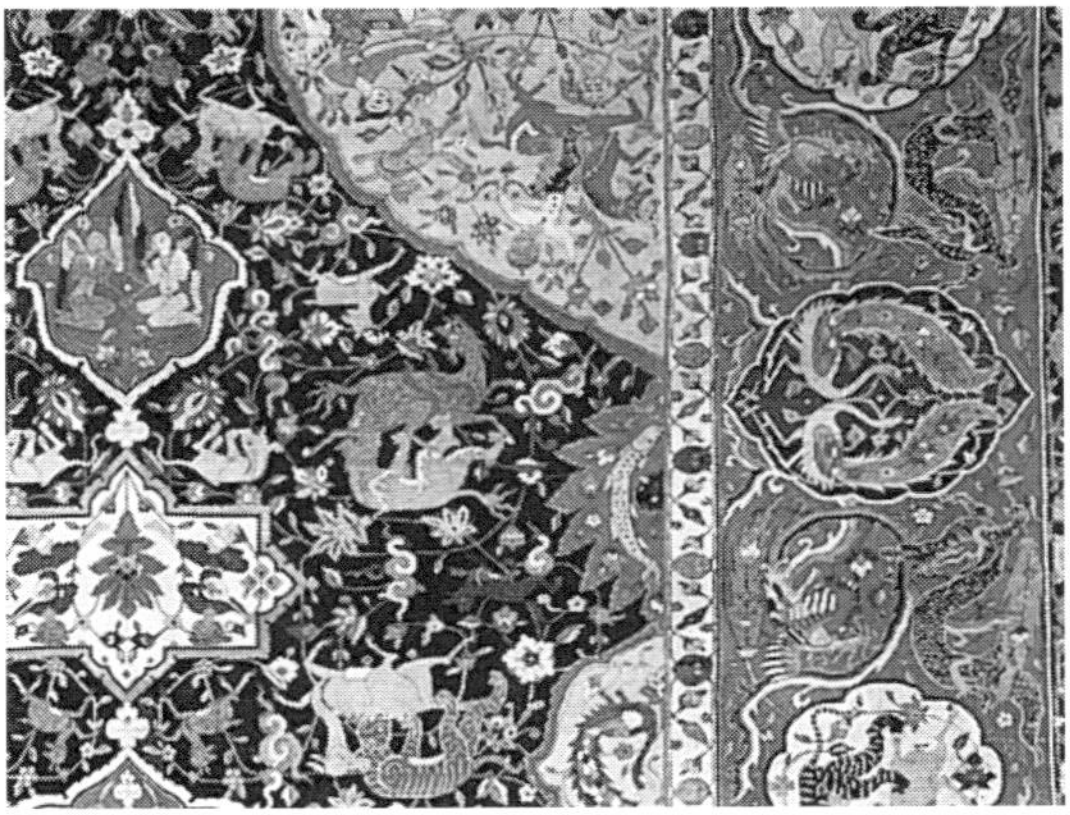

図６　メダイヨン・狩猟文絨毯（サングスク絨毯）部分（イラン，16 世紀末）。左側に２人の天使，中央に赤い角，グレーの身体をもった麒麟と獅子の闘争文，右に龍鳳凰との闘争文。

ームの龍には、死や悪という概念が常につきまとっており、地獄の場面で描かれた龍もいる（Bagci 2010：192–193）。また、蛇と四足の中国的龍との間の造形的変化も単純なものではなかったし、麒麟を含めた一角獣については、伝承も造形も錯綜していた。これらの動物は、画家の意識の中で、吉祥の動物である以上に、あくまでもこの世のどこかに暮らす「驚異の動物」であった。この絨毯の構成要素は、単に中国由来の吉祥文がイスラーム世界に受容され、楽園風景の一端を担うようになったものというより、画家が畏敬や憧憬の念をもって描いた「驚異」の表象が楽園の光景に転化された好例といえよう。それは、図５で見た『被造物の驚異』巻頭口絵に広がる「雲文の中で天上界の住人である天使たちが宙を舞い、地上では蔓草文に囲まれた龍と鳳凰が、また一角獣・麒麟と別の空想獣が闘争を繰り広げる光景」と同様の世界観に他ならない。

注

（1）イスラーム世界の画論の中には、重要な装飾文様の一つに「ワーク」もしくは「ワク」をあげるものもあるが、ワークワーク島伝説からこの文様が成立した、というよりは、この動物・人間（怪物）の頭部と蔓草の組み合わせが、後付け的に伝説と結びつけられて、文様の名前の一つとなったと考えられる。詳しくは、小林 1998 を参照。

（2）一五世紀後半に制作された、王立アジア協会所蔵の『被造物の驚異』(Ms. 178, fol. 408) には、鳳凰型アンカーが花嫁をつかんで空高く舞い上がる姿が描かれている。スィームルグもルフ鳥同様、豹や象を持ち上げることができるとされたが、人間を持ち上げるとするテキストはない。アンカーの鳳凰化、ルフ鳥の伝説との混同が見られる（Berlekamp 2011：65）。

（3）『王書』には「退治されるスィームルグ」の逸話もあり、鳳凰型のスィームルグが英雄イスファンディヤールやアレクサンドロスによって殺戮される画面も描かれるが、本文で述べたように、総じてスィームルグは「善なるもの」として捉えられることの方が多かった。

（4）本章では「龍」の字を使うが、「竜」の字があてられるドラゴンも議論の対象となっている。さらに中東の龍／竜は「翼をもつ西洋の竜」、「翼のない東洋の龍」という考え方では単純に分けられない複雑な発展史が背景にある。

（5）例えば、ジャーファル・アッサーディク『予言の書』の「アダムの楽園追放」の画面で、アダムを唆す蛇として、また『預言者伝』の複数の写本においても「モーセとエジプトの魔術師の対決」の画面で、杖から変化した呪術的な悪龍として、四足龍の姿で描かれた。

（6）ヤマンラール水野美奈子は、邪悪なものと対極にある「善なる龍」について、特にトルコ世界のそれに独自の見解を加えている（ヤマンラール水野 1992）。最近の研究では、サラ・クーエンが、キリスト教美術にも見られる龍頭のモチーフや互いに絡み合う二匹の蛇について、アッバース・ダネシュヴァリが、中東一帯の蛇と龍の造形について、天文・宇宙形状論との関連や他の動物との組み合わせから、その背景思想を読み解こうとした。ダネシュヴァリは、鳳凰と龍の闘争文を「生と死」「太陽と暗黒」「日と夜」という二つの対立概念として捉えている（Kuehn 2011 ; Daneshvari 2011）。

（7）一一世紀に、自身がインドに赴いたビールーニー（九七三—一〇四八年）は、身体が水牛に似ていることや蹄の数、角の位置など、犀に関するかなり正確な記述を残している。イブン・フルダーズビフやイブン・バットゥータなどの旅行家たちも、犀に関して的確な情報を伝えているが、ところどころ誤解や誤謬があるという（Ettinghausen 1950）。

第8章　ヨーロッパ中世写本の挿絵に見る驚異

松田隆美

1　驚異の視覚化と挿絵

驚異を意味するラテン語の *mirabilia* は語源的には目に見えるものを示唆し、実際、驚嘆で目を見開くことは驚異の基本と言って良い（Le Goff 1985 : 18 ; Id. 1988）。そして、その対象を絵として視覚化することは、人間の自然な好奇心に答えることに他ならない。ここでは、ヨーロッパ中世の写本に挿絵として描かれた驚異を検討する。イメージとテクストが共存し、両者の間に相互補完的な関係性が生じうる書物という場において、驚異がいかに描かれまた機能しているかを、特にテクストとの関係において考えてみたい。それには、挿絵の対象となる驚異とはいかなるものか、そして驚異の挿絵に出会うことができるのはどのようなジャンルの書物かということを併せて検討する必要がある。

常識では説明できない一見超自然的な事柄をどう位置づけるかは、中世において常に課題であったが、ひとつの考え方は、驚嘆をその原因によって奇跡（*miracula*）と驚異（*mirabilia*）とに分けることである（第I部第1章参照）。トマス・アクィナスは定期討論『能力論』(q. 6, art. 2）において、奇跡とは神の力のみで引き起こされる事象で、一方で驚異は、その原因やメカニズムが我々には理解できないために驚きの対象となるが、しかし隠された自然の法則に従って生じている事象であると述べている。それでは、そのように限定的にとらえられた驚異にはどのようなものが含まれるだろうか。ル＝ゴフは「中世の驚異の目録」として、場所（高山、城、地上楽園など）、人類（巨人、妖精など）、動物（実在および想像上）、半人半獣（メリュジーヌ、狼男など）、アイテム（魔法の指輪など）、伝説化した歴史上の人物（アレクサンドロスなど）という七つのカテゴリーを挙げている（Le Goff 1985 : 30–31）。自動人形などの人工物も技術的な驚異としてこの範疇に含まれるし、また、ダンテが『神曲』で描いたような死後の世界は、そこの住人である天使、悪魔、そして現世への一時的帰還を許されているが本来は煉獄の住人である幽霊とともに、もしそれを生前に目にすることがあれば、それこそ最大の驚異と感じられたであろう。こうした驚異はその非日常性ゆえに、文章のみから想像することは容易ではなく、それゆえに挿絵化の恰好の対象となりえたのである。たとえば、一三世紀にフランス語で記された『薔薇物語』には挿絵入りの写本が数多く現存し、そのなかに含まれるピグマリオンの話にはしばしば自動人形の挿絵が挿入されている。また、ヨーロッパ中世においても驚異の宝庫であったアレクサンドロス物語にも、多くの挿絵入り写本が存在している。

驚異はしばしば我々の日常空間から地理的に隔たったところに存在するとみなされるが、それならば、地図、地誌、旅行記などは驚異をテクストと挿絵で描くのに恰好のジャンルと考えられよう（第II部第3章参照）。マルコ・ポーロの『東方見聞録』は中世にはまさに『驚異の書』という呼称で知られ、挿絵入りの写本も作られていた。そこには、南アジアに生息するとされる一本足の種族（スキアポデス）や首がなくて胸に口がある種族（ブレミュアエ）、また「プレスター・ジョン（司祭ヨハネ）の国」（インド）のさらに先のアジアの奥地にあるとされる宝石が流れる川など、様々な驚異が挿絵とともに語られている。また、一四世紀にフランス語で記され、中世を通じて極めて人気があった架空の旅行記『マンデヴィルの旅行記』にも同様の記述がある。一三世紀のティルベリのゲルウァシウスは『皇帝の閑暇』（第三巻序文）で、地理的に遠い場所に関する真実の報告が驚きを生むと述べているが（Gervase of Tilbury 2002 : 563 ; ティルベリのゲルウァシウス 2008 : 21）、実際、これらの東方旅行記はそれぞれのやり方で記述内容の信憑性を強調している。

また、驚異が地理上に記述されるとき、それは単なる好奇の対象ではなく、中世的な世界観ともかかわってくる。

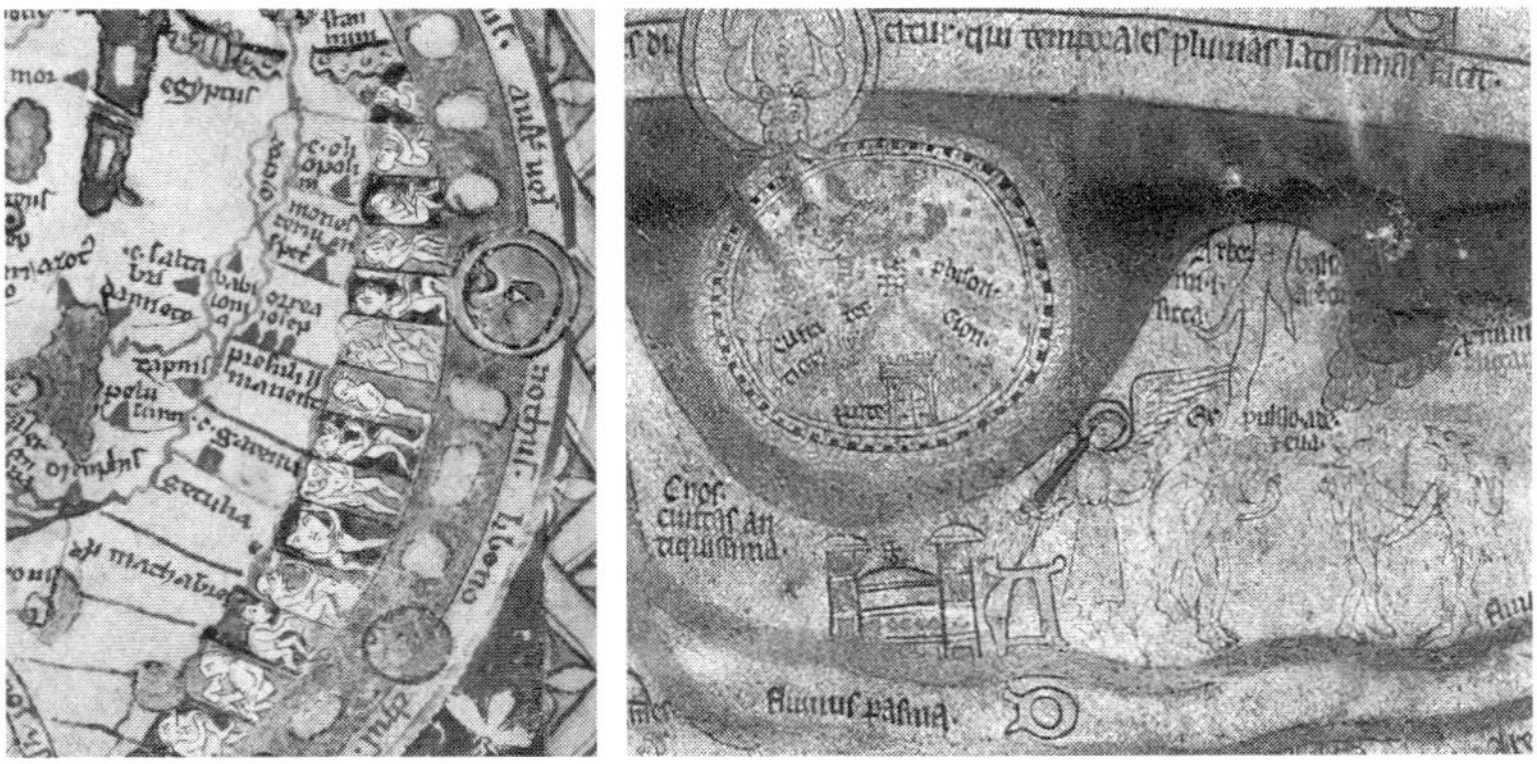
図 1　「マッパ・ムンディ」の驚異。（左）異形の種族（1265 年頃），（右）地上楽園を追放されたアダムとエヴァ（1300 年頃）。

中世の世界地図「マッパ・ムンディ」は円形の絵地図で、エルサレムを円の中心として上半分のアジア、下方左のヨーロッパ、下方右のアフリカで構成されている。この観念的な地図では、キュクロプス（一つ目族）、ヘルマフロディトゥス（両性具有）、一本足のスキアポデスなどのプリニウスの『博物誌』を典拠とする異形の種族が、キリスト教的中心であるエルサレムから離れた周縁部にしばしば描かれている（図 1）。アウグスティヌスは『神の国』（第一六巻第八章）で、こうした種族の存在は「全体の美を、その諸部分について類似性と差異性とによって織り合わせる知恵をもっておられる」神の意志であると指摘する（アウグスティヌス 1982–91：4, 148–149）。聖性と卑俗性は表裏一体となって均衡し、「類似性と差異性」によって全体の美が作られるために、異形の生物は世界の周縁に存在しているのである。

「マッパ・ムンディ」にはもうひとつの重要な驚異が描かれている。地図の天頂にあたる、中心からもっとも離れたところに地上楽園（エデンの園）が存在する（図 1）。地上楽園は、アダムとエヴァの堕罪後に天上の第三圏へと移されて、天国に迎えられる死者の待機所となったというのが中世的な理解だが、まだもとの場所に存在するならば、この地上にある最大の驚異に相違ない。六世紀にセビリャのイシドルスが著した中世を代表する百科事典『語源論』では、アジアの項に地上楽園が記述されている。また、マンデヴィルの旅の最終目的地もこの地上楽園である。マンデヴィルは「プレスター・ジョンの国」を越えてさらに東へ進んでいくと、砂漠と「昼も夜も何も見えない暗黒の国」が地上の楽園まで延びているが、「砂漠には野獣がおり、高い山々や巨大な岩壁が行く手を阻み、至る所に暗黒地帯があるために、陸路で行くこと」も「川を遡って行くこともできない」(『マンデヴィルの旅』1997 : 259) ため、そこで引き返してきたと述べている。

興味深い点は、この世の果てへと旅をすると、地上楽園という中世においては死後世界でもある場所に行き着くことで、これは『マンデヴィルの旅行記』に限られた特徴ではない。一〇世紀に書かれたとされる『聖ブレンダヌス航海記』も、島と間違えて上陸した巨大な鯨、ドラゴン、犬頭族などの様々な驚異に遭遇しつつ、最終的には地上楽園や煉獄を目にする航海譚である。さらにアイルランドのダーク湖上には、「聖パトリックの煉獄」と称される煉獄へと続く縦穴が存在すると信じられ、一二世紀から一六世紀にかけて多くの巡礼者を引きつけ、様々なバージョンの訪問記が残されている。煉獄への入口が、ヨーロッパ中世の外縁にあたるアイルランドに位置しているのも偶然ではない。増大する驚異を目の当たりにして地理上の周縁へと旅すると、最大の驚異である死後世界への入口がそこに存在し、最終的に現世から来世へと抜けてしまう。驚異を介して現世と来世は混ざり合い、その境界線はあいまいなものとなっている。

2　死後世界への旅と驚異

「聖パトリックの煉獄」の探訪記は、中世を通じて書き続けられた「死後世界探訪譚」のひとつである。このジャンルは、一時的に肉体から魂が抜け出て死後世界を旅するという構造を持つが、中世的な視点から見るとこれも旅行記の一種であることに相違ない。幻視者は通常、案内役（天使や聖人が一般的）に導かれて、煉獄、地獄、地上楽園の順に死後に魂が送られる場所を巡り、その後蘇生して体験を詳細に語る。このジャンルの最高傑作はダンテの『神曲』と言えるが、そのダンテにも影響を与えた『トゥヌクダルスの幻視』という作品が存在する。一一四九年にマル

図2　シモン・マルミオン挿絵の『トゥヌクダルスの幻視』。（左）ルチフェル，（右）拷問場の入口。

クスというアイルランド出身の修道士によってラテン語で著され、その後一六世紀まで諸国語に訳されて広く流通した。地獄から地上楽園までの多層的で立体的な死後世界を描き出すこのヴィジョンは驚異の連続であり、特に悪人を苛む様々な責め苦が想像力豊かに記述されている。『トゥヌクダルスの幻視』には、ブルゴーニュ公夫人マーガレット・オブ・ヨークのために一四七〇年頃に制作された豪華な挿絵入りのフランス語訳の写本（J・ポール・ゲッティ美術館蔵）が存在し、その挿絵はブルゴーニュ宮廷で活躍していた画家シモン・マルミオン（一四二五年頃―八九年）によって描かれている。マルミオンは概してテクストに忠実な挿絵を描いており、それは訳者が誤訳した箇所がそのまま挿絵に再現されていることからもわかる。地獄の王ルチフェルの描写において、この写本のフランス語訳は、ラテン語原典の「地獄墜ちの魂をつかむ千本の手」という箇所を「一万本の手と同数の足を持った」と誤訳しており、画家はルチフェルを可能な限り多くの手足とともに描くことでこの記述を再現しようとしている（Wieck 1992）[1]。また、「拷問場」の入口は、通常「地獄の口」と称される巨大な怪物の顎になっており、その挿絵は本文の以下の記述に細かく対応している(図2)。

> 獣の両目は、宛ら燃える丘の様であった。その口は幅広く、大きく開いており、武装した人間を九千人は優に呑み込めるように思われた。獣はその口に二人の、頭の向きが上下逆さで頗る不格好な食客を抱えていた。つまり、その内の一人は頭を獣の上顎の方へ、足を下顎の方へ向けてお

り、もう一方は、あべこべに、上顎に対して頭を下、足を上に向けていた。彼らはまるで獣の口を支える柱のごとく、三つの門を作るように獣の口を分けていた。獣はその口から鎮火不能の火炎を吐き出し、その炎は彼らの三つの門を通って常に三本に分かれて噴射されて、永劫の懲罰を下された魂はこの火炎に抗いつつ獣の口中へ無理やり入れられていた。（『トゥヌクダルスの幻視』2010：39–40）

地獄や煉獄と並んで、善き死者や浄罪を終えた者が集う地上楽園も死後世界の大いなる驚異である。『トゥヌクダルスの幻視』では、その場所はそれぞれ銀、金、宝石の壁に囲まれた三つの場として設定されている。なかでも最奥部にある宝石の壁は、「様々な色の貴石万般で力強く組み上げられ、金属［の固定具］をその間に挿んでいるため、まるで金を漆喰に用いているかのように見えた」と描写され、マルミオンによって忠実に挿絵化されている。トゥヌクダルスは天使とともに、壁越しにその中を垣間見るが、そうすると突然の視野の拡がりを経験し、「彼ら二人がその時立っていた場所からは、これまでに見たすべての栄光の場のみならず、それまでに見た様々な懲罰の拷問場までをも見通すことができ」、その上、「その地点からは、まるで一本の太陽光線の真下にいるかのごとく、世界の全貌を［一眸のもとに］観察することができた」のである（同前：96–99）。あらゆる方角の全てのものを、振り向くこともなく一瞬に知覚できるパノラマ的で超越的な視野こそが最大の驚異であり、天国の前触れと言える。

死後世界が驚異の宝庫であるという意味では、その現世における出現である幽霊もまた大いなる驚異であり、特に中世後期には、死者の霊や蘇った死者と邂逅した話が年代記や教訓逸話集のなかに数多く記録されている。肉体から遊離した魂を「霊的」に描くことは容易ではないため、死者は多くの場合、逆説的だが、埋葬されて腐敗途上の死骸像（トランジ）が蘇った姿として描かれる。現世を享受している人間が、墓や野で突然に死者に遭遇する「三人の生者と三人の死者」は文学、絵画の両方に頻出するモチーフで、そのドラマティックな要素ゆえにしばしば時禱書の「死者のための祈り」の冒頭にミニアチュールとして、ときには登場人物の台詞を伴って描かれている。

3　典礼書の余白に描かれた驚異

以上のような挿絵において画家は常にテクストに忠実であるとは限らず、シモン・マルミオンも挿絵の構図や場面の選択においてしばしば独自の解釈を展開している。しかし、挿絵が基本的にテクストに対応しつつ、驚異の視覚化を補助する役割を担っていることに変わりはない。その一方で、こうした対応が自明ではない例も数多く存在している。驚異の挿絵は、ここまでに検討した東方や死後世界など驚異そのものを対象としたテクストに付随して見いだされるだけでなく、他のジャンルの書物、特に一三世紀以降の詩篇や時禱書に代表される、平信徒のための宗教写本のページの欄外余白にもしばしば登場する。

詩篇写本は、旧約聖書の『詩篇』の抜粋を中心に典礼暦、連禱、死者のための祈りなどで構成され、典礼以外でも個人の祈禱や黙想に使用する目的で、一三世紀から一四世紀にかけて数多く制作された。一四世紀になると、この平信徒のための祈禱書という役割は時禱書に取って代わられることとなる。時禱書とは、聖職者が典礼のために用いた「聖務日課書」を簡略化して平信徒用に編纂した祈禱文集で、一六世紀中期まで途切れることなく制作され続けた、中世の「ベストセラー」と称しても良い書物である。詩篇や時禱書では、テクストの区切りとなる箇所にキリストや聖母マリアの生涯の諸場面を描いたミニアチュールが挿入されるが、それとは別にページの欄外余白を利用して様々な絵が描かれることがある。モチーフとしては、聖書や聖人伝に基づいた宗教的図像、動物や鳥類、神話伝説上の生物（たとえばケンタウロスや野人）、物語のエピソード（騎士道ロマンスや狐のルナールなど）、日常生活や風俗（農作業や宮廷娯楽の場面）、人間生活・社会を風刺、嘲笑する場面など、多種多様である（Randall 1966 : 15–18）。多くの場合、これらの挿絵は後から追加されたものではなく、写本の制作時にしばしばミニアチュールを担当したのと同じ画家によって描かれたものであり、当初から予定された写本の構成要素であった。

なかでも半人半獣やキメラ的生物は好まれたレパートリーである。具体的には、スキアポデスなどの異形の種族、

図3　ドラゴンの姿をした大文字のI（1325年頃，ピカルディー地方，詩篇）

恐ろしくときに滑稽な姿のサラセン人、ドラゴンやグリフォンなどの怪獣、さらにはキメラ、グリルュス、バブインなどと称される想像上の半人半獣の生物たちが、「マッパ・ムンディ」さながらにページの周縁部を埋めているのである。

装飾モチーフとしてならば、こうした空想の生物の姿は、すでに八、九世紀にアイルランドやイングランドの修道院で制作された彩色写本——「リンディスファーンの福音書」や「サーンの書」——に、動物の頭や尾を持った装飾頭文字として登場し、それは中世を通じて使用されている。なかには、ひとつの文字がそっくりそのまま異形の生物の姿をしているものもあるが（図3）、中世後期の詩篇や時禱書の余白に登場するイメージはこの装飾頭文字の伝統とは別なものと考えられる。それらは、ページの中心を占める『詩篇』や様々な祈禱文からなるラテン語の本文とは一見無関係で、むしろ反抗的とさえ見える。ゆえにその評価や解釈は様々で、かつては（野卑であるとしてあからさまに非難されないとしても）挿絵画家の息抜き、あるいは無意味な装飾として軽視されていた。現在では、注文主の意図や写本の制作状況への間接的な言及、あるいは同ページのテクスト本文との隠された意味のつながりを想定して、その役割と意味を前向きに考えることが多い。以下では、そうした写本の余白に描かれた驚異を、いくつか例を挙げて検討することとする。

（1）『ラトレル詩篇』の周縁

『ラトレル詩篇』は、一四世紀前半にイースト・アングリア（イングランド）で、リンカンシャーの領主サー・ジェフリ・ラトレル（一三四五年没）のために制作された写本で、ほとんどのページの余白に挿絵が描かれており、そのなかには中世英語でバブインと称される異形の生物の姿が数多く含まれていることで有名である。[2]　特に人間と動物や鳥を合体させたハイブリッドなバブインが目立つが、それらは場当たり的な空想ではなく、合体の順序（人間、動物、植物の順）や分割の方法（頭など本来一つのものを二つに分かつ）は一定の法則に従っている（Sandler 1997 : 23）。さらに、一見無意味なこうした余白のバブインと本文のテクストとの間には、しばしば隠された対応が意図されているのである。

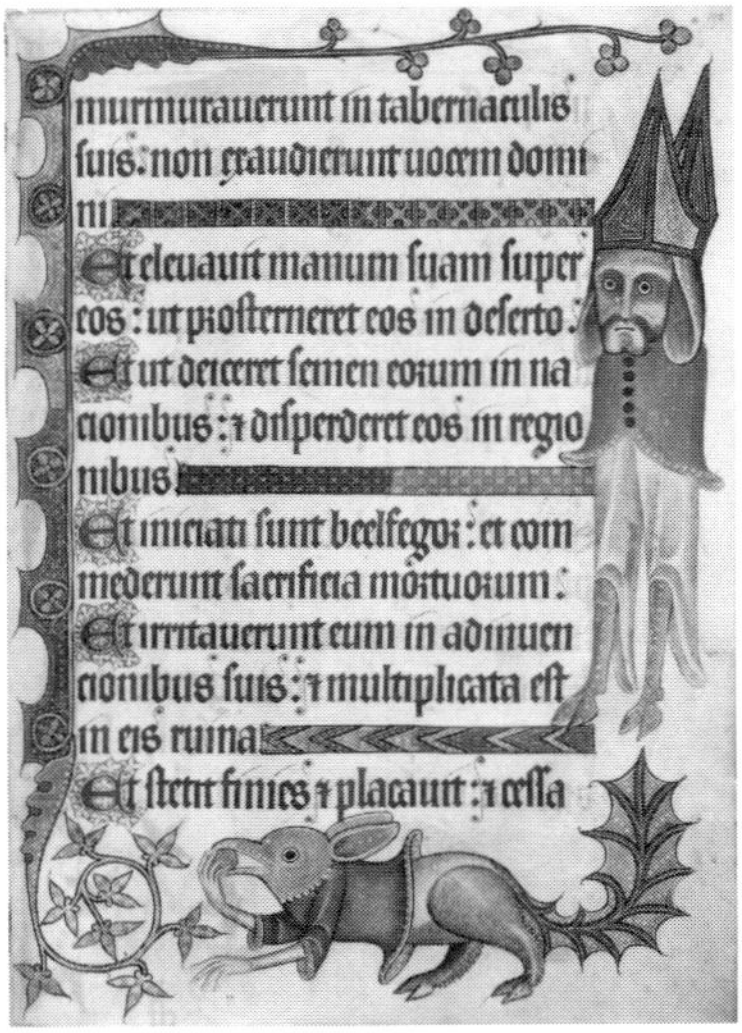

図 4　『ラトレル詩篇』(106 : 28) に描かれたバブイン

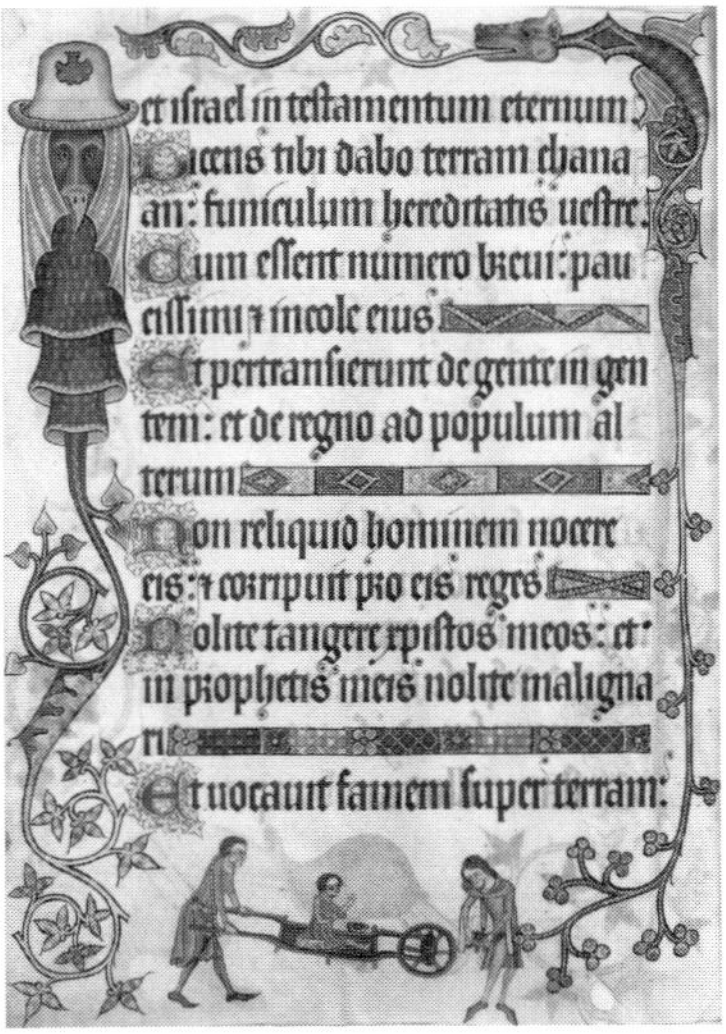

図 5　『ラトレル詩篇』(105 : 13) に描かれたバブイン

　一例を挙げると、犬のような耳と割れた蹄を持ち司教冠を被ったバブインが、『詩篇』の「彼らはバアル・ペオルを慕い死者にささげた供え物を食べた」（106 : 28）という偶像崇拝と不敬に関するテクストの横に描かれている（図4）。その位置関係から、この絵は聖書本文への一種の視覚的註解として、偶像を崇拝する悪しき聖職者像を表すととらえられる。またページの下部には、前足が人間の手、後ろ足が蹄で、ウサギのような耳、は虫類のような尾、そして鳥の嘴を持つバブインが食物を口に詰め込んでいる様子が描かれており、それは供え物を食べる不敬な行為を表すと解釈可能である。

　また、別の箇所では、「国から国へひとつの王国から他の民のもとへと移って行った」（105 : 13）の横に、ホタテ貝のついた巡礼帽子を被った鳥のような嘴のバブインが描かれている（図5）。ホタテ貝は中世の三大巡礼地の一つサンティアゴ・デ・コンポステーラの印で、このバブインは職業巡礼者の歪んだ姿ととらえられる。中世後期には、本来敬虔な贖罪行為であるはずの巡礼を代行して、職業として巡礼を行う者がいた。そのメカニズムの詳細は省くが、そうした代理巡礼によって得られた功徳は依頼者のものとなったのである。このように世俗化した巡礼はしばしば批判の対象となっており（Hudson 1978 : 88）、一四世紀後半のロラード派のテクストでは、巡礼に行く無駄金があるのならば貧者に施すべきだと述べられており、また同時期に英語で記されたウィリアム・ラングランド作の寓意詩『農夫ピアズの夢』（Langland 1995 : B. Prol. 46–57）でも物見遊山の巡礼や職業巡礼者は批判の対象となっている。バブインの奇形は、罪にまみれて歪んだ魂の表象と言える。

それではバブインは何のために描かれたのであろうか。上の例では、テクストへの視覚的註解として機能することで、余白のイメージはテクストの潜在的な教訓的意味を浮き彫りにし、読書体験を増幅させている。しかし、全てのバブインにこうした機能を読み込むことは難しい。注文主固有の趣味や意向も無視できないが、より一般的にはいくつかの可能性が考えられる。『詩篇』のテクスト自体に護符的な効果があると信じられていたことを考慮すると、否定的な挿絵を描くことでこうした罪深いものや災いなすものを文字通り周縁へと遠ざける意図があったのではないか（Camille 1998 : 265）。バブインは、テクストの聖性と明確に対立する罪深い感覚と欲望の表象として、中央を占める聖なるテクストによって退けられるべく教訓的意図を込めて描かれたと言えよう。それと同時に、こうした同一空間での聖俗の共存は中世の世界観を体現しており、アウグスティヌスが世界について指摘した類似性と差異の視覚化でもある。聖書のテクストを嘲笑するような周縁のイメージは、その卑俗性によって聖性を際だたせ、同時に支えてもいる。大聖堂が黙示録やキリストの生涯のような聖なるナラティヴのステンドグラスや壁画で飾られている一方で、天井リブ交差部分の留め装飾やミゼリコード（聖歌隊席のたたみこみ椅子の裏に取り付けられた持ち送り）などの見づらい場所に、世俗的でときに不敬な場面が描かれているのも同様と言えよう。驚異は周縁化されることでその役割と意義を与えられ、またその存在を保証されてもいるのである。

さらに、余白の挿絵は記憶術とも関連している。理解と記憶を助けるために情報を視覚的にとらえることは中世の記憶術の基本であり、観念的な事柄を寓意擬人像として視覚化することは中世初期からなされてきた。イメージは奇

図 6　「7 つの大罪」の擬人像（15 世紀，木版画）

抜であればあるほど記憶にとどまるため、その姿はときにグロテスクである。一四世紀イングランドの神学者ロバート・ホルコットは古代の神々の姿を利用して寓意擬人像を作成した。たとえば、ヴィーナス像をもとに、「淫乱」を「汚れにまみれ、心が無く、盲目で、裸で、火に燃え、鳩を従え、花輪とともに海から産まれ、ヴァルカンの妻で、牡蠣で飾られ、薔薇で彩られた娘」(Smalley 1960 : 175) と擬人化している。こうした記述は「絵」(*pictura*) と称されているが、しかしそれは実際に描かれることを前提としてはおらず、記憶を助けるための心的イメージとして機能するものである。したがって「絵」は脈絡のないイメージの寄せ集めに過ぎず、統一的な構造は持っていない。しかしセズネック (1977 : 112) が指摘したように、挿絵画家はときにこうした視覚的な記述をそのまま挿絵にしたのである（図 6）。結果として生まれたのはバブインのような像で、記憶にとどまることは間違いない。

(2)『メアリ女王の詩篇』の「ベスティアリウム」

『ラトレル詩篇』と同じ頃の一四世紀前半にイングランドで制作された『メアリ女王の詩篇』も、余白の挿絵が注目を集める写本である。豪華に彩色されたこの詩篇写本は、エドワード二世の王妃イザベラのために制作されたとされ、その挿絵の多さと多様さで『ラトレル詩篇』に匹敵する。『詩篇』と連禱のテクストの下部余白に、連続して全部で四六四点の挿絵が描かれている。そのなかにはバブインも登場し、たとえば半人半獣の生物が剣で戦っている様子が描かれている（図 7）。このページの中央は、罪深い敵と悲しみの再来に関する『詩篇』三八番のテクストと「幼子殺し」の場面を描いたミニアチュールで占められており、余白のグロテスクな争いは、嬰児を虐殺する非自然性に

図7　『メアリ女王の詩篇』に描かれたバブイン

対応する視覚的脚注であるという解釈がなされている（Stanton 2001：47）[3]。しかし、『ラトレル詩篇』の場合と同様に常にこうした相関性が見いだされるわけではなく、むしろ『メアリ女王の詩篇』の特徴は、一連の余白のイメージがページを越えて続き、ひとつの絵物語として複数ページにわたって展開することにある。たとえば『詩篇』のページの下部余白には、ノルマンディーの詩人ギヨーム・ル・クレールが一三一〇年頃にアングロ・ノルマン語で記した韻文の「ベスティアリウム」に基づいた九〇点の挿絵が数十ページにわたって続いている。

「ベスティアリウム」とは一種の動物象徴事典で、二世紀にギリシア語で記されたとされる『フュシオロゴス』を端緒とし、その後に、セビリャのイシドルス『語源論』などを材源として拡充され、一二、一三世紀には様々なバージョンが作られた。中世後期にはフランスやイングランドを中心に豪華な挿絵入り写本がいくつも制作されている。その内容は、動物や鳥、さらには鉱物などを対象として、その生態や性質を解説して教訓的解釈を展開するものである。たとえば、自ら胸をつついて血を流し、その血で雛を生き返らせるペリカンは受難のキリストを、また、羽はあるが飛べない駝鳥は信心深いふりをしている偽善者を表すという具合である。こうした解釈が展開された背景には、自然界の被造物は全て何らかの意図をもって創造されていて、読み解かれるべき教訓を隠しているという前提がある。『ヨブ記』の「獣に尋ねるがよい、教えてくれるだろう。空の鳥もあなたに告げるだろう。大地に問いかけてみよ、教えてくれるだろう。海の魚もあなたに語るだろう」(12：7–10) という箇所は、まさにそうした象徴的解釈を裏書きするものとして中世には理解されていた。この視点は、天地の創造自体が奇跡であり、この世界は本質的に驚異に満ちているとしたアウグスティヌスの考えとも呼応する。つまり、俗世の人間を教え諭すものとして天地が創造されたこと自体が大いなる驚異なのである。そうした「驚異の書」である「ベスティアリウム」には、実在の動物と並んで、

図8　象の驚異。(左)象の出産，(中)櫓をのせた象(共に『メアリ女王の詩篇』)，(右)象を絞め殺すドラゴン(「ベスティアリウム」13世紀，イングランド)。

一角獣、不死鳥、ドラゴン、サテュロス、バジリスクなどの日常的には目にすることのない生物が、そのキリスト教的意義とともに、挿絵入りで解説されている。

一例を挙げると、動物界の驚異の代表と言える象は「ベスティアリウム」のなかでももっとも詳しく記述されている例で、『メアリ女王の詩篇』でもその特徴がいろいろと描かれている(図8)。象の巨大さはそれ自体驚異で、背中に武装した兵士とやぐらを載せた象の姿はしばしば挿絵に描かれる。また、象が仔作りをするときには、東の果ての地上楽園近くのマンドラゴラが自生する地まで行き、それを食べることで妊娠する。出産は水中でなされるが、それは生まれてくる仔象を天敵のドラゴンから守るためで、出産の間オスの象はドラゴンが近づかないようにあたりを見張っている。象とドラゴンが天敵であることはプリニウスに記されていて、その戦いの場面もしばしば「ベスティアリウム」に描かれている。『メアリ女王の詩篇』の挿絵では水中で出産する象の上方にドラゴンが見える。

このようにページの余白を使って連続して挿絵が展開される場合、余白の挿絵と同一ページの本文との関連は希薄で、基本的にページ上では二つの異なったナラティヴがそれぞれ独立して展開されることとなる。写本の欄外余白は絵物語のための空間として機能し、書物を多層的なものとしている。余白のナラティヴはときに、中央のテクストが展開する信仰と祈禱の世界とは対照的に世俗的なものである。同様の例としては、さらに『テイマス時禱書』(ロンドン、一三二五—三五年頃)が挙げられ、そこでは下部の余白に、一三世紀にアングロ・ノルマン語で記された騎士道ロマンスや野人が登場する驚異譚などの物語絵が連続して描かれている。しかし、ラテン語の祈禱文も俗語のロマンスも、このような豪華な彩色写本を所有していた貴族階級が好んだ読書対象であることに変わりはない。この乖離はまさに所有者の読書指向を反映しているのである。

図9　時禱書写本（15世紀，フランス）

4　装飾モチーフ化される驚異

中世の彩色写本が全て、これまでに例として検討したような王侯貴族の注文生産で作られた豪華な写本とは限らない。俗信徒の間で時禱書の人気が高まるにつれて、一五世紀になると、主要都市の書籍工房では、既存の手本に基づいて挿絵が描かれ、さらに注文主の懐具合に応じて挿入する細密画の数を調節した、半既製品の時禱書写本が数多く制作されるようになる。特に、一五世紀後半の北フランス（パリ、ルーアン）やフランダース地方（ブルッヘ、ヘント）の主要都市ではいくつもの書籍工房が活発に活動しており、分業によって効率よく時禱書を制作して、国内で販売するのみならずイングランドなど外国へも輸出していた。こうした時禱書の余白には、パターン化されたツタや草花模様のなかに野人やバブインなどの姿がしばしば描かれている（図9）。

また、ヨハン・グーテンベルクが一四五五年頃にドイツのマインツで活版印刷を発明し、その技術が一五世紀のうちに西ヨーロッパ全域へと広がると、時禱書も印刷されるようになった。印刷本の時禱書の出版業者は、同じくパリやルーアンに印刷所を構え、手書きの挿絵のかわりに数多くの木版や金属版の版画を用いることで、挿絵の質に量で対抗して写本との差別化を図ったのである。ページの余白は、写本以上に様々な小型の版画で埋め尽くされ、そのなかにはバブインの姿も頻繁に登場する（図10）。

しかし、こうしたバブインは矮小化された装飾モチーフに過ぎず、テクスト本

図 10　『聖母マリアの時禱書』(パリ，シモン・ヴォートル印行，1508 年頃)

文とのダイナミックな相関性とはもはや無縁である。装飾モチーフとして日常化した存在はもはや驚異とは呼べないのである。生気に溢れてときには執拗に公式テクストの世界を攻撃し、周縁にもうひとつの世界を形成していた驚異の挿絵は、テクストを脅かす力を失った飼い慣らされたグロテスクとして、装飾様式のひとつになる。中世写本の周縁に展開された驚異のイメージが辿った道筋は、おそらく中世から近代にかけての驚異の変容と無関係ではない。近代初期には、大航海時代とともに現実世界で驚異の地平が広がるにつれて、驚異はより遠くに見いだされるようになる。また、バイナムが指摘するように、驚きがその原因を知りたいという欲求と不可分ならば（Bynum 1997 : 4）、それは最終的に科学的説明へと還元されてしまうとも言えるだろう。挿絵の驚異の消滅は驚異そのものの変質と同調していると言えるかもしれない。

注

（1）この写本（J. Paul Getty Museum, MS 30）のファクシミリとしては *The Visions of Tondal* 1990 を参照。
（2）以下の分析に関しては Camille 1998 : 153–159 を参照。
（3）『メアリ女王の詩篇』の挿絵の詳細および材源については、Warner 1912 を参照。

第9章　ロマネスク床モザイクに見る驚異
――オトラント大聖堂の分類不能な怪物たち

金沢百枝

はじめに

イタリア南部の港町、オトラントの大聖堂には、類稀な床モザイク装飾がある。イタリア半島には古代より聖堂床面に壮麗なモザイク装飾を施す伝統が残るが、今なお信徒の集まる大聖堂のほぼ全面に、七〇〇平方メートルにも及ぶ一二世紀の床モザイクがほぼ無疵な状態で保全されているのは、ヨーロッパ広しと言えど、ここオトラント大聖堂のみであろう。南フランスの数例をのぞき、アルプス以北にはロマネスク期の床モザイク装飾はほとんどない。一方、イタリアでは一九八〇年代から始まった聖堂地下の考古学調査によってロマネスク期のモザイクが次々と発掘されている。つまり、ロマネスク期のイタリア半島では広範囲で床モザイク装飾があったことがわかってきたが、いまだオトラント大聖堂ほど大規模な現存例は知られていないのである。オトラント大聖堂の床モザイクは銘文から、大司教ジオナータの依頼でパンタレオーネなる聖職者が一一六三年から一一六五年に制作したことがわかっている。

規模が大きいばかりでなく、その意匠もまためずらしい。まず聖堂に入ると、二頭の象の背から一本の大樹が聳える。枝々は聖堂身廊を包み込み、梢には楽園追放が描かれている。根元に下るにつれて、「ノアの大洪水」、「バベルの塔」の物語など旧約聖書の物語が進行する。枝々には、そうした旧約聖書場面に加えて「アレクサンドロス大王の飛翔」や「アーサー王の怪猫退治」など偉人驚異譚が絡み合い、埋草にはさまざまな動物や怪物が跋扈する。床モザイク装飾は、身廊だけでなく、主祭壇を取り囲むアプシス部分、翼廊や南北の側廊にも広がり、その多様な図像の意味を読み解くのはきわめてむずかしい。

1 謎を読み解く試みの数々

この謎は、これまで多くの美術史家を惹きつけてきた。オトラントの床モザイクの受容史と研究史については、M・A・コッポラ（Coppola 2005）の論考が詳しい。ここでは先行研究のなかでも、本章に関わる論考に限って以下に挙げよう。まずC・フルゴーニ（Frugoni 1968 ; Id. 1970）は、その後の諸研究の主題となる要素を大胆かつ的確に指摘した。身廊部分にとりわけ大きく描かれた「アレクサンドロス大王の飛翔」を、ノルマン人とビザンティン帝国との関係から説明するなどの政治的な解釈、あるいは大樹を背に乗せた二頭の象を、二世紀頃ギリシア語で記された動物譚『フュシオロゴス』に基づいて解釈するなど、その後の図像学研究の先鞭をつけた。フルゴーニの一九八三年の論考では、主祭壇を取り囲むヨナの「海」を「世界」を取り囲む大河オケアノスと解釈して、オトラントのモザイクを「世界地図」とした。一方、一九七五年の博士論文でN・バルゲリーニは、オトラントのモザイクを政治的文脈のなかで捉えた（Bargellini 1975）。シチリア両王国の「悪王」グリエルモ一世を讃える文言が銘文にあること、アレクサンドロス大王ばかりでなく、アーサー王、ソロモン王、ニネヴェ王など、数々の王が並ぶこと、最も神聖な内陣部に神に離反したニネヴェに対して改悛を促すヨナの姿があることなどから、モザイクの図像を反乱が頻発した当時のプーリア地方の政治的状況と結びつけた。

モザイクを驚異譚の文脈で読み解こうという論もある。M・カスティネイラス（Castiñeiras 2007）は、アレクサンドロス伝をオトラントのモザイクの主要テーマと解し、「盾を手にして戦う戦士たち」をアレクサンドロス大王が出会った矮小民族「ピグミー」とみなしたり、「ディアナの狩猟」をアレクサンドロスが出会った「アマゾネス」とするなど、身廊部に見られる数多の図像をアレクサンドロス大王伝の登場人物とした。ただし、アレクサンドロス大王が描かれている身廊部とは、距離的に離れた場所に描かれた怪物を、大王の野営を襲う「鼠狐」と特定するなど、些か根拠に乏しい点がある。

以上の通り、先行研究の多くがアレクサンドロス大王やアーサー王、ソロモン王など判別可能な人物像との関連での研究にとどまっており、しかも統一的解釈にいたっているとは言い難い。

そこで本章では、アレクサンドロス大王、アーサー王、ソロモン王とシェバの女王など驚異譚と大きく関わる主題が床モザイクでどのような役割を演じているか論じた上で、キリスト教主題と驚異譚の間を埋め尽くす、判別不能な動物や怪物について分析したい。埋草のようにいたるところに描かれた動物や怪物の多くは、特徴が不明瞭なため分類不能で、これまで研究対象となることはなかったからである。

2　オトラント大聖堂の床モザイク

ランゴバルド王国、教皇領、ビザンティン帝国の三つ巴が続き、混迷を極めたイタリア南部にあって、オトラントは長くビザンティン支配下にあった町である。六世紀、カッシオドルスはここをポルポラ貝の産地と記し、プロコピオスは『東ゴート興亡史』のなかで重要な要塞都市とした。オトラントは長靴の形のイタリア半島のちょうど踵の位置にあたり、アドリア海はこの辺りで窄まる。そのため、海峡を挟んだ対岸（現アルバニア）との距離はここで最も近い。トロイアを出発し、ローマへ向かったアエネーアースの一行も、この海峡を渡ったとされている。聖フランチェスコのようにここから東へと旅立ったものもあれば、一四八〇年に町を襲ったオスマン軍のように東からやってくるものもあった。まさに、文明の十字路である。この町は、六八〇年から七一〇年までランゴバルド王国領となるもの

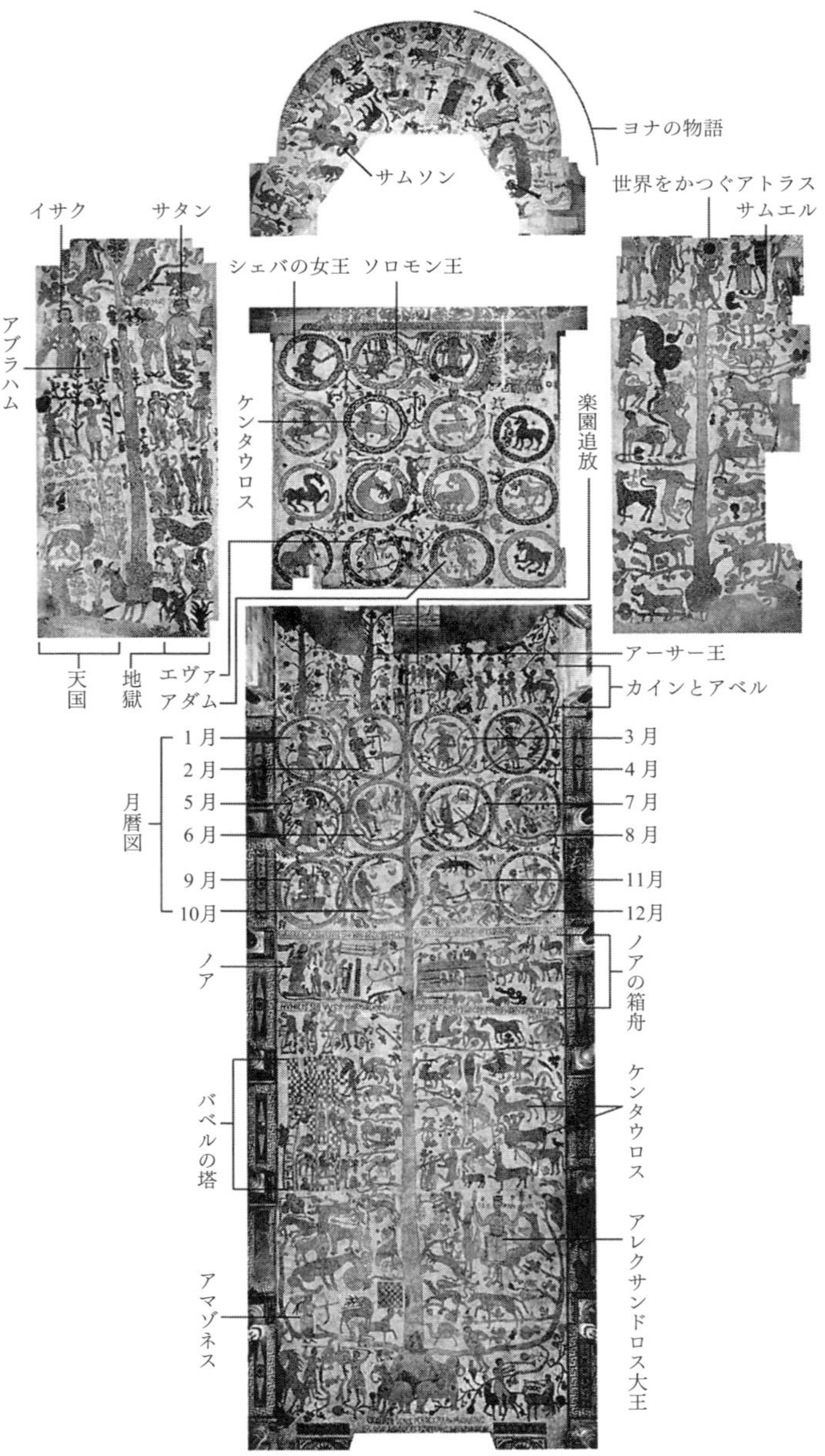

図1　オトラント大聖堂　床モザイク全図

の、一〇六八年にノルマン人が来るまで、ビザンティン帝国の支配下にあったためギリシア語話者も多く、ギリシア系の典礼に従う修道院も一一世紀に併存していた。モザイクの制作者パンタレオーネがギリシア系修道院の修道士と目されているのはそのためである。

オトラント大聖堂の主祭壇の奉献は一〇八八年との記録が残るため、ノルマン人たちによって大聖堂が建てられた

図2　「楽園の扉」

図3　大樹の頂きのアダムとエヴァと「堕落」

のはおよそ一〇八〇年頃と推定されている。一九八六年から一九九〇年に行われた聖堂地下の発掘で四、五世紀頃のモザイク断片や墓石が発見されたことから、海が見えるこの小高い丘は初期キリスト教時代の聖堂があった場所とわかった。バロック期の小礼拝堂に隠されて堂内からはわかりづらいが、三つのアプシスをもつ三廊式の矩形プランの聖堂で、その身廊部と中央アプシス、交差部と南北両翼の一部に床モザイクが残る（図1）。

床モザイクには、「中世の驚異の目録」としてル＝ゴフが挙げた七つのカテゴリー（地理的に特別な場所、巨人など特殊な人類、実在および幻想の動物、半人半獣、魔法の指輪などのアイテム、偉人伝。詳細は前章を参照）のほとんどを見つけることができる。「エデンの園」や「バベルの塔」を「地理的に特別な場所」、アレクサンドロス大王やアーサー王は「偉人」のカテゴリーに分類できるだろうか。「楽園の扉」（図2）や祭壇横にある「聖杯」は「特別なアイテム」に数えられなくもない。そして、ここで注目したいのは、床モザイクを埋め尽くす動物と怪物たち、そして驚異譚の主人公たちである。

怪物や偉人伝が描かれた床モザイクは、他に例がないわけではない。イタリア北部のラヴェンナやポー川沿いの地域（エミリア・ロマーニャ地方やピエモンテ地方）、ペーザロなどアドリア海沿いの床モザイクでも、オデュッセウスの一行や人魚たち、キメラや象、グリフォンなどが広く見られる。しかし、それらはたいてい円環枠（ROTAE）や矩形枠内に独立して配置されて、全体として統一的な物語があるような構成ではない。大樹によって統一的描写空間を形成するオトラント大聖堂の床モザイクはきわめて特殊だと言えるだろう。

西扉口を入るとすぐの位置に、背中合わせに寄り添う二頭の象がいる。背には大樹の根。枝は身廊全体を包み込むように左右に伸び、幹は聖堂の中央を貫通して、梢は交差部に達する。交差部に並ぶ一六個の円形枠のうち、最も西側の中央二つの円形枠にアダムとエヴァがおり、その間にするりと伸びた枝先に絡みつく蛇から、禁断の果実を受け取っている（図3）。大樹を人類史の軸とし、てっぺんの「堕罪」から入口へ進むほど、時代が新しくなる。数ある旧約聖書物語のなかで「ノアの大洪水」（図4）と「バベルの塔」（図5）の二つが、かなりの大きさで描かれていることは特筆すべきだろう。「ノアの大洪水」にまつわる物語（神のお告げを聴くノア、箱舟の建設、箱舟、箱舟に乗る動物たち）が、二つの銘文に挟まれているのも、印象深い。厳密には、ノアと息子たちが箱舟の建材を調達する場面は銘文で挟まれた区画の外側にあるが、大樹の右側には、洪水との関連なのであろう、箱舟の下には魚や人面魚などが描かれている。

図4　「ノアの大洪水」

図5　「バベルの塔」とアレクサンドロス大王

ところが興味深いことに、魚が泳ぎ回っている「水中」としての床は、同時に、大樹の枝を伸ばし、バベルの塔が高く聳える「空中」なのである。

3　偉人の驚異譚

（1）「アレクサンドロス大王の飛翔」

アレクサンドロス大王は、身廊を包むように伸びる大樹の枝の上に浮かんでいる。全長三六メートル強の身廊のなかで二・四メートルを占める巨大な像である（図5）。玉座は不安定にグリフォンの上に置かれ、綿飴のように見えるのは、肉を刺した槍。肉を食べようとしてグリフォンが翼を羽ばたかせると、大王はさらに肉を遠ざける。肉を食べ損ねたグリフォンは、さらに翼をばたつかせる。そうこうするうちに、グリフォンは大王を乗せて舞い上がる。床モザイクにも煌めく星が描かれて、大王が天空まで到達したことを示している。

グリフォンの背に乗って大空を飛翔する、あるいは魂が運ばれるという伝承の起源は定かではないが、遅くとも三世紀にアレクサンドリアで記された偽カリステネス『アレクサンドロス物語』の第二巻には遡ることができる。西ヨーロッパへは、四世紀前半のユリウス・ウァレリウスのラテン語訳『マケドニアのアレクサンドロス大王の事績』と、一〇世紀後半にナポリの主席司祭レオによる『アレクサンドロス大王の誕生と勝利』などのラテン語訳で伝えられたという。アレクサンドロス大王を騎士の鑑とする立場から、フランスでは一二世紀以降、飛翔譚、潜水譚、生命の泉探訪譚などが、事績に加えられた。

数多のエピソードを含むアレクサンドロス大王伝だが、ロマネスク聖堂に見いだせるのは、ほぼ「アレクサンドロスの飛翔」場面のみと言って良いだろう。V・シュミット（Schmidt 1995）によると、図像は西ヨーロッパで流布する「正面観の大王と左右対称のグリフォン、槍先に付けられた餌を掲げる」タイプと、「アレクサンドロス大王が二輪戦車に乗り、エジプトのファラオのように腕を交差する」ビザンティン系の図像との二つに大別できる。オトラントのアレクサンドロス像は、ビザンティン風の衣装を身につけているが西ヨーロッパに流布するタイプである。

「アレクサンドロス大王の飛翔」は、ロマネスク美術に単独でしばしば見られるが、一三世紀半ばにはほぼ消失する。「アレクサンドロス大王の飛翔」が描かれるコンテクストはさまざまだが、堕罪とともに描かれる例もあり、「驕慢」の象徴と解釈されることが多い。だが、これに抗する意見もある。シュミットによると、フランスでは大王を積極的に評価するが、ドイツではそうではないなど、地域差が見られるという。オトラント大聖堂の場合、その傲慢さゆえに神の裁きを受けた「バベルの塔」と対照的な位置に描かれているが、この点についても二通りの解釈がある。つまり、アレクサンドロス大王を「バベルの塔」同様、「傲慢」とみなすのか、それとも天空世界の覇者である英雄とみなすのか。C・フルゴーニは、「傲慢」の象徴とし、アレクサンドロスがビザンティン帝国の王の衣装を身にまとっていることから、ノルマン人の首領ロベール・ギスカールを嘲ったビザンティン皇帝を指すのではないかとも書いている(Frugoni 1968)。

一方、M・カスティネイラスは、南イタリアの床モザイクに、アレクサンドロス伝や「ロランの歌」など、一二世紀フランスで流行した武勲詩が多く描かれていることを、一一六一年当時、シチリア両王国において進められていた典礼のラテン化と関連づけた。オトラントの月暦図を『アレクサンドロス大王の事績』の一節(1：37–39)と、そして、夥しい数の怪物たちをアングロ・ノルマン版の『アレクサンドロス大王の歌』や『東方の驚異』の「アレクサンドロス大王からアリストテレス宛の手紙」に登場する怪異と照合した(Castiñeiras 2007)。例えば、バベルの塔の下にいる一個の頭に四つの胴体をもつ獅子は、アレクサンドロス大王の不敗を象徴する四頭の獅子とし、ある怪物はインドで大王を襲う狐の大きさの鼠、戦う戦士をピグミー、狩猟する女性像はアマゾネス(図5)とみなす。アレクサンドロス大王物語の随所が床モザイクに反映しているのである。

カスティネイラスは触れていないが、「バベルの塔」があるとされるバビロンはアレクサンドロス大王が没した地。もしもこの床モザイクがカスティネイラスの言うようにアレクサンドロス大王物語に強く関連づけられているのならば、驚異譚に地理的な要素が加味されていても不思議ではないのではなかろうか。

図6　アーサー王と怪猫？

（2）アーサー王とパリグの怪猫

カスティネイラスの滑らかな論はアーサー王伝説にまで及ぶ。先に述べたとおり、シチリア両王国の政策により、多くのイングランド人、アングロ・ノルマン人やフランス人の聖職者が南イタリアに職を得た。先に挙げた『皇帝の閑暇』を記したティルベリのゲルウァシウスも、仕えていたイングランド王ヘンリー二世の死後、シチリア両王国のグリエルモ二世の宮廷に移った。ブリンディシ司教のギョームもフランス出身と知られており、この時期の南イタリアの床モザイクにフランスの武勲詩が多いこととの関連が示唆される。

ここでは、H・ニッケル（1989）とカスティネイラス（2006）、渡邉浩司（2014）の論に照らしながら、交差部のすぐ手前に小さく描かれたアーサー王を見ていこう（図6）。ARTVS REXと銘文があることから、山羊のような獣に乗る王がアーサー王であることは間違いない。

アーサー伝承は九世紀前半のネンニウス編纂の『ブリトン人の歴史』に遡るが、ウェールズの『キルッフとオルウエン』を経て、一一三八年頃編纂されたモンマスのジェオフリー『ブリタニア列王史』によって、ヨーロッパ全域に模範的君主像として広まったとされる。一連の物語群にはアーサー王が巨人や巨猫と戦う物語が見いだされる。アングロ・ノルマン語韻文で書かれた『ブリュ物語』（一一五五年）では、モン＝サン＝ミシェルの巨人を退治する。一二八六年筆の『アーサー王の最初の武勲』では、ローザンヌ湖の巨猫を退治する。パリグの怪猫退治の顛末は以下の通りである。

豊漁を神に祈り、最初の一匹を神に捧げることを誓ったある漁師が、ローザンヌ湖で網を打った。捕れた魚があまりに立派だったので、漁師は惜しくなって一匹目ではなく二匹目を捧げることにした。しかし二匹目も立派な魚だったので、また惜しくなった。そこで三度目に捕れた魚を神に捧げることにした。ところが、次に網のなかにいたのはなんと黒い子猫だった。漁師は鼠退治に役立つと考え、子猫を家に持ち帰る。猫は恐るべき大きさに育ち、ついには漁師とその家族を絞め殺して、近くの山を住処にして通りがかる人々を襲うようになった。その話を聞いたアーサー王は退治するため、家臣とともに怪猫が潜む猫山まで赴く。家臣とはぐれ、一人で怪猫に挑む。肩に飛び乗った巨猫の爪がアーサーの鎖帷子を突き通した。重傷を負ったアーサーは、激しい戦いの末、勝利する。

渡邊は、アーサー王物語群のなかで怪猫退治がどのような位置づけにあるのか、物語の構造、舞台となった山や猫の名などを多種の文献に辿る。ある一三世紀の小品に猫の名は「カパル」(Capalu) とあり、それと似た単語 Cath Palug を中世ウェールズの歌にも見いだすことができる。

オトラントのアーサー像は、怪猫退治の場面を描いているのではないかと最初に論じたのが、ニッケルである。王は棍棒（王笏？）を左手に、右手を高く挙げている。アーサーが乗った山羊（？）の前には動物が一匹、前足を挙げて襲いかかっているように見える。アーサーの背後にいる裸の人物をメルラン（マーリン）と同定しているが、この部分のモザイクは修復が激しく、一八一三年に書かれたスケッチを頼りにするしかない。スケッチには山羊の前に獣は描かれておらず、これを怪猫退治と特定するのはむずかしい。しかしもしも、写本挿絵にも存在しない稀有な怪猫退治場面だとすれば、ケルトの神話伝承が形を変えてはるばると、太陽煌めく地中海の港町まで到達したことになる。

(3) ソロモン王、シェバの女王とヤツガシラ

オトラント大聖堂床モザイクの交差部で、最も祭壇に近い部分を占める円形枠には、ユダヤ教やイスラーム文化圏でも愛されるソロモン王とシェバの女王が描かれている(図7)。中央からやや北側の二つの枠に、二人は語らうように座す。旧約聖書に登場するソロモンは、ダビデ王とバト・シェバの息子で、「非常に豊かな知恵と洞察力と海辺の砂浜のような広い心」を神に授けられたイスラエルの王は、キリスト教徒やユダヤ教徒だけでなく、イスラーム教徒

図7　シェバの女王（左）とソロモン王（右）とヤツガシラ

図8　ヤツガシラ

からも賢王として愛されているため民間伝承が数多く残る。「ソロモンの指輪」はその一つで、天使から授かったその魔法の指輪を用いると、動物、精霊、風や水、悪魔さえ自在に操ることができたという。

ソロモンの名声を聞きつけ、遠国から贈り物を携えてやってきたのがシェバの女王である。モザイクの銘文では「南の女王（Regina austri）」となっているが、シェバの女王を表すことは明らかである。歴史的には実在不明だが、紀元一世紀のユダヤ人著述家フラウィヌス・ヨセフスはエジプトおよびエチオピアの女王と記し、ユダヤ・イスラーム世界でも、シェバの女王については豊かな伝承が残る（Lasner 1993）。シェバの女王（ビルキース）が太陽崇拝の悪習に染まっていると知ったソロモン（スライマーン）は、自身の宮殿への招待状を、ヤツガシラに届けさせた。その逸話がオトラントのモザイク中に示唆されていることを指摘したのがL・パスクイーニ（Pasquini 2004）である。交差部を埋める一二の円環枠の隙間に、一羽の小鳥が描かれていることに着目し、これをスライマーンがビルキースを誘うために放ったヤツガシラとしたのである（図8）。

西ヨーロッパに伝えられていないこの逸話の挿入は、オトラントに多くのユダヤ系住民がいたことと関連していたのかもしれない。一一六〇年から一一七〇年、ナヴァーラからピレネー山脈を越え、イタリア半島を縦断し、オトラント経由で東へ渡り、バグダードを目指したトゥデラのベンヤミン。その旅の記録によると、当時のオトラントには複数のラビの下、およそ五〇〇人ものユダヤ人が居住していたという。ユダヤ人ばかりでなく、ギリシア語話者や、イスラームの商人も出入りしていたであろうオトラント。この港町の宗教的寛容が、オトラント大聖堂の図像選択に関与した可能性はおおいにありうる。

4　分類不能な怪物たち

前述のソロモン王とシェバの女王やアダムとエヴァの他、交差部の一六個の円環枠内は、人魚、キメラ、ケンタウロス、一角獣や竜などの幻獣や、駱駝、象、豹のようなエキゾティックな動物から成る(図9)。この事実は、きわめて興味深い。怪物や動物などのモティーフを円環枠(ROTAE)や蔓草が形作るゆるやかな円弧のなかに描き入れる意匠は、床モザイクという媒体に限らない、古代以来の伝統的な装飾形式である。オトラント大聖堂の地下から発掘された五世紀の床モザイクもまたこのタイプの紋様だったことから、オトラントでも古くから円環枠の意匠が知られていたことがわかる。

図9　円環枠の並ぶ交差部

聖職者しか入ることができない交差部に怪物や幻獣が多く見られることについて、パスクイーニは、祭壇を置くために後代に破壊された部分に、ダビデ像がかつてあった可能性を指摘している(Pasquini 2004)。そもそもダビデと動物たちの図像は、オルフェウス図像に遡る。獰猛な動物たちが竪琴の名手オルフェウスの奏でる音楽に魅了される場面は古代から伝わるモザイク主題であり、初期キリスト教時代にはキリストの予型とされたため、教会装飾にも多く用いられた。そのヴァリアントとしてしばしば描かれたのが、同じく竪琴を奏でる詩人ダビデであった。したがって、このオトラントのモザイクにおいても、ソロモン王の父であるダビデ王が描かれていても不思議ではない。

さて、最後に着目したいのは、これら円形枠の外、言わば「余白」部分にいる脇役たちである。モザイク全体に登場する人間、動物、怪物の数を数えると、総数にして、一一二人の人間、一六四の動物、三二の怪物がいることが調査で明らかになった（表1）。人像表現もさまざまで、アーサー王やノアのように名前のわかる人間、名前はわからないが着衣の人間、裸の人間などの区別がある（図10）。裸の人間を「罪人」とみなす説を全面的に受け入れることはで

表 1　オトラント大聖堂床モザイクに見られる動物種

動物の種類	数	動物の種類	数	動物の種類	数
犬	13	獅子	2	蟹	1
鹿	5	鳩	1	ハリネズミ？	1
馬	5	鴉	1	猪	1
駝鳥	5	狐	1	有角四足獣	1
蛇	5	豹	1	鳥（判別不能）	20
牛	4	鼠	1	四足獣	17
山羊	4	驢馬	1	魚	11
兎	3	雄鶏	1	獣	9
象	3	クマ？	1	小動物	2
駱駝	2	蛸	1		
猫	2	雄鶏	1		

表 2　オトラント大聖堂床モザイクに見られる怪物たち

怪物の種類	数	怪物の種類	数	怪物の種類	数
ケートス型の竜	5	ヒュドラ	2	ケンタウロス	1
グリフォン	3	人面魚	1	キメラ	1
人面有翼四足獣	3	首長二頭四足獣	1	人魚	1
多頭獣	3	1 頭 4 体の獅子	1	一角獣	1
人面四足獣	2	「グリス」	1		

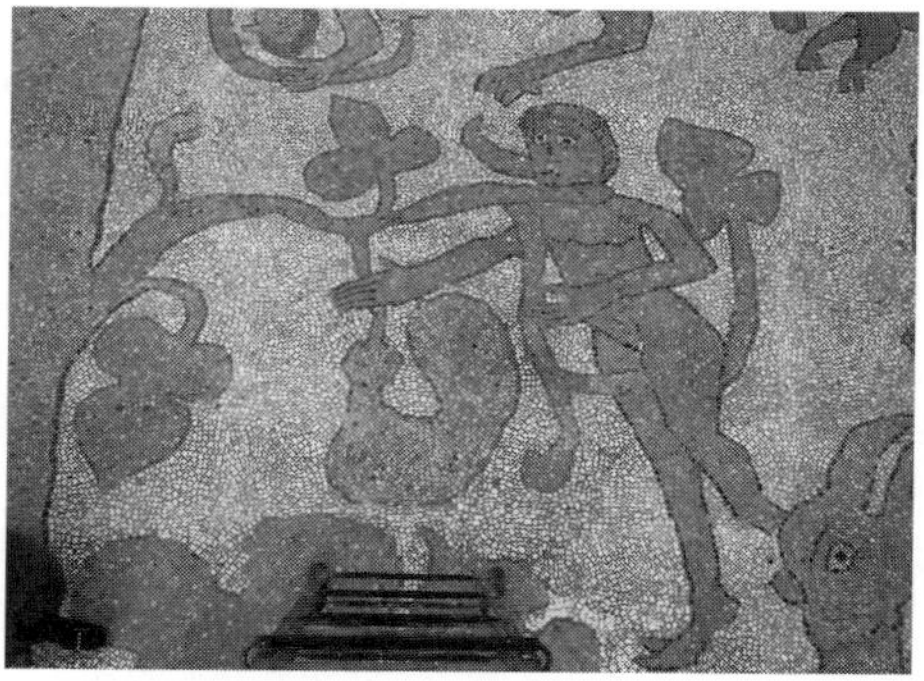

図 10　木の枝に首を締められた人

きないものの、着衣と裸体では明らかに待遇に差があるようだ。また、動物の種類も、特定できるものだけで二五種類とじつに多い(表1)。特筆すべきは、怪物たちであろう。人魚や、キメラ、ヒュドラ、竜、一角獣、グリフォンなど名前のよく知られた怪物もいるが、人面有翼四足獣、多頭獣、人面四足獣、人面魚としか呼びようがない分類不能なものが多く、そのほとんどが、気まぐれに創造されたような判別不能な怪物たちであった(表2)。

動物や怪物の数や種類に関する定量的な分析によって、オトラント大聖堂のモザイクに満ち溢れる豊穣のエネルギーに改めて驚嘆しないではいられない。なかには首輪をつけた犬(図11)や、片足だけ靴を履いた猫もいる(図12)。モザイクの怪物たちは、中世のマッパ・ムンディ(世界地図)にしばしば描かれる怪物国の住人たちのようなトポグラフィカルな象徴ではない。テクストによって特定可能な既知な怪物たちとも言えない。人面のある馬の首が二本、三本と増えていたり、大洪水で溺れた人を大魚が呑み込むそばで、二股にわかれた尾をもつ人面魚がすいすい泳ぐ。

キリスト教美術において、動物や怪物は意味の二面性をもつ。オデュッセウスの一行を美しい歌声で死へと誘う人魚は「誘惑」の象徴とされる一方、豊穣の水の象徴ともされる。

図 11　首輪をつけた犬と奇妙な怪物，枝に食いつく獣

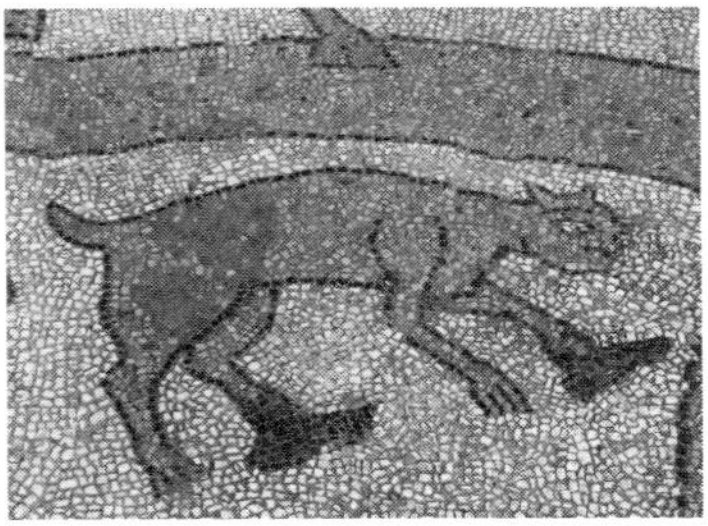
図 12　片足のみ靴をはいた猫

グリフォンも、悪魔的要素をもつが、古代では墓の守り手で、オリエントでは王者の随伴者であった。円形枠にグリフォンを象る意匠は南イタリアのロマネスク期床モザイクにしばしば見られる。とくに、トレミティ諸島のサン・ニコラ修道院聖堂の床モザイクでは、聖堂中央の最も目立つ位置にグリフォンが描かれている。ビトント

図 13　ハーピー？

図 14　人面多頭四足獣と口から枝を吐く獣

大聖堂の地下からも、酷似した円形枠のなかのグリフォンのモザイクが出土している。ピサ大聖堂の屋根には、戦利品としてイスラーム勢から奪ったブロンズのグリフォン像が掲げてある。グリフォンという比較的よく知られた怪物でさえ、その意味や用法は必ずしも明らかではないのである。そのグリフォンが、オトラント大聖堂には、「アレクサンドロスの飛翔」に使われる二匹以外に、もう一匹徘徊しているが、その意味も謎に包まれている。同様に、もっぱら装飾的な役割を担う竜はとくに多く、ヒュドラ以外に五匹の竜が描かれている。その理由としてオトラントのラテン語名Hydruntum に「水蛇」の意があることとも関係しているということも考えられなくはないが、はっきりとしたことはわからない。

　繰り返すと、オトラントとその周辺の聖堂に残るロマネスクの床モザイクには、あたかもその場の気まぐれで作り出されたかに見える怪物が多い。嘴をもつ鳥は、人の顔と手をもち、変色した裸体を手で抱くばかりでなく、複雑にこんがらがった長い尾の先っぽで足を引っ掛ける（図13）。女面鳥身のハーピーとみなすことも可能だが、尾の絡まった不思議な鳥は、ブリンディシなどこの時期の南イタリアのモザイクにしばしば見られる。四足獣に不器用に取りつけられた人頭は呆然とした表情で、長い髪をもつ頭部は女性のものと思われるが、スフィンクスと特定するには定型から外れすぎている（図14）。これほどまでに奔放な、「定型外の怪物たち」は南イタリアでしか見られない。オトラントと同じプーリア地方のブリンディシ大聖堂の床モザイク断片（図15）、モリーゼ地方テルモリ大聖堂の床モザイク

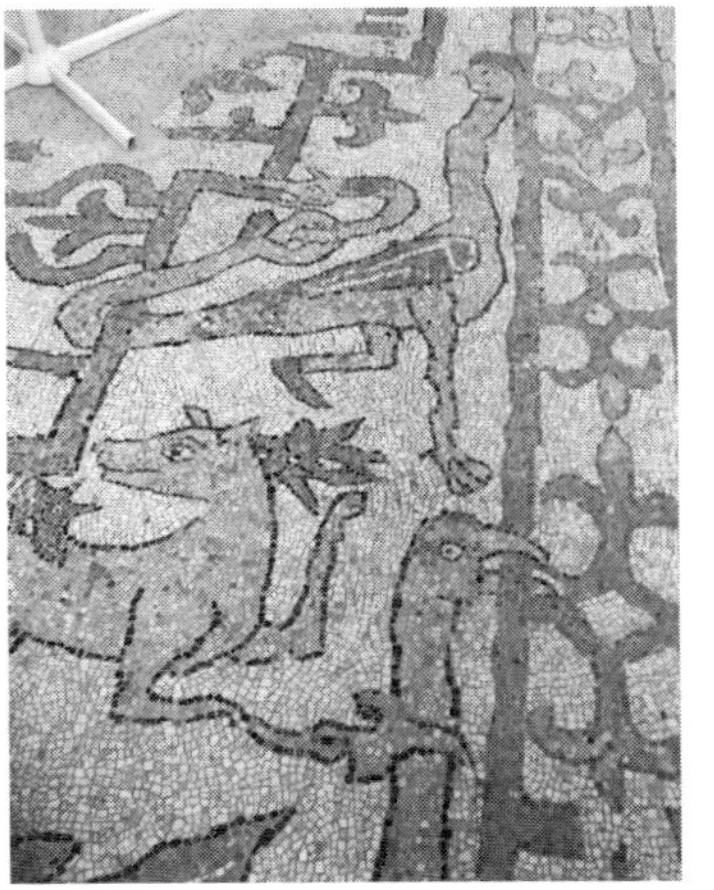

図15　ブリンディシ大聖堂の床モザイク断片。片足だけ靴を履いた怪物，右足だけフックになった鹿。

断片などには、お手本などおかまいなしに自由に変形した怪物たちがいる。ブリンディシ大聖堂の内陣部には片足だけ靴を履いた駝鳥のように大きいハーピー風の怪物がいて、その尻尾は蛇になっている。鹿は、植物紋様に齧りついた鳥の長い首にフックのようなひょろ長い足を引っ掛けている。「怪物誌」的文脈では到底、分類不可能な、不定形の生き物が聖堂に跋扈しているのである。

冒頭で述べた通り、アルプス以北のモザイク装飾の作例は少ないが、例えば南フランスのガナゴビーの例をとってみても、双頭の竜などの怪物は描かれているものの、南イタリアの作例のような気ままさはない。また、アドリア海の北方域やポー川流域でも、床モザイク装飾に怪物が描かれていたとしても、たいてい特定可能な形をもつ。それらの地域において、例えば城を背に置く象は東方への憧れを、騎士に退治されるドラゴンは勧善懲悪やキリスト教の勝利を示すなど、怪異は特定の役割をもつ。それに対して、ロマネスクの南イタリア各地で見られる「定形外の怪物たち」には、そうした明確な役割は割り振られていないように見える。

おわりに

では、「定形外の怪物たち」はすべての役割から開放されているのだろうか。そうとも言えないことがオトラント大聖堂の怪異の定量的分析で明らかになった。これらの奔放な輪郭をもつ動物や怪物たちは、裸体の人間たちと大樹とのみ関わりをもっている。裸人たちは、怪物たちばかりでなく、身廊に聳える大樹の餌食になる。裸人たちはときに枝に絡まり、もがき、首を絞められる。樹の枝に食らいついていたり、口から枝が生え出ている動物はいるが、人間のように締めつけられることはない。草を吐き出すものに、動物・怪物の区別はないが、人間の口から出ている例はない。床モザイク装飾が多く見いだされるイタリア半島の他の地域でも、ヨーロッパの他の地域でも見られない「定形外の怪物たち」を欄外に導入することによって、作者パンタレオーネは何を表現しようとしていたのか。欄外に描かれた裸人・動物・怪物の相互的な関係は、オトラント大聖堂床モザイクの図像プログラムを考えるとき、避けて通れないように思われる。

樹を登っている裸人を「魂の上昇」の象徴とする解釈もあるが、ならば動物や怪物の口から草木が萌えいずるのはなぜなのか。大樹の枝々を分け入ってなかに入って行けばいくほど、謎は深まってゆくのである。

第 III 部

驚異のトポス

第1章　ヨーロッパ中世の驚異譚における空間《トポス》と時間《クロノス》

池上俊一

はじめに

第I部第1章で述べたように、ヨーロッパ中世の驚異というのは、あくまでも目に見える（可能性がある）、実在する（と考えられた）、モノ（人間・生き物を含む）や出来事であった。たんなる観念やイメージは「驚異」とは呼ばれない。もしそうであれば、そうしたモノとしての驚異はかならずどこかの「場所＝空間」にあり、その「場所」に行けば、出会えるはずである。もちろん、しばしばそれは遠隔地にあって、容易には辿り着けないのだろうが。

商人や使節らは、驚異の噂を聞き、それを確かめるために遠方まで自ら出掛け、あるいは王や教皇などの権力者に命じられて旅立った。また先駆的民族学者と呼ばれる一群の学者・聖職者らは、たんに宮廷に安閑と止まって書物を調べるだけでなく、それぞれ関心のある土地に赴き、その土地の住民の話を聞いたり、あるいは自分で驚異を体験したりしている。その一人、ティルベリのゲルウァシウスにとっては、世界の驚異はトポスとの結合をその本質のひとつとし、特別な土地――インドとかシチリアとか、ウェールズとか――およびその形状（洞穴、泉、岩など）と結びついているものだった。その事実を、彼は個人的経験や確実な証言で検証しようとしている（ティルベリのゲルウァシウス 2008）。

では、ヨーロッパ中世においては、どの「方角」「方向」に旅をすれば、こうしたトポスと結合した驚異が見つかると考えられていたのだろうか。換言すれば、驚異の空間とは、どこにあるとみなされていたのだろうか。まずその点を考察してみたい。

1　驚異の空間

西洋で知られていないエキゾチックな人種や動物・怪物、あるいは宝石がざくざくと採れる川や、浸かれば永生を得られる泉などの不思議は、主に、なかなか辿り着けない、未知の「遠隔地」にあると考えられた。だがもうひとつ、ヨーロッパと地続きの、すぐ隣り合った、しかし政治的・軍事的征服もキリスト教化も習俗の文明化も、まだ十分にはなされていない、いわゆる辺境の地にも、類似の驚異があるとされた。つまり、遠近二種類の驚異の空間があったことになる。そのことを方角別に、もう少し具体的に見てみよう。

（1）東　方

方向を東西南北に分けて考えた場合、ヨーロッパ中世の驚異は、圧倒的に東方（オリエント）にあると考えられた（Gaullier-Bougassas 2003；Gadrat 2005；彌永 1987）。オリエントにはありとあらゆる怪物や奇妙な動物がいるとされ、さらに珍しく貴重な宝石・香辛料がふんだんに存在していると信じられた。一三世紀から一四世紀にかけて、およそ一五〇年間、商人・布教者その他の旅人が、一人で、あるいはグループで、そこには溢れる富と驚異があると確信して、東方へと旅立ったのである。

西洋中世を熱狂させたオリエント。早くよりフランス語をはじめとする世俗文学は、古代と初期中世から遺産を汲んだオリエントの神話的イメージを独自に紡いだ。一二世紀の作家によって、テーベ、トロイ、カルタゴといった古代オリエント都市をテーマにした「古代もの」の文学作品が著されたし、近東とペルシアの支配者となり神秘のインドを探索したアレクサンドロス大王の物語なども、各国で作品化されていった。これ以後、世俗文学では、インドとエチオピアの驚異の民族を、主人公＝騎士にとっての通過儀礼の旅の物語に組み込むことになるだろう。また一二世紀に復活した百科全書的な作品にも、オリエントの怪物・怪人がかならず登場するようになった。

他の方角でなく、東方（オリエント）が驚異の空間として圧倒的であったのは、古代作家による百科全書や地理書が、もっぱらこの方角の驚異を満載しているからである。ソリヌス、プリニウス、さらには彼らの知見を中世に引き継いだ七世紀の大知識人セビリャのイシドルスなどが重要だ。しかし、古代作家の伝承するイメージだけが東方選抜の原因ではあるまい。キリスト教徒にとってこの上なく大切な（旧約）聖書的な世界が、そもそも東方のはるか彼方に展開するとされたからでもある。そこは「地上の楽園」「エデンの園」の場所として想定されていたのだ。ギリシア・ローマと聖書的世界の両者が、東方を驚異の世界に仕立て上げるのに作用したのである。

オリエント世界は、西洋人にとってあまりに「遠い」ゆえに、そこの驚異は、ヨーロッパ的な価値や秩序を脅かすものとは考えられなかった。近づきがたい遠方、未知の地理の中にあるから、奇妙で怪物的な人種、野生と文明、動物と人間などの境界を破る化け物がいても、それはヨーロッパ人の社会・政治体制を脅かすことがなかったのである。近くなら、自分たちの秩序と価値観を脅かすものとして、戦いの対象となったろうが、あまりにも遠い、かけ離れたところの話であるために、寛容で好意的な態度で臨んだのである。

また、オリエントの驚異を問題にする場合、海と島々の重要性を指摘しておかねばならない。オリエントないしインドには、陸地だけでなく、大洋や島々もくっついている。ギリシア時代から人間や神々の冒険の特権的な場は、島であったし、無数の島々が、ギリシア人たちの想像の源となってきた。中世人もそれを受け継いだのか、インド洋を無数の島々で埋め尽くしたのである。彼らの想像世界はそこを住処とし、つぎつぎに空想的イメージがそこに流れ込み、羽ばたいた。勝手に島を増殖させ、インド洋だけで一万以上を数える作家もいた。いやインドというのは、海と川に周囲を囲まれた、それ自体が島なのだ。一種閉ざされた世界ゆえに、なおさら驚異が紡がれるにふさわしい場所となった(ルゴフ 1992)。

もうひとつ注意すべきは、中世では、オリエントとかインドというのが、正確な方位・位置を定められていなかった、ということである。中世においては、一般に、インドは三つに分けられた。ガンジス川が小インド(下インド)と大インド(上インド)を分け、第三のインドないし中央インドは、諸説あるとはいえしばしばエチオピアを指していた。大インドは今のインドにスリランカやインドネシア島嶼、インドシナ・マレー半島を含めた全体を指したようだし、小インドはインドの北西部と、現在のパキスタンおよびアフガニスタン南部を占め、それがペルシアにまでつながっていた。無論、他の分け方をする筆者もいた(Gregor 1964)。

エジプトの南、ナイル川上流にエチオピアがあると正しく認識しつつ、しかしナイル川が天国の四つの川のひとつで、オリエントに水源を持つと想像されたため、エチオピアは一四世紀まで、しばしばアジアにあるとも考えられた。つまりエチオピアはインドの一部なのであり、だからこそ、司祭ヨハネの王国が東方に見つからないときには、それを探しに、エチオピアに探索の手が伸ばされたのである。

驚異の宝庫オリエントは、形も場所も曖昧模糊とした、まさに夢の領域なのであった。

(2) 西　方

中世には、オリエント以外に、もうひとつの驚異の貯水池があった。ケルトの世界である。ローマ以前に広くヨーロッパ全域に住みついていたケルト人ではなく、中世に、ゲルマン人らによって西方へと押しやられ、そこで独自の文化を育んだ「西方のケルト」たちの世界。その舞台は、アイルランド、ウェールズ、スコットランド、そして大陸西端のブルターニュなどであった。ケルトは、ヨーロッパ世界の北西であるが、どちらかと言えば「西方」として捉えられた。

またアイルランドから、大西洋に漕ぎだし、ずっと舟を漕いでいけば、そこには不思議な楽園があるとも考えられた。楽園の島とそこに辿り着くまでに存在するとされた、さまざまな不思議の島の数々、それも、ケルトの驚異の舞台である。

こうしたケルトの驚異を中世人たちに伝え、信じさせる媒体となったのは、口頭伝承とともに文学作品であった。それらが書き写され、翻訳されて、西方の不思議世界のイメージが広まっていったのである。それらの作品のうちでは⑴アイルランドの海洋文学、とくにもともと口承によって伝えられ、その後修道院で六―一二世紀に書き写されていったと考えられるエフトラ（エフトリ）という冒険譚とイムラム（イムラヴァ）と称される航海譚、およびそれがキリスト教化された「聖ブレンダヌス航海記」の諸版が、まずもって重要である（松村 1991；藤代 1999）。ついで⑵「ブルターニュもの」と呼ばれる、ケルト的夢想の要素を大きく採り入れたレー（短篇物語詩）という宮廷文学の一ジャンル、とりわけマリ・ド・フランスによる「レー」（一一七〇年頃）が、ケルト的な驚異をフランス宮廷や貴族界に広めるのに貢献した（Ménard 1979）。さらに⑶民族誌的な著作、ウェールズのギラルドゥスの『アイルランド地誌』（一一八八年完成）などにも、興味深いケルトの驚異が採録されている（ギラルドゥス・カンブレンシス 1996）。

⑴の冒険譚・航海譚では、アイルランド西方海上に多数浮かぶ小島への航海・冒険が語られているが、その不思議な世界には、現実の世界から超自然の世界へと苦もなく飛翔できる、ケルト住民特有の感性と、彼らが抱いた異界イメージが深くかかわっている。冒険譚では、海上のほか、妖精の丘や湖底への冒険も記述される。いずれもキリスト教倫理・死生観の浸透以前の、古拙で純朴な物語で、自然の官能を伸びやかに主張している。そこには罪も死もなく、食べ物と酒は尽きず、宴会と遊び三昧の生活、加えて美しい女性が性の欲求を満たして悦びに包んでくれる。銀の枝の林檎や妙なる音楽で誘われた主人公らの目的地は、歓喜に溢れた西方海上の島＝女人の島である。航海譚では、途中でさまざまな特徴の島々を経巡り、試練をくぐり抜けて進むが、巨大な蟻の島、馬型怪物の島、鮭の家の島、黄金の林檎の島、鳥の歌う島、笑いの島など、驚異に満ちた島々とそこでの奇しき出来事が語られる。

⑵のブルターニュものには、妖精や不思議な動物が泉・川や森を舞台に活躍するが、それとともに男女の恋愛が、甘酸っぱく描き出されていて、こうした世界は宮廷貴族たちのお気に入りであった。おそらく口頭伝承で広まっているものに、作家たちの彫琢の筆が加わって、一二世紀に文学作品としての形を整えていったのだろう。

(3)の民族学者的な視点による作品中では、辺境の不可思議な自然や習俗に、驚異に満ちた特別な価値を認めているが、他方では、そこは未だ未開で野蛮な土地ゆえ、早く開化しキリスト教化しなくてはならない、という知識人＝聖職者的な観点の主張も含まれていて、両者は裏表の関係にある。たとえば動物たちの不思議な特徴・習性のほか、髭が生え背中にたてがみのある女、誰も死なない島、驚異的な活動をする泉や湖、半牛人などの怪物、人間に恋慕する山羊やライオン、しゃべる十字架などが紹介されている。

（3）北方と南方

すでに述べたように、ヨーロッパ中世の驚異は、東西の方位をその主要な貯蔵・発現地としていた。他の方位は、インドの位置の不確定・曖昧さが語っているように、東西軸のいずれかに接収され、同化されていった。それでも、小さくはあるが、「北方」という方位感覚で語られる辺境の民族がおり、またそこに独自の驚異があった。

そうした観察と採集は、北方の異教徒への改宗運動にかかわるのであろう。デーン人、北方ゲルマン人（ノルマン人）らの下での聖職者や布教家の活動である。一一世紀後半に書かれたブレーメンのアダムの『ハンブルク司教事績録』には、デンマークやスカンディナヴィア半島の住民の異教的風習とともに、怪異の記述が含まれる（甚野 1999）。そこに出てくるキュノケファロイ（犬頭人）やキュクロプス（一眼巨人）やアマゾネス（女武者）は、しかしソリヌスなどの古典の引用に加えて、当時の民間伝承をも用いて記述されており、北方世界の習俗との太い絆が認められる。またオラウス・マグヌスによる一六世紀半ばの作『北方民族文化誌』では、各所に、アイスランド、ノルウェー、スウェーデンなどの北方民族の奇妙な慣習・習俗・社会秩序および自然の不思議が述べられている。とりわけ第二巻「北方の驚くべき自然」、第三巻「北方の人々の迷信と悪魔崇拝」、第二一巻「怪魚」などに多くの驚異が紹介されている（オラウス 1991–92：上巻 115–216, 下巻 535–612）。プリニウス、イシドルス、アルベルトゥス・マグヌスなどの権威・典拠がふんだんに引用されているものの、やはり、現地の住民たちの間の言い伝えや体験が主な素材となっているようである。

では「南方」はどうだろうか。中世の世界図、典型的なTO図では、上半分がオリエント、下半分の左側がヨーロッパ、右側がアフリカという位置関係である。しかし中世人にとっては、じつは、アフリカは北半球にある小さな陸地なのであり、アトラス山脈の端くらいまでしかその存在は知られていなかった。いわば本来のアフリカ大陸は未知だったのである。さらに言えば、アフリカというのは、どうやら「南方」に位置する、という感覚ではないように思われる。上述のように、それはオリエントの一部であり、またインドの一部であったのだから。

では、オリエントでもインドでもない、南方はないのだろうか、と考えてみると、まず「対蹠人（*antipodes*）」に思い当たる。これは地球の反対側、われわれの住む半球に背中合わせにくっついている南半球に住む人種のことで、われわれの足と向き合った足跡で歩く人間であるとされた。アウグスティヌスは『神の国』第一六巻第九章で荒唐無稽な謬説としてこれを否定しているが、中世には広く信じられていた。逆さに生活する対蹠人は、宇宙空間に堕ちずに南半球に貼りついていられるのか、という不思議は、たえず神学者・科学者らの議論の的になった。

＊

こうして東西南北の方位にヨーロッパ中世の驚異を配置してみると、東方（オリエント）こそが、圧倒的な驚異に満ち満ちた空間（トポス）であることが分かる。ほかには西方が、独特なケルト的な神秘の夢想と官能謳歌で、貴重だが副次的な存在感を示しているにすぎない。しかもオリエントというのは、簡単には辿り着けない、到達困難な僻遠の地であり、一方、北方や西方の驚異の空間は、ヨーロッパ文明・キリスト教世界に「隣接」した「縁辺」の地であったが、それゆえにこそ、東方にくらべれば、ごくささやかな驚異のトポスであったのである。結局、夢の地平・領域である驚異の空間は、「遠方」であることを要件とするのだろう。また中世人の地理感覚では、南は東の一部なのであり、さもなければ、地球の裏側という対蹠地であった。

もうひとつ、各方面の驚異は、それが書かれ、書き直され、付け加わっていくとき、その収集者・編纂者によって、たがいに混同される傾向があるようだ。もともとのコンテクストから引き出され、新たなところに嵌め込まれ、しばしば憶測にもとづく新しい意味を持たされる。それが信憑性を得るかどうかは、民間伝承を巧みに取り入れて、新たなコンテクストにしっかり馴染ませることができているかどうか、に拠っていよう。

2　驚異の時間

「驚異と時間」という問題は、これまであまり扱われたことはないが、一考してみる価値はある。中世の驚異のイメージの大半は、古代から流れ込んできた。ギリシア・ローマの古代は、さまざまな著作とともに、驚異への信仰を伝えた。そうした古代の書物としては、プリニウスの『博物誌』、ソリヌスの『珍奇集成』、『フュシオロゴス』などの動物誌、また神話論としてはオウィディウスの『転身物語』やセルウィウスの『註釈』、ヒュギヌスの『寓話』、それから地理論としてはポンポニウス・メラの『コログラフィア』などがあるし、ウァッロやキケロによる神々や宗教についての論考、さらには叙事詩（ウェルギリウス）、小説（アプレイウス『黄金のロバ』）など、キリスト教と相容れない多くのイデーを運ぶものがあった。

前近代社会は、どの世界でも、多かれ少なかれ驚異を分泌してきたのだろうが、それは、先立つ時代の驚異を遺産として受け取り、変更し、拒み、使い、同時代の驚異を付け加えるなどして、自分たちの驚異を創っていったのである。ギリシア・ローマのような古代の権威がないところでも、口伝で、そのようにずっと古くから語り伝えられている……という信認が、驚異の信憑性を高めてきた。中世ヨーロッパでは、驚異をゼロから創造することはほとんどなかったが、その替わり、自分たちの手元に届いた古代や民間伝承の遺産を、知識人らがさかんに操作し、それについて喧々囂々議論して、受容か拒否かの態度を決めたのである。

ヨーロッパ中世の驚異にとっても、古代から堆積・継受していった「時間」という契機が重要であった。おそらくそれは、驚異が悪魔の魔術とも、神の奇跡とも異なる点であろう。ところが、すでに述べたように、驚異は、今現在、それを「目撃」できる可能性があるものでなければならない。その源泉は古代にあるとしても、それでも、今現在の享受・驚きがなければ、驚異は成り立たない。さもなければ、それはたんなるファンタジーになってしまうだろう。つまり「現存する古代」という、「現在」と「過去」、二つの「時間」が貼り合わされたところに、「驚異」は成立するのである。

それでは「未来」とのかかわりはどうだろうか。驚異は目の前のモノであるので、最終審判や復活、至福直観といったキリスト教教理のような、未来の出来事ではありえない。ただし、赤い雨が降る、彗星が飛び去るなどの出来事が「前兆」として注目されることがある。それは神がわれわれ人間に警告の意味でもたらした徴であり、一般の驚異とは異なろうが、キリスト教的驚異の一範疇に加えてもよいだろう。実際、これとの関連で興味をそそられるのは、武勲詩や宮廷風ロマンにおいて、しばしば主人公が未来を予知する「夢」を見て、それが正夢、もしくは惑わしの夢であるのだが、その夢には、merveilleux（驚異の）という形容詞が、非常にしばしば付けられていることである。それゆえ、もし驚異に未来があるとすれば、それは「夢」の中で、ということになろう。

3　古代形象の例――魔術師ウェルギリウス

中世の驚異の空間（トポス）と時間（クロノス）について考察するのに最適な例は、魔術師ウェルギリウスである（Comparetti 1937-41; Spargo 1934; Ziolkowski and Putnam 2008）。というのも、このローマの桂冠詩人にまつわる驚異の遺物や証跡が、中世まで連綿と残っており、またそれを裏書きする言い伝えが口頭で、ないし文書として伝えられてきたからである。さらに空間という点では、驚異の性格の変化と場所の移動の関係を、ウェルギリウス像の変容が知らせてくれるからである。

ウェルギリウスといえば、古代ローマ最大の詩人であり、生前から桂冠詩人と称えられ、名声赫赫たるものがあった。死後もラテン詩人の鑑であり、また文法と修辞学の師範、諸学の父と、その名声はすぼんでゆくどころかローマから属州へ、属州から外国へといよいよ広まり行くばかりであった。

ところが、中世に広まっていた伝説によると、ウェルギリウスは同時に「魔術師（*magus*）」でもあったのである。いや、ラテン語など解せず、学問にも縁のない民衆にとっては、彼はもっぱら魔術師であった。そのイメージは、一二世紀以降、あらゆるヨーロッパの言語で伝えられ、人々のイマジネーションを掻き立て、親愛と好奇の情から、多くの巡礼・旅行者が、彼ゆかりの地、すなわちマントヴァ、ローマ、ナポリなどを経巡ることになった。

かような奇想天外なウェルギリウス像は、どこで、いついかにして生まれたのだろうか。そしてそのイメージは、文化的・社会的な環界の移り変わりの中で、どのように意味を移し替えながら生き延びていったのだろうか。

（1）キリストの預言者からナポリの魔術師へ

キリスト教世界の中で、異教徒であるはずのウェルギリウスの名をとくに高めたのは、『牧歌』の第四で、彼がシビュラのごとくキリスト誕生を予言したとされたからである。魔術師ウェルギリウスが誕生する前に、教会は、ウェルギリウスをキリストの預言者の列に加えたのである。

カエサレアのエウセビオスによると、預言者としてのウェルギリウスを最初に公認したのは、コンスタンティヌス大帝であった。彼がニケーア公会議（三二五年）以前に、聖書の真実を立証するために引き合いに出したのが、シビュラの証拠と、もうひとつ、ウェルギリウスの第四牧歌の詩句であったのだ。ウェルギリウスはそこで、キリスト生誕の預言者とされたのだが、キリスト教を公認したコンスタンティヌス大帝による、いわば正式の「庇護」のおかげで、その後この考え方は、学者たちの間に深く根づくことになった。キリスト教化されたウェルギリウス像を江湖に広めるのに力があったのは、教父とりわけヒエロニムス、ラクタンティウス、アンブロシウス、アウグスティヌス、ミヌキウス＝フェリックスらであった。

だがしかし、この預言者ウェルギリウス像はさらに転回して、彼は魔術師になる。それはいかにしてか。ドメニコ・コンパレッティは、彼の人望形成における二つの要因を重視している。第一に、中世の人々のアレゴリーへの熱狂ということで、ウェルギリウスの作品『牧歌』や『アエネーイス』は、脈絡を無視して一行一行が取り上げられ、じつに奇妙な、ほとんど妄言というべき恣意的な検証に付されて、各詩句が、何か隠された真実のシンボルとなっている、とみなされた証拠を彼は挙げている。第二番目は、ウェルギリウスがその六歩格（ヘクサメーター）の詩作品で、たえずローマの栄光を歌いつづけたことが重要だったと見ている。というのは、ローマが教会と世界の母、頭として君臨していた中世という時代に、その栄光を称える意義はかぎりなく大きく、そのため作者ウェルギリウスにも栄光が反照して、高い栄誉を与えられたのだ……と。

巨大な人望や栄光は伝説や奇譚を生む、ということは人間の通常の心理から理解されるが、それが「魔術師」である必然性はないだろう。むしろここでは、ヨーロッパ中世には、偉大な知識人を魔術師とみなす一種の民間の伝統があったことに、注意を喚起したい。偉大な才能＝全能への民衆たちの信仰は、オウィディウス、ホラティウス、アリストテレス、ジェルベール（教皇シルウェステル二世）、アルベルトゥス・マグヌスなどを魔術師とするイメージを生んだ。さらに、盛期中世以降の人々の間には、ファンタジーへの飽くなき嗜好が瀰漫していた。ウェルギリウスは、かような潤色のまたとない対象であったのだ。

さて、最初にナポリと結びついた魔術師ウェルギリウスについて言及しているのは、ソールズベリのジョンである。彼はその『ポリクラティクス』第一巻第三章で以下のように記す——「ウェルギリウスは、小鳥殺しに夢中になっているマルケッルスに、鳥を摑まえるための鳥が欲しいか、あるいは蝿撲滅のための蝿が欲しいかと尋ねた。マルケッルスは叔父のアウグストゥスに相談して、後者を選ぶことにした。そして積年の被害からナポリは解放された」。

一二〇二年に亡くなったクヴェルフルトのコンラートは、神聖ローマ皇帝ハインリヒ六世（在位一一九一—九七年）の尚書長であり、またヒルデスハイムとヴュルツブルクの司教も務めたが、一一九六年頃、ヒルデスハイム修道院長ハルトベルトに宛てた手紙で、ナポリとその周辺にかかわるいくつかのウェルギリウス伝説を集め伝えている。

またもう一人、パリで学んだイングランドの学者アレクサンダー・ネッカム（一一五七—一二一七年）は、『自然の本性について』(一二世紀末)に、ウェルギリウスの魔術を記載しており、後続の学者・物語作者らが度々典拠として用いた。

さらに一二二〇年代に、ティルベリのゲルウァシウス(一一五四年以降―一二二二年)の『皇帝の閑暇』も、ウェルギリウスの不思議な魔術を伝えている。

では、彼はどんな魔術を行ったとされるのだろうか――。

ウェルギリウスは、都市ナポリの模型を造って首が細くなっているガラス瓶に封じ込め、この瓶が無傷であるかぎり町も危害を受けることがない、との魔法をかけ、住民たちもそう信じていた。しかし神聖ローマ皇帝の命令で、ナポリの市壁が壊されることになり、実際に市壁が破壊されてしまった。おそらく瓶にはわずかな割れ目が内部にあって、それで町に危害が及んだのだろうと考えられた。

またおなじくナポリで、ウェルギリウスは魔法の呪文により青銅の馬を作り、それが無傷であるかぎり、どんな馬も騎手が背骨を折らないように乗せて運べるようにしたが、その腐敗(損傷)後は、どんな小さな損傷でも、いかなる馬も、騎手の背中を折ることなしに、わずかの距離でも運ぶことができなかったという。

おなじ町では、ウェルギリウスによって肉屋の作業台が作られ、屠殺された動物がその上ではつねに新鮮で、六週間、腐敗しないようになった。だが、もしその作業台が取り去られると、肉は悪臭を放ち腐ってしまう。別のバージョンでは、ウェルギリウスが強力な力を持つ肉片を壁に挟んだら、それが埋め込まれているかぎり、その市場の肉はいくら古びたものでも、誰の嗅覚、味覚、視覚も嫌悪させなかったという。

さらにナポリ市では、ウェルギリウスが魔術で青銅の蠅を作り、それが置かれた場所(市門)にあるかぎり、蠅は一匹も町に入って来られなかった。おなじく無数の蛭によってナポリが苦しんだときに、井戸の底にウェルギリウスが作った金の蛭を投げ入れると、市民たちは蛭の被害から解放された。長い年月の後、この金の蛭が井戸の底から引き上げられて綺麗にされ、砂なども取り去られると、夥しい蛭が町中に満ちたという。

ナポリ近郊のポッツオリでは、ウェルギリウスが民衆のために浴場を開設したが、体の内外のあらゆる病が癒されるという驚異の薬湯であった。それぞれの浴槽には、その効能が碑文として刻印されていた。またポッツオリ近くの山の中に長大な洞穴があり、その洞穴の中で敵に奸計を仕掛けようとする者は、策謀によっても巧妙な邪悪さによっても、危害を加えようとする計画が実行できないように、ウェルギリウスにより魔法がかけられた。

またノーラの方向にあるナポリの門の入口にある石畳道の下に、ウェルギリウスがあらゆる種類の毒蛇をバケツに詰め込んで埋めた。この町はまるごとその地下の列柱上に乗っかっているようだが、市壁内には毒蛇が這い出ることはないのだという。

これとならんで、ゲルウァシウスが自らの体験として語る、ナポリの「門」の不思議について言及しておこう。ウェルギリウスが市門の二つの入口に魔法をかけた。右側の門の上には、パロスの大理石製の頭像があり大きく口を開けて悦びに満ち笑っているが、左側に嵌め込まれた像は、視線が険しく激情に満ちた泣き顔だった。この二つの門のいずれか思案した揚げ句ではなく、運命に従ってその定めと来るべき出来事に身を任せるときに、これら二つの扉の魔術が有効となる。右から入る者はすべてが順調に運ぶが、左から入市した者はたえず失敗し、あらゆる願望は裏切られる。

ヴェスヴィオス火山はナポリの正面にある。そこからは、十年に一度、悪臭を伴った灰を荒れ狂わせながら、火が吹き出る。その火山の反対側に、ウェルギリウスは青銅の人間を配置し、それは弦に矢をつがえた弓を持っている。ある田舎者が、弓が威嚇しているだけでけっして矢を放って何かを撃つことがないのを訝って、その青銅人間の手から弦を離させた。矢が前方に飛び、山の顔を射るとただちに炎が飛び上がった。

ナポリの近郊の聖処女らの山の山腹の断崖に、ウェルギリウスはありとあらゆる種類の草を植えた庭を作った。そこには盲目の仔羊を癒す「ルキウスの草」もあった。またその庭には、口にラッパをくわえた青銅の人像があり、正面から南風が吹きつけるとラッパが鳴って風が鎮撫される。それは、五月に火山が噴火して黒々と煙を吐き出し、南風が吹いて灼熱の煤煙が田畑を不毛にしてしまう災厄を防ぐ効果があったが、今やこの肖像は劣化して、往昔の災難がぶりかえしているという。

＊

以上が、一二世紀後半から一三世紀初頭という、初期の段階にすでに広まっていたウェルギリウスによる「ナポリの驚異」の数々である。クヴェルフルトのコンラートやティルベリのゲルウァシウスやアレクサンダー・ネッカムは、当代もなお信じられ、効能のいくばくかが持続しているか、あるいは往昔の驚異でも、それを裏づける建造物などが残っているものを、記載・報告している。中にはゲルウァシウスのように、自分の見聞・体験も記している場合がある。そしてこれらの驚異の多くは、多少の変更を伴いつつも、一三—一四世紀の著作家の作品中に採り入れられた。またとくに一四世紀の『ナポリ年代記』でも、ナポリを舞台にした、数々のウェルギリウスの奇跡が語られている。

コンパレッティは、こうしたナポリとの関連の明らかな驚異は、魔術師ウェルギリウス像の「起源」を示しているのだと考え、ナポリの「都市伝説」が、その後ヨーロッパ各地に広まったとする。だからこうした奇跡的な力を持つウェルギリウス像の起源はナポリの下層民にあり、もともとは、教養人による詩とも文学とも無関係だという。ウェルギリウスが、長らくナポリに滞在したとされることから、その記録がその地には残っていたし、ウェルギリウスがその遺志で埋葬されたとされるナポリにある「墓」の名声も効果的だった。ナポリはかつてウェルギリウスを守護者とみなして、市民らはその墓へと巡礼を盛んに行ったのである。こうしたところから、民話が伝播するようにして、魔術師ウェルギリウスの偉業の話が広まったのだ……とコンパレッティはみなしている。

だが、批判もある。というのもナポリ伝説は、ナポリ自体の史料には、一四世紀まで出てこないし、初期の関連史料は、英国とドイツの知識人のものが主であり、口承ではない。さらに、他の初期の情報提供者は、魔術師ウェルギリウスを、ナポリではなくローマと結びつけている。

このような批判は一応もっともだが、しかしコンパレッティが間違っているとはかならずしも言えまい。ティルベリのゲルウァシウスは、一三世紀初頭、シチリア王ルッジェロの時代、ある教師が許しを得てウェルギリウスの墓を掘り起こすと、山の中央で遺骨を見つけ、その頭上に「妖術（*ars notoria*）」の記された書物が載っていたと言う。その墓は、ナポリの神秘的な洞窟（Posilippo）の近くにあり、その洞は昔から、何か魔法で作られたのだと考えられてきた。ナポリ市民が、ウェルギリウスがナポリとその近郊のさまざまな場所・モノに魔法をかけたとの信仰を抱いたことが、ことの始まりで、そうした民間伝承をナポリに来た外国人が聞き知って、書き記すことで広めたのだ……という経緯も、十分に考えられるのである。

（2）伝説の変容

しかしやがて、伝説はその舞台を移し、さらには、ウェルギリウスの魔術の性格も大きく変わっていくことになる。まず、ウェルギリウスの活動舞台がローマに移される。すでにアレクサンダー・ネッカムやフロワモンのエリナンは、部分的に、ローマを舞台にした幻術を彼に帰しているが、一三―一四世紀の俗語の韻文・散文によるウェルギリウス奇譚作品の多くが、ローマを主要舞台とするようになっているからである。これらの話は民衆起源ではなく、学者・詩人たちが作ったものであろう。

それから『ゲスタ・ロマノールム』、ウィーンの詩人ヤンス・エニケルの『世界年代記』（一三世紀後半）、アドネ・ル・ロワの『クレオマデス物語』（一二八五年）なども、ウェルギリウスの魔法をローマと結びつけているし、ジャン・ドゥトルムーズ（一三三八―一四〇〇年）の『歴史の鏡』も、ローマ史の中にまさにウェルギリウスの奇譚・ファンタジーを閉じ込めた怪作である。

しかもそこで語られるモチーフのいくつかは、ナポリ伝説と一致している（治癒温泉、肉保存、青銅の蠅、不可思議な庭、反乱を起こす民族・地方を鈴で知らせる彫像など）。だがローマにだけ結びつけられた他の驚異もある。たとえば、可動式鐘楼、いつまでも消えずに燃える火、自動人形の守護者、その日に犯された犯罪をすべて皇帝に告げる像、籠に吊り下げられるウェルギリウスの話などが、ローマ固有のウェルギリウスによる驚異である。

ナポリからローマに舞台を移すだけではない。魔術師ウェルギリウスのイメージを、その伝説の発祥当初から最後まで辿ってみると、少しずつではあるが、不可避的で確実なその変容に気づくだろう。それを簡明に言い表せば、

「白魔術師から黒魔術師へ」という変容である。白魔術師というのは、奇跡を行う聖人とは違って聖なる力を神から授かっているわけではないが、「自然」の諸要素に人力を超えて働き掛け、不可思議な、善き、あるいは無害な作用・効果を作り出す。それに対して黒魔術師とは、言うまでもなく悪の世界に仕える陰険なる貌を有する魔術師＝妖術師である。つまり驚異の使い手から、本来の悪辣な魔術の使い手へと、ウェルギリウスが変貌するのである。

ウェルギリウス伝説がナポリを離れてヨーロッパ中を駆け巡るうちに、その原型に偶有的な諸要素がどんどん付着して、このローマ詩人は悪魔的な姿になっていく。局地的・地域的なモチーフ・愛着を共有しない人々においては、ファンタジックな欲望に沿ってイメージが変貌するのだろうし、さらに彼が「異教徒」であることは、この転換を容易にしたに違いない。それは、アドネ・ル・ロワの『クレオマデス物語』、一四世紀の『ルナール・ル・コントルフェ（偽作狐のルナール）』（一三二八―四二年）、ヤンス・エニケルの『世界年代記』、アリプランドの著作などに明らかである。

ウェルギリウスの伝説は、さらに三転することも付け加えておかねばならない。彼は愛の虜となるのである。博学な学者像と魔術師像が艶っぽい色男に合体する。ほかにも中世にはコケにされる賢者がいた。アリストテレスがその代表例だ。おなじくユダヤの賢者たる預言者ソロモンも老年にして若い女にたぶらかされた。ウェルギリウスもその轍を踏んだのであろう。

この点でもっとも有名な話は以下のようなものである。

すなわち、ローマ皇帝（または騎士）の娘が、ウェルギリウスに首っ丈になった。ウェルギリウスに対する思いを十分遂げられなかった皇女は、復讐を企んだ。彼女はウェルギリウスと夜、塔の上の小部屋――そこに激怒した父が娘を幽閉した――で逢瀬すべく、彼を誘った。籠をロープで引き上げて部屋に来てもらうからと娘が彼を誘惑し、ウェルギリウスは喜び勇んで駆け寄り籠の中に入って吊り上げられたが、どうしたことかウィンチは途中で作動しなくなり、彼は宙吊りのまま動けなくなった。とんだ恥さらしである。階上では明かりが灯された窓の後ろで皇女がプッと吹き出し笑いをしている。夜が明けると人々は群をなして集まり、やんややんやの嘲笑である。ウェルギリウスは恥じ入り当惑し、悪態を付くが後の祭りというわけだ。

この話では、ウェルギリウスの負けということだろうが、すぐに別バージョンができて、そこではウェルギリウスが復讐を遂げて勝利するとともに、より下卑た話になって広まり、人気が沸騰する。そうした話を記載した一三世紀半ばから一六世紀の諸バージョンが多数残っている。

すなわち、これらの作品では、恥をかかされたウェルギリウスが、町中の火を消してしまい、彼に意地悪をした女性の陰部で蠟燭を点けないかぎり、火は点かないようにしたのである。その蠟燭の火を他の火へと分けることは不可能で、皆が女性の広げた股の間から直接火を灯してもらわねばならなかった。朝から晩まで一日中裸で、蠟燭を股の間に挟み込まれて、火を点けさせられた可哀想な女性！　この、ウェルギリウスの女性への復讐は、女性が皇帝の娘であったり、騎士や高官の娘だったりとさまざまに替わるが、各国で非常に人気のあったお話だった。

おわりに

ヨーロッパ中世の驚異譚は、それ固有の空間（トポス）と時間（クロノス）の中で展開した。空間としては、驚異譚はその最大の発現の舞台をオリエント・インド（東方）に有する。そこは中世人にとっての夢の領域であり、なかなか手が届かず辿り着くことが難しいが、それゆえにこそ、驚異の地と考えられたのである。東方以外の方角の場所にももちろん驚異があったが、それはしばしば、オリエントの驚異が新たなコンテクストへと移し入れられたものにすぎなかった。

また時間については、古代との太いパイプをいつでも保ち、それが途絶えれば、枯死してしまうというほどであった。だが大切なのは、それが生きた古代であること、つまり現在もそれがそのまま継続しているか、その確たる証跡が、目撃できる形で残っていなくてはならない、ということである。こうした時間性の制約は、おなじ超自然現象でも、奇跡や魔術とはまったく異なるところである。

そしてわれわれの検討した魔術師ウェルギリウスの例からは、古代と太いパイプでつながれ、驚異の時間を生きるイメージが再確認できた。ウェルギリウスは、当初ナポリでは、中世の妖精オベロンのように、自然のエレメントに働き掛ける不思議な驚異の使い手であったのだが、それが中世末に近づくにつれ、悪魔的な魔術をこととし、しかも反女権主義と横溢するファンタジーに奉仕するようになった。しかもそれは、ナポリからローマへという場所(空間)の移動を含んでいた。そして徐々に驚異の現出者としてのウェルギリウス像は消えてゆき、たんなるフィクションの娯楽作品の登場人物になっていくのである。

驚異には、それが驚異として生きられる場所と時間があるのだろう。

第2章　東方の驚異
――ヨーロッパにおける巨大蟻の記述の変遷

大沼由布

はじめに――東方の驚異と古代からの知識の継承

人間は、未知の世界に、とかく自らとは異なるもの、自分たちの常識の範囲外のものが存在すると想像する。例えば、タコのような形の火星人、銀色に光る宇宙人などのイメージが現在見出される例といえようが、こういったものが存在する「地球外」の空間に、古代・中世ヨーロッパにおいてあたる場所は、ヨーロッパから見た「東方」であった。代表的な地はインドであるが、当時の「インド」という概念は、現在のインドよりずっと広く、エチオピアや紅海沿岸なども含む広大な地域を指す。ギリシア・ローマの時代、ヨーロッパの人々にとって、インドに代表される東方は、現代の宇宙と同じく、限られた人間しか足を踏み入れることができない、ほぼ異世界に等しい遙か彼方の地であり、多くの者は伝聞によってしか、その地についての情報を得られなかった。その結果、東方は、黄金や宝石に満ちあふれた楽園であるとともに、凶暴な怪物や野蛮な種族のいる危険地帯と想像され、良くも悪くも、信じがたい驚異を産出するというイメージが確立していった。そして、ヨーロッパ中世においても、その考えは受け継がれた。中世当初はもちろん実際の交流がまだ限られていたにせよ、十字軍などにより、東西がそれなりに実際の関わりをもつようになっても、西洋中世文学の中で、東方は驚異のトポスであり続け、「東方の驚異」の伝統は中世を通して息づいていたといえる(1)。

その理由の一つとして、本書の第II部第3章でも取り上げた、文字の権威が挙げられる。ヨーロッパ中世では、文学作品を執筆する際、一から作り出すのではなく、既存の文献から話の種を借りてきて、新たに脚色して語り直す、という手法をとっており、古典文学は、その際大きな権威の一つとなった(2)。既にある記述に基づいていることこそが、文学の特徴であり、既存の記述による裏付けこそが信憑性を増す装置となる、という状況において、結局のところ多くの人は実際見たことのない東方の姿が、古典古代から継承された知識通りに描かれていくのは、むしろ当然といえるかもしれない。

図1　獣として描かれる巨大蟻

本章では、そういった古代から中世への知識の継承の結果起こった東方の驚異という伝統の一例として、黄金の番人でもある巨大な蟻というモチーフを取り上げる。「蟻」という文学モチーフ自体は、例えば『聖書』箴言六章六節「怠け者よ、蟻のところに行って見よ。その道を見て、知恵を得よ」(新共同訳)におけるように、我々が通常目にする蟻をもって、勤勉さの象徴として用いられる場合が多い。それに対して、この章で取り上げる東方の驚異の一例としての蟻は、巨大かつ凶暴な黄金の採掘者・番人である。つまり、通常の蟻とはほぼ別物と考えてよく、大きさも性質も、危険な怪物の範疇に属する。中世写本の挿絵においても、蟻の姿ではなく、文章を伴っていなければ決して蟻とは思われないような、獣の姿で描かれる例もあるほどである(図1)。ここでは、この「怪物蟻」についての記述が、具体的にどのように古代から中世にかけて変遷をとげ、多様な記述を生み出していったかを追うことにより、西洋から見た「東方」という驚異のトポスの一端を示したい。また、ヨーロッパだけでなく、中東の驚異譚における巨大蟻のモチーフの登場例をいくつか挙げ、補足としたい。

1　ギリシア・ローマ時代の巨大蟻の記述

西洋において、初めて巨大蟻を紹介したのは、ヘロドトス（前四八五年頃―前四二五年頃）の『歴史』である（Beavis 1988 : 209）。まず、その大きさに関しては、「犬より小さいが、狐より大きい」（Herodotus 1927 : 3.102.2）とし、「蟻」という存在では通常考えられないサイズである。[3] さらにヘロドトスは、インド人たちが、蟻の掘り出した砂金を、蟻が地下にいる間にラクダを用いて手に入れる様子を紹介するが、その際、蟻の素早さについて述べている。

蟻たちはたちまち臭いで――とペルシア人たちはいうが――気づき追ってくるのだ。その素早さは他の何にも比べものにならず、インド人たちは、蟻たちが集まっているうちに道を進み出していない限り、誰一人として無事に逃げられないという。（同前 : 3.105.1）

蟻が、恐るべき早さで人間を追いかけ、もし追いつかれた場合には、殺されてしまうだろうことがうかがえる。ここから、この蟻が、大きさだけでなく、性質においても、通常の蟻とは全く異なった危険な存在であることがわかる。この点において、ヘロドトスの描写する巨大蟻は、確かに驚異と考えられる。ただし、ヘロドトスの記述は、蟻の性質の描写において、まだ驚異として完成された形を示しているとはいえない。

これらの蟻は、地下に巣穴を作る際、彼らと形もよく似ているギリシアの蟻がするように、砂を運び上げる。そして運ばれた砂は金を含んでいる。（同前 : 3.102.2）

このように、蟻は黄金を意図的に掘り出しているわけではなく、単に習性に従って地下に巣穴を掘り、その副産物として砂金が出てくるに過ぎず、蟻と黄金との関係は希薄である。後代の記述では、蟻が、積極的に黄金を愛し守ることになるのだが、ヘロドトスの記述では、蟻が人を追いかける理由が、黄金への執着なのか単なる侵入者への敵対心なのか明白ではない。このことから、黄金の番人、という後代に驚異の一要素となる部分は、まだここには見られないといえる。

蟻が黄金を意図的に掘り出しているのかどうかという点については、ギリシア・ローマの作家たちの間で、実際様々な描写があった。例えば、アッリアノス（八六年頃―一六〇年頃）は、『インド誌』一五章五節において、「狐より大きい」蟻が黄金を掘り出す、としているが、これは「黄金自体のためではない」とはっきり述べている（Arrianus 1968 : 27–28）。ヘロドトスが紹介していた、どのように人間が黄金を採取するかという手法や、蟻の凶暴性への言及もここには見られず、簡略な記述となっている。実は、アッリアノスはこの話を、実際にインドへ旅した経験をもつ数少ない人物であるメガステネス（前三五〇年頃―前二九〇年頃）が記したものとして紹介しているが、信憑性の乏しい噂とし、詳しく描写することを避けている（同前 : 28）。『インド誌』は、アレクサンドロス大王の将軍であったネアルコスの遠征について語り、それをもってアレクサンドロス大王の事績を記述する作品であるため、アッリアノスにとって、当地の驚異を語ることは、主要目的ではなかったと考えられる。蟻についての話は脱線のようなものであり、驚異として読者に印象づける心算も大してなかったのだろう。蟻の習性に対する現実的な説明と合わせ、巨大蟻に関する限り、アッリアノスは全体的に、驚異を紹介するというより、なるべく現実的な判断をしようとしている印象を残す。

時代はさかのぼるが、同じくメガステネスに基づいた描写でも、ストラボン（前六三年頃―二三年頃）は、その著書『地理誌』一五巻一章四四節で、巨大蟻をもう少し詳しく、驚異よりに描写している。例えば、インドのある高地には「金山があり、その採掘者は、狐より小さくない獣である蟻だ」（Strabon 1852–53 : vol. 3, 983）と述べている。蟻が意図的に黄金を掘り出しているかどうかは、ヘロドトスの『歴史』の場合と同じく、はっきりとは述べられていないが、「金山の採掘者」と呼ぶことにより、蟻と黄金との結びつきはより強められている。さらには、ストラボンも、蟻が巣穴作りのために地面を掘りその土に黄金が含まれている、というヘロドトスやアッリアノスと同じエピソードを紹介しているが、ストラボンは、巨大蟻を「黄金を掘る蟻」（同前 : vol. 3, 983）と記述する。そのため、砂や土から黄金そのものへと、掘り出された対象の主体が移っていると考えられる。そして、蟻の性質については、例えばヘロドトスの記述に比べ、『地理誌』では、よりどう猛になっている。ストラボンは、巨大蟻が「非常な素早さをもち、獲物を食べて生きている」(同前 : vol. 3, 983) と、肉食獣であることを明らかにし、捕食者というイメージを導入している。さらに、インド人が掘り出された黄金を蟻から盗み出す際には、蟻に捕まったら最後、荷を運ぶ動物もろとも命を失うことになると述べる (同前 : vol. 3, 983)。同様の記述はヘロドトスの『歴史』にもあったが、そこでは、蟻が捕食者であることや、動物も襲うという記述はなかったため、『地理誌』では、より凶暴で危険な怪物のイメージが作られているといえよう。また、同じメガステネスに基づいたアッリアノスの場合と違い、エピソードを紹介する際に否定的な態度もとらず、より詳しく紹介しているため、記述から、本当に存在する奇妙な動物として、想像もしやすい。メガステネスの記述は現存しないため、メガステネス自身の描写や記述態度を知ることはできないが、このように、同一の記述からバリエーションが生まれることが、知識の継承による驚異のトポス形成の大きな特徴といえる。

こうして生まれていった様々な記述の中で、中世にも大きな影響を与えたのはプリニウス (二三／四—七九年) の『博物誌』である。『博物誌』一一巻三一章一一一節において、巨大蟻は「黄金を地中の洞窟から運び出す」と紹介される (Plinius 1967 : vol. 2, 318 ; 強調は引用者による)。これまで紹介した他の記述では、蟻が巣穴を掘るために土や砂を運び出し、そこに黄金が含まれるとされていたが、プリニウスの記述では、運び出すのはあくまでも黄金であり、巣を掘る、というくだりは見当たらない。ここにおいて、巨大蟻は完全に「黄金を掘り出す蟻」という認識で描かれているといえよう。さらに、蟻が黄金を意図的に掘り出しているというイメージは、続く記述で補強される。

［蟻たちは］猫のような色で、エジプトのオオカミくらいの大きさである。インド人たちは蟻が冬に掘り出したこの黄金を、夏の燃えさかる熱の中盗み出す。そのときに熱のため蟻が地下に隠れるからだ。それにもかかわらず、蟻は臭いに駆り立てられて飛んできて、インド人たちがとても足の速いラクダで逃げているにもかかわらず、しばしば彼らをばらばらに引き裂く。このような素早さとどう猛さとが黄金への愛と共存しているのだ。(同前 :

vol. 2, 318；強調は引用者による）

この記述では、最後の一文により、蟻が黄金の略奪を阻止するために攻撃することが明らかになる。蟻による追撃というエピソード自体は、ヘロドトスやストラボンも紹介していたものの、その理由は明記されていなかった。それに対し、ここでは、「黄金への愛」という決定的な一節を付与することにより、蟻の黄金への執着とそれに結びついた凶暴性とが浮かび上がる。こうして、意図的に黄金を運び出し、それに強く執着する、いわば黄金を守る怪物というイメージができあがることとなった。アッリアノスの方が、プリニウスより半世紀以上後の時代に生きた人物であることを考えれば、このプリニウスによるイメージが唯一のものとして普及したとは無論考えがたいが、少なくとも、この、黄金を掘り出し保持する凶暴で巨大な蟻が、中世に受け継がれる怪物蟻の主流の姿となるのである。

2　ヨーロッパ中世における巨大蟻の記述

ヨーロッパ中世における巨大蟻の記述の大きな特徴は、蟻が意図的に黄金を掘り出す、という話になっていることと、蟻の凶暴な性質の二点にある。また、生息地が、必ずしも実際の地理上に特定できないものの、「インド」よりもう少し限定されるケースも出てくるようになる。それも含めた細かい描写の違いが、各作品の特徴や、巨大蟻というモチーフの多様性を生み出している。

まずは、蟻の怪物性ではなくむしろ黄金とのつながりに着目した描写として、ラテン語から古英語に訳され、一〇－一一世紀に制作された二つの写本で現存する散文『東方の驚異』の記述を挙げたい。(4)ここでは、黄金を意図的に掘り出すという描写に加え、蟻の外見、人間が黄金を盗むための手段、といった基本的な情報が全て盛り込まれているが、蟻の性質あるいは性格についての描写はない。

そこ［カピという川の流れるゴルゴネウスという地域］では犬と同じくらい大きな蟻が生まれる。その蟻はバッタのような脚をもち、赤い色や、黒い色をしている。蟻は夜の前から昼の五番目の時刻［午前一一時頃］まで大地から黄金を掘り出す。(*Wonders of the East* 1924 : 55)

蟻の色についての描写がはさまれているため、その外見に関する描写は古典時代に比べより詳細になっているといえるが、記述はこの後、人間が黄金を盗む話へと移行し、蟻が素早く追ってくる、という話で終わっている。つまり、プリニウスのような、「黄金への愛」は描かれず、蟻がどのような性質をもっているかは明らかにされない。蟻が意図的に黄金を掘り出し、それを人が危険をおかして盗む、という黄金の産出に関する流れは整備されているが、蟻の凶暴性に関しては比較的中立な記述であるといえる。

また、同じ蟻と黄金とのつながりに主眼をおく記述でも、これとは違い、巨大な蟻がいて黄金を掘り出し守っており、盗もうとする人間は殺す、という記述にして、黄金の番人というイメージを強く打ち出すものもある。イングランドで一三世紀前半に制作された写本（ボドリアン図書館蔵 Ms. Bodley 764）に収められている『動物誌』の中のエチオピアの巨大蟻の記述がそれにあたる (*Bestiary* 2008 : f. 53v)。ただし、動物の紹介とその道徳的意義づけを常に平行して紹介する『動物誌』という作品において、蟻についての記述の主眼は、キリスト教的道徳観からの意義づけが容易な通常の蟻である。巨大蟻の記述はこの写本でも数行で簡略にまとめられているし、全く言及されない場合も少なくない。

蟻と黄金とのつながりに注目した記述に対し、蟻の凶暴性を強く押し出した記述に、東方のキリスト教国の支配者からの書簡として中世後期に出回った文書、『プレスター・ジョン（司祭ヨハネ）の手紙』がある。ここではプレスター・ジョンの国に住む巨大蟻が、人や動物を食べる怪物として描かれている。

［蟻たちは］犬より大きな口内の歯で食べるのですが、ほかに猪より大きな口外の歯が突き出し、それにより人間も他の動物も殺してしまうのです。そしてそれらが死ぬと、ただちに貪り喰ってしまいます。(*Prester John's Let-*

ter 1996 : 79 ;『司祭ヨハネの手紙』2009 : 64)

巨大蟻が肉食であるならば、黄金を盗もうとして近づき、運悪く捕らえられてしまった場合、このような末路をたどるであろうことは、例えばストラボンの記述からでも推測できないことはない。しかし、『プレスター・ジョンの手紙』に描かれる蟻の場合、盗人でなくとも、単に餌として人間や動物に襲いかかり、大きな牙で喰らい尽くす凶暴な生き物となっている。このような蟻の凶暴さは、さらに、描写を加えて強く印象づけられる。

> 彼ら［人間たち］は、夜には働いたり耕したり、種を蒔いたり、刈り入れしたり、行ったり来たり、好きなことをするのですが、昼には、蟻たちが地表に出て駆け回っているかぎり、誰もあえて外出しません。というのも、彼らはこれらの、粗暴で無慈悲な怪物蟻を怖れているからです。(*Prester John's Letter* 1996 : 79 ;『司祭ヨハネの手紙』2009 : 65)

このように、蟻は周囲に住む人間たちの生活すらも脅かすほど怖れられる存在となっている。蟻への恐怖のあまり、当地の人間が行動できるのは、蟻が地中で黄金を掘っているため地上には出てこない夜中だけなのである。黄金を手に入れるのも、この夜中の時間帯に行う。通常人間が行動するような昼の時間帯は、蟻が夜に掘った黄金を地表へもってくると同時に、餌を求める時間でもあり、人々は蟻を避けて閉じこもっていなくてはならない。また、この蟻は飛んでいるかと思うほどの早さで動くという記述もあり (*Prester John's Letter* 1996 : 79)、見つかったら最後、逃げおおせることはできないであろうこともうかがえる。このように、『プレスター・ジョンの手紙』は、蟻がいかに恐ろしい存在であるかを説明し、東方の危険な怪物として印象づけている。

それに対し、黄金という、もう一つの驚異の要素とバランスをとって記述している例が、ティルベリのゲルウァシウス（一一五四年以降―一二二二年）による『皇帝の閑暇』に見られる。『皇帝の閑暇』三巻七三章で、小アジアのセレウキアとエジプトの間にある島に流れるガルガルス川を越えた所に住む巨大蟻が紹介される。ここでは蟻が「人間や動物を摑まえるときは、骨まで貪り喰い」(Gervase of Tilbury 2002 : 698 ; ティルベリのゲルウァシウス 2008 : 148)、非常に素早く動くとある。『皇帝の閑暇』の全体的な記述は『プレスター・ジョンの手紙』と似ているが、「骨まで」という表現により、蟻が獲物を貪る際のすさまじさがより一層強調されている。その一方で、住民たちが恐怖で蟻に近づかない、という記述はなく、蟻が貯めている黄金を、ラクダを荷運びや囮として用い、人間が盗み出す様子が詳しく紹介されている。そしてエピソードは、「このようにしてきわめて純度の高いこの金が、わたしどものところにまで届いているのです」(Gervase of Tilbury 2002 : 698 ; ティルベリのゲルウァシウス 2008 : 149) という一文で終わっている。つまりここでは、蟻の恐ろしさを印象づけるだけでなく、驚異のトポスとしての東方に欠かせない一要素である黄金にも比重をおいた書き方となっているのである。つまりは、黄金にあふれた土地というイメージや、その黄金の奇想天外な入手先としての蟻、という部分も重要視した驚異の記述となっており、焦点は蟻の恐ろしさと驚異としての黄金との双方におかれている。

また、凶暴性や驚異性以外の点に着目するような記述も存在している。本章冒頭で述べたように、通常の蟻は、勤勉の象徴として道徳を説く目的に使われるが、巨大蟻が道徳目的で用いられる例も認められるのである。フランスのドミニコ会修道士ヴァンサン・ド・ボーヴェ（一一九〇年頃―一二六四年頃）による中世最大の百科全書『大いなる鑑』の一部をなす『自然の鑑』には、同じくフランスの聖職者トマ・ド・カンタンプレ（一二〇一―七二年）の著作『事物の本質についての書』からの抜粋として、インドの蟻について、以下のような文章が含まれている。

[蟻たちは] 非常に力が強いので、目に入った人間をばらばらに引き裂く。しかし、動物たちは少々の刺激では傷つけない。動物は蟻の意思に反してその守っている黄金を運び去ることはしないと蟻が十分知っているからである。それゆえに、動物たちは神によって、強欲の無分別さを罰するためにそこに置かれているのだ。(Vincentius Bellovacensis 1624 : 1536 ; 傍線は原著のイタリック、強調は引用者による)

蟻は人間を引き裂くほどの強さと凶暴さとを備えているが、それが動物へ向けられることはない。蟻の宝である黄金を動物が盗むことはない、というのが理由である。つまり、蟻の凶暴性は、強欲な盗人に対してのみ発せられるものであり、その事実が最後の一文、特に傍点部で強調される。ひるがえって、蟻が人間を見れば必ず殺す、ということは、人間は常に強欲である、との意味とも考えられる。このように、このエピソードは、人間の欲深さ、罪深さを強調し、戒めるものとなっている。[5]

『自然の鑑』は、当時得られた全ての知識を集約し、説教の種本や勉学に供しようという目的で編纂されており、たとえ集めた記述内で矛盾があろうともかまわず、集めたものをそのまま記載していた (cf. Guzman 1989 : 454)。例えば、巨大蟻についての記述は第二〇巻の第一三四章にまとめられ、『事物の本質についての書』からの抜粋以外に、ローマの著述家ソリヌス（三世紀）の記述、本章でも既に取り上げたプリニウスの『博物誌』、前出の『動物譜』の基になったラテン語版の『フュシオログス』（二世紀）がひかれている。実際に、巨大蟻の大きさや生息地について、微妙な差異が認められるが、それらは統一されることなく、並べて一つの章にまとめられている。そこから何を選び、どう解釈するかは受け取る側次第ということになろう。このように、これまでの知識を集約した『自然の鑑』は、知識の継承という点で大きな役割を果たし、そこからさらに新たな文学が生まれていくこととなる。

『自然の鑑』を典拠として生まれた文学作品の一例が、第II部第3章でも取り上げた、一四世紀半ばに書かれた架空の旅行記『マンデヴィルの旅行記』である。この作品が編纂される際、『自然の鑑』を含む『大いなる鑑』は、主要な典拠の一つとなったが、広範な知識を収めた『大いなる鑑』の記述から、当然『マンデヴィルの旅行記』は情報を取捨選択し、かつ、記述姿勢も変え、新たな原典からの情報も付け足している。巨大蟻についての描写ももちろん例外ではない。最もよく知られた版である英語版の『マンデヴィルの旅行記』の一バージョンでは、蟻について、『自然の鑑』には見られない以下のような記述から始まっている。

　このタプロバネ島［セイロン島］にも大きな金山があって、蟻が非常に勤勉に守っており、蟻は純金をよりわけ、不純なものは捨てる。そしてこれらの蟻は犬のように大きいので、誰も金山に近づく勇気はない。蟻がすぐさま彼らを攻撃して貪り喰ってしまうからであり、それゆえ誰もその金を大いなる策略なしでは手に入れられない。(*Mandeville's Travels* 1967 : 218–219 ; 強調は引用者による)

ここでまず新しいことは、蟻が金と砂とをよりわける、つまり金を精錬する作業をしていることである。また、「勤勉に」という描写を入れることにより、通常の蟻が勤勉に穀物をよりわける姿とも重なる。精製対象が穀物から砂金へと変わっただけで、蟻という生き物の習性としては共通しているとも考えられ、見方によっては、蟻と黄金との結びつきを緊密に保ちつつも、蟻の習性に従って砂を運び出し、そこに金が混じっていただけ、という、巨大蟻と通常の蟻に共通する習性を描いた古典の記述に再度近づいているといえるかもしれない。さらに、人々が蟻を怖れて近づかないという記述が続いているが、これはおそらく前出の『自然の鑑』所収の『事物の本質についての書』にある「非常に力が強いので、目に入った人間をばらばらに引き裂く」という部分と関係していると思われる。ただし、『マンデヴィルの旅行記』は、『自然の鑑』だけでなく、『プレスター・ジョンの手紙』も典拠の一つに用いたといわれているため (Seymour 1993 : 9)、『プレスター・ジョンの手紙』の影響も考えられる。とはいえ、『プレスター・ジョンの手紙』の場合のように、生き物全てに容赦しない蟻を怖れて、人が外出すらしないというほどではなく、単に人を攻撃する蟻が生息する金山には、人は近づかないというだけである。『マンデヴィルの旅行記』の蟻は確かに凶暴ではあるが、『プレスター・ジョンの手紙』ほどには、その凶暴性は強調されていない。

さらに、こうして蟻の習性や性質を紹介した後、『マンデヴィルの旅行記』は、人間がどのように蟻から黄金を盗むかを詳しく描写する。(6) まず暑い時期には、蟻が避暑のため地中で過ごす昼の時間帯をねらい、蟻が地中から出て襲ってこないうちにラクダや馬などに黄金を積み込んで逃げる。そして蟻が避暑を必要としない時期には、雌馬に空の容器をつけて蟻のもとへやり、蟻が空のものをうめようとする習性を利用して容器を黄金で満たさせる。後者の方法が可能な理由として、『マンデヴィルの旅行記』は、「蟻は、動物が自分たちの間に来て草を食むのは許すが、人間は決して許さないからである」と述べる (*Mandeville's Travels* 1967 : 219)。つまり、ここでは、既に紹介したような凶暴性は人間に対してのみ発揮され、動物に対しては、蟻は危険な存在ではないのである。これも『自然の鑑』所収の『事物の本質についての書』における、巨大蟻と人間と動物との関係性についての記述を思い起こさせる。『マンデヴィルの旅行記』では明言はされていないが、蟻が決して人間を自分たちの間に来させず、攻撃してくる理由はおそらく『自然の鑑』でいわれたような、人間の強欲であろう。動物は黄金を盗みに来るわけではないが、人間は違うと蟻は理解しており、人間が来れば襲い、喰らうのである。そのため、蟻の目がとどく限りは、動物を使わずには黄金を手に入れることはできない。蟻の凶暴性は、自分が掘り出した黄金を守ろうという意思からくるものであり、蟻が「勤勉に」金山を守るという記述とあわせ、その行動に一定の正当性が与えられているともいえる。

最後に、同じ『マンデヴィルの旅行記』の中での変化についてふれておきたい。『マンデヴィルの旅行記』の英語版には、六つのバージョンがあるが、その中でも独自性の高いものに、韻文版と呼ばれる版がある。[7] これはその名の通り、散文であった『マンデヴィルの旅行記』を三〇〇〇行あまりの韻文にしたもので、一五世紀半ばの写本一つで現存し、内容形式ともに大きな変化が見られる。散文版にあった記述で省略されてしまったものも多いのだが、巨大蟻の記述は残っている。しかし、黄金に関する記述がない、という大きな違いが認められる。蟻の生息するエウフロノーネ島（タプロバネ島の書き間違いではないかとの指摘がある。*Mandeville's Travels* 1973: 127）に大きな金の山があるという記述はあるものの（二六二一―二四行：同前：70）、そこに蟻が関与しているという記述は見られない。そして、蟻が黄金に関わっていないため、他の話で詳しく説明されていた、どうやって人間が蟻から黄金を盗むかという話は全く省略されており、その結果短いエピソードとなっている。

さらにそこには巨大な蟻がいて、
［中略］
蟻はグレイハウンドほどに大きく、
地中深くにひそんでいる。

［中略］
その土地には誰もあえて来はしない
すぐに貪り喰われてしまわないために
だから誰もここには来ない。（二六三七、二六三九―四〇、二六四二―四四行；同前：70）

ここで蟻に関する話は終わりである。人と蟻との攻防に関する部分がないため、かなり話が単純化されており、地中に住む犬ほどに大きな蟻がいて、人間を見かけたら食べようと襲いかかるため、人は用心して近づかないようにしている、という、単なる恐ろしい怪物の紹介となっている。人が蟻を怖れて近づかない、という点においては、『プレスター・ジョンの手紙』と似ているが、黄金に関する話が省略されているため、より蟻の恐ろしさのみに焦点をあてた記述といえる。

このように、韻文版『マンデヴィルの旅行記』では、蟻は黄金とは切り離され、単に凶暴な獣として扱われる。蟻の凶暴さを強調する記述はヨーロッパ中世の他の作品にも既に見られる傾向であったが、黄金を掘り出し守る、というもう一つの基本要素を捨てることにより、蟻が人を襲う理由がなくなり、ただ本能的に凶暴な存在になったといえる。こうして、驚異としての焦点を一つに絞り、単に恐ろしい怪物として描いたという点が、韻文版『マンデヴィルの旅行記』の記述の特徴である。巨大で地下に住む東方の蟻、という基本的な情報こそ古典から受け継いでいるが、黄金についての記述さえも欠くこの描写は、蟻の凶暴性の強調という面において、最も極端な形ということができるだろう。

黄金を掘り出す蟻から、単なる凶暴な蟻まで、ヨーロッパ中世において、巨大蟻の記述は変化を続け、様々に記述されていった。ヘロドトスが紀元前五世紀に紹介した巨大蟻から始まり、一五世紀に至るまでの二〇〇〇年もの間、東方に存在する驚異として、怪物蟻は語られ続けてきた。蟻とは考えられないその大きさだけは当初から変わらず登場する要素であったが、中世においては、金を掘り出し守る、凶暴で人食い、などといった性質が強調され、必要に応じて要素の取捨選択が行われた。その過程において、巨大蟻はより「驚異」として確立していき、驚異のトポスとしての「東方」を強固に支える一要素となっていったのである。

おわりに

ヨーロッパにおける東方の驚異としての巨大蟻の記述は、ヘロドトスによる、金が産出する地方に住む狐より大きい素早い蟻と、その金を盗もうとする人間の話に始まり、様々な記述が生まれた。アッリアノスのように、なるべく現実的に判断しようとする場合もあるが、驚異として発展していくに従い、蟻自身が黄金を掘り出すという話へ変化し、さらに、より凶暴性が強調されるようになり、人間や動物を殺して食べる怪物となった。当初は、蟻が大地を掘るのは特に金を求めてではなく巣を作るためであったが、特に中世では、そういった現実的な部分は消え去り、蟻が積極的に黄金を掘り出すという記述に変わっている。さらに、蟻はもともと黄金を盗みに来る人間を攻撃していたが、中世になると、古典時代の記述にはなかった、蟻が人食いであるという点も付加される。蟻が人や動物を襲い食べるという描写は、例えばプリニウスの『博物誌』にあったような、蟻が盗人を追撃し殺すという記述や、ストラボンが記述したような蟻が肉食獣であるという記述から発展したものだろう。また、人間が蟻の掘り出した黄金を盗みに来るというくだりは多少のバリエーションをもちつつ古典時代から語り継がれているが、中世の記述では、単純に盗人への攻撃だけでなく、蟻の怪物じみた凶暴性や恐ろしさが誇張され、独り歩きすらするようになる一方で、黄金を盗むという人間の行為を批判するものも出てきた。つまり、古代から知識を継承するだけでなく、それを、より恐ろしく、より不可思議なものへと語り直す作業や、モチーフの解釈も加わっていったのである。

このように、巨大蟻の記述は、基本的な部分を一にしながら、細かい描写において作品ごとに少しずつ異なり、様々なバリエーションを生みつつ、より深みのある「驚異」として、古代から中世へと受け継がれた。そこに見られ

図2　トゥースィーの『被造物の驚異と万物の珍奇』に登場する巨大蟻

るのは、知識の継承であると同時に、新たに受け継ぐべきものを生み出し続けている、変化し続ける生きた体系といえる。こういった東方の驚異のモチーフの変遷が、西洋から見た「東方」という驚異のトポスを何世紀もの間支え続け、より強固なものとしていったのである。地理的に見ても、蟻の生息地は、インドが最も多く、ほかにもセイロン島や小アジア、エチオピアなど、常にヨーロッパから離れた東方に位置づけられ、さらに東方においても、川の向こうの土地、山中、地中など、人の住む場所とは隔てられていた。ただし、黄金をめぐる攻防や捕食関係など、ほぼ常に人間との関わりは認められ、東方における驚異の日常性を演出している。地理的な認識が現実世界で進みつつあろうとも、それと同時に文学上では驚異が存続する、という中世ヨーロッパにおける「東方」のあり方を可能にしたのが、巨大蟻のような受け継がれ続けるモチーフであったといえる。

ヨーロッパにおける巨大蟻の変遷については、以上であるが、最後に、中東とヨーロッパのモチーフの共通性を示して本章の結びとしたい。というのも、巨大蟻は、中東の驚異譚にも登場するのである。[8] 例えば、トゥースィーの『被造物の驚異と万物の珍奇』(一二世紀後半)には、第三部第五章で、マグリブ(西方)の「赤の山」を訪れた一行に、ラクダほども大きい蟻が襲いかかり軍の大半が食べ尽くされるというエピソード(トゥースィー 2009–: 4, 518; 図2参照)や、第六部第四章でアレクサンドロス大王がインド近辺の「蟻たちの国」を訪れたという言及がある(同前: 7, 517)。さらには、特にヨーロッパの巨大蟻の話に近いものとして、第三部第六章に登場する、金が草のように生えるザンジバル(アフリカ)の島に住む人食い蟻が挙げられる(同前: 4, 535)。この最後のエピソードは、ブズルク・ブン・シャフリヤールの『インドの驚異譚』(一〇世紀)第四〇話にも登場し、そこでは、ザンジュ地方（通常アフリカとされる）の黄金の鉱山に住む、猫ほどの大きさの人食い蟻となっている。さらには何匹かの蟻がカリフに献上されたものの、輸送途中で死んでしまい、防腐処理を施されてバグダードに到着し、市民たちも目にしたという、真実味を増すエピソードも付加されている（ブズルク・ブン・シャフリヤール 2011：1, 218-219）。このように、中東では、巨大蟻の生息地は、西方、インド、そしてアフリカとなっており、やはり異境の地で、それも山など人里離れた土地が多い。こういったヨーロッパとの共通点に加え、ヨーロッパの巨大蟻に最も似たタイプの蟻が、アフリカに生息しているとされることは、東西の地理観・世界観にも関連し、興味深いといえよう（第III部第6章参照）。これら中東のエピソードも、本章で紹介してきたヨーロッパのエピソードも、おそらくは同一の起源から発展した、記述のバリエーションではないだろうか。巨大蟻のモチーフは、洋の東西を問わず、語り継がれ、驚異のトポスを形成する上で、重要な役割を果たしたものだったのであろう。

注

（1）本章、特に第1節および第2節は、Onuma 2006 から改訂した。古代・中世ヨーロッパの東方の驚異については、多くの研究があるが、Romm 1992, Friedman 2000, Wittkower 1977（第三章）などが特に包括的なものとして挙げられる。

（2）中世における作者、文筆活動などについては、例えば Minnis 1988 に詳しい。

（3）*Mandeville's Travels* 2002：171 では、巨大蟻は、インドやパキスタンの山間に住むマーモットではないかと述べられている。

（4）古英語版の写本は二つだが、ラテン語版も含めると、『東方の驚異』は三写本で現存する。一写本はラテン語古英語双方の版を含み、一写本は古英語版のみ、一写本はラテン語版のみを含む。ここでは、より知名度の高いと思われる古英語版を取り上げた。

（5）Kim 1997：47-50 は『東方の驚異』において、巨大蟻が異教徒を象徴しているとする。だとすれば、巨大蟻が象徴的に使われている別の例だともいえるが、こちらはあくまで解釈であり、『自然の鑑』の場合のように、本文で明言されているわけではないのが、大きな違いといえよう。

（6）記述内容から判断するに、『マンデヴィルの旅行記』の記述は、『自然の鑑』に収められた作品のうち、蟻の習性と性質の情報源としてはプリニウス、ソリヌス、『事物の本質についての書』に、黄金を盗む策略についてはプリニウス、『フュシオログス』に依っていると考えられる。

(7) ここでは、韻文版での記述の変化のみ取り上げるが、英語版の全てのバージョンおよび原典となったフランス語版との違いについては、Onuma 2006 : 15–17 で分析している。

(8) 中東の巨大蟻についての情報は、山中由里子氏にご教示いただいた。ここに記して謝意を表したい。

第3章　動く島の秘密
——巨魚伝説の東西伝播

杉田英明

『アラビアン・ナイト』の「海のシンドバードの航海譚」の七回の航海のうち、主人公のシンドバードが第一航海の最初に経験する冒険は、一般に「島と間違えられた魚」の物語として知られている。この航海譚の古い形を残すと見られる独立した写本に依拠した刊本(ラングレー版)では、その物語は次のように語られる。

ある日のこと、私たちは大地が芳わしい緑の草地のように拡がっている魅力的な島に近づきました。船長が帆を降ろすと、商人たちは船から降り、その草地の上に散らばって食べたり飲んだり休んだりしました。私たちがそうこうしているうち、何としたことか、突然に島の地面がぐらぐらと揺れ、誰かがこう叫ぶではありませんか。「もうし皆さん方、大急ぎで船にお戻りなされ。さもないと全員お陀仏ですぞ。急いだ、急いだ。そうして命拾いなさるがいい。何しろ、皆さん方のいる島は大魚(*ḥūt*)なのですからな」。そこで皆は船を目指し、ある者は海を泳いで辿り着きましたが、ある者は溺れてしまいました。(Langlès 1814 : 9–10)

「シンドバードの航海譚」は、元来は『アラビアン・ナイト』本体とは別個に存在する独立の説話であった可能性が高いが、この説話集の最初の紹介者である東洋学者アントワーヌ・ガラン(一六四六—一七一五年)が仏訳の一部に組み入れて以来、一〇〇一夜分が完備した『アラビアン・ナイト』のアラビア語原本——ブーラーク版(全二巻、一八三五年）やカルカッタ第二版（全四巻、一八三九―四二年）——でもその体裁が踏襲されてきた。ガランやルイ・ラングレー（一七六三―一八二四年）の利用した写本（A群）に対し、一三世紀から一五世紀頃のエジプトで多くの細部描写が付加され、文章に彫琢が凝らされた別系統の写本（B群）が生み出された結果、後者がブーラーク版やカルカッタ第二版に編入されたものと考えられている。B群の系統では、右の物語において、上陸した船客たちが火を焚いたために、大魚が背中に熱さを感じて動き出したのだ、という説明が付加されている（『アラビアン・ナイト』1966–92：12, 14）。本章では、この物語の東西分布と伝播の可能性について検討してみたい[1]。

1　中東世界

中東世界の文献で、この「島と間違えられた魚」の物語に最も早く言及しているのは、ユダヤ教の口伝律法の集大成である『タルムード』であろう。そのなかでも、主として財産法を扱った「バヴァー・バトラー（Bava Batra）」——元来は「最後の門」を意味するアラム語——と名づけられた一書の第五章では、法規（ハラハー）ならびに解釈（ゲマラー）から成る「ミシュナー」に対し、説話や教訓・格言を中心とした「アガダー」の部分に、「ラッバー・バル・バル・ハナーのアガドット」——「アガドット」は「アガダー」の複数形——と呼ばれる説話群が収録されている。ラッバー・バル・バル・ハナーは、バビロニア出身で、三世紀後半に活動したアモライーム（ユダヤ教の「解釈者」）の一人。ここで彼は、海陸を広く旅して自ら目撃した出来事と、船乗りやアラブから伝え聞いた事柄とを、誇張を交えて語っている。そこで列挙される海の驚異の一つに、

かつて船で旅をしていて、草の生えた砂で背中が覆われた魚を見たことがある。私たちはそれを陸地だと思い、上陸してその背中でパンを焼いたり料理をしたりした。だが、背中が熱せられたときその魚はひっくり返ったの

で、もし船が近くにいなかったら、私たちは溺れるところだった。(*Baba Bathra* 1976 : 1, fol. 73b)

という逸話がある。ここでラッバーは、当時の中東世界に広まっていた奇譚の一つを、自らの体験談として語り直したのであろう。

これに対し、アラブ世界ではやや時代が下り、九世紀になってバスラ出身の文人ジャーヒズ(七七六／七年頃－八六八／九年頃)が、博物誌『動物の書』のなかにこの説話を記録している。同書の最後の第七巻、象に関する章で、最も大きな被造物として、インドの人間が象のみならず、龍(*tinnīn*)や蟹(*saraṭān*)について証言している一節は次のように記される。

蟹について言えば、それを自分の眼で見たと言う人間に、私どもはこれまで一人もお目にかかったことがない。船乗りたちの言葉を信頼してよいとするなら、彼らはしばしば、叢林や谷間や亀裂のある海島に接近するので、その一つで巨大な火を焚いたところ、その火が蟹の背中に達するや、蟹は彼らや、背中に生えた植物すべてを載せたまま動き出し、命からがら逃げおおせた者以外は助からなかったという。これは、伝説や法螺話や秘密の打ち明け話などでお気に入りの話題である。だが、魚類に関する限り、誓って言えるのだが、鯨(*bāl*)と呼ばれる魚は洵に法外な大きさであり、それを実際に目撃し、確実に仕留めた者たちがいる。(Jāḥiẓ 1965–69 : 7, 106)

ここでは、ジャーヒズが一種の科学的精神を発揮して、空想動物と現実の生物との区別をつけていることが窺える。同じ『動物の書』の他の箇所では、蟹は亀や蛙などと同様に産卵のため海岸に現われ、潮の干満のある河岸を棲み処とすると述べられている(同前 : 5, 534 ; 7, 66)ので、現在一般に知られる甲殻類の一種と見てよいだろう。ジャーヒズは、大蟹に関する船乗りの冒険譚は信用に値しないとして排除する一方で、鯨の実在は認めようとする。

これに対し、まさに船乗りの法螺話や体験談を集めたのが、一〇世紀後半に著わされたブズルク・ブン・シャフリヤールの『インドの驚異譚』である。その第二一話「島と勘違いされた大亀」は、アブー・ムハンマド・アル＝ハサン・ブン・アムルが船乗りの長老の一人から聞いた話を著者に語るという形式を取っている。それによると、ナウルーズ（春分祭）の日にたまたま上陸した島で、火を起こして祭儀を行なったところ、島が沈み、一行は危うく溺死するところだったという。そして「島だと思っていたのは、実は水面に浮いていた一匹の亀（*sulaḥfāt*）」で、火の熱さと痛みを感じて逃げ出したのだったと説明される（ブズルク・ブン・シャフリヤール 2011：1, 146–47）。

やや時代が下ると、有名な思想家ガザーリー（一〇五八―一一一一年）の『宗教諸学の復興』「思弁の書（Kitāb al-Tafakkur）」にも類似の記述が見出される。「神の創造についての思弁の方法（Bayān Kayfīya al-Tafakkur fī Khalq ʾAllāh Taʿālā）」の節で、著者は地上の被造物の驚異を列挙したのち、海に目を向けて次のように記す。

海は巨大であるため、そこには背中が島のように見える巨大な生物も生息する。船乗りたちがそこに上陸して火を起こすと、多くの場合に火を感じて動き出すので、初めてそれが生物だと判るのである。（Ghazālī, n. d.：4, 402）

そしてこの種の情報は、最終的には博物学の百科全書とも言うべきカズウィーニー（一二〇三―八三年）の『被造物の驚異』の「亀（*sulaḥfāt*）」の項目中に定着する。

海亀について言えば、それは往々にしてきわめて巨大になるため、船主たちは島かと思うほどである。ある商人が語った話である。「私どもは海に乗り出し、その真ん中に、水から盛り上がり、緑の草が生えた島を見つけたので、上陸して、料理のために穴を掘りました。ところが、私どもが仕度で忙しくしているとその島が動き出したのです。船乗りたちは「元の場所にお戻りなさい。こいつは亀で、火の熱さに刺戟されたのですから、皆さんも一緒に沈められてしまいますぞ」と叫びました。図体があまりに巨大なために、それは島のような姿になって、長年のあいだに背中に土が溜まって大地と化し、草が生えたのです」。（Qazwīnī 1849：136–37）

このように、動物の正体は蟹、大魚、亀などとさまざまに変化するものの、島と間違えられるという話型自体は、学術的著作から空想的冒険譚に至るまで、多くの分野のアラビア語文献に長い時代に亘って記され続けた、人気の題材であったと言ってよいだろう。「シンドバード航海譚」の逸話も、実はそうした伝統の連鎖のうちの一要素というにすぎないことになる。

2　西方伝承

（1）『フュシオロゴス』

ここで中東世界の外側に目を転ずると、まずギリシア・ローマの古典文献中に「島と間違えられた魚」の物語が見出される。その根柢にあるのが、古代の博物誌『フュシオロゴス』であろう。この文書の原型は、一五〇年から三八〇年頃のエジプトにおいて、ギリシア語で記されたと推定されている。「フュシオロゴス」とは元来は博物学者を意味するが、しばしば「博物学者は言う」という文句が登場し、「いまや博物学者は＊＊について見事に語った」という文言で締め括られるため、この種の文書全体がギリシア語で『フュシオログス』――ラテン語では『フュシオロゴス』――と呼ばれるようになった。最古のギリシア語写本（一〇世紀）には四八種類の動物の記述が含まれ、その第一七章が「アスピドケローネーについて（peri aspidochelōnēs）」と題されている。

この章で著者は、「海にはアスピドケローネーと呼ばれる怪物（*cētos*）がいて、二つの性質を持っている」と述べ、口から芳香を発して小さな魚たちをおびき寄せ、それらを呑み込むという第一の性質に続いて、第二の性質を次のように記す。

この怪物の第二の性質は、きわめて巨大で島（*nēsos*）に似ていることである。それで船乗りたちは、何も知らぬまま、自分たちの船を島に寄せるつもりでこの怪物に繋ぎとめ、錨と杭で固定する。そして、何か食べ物を料理するために、その上で火を起こす。ところが怪物は、熱さを感じると海底に没し、船も一緒に沈めてしまう。

お前［読者］もまた、悪魔（*diabolos*）に希望を繋ごうとすると、悪魔は自らとともにお前を燃えるゲヘナ（*geenna tou pyros*）へと引き摺り込むだろう。このように博物学者は、アスピドケローネーについて見事に語ったのである。（*Physiologus* 2001 : 32-33）

「アスピドケローネー」とは、「盾」ないしは「毒蛇」を意味するギリシア語「アスピス（*aspis*）」と、「亀」の意味の「ケローネー（*chelōnē*）」とから形成された合成語であろう。従ってそこには、背中の甲羅が盾のように頑丈な、あるいは毒蛇の性質を兼ね備えた亀のごとき生物という含意があったに違いない。また、船乗りが島と間違えて火を起こし、島が動き出して遭難するという物語のあとに加えられたキリスト教的な寓意解釈は、『フュシオロゴス』全体に共通する特徴である。「燃えるゲヘナへ（*eis tēn geennan tou pyros*）」は『新約聖書』「マタイによる福音書」第五章二二節および第一八章九節に見られる定型表現なので、著者は当然、それらを念頭に置いていたと思われる。

ギリシア語の『フュシオロゴス』は、早くも四世紀にはラテン語版、五世紀以降はエチオピア語、シリア語、アルメニア語、コプト語、アラビア語などの東方諸言語版が作られ、八世紀以降は英語、ドイツ語、フランス語など西方諸語への翻訳も行なわれて、きわめて広範囲に伝播した。そのうちで、例えばギリシア語版に由来するラテン語写本（八―一〇世紀）では、全四九章のうち第三〇章が「海の怪物、すなわちアスピドケレオンについて（De ceto id est Aspidoceleon）」と題されている（*Physiologus* 1941 : 125）。譬え話自体はギリシア語版と同一であるにも拘わらず、怪物の名前が「アスピドケレオン」に転訛しているのは、ギリシア語の「ケローネー」の原義がラテン語世界ではもはや理解されず、誤記がそのまま伝承されていったためであろう。

また、ラテン語版『フュシオログス』は、遅くとも九世紀には挿絵が付されるようになる。現存する最古の挿絵入りベルン写本（*Physiologus* 1964）では、「巨大な怪物アスピドヘルネスについて（De ceto magno aspidohelunes）」（fol. 15v）と題された章に続く「その魚の第二の性質について（De natura secunda piscis）」（fol. 16r）に、辛子色の船を黒い櫂で漕ぐ三人の男と、その船を背中に載せる群青色の海のなかの大魚の図像（図1）が付されている。

さらに一二世紀以降、ラテン語版『フュシオログス』は、セビリャのイシドルス（五六〇年頃—六三六年）の『語源論』のような百科全書的著作や、プリニウス（二三—七九年）の『博物誌』を要約したソリヌス（三世紀）の『珍奇集成』などを包摂しながら、フランスやイギリスで『動物誌（*Bestiarium*）』と呼ばれる作品群の源流となる。その過程で動物数も一五〇近くに増え、内容も教訓も増補されてゆく。これらは中世の絵本であると同時に、説教のための教科書でもあった。現存する一二世紀の『動物誌』挿絵（図2）では、打ち込まれた杭や船の錨、料理の火、動き出す巨魚、海に落ちる人物までが同一画面に同時に書き込まれ、物語のもたらす緊張の瞬間が巧妙に写し取られている。ベルン写本の素朴で静的な図像と比べると、技巧の進歩は一目瞭然であろう。ここで巨魚が小さな魚を呑みこんでいるのは、その第一の性質——空腹になると口から芳香を発して小魚たちをおびき寄せる——をも同時に反映させたためと思われる。

図1 ラテン語版『フュシオログス』ベルン写本挿絵（9世紀）。画面（外枠）は 9.3×13.2 センチメートル（ベルン市民図書館蔵）。

図2 ラテン語版『動物誌』写本挿絵（12世紀末）。写本は 24.8×19.1 センチメートル（オックスフォード大学ボドリアン図書館蔵）。

(2)『聖ブレンダヌス航海記』

『フュシオロゴス』から『動物誌』へと至るこの巨魚伝説の伝統は、一〇世紀以降、アイルランドの聖者ブレンダヌス(四八六年頃―五七五年。後にはブランダヌスとも呼ばれる)を主人公とする『聖ブレンダヌス航海記』のなかで生かされることになった。ブレンダヌスはアイルランド南西部のケリーの出身とされ、当時アイルランドの修道士のあいだで一般的だった行動様式――自らの魂の救済のために孤独と隠棲の場所を求めて遍歴する「ペレグリナティオ(*peregrinatio*)」――に則って、アイルランドの西側や北方の島々を探索・訪問したと言われる。その事績が歿後にラテン語とアイルランド語の伝記『ブレンダヌス伝』(一〇〇〇年以前に成立。最古の写本は一二世紀末)、ならびにラテン語の『修道院長聖ブレンダヌス航海記』(八世紀後半に成立。最古の写本は一〇世紀)にまとめられて伝説化した。とくに後者は、一二世紀のアングロ・ノルマン語版をはじめ、オランダ語(一五世紀)、ドイツ語(一二―一六世紀)、イタリア語(一四世紀以降)、オック語(一五世紀)、カタルニア語(一四―一五世紀)、英語(一四世紀以降)などヨーロッパ諸国語に翻訳され、きわめて幅広い読者を獲得したことが知られている。

成立が最も古い著者不明のラテン語版『航海記』について見るなら、そこで語られるのは、ブレンダヌスが一四人の修道士とともに「聖者たちの約束の地(*Terra repromissionis sanctorum*)」へ到達するまでの冒険譚・異界探訪譚である。彼らは西方の海へ出帆後、羊の島、巨魚の島、鳥たちの楽園などを七年間に亘り経巡ったのち、地獄の辺境の島やイスカリオテのユダの島、隠者パウルスの島を経てついに目的地に到達、最後にはアイルランドに無事帰還する。この一連の冒険のなかでも、比較的最初の方に現われるのが「ヤスコニウス(*Jasconius*)」と呼ばれる巨魚の島である。羊の島で出会った使いの男に促され、彼らは復活祭を祝うために近くの島へ向かう。

さて、彼らが別の島へやってくると、その港に上陸する前に船は停滞し始めた。聖ブレンダヌスは兄弟たちに、船から降りて海に入るよう指示したので、彼らはそれに従った。そして、港に到達するまで、船の両側に綱をかけて引っ張った。その島は岩がちで、まったく草が生えておらず、わずかな流木(*silua rara*)があるばかり、その浜辺には砂が一粒も存在しなかった。兄弟たちが船外で徹夜の祈禱と勤行を行なっているあいだ、神の男［ブレンダヌス］は船のなかに坐していた。なぜなら彼は、その島がいかなるものであるかを知っており、兄弟たちが恐れを抱くといけないので、それを彼らに告げることは欲しなかったからである。

朝になると彼は、修道士の一人ひとりにミサを捧げるよう指示したので、彼らはそれを実行した。聖ブレンダヌス自身も船中で歌っていると、兄弟たちは、塩漬けにするための生肉と、別の島から持ってきた魚とを、船のなかから運び出し始めた。それが終わると、彼らは鍋を火にかけた。ところが、彼らが火に薪をくべ、鍋が煮え立ち始めたとき、その島が波打つように動き出した。兄弟たちは、聖なる父の保護を求めて、船へと走り始めた。それに対して彼は、一人ひとりの手を取って船のなかに引き上げてやった。彼らは、自分たちが持ち込んだすべてのものをその島に残したままで出帆した。他方、その島は海のなかを運ばれてゆき、燃える火は二マイルの彼方からも見ることができた。

聖ブレンダヌスは、それが何であるかを兄弟たちに語りつつこう訊ねた。「兄弟よ、この島の行動にびっくりされたのですか」。彼らが「とても驚いたばかりでなく、異常なまでの恐怖が私どもを貫いてしまいました」と答えると、彼はこう言った。「息子たちよ、驚いてはなりません。昨晩、この事柄の秘密を幻視によって神が私に開示して下さいました。私たちがいたのは島（*insula*）ではなく、海を泳ぐすべての生物に優越する一匹の魚（*piscis*）なのです。彼はいつも、自分の尻尾と頭とが一つに揃ってほしいと不平を漏らしてきたのですが、あまりに体が長くてそれができないのです。彼は「ヤスコニウス」という名前を持っています」。（*Navigatio Sancti Brendani* 1989 : 20–21）

「ヤスコニウス」は、古アイルランド語で「魚」を意味する *iasc*（現代アイルランド語では *iasg*）に由来する単語と言われる。もはや『フュシオロゴス』の「アスピドケローネー」は廃され、この巨魚には独自の名前が付けられたことになる。それが「海を泳ぐすべての生物に優越する（*prior omnium natancium in oceano*）」と呼ばれているのは、ギリシア語・ラテン語訳『聖書』「創世記」第一章二一節の「神は大きな海の怪物（*ta cētē ta megala / cete grandia*）と水のなかに群生するすべての種類の泳ぎ回る生き物、さらに翼あるすべての種類の鳥を創造された」という文言を意識した表現であろう。まず最初に創造されたため、「海の怪物」は他に優越するという論理である。

『フュシオロゴス』の簡潔な叙述に比べると、ここではさまざまな細部描写——上陸までの苦労、勤行とミサ、調理と島の動揺、ブレンダヌスによる修道士たちの船への引き上げと出発、調理の火の遠望など——が付加されて、一編の物語として十分な資格を備えるに至っていることは一目瞭然であろう。また、巨魚の位置づけもまったく変化している。『フュシオロゴス』の巨魚は、人間を誘惑して地獄へ引き摺りこむ悪魔の化身であったのに対し、ここでは神に遣わされた存在として、一行を目的地へと導く役割を演じている。実際、羊の島で使いの男（*procurator*）が「あなた方がご覧になっているあの島［巨魚の島］で、明日、主の復活の日に、勤行とミサを執り行なうよう神があなた方に定められた（*proposuit*）のです」（同前：19）と告げるように、ヤスコニウスとの出会いは神の定めであった。一年後の復活祭の日には、彼らは再びヤスコニウスの島に戻ってきて、同じようにミサを執り行なう。そこには、一年前に放置した鍋も残っていたという（同前：42）。ブレンダヌスが修道士たちに語る言葉——「誘惑に陥らないように、目を覚まして祈っていなさい。[2]神がこの上もなく恐ろしい動物（*immanissima bestia*）をいかにして我々の下に従属させ、何の害悪ももたらさぬようにしておられるかを考えてみよ」——からは、本来は獰猛な巨魚が、神慮によってブレンダヌス一行に奉仕する存在とされていることも窺われる。さらにその後、この巨魚は彼らを鳥たちの島（*insula auium*）へと連れ戻すさいの案内役も務めている。

この巨魚との遭遇の逸話は、『聖ブレンダヌス航海記』のなかで最も有名であったらしく、各国語への翻訳にも必ず収録されている。勿論、そのさいには変更が加えられる場合もあった。例えば、一四七六年アウクスブルク刊行のドイツ語訳では、背中に「素晴らしい緑の森（*ain wald, der was grüen und minniclich*）」（藤代 1999：9）が生い茂っていると語られる。これは、ラテン語原文（*Navigatio Sancti Brendani* 1989：20）の *silua rara*（わずかの流木）を「珍しい森」[3]と解釈した結果ではないかと思われる。同訳に付された挿絵（図3）は、『フュシオロゴス』ベルン写本を想起させる巨魚が背負うこの森を巧みに描き出している。

また、ブレンダヌスの訪れた島々が現実に大西洋上に存在すると信じられ、実際に地図の上に描かれるようになったことは興味深い（織田 1998：227–34）。一二九〇年頃に成立したヘレフォード図（イギリス西部のヘレフォード大聖堂所蔵）では、世界を取り囲む環海（オケアノス）のなかにすでに「六つの幸福の島は聖ブランダヌス諸島である（Fortunate Insulae sex sunt Insulae Sct Brandani）」と記載されているので、カナリア諸島がこの島々と見做されていることが判る。一四世紀以降の航海用海図（ポルトラーノ）でも、カナリア諸島、マデイラ諸島、アゾレス諸島などがブランダヌス諸島に同定されてゆく。

さらに、オスマン帝国の海軍指揮官ピーリー・レイス（一五五四年歿）がセリム一世（在位一五一二―二〇年）に捧げた世界図（一五一三年）断片にも、ブレンダヌスの逸話が見られることを付記しておこう。現存するこの航海用海図（ポルトラーノ）断片は、大西洋とこれを取り囲むスペイン、アフリカ西岸、南北アメリカの東側を描き、随所にオスマン・トルコ語による説明を付した図版である。その説明の一節によると、製作にさいして彼が依拠したのは、ヨーロッパの世界図（*Yappamondolar*＝Mappa mundi）八葉およびインドに関するアラブの地図一葉、インド、スィンド（インダス川下流域）、中国を描いたポルトガル人の地図四葉、それにコロンブスが作成した西方地域の地図一葉など、約二〇点の地図であったという。とくに新世界に関する情報の源泉となったコロンブスの地図とは、第三航海（一四九八―一五〇〇年）の途中で作成され、一四九八年にスペインに送られた原図（散逸）の写しであり、コロンブスの航海に随行したスペイン人奴隷から叔父のケマル・レイスが入手したものだったらしい（Soucek 1992：265–72）。この図の上端、大西洋の沖合には、巨魚の背

DArnach kümen sie mit irem schiff in ainē waldt der was grün vnnd wunniclich do merten sye ire schiff vnd giengen in den waldt vnd lasē do vnd sameleten holcz zw ainem feür vnnd kam ir ainer an ainē dürren paum vnd wolt den abhauē vnd da er in den paum hauet do ward der waldt eytell wasser vnd gieng d waldt vast vnder Also das sie kaum wider ī ir schiff mochten kümen wan der waldt gieng gar vnder Do sprach sandt Brandon das ist recht der visch ainer gewesen von dem ich gelesen hab in dem buch das ich verprent hab die so groß vnd so alt sind das auff irem rucken vnd schwartē groß weld wachssen daran hab ich nun wol die warhait gefundē vnd do der walt vndergieng vnd sich der visch also vndertat do kömē so groß wind auff das mer das sie vil nahent ertruncken werent wan das sie got in seiner hüet het wassē sprach sādt Brādon wol ist der visch so uil iar alt das diser waltt so groß auff im gewachssen ist Da baten sie vnsern herren das er in etwenn zw land hülff.

Wie nach köm aber ein merwunder zw sand Brandon.

図3　揺籃期本ドイツ語版『聖ブランダン航海記』（アウクスブルク，1476年）挿絵

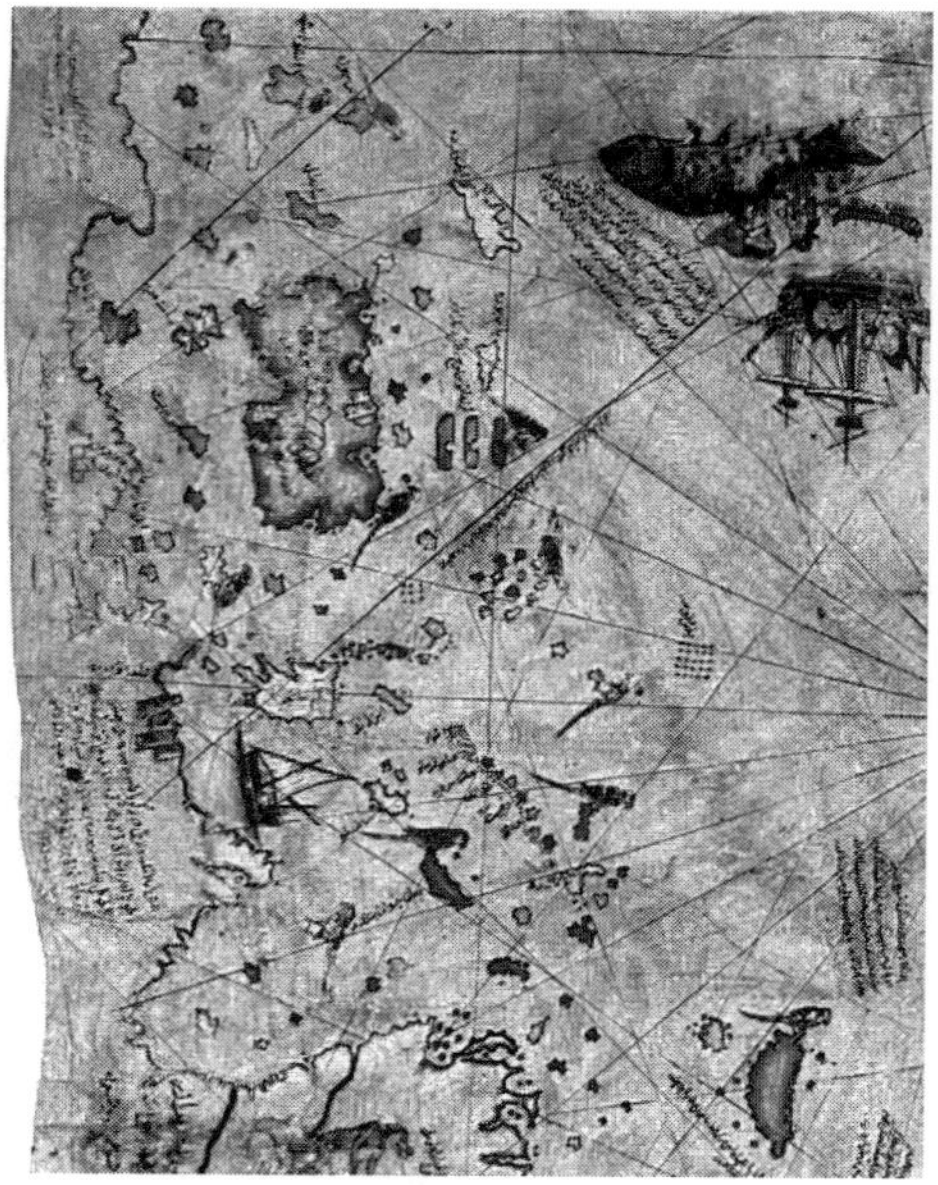

図4　ピーリー・レイスの世界図断片（1513年）の部分拡大図。断片の全体は90×63センチメートル，拡大図の部分は39×29.5センチメートル（トプカプ宮殿博物館附属図書館蔵）。

中で火を燃やしている二人の人物像と、海上の帆船のなかでそれを見守る、ブレンダヌスと思しき人物を含む三人の姿が描かれている（図4）。そして、ブレンダヌスの伝承について、次のような説明がなされる。

> 伝えられるところによると、昔、サンヴォルランダン（*Sanvolrandan*）という一人の僧侶（*papaz*）が七つの海を旅したという。彼がこの魚（*balık*）の上に立ち寄ると、一行はそれを乾いた土地だと考えて、その上で火を焚いた。魚の背中が熱くなり、それが海に潜ったとき、彼らは小舟（*sandal*）に乗って大船（*gemi*）へ避難した。この事件は、ポルトガルの不信仰者たちによっては伝えられておらず、古い世界図（*Pappa Mondalar*）から転記されたものである。（*Piri Reis Haritası* 1966 : 7）

聖ブレンダヌスの名前が「サンヴォルランダン」という訛った形ではあれ、ここに明示されていることが判るだろう。ピーリー・レイスは地図製作に当たって、手許に集めたヨーロッパ製の航海用海図から、ブレンダヌス島の図像と、それにまつわる伝承とを書き抜いたのに違いない。

3　東方伝承

（1）「佛説鼈喩經」

ここで眼を東方世界に転ずるなら、まず西晋の竺法護（二三九―三一六年）訳の『生經《しょうきょう》』（二八五年成立）巻四、「佛説鼈喩經第三十五」[4]に西方世界と同一の伝承が見られる。「生経」すなわち「本生話（jātaka）」とは、元来は釈尊が前世において菩薩であったときの善行を集めた物語を指すが、竺法護訳『生經』五五経中には、その範疇に入らない経典一六点も含まれている。ここで紹介する「佛説鼈喩經」もその一つである。「鼈《べつ》」は、「鼈甲」という表現からも推測されるように「すっぽん」「海亀」の意味。赤沼智善・西尾京雄訳では「どろがめ」と訓み仮名を付している。

昔、一鼈王《どろがめのわう》有り、大海に遊行《いうぎやう》し周旋往來し、以て娯樂を爲す。時に、海邊《うみべ》に出で水際《みづぎは》にて臥す。其の身廣く長し、邊《へん》各《おの〱》六十里、而も其の上に在り。時を積み日を歴《へ》て、陸地に寐ね息《やす》み而して轉《うたゝ》移らず。時に賈客《こきやく》有り、遠方より來り遙に之を見、謂《おも》ふやう、是の水邊《すいへん》の好き處、高き陸の地に依る可しと。五百の賈客、車馬六畜數千頭有り、皆上に止頓《とゞま》り、飲食《おんじき》を炊《かし》ぎ作し薪を破り火を燃《もや》す。諸の牛・馬《め》・騾・驢・駱駝を飼ひ、行來し臥起《ぐわき》す。時に、鼈王《べつわう》、身火《しんくわ》燒くに遭ひ欻《たちま》ち擾動《ぜうどう》を作す。因つて卽ち身を移し、馳せて大海に入る。東西に遊走するも火の害息《や》まず。賈人、之を見て地移ると爲す。海水、流れ溢れ、悲哀呼嗟《こさ》す。今、定めて死す、當に之を奈何《いかん》せんと。鼈の身苦痛復た忍ぶこと能はず。因つて其の身を沒し大水の中に入り、衆人を溺殺《できさつ》し、牛、馬、六畜皆共に命を併《あは》す。（原漢文）

一里が四〇〇メートルとすると、「六十里」は二四キロメートルに相当する。この巨大な鼈王が海岸で休んでいるうちに、五〇〇人の商人（「賈客」）が多数の家畜――「六畜」は馬・牛・羊・犬・豕・鶏、または羊・子羊・牡牛・牝牛・駱駝・驢馬を言う――を引き連れて登場し、海を見下ろす絶好の高台だと思ってそこで火を焚き食事を作る。

黿王はその熱さに耐えられず、海中に身を没したので、背中の商人や家畜は皆、生命を落としたというのである。西方伝承に比べると、規模がずっと拡大していることが判る。

この直後に続く、逸話の意味の解き明かしによれば、黿の背中にやってきた商人は「三界の人」、すなわち欲界・色界・無色界を輪廻転生する人間一般であり、五〇〇人の群集は、五陰――色《しき》(物質)・受(感受作用)・想(表象作用)・行《ぎょう》(意志作用)・識《しき》(認識作用)からなる人間の肉体と精神――が、六塵(色《しき》・声《しょう》・香・味・触《そく》・法の六種の認識対象)によって衰耗される有様、六十里四方の黿の巨体は、十二因縁――人間の生存を構成する一二の要素たる無明・行・識・名色《みょうしき》・六処《ろくしょ》・触・受・愛・取《しゅ》・有《う》・生《しょう》・老死――が五趣(地獄・餓鬼・畜生・人・天の五世界)に瀰漫している状態、食事を作るのは「三毒」すなわち貪欲《とんよく》・瞋恚《しんい》・愚癡《ぐち》の働きが活発化すること、黿が海中に没するのは、十悪――殺生・偸盗・邪婬・妄語・綺語・悪口《あっく》・両舌・貪欲・瞋恚・愚癡――を犯して地獄・餓鬼・畜生の三世界を巡り苦しむことだという。全体として見れば、黿が火の熱さに耐えかねて水中に潜るとは、人間が煩悩によって悪業を積み、その報いとして死後、厭うべき三悪趣(地獄・餓鬼・畜生)を輪廻によって辿ることを意味するのだろう。『フュシオロゴス』のキリスト教的解釈が悪魔と地獄という簡単な図式であったのに対し、佛教では世界観が異なるため、意味づけも複雑化して、牽強付会の観さえある。しかし、この伝承自体を人間の境涯の比喩としている点では、両者共通することがむしろ興味深い。

(2)『西京雑記』と『金樓子』

『生經』とほぼ同じ南北朝時代の文献として、漢の劉歆《きん》(一二三年歿)撰の著述をもとに晋の葛洪(二八四―三六三年)が編んだと伝える『西京雑記《せいけいざっき》』がある。六巻本の巻五には、やはり同様の伝承が次のように収録されている。

昔人の東海に遊ぶ者有り。既にして風悪しく船漂いて制する能わず。船は風浪に随い、之《ゆ》く所を知るなし。一日一夜にして、一孤洲に至るを得、侶《とも》と共に歓然たり。石を下ろし、纜《ともづな》を植し、洲に登りて食を煮る。食未だ熟《に》えずして洲没す。船に在る者、其の纜を斫斷《しゃくだん》し、船復た漂蕩す。向者《さき》の孤洲は乃ち大魚なり。怒つて掉《ふ》れ、鬐《ひれ》を揚げ、波を吸い浪を吐いて去る。疾きこと風雲の如く、洲に在りて死する者十餘人なり。(原漢文)

揚雄(字は子雲。前五三―後一八年)が「至誠なれば則ち金石も爲に開く」、人が至誠ならば金石も感ずると言った言葉への反証として、「余」――ここでは劉歆か――は二つの物語をする。その第一話が右の引用である。難破船が一孤島に漂着し、食事を作ったところ、大魚が暴れて十数名の死者を出した。人が至誠に島と思っても、大魚の方はそれに感応することがないではないか、という趣旨である。最後は、「子雲以て余に應うる無し」と締め括られている。

さらに時代が下ると、南朝・梁の元帝、蕭繹《しょうえき》(五〇八―五四年。号は金樓子)の『金樓子』六巻本の巻五、志怪篇第十二にも、次のような一条が見られる。

巨龜《きょき》、沙嶼《しゃしょ》の間に在り、背上に樹木を生ずること淵島の如し。嘗て商人有り。其の薪を採り食を作るに及ぶに依りて、龜灼熱を被り便ち海へ還る。是に於いて死者數十人なり。(原漢文)

これは『西京雜記』の記事の要約版と見てもよいだろう。また、宋の李昉等編『太平御覽』(九八三年)巻九百四十二(鱗介部十四、「蟹」条)も、『嶺南異物志』から「大蟹」に関する同様の伝承を引いている。このように、時代によって鼈から大魚、蟹と怪物の正体は変化するものの、伝承の基本的筋立ては共通である。ただ、すべてが佛典に由来するのかどうかはにわかに断定しがたい。

4　日本への伝来

最後に、巨魚伝承の日本への伝播についても一瞥しておこう。近代以前の段階では、佛典は勿論、『西京雜記』を含む漢魏叢書のような叢書類、あるいは『太平御覧』といった類書（百科全書）の輸入を通して、これらの漢籍に見られる巨魚説話と接しえた日本人は少なくなかったはずである。しかし、その説話に興味を持ち、わざわざ著作中に記録したのは、むしろ西洋世界に目を向けた学者たちであった。

徳川時代の天文学者・西川如見（名は忠英。一六四八―一七二四年）の世界地理書『増補華夷通商考』（一七〇八年）巻之五の末尾には、「併記」として、「海中異魚海獣」についての異聞をまとめた記述がある。その一節に「如嶋魚《によたう》」と題して曰く、

海魚海獣には甚大なる者あり。背上《はいしやう》に貝類藻苔《もこけ》生ず。或時誤《あやまつ》て島として船を著《つけ》て登り遊ぶ事半時ばかりにして船に帰る。既に舟を出して忽《たちまち》に大聲《こへ》を水中に起すを聞《きゝ》、顧視《かへりみ》れば其島已に没して無《なし》と云。（西川 1944：192）

如見自身は何も記していないが、彼が依拠したのは、イタリア人宣教師ジュリオ・アレーニ（艾儒略《がいじゆりやく》。一五八二―一六四九年）の漢文地理書『職方外紀』（一六二三年）――禁書になっていたため、その名に直接言及できなかったのであろう――であったことが知られている。実際、「海中異魚海獣」の情報の多くは、『職方外紀』巻五「海族」条から取られている。右の一節に対応する原文を引こう。

海魚海獣に大なること海島の如き者有り。嘗て西船有り、一海島に就き、舟を纜《ともづな》し、岸に登って行游すること半《はん》晌《しやう》、又た復《ま》た岸に在つて火食《かしよく》を造作す。漸次《ぜんじ》舟に登つて維《つな》を解き、幾里ならずして忽ち海中に大聲起こるを聞く。回視すれば、向《さき》に登る所の島已に没す。方《はじ》めて是れ、一魚の背なるを知る。（原漢文）

「半晌」は「ほんのしばらく」、「火食」は「日常の食事」の意味。「海魚海獣」「大聲」「島已に没す」など、共通の措辞もあって、これが如見の典拠であることは明らかであろう。アレーニ自身の情報の出典は明示されていないが、『フュシオロゴス』や『聖ブレンダヌス航海記』に代表される西方伝承に汲んだものに違いない。もっとも、船乗りが上陸して食事を作り、出帆後に声を聞いて振り返ると、初めて島が消えてしまったことに気づくというのは、これ

までにない新しい展開である。

一方、蘭学者の森島中良（一七五四／五六―一八一〇年）の『紅毛雑話』（一七八七年）巻之一には、「北海の大魚」と題する一条がある。

北冥《ほくめい》に魚あり。其名を「ミコラコスニユス」といふ。安永年間に来りし蛮人。「フレーデレキシキンデラル」といへる書記《かきやく》。伯氏に語りけるは。僕《やつがれ》北海を漂泊せる時。洋中《わたなか》に一の島あり。凡周《めぐり》三里ばかりと覚ゆ。船を岸《きし》に着《つけ》て陸《くが》へ上り見るに。草木もなく河水もなし。扨船中《せんちう》より鍋釜《なべかま》を取よせて。飯《いひ》を焚菜《たきさい》を煮《に》て食しをはり。夫よりまた〱船にうち乗。二三十里も走りける時。俄《にはか》に大渦《うず》巻来る。怪《あやし》とおもひて見る程に。彼嶋きり〱と廻《めぐ》りて。水中へ沈《しづみ》たるを見て。船中の者一驚《いつきやう》を喫《きつ》せざるはなし。是傳聞《つたへきく》北海の大魚「ミコラコスニユス」にて。彼大魚の脊《せ》たま〱水面《すいめん》へ浮《うか》びしを嶋と心得。危《あやふ》き目見たりとなん語りたるとなり。［中略］此大魚の事は「ウヲールトブーク」蛮書の名にも説あり。更にうきたる事にあらず。［後略］

書き出しが、『荘子』逍遥遊篇第一の冒頭「北冥に魚有り、其名を鯤《こん》と爲す」を意識していることは言うまでもない。これによって著者は、東方ならぬ西洋の大魚について語ろうという趣向である。ここでは、オランダ商館の書記「フレーデレキシキンデラル」、すなわちフレドリック・ウィレム・スヒンドレル（Fredrik Willem Schindler）が、「伯氏」すなわち中良の長兄・桂川甫周《ほしゅう》（名は國瑞《くにあきら》。一七五一／五四―一八〇九年）に語った直話という形を取っているが、その内容は『職方外紀』とほとんど同一である。「ミコラコスニユス」は『聖ブレンダヌス航海記』に言う「ヤスコニウス」が訛った名前であろう。

このように、如見も中良も、巨魚に関する西方伝承を目にしたとき、そこから漢籍中の並行伝承を想起するには至らなかったのは、オスマン帝国におけるピーリー・レイスの場合とも対応する興味深い現象である。ヨーロッパ人の進出とともにブレンダヌスの伝承は世界大に拡散する一方で、近代以前にそれぞれの文化圏内で伝えられてきた伝承は忘れ去られてしまったかのようである。

こうして東方・西方および中東における「島と間違えられた魚」の物語を通覧するとき、それらの相互関係をどう考えるかが問題となるであろう。まず、各伝承は短いながらも共通する明確な話型を備えているので、独立に発生した別個の物語というより、相互に影響関係のある同一の物語の別言語版と見做してよいように思われる。現存する史料による限り、東方伝承最古の『生經』が二八五年（ただし、サンスクリット原典の成立はさらに溯る可能性がある）、西方伝承最古の『フュシオロゴス』が一八〇年から三八〇年頃の成立とされ、中東世界の『タルムード』に記録を残したラッバー・バル・バル・ハナーが三世紀後半の人物であるから、これら三者のうちでは『フュシオロゴス』が最も古い。ただし、それらのあいだの直接的影響関係を想定するよりは、むしろ文書史料以前の段階で、バビロニアやアレクサンドリアを含む東地中海世界からインド洋世界に至る広い範囲で、同一の話型を持つ物語がおそらくは口承で流布しており、各文化圏にはこの共通の母胎から枝分かれする形で物語の伝播がなされたと考える方が穏当であろう。各文化圏内でも、先行文献が後続文献につねに直接的影響を与えたとは限らないが、いずれもが同一の伝統に属していることは明らかであろう。

また、従来は「海のシンドバードの航海譚」の逸話のみが特権的な位置づけをされがちであったが、「島と間違えられた魚」伝承の東西分布の全体像が明確になった段階では、むしろそれも、数多くの類話のなかの一事例にすぎないと認識すべきであろう。

注

（1）本章は、筆者の旧稿「動く島の秘密——巨魚伝説の東西伝播」（『外国語研究紀要』第一四号、東京大学大学院総合文化研究科、二〇一〇年三月、一—三五頁）を一般向けに、半分ほどの長さに短縮した文章である。紙幅の関係で、旧稿の出典注・説明注などはほとんどすべて削除し、全体の流れのみを辿れる形に調整した。また、二次資料の大半や、邦訳のある一次資料原典の書誌情報は省略した。本章で取り上げた史料のほか、旧稿では『ヘクサエメロン』、『アレクサンドロス大王物語』、一六世紀の『パニュルジュ航海記』、オラウス・マグヌス『北方民族文化誌』、南方熊楠などにも言及している。

なお、本章中のヘブライ語のローマ字転写・片仮名表記は現代ヘブライ語に準拠し、ギリシア語・ラテン語の固有名詞や術語の片仮名表記においては、長母音は原則として（巨魚の名称の一部を除いて）無視した。ギリシア文字はラテン文字に転写したが、長音はそのまま表示してある。

（2）「マタイによる福音書」第二六章四一節、「マルコによる福音書」第一四章三八節、「ルカによる福音書」第二二章四〇節の引用。

（3）silua は、古典ラテン語では「森」を意味するが、後期ラテン語、中世ラテン語では「木材」の意味になる。Souter 1949 : 378, s.v. silua : wooden ship, *or* timber (*of ship*).

（4）漢文原典は、『大正新脩大藏經』第三巻、本緣部上、大正新脩大藏經刊行會、一九二四年、九六頁。読み下し文は、赤沼智善・西尾京雄訳（國譯一切經 1930 : 86）によるが、読みやすさを考慮して一部変更し、読点や送り仮名、読み仮名（ルビ）を補ったり、原ルビを省略したりした箇所がある。

第4章　想像の地理と周縁の民族
——女人族伝承の東西伝播

山中 由里子

1　驚異の民族

巨大な足が一本、首も頭もなく胸と腹に目鼻口がある、頭が犬といった異形の種族は、第II部第4章で黒川が述べているように、ヘロドトスなど古代の著述家による「東方の驚異」の描写にすでに登場する。そして古代ギリシア人にとっての周縁の民族のラインアップはローマの大プリニウスの『博物誌』などを経て、スキアポデス、ブレミュアエ、キュノケファロイといった奇妙な呼称とともに中世ヨーロッパに受け継がれ、第II部第8章で松田が触れた通り、挿絵に描かれたり、世界地図に描き込まれたりした。ヘレフォード地図に代表される中世のキリスト教的世界観を表す地図マッパ・ムンディでは、中心とされるエルサレムから遠いアフリカの南端やインド、ヨーロッパの北端などに、これらの異形の種族が並んでいる。

しかし、こうした「周縁の民族」のイメージはギリシア・ローマの地理学的知識や「アレクサンドロス物語」の拡がりとともにヨーロッパだけでなく、中東にも一部が伝わったのである。中東の博物誌などに現れるこれらの民族に関する記述では、ギリシア語の呼称がほぼそのままアラビア語やペルシア語に置き換えられていることが興味深い。例えばキュノケファロイ（犬頭人）であれば、「犬頭（*sag-sar* ペルシア語、*saksār* アラビア語）」、「犬の頭のような頭をした民族（*al-insān ru'ūs-hum ka-ru'ūs al-kilāb*）」（アラビア語）として登場する。また、「インド洋」や「シナ海」の島々に、こうした珍しい民族が珍しい動植物とともに暮らしていると考えられていたという点においても、中世の中東とヨーロッパは驚異のトポスとしての「東方」観をある程度共有していたといえる。

しかし中東イスラーム世界は、言うまでもなくヨーロッパよりもインドや中国に地理的に近い。アッバース朝がイスラーム帝国の版図を拡げた九世紀後半頃からは、インド、中国、東アフリカ、北ヨーロッパをつなぐ商業ネットワークができあがり、中国やインドとの直接の交易が行われた。この時期には、異国の珍しい物事に関する情報を記した地理書や旅行記が出始め、そこにはギリシア・ローマ起源の知識だけでなく、旅人や船乗りが実際に体験したり伝え聞いたりしたとされることの記録も含まれた。後述するイドリースィーがアラビア語で編纂した世界地図と、ヨーロッパのいわゆるTO型マッパ・ムンディ（世界地図）と比べても、前者の方がより詳細な地理学的知識に基づいていることは明らかである。本章では、知識や伝承の伝播の過程を辿ることによって、人と情報が移動した形跡が推測でき、また驚異との遭遇を供する「方角」ないし「空間《トポス》」をうかがい知ることができるモチーフとして、女人族の伝承を採りあげる。中世ヨーロッパにおける展開については大沼がまとめているので（大沼 2014）、本章では中世イスラーム世界の事例を中心に考察する。

2　アマゾン伝承の起源

古代ギリシアに起源があり、ヨーロッパと中東の両方に伝わった驚異譚モチーフの一つが、文明世界の周縁に男なしで生きるという勇武な女人族、「アマゾン」（アマゾネス）である。アマゾンはその身体自体は一見異形ではないが、社会形態や行動が「通常」と異なる驚異とされた民族である。

アマゾンは、紀元前八世紀頃から古代ギリシアの文学や芸術に登場した。ギリシア神話のアマゾンの女王とヘラクレスあるいはアキレウスといった英雄たちの戦いはよく知られ、壺絵や彫刻のモチーフとして好まれた。しかしアマゾン族は神話の領域にとどまらず、古代ギリシアの歴史家、地理学者、科学者たちは、ギリシア世界から遠い辺境に住むとされる実在の民族をアマゾンと同定したり、アマゾンの子孫とみなしたりした。特に中世イスラーム世界に後に影響を与えたテクストを以下にいくつか挙げよう。

まず、「医学の父」とも呼ばれるヒポクラテス（前四六〇年頃—前三七〇年頃）は、「空気、水、場所について」の中で次のように書いている。

一方ヨーロッパには、マイオティス湖の周辺に住むスキティア人の一族がおり、他の種族とは趣を異にしている。この種族はサウロマタイ族と呼ばれ、女性はまだ処女である間は乗馬し、馬上から矢を放ち槍を投げ敵と戦う。そして敵を三人倒すまでは処女を守り、また習俗で定められた神への供え物を捧げてはじめて結婚生活に入る。結婚して夫を得ると、全部族の出征によるやむを得ぬ必要が生じないかぎり、もう乗馬はしない。右の乳房はもっていないが、これは彼女らがまだことばもしゃべれない赤ん坊のときに、母親がこのこと専用につくられた青銅の器具を灼熱させ、それを右の乳房にあてて焼灼してしまうためである。こうすることによって、右胸の成長を止め、右肩と右腕にすべての力を集中し、またそこで大きなものを支えられるようにしようというのである。（ヒポクラテス 1997：120）

ここに登場するサウロマタイとは、ヘロドトス（前四八五年頃—前四二〇年頃）の『歴史』においてスキティアとアマゾンの子孫であるとされている民族である。マイオティス湖とは現在の黒海と結ばれたアゾフ海のことである。女ばかりで生きているということは書かれていないが、戦闘的で「片胸がない」という特徴が挙げられている。ギリシア語で *a-mazos* は「胸が無い」という意味で、アマゾンという名の通俗語源とされてきた。

地理学者のプトレマイオス（九〇年頃—一六八年頃）の占星術に関する『テトラビブロス（四つの書）』にも、黒海周辺の民族に関する下記のような記述が見られ、似たような特徴が記されている。

これらの内、ビテュニア、フリギア、コルキスに住む人々は蟹座と月と関係が深いため、男たちは一般に慎重で従順である。一方、女たちは月の東向きで男性的な位置の関係で、男らしく、権威欲があり、戦闘好きである。これらの女は、アマゾンのように、男を拒み、武器の使用を好む。また、戦闘に適応させるために女児の頃に右胸を切断し、戦いの際にその部分を曝け出し女でないように見えるようにする。(Ptolemy 1971 : 148-149)

歴史上に登場するアマゾンもいた。ディオドロス(前一世紀)は『歴史叢書』の中で、アマゾンの女王タレストリスがテルモドン川のあたり(黒海とカスピ海の間の地方)からはるばる、遠征途中のアレクサンドロス大王に会いに来たというエピソードを描いている。

彼女［タレストリス］はその美貌と体の強健さで抜きん出ており、同族人の間でもその武勇は称賛の的であった。大部隊の軍勢をヒュルカニア国境に残し、完全武装に身を固めた三〇〇人のアマゾン女性と共に到着したのである。王は彼女の思いがけない到来と女たちの威厳に満ちた姿に驚き、タレストリスに何の要件で来たのかと尋ねると、彼女は子どもをつくるために来たと答えた。彼女によれば、彼はその功業によってすべての男たちの中で最も優れており、自分は精力と勇気で他の女たちに勝《まさ》っている。それゆえ比類ない二人の両親から生まれる子どもは、その卓越性において他の誰をも凌駕するであろう、というのである。王は喜んでついに彼女の願いを聴き入れ、一三日間にわたって懇《ねんご》ろに過ごした。それから見事な贈り物を与えて故国に帰らせた。(ディオドロス 2012 : 152)

優れた遺伝子を求めてアマゾン女王がアレクサンドロスを訪れてきたという、なんとも艶めかしい話が虚構であることはプルタルコス(四八年頃―一二七年頃)などの古代の歴史家にすでに指摘されているが、クルティウス・ルフス(一世紀)やユニアヌス・ユスティヌス(三世紀)などによるラテン語のアレクサンドロス伝にも含まれている(同前 : 197-198)。

歴史家たちがアレクサンドロスとアマゾンの情交という妄想にふけったのに対して、ヘレニズム期のアレクサンドリアで三世紀以前に成立したとされる空想的な「アレクサンドロス物語」では、意外にも王とアマゾンの直接の接触はない。「アマゾネスの河」に囲まれた島に住むアマゾンたちとアレクサンドロスの間の手紙のやりとりがある。アレクサンドロスは降伏を促す書簡を送るが、それに対してアマゾンたちは、自分たちが女ばかりの精強な戦闘集団であることの説明に加え、「われわれが敵に勝ったり、敵が逃走したりするならば、敵の者には、末長く不名誉な恥辱が加えられるであろう。だが、もしわれわれを打ち負かすとしても、ただ女の集団に勝利しただけとなるであろう」、と返答する（伝カリステネス 2000：188）。女と戦ったら、どっちにしても損をするわよ、というこの警告を受けて、物語の中のアレクサンドロスは引き下がるのである。

3　中世イスラーム世界に伝わったアマゾン伝承

このように、ギリシア・ローマの著述家たちは、ギリシア文明とは異なる奇妙な風習を持つアマゾンの伝説を、ギリシア世界の東北の遠境、黒海沿岸に実在した騎馬遊牧民族と結びつけ、さらにアレクサンドロスの遠征という歴史的な出来事とも関連づけた。こうしたアマゾン伝説は中世イスラーム世界にも伝播し、既知の世界の果てに在るとされる「アジャーイブ」（驚異）の一つとして好奇心と想像力を刺激した。翻訳を通して知られるようになったのは、科学書・医学書に含まれていたアマゾン族に関する情報と、「アレクサンドロス物語」の内容のみである。したがって、ギリシア神話に登場するアマゾンについては中世イスラーム世界においては知られることはなかった。

まずは、ギリシアの科学書からアマゾンに関する情報を得ているアラビア語・ペルシア語のテクストをいくつか紹介しよう。前述のプトレマイオスの書の翻訳を典拠としたことが明らかなのはハムダーニー（八九三年頃―九四五年）のアラビア語地理書『アラビア半島誌』の次の記述である。

［世界の］第三の四半分は、北東すなわち小アジアにある。含まれる地域はアルメニア［中略］、ゴグとマゴグの地、ホラーサーン、チベット、トルキスタン、トゥグズグズの地、そしてサウロマティアの地（*Sawrūmāṭiqā*）である。サウロマティアとは戦いに耐えられるように胸を切り取った女たちの国である。［中略］

ビテュニア（小アジア北西）とフリギア（小アジア中西部）の人々は蟹座と月の性格をおびている。そのため、男は信心深く、従順であるが、東向きの月の男性的な様相によって――［プトレマイオスが］いわんとしているのは、月が西にありながら東方の地域を支配するとき、その性質はそちら［東］に引き寄せられるということ――、女たちは男性的で、支配的で、戦闘的になる。男と契りを結ぶのを恐れ、逃れる女と同様である。かの女らは武器を好み、戦いのために右胸を切断する。戦闘態勢に入るときには、誰にも女だと分からないように、切り取った方の胸をはだける。（Hamdānī 1884: 38–39）

男勝りに戦い、胸を切断する女人族の描写は、一一二〇年頃にマルワズィーによって書かれたアラビア語の『動物誌』にも、ガレノスやヒポクラテスを典拠として「どこにも属さないトルコ人たち」のこととして書かれている。

ガレノスによると、その地の女たちは男のように戦い、全身の力を腕に集中させるため、片胸を切り取る習慣がある。体は細くなり、馬に飛び乗ることができる。

ヒポクラテスはその著作の中でこれらの女たちについて記述しており、「片胸」という意味の「アマーズーナス（*Amāzūnas*）」と呼んでいる。片方の胸を切り取ってしまうからである。両胸を切断しないのは、子孫を絶やさないように赤子に乳を飲ませるのに必要だからである。胸を切断するのは、馬上で矢を射る際に邪魔にならないようにという理由からである。（Marwazī 1942: *25–*26）[1]

ギリシア語の「胸が無い（*a-mazos*）」が、アマゾンという名の通俗語源とされたことは前述したが、イスラーム世界にもこの名称と説明が伝わっているということは興味深い。

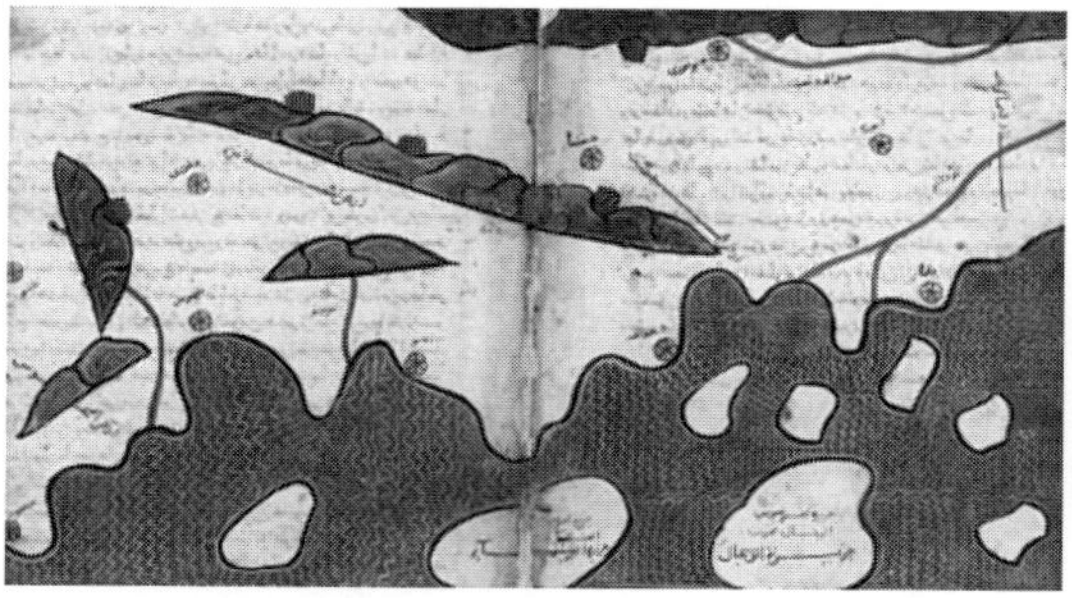

図1　中央下がアマゾンの島。イドリースィーの世界地図より。

以上は小アジアやコーカサス辺りの騎馬民族とアマゾンを同定する記述だが、アラビア語やペルシア語の地理書の中には、ユーラシア大陸の西方あるいは北方の海にある「男島」と「女島」について記しているものもある。ペルシア語で記された著者不詳の地理書『世界諸境域誌』(九八二／三年)には、プトレマイオスに依拠した「男島」と「女島」に関する情報があるが、先述の『テトラビブロス』ではなく、『地理学』(あるいは後代の増補版)に基づいたものと思われる。(2)

西の海にはプトレマイオスの書に名が挙げられている二五の島がある。［中略］一〇番目と一一番目は互いに半ファルサング［約三キロ］ほどしか離れておらず、ルーム［ローマ］の領域の果ての北方にある。「男島」と「女島」と呼ばれる。前者には男しか住んでおらず、後者には女しか住んでいない。毎年、子づくりのため、四晩だけともに過ごす。男児は三つになると、男島に送られる。男島には三六の大河が海にそそいでおり、女島には三つの大河がある。この島を過ぎてこの海を北にゆくとブリターニヤと呼ばれる一二の島があり、その内の一部は栄えており、一部は荒地である。(*Ḥudūd al-ʿālam* 1962 : 21–22)

地理学者イドリースィーが一一五四年にシチリア王ルッジェロ二世のために完成させた世界地図とそのアラビア語解説書『諸国横断を望む者の慰め』(『ルッジェロの書』とも呼ばれる)では、「男島」と「女島」は「闇の海」に位置づけられており、おそらくバルト海あたりを指している(Ducène 2001 : 175–176)。フランス国立博物館が所蔵するイドリースィー写本(Arabe 2221)では、これらの島は「アマゾンの島(*Jazīra Āmazunīūs*)」と名付けられており、(3) 毎年春に男たちが船に乗って女島に渡り、子づくりをする習慣があるという解説が付されている(図1)。

このように「アマゾン」という呼び名とともに、男のように戦い、片胸を切断し、子づくりのために限られた期間しか男とともに過ごさない女人族の情報は、ギリシアの地誌や医学書などの翻訳とともに中世イスラーム世界に伝わった。

4　女人族とアレクサンドロスの出会い

女人族とアレクサンドロスの出会いのエピソードも中東に伝わっているが、アラビア語には訳されなかったディオドロス、ヘロドトスなどの歴史書を介してではなく、先述の「アレクサンドロス物語」の翻訳を通してである。「アレクサンドロス物語」が中東に伝播した過程について詳しく触れる紙面の余裕はないが、六世紀頃にギリシア語からパフラヴィー語（中世ペルシア語）に訳され、そこからアラビア語、ペルシア語、エチオピア語版が派生していると考えられている（山中 2009：19–32）。関連したアラビア語・ペルシア語文献すべては挙げないが、アレクサンドロスと女人族の接触を比較的詳細に扱っているペルシア語の作品をいくつか紹介しよう。[4]

まず、フィルドウスィーが一〇一〇年頃に完成させた叙事詩『王書』はイスラーム以前の古代イランの歴代の王の治世を綴った列王伝であるが、その中に「アレクサンドロス物語」がイランの古代史の一部として組み込まれている。女ばかりが住むハルームという禁断の町に近づく。[5]「これらの女人の右胸は女の胸、絹のザクロのよう。だが体の左側は戦の日に甲冑をまとった戦士のよう」と描かれており、イスカンダル（アレクサンドロス）は町の中に入ることを所望する手紙を送る。これに対して女たちはハルームの特殊な風習を説明する返事を送る。

我らは甲冑を着たまま、大勢なので狭苦しいところに寝ている。一人として夫を持つものはおらす、皆ヴェールをまとった処女である。［中略］もし夫を望むなら、我らのもとを去らねばならない。［中略］夫を娶り、女の子が生まれ、その子が女らしくきれいな色やよい香りを好むなら、生まれたその場所に留まり、かの地の空気を息づくであろう。しかし男らしく、自信に満ちた子なら、彼女はハルームに送りこまれる。男の子ならば、そこに残り、我らとは何の関係も持たない。(Firdawsī 1998–2008 : vol. 6, 87)

さらにその書簡には、「貴殿は偉大で著名な男である。自らの名を汚すようなことはせぬように。人々はこう語るであろう。『戦場で女と戦った。戦ったのに降伏させられた』」(同前 : 87) と、ギリシア語版の「アレクサンドロス物語」にあったものと同様の忠告が書かれている。

ニザーミーのペルシア語叙事詩『アレクサンドロスの書』(一一九六―一二〇二年頃) も「アレクサンドロス物語」の系統の伝承を使っているが、エチオピアの女王カンダケの伝承をかけあわせて、女ばかりの国の女王ヌーシャーベを登場させている (Nizāmī 1995 : 1040–1056)。ヌーシャーベは、アレクサンドロスの肖像を密かにスパイに描かせておいて、アレクサンドロスが使者のふりをして彼女のもとに訪れて来た際に正体をあばく賢明な女王で、「女を力で打ち負かしても、何のほまれにもなりませんわ」とアレクサンドロスを諭す。女王がアレクサンドロスに肖像画を見せつけ、正体がとっくにばれていることを明かし、先手を打たれたアレクサンドロスが愕然としているというこの場面は、この物語の挿絵として人気があったようである。

アレクサンドロスと女人族の出会いのエピソードをさらに自由に解釈し、まさにこの世の驚異として語っているのは一二世紀後半のムハンマド・トゥースィーである。トゥースィーがペルシア語で編纂した百科全書『被造物の驚異』の珍しい民族に関する章には古代アラブの巨人族とされる「アード族」についての記述があり、その中にアード族の女戦士たちがアレクサンドロスの軍に加わった成行きが記されている。

アレクサンドロスは四〇人の荒くれ女たちを従えていたという。女たちは軍の前衛部隊となり、敵を木端微塵に砕いたとされる。アレクサンドロスは次のような経緯からこの女たちを連れるようになった。アレクサンドロスは永遠の島々 (カナリア諸島あたり) の中に二つの島を発見した。一つの島は男だらけで、もう一つは女だらけ

図2　トゥースィー『被造物の驚異』より。アード族の女戦士とアレクサンドロス軍の戦い。

であった。島民たちの言うところによると、毎年(一回)結ばれ、女たちは身ごもった。女児が生まれると女たちは手元に残し、男児は男島に送った。

アレクサンドロスは怒り、この人々を島から離れさせ、イスラームに改宗させようとした。しかし、なかなか従わず、苦戦を強いられた。男たちは屈伏したのだが、アレクサンドロスの兵はかの女たちからは退却せざるを得なかった。窮したアレクサンドロスはアリストテレスに次のような書簡をしたためた。「二つの島を発見した。一方には男のみ、もう一方には女のみがいる。女どもは我が軍を打ちのめすほどで、手に負えない状況である。いかに対処したらよろしいか」。返答はこうであった。「この女たちとは戦ってはなりません。(女を)打倒したとしても決して栄誉ある勝利にはならず、(女に)負けることは恥辱であります。この場は女たちと和を講じ、引き揚げることをお勧めいたします」。その手紙が届くや、アレクサンドロスは女たちのもとに使者を送り、こう伝えた。「私は其の方らを捨て置き、ここを去ることにした。ただし条件がある。女四〇人が我が軍に入隊し、我が敵を倒すという条件だ」。女たちは条件を受け入れた。

どの女も、股の間を馬が通れて、天幕には入らない(ほど巨体であった)。合戦があれば必ず馬や駄馬を奪い取った。敵が女らの手に落ちようものなら、たちどころに首をはねるか、両足をもぎ取った。いかなる軍隊も、ことごとく彼女らの前から退いた。かくして全世界がアレクサンドロスに震撼し、かの王はこの世を制覇した。(Ṭūsī 1966 : 411–412)(図2)

「男島」と「女島」の存在という地理的な情報と、女人族とアレクサンドロスの出会いという偽史的なエピソードを組み合わせてしまい、さらにそこに師のアリストテレスを助言者として登場させているという点においてこの驚異譚は、学問的な知識の伝承よりはむしろ娯楽性を求めたものであるといっていい。また、アード族は巨人であったというアラブ古来の伝説とアマゾン伝説を結びつけているという発想も他の文献には見られず、非常に独創的である。ここに登場する女人族は女ばかりで生きるという奇妙な風習を持つだけでなく、巨体というまさに異形なのである。さらに、かつてアレクサンドロスが征服したイランにおけるこの王のイメージは、英雄像と破壊者像のはざまで複雑に揺れ動くのであるが（山中 2009：365–376）、ここでは、大王アレクサンドロスが世界を征服できたのは実は女のお蔭だと、諷刺の対象とされているところが興味深い。

5　船乗り譚や旅行記における女人族伝承

これまでに見てきたのは、古代ギリシアのアマゾン伝説につながる女戦士集団の驚異譚である。この他に、ギリシアの古典文献の影響からは独立した船乗りの漂流譚や旅行記などを通しても、東アジアや北欧の女人族伝説が中世イスラーム世界には伝播している。

船乗りたちが漂流した島には女ばかりが住んでいたという、いわゆる「女護ヶ島」伝承は中世イスラーム世界にもあり、その中でも最も古く、最も詳細なのは、ブズルク・ブン・シャフリヤールの『インドの驚異譚』（九七七／八年頃）に、信頼ある船主が女ばかりの島から来た女から聞いた話として載っているものである（ブズルク・ブン・シャフリヤール 2011：1, 110–130）。商人を乗せた大型船が中国の海の外れで嵐に遭い、カノープス星（南極星）の方角に流されて遭難する。やっとのことで島に辿り着き、上陸した男たちを待っていたのは、次のような恐ろしい状況である。

空が晴れ渡り、行く手に例の島を望むところまで来たので、投錨に適した場所を選んで、彼らは皆そろってその島に上陸し、砂浜に身を投げ出すと、今まで思い焦がれていた大地の上を転げ回った。その間に彼らのうちで船に残った者は誰一人としていなかった。彼らがそうこうしている間に、至高なるアッラーを除いて、その数を算定できないほど沢山の女たちが島のなかからぞろぞろと彼らのもとに現れると、彼らの一人ひとりの男に、一〇〇〇もしくはそれ以上の女が一度に飛び掛かり、あれよあれよという間に、彼女たちは男たちを山に担ぎ込み女たちとの快楽に男たちを耽らせたのである。

［中略］女の各自は腕ずくで仲間の女の所有する男を押さえ付けて、その（勝った方の）女がまた相手から男を奪い取るといった具合に、（いつ果てることなく）そうしたことを続けた。一方の男たちはついに精根尽き果て、一人また一人と死んで行った。男たちのなかで死んだ者の一人ひとりに、その死人の悪臭に対して……［写本欠落部］……構わずそれらに飛び付くといった（凄まじい）光景であった。（同前：119）

ただ一人、アンダルス出身の老人だけがある女に助けられ、女たちの情欲の餌食になることを免れる。そしてしばらく島にかくまわれた後、老人と女は小舟で島を脱出する。

イブン・ワスィーフ・シャーによるとされる『驚異抄』（一〇〇〇年頃）にも、女人の地と女人の島に関する船乗り譚がそれぞれ一箇所ずつある。これらは別々の土地として扱われている。

『宝の書』によると、この国（ワークワーク）より先にゆくと、前より大柄で、顔も体も美しい女人の地に着くという。これらの女は捕まると一日以上生き延びない。かの女らを捕えた者は一度とならず快楽を得た。女のようであるが、より芳しく、この上ない妖艶に恵まれている。この国の空気は樟脳よりも香ばしい。この民族に男はいない。この人々については漂着した船乗りが語った話以外に何も知られていない。(6)（Ibn Waṣīf Shāh 1898：27）

女人の島［上記の国とは別］

中国の海域の外れにある島である。女だけが住むと言われ、彼女らは風によって子を孕み、女児しか産まない。

図3　郭璞伝，蔣応鎬絵図『山海経』より。左下が女子国。

ある木の果実を食して妊娠するとも言われる。そこには竹のごとく金が生え、女たちはその金を食料としている。あるとき、そこに男が流れ着いた。女たちは彼を殺そうとしたが、一人の女が情けをかけ、板に乗せ、海に逃がしてやった。男は波風に乗って中国に辿り着き、皇帝のもとに向かい、かの島について伝えた。皇帝はこの島を発見するために探索隊を派遣したが、三年探し尽くしたにもかかわらず、島の影も形も見つからなかった。(Ibn Waṣīf Shāh 2001 : 32 ; trans Carra de Vaux 1898 : 71)

前者の伝承は、男性に都合のよい性的幻想のようだが、後者は『インドの驚異譚』にあった話の別バージョンと思われ、男を必要とせず、殺してしまう恐ろしい鬼女集団の伝承である。ギリシアのアマゾン族は女のみで自律した社会であったが、子づくりのためには年に一度だけ男を必要とした。ここに登場する、風によって孕むという「単性生殖」が可能な女たちのモチーフは、実は東アジアに古くからある。

三世紀頃の中国の文献にすでに、水浴びをして身ごもる女の記述がみられる。古代中国の博物誌『山海経《せんがいきょう》』(紀元前四—三世紀?)巻七の「海外西経」の章には「女子国は巫咸《ふかん》国の北にある。二人の女子がいて、川がそれを周っている」という女子国に関する記述があるが、その注釈として郭璞《かくはく》(二七六—三二四年)は、「黄池という池がある。婦人が入って水浴びをし、出るとすぐに懐妊するのである。もし男の子が生まれると、三歳になればみな死んでしまう」と付け加えている(『山海経』1975 : 407)。ムスリムの船乗りたちは唐代の終わり頃からインド洋を通って広州などに進出しているので、中国の伝承を聞き知っていた可能性は高い(図3)。

中国のその他の文献にも女人国伝承は見られるが、ここではイスラーム世界の伝承との関連が指摘できるものにだけ触れておこう。中東と中国の交流の軌跡が明らかに見えるということで注目すべきが、周去非による『嶺外代答』（一一七八年）とそれを引用、拡大した趙汝适の『諸蕃志』（一二二五年）である。前者の書にある女人国の記述を次に引用するが、先の『インドの驚異譚』にある漂流船乗りの話に非常に近い逸話である。また、前述のイブン・ワスィーフ・シャーの『驚異抄』にあった「風によって子を孕む」という要素も含まれている。

> また東南に女人国あり。［中略］昔、かつて、船がその国に飄落したことがあるが、群る女たちが（漂着した男たちを）とらえて、連れ帰った。（その男たちは）数日にして死せざる者はなかった。一人だけ智者《かしこいもの》があり、夜に船を盗んで亡命し、逃げ去ることができた。そして遂にその事を（中国に）伝えたのである。その国の女人は、南風に遇《あ》うと盛んに発情し、裸になって風に感じて（妊娠し）、咸《すなわち》、女《むすめ》を生むのである。（紙村 1991：90–91）

一一二七年に宋が中国の南に都を移すと同時に、「南海」、つまり南シナ海の海洋交易は活発になり、ムスリム商人が活躍していたインド洋交易圏と結びついた。ムスリム船乗りたちと中国の船乗りたちは、交易品だけでなく、こうした驚異譚も相互にやりとりしていたのではないだろうか。

水に浸かると妊娠するという女人族を、東の海ではなく西の果てのマグリブ地方（北アフリカ北西部）の砂漠の中に位置付けているアラビア語・ペルシア語文献も紹介しておこう。イスラーム世界の東方の境域まで旅したグラナダ出身の旅行家ガルナーティー（一〇八〇—一一六九／七〇年）は、『理性の贈り物と驚異の精選』の中で次のように記している。

> マグリブの砂漠に、アダムの子孫で、女だけの民族がいるという。その民族に男はおらず、その土地に男はいっさい住んでいない。女たちはその地にある水に入り、身ごもるという。産むのは女児だけで、男児は決して産まれない。（Gharnātī 1925：46–48）

単性生殖の女人族の位置が東アジアの海から「マグリブの砂漠」（おそらくサハラ砂漠を指す）に移った明確な理由はわからないが、ガルナーティーは海路ではなく、中央アジアやヴォルガ流域まで陸路を旅している（本書第II部第1章を参照）。推測にすぎないが、船乗り譚の系統とは違った、大陸の奥地で採集した伝承なのかもしれない。

もう少し後の時代、イル・ハーン朝期のイランでムスタウフィー・カズヴィーニーによって書かれたペルシア語の地理書『心魂の慰め』（一三四〇年）になると、この伝承を「合理的」に説明しようという試みが見られる。

この砂［マグリブ地方の流砂］の中にすべての住人が女である町がある。男がそこに入れても、気候のせいで男らしさ（精力）が失せ、すぐに死んでしまう。この女たちは、ある泉によって生殖する。その泉に浸かると娘が生まれるのである。たとえ男児が生まれても、年少のうちに死んでしまう。月経が上がった女がこの泉に浸かると二日目には月経が戻る。あまりに血が流れるので、彼女らはそれがもとで死にかけるほどである。至高なる神の定めによって、この女たちには性欲がない。この地の女が我々の土地に来て、男が交わろうとすると女は激怒する。しかし、しばらくすると我々の土地の気候の良い影響で、男を求めるようになる。これらの女たちはイスラームを受け入れ、信仰と行いにおいて優れた人格を得る。他の土地では男の仕事である農業や工芸などの俗事も、すべて女がこなす。彼女らはすべてを共有し、財は平等に分かちあう。地位に高低はなく、権力や所有権をめぐる争いもない。個人的に富を得たり、財を成そうとすることは禁じられており、飾り立てることを好まない。敬虔な信者であるため不道徳なことに溺れず、真に信仰と正義に従う。このような女なら、大抵の男に優る。

(Mustawfī 1915 : 273)

さて最後に、中欧の女人族伝承がイスラーム世界に伝わった例を見てみよう。バクリーが記した地理書『諸道と諸国の書』（一〇六八年）には次のような記述がある。

ルース（ロシア）の西に女の都がある。薬草があり、奴隷がいる。女らは奴隷の子を産む。男児を産めば、殺す。

馬に乗り、勇猛果敢に戦う。イブラーヒーム・ブン・ヤァクーブ・アル＝イスラーイーリーはこう言う。「この町に関する情報は本当である。ルーム王のフータが私に語ったことである」。(Bakrī 1992 : 334)

馬に乗り、勇猛に戦うという性格は、ギリシアのアマゾン伝説の系譜に通じるものであるが、ギリシア語の書物の翻訳が直接典拠とされているのではない。情報源とされている「イブラーヒーム・ブン・ヤァクーブ・アル＝イスラーイーリー」とは、またの名をトゥルトゥースィーといい、スペインのトルトーザ出身のユダヤ教徒(あるいはイスラームに改宗した元ユダヤ教徒)とされる。一〇世紀後半にイベリア半島から北上して中央・西ヨーロッパをまわり、ドイツとスラブの地を結ぶ商業ルートの主要な交易都市についての記述を残したが、断片的な引用のかたちでしか現存しない。旅の目的は奴隷交易、スパイ、ただの旅行と諸説言われるが、この記述が史実であれば「ルーム王のフータ」、すなわち神聖ローマ皇帝オットー一世(九一二—九七三年)にドイツで会っているのである。そのオットーから聞いたというのが女の都の話で、それは「ロシアの西」、おそらく北欧あたりに位置づけられている。オットーよりも少し後の文献になるが、ブレーメンのアダム(一一世紀半ば)が記した『ハンブルク司教事蹟録』の「北方の島々について」の章には「バルト海の沿岸にアマゾンがいるという。現在、女の国(*terra feminarum*)と名付けられているところである」という記述があるので[7]、ドイツから見た北方の未開地の民族の一つが女人族だったようである。

最後に採りあげるのは、一三世紀までにイスラーム世界に蓄積された博物学的知識を体系的に整理し編纂したカズウィーニー(一二〇三—八三年)である。彼が記した地理事典『諸国の記念物』には女人族をシナ海に位置づける「女人の島」に関する一節と、前述のトゥルトゥースィーを情報源とする「女の都」(こちらも島なのであるが)の話と、二つの別々の項目が立てられている。

女人の島はシナ海にある。その島には女しかおらず、男はいない。かの女らは風によって孕み、自分たちと同じような女児を産む。そこに生える木の実によって身ごもるとも言われている。それを食べて身ごもり、女児を産むのである。この島に風で流れ着いたある商人はこう語った。「私が見たのは女ばかりで、男が一緒ではなかった。土くれほどに金があるのを見たし、竹のような金の枝も見た。やつらは私を殺そうとしたが、一人の女が庇ってくれ、私を板に乗せ、海に放ってくれた。風任せに中国に辿り着いたので、中国の皇帝に島のことを話し、黄金についても伝えた。皇帝は人を遣って探索させた。一行は三年もの間、旅に出たままだったが結局辿り着けず、帰ってきた」。(Qazwīnī 1848 : 21)

別の箇所に「女の都」の描写がある。

それは西の海にある島の広大な土地を占める大きな都である。トゥルトゥースィーによると、その都は男に支配されない女たちからなっていた。馬に乗り、戦闘を好み、勇猛果敢に敵に立ち向かう。かの女たちは男奴隷をかかえており、奴隷は夜ごとに女主人のもとに通い、夜すがらともに過ごす。そうして朝を迎えると奴隷は起きて、日の出とともに人目を忍んで去る。女は男児を産むとその場で殺してしまう。女児の場合は生かしておく。トゥルトゥースィーが言うには、女の都は間違いなく存在するという。(同前 : 408)

前述のバクリーの情報とほぼ同じだが、男奴隷の夜這いの様子がやや詳しく描かれており、皇帝オットーから聞いた話だということは省略されている。このように異なる系統の女人族伝承の両方を併載している点を見ても、カズウィーニーがそれまでの博物学的知識の集大成をした学者であることがよくわかる。

女ばかりで生きる民族の伝承は世界各地に存在するが、以上のように中世イスラーム世界の驚異譚の典拠を辿ってみると、ギリシア起源のアマゾン伝説、「女護ヶ島」型船乗り譚、「単性生殖」型の女人族伝承など、ユーラシア大陸の東西の伝承が実際の人間の移動を通して伝わり、独自の展開をとげた様子が見えてくる。

女人族の地理的位置づけも、黒海沿岸、シナの海、マグレブの砂漠、北方の海など文献によって様々である。中世のヨーロッパ人にとっては「東方」が、驚異の空間《トポス》として圧倒的に卓抜していると池上は述べているが(第III部第1章)、それは「地上の楽園」があるとみなされた、どうも漠然とした方角だったようだ。あまりにも遠く、そこに跋扈する奇妙な民族や怪物たちは、ヨーロッパの人々の価値観を脅かすものとしては見られていなかったという。それに比べて中世イスラーム世界では、女人族の伝承を見る限り、異様な民族は東方、西方、北方に分散しており、そこはより現実味のある「誰かが見てきた」周縁世界なのである。

注

（1）ガレノスによるヒポクラテスの注釈書のアラビア語訳とほぼ一致する (Ducène 2011 : 39–40)。

（2）イスラーム世界におけるプトレマイオスの『地理学』の影響は大きかったが、ギリシア語原典に近いアラビア語訳は存在しなかった可能性が高く、増補版が典拠とされた (Hopkins 1990 : 303–306)。

（3）九世紀前半のフワーリズミーの地理書『大地の姿』には男ばかりが住む島「アムラートゥース (*Amrātūs*)」と女ばかりが住む島「アムラーヌース (*Amrānūs*)」の緯度経度が記されている (Khwārizmī 1926 : 89)。一一世紀前半にファーティマ朝下のカイロで編纂されたとされる作者不詳の地理書『技芸の珍奇』にも、プトレマイオスからの情報として北方の第七気候帯にある女島 (*Imiyāyūnis* ?) と男島 (*Imwānūs* ?) の記述が見られ (*Gharā'ib al-funūn* 2014 : 169, 435)、いずれもアマゾネスからの転化と推測される。『技芸の珍奇』では、女島の女は風によって孕み、女児しか産まないとある。同書には、プトレマイオスの『テトラビブロス』の記述と類似した右胸を切り取るアマゾン (*Amūzaniyās*) も、第六気候帯の民族として登場する (同前 : 171, 433)。

（4）アラビア語のアレクサンドロス物語諸本におけるアマゾンとの出会いについては Doufikar-Aerts 2010 : 85 を参照。

（5）Harūm は、ギリシア・ローマを指す Rūm と韻を踏む。シリア語の偽カリステネス『アレクサンドロス物語』ではアマゾンが「マズーナ」と表記されており、ハルームはその転訛だという。mazūnā > *mazūn > *mazūm（パフラヴィー語）> مزوم > هروم (Monchi-Zadeh 1975 : 172–176)。

（6）トルコの Esad Effendi 2240 写本に基づいたベイルート刊行の校訂本には、この部分は含まれていない。フランス国立図書館蔵の諸写本を使用した Carra de Vaux のフランス語訳を参照した。

（7）アダムはアマゾンについて、「この女たちは水を一口飲んで身ごもるとも言われ、また、通りがかりの商人や捕えた捕虜、あるいはその他の怪物によって妊娠するとも言われる。かの地ではそれほど稀なことではなく、我々は信頼に値すると信じる」と続けている (http://hbar.phys.msu.su/gorm/chrons/bremen.htm)。

第5章　驚異としての北方

——イブン・ファドラーンの記録を中心に

家島彦一

はじめに

西アジア地域の人々は、北方ユーラシア世界について、一つは黒海とカスピ海に挟まれたカフカース（コーカサス）の大地峡があること、もう一つは中央アジアのシル川とアム川を隔てて遊牧テュルク系諸族の居住する広大な砂漠地帯が広がっていることの、いずれも越えがたい自然地理的墻壁によって隔てられているため、未知と不安の異郷感を抱いていた。とくに急峻な峰々が連なるカフカースをイスラームの聖典クルアーンに登場するヤージュージュ・マージュージュ（ゴグ・マゴグ）と人間界とを隔てる自然の墻壁であるとみなして、その大地峡の彼方には二本角の主、アレクサンドロス大王によって閉じ込められた恐ろしい巨人族が暴れ回っているとの伝承が語られた。

アッバース朝のカリフ、ワースィク（在位八四二―四七年）は、ある日、夢の中でアレクサンドロス大王が築いた墻壁に穴があけられたことを知ると、その状況を調べるため、通訳官サッラームの率いる五〇人の強靭な若者たちを派遣した。一行はカスピ海の西岸沿いに北上し、北カフカースに栄えた遊牧国家ハザルの王のもとに至ると案内人を雇って、さらに二六日間の旅を続けた。やがてヤージュージュとマージュージュが破壊した廃墟の町に達し、なおも踏査行を続けると、アレクサンドロス大王と家来の軍隊がかつて居住していたという幾つかの要塞があって、その近くの山でヤージュージュとマージュージュが閉じ込められていた墻壁・柱・扉・錠前などを発見した。それらの事実を確認した後、調査隊の一行はアラル海の北側からシル川の東岸を迂回してサマルカンド、ブハーラー、ニーシャープールなどを経由、カリフの居城であるサーマッラーに無事帰還した（Ibn Khurdādhbih 1889: 162–170）。サッラームの率いた調査隊は、カフカース以北からカスピ海北岸に広がるキプチャク草原やヴォルガ川流域と中央アジアに至るまでの自然地理・人間社会・文化・物産など、北方ユーラシア世界についての詳細な情報をもたらした。そしてカリフ＝ワースィクの見た夢は、テュルク系諸族、とくにキルギス族の移動にともなう中央アジアのテュルク化の波がシル川を越えて怒濤のごとく押し寄せ、アッバース朝の東辺境に多大な脅威を与えているという現実の状況を投影したものだった。

　サッラームの伝えた見聞記に続いて、北方ユーラシア世界の状況についての最新の現地報告は、一〇世紀初め、ヴォルガ川中流域を本拠地として北方交易を活発化させようとしていたヴォルガ・ブルガール（サカーリバ・*Saqāliba*）王国のもとに旅行したアッバース朝使節団の随員の一人、イブン・ファドラーン（生没年不詳）が著した『リサーラ（報告書、ヴォルガ・ブルガール旅行記）』である（イブン・ファドラーン 2009）。『リサーラ』には、イブン・ファドラーンが旅の途中で通過したテュルク系諸族だけでなく、ブルガールの市場に集まるスカンディナヴィア・ルース人や、伝聞ではあるがハザル・ユダヤ王国についての記述も含まれる。『リサーラ』の記述は、それまで未知の世界であると考えられていた北方ユーラシア情勢についての宝庫であり、当時のバグダード、ブハーラーやサマルカンドなどの知識人たちの間に強い知的好奇心を引き起こした。しかし、ここで私がとくに注目するのは、イブン・ファドラーンの見聞した「驚異」の事例についてである。『リサーラ』の伝える驚異情報は後代の多くのイスラーム地理学者たちによって繰り返し語り継がれ、北方ユーラシア世界の定型化された驚異観を作り上げたと考えられるからである。

　本章では、イブン・ファドラーン『リサーラ』の内容の概要を紹介するとともに、その記録に見られる驚異の基本事例を抽出し、そしてそこに伝えられた驚異の情報がどのような伝達経路によって後代の地理学者たちの間に継承され、定型化されたかについて明らかにしてみたい。

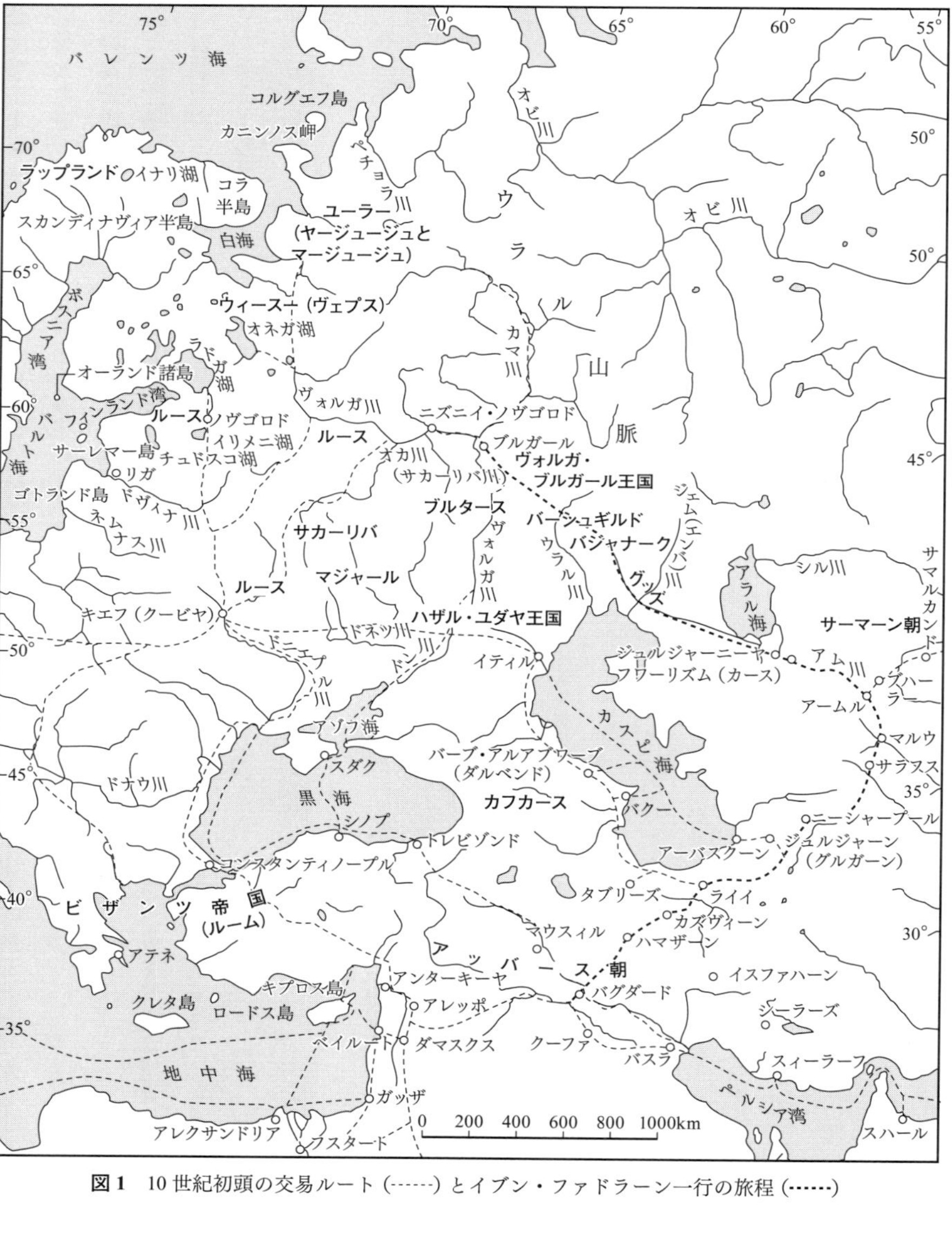

図 1　10 世紀初頭の交易ルート (------) とイブン・ファドラーン一行の旅程 (······)

1　イブン・ファドラーンの旅

アッバース朝のカリフ、ムクタディル（在位九〇八―三二年）の治世代に、ヴォルガ・ブルガール（サカーリバ）王国からの使節団がカリフへの嘆願書を携えてバグダードに到着した。ヴォルガ・ブルガール王国は、七世紀の半ば頃にテュルク系遊牧民集団、大ブルガール王国が瓦解した後、その一派が北方に逃れてヴォルガ川の中流域、カマ川との合流点の近くに落ち着き、九世紀後半から一〇世紀初めにかけて成立した。この新興の王国はアルミシュと呼ばれるブルガール王のもとでイスラーム教・文化を受容し、軍事・政治・経済の自立を目指していた。『リサーラ』によると、その嘆願書の内容はヴォルガ・ブルガール王国が北方ユーラシア世界における軍事・戦略的に重要な位置にあることをアッバース朝側に強くアピールすることで、イスラーム・ブルガール王国として発展するために必要な教育指導者（*mu'allim*）と法学者（*faqīh*）の派遣、並びに王に敵対する近隣の諸王、とくにハザル・ユダヤ王国に対抗するための要塞の建設資金を要請するものであった。

では、アッバース朝側がブルガール王の嘆願書に記された条件を全面的を受け入れて、国家の使節団を王のもとに派遣することになった動機と目的は、何であったのか。当時の北方情勢を見ると、カスピ海の北岸とヴォルガ河流域にユダヤ教化したハザル王国が版図を拡大し、アラル海の周辺とシル川の北辺ではグッズ（オグズ）族の勢力が大挙して南下、さらにスカンディナヴィアの諸地方からルース（ルーシ）と呼ばれるノルマン系の人々がオカ川、ドン川やヴォルガ川などの内陸河川を下って、黒海やカスピ海方面まで進出していた。アッバース朝にとって、そうした緊迫する北方情勢に対処するため、スラブ平原の一角に新たに台頭し、イスラーム化を目指すヴォルガ・ブルガール王国を支援することのメリットは大きかったと思われる。すなわち、イスラーム化した王国の独立を支援することはハザル・ユダヤ王国の勢力を背後から牽制するだけに留まらず、ひいてはスラブ平原全域へのイスラーム化の発端となること、さらにはアッバース朝とヴォルガ・ブルガール王国とが外交・経済交渉を強化することで、それまで仲介的な役割を担っていたグッズ族、サーマーン朝やフワーリズム・シャー王朝の役割に大きな打撃を与えることを意味したのである。

ブルガール王の嘆願書が受理されると、早速、アッバース朝側からの答礼使節団が編成され、その代表者として選ばれたのはブルガール王の書簡をカリフに上奏するうえで仲介の労を執った宮廷宦官、ナズィール・アル＝ハラミーのマウラー（被護民）、スーサン・アッ＝ラッスィーであった。そしてスーサンを補佐し、事実上の使節団の代表を務めたのがイブン・ファドラーンであり、帰国後に報告を纏めて、カリフもしくはアッバース朝のディーワーン（官庁事務局）に提出したのもイブン・ファドラーン自身であった。

九二一年六月二一日、イブン・ファドラーン一行はバグダードの東門、ホラーサーン門を出ると、ホラーサーン街道に沿って北東に旅を続け、ライイ、ニーシャープール、マルウ（メルヴ）などを経由、アッバース朝の従属国、サーマーン朝の首都ブハーラーに着いた。一行は同王朝の宰相を務めていたジャイハーニーや総督《アミール》ナスル・ブン・アフマドと会見し、持参したカリフの書簡を読み上げて旅の安全を保障するよう要請した。その後、アム川を船で下り、フワーリズム（ホラズム）地方のジュルジャーニーヤ（現在のトルクメン共和国の旧ウルゲンジュ）に到着すると、厳寒の四ヵ月間をそこで過ごしてから、いよいよ国境のトルコ門（バーブ・アッ＝テュルク）を過ぎると、グッズ族が遊牧生活をおこなっている砂漠地帯に踏み入った。そしてジェム（エンバ）川、ウラル川などの諸河川を越え、ヴォルガ川の東岸近くを一路北に向かい、バジャナーク（ペチェネグ）族とバーシュギルド（バシュキール）族の領域を通過して、ヴォルガ川から約六キロ離れたブルガール王の夏の居所（夏営地）ハッルジャ（現在のブルガルスコイエ付近）に到着した。

なお、現存する『リサーラ』の唯一のアラビア語写本（一九二二年、イランのマシュハドにあるイマーム・レザー廟付属の図書館において、トルコ人学者Z・V・トガンによって発見された写本）には、イブン・ファドラーン一行の復路についての記録は見当たらない（Togan 1939）。したがって、以下の復路の旅程は一つの推測に過ぎないが、彼らがブルガール王のもとに滞在したのは、王の居所に到着した九二二年五月一二日から八月半ば、もしくは九月上旬までの約三ヵ月間であった。イブン・ファドラーンは「われわれがその地を旅立ったのは、夜［の時間］が延びて、昼［間］が短くなってからのこと」(イブン・ファドラーン 2009 : 183) と述べているので、帰国の時期は北方の短い夏が終わって秋が始まる頃のことであろう。そして本格的な冬が到来する一一月の初めまでの間に、往路と同じルートを通り、サマラ川、ウラル川、ジェム川を渡り、ウスチュルト台地を縦断してジュルジャーニーヤに着いた。ジュルジャーニーヤ、もしくはブハーラーで厳しい冬の三、四ヵ月を過ごした後、ホラーサーン街道を通って、九二三年の四月半ば、あるいは五月初めには出発地のバグダードに帰還したものと思われる。

当時、ブルガール王の領有したヴォルガ・ブルガール王国は北緯五四度から五六度に位置しており、バグダード出身のイブン・ファドラーンにとって、その地域の自然・風土や動植物など、見るもの聞くもののすべては驚異・驚嘆の世界であった。彼は、そうした北方ユーラシア世界の自然環境や植物相・動物相の違いについて、極めて鋭い観察眼を持って詳しく記録している。夏季の昼間が長く、夜間が短いために、日没と夜の礼拝（マグリブ礼拝とイシャー礼拝）と明け方の礼拝（ファジュル礼拝）をほぼ同時におこなわなければならなかったこと、大気に散乱する太陽光線によって薄明を呈する白夜やオーロラ現象の驚異などについて、彼自身の驚きの経験を率直に記録している。ブルガール王が執りおこなう儀式、王の日常の生活・習慣についての具体的な様子だけでなく、一般庶民たちがどのような暮らしを営み、何を食べ、どのような風俗・習慣であったかについても描写する。これらの点については、イブン・ファドラーンがジュルジャーニーヤの町を離れてユーラシアの大草原を北上する旅の途中で越えた河川の名称の一つひとつが現在の地名ともほぼ一致することや、テュルク系諸族の生活・習慣の有様が真に生き生きと手に取るように描写されていることとも共通しており、いずれも極めて正確な事実を伝えている。また、ヴォルガ河畔の投錨地で目撃したルース人の葬儀についての臨場感溢れる克明な記載は、まさにスカンディナヴィア・ヴァイキング時代の「船上火葬」の儀式を伝えたものであって、『リサーラ』の持つ独自の史料的価値を不朽なものにしている。さらにイブン・ファドラーンがブルガール滞在中に噂として聞いた情報として、一つはルース人の居住地の北側、厳寒の針葉樹林地帯に住む狩猟民のフィン・ウゴル系のウィースーとユーラや北極の暗黒地帯のこと、もう一つはハザル・ユダヤ王国のことが含まれている。ハザル・ユダヤ王国については、カスピ海北岸、ヴォルガ川の河口近くに栄えた首都イティル（アティル）の様子やハザル支配層がユダヤ教を受容し、神聖王（大ハーカーン）と世俗王（ハーン・バフ）の二王権制をとっていることについて、また彼らの祖先はクルアーンにも伝えられたヤージュージュとマージュージュであることを説明する。

2　驚異の源泉としての北方ユーラシア世界

以下では、使節団の報告者であるイブン・ファドラーン自身が「驚嘆したこと」、「不思議なこと」や「稀少なこと」などの驚きと好奇心の対象とした具体的事例を挙げてみよう。

（1）異界との接点、フワーリズム地方での驚異体験

フワーリズム（ホラズム）はアラル海に注ぐアム（ジャイフーン）川下流の大三角洲を指す地域名であって、現在のウズベキスタン、カラカルパクスタン、トルクメニスタンの三つの共和国に跨がっている。その地理的位置は、シルクロードの西端、北方ユーラシアと西アジアを繋ぐ要衝にあり、様々な民族・経済・文化が交錯する文明交流の〈境域〉として栄えた。イブン・ファドラーン一行がフワーリズム地方の国境の町、ジュルジャーニーヤに到着したのは九二一年一一月初旬から半ば、すでに本格的な冬の季節を迎えていた。一行はそのまま町で冬を過ごすことを決め、再び出発したのは翌二二年三月四日のことで、そこに滞在していた約四ヵ月はまさしく未知の異界に踏み入る前の「関門」として体験した驚異の日々であり、「まるで苦しい生き地獄の扉がわれわれに向かって開かれているよう」であった（イブン・ファドラーン 2009 : 62）。アム川は全面凍結して、馬・ラバ・ロバや荷車が氷上をまるで道路のように通過し、人気が少なく「閑散とした市場」、裂けて破れないように山羊皮に覆われた「奇妙な」貯水タンク、寒さのために切り裂けた「巨大な老木」、住民の着ている「厚ぼったい防寒用の衣服」、彼らの喋る言葉がグワー・グワー

とカエルの鳴くような「奇妙な声」であったことなど、北方地域を象徴する数々の驚異に出会った（同前：62–65）。

（2）遊牧テュルク系諸族での驚異体験

辺境の砦を越えて、不毛の砂漠地帯を進むと、テュルク系遊牧民のグッズ族が移動する異世界に踏み入った。彼らは、表面上はイスラームの信仰を受け入れながら、実際には先祖から伝わった超自然界の象徴である至高神、テングリ（*tängri*）の信仰を持ち続けていた。その時の大きな驚きを、イブン・ファドラーンは次のように説明する。

> 私［イブン・ファドラーン］は、彼らが《アッラーの他に神はなし。ムハンマドは神の使徒なり》と［いうイスラームの根幹を表す証言《シャハーダ》を］唱えているのを耳にしたが、そのことを実際に信じているわけでなく、彼らのもとを通過するイスラーム教徒たちの一人に近づこうとして、この言葉を口にするだけである。［中略］もしも彼らのある者が不運に遭ったり、また［不吉で］忌まわしいことがその人に起こった場合、当人は自分の頭を空に向けて〈ビール・タンクリー（ビル・テングリ）！〉と言う。つまり、ビールはトルコ語で一つのこと、タンクリーはトルコ語によるアッラーの意味であるから、それはトルコ語による〈アッラー、唯一なるもの！〉のこと。（同前：112–113）

イスラーム世界の辺境に住むグッズ族は、このような神の観念や信仰面だけに限らず、婚姻・相続・埋葬などでも本来のイスラームから大きく逸脱した「異端の風俗・習慣」を持っていた。テュルク系遊牧民のなかでもバーシュギルド（バシュキール）と呼ばれる集団は最も「不潔で、殺人を犯すことにも大胆不敵で」危険極まりなかった。彼らは、冬の神、夏の神、雨の神、風の神、樹木の神、馬の神など、一二種類の神々を信仰の対象として、天の神がそうした神々と互いに取り決めを結んでおり、それぞれの神は自分の役割を分担していると信じていた。さらに、イブン・ファドラーンは、彼らの中で蛇を崇拝している集団、魚や鳥を崇拝している集団と遭遇した。彼らの中で鶴を崇拝するようになった集団については、敵の一民族と戦いを交えた時、背後で鶴が鳴くと、敵はその声に驚いて敗走し、そのために勝利した。それ以来、彼らは「これ［鶴］はわれらの主であり、これこそは神の思し召しであり、神はわれらの敵を打ち破って下さった」(同前：133–134) と伝える。

イブン・ファドラーンの信じるイスラームとは、唯一神アッラーとその使徒であるムハンマドを信じ、クルアーンの教えに従って生きることであった。ところが、旅の途中で出会ったテュルク系諸族のいずれがそうした正しいイスラームとは正反対に、自然や動物の万物に霊が宿ると考え、それらを信仰の対象とした多神教の世界観や特異な生活・文化を持ち、「理解しがたい未開・野蛮・危険・不潔」な人々であり、その両者の大きな「差異」が彼にとって驚異体験として強く知覚されたのである。

(3) ヴォルガ・ブルガール王国での驚異体験

一〇世紀初頭のヴォルガ・ブルガール王国の領域は、北緯五四度から五六度の間の高緯度に位置し、その中心部はヴォルガ川とカマ川の合流する近くにあり、現在のロシア連邦を構成するタタールスタン共和国とほぼ一致する。その地域の自然植生は北の森林地帯からステップ地帯に移行する境界線上にあって、標高一二〇―一五〇メートルの丘陵地帯にはカバノキ科やポプラ科の落葉樹林、沼沢地の点在、その間の渓谷には複雑に蛇行する大小の河川、さらに中部から南部に向かうと、牧畜・遊牧に適するステップや砂漠が広がる。以上のような北方ユーラシアに位置するヴォルガ・ブルガール王国において、イブン・ファドラーンが遭遇した幾つかの驚異の事例を挙げてみよう。

①昼間と夜間の時間が季節によって大きく異なり、イスラームの五回の礼拝が困難であったこと：イブン・ファドラーンが王国に滞在した盛夏の頃、彼が日没直後のアザーン（礼拝の呼び掛け）を待って、天幕の外に出たところ、すでに夜明けの空が明らんで、翌朝を迎えていた。彼らはマグリブ（日没時）の礼拝とファジュル（明け方）の礼拝とを一緒におこない、「人は日没の礼拝の時に料理鍋を火にかけて、それから翌朝［の礼拝］をするのであるが、その礼拝が終わった時でも、火にかけた料理がまだ煮えないほど」の一瞬の時間であった（同前：181）。

②空に出現した驚異の自然現象：ブルガール王のもとに滞在して最初の夜のことを次のように伝える。

太陽が沈む前の礼拝の基準時刻に空の彼方を眺めていた。その時、すでに空は真紅に染まっていたが、私は空中に猛烈な声と甲高い呻き声を聞いた。そこで、私が頭を上げると、まさにその時、火のような赤い雲が私の間近のところにあって、その呻き声と音響はそこから出ていた。しかも、その雲の中に人間と馬に似たものがあり、さらに雲の中にある人間らしきおぼろげな形の手には、私がはっきりと識別し、その像をくっきり描くことができるような槍と刀があった。また、それと似た別の雲の一群があって、よく見ると、そこにも数人の人間、馬と武器があった。そして、まるで騎馬大隊が別の騎馬大隊を攻撃するかのように、この一群はこっちの方を攻撃し始めた。そこで、われわれはそのことに驚愕し、ただひたすら神への懇願と祈願をおこなった。一方、彼ら［地元の人たち］はといえば、われわれのことを笑い、われわれの［奇妙な］挙動に［逆に］びっくりしていた。（同前：180）

以上のイブン・ファドラーンが遭遇した驚異のUFO現象は、おそらく低緯度オーロラと呼ばれるものと考えられる。

③巨木に棲む大蛇：驚異の念を喚起した象徴的な例として大蛇が登場する。森林地帯に蛇が数多く棲息し、樹木の枝に四〇匹もしくはそれ以上がとぐろを巻き、一〇〇ズィラー（約五〇メートル）以上もある長い倒木の上に、それとほぼ同じくらいの大きさの大蛇と出会い、突然に動き出して、強い衝撃を受けた（同前：183）。

④悪臭を放つ黒い土壌（同前：184）：寒冷地帯の土地が黒く、悪臭を放つことは、九世紀の通訳官サッラームの伝えた報告にも見られ、多くの地理学者が共通して語り継いできた北方ユーラシアの「驚異」のイメージの一つであった。

⑤雷鳴と稲妻が頻繁に発生し、雷に打たれることを不吉・不浄であるとみなす観念：イスラームでは雷光は恐怖だけでなく、雲や雨をもたらすものとして、人々に希望のイメージが強かった。これに対して、ヴォルガ・ブルガールの住民は雷がある天幕に落ちると、決してそこに近づかず、その中にいた人や財貨などすべてを風化するまで放置し

て、「これは彼らに対する［天の神の］怒りに触れた天幕である」との不浄感を抱いた（同前：188）。

⑥犯罪者や特別の能力を持った人を木に吊す風習：ある者が殺人を犯した場合、彼らはその者を処刑して、ポプラ樹の板で作った箱の中に入れて釘を打ち、樹上にその箱を吊すと、「われわれは、雨と太陽がよく当たるように、その者を空と地面との間に置く。そうすれば神はその者を哀れみになられるでしょう」と言って、箱の中の遺体が風吹き飛ばされるまま放置する。人並み以上の優れた行動力と知力を備えた人物に出会った場合も、「この者は、われわれの［天の］主に仕えるのが本望でしょう」（同前：188）と言って、その者を捕らえて首に縄を掛け、遺体がばらばらになるまで木に吊しておく。不義・密通を犯した者については、四本の棒杭にしっかりと結び付けて、斧で真っ二つに切断した後、肉片を一つひとつ木に吊す（同前：189）。このように死体を木に吊す風習はテュルク系諸族やルース族の間に古くから見られた「樹上葬」の一種と考えられる。

⑦ヤージュージュとマージュージュの巨人伝説：かつてイティル（ヴォルガ）川において、身の丈一二ズィラー（約六メートル）、特大の深鍋のような頭、手の平より大きな鼻、巨大な二つの目玉、一つひとつの手の平よりも大きな指を持った巨人が発見された。そこでヴォルガ・ブルガール王国から北方に三ヵ月旅程離れたウィースー人にその男の出自を問い合わせたところ、「この男は、われわれ［ウィースー］のところからさらに三ヵ月の距離を隔てたヤージュージュとマージュージュの者である。彼らは裸であり、われわれと彼らとの間には海が介在している。なぜならば、彼らはその海の岸辺に住み、まるで獣や畜生のごとく互いに雑婚する。輝かしき誉れと犯し難き威厳のアッラーは、毎日、彼らのために海から魚を授けられている。［中略］われわれと彼らの両地の間に、一方の側には海が、他方の側には彼らの周りを取り巻く山々があり、さらに彼ら［が住むところ］と彼らがいつも［出入りしている］間に墻壁がある」とのこと。その巨人はしばらくブルガール王のもとに住んだが、子供たちはその姿を見ると、あまりの恐怖で死んでしまい、妊婦は流産し、また人を摑めば、その怪力の両手で締め付けて殺してしまったため、王は巨人を高い樹木に吊して殺した。北方の巨人族、ヤージュージュとマージュージュがブルガール王のもとに実際にいたという情報に接したイブン・ファドラーンは、さっそくその死骸を調べるために森林の中を進んで行くと、まるで蜜蜂の大きな

巣箱ほどもある頭、ナツメ椰子の実の房の付け根［の枝］よりも大きな肋骨、足骨と腕骨など、巨人の骸骨を発見して、伝説上の驚異譚が実は荒唐無稽な絵空事ではなかったことに驚愕した（同前：192–194）。ウィースー人は、イースー、ウィースワー、ヴェプ、ヴェスなどと呼ばれるフィン・ウゴル系の一民族で、白海の海岸部とラドガ湖東部周辺に居住していたと言われる狩猟民のことで、当時、ブルガール商人たちはウィースー人やさらに北の「暗闇の海（*baḥr al-ẓulma*）」の岸辺に住むユーラー人（ウゴル・オスチャク、ヴォグル）との交易によって、黒貂、黒狐やビーヴァーの毛皮、動物歯牙、奴隷などをもたらした。

⑧一本の湾曲した角を持った奇獣：森林地帯に接する川の近くには砂漠があり、そこには大きさの点でラクダでもなく、牛よりも大きい、頭はラクダ、尻尾は牛、その身体はラバ、その蹄《ひづめ》は雌牛と同じ分趾蹄、頭の真ん中には一本の湾曲した太い槍の穂先のような角がついている奇獣が住む。その動物は樹木の葉っぱの新鮮な部分を食べ、馬に乗っている人を見かけると追いかけて来て、馬の背後からその角で空中に放り出してしまうが、住民は毒矢を使ってそれを待ち伏せして殺し、角を取って大型の深鉢を作る（同前：196–197）。以上のような「一角の奇獣」にまつわる驚異譚もまた、北方ユーラシアの驚異を象徴するものであって、イブン・ファドラーン自身はこの奇獣の角で作った縞瑪瑙に似た深鉢の珍品を見ることで、それが架空のものではなく実在することを知った。

（4）ヴォルガ河畔に集まるルース族の驚異

ブルガール王の夏営地のあるハッルジャの西一ファルサフ（約六キロメートル）、ヴォルガ川東岸の船着場近くで、北方の未知の地から川を下って来航したルース人の一団が目撃された。彼らは赤褐色の肌で、まるでナツメ椰子の樹木のように背丈が高く強靭で、身体の半分を包む布片を羽織るだけの裸同然の姿をしており、ヴォルガの河畔に木造の長屋を建てて住んでいた。彼らは小汚・大汚を落とすための浄めの儀式を一切おこなわず、連れてきた女奴隷たちと人前で乱交を重ねており、イスラームの基準からは想像できないほど「最も不潔・不浄な人たち」であった（同前：257–260）。

①沈黙貿易：夏季のヴォルガ河畔の近くでは、ブルガール人やフワーリズム地方から来たイスラーム商人の他に、ルース族やハザル人などの不信教者たちが集まって、それぞれが持ち寄った商品を交換する市場（沈黙市）が開催された。ルース人の場合、彼らの船がヴォルガ川の投錨地に着くと、各自はパン、肉、玉葱、ミルクと酒を持って出発し、人間に似た顔が彫り込まれた棒杭のところに赴く。その棒杭の周囲にも小さな複数の彫像があり、それらの彫像の前に進み出て、平伏しながら、「おお主よ、私は女奴隷をこれこれの人数と、黒貂の毛皮をこれこれの枚数を持って、遠方の地から参りました」と言い、次に「どうか、沢山の金貨と銀貨を持った商人を私にお授けになられますように」、「その［相手の］商人が私の望みどおりのすべてのものを買い入れ、私の言い値のことでいざこざが起こりませぬように」と祈ってから、立ち去る。その後、取引がその者に不利になって、いつまでも滞在日数が長引くと、その者は二回、三回と調物を繰り返し、さらに周囲にある小さな彫像の一つひとつにも調物を持って行き、執り成しを願う（同前：261–262）。以上の記録は、ヴォルガ川の河畔に設定された〈囲まれた場所〉、つまり一種の聖域でおこなわれた沈黙貿易（silent trade）の一場面を伝えたものと考えられる。沈黙貿易は世界の辺境各地で共通して見られた原初的な交易形態の一つで、栗本慎一郎の定義によれば、「口をきかず物理的に〈接近しない〉でおこなわれる交易」で、そこに共通する要素とは、交易が平和裏におこなわれ、交易に参加する人たちの身の安全が守られることである（栗本 1981/1986：107–140）。

②船上火葬の儀式：イブン・ファドラーンはヴォルガ河畔で執りおこなわれたルース族による火葬の様子を最大のアジャーイブ（驚異・驚嘆）として、微に入り細を穿って叙述する。本来、火葬は遺体を火で責めることに通じるため、クルアーンに基づくイスラームの葬法では違法であり、土葬が厳しく定められている。イブン・ファドラーン自身は「以前から［火葬について興味を抱いていたので］そのことを［もっと詳しく］知りたいと思っていた」ところ、彼らの中の一人の権威のある人物が死んだとの知らせを受けた。いよいよ故人と生きている女奴隷とが一緒に火葬に付される当日、河畔に着くと、ポプラやその他の樹木で造った四本の支え柱の上に置かれた一艘の船があり、その周囲で様々な驚異の儀式が延々とおこなわれた。そして、船の支え柱の下に敷かれた薪に点火されると、恐ろしい大風が起こり、

燃える炎は一段と強まると、船上の天幕に納められた故人と女奴隷に燃え移り、一瞬のうちにすべて燃え尽きた。その後、彼らはその火葬の船の場所に円形の塚のようなものを築き、塚の上にポプラの大木を植え、その木に死んだ人の名前とルース王の名前を書くと、その場を立ち去った（イブン・ファドラーン 2009：263–272）。スカンディナヴィア半島の各地やデンマークでは、八世紀後半から一一世紀前半にかけてのヴァイキング時代の土を盛った墳丘墓が数多く発見されている。その墳丘墓から出土する船の残骸、副葬品と火葬に関連した埋葬儀礼の痕跡は、イブン・ファドラーンの伝える船上火葬の記録と一致する。

（5）ハザル王国の驚異譚

①神聖王と王殺しの風習：ハザル王国のハーカーン（王）には大ハーカーンと、補佐役のハーカーン・バフと呼ばれる二人の王がいて、前者は「臣民から隔離された聖なる状態にあって、四ヵ月ごとにしか人前に姿を現さず」、後者は軍隊の指揮・統率や国事を取り決めて実行する。大ハーカーンの在位期間は四〇年であり、その年数を一日たりとも過ぎれば、王の重臣たちや臣民はその王を殺して、「この御方様はすでに王としての理性を失われており、その認識力も混乱なされた」と告げる（同前：295–298）。テュルク系諸族の中の大ハーカーン、すなわち「王たちの中の王」「至高の王」は神の力が宿るシャーマン的な役割を担う神聖王のことである。すなわち彼らの慣習では、真の統治者は神そのもの、もしくは神に近い存在であり、そこに神の力が宿るとする信仰に由来しているので、その力がどのくらいの期間、宿り続けるかを自ら明言しなければならず、老いて神の力が失われると、殺害される。

②ハザル人はヤージュージュとマージュージュである：「彼らのある人がすでに信じていることで、ヤージュージュとマージュージュは、他ならぬハザル人」（同前：300）であるとの記録は、ヤークートが人々の興味を喚起するために新たに加えた説明部分とみなして、削除すべきとの説もある（Dahhān 1959：172）。七―八世紀以降、北カフカースとウクライナ平原に成立したテュルク系遊牧国家ハザルは、七三〇年にはカフカースの墻壁を越えて、ウマイヤ朝の領域内に侵入した。この北方の蛮族、ハザルの脅威はクルアーンやアレクサンドロス伝承などの伝えるヤージュージ

ュとマージュージュの驚異伝説と重ね合わせて、次々に多くの人々の間に語り継がれていたのであり、イブン・ファドラーンの時代にはハザル人こそがヤージュージュとマージュージュの後裔であると信じられた。

むすびにかえて――驚異譚の定型化と知識の伝承

イスラーム教徒であるイブン・ファドラーンは、ヴォルガ・ブルガール旅行の過程で数多くの未知・不可解な現象・人・モノと遭遇し、それらの驚異が動因となって一層旺盛な知的探求心を拡大していった。注目すべき点は、彼の驚異の事例のいずれの背後にも、敬虔なイスラーム教徒としての驚異観が見え隠れしていることである。すなわち、彼が「驚異」として認識した対象は、次の三つの点に集約される。

①一神教であるイスラームの教義や倫理観から逸脱した神観念・行動・風俗・習慣：テュルク系諸族の間に見られるテングリ信仰や多神教崇拝、ルース族やハザル王国における神聖王としてのシャーマンの存在、樹上葬や火葬の風習、沈黙貿易、礼拝・婚姻・相続などの異端的な考え・行為・モノなど。

②クルアーンやハディース（預言者ムハンマドの言行録）を通して伝わった古いセム世界の伝説や民間伝承に登場する驚異譚との遭遇：アレクサンドロス伝承の伝える北方の墻壁、ヤージュージュとマージュージュの巨人、大地を取り巻くカーフの山（*Jabal Qāf*）、暗闇の世界、周海（*Baḥr al-Muḥīṭ*）、大魚など。

③中緯度・温帯圏に属する西アジア・イスラーム世界との対比で、高緯度・寒冷地の自然環境による不可思議な超自然現象、奇妙な動植物や人々の生活形態：厳寒のジュルジャーニーヤでの驚異体験、ヴォルガ・ブルガール滞在中に見た夏の短い夜、オーロラ現象、大蛇、奇獣など。

以上のようなイブン・ファドラーンが観察した驚異の事例は、いずれも決して荒唐無稽な絵空言ではなく、彼の実体験を通じて確認された「真実」であり、だからこそ一層強い驚きを喚起し、好奇の情動作用により記録として留められたのである。

一三世紀の地理学者ヤークートは「イブン・ファドラーンの物語(*qiṣṣa*)と[カリフ]ムクタディルが彼をブルガールに派遣した事実は、世間一般にも広く知られたことであり、私はそれについての数種の写本を見た」(Yāqūt 1866–70: vol. 1, 113)と述べている。M・カナールは、現在のわれわれの手に残された「マシュハド写本」は『リサーラ』が書かれてから間もない頃、ブハーラーのサーマーン朝の宰相《ワズィール》、ジャイハーニーによって作成された要約本の一つであると結論づけている(Canard 1958/1973: XI-43)。ジャイハーニーは、サーマーン朝で活躍した著名な政治家であり、同時に地理学者として中国、中央アジア、北方ユーラシアから西方イスラーム(マグリブ)に至るまで、当時の主要な民族や自然・地理の情報を広く蒐集したことでも知られた。彼の地理学上の知識は、匿名の地理書『世界諸境域誌』、ムカッダスィーやマルワズィーなどによって継承された(*Ḥudūd al-ʿālam* 1937: Preface, 23–26; Frye 1965: 56–57)。

ヤークートは、モンゴル軍が中央アジアの西部地域を侵略する直前の一二二〇年前後に、ブハーラーを旅した時、イブン・ファドラーン『リサーラ』の複数の写本を入手して、彼の地理事典『諸国集成』の「フワーリズム」「イティル」「バーシュギルド」「ブルガール」「ルース」「ハザル」の六つの項目の中で、『リサーラ』の情報をそのまま踏襲した。さらに、博物誌および地理事典の編纂者として知られるカズウィーニー(一二〇三年–八三年)は『被造物の驚異と万物の珍奇』と『諸国の記念物(神の御慈悲の足跡)』の中で、いずれも『リサーラ』の記録内容を北方ユーラシア世界の驚異情報の源泉とみなした。ペルシア語文献では、セルジューク朝のスルタン、トゥグリル・ブン・アルスラーン・ブン・トゥグリル(一一九四年没)に献納されたムハンマド・トゥースィーや一六世紀のアミーン・ラーズィー(一五九三/九四年没)などの地理書・百科全書にも、現存する「マシュハド写本」より詳細な『リサーラ』(アッバース朝のディーワーンに提出された底本か)から引用したと思われる記事が散見する(Togan 1939: ix–xii)。

以上のように、西アジア・イスラーム世界の知識人たちは、『リサーラ』という公式の報告が伝える驚異情報であるからこそ、より一層、人々の知的好奇心を鼓舞するうえで大きな役割を果たし、北方ユーラシア世界に関する定型化された驚異の源泉として、その知識を次々に継承することになったと考えられる。

第6章　驚異としてのアフリカ大陸
——中世アラビア語地理文献に見えるザンジュ地方

鈴木英明

はじめに

多様なアラビア語文献のなかでも、とりわけ驚異と親和性の強いのが地理を主題とした文献である（Richter-Bernburg 1998 : 65–66 ; ブズルク・ブン・シャフリヤール 2011 : I, 15–16）。地理を主題とする文献は、数理・天文地理学に相当するものといわゆる人文地理に相当する文献とに大別できる。数理地理学に相当する分野では、サンスクリット語、パフラヴィー語、あるいはギリシア語の著作の影響を受けながら、九世紀ごろから本格的に文献が登場するようになり、「緯度と経度の学」と称される分野を形成していく。他方、人文地理に相当する文献は、教養的要素《アダブ》の強い文献が九世紀ごろから現れるようになり、九世紀の中ごろからは異国での見聞を積極的にその情報源として取り入れる文献も出てくるようになる。次いで、「行政官たちの地理書」（詳細は後述）と呼ばれる、より体系的な地誌文献が九世紀の終わりにかけて見出せるようになっていく（竹田 2000）。本章では、こうした中世アラビア語地理文献のザンジュ地方に関する記事を事例にして、地理と驚異との関係を考察する。

本章が焦点を当てるザンジュ地方とは、通常、アフリカ大陸東部沿岸に同定されるのだが、これについてはここで少し注意を喚起しておきたい。中世アラビア語地理学が描く世界地図にアフリカ大陸を見出すことは不可能ではないが、その形状は我々の知るそれとは大きく異なっている。たとえば、フランス国立図書館所蔵写本 Arabe 2214 は、本章で後に登場するイブン・ハウカル著『大地の姿』の一五世紀の写本であるが、その五二葉から五三葉にかけて世界地図が描かれている(図1)。その地図の西(左側)から南に下り、東に大きくL字型に湾曲しているのがアフリカ大陸に相当すると思われる陸塊であるが、我々の頭に浮かぶ形ではない。[1] また、現在の我々は地図でアフリカ大陸を目にすればそれ全体に対して様々な事物が連想されるのだが、そのようにして、この陸塊を一体のものとして把握している痕跡は文献のなかにない。類似しているのは、「ブラック・アフリカ」(現代ではあまり使われなくなってきて、それとほぼ同義の「サハラ以南アフリカ」という語に置き換わっている)と文献中に見える「黒人地方《スーダーン》」という概念であるが、これについても、我々と同じような地理的感覚を持って文献が「黒人地方」という語を用いていた確証は、少なくとも本章が対象とする文献からは得ることができない。しかも、文献によってこの「黒人地方」が指し示す範囲は異なっている。アンドレ・ミケルによれば、地理的な位置が比較的はっきりとしていたイフリキーヤ――すなわち、ローマ帝国のアフリカ属州に相当する部分を表し、マグリブとも言い慣らわされる――を除けば、アフリカ大陸の各地は、地理的な名称ではなく、たとえば、ハバシャやヌーバといったそこに住まう人びとの呼称で言い表されており、すなわち、それらはある人間集団を指標として漠然と(ミケルの言葉を借りれば「不確実に」あるいは「おぼろげに」)指し示される空間であった(Miquel 1975 : II, 131)。ザンジュ地方もその一例である。しかし、以下で取り上げるように、ザンジュ地方に関する記事は、時代を経るにつれ、非常に漠然としたものから、現在の地名に同定できる地理情報を含むなどして、我々の理解するアフリカ大陸東部沿岸と空間的に合致していく。本章では双方の合致を通時代的な前提条件とするのではなく、むしろ、そ

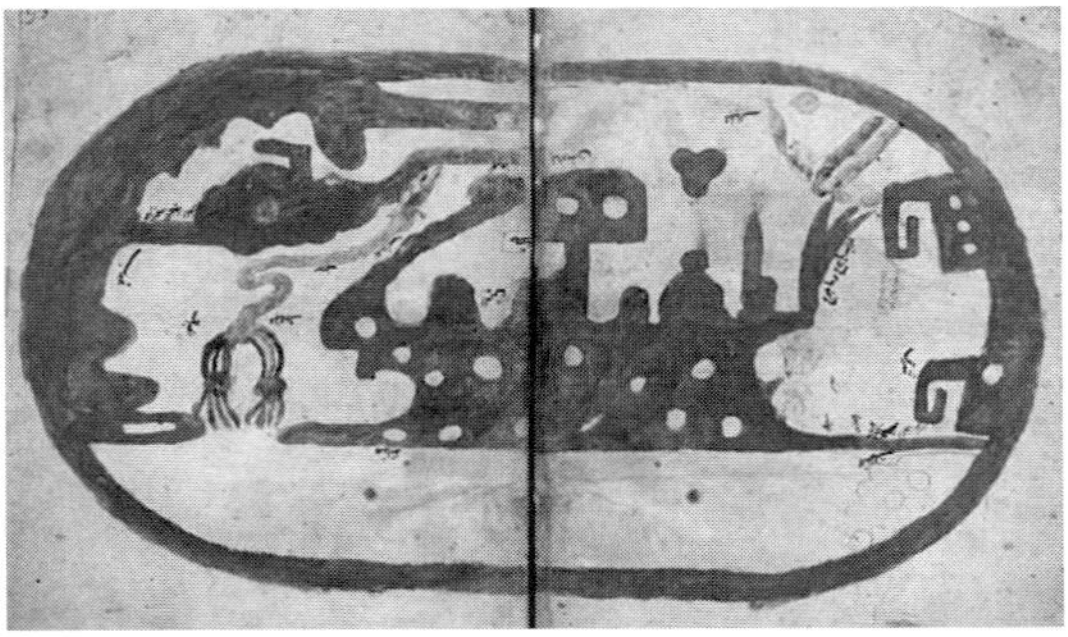

図1　イブン・ハウカル『大地の姿』に掲載された世界地図

の合致の過程を確かめながら、そこに驚異がどのように介在するのかを考察したい(2)。そこで、以下では、基本的に、時系列に沿いながら、それらに見えるザンジュ地方の記事の変遷をたどっていく。

1　行政官たちの地理書・バルヒー学派

本節では、九世紀から一〇世紀の地理文献のなかから、通常、「行政官たちの地理書」と呼ばれる範疇に含まれるイブン・フルダーズビフ『諸道と諸国の書』(八八五年頃成立)とバルヒー学派に属する著作として知られているイスタフリー(九五一年頃没)『諸道と諸国の書』、イブン・ハウカル『大地の姿』(九八八年成立)、ムカッダスィー『諸州の知識に関する最良の区分の書』(九八五年成立)を主として取り上げる。まず、「行政官たちの地理書」については、アラビア語地理文献のなかでも初期のジャンルとして挙げることができる。アッバース朝の都バグダードの「知恵の館」において非アラビア語地理文献の翻訳や、地球の大きさや各町や村の緯度と経度の把握を主眼とする数理地理学的研究が進められるのとほぼ並行して、行政官が自らの職務の遂行のために記したのがこれらの文献である。そこでは著述目的に沿って、アッバース朝領内およびその周辺が主たる記述対象となっている。その後、一〇世紀のバグダードを中心として興ったのがバルヒー学派である。この学派の志向とは、ムカッダスィーが明確に説いているように、イスラーム化した地域のみに言及することに意義を見出すものであった(Muqaddasī 1906 : 9)。たとえば、ムカッダスィー自身は、アデンを旅した際に、そこで耳にした儲け話につられてザンジュ地方に行くことを一度は決意するのだが、その後、取りやめている(同前 : 97–98)。なぜ彼がザンジュ地方行きを取りやめたのかも不明であるが、彼に一度はそれを決意させた儲け話の詳細についても、彼はその著書のなかで語っていない。結局、彼の著作からはザンジュ地方に関する情報をほとんど見つけ出すことができない。「行政官たちの地理書」についても、ザンジュ地方軽視の傾向は指摘できる。たとえば、イブン・フルダーズビフは、ザンジュ地方への航路を記さない一方で、サランディーブ（セイロン島）とスィーン（中国）のあいだの航路を記述している（Ibn Khurdādhbih 1889 : 66）。このように、これらの文献ではザンジュ地方は記述対象から外されていた。また、これらの著者がザンジュ地方に実際に渡航したことも著作からは一切読み取れない。

それゆえに、ムカッダスィーの著作のみならず、上述の諸文献から得られるザンジュ地方に関する情報はわずかであり、具体的な町や村、港の名前すら見出せず、地理的にどのあたりを指しているのか不明である。九世紀から一〇世紀に成立したアラビア半島に焦点を絞る地理文献であるハムダーニー（八九三年頃―九四五年）著『アラビア半島誌』には、「アデンからザンジュ地方に至るには、オマーンやソコトラ島を目指すがごとく針路をとる」（Hamdānī 1884 : 52）とごく簡単な記述があるだけである。また、のちの教養《アダブ》文学に連なる文献と目され、非イスラーム教圏以外も記述対象にしたイブン・ファキーフ『諸国の書』（九〇三年頃成立）を参照しても、ザンジュ地方の詳細な情報は得られない。むしろ、この文献に従えば、オマーンからザンジュ地方にたどり着くまでに二ヵ月かかり（Ibn al-Faqīh 1885 : 296）、ザンジュ地方をアフリカ大陸東部沿岸であると仮定すれば、実際よりもかなり遠方に位置づけられていることになる。

この時期の文献でこの地方に関連して比較的頻繁に述べられているのが、気候である。ただし、その内容は両極端に分かれる。そのひとつがザンジュ地方を灼熱の地として紹介するものである。たとえば、イブン・フルダーズビフは南半球の人間居住地は制御しようのない暑さによって住むことができないと記している（Ibn Khurdādhbih 1889 : 5）。ペルシア語文献も含めたこの時期の多くの文献で確認できるうえに（Lewis 1990 : 46–47 ; *Ḥudūd al-ʿālam* 1962 : 195）、同様の見解は後代まで繰り返された。たとえば、文明を持つ民族とそうでない民族とについて論じたアンダルースィー『諸国の分類』（一〇六八年成立）によると、赤道以南の居住地では太陽が天頂に滞在する時間の長さのために人々の肌は黒くなり、髪は縮れ、気質も烈しくなるとしている（Andalūsī 1912 : 9）。また、次節で取り上げるマスウーディーの著作は、赤道以南の諸地方では「暑さが激しく、湿気はまれで」、なおかつ、「大気は強烈で、あまりの暑さに（肌の）色が焼け、毛は焦げる」と記している（Masʿūdī 1893 : 24）。一四世紀のイブン・ハルドゥーンによって書き留められたイブン・スィーナー（ラテン語世界ではアヴィケンナとして広く知られた一一世紀の医学にも通じた知識人）作とされる詩では次のようにザンジュ地方の酷暑が表現されている。

ザンジュでは酷暑が体を変えていき　ついには黒が体を覆う
サカーリバの人々は白を手に入れて　ついには肌が柔らかになる（Ibn Khaldūn n. d. : 67）

この詩のなかでイブン・スィーナーは、ザンジュの人々をアラビア語地理書でしばしば最北の人々として登場するサカーリバ（スラブ系の人びとをさす）と対置させている。最南と最北という対比を対極的な肌の色の違いと関連させることで、この詩全体としては、双方の人々の対極的だがいずれも非常に厳しい生存環境を呼応させている。ザンジュの人々の皮膚の色と彼らの住まうザンジュ地方の灼熱ぶりとを呼応させた理解は、後代の著作においても頻繁に目にすることができる。たとえば、この詩を引用したイブン・ハルドゥーンも彼らの肌の色が黒いのは「非常に激しい熱気」のためであると述べている（同前：66）。

これと対極的なのが、ザンジュ地方に寒冷地を見出す記事である。これは、バルヒー学派に属するイスタフリーとイブン・ハウカルの記述に共通して見える。双方はザンジュ地方の果てに寒冷地が存在し、そこに「白いザンジュ人」がいると述べている（Iṣṭakhrī 1889 : 36 ; Ibn Ḥawqal 1938 : 59）。この「白いザンジュ人」をめぐって、たとえば、アラビア語文献に見えるアフリカ大陸東部沿岸の記事を集成・分析したドゥヴィックは先天性白皮症の人を指すという見解を示しているが（Devic 1883 : 122）、これは推測の域を出ない。著者たちがほとんどザンジュ地方の具体的な情報を残していないことを考えれば、「白いザンジュ人」だけ現地からの情報を取り入れることは想定しがたい。白いザンジュ人と寒冷地の解釈に関するもうひとつの可能性は、彼らの有していた地理観念に関連するものである。イスラーム化された地域以外の言及を控える彼らが世界全体をどのような地理観念で捉えていたのかを読み取ることは難しいが、バルヒー学派の現存する著作のなかで唯一、気候帯[3]について著作の一章を割くムカッダスィーの記述は、プトレマイオスの著作に影響を受けるその他の地理文献のそれとほぼ同じである（Muqaddasī 1906 : 58–61 ; 竹田 1997 : 72）。

そして、プトレマイオスの著作を吟味すると、彼はテュロスのマリノスなる人物の考察を批判するなかで、南半球にも寒冷地が存在すること、赤道をはさんで両半球の同距離の地点では類似した気候が見られることを述べている（プトレマイオス 1986 : 5–6）。ムカッダスィーも「世界は二つに分かたれ、双方の間に赤道がある」と述べている（Muqaddasī 1906 : 58）。これらを踏まえれば、南半球では南に進むにつれて気候が寒冷化することをイブン・ハウカルやイスタフリーが想定していた可能性を指摘できる。ザンジュ地方の果てに寒冷地を見出し、また、白いザンジュ人が存在するという言説は、このような地理観念のもとに築かれていると考えられる。

このように、特定の王朝領域内の地理やイスラーム化した地域の記述に主眼を置いた文献においては、ザンジュ地方は語るに値しない、あるいはとりたてて注目に値しない場所であり、特にバルヒー学派においてはその傾向が顕著であった。これらの文献では、実見に基づくような情報ではなく、気候観念などからの類推によってザンジュ地方は叙述されていた。

2　渡航者たちによる著作

さて、記述対象の限定によって、ザンジュ地方の実態に関心を示さない文献が著される一方、ザンジュ地方に実際に渡航した人物がほぼ同時期ないしはそれより少し後代に著した、あるいは、渡航者を情報源にして著された文献が存在する。ここでは、九世紀から一一世紀にかけて成立したアブー・ザイド『第二の書』（九一五—九四三年）、マスウーディー（八九六年頃—九五六年）『黄金の牧場と宝石の鉱山』、同著者の『提言と再考の書』、ブズルク・ブン・シャフリヤール『インドの驚異譚』[4]（九七七／八年頃）を取り上げる。これらは広く教養文学《アダブ》として分類してよいだろう。このなかで、マスウーディーはザンジュ地方＝アフリカ大陸東部沿岸を実際に訪れている。彼は『黄金の牧場と宝石の鉱山』のなかでザンジュ地方のカンバルー島にヒジュラ暦三〇四年（九一六年）に渡航したと述べており（Masʿūdī

1861–77 : I, 233）、この島が彼の記すザンジュ地方に関する唯一の具体的な地名である。しかし、この地名は様々な交易地の総称として理解すべきで、具体的な島を指すとは考えにくい（鈴木 2005）。ただし、カンバルー島やその他のザンジュ地方に関して記されたいくつかの現地の語彙は後世の歴史言語学者たちにスワヒリ語の祖型を考察するうえで貴重な材料を提供しており、彼がザンジュ地方＝アフリカ大陸東部沿岸を実際に訪問したことが理解できる。また、『第二の書』はペルシア湾随一の国際的商業港として栄えたスィーラーフと関わりがあったアブー・ザイドによって著され、『インドの驚異譚』は、スィーラーフ近郊のラームホルムズでナーホダー（船長および船舶管理人）として活躍したブズルクが、仲間の商人や船乗りたちの語る逸話や自らの体験談をまとめ上げた文献である。

　これらの文献について、まず指摘すべきは、情報量の豊富さである。たとえば、ザンジュ地方の動物を例にとれば、前節で扱った文献にもワニや豹の存在を伝える記事が見られたが、それらに加えて、陸では象や大亀などの動物をくちばしで持ち上げ叩き落として喰らう巨鳥（*ṭāʾir*）、金鉱を守る猫のような巨大蟻（*naml*）[5]などが語られ、海においてはその鰭などで船を破壊する大魚（*wāl, bāl, samak*）がしばしば驚きとともに語られる（Masʿūdī 1861–77 : I, 234–235 ; Buzurk b. Shahriyār 1883–86 : 14–15, 65, 173, 178–179 ; ʿUmarī 1988–89 : II, 185, 207, 208）。これらの情報はすべて渡航者やそれに近しい船乗りなどから提供された。彼らが情報源であること――マスウーディーの場合は、彼自身が渡航者であったが――によって、前節で扱った文献とは異なり、ザンジュ地方の情報は豊富で、かつ多様である。

　情報源としての渡航者に関連して指摘すべきは、これらの文献では、ザンジュ地方と著者たちとのあいだの空間的距離が格段と縮まっていることである。たとえば、マスウーディーは渡航者たちの語ったこととして、オマーンからザンジュ地方のカンバルー島まで五〇〇ファルサフ（三〇〇〇キロメートル）であると記している（Masʿūdī 1861–77 : I, 205）。これは、イブン・ファキーフが示したのと比べて実際の両地域の距離（約三五〇〇キロメートル、おおよそ二週間の航海）と近しい。ただし、このような空間的な距離の短縮は、心理的な距離の短縮を導いたわけではない。文献にはザンジュ地方へ至るまでに渡航者たちが遭遇する危険性や驚異もまた如実に記されている。マスウーディーはザンジュ地方へと彼を案内した船乗りたちが皆、海難によって死んでしまったことに触れ、「実に私は多くの海を旅した。スィーン、ルーム、カスピ、イエメン、それらの海で私を襲った恐怖は多すぎて数えることのできないものである。しかし、私の述べたところのザンジュの海よりも怖いものは自分で見たことがない」(同前 : I, 234) と述べ、また、別の箇所では、そうした船乗りたちが、航路中のハーフーニー地方(おそらく、ハーフーン岬近辺。山アテ――航海中の指標となる地理景観――として知られる)の波を「盲波」、「狂った波」と呼んでいることに触れている(同前 : I, 232–233)。著者によれば、こうした表現によって、船乗りたちは「波が山々のように高く盛り上がり、この上なく深い谷のように沈み込み、波は崩れず、他の海での波のように砕け散って泡の立つことがないことを」言わんとしている(同前 : I, 232)。ザンジュ地方へ至る航路中の危険性は他の航海者たちからの伝聞として記される大魚の逸話などからも読み取ることができる。

　イスラーム化した地域のみを記述対象とするバルヒー学派がザンジュ地方を記述対象に組み込まなかったことはすでに述べた。しかし、現実には、この時期のアフリカ大陸東部沿岸では、萌芽的な段階であったが、イスラーム化がすでに進行しつつあった(Insoll 2003 : 161–172)。こうした事実もこの節の文献には反映されている。ザンジュ地方のイスラーム教徒については四文献すべてが述べている(Masʿūdī 1861–77 : I, 232, II, 126 ; Id. 1893 : 58 ; Sīrāfī 1811 : 132–133 ; ʿUmarī 1988–89 : II, 181–184)。ただし、そこに現れるイスラーム教徒は、どこかに特殊性や異質性を帯びていて、著者や情報提供者、また、読者との差異が強調される。マスウーディーによればカンバルー島のイスラーム教徒はザンジュの言葉を話していたし(Masʿūdī 1861–77 : I, 232)、『第二の書』は現地の説教師《ハティーブ》が説教を土地の言葉で行うことを伝えるが、アブー・ザイドはそれが「他の地域には見られない」と指摘する(Sīrāfī 1811 : 132)。また同文献には、野獣の皮で身を覆い、片足で立ったまま夜に至るまで一日中、説教をする信仰に身を捧げて善行に勤しむ人の記事もある(同前 : 132–133)。その一方で、ブズルクは別の船乗りを情報源として、ザンジュ地方の最果ての「ザンジュのスファーラ」を統治する、正則アラビア語を話しメッカ巡礼も果たしたイスラーム教徒の王の逸話を載せる(Buzurk 1883–86 : 50–60 ; ʿUmarī 1988–89 : II, 181–184)。この「ザンジュのスファーラ」は人肉を喰らう人々の住む土地として船乗りたちに恐れられていたのだが、情報提供者は難破した末にその地にたどり着いてしまった。しかし、予想に反して、土地の王は彼らをもてなし、好条件での商取引を認めてくれた。それにもかかわらず、船員たちは出航に際してその王を誘拐し、オマーンで奴隷として売却した。その後、再び、海難によってその船員がスファーラに降り立つと、その王と再会する。驚き、復讐を恐れる船員たちに王が語ったところによれば、彼は奴隷として売却された後、諸国を遍歴し、その間に正則アラビア語を習得し、イスラーム教に改宗し、メッカ巡礼も果たし、ナイル川を伝って自らの王国に戻ってきたのだという。このような模範的なイスラーム教徒が逸話中に登場しても、情報提供者の海難という偶然の結果としてそうした人物が登場する点には注意したい。また、こうしたイスラーム教徒が語られる際には、その存在がザンジュ地方において特殊であることは、しばしば繰り返される。たとえば、先述のカンバルー島のイスラーム教徒についても、マスウーディーは、彼らが「ザンジュ人の不信心者たち」のなかにいると述べている (Masʿūdī 1861–77 : I, 232)。

ザンジュ地方を記述対象として見なさない文献が生み出される一方で、確かに渡航者たちはザンジュ地方についてより具体的な情報を有しており、それらはこの節で紹介した文献に反映されていた。それらの文献においては、ザンジュ地方は気候帯観念から類推・記述される対象ではない。情報源としての渡航者の存在は、そこに記される情報の信憑性を底上げしたと考えられるし、前節で遥か彼方に位置づけられたこの地方は、より実距離に近い距離に位置づけられてもいる。しかし、その一方で、同じく渡航者たちによって伝えられるザンジュ地方へ向かう際の航路上の危険、そして、どこか異端的で異質なこの地方のイスラーム教徒の姿は、ザンジュ地方と情報提供者、著者、そして読者との心理的な距離を近づけはしなかったのである。

3　島嶼部の登場と混同

渡航者たちは、これ以降の文献においてザンジュ地方を語るうえで欠かせない情報源となっていく。たとえば、マルワズィー『動物誌』(一一二〇年頃) はヒンド (インド) にクローヴを買い付けに行く商人団などの海上商人や『海の書』と呼ばれる現在散逸してしまっている文献などに情報を求めており (Marwazī 1942 : 47–48)、ザンジュ地方については、たとえば、ナツメヤシの実で現地の子供たちをおびき寄せ、さらっていく奴隷商人について記事を残している (同前 : 47)。類似の記事は、後述するイドリースィーによっても記されている (Idrīsī 1994 : I, 61)。また、ビールーニー (九七三―一〇四八年)『マスウード典範』は、数理地理学的要素を強く持つ文献である。従来、この種の文献では掲載される地名についてプトレマイオスの著作の強い影響がうかがえ、たとえば、アフリカ大陸東部沿岸にはラプタのアラビア語転訛であるラーファーターがしばしば位置づけられた (Khwārizmī 1926 : 75)。それとは異なり、同文献ではカンバルー島が収録され、『インドの驚異譚』や『黄金の牧場と宝石の鉱山』と似た内容の情報がそこに付されている (Bīrūnī 1954–56 : 547)。教養文学の一種とされる『時代の情報』(一一世紀頃成立) では、多種多様な貝殻やカタツムリを宝石のように身にまとうザンジュの海の島々の人々が登場する (*Akhbār al-zamān* 1938 : 37)。この文献はその情報源を詳細に記していないが、タカラガイやビーズが同時代のアフリカ大陸東部沿岸で珍重されていたという考古学の知見 (Horton 1996 : 323–324) と記事内容の合致を指摘できる。このように、渡航者の情報を反映していると思しき記事や、考古学的知見と合致するような情報がジャンルを問わずに得られるようになる。

なかでも、ザンジュ地方の地理情報が飛躍的に豊富になるのが、イドリースィー『諸国横断を望む者の慰め』(一一五四年成立) である。シチリア・ノルマン朝のルッジェロ二世の命によって自らが作成した世界地図の解説であるこの文献は、知りうる限りの世界を体系的に記そうとする点で数理地理学的である。実際に、記述は気候帯ごとに分けられている。しかし、数理地理学の文献では各地名に関する記述が最小限にとどめられるのに対して、この文献は教養文学や「行政官たちの地理書」のように、各地名についてより詳細な情報を提供しているし、山アテなどの航海上の情報も見出すことができる (Idrīsī 1994 : I, 48)。

『諸国横断を望む者の慰め』では第一気候帯第七部を取り扱う章に主としてザンジュ地方の情報が記されており、マリンディ、モンバサ、バーニサの三つの地名を見出すことができる (同前 : I, 59–60)。この文献の特徴のひとつは、これらの間の距離が陸路と海路の所要日数で記されている点である。これに加えて、狩猟や鉄鉱山の存在など現地住民の生業、現地語と思しき語彙など、現地を知る者から情報を得ていたことを想起させる内容が含まれている。たとえば、マリンディに関連して語られる魔法使い（*sāḥir*）の現地語彙（MQNQā）は、スワヒリ語やニィカ語で「呪術師」を意味する *mganga* に対応すると考えられる（Trimingham 1964 : 5）。

同じ章には、これらのほかに複数の島――「ラーンジュの島々」に属する島として「シャルブーワ島」、「ウンジーヤ島」、「バーニサ」（上述のバーニサとは異なる）、「カルムー島」、「猿島」、「クトラバ島」――の情報が記されている（Idrīsī 1994 : I, 60–65）。ここに明確に見られるのが、東南アジア島嶼部とアフリカ大陸東部沿岸との混同である。その原因として指摘できるのは、この著者の地理観念である。彼はプトレマイオスに影響を受け、インド洋を内海とし、よって東南アジアとアフリカ大陸東岸とが近接していると考えていた。これに加えて、アラビア語表記におけるザンジュ、ザーバジュ（ジャワ）、ラーンジュの類似も考慮すべきだろう（Ferrand 1913–14 : 3–4 ; Tibbetts 1979 : 100–101）。混同の具体的な事例としては、たとえば、ザンジュ地方の沖に位置し、オマーン船が来島し、ザンジュ人と会話が可能な人々の住まうラーンジュの島々にはスィーン（中国）からの移住者が住んでいるという。イドリースィーの生きた一二世紀前半については、アフリカ大陸東部沿岸に中国商人が来航したという記録はほかには一切存在しない。他方、中国商人の東南アジア島嶼部への本格的な進出は一〇世紀半ばに遡ることが可能である（和田 1959）。このような記事の一方で、この諸島の一部であるウンジーヤ島には島民がウンクージャと呼んでいる町があるとするが、この島名自体がスワヒリ語でザンジバル島を示すウングジャに対応し、さらには、同島には六世紀から一一世紀ごろまで栄え、アッバース朝鋳造貨幣などの出土も確認されるウングジャ・ウクーが存在することから[6]、これをザンジバル島と比定することが可能だろう。

このように、イドリースィーの著作からは、アフリカ大陸東部沿岸に重なり合うようなザンジュ地方の具体的な姿を読み取ることができる。その一方で、島嶼部については、アフリカ大陸東岸の島嶼に関する情報を含みつつ、東南アジアに属するべき島嶼との混同が見える。ザンジュ地方の陸と海の対比――整然と記され、東アフリカ沿岸部を記していることが明らかに理解できるようになっていく陸と，そうではなく曖昧さにあふれる海——は，イドリースィー以降の文献のなかでより顕著に表れることになる。

4　陸と海との傾向の分化，驚異の行方

この節で対象とする文献は，世界の地名をアルファベット順に並べ，それぞれの地名について解説を加えたヤークート（一一七九—一二二九年）『諸国集成』，数理地理学的な要素と地誌的な要素を兼ね合わせたイブン・サイード『地理書』（一三世紀後半成立），この文献の影響が強く見られるアブー・フィダー『地理誌』（一三世紀末—一四世紀初頭成立），博物誌の代表作とされるカズウィーニー（一二〇三—八三年）『被造物の驚異』とディマシュキー（一二五六—一三二七年）『陸と海の驚異』である。

これらの文献でも渡航者からの情報は重要視されている。たとえば，イブン・サイード『地理書』は，イブン・ファーティマという船乗りから提供された情報を多く含んでいる。また，『諸国集成』の「ザンジュの海」の項目のなかに「ザンジュ地方を自らで見たことのある一人以上の人が私に語るには，天頂近くの高みには南極とスハイル星とが見えるが，北極星や北極，それに北斗七星はけっして見えない」（Yāqūt 1866–73 : I, 501–502）という一節があり，天体に関する詳細な情報も渡航者からもたらされていることがわかる。同様の情報は，『被造物の驚異』にも見られる（Qazwīnī 1849 : 120）。また，先述のハーフーン岬のほかにも「ハラーニー山」や「七つ頭」といった山アテもこの時期の文献で確認できる（Ibn Saʿīd 1970 : 81, 83 ; Abū al-Fidāʾ 1890 : 151–152 ; Dimashqī 1866 : 150, 151）。

『諸国集成』には現地の商習慣を読み取ることのできる項目もある。たとえば，「マクダシュー（モガディシュー）」の項目では，「もし商人が彼ら（マクダシューの住民）のもとを目指すならば，確実に彼らのなかの一人のもとに留まり，その人物に助けを求め，商人の指示のもとに仕事をする」とある（Yāqūt 1866–73 : IV, 602）。家島彦一が「客と主

人との契約関係」と呼ぶこのような商習慣（イブン・バットゥータ 1996–2002：第三巻、415–419）は、一四世紀に同地を訪れたイブン・バットゥータも述べており（Ibn Baṭṭūta 2006：I, 229–230）、一九世紀においてもソマリ沿岸部で見られた（Cassanelli 1982：156–157）。さらに、この文献はザンジュ地方の多くの地名を載せているが、その多くは実在の地名と同定が可能である。イドリースィーの伝えるモンバサやマリンディのほかに、キルワ、それからザンジバル島に同定できるランジューヤ、現在でもペンバ島の異称として通用する緑の島といった地名を拾い上げることができる。ランジューヤの項目には実際にザンジバル島の北西沖に位置するトゥンバトゥ島への移住について言及があり（Yāqūt 1866–73：IV, 366）、また、緑の島の項目中には、ムタナッビーとムカンバルーという二つの町が記されているが、現在では遺跡となっているムタンブウェ・ムクーとラス・ムクンブーにそれぞれ同定できる（同前：II, 75）。

『地理書』と『地理誌』のザンジュ地方に関する記事の大部分は、イドリースィーやヤークートの著作の当該部分と内容的にはほぼ変わらない。ただし、これらの文献では、イドリースィーの記したザンジュ地方近海の島々についてほとんど記述が見られない。逆に、驚異的なものに関する情報を豊富に含んだ博物誌『被造物の驚異』と『陸と海の驚異』にはザンジュ地方の陸地に関する記事はほとんどないが、島嶼部については、「燃える島」、「騒音の島」、「ひとつ眼の島」など多様な島々が取り上げられている。事典的な性格や数理地理学的な要素を持つ文献では陸上の町や村について多くの情報が記される一方、島嶼部に関する情報がそれほど見られず、逆に、博物誌においては陸上の情報がわずかで島嶼に関する情報が豊富に見られるという対照は、あたかも、この時期の文献において、ザンジュ地方の陸地から驚異が排除され、島嶼に驚異が集約されているようにも受け止められる。

なぜ、ザンジュ地方の陸地から驚異が排除されていったのだろうか。ここで参照すべきは、現実のアフリカ大陸東部沿岸の動向である。一二世紀から一三世紀はモガディシューをはじめとする多くの重要な港町の勃興期、ないしは再生の時期に当たっていたことが考古学的にも確認されており（Horton 1996：402–403；Insoll 2003：172–193；Wilson 1982：216–218）、交易量の増加やイスラーム教の拡大、近代スワヒリ語の萌芽を多くの研究者が認めている（Kusimba 1999：36；Middleton 1992：37；Powels 1987：22–24；イブン・バットゥータ 1996–2002：第三巻、425–427）。こうした背景のもとで、ザンジュ地方の陸地は地理文献において既知の地へと変化をしていき、これまで語られてきたような驚異の在処としての機能を失っていったのではないだろうか。

驚異はザンジュ地方の海上の島々へと引き継がれた。島嶼の普遍的な性格としてダグロンとマルタンが指摘するように、それ自体が「不可知で乗り越えられない境界である海洋と、可知であり文明と一体化する大陸とのあいだに位置する」「曖昧な地理」であり (Dagron and Martin 1971 : 217, 315)、なおかつ、ザンジュ地方へと至る航路の危険性は渡航者たちの情報が反映されるようになって以来、文献をまたいで繰り返されてきた。ここでの危険性とは具体的に海難を意味する。常に海難に出会う危険性と隣り合わせのザンジュ地方へと至る海洋のどこかに存在する「曖昧な地理」たる島嶼に驚異は集合させられていったのではないだろうか。事実、この時期の驚異文学でザンジュ地方近海に位置づけられる島嶼の多くは、海難とともに語られている。たとえば、『被造物の驚異』のひとつ眼の小人の住む島は次のような出だしで語られる。

> 馬具屋のヤァクーブ・ブン・イスハークアル＝スィーラーフィーが語って曰く「私はルーム人の男に会ったのですが、彼が語るには、『航海に出たところ、船がバラバラになってしまい、私は板きれにしがみつきました。そして、風に乗せられてこれらの島々のひとつにたどり着いてしまったのです［後略］』」。(Qazwīnī 1849 : 121)

このように、『被造物の驚異』では、ひとつ眼の小人の住む島は匿名のルーム人の海難譚として、なおかつ、伝聞の伝聞として登場する。この文献では、ザンジュ地方の海に位置づけられる四つの島のうち三つがこのような海難譚の形式で語られている (同前 : 120–121)。これは、第2節で紹介した一〇–一一世紀の文献に見える海難譚が、船乗りと模範的なイスラーム教徒とを結び付けていたのとは対照的である。

驚異は、ザンジュ地方のその先にも行き場を与えられた。それがスファーラ地方である。すでに述べたように、ザンジュのスファーラという地名は一〇世紀までの文献でしばしば見つけることができたが、一一世紀以降の文献では、スファーラ地方としてザンジュ地方とは別にして語られることが多くなる。イドリースィーが明確に記すように、空間的にスファーラ地方の最果てのさらに南に位置づけられた（Idrīsī 1994 : I 60）。そのスファーラ地方には、イドリースィー以降、いくつかの具体的な地名が位置づけられもしたが（Ibn Sa'īd 1970 : 83–85 ; Abū al-Fidā' 1890 : 152）、同時期のザンジュ地方に出てくる地名と対照的に、それらに同定しうる遺跡はいまだに報告されていない。また、一二世紀以降、ザンジュ地方の情報として語られなくなっていく異教徒や、ハエを喰らう人間などの存在を指摘する文献も存在する（Ibn Sa'īd 1970 : 83 ; Qazwīnī 1848 : 29）。

興味深いのは、ザンジュの地に関しては驚異を排除し、ザンジュの地の近海の驚異についても口を閉ざす『地理書』と『地理誌』もスファーラの地については記載があり、時にハエを喰らう人間やザンジュの地では語られなくなっていく異教徒の存在などの情報が得られる点である。このように、ザンジュの地に棲み処を失った驚異は、しかし、その一方でこの地方のいまだ詳細の知られぬその南方に、あるいは、この地方の海のどこかにある島嶼に新たな居場所を獲得していったのである。

おわりに

一三三三年にイブン・バットゥータがモガディシューやモンバサ、キルワを訪れた際、彼はたびたび、現地の人びとの敬虔さやスルターンの寛大さ、町やモスクの壮麗さに驚嘆している（Ibn Baṭṭūṭa 2006 : I, 230–233）。彼の驚きは、これまで本章で見てきたザンジュ地方の陸地を舞台にして語られてきた驚異――巨鳥やどこか異質なイスラーム教徒の姿――とは明らかに異なっている。端的に言えば、彼の驚きとは、それが称賛へと連続する驚きであり、巨鳥や異質なイスラーム教徒の姿は――たとえそれらを創造した神へ向けられても――それそのものへの称賛に連続しない。ザンジュ地方は新たな驚異を獲得したのである。

ザンジュ地方の陸地が既知の場所となり、交流の増加やイスラーム教の浸透によって著者との心理的距離を縮めていく過程で、それまで語られてきた驚異は語られなくなっていった。しかし、それらは人々の頭のなかの地図から消失したわけではない。それらの驚異は、既知となりつつあるこの地方の南に作られた、いまだ詳細の知られぬスファーラ地方、そして、不可知と可知とが混在する海のなかの島とに居場所を与えられたのである。隠喩的な地理学の発露としてある地域のイメージの変遷を追っていく作業は、あたかも現実の歴史のその裏側で絶えず展開するもうひとつの歴史を追う作業にほかならない。その双方を一望にしたときに私たちはより豊かな歴史との関係を築くことができるのであろう。

注

(1) なお、L字の縦棒に相当する部分の内陸部に描かれているのがナイル川である。

(2) 以上のような発想は、赤坂憲雄や多木浩二のいう「隠喩的な地理学」を参考にしている。「隠喩的な地理学」では、あらゆる遠近関係が「自己からの距離(社会的距離)を唯一の基準としてはかられ、決定される」(赤坂 1992: 253)。多木の言葉を借りれば、隠喩的な地理学とは「人びとが想像力の中で世界を切り分ける仕方」なのであって、それによって、「空間は意味を持った世界になる」(多木 1992: 18)。

(3) ここでの気候帯とは、ギリシア語に由来するイクリーム *iqlīm*(複数形 *aqālīm*)――二つの緯度の並行圏に挟まれた地帯――を意味する。アラビア語地理文献では、一般に人間の居住可能な地球上の四分の一が南から北へ七つの気候帯に分けられていた(竹田 1997: 62)。

(4) この文献については永らく唯一の写本が知られていたが、近年、これとは別の新たな写本が発見された(ブズルク・ブン・シャフリヤール 2011: I)。そのため本章では校訂本(Buzurk b. Shahriyār)と併せてイスタンブールのスレイマニエ写本('Umarī)を参照する。参照にあたってはアラブ・イスラーム科学史研究所出版物イスラーム地理学写本復刻叢書C('Umarī 1988-89)を用いる。

(5) ヨーロッパの文献においては、巨大蟻の驚異譚が「東方」に位置づけられていることは興味深い(本書第III部第2章参照)。

(6) 考古学調査については、Juma 2004 を参照せよ。

第7章　ピラミッドという驚異

亀谷　学

はじめに

ピラミッドとは、エジプトのナイル川流域に建設された大規模な石造の四角錐様建造物である。と、抽象度の高い定義づけを提示せずとも、おそらくほとんどの方は、その単語を聞いただけでギザに聳えるあの建造物のイメージを思い浮かべることができるだろう。紀元前五世紀半ばにハリカルナッソスのヘロドトスがその著書である『歴史』に記して以来、多くの人々がこの奇妙な建造物を見て驚き、自らの言葉でそれについて書き残してきた。

ピラミッドは古代から現代にいたるまで、その存在を多くの人が目にすることができた稀有な「驚異」である。そして常に、「単純に説明しきれない謎」があるという印象を与え続けてきた。それは、古代遺跡に対してあまり興味を示すことがない（あるいはむしろ敵対的である）という印象のあるイスラーム教徒についても例外ではなかった。

本章では、現在にいたっても解明され尽くされていない「驚異」としてのピラミッドが、中世イスラーム世界においてどのように認識され、また中世イスラーム世界の人々が、ピラミッドという「驚異」に対してどのようにアプローチしてきたのか、という点を検討することとしよう。

1　ピラミッドの驚異性

そもそもピラミッドが「驚異」であるという言説はやや捩れた来源を持っている。もともとピラミッドは、その他の古代の巨大建築とともに、「世界の七つの見るべきもの、必見のもの *Theama* (*Theamata*)」として称えられていた。しかしそれがやがて、似た語である *Thauma* (*Thaumata*) ＝「驚き、驚異」へと変化して、「世界の七つの驚異、七不思議」として認識されるようになったという (Clayton and Price 1988 : 4)。

中世イスラーム世界においてもピラミッドの威容は広く知られていた。西暦九世紀以降、地理書や旅行記を初めとして多くの書物に驚異 (*ʿajāʾib*) である建造物としてピラミッドが言及されている。中でも、西暦一三世紀のエジプトでピラミッドに関する書物を記したイドリースィーは、この「必見のもの」としてのピラミッドを端的に示すような逸話を採録している。それは、マグリブからやってきた若いウラマー（イスラーム知識人）がメッカを巡礼したにもかかわらず、エジプトでピラミッドを見ずにひたすらイスラームの伝承を聞き伝えることだけに専念して、マグリブへと帰ってくると、彼の師にピラミッドを実際に見ずに帰ってくるとはなにごとだ、「書物を私に読み聞かせるためならば、今日限りで、私のもとに来るな」と叱責され、彼はすぐにピラミッドを見るために再びエジプトへと急行した、というものである (Idrīsī 1991 : 14–15)。この逸話は、旅において驚異を実際に見るということの重要性を示すと同時に、中世イスラーム世界では、ピラミッドはその近くを旅したなら「必見」である「驚異」だと見なされていたことが窺える逸話となっている[1]。

ピラミッドという呼び名は、ギリシア語に由来している。それは、ケーキ菓子の一種の名であったが、その形状が似ていたことからそう呼ばれるようになったと言われている。古代エジプトにおいてはメル (M-R) と呼ばれていたようである。一方、アラビア語ではハラム (*haram*) という語で示されており、複数形はアフラーム (*ahrām*) となる[2]。ハラムやアフラームはピラミッド一般を指す語として用いられているが、とりわけ多くの人々が目にしたであろうギザのピラミッドのことを特に指していることも多く、またそれがアラビア語の双数形ハラマーン（*haramān*）、すなわち「二大ピラミッド」（クフ王とカフラー王のピラミッドを指す）として言及されることもまま見られる。

さて、人々がピラミッドを「驚異」と感じる際に、具体的になにをもってそう認識していたのであろうか。それはピラミッドが単純に巨大な建造物であるということもあろうが、加えてそれが持つ不変性、永遠性による部分が大きいと考えられる。遥か昔から変わらぬ姿でそこに存在するということに対する畏敬の念は、詩人ムタナッビーが詠んだ詩の中にも現れている。

　ピラミッドを造りし者はいずこ
　その民も、その御代もすでにないが、死すこともない（同前：18）

この詩句は、ピラミッドを建造した人々がいなくなっても、ピラミッドだけは変わらずそこにあるということへの感嘆を表現したものであろう。

また、ピラミッドの永遠性に関しては、以下のような言葉を伝える伝承もある。

　私たちは二つのピラミッドを六ヶ月で建てた。私たちの後で、それらを六〇〇年かけて壊そうとする者に言え。破壊は建設より容易だろうと。私たちはそれらを色のついた絹織物で覆った。それらをむしろで覆ってみよ。むしろは絹織物よりたやすいだろうと。（Abū al-Ṣalt 1991：33）

ピラミッドの内部にはこのような建設者からの「挑戦」の言葉が書かれているとも言われていたようだ。これはピラミッドを破壊することの困難さ、その永続性に対する賛辞であるとともにそれを造った者へ畏敬の念を表すべく語られた物語であろう。

もうひとつ、ピラミッドが驚異として見なされる際に取り上げられる要素として、ピラミッドの中に古代の知識が隠されているという逸話がある。例えば、イスラーム世界の地理書として最も古いもののひとつであるイブン・フルダーズビフ（八二〇年頃─九一二年）『諸道と諸国の書』には、「建造物の驚異（*'ajā'ib al-bunyān*）」のひとつとして、ピラミッドが言及されている。

二大ピラミッドはエジプトにある。その二つのそれぞれの頂上までは、四〇〇ズィラーウであり、上に昇るほど細くなる。二つとも大理石でできている。長さは王のズィラーウで、四〇〇ズィラーウ、幅は四〇〇ズィラーウである。その二つのピラミッドには、古代ヒムヤル文字（*al-Musnad*）で、医術と星に関するあらゆる魔術と驚異が書かれている。（Ibn Khurdādhbih 1889 : 159–160）

ピラミッドや他のエジプトの古代遺跡に記されていたヒエログリフなどの古代エジプト文字は、中世イスラーム世界においては概ねイスラーム以前の南アラビアで用いられていた「古代ヒムヤル文字」として認識されており、その文字によって驚嘆すべき古代の知識が記されていると考えられていたのである。また、多くの場合、それらの知識は、古代の賢人王、特にヘルメス・トリスメギストスとして知られる存在によって残されたものであると考えられていた。(3)このように、ピラミッドは中世イスラーム世界において巨大さ、永遠性、古代の知恵の保存、といういくつかの要素から畏敬の対象となっていたと考えられ、ときにはエジプトの民衆が参詣する対象になっていたとも言われる（Ohtoshi 2001 : 23–24）。

2　ピラミッドへのアプローチ

このように認識されていたピラミッドに対して、様々なアプローチでこの驚異に迫ろうという試みが行われた。それは単にこの驚異を「見る」ことだけではなくて、その驚異を理解したり、利用したり、あるいは排除しようとするものであった。

中世イスラーム世界において、ピラミッドとのかかわりが最も有名であるのは、アッバース朝カリフ・マアムーンであろう。マアムーンはエジプトで起こっていた反乱を鎮め、安定的支配をもたらすという政治的な理由で八三一年に自らエジプトにやってきたが、その際、ピラミッドに多大な関心を持ち、調査を命じたという。伝えられるところによると、マアムーンは技師たちに命じてピラミッドに穴を穿たせ、それによって内部への侵入に成功したと言われる (Idrīsī 1991 : 31–35)。そして、それがクフ王のピラミッドの中腹にある「マアムーンの通用口」であるとされ、現在でも観光客としてクフ王のピラミッドの内部を見学する際には、そこを通って内部通路まで入っていくことができるようになっている。

マアムーンの後にも、エジプトを支配した将軍アフマド・ブン・トゥールーンやムハンマド・ブン・トゥグジュなどがピラミッドの内部を探索させようと、人を送り込んだという逸話が残っている (Ibn Khurdādhbih 1889 : 159 ; Masʿūdī 1861–77 : II, 417–420 ; Idrīsī 1991 : 36–37)。彼らの目的についてはそれほど明らかではないが、マスウーディーによると、「財宝を求める人々の一団、すなわち遺跡を掘り、エジプトの国の地中に残された過ぎ去った諸王と諸民族の宝物庫と財宝を探求することを好むものたち」(Masʿūdī 1861–77 : II, 417) に関する情報を聞いたことからムハンマド・ブン・トゥグジュが調査に乗り出したということであるので、単純に財宝目当ての行動であったのかもしれない(4)。

一二世紀末に成立したアイユーブ朝期には、ピラミッドを破壊することを目的とした計画が立てられたようである。十字軍との戦いで有名なサラディンは、初めギザの大ピラミッドを破壊して石材を橋や城塞などの建設に用いようとしたが、結局上手くいかずにそれをあきらめ、かわりにそれよりも小さなピラミッドを破壊してそれに当てたという。また、サラディンの子であるマリク・アズィーズの時代にも、ピラミッドを破壊しようという計画が立てられ、特別に予算を組んだ上で多数の石切師や石工、鉄工などが集められ、作業が開始されたという。しかし、次第にその破壊に要するコストが明らかになってくると、どう考えても破壊し去ることは不可能であるという結論に達し、沙汰やみになったとされる (Idrīsī 1991 : 39–43)。

このように、アイユーブ朝期にはピラミッドを破壊しようという動きが見られたのであるが、一方で、より深くピラミッドのことを知ろうとする方向への動きも行われた。例えば、それまでの多くの地理書においては、ギザの二大ピラミッドはどちらも変わらぬ大きさを持ち、底辺一辺の長さと高さは同じであるとされていたが、これを計測し直そうと試みた者たちがいた。そして、その際には、

私は二つのピラミッドの測量について、限界まで精度を高めようとした。それというのは、二大ピラミッドの、地面に接している一つの角がでこぼこしているからである。私は一方の面に棒を置き、その棒の上に対して、もう一つの棒をもう一方の面から伸ばし、私にとって正確であると思われるまでそれを調整した。二つの棒の先が出会うところこそが、角として定められる場所だからである。(同前：68)

というように、できるだけ正確に計測しようという姿勢があったことが窺われる。

またピラミッドやエジプトの古代遺跡そのものや、それに書かれた文字や絵に関しても、分析が行われていた形跡がある。イブン・ハラビーは、それらの文字について様々な場所で見た経験からいくつかの種類に分類できるということを指摘しているし、建築物そのものについても、ピラミッドや地下墳墓の遺跡、ミニヤやアイン・シャムスにある遺跡は、他の場所にある遺跡とは質の違いがあるということを指摘するほか、それらの古代遺跡の石材がイスラーム以前の修道院などにも転用されていた形跡があることまで指摘している(同前：106–108)。

3　中世イスラーム世界のピラミッド学の集大成

アイユーブ朝第五代のスルターンであるカーミルの時代に、上記のようなピラミッドにかかわる経験を集成した書物が記された。すでに本章においてもそこから何度も引用を行ってきたが、アブー・ジャアファル・ムハンマド・ブン・アブドゥルアズィーズ・フサイニー・イドリースィーによる『ピラミッドの秘密の開示についての天体の神々し

き光』（以下『ピラミッドの秘密』）である。著者のイドリースィーは、ノルマン王国ルッジェロ二世のために作成された世界地図で有名なあのイドリースィーではなく、上エジプトで生まれ育ち、古代エジプトの遺跡に子供の頃から親しんでいた人物で、一二二六年から一二三一／二年の間にこの著作『ピラミッドの秘密』を執筆したとされる。

この『ピラミッドの秘密』はおそらく史上初のピラミッドに関する専著であり、前近代のイスラーム世界において最も詳細にピラミッドについての情報を収集し、様々な側面からピラミッドに迫っている。

その内容は、七章に分類され、①古代遺跡探求の正当化を助けるようなクルアーンやハディースからの引用、②カリフ、スルターン、ウラマー、あるいはヨーロッパからの使者といったピラミッドを訪れた様々な人々の逸話、③ピラミッドに関する地理的な情報や実測にかかわる話、④ピラミッドの語源やいつ誰がなんのために建設したのかという問題と考察、⑤ピラミッド建築の状況と終末における状況についての逸話、⑥それ以外のピラミッドに関する諸々の不思議な話、⑦ピラミッドに関する詩、としてまとめられている[5]。

特に第四章では、ピラミッドの建設者は誰か、また建設の理由はなにかということについての伝承や仮説の列挙とそれに基づく推論が行われており、近代歴史学の論文を彷彿とさせるような流れで考察が行われている。以下、その議論の流れを簡単に確認してみよう。

まずイドリースィーは彼の入手し得たピラミッドの建設者に関する二〇ほどの説（伝承）を列挙する。そしてすべての説を列挙した後に、それらの伝承を分類しつつ、消去法的に絞り込みを行ってゆく。

第一の分類基準は、それがノアの洪水の前に建設されたものなのか、後に建設されたものなのか、というものである。後者に分類されたものとして、古代アラビアに存在したと伝えられる巨人族・アード族の王であったシャッダードが建造したとする説、古代エジプトの三〇人の王たちによる建造説、アリストテレス建造説などがあるが、主にその伝承を伝えている者たちの信頼性に疑問があるとして退けている。

その次の分類基準として、「ピラミッドの建設者の名はわかると考える人々」と「ピラミッドの建設者の名を知るすべはないと考える人々」かどうかによって分類し、考察を行う。イドリースィーは後者の考えを支持する人々について、彼らは極めて古い時代に建てられたという点で一致しており、また彼らの中には、ピラミッドの建設時には鷲座のアルタイルが巨蟹宮にあったとする者たちがいると述べる。そしてそれを歳差運動による恒星と黄道十二宮のずれに基づく年代計算から、現在より二万年前に建てられた計算になるということを導き出している。イドリースィーは、それがモーセに下された旧約聖書の年代計算と合わないということからこの説を否定している(6)。

そして、最後に残った「洪水とピラミッド建設の年代的近さを主張する人々」の説として、二つの説を認める。それはピラミッドの建設者を「イドリースである」とするものと「スーリードである」とするものである。イドリースとは、クルアーンにも登場する古代の預言者であり、イスラームの伝承においては旧約聖書のエノク、そして古代知識の体現者であるヘルメス（・トリスメギストス）と同一人物であると認識されていた人物である。イドリースィーが取り上げた各説の中には、この三人の同一性を明言しないものもあるが、この議論の部分では同一人物であることが自明のこととして扱われている。

一方スーリードは、古代エジプトの王であるとされるが、この著作においてはその年代や具体的な位置づけは曖昧である。このスーリードによる建設説は、特に「コプトの伝承」と結びつけて語られるものが多く、これをエジプト土着の伝説が継承されたものと見なす考えがある (Fodor 1970)。

イドリースィーは、これをイドリースに帰する説が人々の間で多数を占めているということを述べつつも、「この二つの説（イドリース説とスーリード説）をまとめることは、可能であり (*mumkin*)、二つは遠いものではない (*ghayr baʿīd*)」とする。

しかし結局はイドリースがピラミッドの建設者であるという説を最終的な結論として次のように述べている。

以下のようなことが受け入れられるだろう。イドリースは、地上に広まる天から下った災厄、すなわち地上にいる動物すべてを絶滅させる洪水の発生によって、地上の様々な知識が消え去り、図画が消し去られ、学識あるものたちが消え去るとともに有用な知識がなくなってしまうことを恐れた。そのため、「その中に描かれたものを」

手本として写し、知識を学び取ることができるように、ピラミッドや、地下墳墓を建造したのである。そして、彼の時代の、またその直後の時代の人々に、それに似たものを作ることを呼びかけた。つまり、彼がそれを建造することを命じたので、彼に由来するものとされたのである。(Idrīsī 1991 : 113)

このイドリースィーの結論については、当時の時代背景を考え合わせることでよく理解できることになる。おそらくは、「ピラミッドの建設者はイドリースである」という彼の結論は、この議論が形成される前から、かなりの部分決定されていたのではないかと思われる。彼がこの書を執筆した時代は、これらの古代遺跡に対する批判的な言動が徐々に強まってくる時代であった。それは、そもそもそれらの古代遺跡が、イスラームでは反一神教的な圧政者として認識されている古代エジプトのファラオと関連するものと考えられていたためである。それに対して、彼の著作全体に、これらの遺跡を保存することに対する弁明が書かれており、イドリースの伝説そのものも「知識の保護」という観点が主要なモチーフとなっている。そのような意味では、「文化財保護」という視点から遺跡の重要性について提出された「報告書」であるという見方もできるだろう(Haarmann 1980 : 60–64)。

その観点から考えると、イドリースィーが列挙した伝承の中で「ヘルメス」のものとして語られているものも、すべて「イドリース」として解釈されていることも、その来源をイドリースという「イスラームの預言者」として位置づけることによって、「イスラーム的な正しさ」を、ピラミッドをはじめとする古代遺跡に帯びさせることを目的としたものであろう。

しかしながら、イドリースィーには「スーリード」説を無下に切り捨てられない事情もあった。「スーリード」説はおそらく外から持ち込まれたものでなく、その起源がいつかは確定できないが、エジプトにおいて内生的に生まれた伝承であると考えられ(あるいは当時そう信じられており)、イドリースィーより後の時代の著者たちの中で主要な説と見なされてゆく。そしてイドリースィーの姻戚であるイブン・マンマーティーが、ピラミッドの破壊を目論んだマリク・アズィーズに対して献呈したピラミッドに関する論考の中で、スーリードをピラミッドの建設者とする説を採

っていたことも、「スーリード」説を決定的に批判できない大きな要因となっていただろう。(7)

このように、古代遺跡に対する攻撃が強まっていく中で、主流になりつつあり、前代の重臣でもあった姻戚が採用した「スーリード」説を否定することなく丸め込むような形を取りつつ、イドリースを介して古代遺跡をイスラームに結びつけて、その保存・保護を正当化しようという複雑な思惑が、この議論の「結論」に現れていると考えられるのである。

むすびにかえて

本章では中世イスラーム世界においてピラミッドがその巨大さや永遠性、古代の知恵を内包するものという観点から驚異として認識されていたこと、また中世イスラーム世界の人々がピラミッドという驚異に対して内部探査、破壊、その意味の理解など様々なアプローチを行ってきたことについて論じてきた。イスラーム世界においてはイドリースィー以降にこれをさらに深化させるような探究は行われなかったようであり、ピラミッドという驚異を究め尽くす営為は、やがて訪れるヨーロッパの人々が担ってゆくこととなったのである。とはいえ、本章後半で取り上げたイドリースィーの著作の中に見られる諸要素には、近世以降ヨーロッパで盛んに行われる「古代学」の萌芽となりうるようなものが含まれていたようにも思われる。それが継承されなかったことは、なにかイスラーム世界における驚異への関心の消長と軌を一にしているような印象も受けるが、それについてはさらに様々な角度からの考察が必要となるだろう。

注

（1）ただし旅行記の中にはカイロを訪れているにもかかわらず、ピラミッドについてまったく触れていないものもある。
（2）アラビア語としてのハラムの意味は「古い」「老年の」というものであるが、この意味からピラミッドを表す語として使われるようになったかは不明である。
（3）ただし、中世イスラーム世界におけるヘルメス伝承、ヘルメス認識はかなり複雑な様相を呈している。van Bladel 2009を参照。
（4）中世イスラーム世界においても古代エジプトの遺跡を狙う盗掘者／トレジャーハンターや彼らが参考にした手引きの存在が確認できる（El-Daly 2005 : 35-42）。
（5）この著作の具体的な内容については、アラビア語テクストの校訂者による紹介論文がある（Haarmann 1991）。
（6）この年代計算はすでにトゥースィー『被造物の驚異と万物の珍奇』の中でも試みられたもので、「現在」までの年数も一致している（トゥースィー 2009- : 2, 419-420 ; 5, 476-477）。
（7）イブン・マンマーティーはアイユーブ朝政権の行政面での高官であったが、彼はコプト系からの改宗者の家系の出身であり、スーリード伝承がエジプト在来のものであることを補強しているようにも思われる。

第8章　ペルセポリスとイスラーム世界の「七不思議」

守川知子

はじめに

「ペルセポリス」というイランにある遺跡をご存知だろうか。この遺跡は、一九七九年にイランのユネスコ世界遺産第一号として登録され（同時に登録されたのは、古都イスファハーンとエラム期の神殿跡チョガザンビールの計三件）、イランのみならずユーラシア世界を代表する古代の巨大宮殿遺跡である。「ペルセポリス」とは、ギリシア語で「ペルシア」の「ポリス（町・城砦）」という意味をもち、現在のイランではペルシア語で「タフテ・ジャムシード（ジャムシードの玉座）」と呼ばれている。

イラン南部のファールス（「ペルシア」の語源）州にあるペルセポリスは、アケメネス帝国（前五五〇―前三三〇年）のダレイオス一世（在位前五二二―前四八六年）によって建設が開始された。ダレイオスが権力を掌握し、各地の勢力を鎮圧した紀元前五二〇年ごろにこの宮殿の建設に着手した後、息子のクセルクセス（在位前四八六―前四六五年）、および孫のアルタクセルクセス（在位前四六五―前四二四年）によって宮殿は増築・拡張された。その敷地は、アテネのアクロポリスの四、五倍の大きさを誇る一二万五〇〇〇平米もの広さがある。「アパダナ」と呼ばれる二〇メートルの列柱が林立する巨大な謁見の間や、人びとを迎える「万国民の門」「大階段」が訪れる者の目を惹き、巨大な壁面には、有翼スフィンクスや玉座に座す王、各地から特産品を手にして朝貢に参内する等身大の人物像といった非常にリアルで具象的なレリーフが施されている。ほかにもペルシア伝説の霊鳥ホマーや咆哮する獅子の柱頭などが残り、オリエントを制したアケメネス帝国の繁栄ぶりを偲ばせる。

だがこの巨大な宮殿は、紀元前三三一年に、マケドニア出身のかのアレクサンドロスによって火を放たれて破壊されてしまう。ギリシアの歴史家ディオドロスによると、「ペルシア帝国の首都であるペルセポリス」は、「太陽の下では最も裕福な都市」であり、アレクサンドロスは三〇〇〇頭のラクダを使って一二万タラントンもの金銀・財宝をこの宮殿から略奪したという（ディオドロス 2012：145–146）。これほどまでの財宝が蓄えられていた大帝国の宮殿は、アレクサンドロスによる放火の後、滅亡したこの大帝国の存在とともに砂に埋もれて歴史の表舞台から消えゆくこととなり、その考古学的発掘は二〇世紀初頭まで待たねばならない。

では、この壮大な宮殿跡は、アケメネス朝滅亡後、どのように受け止められたのだろうか。ここでは簡単に、「ペルセポリス」のその後の軌跡をたどってみよう。

1　イスラーム世界の「七不思議」に見る「驚異の建造物」

一〇世紀ごろのイスラーム時代初期のアラビア語やペルシア語の地理書では、ペルセポリスは、実はほとんど認識されていなかった。この時期の地理書の特徴として、地方ごとの地形や町、道程といった地理的情報に加えて、当地の産品や「驚異《アジャーイブ》」が挙げられているが、そこでの「驚異」は、もっぱら「巨大」もしくは「精巧精緻」な「建造物」が対象となっている。

「建造物の驚異」として思い起こされるのは古代ギリシアの「七不思議」であろう。すなわち、ギザのピラミッドやオリュンピアのゼウス像、バビロンの空中庭園やエフェソスのアルテミス神殿、アレクサンドリアの灯台など、当時の技術を駆使した「巨大建造物」こそが「七不思議」と讃えられた。これらは主に古代ギリシア・ローマ世界の中心であった地中海世界に広がっているが、イスラーム時代に入り、政治の中心が西アジアに移ってからは、これら古代ギリシアの「七不思議」と同じく、イスラーム世界においても「建造物」が対象となる「七不思議」が生み出された。もっとも、アラビア語の地理書に記される「驚異の建造物」は七つに限定されることはなく、枚挙にいとまがない。たとえば現存するアラビア語地理書の中で最も古いイブン・フルダーズビフの書（八八五年筆）は、「建造物の驚異（*'ajā'ib al-bunyān*）」として以下のいくつかの項目を挙げている（Ibn Khurdādhbih 1967 : 159–170）。

①エジプトのピラミッド、②ローマとアレクサンドリアの建物、③ファラオの町メンフィス、④ファーミーヤ、タドゥムル、バアルバック、ルッドの競技場、⑤アイン・シャムスの円柱、⑥スーサ城、⑦［ローマ人によると］石造建築ではウルファの聖堂、木造建築ではマンビジュの聖堂、大理石建築ではアンタキアのアーチ、石片建築ではホムスの聖堂、⑧［以下自説では］石膏と焼成煉瓦建築ではマダーイン（クテシフォン）のホスロウ王の巨大ヴォールト（イーワーン）、⑨クーファのバフラームグール王のハワルナク城、⑩最も堅固な石造ではシューシュタルのシャードラヴァーン橋、⑪［ホスロウ王と名馬］シャブディーズの浮き彫り壁画、⑫ゴグとマゴグの防壁

この中で①から⑤と⑦はエジプトからシリア、ローマの東地中海に、⑥と⑧から⑫はイラクやイランの西アジアに展開している。

また同時期の別の地理書（一〇世紀初）では、ある人物の説として「世界の驚異（*'ajā'ib al-dunyā*）は四つ」とし、アレクサンドリアの灯台鏡、アンダルスの銅の騎馬像、アード（巨人族）の銅製の塔と騎士、ローマの銅の椋鳥と木が挙げられ、また「建物・館の驚異」では、アンダルスやホラーサーンの館、エジプトのピラミッド、アレクサンドリアの灯台、アイン・シャムスの円柱が挙がる。さらに、チベット、ザンジュ（ザンジバル）、マッスィーサ、バフライン（バーレーン）、メディナが摩訶不思議な特徴ある「驚異の町」とされ、そして最後に、ウルファの聖堂、マンビジュの聖堂、アンタキアのアーチ、ホムスの聖堂、マダーインの巨大ヴォールト、シューシュタルのシャードラヴァー

ン橋、シャブディーズの浮き彫り壁画、ゴグとマゴグの防壁と、先のイブン・フルダーズビフの記述に準じたものが挙げられている (Ibn Rusta 1967 : 78–83)。

　このように、当時のイスラーム世界で考えられていた「建造物の驚異」には、アレクサンドリアの灯台やピラミッドのように、東地中海の古代ギリシアの七不思議と共通するものがある一方で、西アジアやチベット、東アフリカに広がる様々な驚異《アジャーイブ》が伝えられていることが明らかとなろう。

　だが西アジアの「驚異《アジャーイブ》」が多数挙げられているこの中に、あれほどの巨大建造物であるペルセポリスはまったく現れないのである。九〇三年に執筆された別の地理書は、「現存する驚異」をまとめているが、そこにもペルセポリスに相当する遺跡は見あたらない (Ibn al-Faqīh 1885 : 50–51, 255)。そもそもペルセポリスは、アレクサンドロスが遠征し、数多の財宝を略奪するまで、その存在はギリシア人には知られていなかった。イランの奥地に位置し、その機能が国家祭祀にかかわるものであったためと言われる (上岡 1999 : 233)。現在もペルセポリス周辺に町などはないため、当時の地理書の作者たちに遺跡が認識されていなかったとしても仕方のないことかもしれない。だが、この時期、ファールス地方を中心にイランとイラクを支配したブワイフ朝（九三二―一〇六二年）の君主アドゥドゥッダウラ（在位九七八―九八三年）の「サイン」がペルセポリスの一画に残されていることから、一〇世紀末にはその廃墟の存在が地元や近郊の人びとに知られていたことは確かである。

　その一方で、話は少しそれるが、上述のイブン・フルダーズビフの一二件の「驚異」のうち、大半が当時「現存」していたものであることは注目に値する。なかでも西アジアのものとして新たに加えられている「マダーイン（旧名クテシフォン）の巨大ヴォールト」は、イラクのバグダードに近いティグリス河岸に位置するサーサーン朝（二二六―六五一年）の首都の宮殿遺構であり、またシューシュタルの橋やシャブディーズの壁画、ガスレ・シーリーン城はサーサーン朝時代の遺構である。さらにアケメネス朝の王都（冬の都）であったスーサ城を含め、これらはいずれもイラク国境に近いイラン側に今日にいたるまで現存している（ちなみにシューシュタルの橋は二〇〇九年にイランで一〇件目の世界遺産として登録され、スーサ城は二〇一五年に、またガスレ・シーリーン城やホスロウ王と名馬シャブディーズの壁分に「驚異」だったということであろう。

時代に建設され、そして自分たちの眼前に「現存」している巨大建造物は、ピラミッドや万里の長城ならずとも、十

画は暫定リストに掲載中である)。当時の人びとにとって、いつの時代のものであれ自分たちの与り知らない「古き」

2　「スライマーンのモスク」としてのペルセポリス

一〇世紀前後の地理書では十分に触れられなかったペルセポリスであるが、記述が皆無だったわけではない。たとえばいくつかの書では、明らかにペルセポリスと思しき場所が、「スライマーンの礼拝所(モスク)・遊技場」として現れる(Iṣṭakhrī 1889 (1967) : 123 ; Ibn Ḥawqal 1938 (1967) : 277–278)。スライマーンは言うまでもなく、旧約聖書に現れるソロモンのことである。

少し時代が下って一二世紀末のペルシア語「驚異集成」であり、かつ本書でもたびたび取り上げられるトゥースィーの『被造物の驚異』には、次のようにある。

スライマーンのモスクはイスタフルから一ファルサング[約六キロメートル]のところにある。高楼のモスクで、はしごを使って登る。内部にはスライマーンの肖像が描かれ、奴隷たちがその前に整列している。一〇枚の壁画があり、人の顔、象の耳、馬の尾が描かれている。偉大なモスクであり、有名である。(トゥースィー 2009- : 5, 371)

イスタフルはファールスにある。スライマーンの国都であり、彼の軍営地があった。イスタフルの宮廷には千本の金の支柱と千本の絹の綱でもって彼の天幕が張られていた。刻時の度に、百の金の太鼓が百のラッパと百のシンバルとともに打ち鳴らされ、ジンや人間、猛獣や野獣や鳥といったあらゆる種族や動物たちが彼のもとに仕え

図1　ペルセポリスの「朝貢の図」レリーフ（筆者撮影）

た。世界の四方八方から王たちが彼のもとに税を届け、世界各地から貢物がイスタフルに運ばれた。（同前：379）

スライマーンは風を操り、鳥や動物と話す能力を有した。そして妖霊・妖魔のジンをも仕えさせたことで有名である。また「イスタフル」は、ファールス地方で最も古い町と言われ、ペルセポリスから約五キロの距離に位置する。イスラームの勃興時に反乱を起こして廃墟となるまでは、ここがファールス地方の中心都市であり、かつインドやペルシア湾に通じる街道上の要衝であった。一説には、サーサーン朝期にはこの町に国の宝物庫があったとも言われている。『被造物の驚異』の著者トゥースィーは、地理書にならって諸王の王を輩出するファールス地方について讃えるが、その中に次のような一文がある。

「ファールスから輩出した」預言者の中では、スライマーンがイスタフルで謁見を行っていた。彼は玉座に座り、野獣や鳥やディーヴ（悪鬼）や妖精といった多様な種族が彼の御前に列をなした。世界の四方八方から、すなわちルーム（ローマ）、サランディーブ（セイロン島）、中国、タラーズ、アンダルス、マグリブ、イラク、ホラーサーン、ダルバンドなどから税がファールスにもたらされ、「ファールスが繁栄すれば、世界中が繁栄する。ファールスが荒廃すれば、世界中が荒廃する」と言われている。（同前：448）

ここではイスタフルの町のことが述べられているが、その豪奢な宮殿の様子はまさしくペルセポリスの宮殿跡を指していよう。高価な金や絹がふんだんに用いられ、かつ「世界の四方八方から王たちが彼のもとに税を届け」たというくだりは、ペルセポリスに今も残る、各国の使節たちがそれぞれの産品を手に謁見の間へと入る「朝貢の図」のレリーフをモチーフにしているかのようである。事実、アケメネス帝国はスーサ、ハマダーン、ペルセポリスの三ヶ所を拠点に、西はアナトリアやエジプト、エチオピアから、東はガンダーラや中央アジアのソグディアナまで帝国を二〇あまりの州に分け、各地にサトラップ（長官）を置いて統治し、税を徴収した。「朝貢の図」は、牛や馬や砂金やラクダなど各地の特産品を手にした使節たちの「お国柄」あふれる浮き彫りである。『被造物の驚異』に見られる先の記述は、明らかにこのレリーフを実際に目にした人物の話だとみなすことができる。その当時で千年以上の時を経てなお、あまりにも精巧かつ意匠を凝らしたレリーフは、見る者にある種の「真実」を伝えているのである。

3　「ジャムシードの玉座」

さて、「スライマーンのモスク」として伝えられたペルセポリスであるが、地理書ではこの「スライマーン」は、同時に、ペルシアの伝説の帝王「ジャム」すなわち「ジャムシード」と同一人物だと言われている。ジャムシードはインドに渡って「ヤマ」と呼ばれ、地獄・冥界の王となり、その後、日本でも「閻魔」として知られる。インドや日本では冥界を支配する大王であるが、ペルシアの伝説やゾロアスター教においては、ジャムシードは「原始の人間（＝最初の人類）」から数えて四代目の帝王であり、四〇〇年以上統治し、その間、人類に知恵や様々な技術工芸をもたらした公正かつ偉大な王として崇められている。中国の「三皇五帝」のような存在だと考えればわかりやすかろう。

ジャムシード王については、一一世紀にペルシア語で書かれた『ノウルーズの書』に次のようにある。

> 世界は彼のもとで秩序を取り戻した。ジャムシードはディーヴたちを服従させると、浴場をつくり、錦を織るよう命じた。これ以前には、「錦（*dīvā*）」のことを「ディーヴ織り（*dīv-bāft*）」と呼んでいた。しかるに人間は、知

図2　ペルセポリスの「百柱の間」(筆者撮影)

性と経験と時を積み重ね、今あるような段階にまで達したのである。さらにジャムシードは、ロバや馬やラバを実用にし、ロバを馬にかけあわせてラバを生み出し、鉱山からは宝石をもたらした。武器や装飾品はすべて彼がつくり、金、銀、銅、錫、鉛を鉱床から取り出して金の玉座、王冠、腕飾り、首飾り、指輪をつくった。麝香、竜涎香、樟脳、サフラン、沈香、その他の香料も彼が手に入れた。その後、[太陽が一四六〇年の大周期を終えた]その日に祝祭を設け、その日を「ノウルーズ(新しい日)」と名づけた。(伝ウマル・ハイヤーム 2011：11-12)

ディーヴはペルシア伝統の妖霊・悪鬼であり、いわば「ジン」のペルシア語版である。スライマーンが叡知でもって鳥獣やジンを従えたように、ペルシアの伝説ではジャムシードはディーヴを従え、様々な技術工芸を人びとに知らしめた。偉大さや叡知など、ジャムシードとスライマーンの共通点は多く、イラン系の人びとがアラビア語で著した地理書において、ペルセポリスに君臨した王が「スライマーン」とされたのは、伝統的なペルシア世界が広がる西アジアにおいて、アーダム(アダム)に始まる一神教の預言者たちを重視する新参のアラブ・イスラーム世界との融合を目指してのことだったのであろう。

ところでジャムシードの重要な業績のひとつは、彼が春分の日を起点とする太陽暦を定めたことである。太陽が春分点に入る日、すなわち昼と夜の長さが同じになる日を「ノウルーズ(新しい日)」と呼び、ペルシアの歴代の帝王たちはこの日を記念して寿ぐようになったと先の『ノウルーズの書』は伝えている。すなわち、ジャムシードは人びとの生活にとって重要な「暦」を定めたのであるが、春分の日が新年の始まりとなるこの太陽暦は、今日にいたるまで途絶えることなくイラン社会で連綿と用いられている。そしてペルセポリスの宮殿こそは、ペルシアのいにしえの王たちがこの新年祭（ノウルーズ）を祝う国家祭祀の場所として、特別に建設されたと考えられている。今から二五〇〇年前、春の陽光うららかな中、新年の祝賀を述べに各地の使節たちが贈り物を携えてペルセポリスに参内したというその光景は、スライマーンやジャムシード王に帰されることにより、ペルセポリスが廃墟となった後も人びとの記憶に残ったのである。

おわりに

アケメネス帝国の宮殿であったペルセポリスは、イスラーム時代に入ってからは、「スライマーンの礼拝所」、「千本柱宮」、「四〇塔宮」などと呼びならわされてきたが、いつの頃からか、「ジャムシードの玉座（Takht-e Jamshīd）」と呼ばれるようになる。ジャムシードは、中国の「三皇五帝」と同じく、叡知と公正さを備え、人びとの利便を図る神話伝説上の帝王である。だがこの遺跡は、ペルシアの神話の王に頼らなくとも、アケメネス朝という実在した大帝国の宮殿であった。たとえその場所が人里離れたところにあり、宮殿はアレクサンドロスによる放火の憂き目に遭ったとしても、当時の最高水準の技術を用い、粋を集めた巨大な列柱や精緻でリアルな数多のレリーフは、この宮殿の「記憶」を後世に伝え続けた。多少の脚色はあるものの、地理書や『被造物の驚異』などの記述は、史実である古代帝国や帝王たちの歴史の断片を少なからず汲み取っているのではなかろうか。

ペルセポリスは、一九三〇年代にドイツ人のヘルツフェルドとシュミットによって相次いで発掘がなされ、そこからは大量の粘土版が発見された。これにより、「忘れられた帝国」であったアケメネス朝は、歴史の表舞台に一躍現れ出で、西アジアから東地中海世界を席巻した古代の大帝国としてその名をとどめるようになった。ユネスコ世界文化遺産に登録されたのも、今日においてさえもその遺構が見る者を圧倒する「驚異《アジャーイブ》」であるからにほかならない。現存する「世界の驚異」として、ぜひとも一度は訪れてほしい遺跡である。

第9章　ストーン・ヘンジと驚異の国土

見市雅俊

ストーン・ヘンジが強く印象にのこる遺跡であることを否定するつもりはないけれど、ありていに申せば、遺跡そのものより、それをめぐってにぎやかに、そして今もなおせっせと紡がれている、多彩な物語や学説のほうがはるかに興味深い。中世から一七世紀半ば頃までのストーン・ヘンジ論史をみることにしよう(1)。

1　中世編——先住権のあかし

ストーン・ヘンジが文字資料にはじめて登場するのは、一一三〇年頃に書かれた、ハンティグドンのヘンリーの『イングランド国民史』の冒頭の、この島国の地理を紹介する部分においてである。それによれば、「イングランドでは、四つの驚異をみることができる」。一番目。「ピークと呼ばれる山のいくつかの洞窟では、風が猛烈な勢いで吹き出していて、着ているものを投げこむと、投げ返され、空中高く、舞いあがってしまう」。ダービーシャー州、ピーク地方の洞窟、通称「悪魔の尻穴」のことである。ストーン・ヘンジは、その次に登場する。

ストーン・ヘンジは、巨大な石が、戸口状に立っていて、〔遠くから見ると〕戸口の上にさらに戸口が置かれているようにみえる。どのようにして、それらの石がこのように巧みにもち上げられたのか、また、なぜ建てられたのかは、誰も知らない。

三番目は、サマセットシャー州のチェダー峡谷の鍾乳洞。最後の「驚異」は、「いくつかの地域では、雨が山から発して、そのまま平地に降るようにみえること」(Henry of Huntingdon 1996 : 23 ; Chippindale 2012 : 20–21)。

このように、自然の驚異と並んでストーン・ヘンジが驚異として挙げられていたのである。この島国に数多あるはずの巨石遺跡のなかで、ストーン・ヘンジはこの段階ですでに際立った存在として認知されていたことがうかがえよう。まずは、穏当な「初出」である。

ところが、そのわずか数年後に執筆されたモンマスのジェオフリーの『ブリタニア列王史』において、ストーン・ヘンジは、歴史という厳粛な衣装を身にまとうことになった。『列王史』は中世ヨーロッパの最大級の「偽史」のひとつであり、よく読まれた。その影響力は絶大であって、多くの年代記に引用されたばかりか、王室・議会のレベルの公文書においても、半ば公式の建国史の扱いを受けたのであった(Kendrick 1950 : 7)。

その壮大な偽史においては、「司祭エリがユダヤにおいて裁きを行って」いた時代、つまり、紀元前一一七〇年頃、グレート・ブリテン島の初代の王となったブルータス(ブリテンという国名の起源とされる)から、紀元後六八九年、アングロ・サクソン人との戦いに破れて、第一一四代の最後の王がローマで客死するまでの古代ブリテン王国の波乱万丈の物語が綴られる。ローマ帝国によるブリテン支配はかたちだけのものとされ、コンスタンティヌス大帝もこの島国の生まれとされ、第九五代の王に擬せられる(Geoffrey of Monmouth 2007 : 30, 96, 280 ; Kendrick 1950 : 7)。そのような文脈に、ストーン・ヘンジが忽然と登場するのである。

「第二のブリテン」となったアルモニカ(ブルターニュ)の第四代の王の弟であるコンスタンティヌス(五世紀はじめの簒奪帝コンスタンティヌス三世がモデル)は、蛮族の侵入とローマ側の軍事援助拒否によって苦境に陥っていたブリテン王国の救世主となり、第一〇一代の王となるが、一〇年後に暗殺される。長男のコンスタンスが王位に就いたものの、ヴォーティガンの陰謀によって暗殺される。第一〇三代の王となったヴォーティガンは、異教徒の「サクソン人」の傭兵隊長であるヘンジストの娘、ロンウェインと結婚して不評をかい、廃位に追い込まれる。長男のヴォーティマーが王となるものの、ロンウェインによって毒殺され、ヴォーティガンが王位に復帰する。しかるに、ヘンジストが「前代未聞の裏切り」によって、丸腰のブリテン人貴族、四六〇人を皆殺しにする。ヴォーティガンはウェールズに逃亡、そこで預言者マーリンの有名な「赤い竜」、すなわちブリテン復興の預言を聞く。いっぽう、コンスタンスの弟であるアウレリウス・アンブロシウスが一万の騎士を率いて、アルモニカから侵攻し、まずヴォーティガンを討ち、ついでヘンジストの率いるサクソン軍を打ち破って、第一〇四代のブリテン王となる (Geoffrey of Monmouth 2007 : 110, 114–169)。

勝利したアウレリウス・アンブロシウスは、ヘンジストに殺害されたブリテン貴族を追悼するための「記念碑」をつくることを思い立ち、石工や大工を招集するが、技量不足を理由に拒否され、そこでマーリンを招聘する。マーリンは、アイルランドのキララウス山にある、「巨人の踊りの輪 (*chorea gigantum*)」と呼ばれる「石の輪」をもってくればよいと進言する。マーリンによれば、もともとはアフリカにあり、それを「巨人」が運んできたのであり、「病いを癒す効能」があるとのことだった。そこで、アウレリウス・アンブロシウスの弟であるユーサー・ペンドラゴンの率いる一万五千人の軍勢が派遣され、アイルランド人を破り、さっそくその解体作業にとりかかるが、巨石はびくともしなかった。ところが、マーリンの「発明道具」を用いると、あっけなく解体され、そうしてブリテンの地に運ばれ、「キララウス山に立っていたときとまったく同じかたち」で再建されたのであった (同前 : 170–174)。

アウレリウス・アンブロシウスは、六世紀のはじめに執筆されたとされるギルダスの『ブリテンの滅亡』において、サクソン人との戦いに勝利した英雄として記録された実在の人物であり、モンマスのジェオフリー自身もギルダスを典拠として挙げている (Gildas 2002 : 28 ; Geoffrey of Monmouth 2007 : 88)。そして、『列王史』では、アウレリウス・アンブロシウスがサクソン人の策略で毒殺されたあと、ユーサーが王となり、その横恋慕の挙句に誕生するのがアーサー王、という筋書きになる（Geoffrey of Monmouth 2007 : 178-187）。

『ブリタニア列王史』が書かれた時代、この島国では、ケルト系三ヶ国に対するイングランドの「帝国主義」政策が、ヘンリー二世の治世下（一一五四―八九年）で本格化し、その過程でイングランド＝「文明」、ケルト系三ヶ国＝「野蛮」という二項対立の図式が構築されてゆく。そして、先住民だったはずの「ブリテン人」に対して、古英語ではよそ者を意味する「ウェールズ人」という呼び名が定着する。そのような時代の文脈に置いてみると、モンマスのジェオフリーは、古代ローマ帝国と互角の立場で渡り合ったとする古代ブリテン王国の歴史を捏造することによって、この二項対立に対峙しようとした、と理解することが可能になる（Gillingham 2000 ; Pryce 2001）。

この解釈が正しいとすれば、「イングランドの緑の心地よい大地」（ウィリアム・ブレイクの「エルサレム」）そのものであるソールズベリー平原に、ぽつねんと佇むストーン・ヘンジは、この島国のかつての主であり、マーリンの預言によれば、再び主になるはずのブリテン・ウェールズ人側の「先住権」のあかし、となろう（Chippindale 2012 : 240）。

最後に、ストーン・ヘンジを構成する石は、サーセン・ストーンとブルー・ストーンの二種類がある。そのうち後者は、周辺地域では見当たらず、長い間、出所が不明のままだった。二〇世紀になって、それがウェールズのペンブロークシャー州のプレセリ山から運ばれてきたことが明らかになった。アイルランドではなかったにしても、遠隔地から運ばれてきたとするモンマスのジェオフリーの記述が、はからずも裏書きされたことになる（アトキンソン 1986 : 280-282 ; Chippindale 2012 : 185-186）。

2　近世編――ローマ化のあかし

エリザベス女王の時代の詩人として知られるフィリップ・シドニーの三二編からなる『ソネット集』（一五七三年）の二二番目は、「イングランドの七不思議（The 7. Wonders of England）」と題され、ストーン・ヘンジがその劈頭を飾る。

ウィルトンの近郊に、まことに巨大な石群が見つかるが、
しかしひどく混然としていて、いかな目でも
その数を正確に数えることができない、また、理屈を並べても説明できない、
どのような力が、このような場所にそれを運んできたのかを。(Sidney 1962 : 149)

二番目の驚異は、「ブレルトン家(The Bruertons)」では代々、その当主が死去する「前兆」として丸太が池に浮かぶというもの。三番目は、はらわたを切り取られても生きている魚。四番目は、ピーク地方の鍾乳洞。五番目は、地面深くに突き刺さった木の棒が石になってしまうという野原。六番目は、海辺に打ち上げられた難破船から飛び立つ鳥。そして最後の七番目の驚異は、「純潔」の淑女。エリザベス女王のことだろう。

さて、一五八六年に出版され、その後、いくつもの版を重ねたウィリアム・カムデンの『ブリタニア』は、イギリス「古事物学」の最高傑作であり、この島国における「国土」の「誕生」に大きく貢献した(見市 2011)。同時に、『ブリタニア』は、その国土のここかしこに驚異の事例をせっせと書きこんでもいたのである。本稿の文脈に即しながら、みてみよう。

ティルベリのゲルウァシウスの『皇帝の閑暇』(一二〇九―一二一四年に執筆)は驚異譚集成としてよく知られるが、そのうちのイギリスがらみのものが『ブリタニア』に引かれている。ハンティグドンのヘンリーの四不思議のひとつ「悪魔の尻穴」は、『皇帝の閑暇』でも取り上げられ、行方不明の雌豚を探してこの洞窟に入った男が、「対蹠人(アンチポデス)」の地下世界を発見したとの驚異譚が語られる。それが『ブリタニア』で簡単に紹介され、この種の「作り話」から、「この洞窟は、イングランドの驚異のひとつとみられている」と続く(ティルベリのゲルウァシウス 2008 : 101–102 ; Camden 1695 : 495)。一六三六年には、トマス・ホッブズがピーク地方の「七不思議」を称揚するラテン語の詩作、『ピークの驚異』を著し、一六七八年にはその英訳、『俗にピークの悪魔の尻穴と呼ばれる、ダービシャー州ピークの驚異』が出版された(Hobbes 1678 : 14)。しかるに、ダニエル・デフォーは、カムデンの『ブリタニア』

を「換骨奪胎」して書いた『大英国回覧記』(一七二四―二六年) のなかで、ホッブズらを誇大宣伝だと切り捨てる。曰く、「それらを驚異扱いしたことに、驚異せざるをえない」(Defoe 1968 : 566 ; 見市 2011 : 14)。

それ以外にも、『皇帝の閑暇』第三八章の「飲んだものに力を回復させる水」が、『ブリタニア』のスタッフォードシャー州の章にほぼ全文引用され、第八二章の「踏みいると動く野原とウェールズの山」もカーナーボンシャー州の章において引かれる (ティルベリのゲルウァシウス 2008 : 94, 159–160 ; Camden 1695 : 536, 664)。

さらに、シドニーのイングランド七不思議の二番目に登場する驚異について、カムデンは、チェシャー州の章のなかで次のように書いている。

> ブレルトン (Brereton) の町は、高名で、由緒正しく、また係累も多いブレルトンという家名のもとになっている。サー・ウィリアム・ブレルトンはその町のなかに多くの堂々たる建物をたてて、町を立派にした。ところで、たいへん奇怪なことが一点ある。わたし自身、多くのひとから聞いたもので、広く信じられている。すなわち、隣接する池に数日間、何本もの木が水面に漂うと、同家の跡取りの誰かが死ぬ、というのである。(Camden 1695 : 562)

シドニーの場合は家の「当主」となっていたが、ここでは「跡取り」になっている。地元では有名な話だったらしい (Westwood 1985 : 245–246)。そして、五番目の「驚異」。シドニーは地名を挙げていなかったが、カムデンはベッドフォードシャー州の章において、間違いなく同じ驚異譚を書きこんでいる (Camden 1695 : 288)。

> アプズリー・ゴイズには、木を石に変えてしまう土地があるということだ。その証拠として、しばらくの間、地中に埋められ、それから掘り出してみると、完全に石になっていた木製のはしごが修道院にあると聞いた。

このように、『ブリタニア』は、ヨーロッパ驚異譚の伝統をしっかり継承していただけではなく、ピーク地方の例にみられるように「驚異」が広く知れ渡るようになり、そうして「国土」を彩る「国民」遺産、もしくは観光名所となってゆく、その結節点に位置していたのである。ストーン・ヘンジの場合も、まさしくそうであった。

『ブリタニア』は、考古学遺跡を図版付きで紹介する、イギリスでの先がけとなった (Kendrick 1950 : 151)。ストーン・ヘンジについてみると、ブラバント出身の高名な画家、ヨリス・ヘフナーゲルがイギリス滞在中に描いたスケッチをもとにしたと推測される図版が、一五七五年にRFというイニシャルを添えて印刷され、さらに、それをもとにした図版が一六〇〇年版の『ブリタニア』に挿入され、それ以降、「ヨーロッパ、そしてイギリスにおいて、ストーン・ヘンジのもと絵になった」。図1がそれである。RFは明らかに実物をみないまま、「巨人の踊りの輪」というイメージを殊更に強調している (Chippindale 2012 : 36)。

この『ブリタニア』における図版付きの紹介がひとつの大きな契機となって、ストーン・ヘンジの建設をめぐる議論が盛んになり、さまざまな説が行き交うことになった。カムデンはアウレリウス・アンブロシウスの墓所説を採った。近くで人骨が発見されたというのがその理由である (Camden 1695 : 97)。一六二四年には、ストーン・ヘンジを、ローマ支配に対する、この島国最大の反乱を率いた女王ブーディカの墓所だとする説が登場した。女王の名前は、一六世紀後半、エリザベス女王のイメージと重なりつつ「再発見」されたばかりであった。この「もっとも偉大で、高貴な、そして彼女の祖国の支えであり最後の頼みの綱」だった女王に「ふさわしい」埋葬場所はストーン・ヘンジを措いて他にない、ということだった (Bolton 1624 : 181)。一六六三年に出版されたウォルター・チャールトンの『巨人の踊りの輪、もしくはストーン・ヘンジ』においては、デンマークの古事物学者で、「ヴォルム博物館」の図版でよく知られる、オーレ・ヴォルムの考古学調査に依拠しつつ、ストーン・ヘンジは、イングランドを荒らしまわったデーン人の王の「慰霊碑」であり、同時に「その後継者の

図1　1600年版『ブリタニア』に挿入されたストーン・ヘンジの図版

選挙会議」の会場だったとの説が展開された(Charleton 1663：29, 54；モリス 2012：19–20)。

モンマスのジェオフリー以来の古代ブリテン人説に対して、緻密な建築史的な分析をもとにローマ人説を唱えたのがイニゴー・ジョーンズであった。ジョーンズは、一七世紀イギリスの最高の建築家であり、王室工事監督官を務め、そしてジェームズ一世の命を受けてストーン・ヘンジについて詳しく調査した。その成果は、死後、弟子のジョン・ウェッブによって編纂され、一六五五年に『ストーン・ヘンジ復元』として出版された。「ひとつの先史時代の遺跡」に集中した、おそらくヨーロッパでは最初の書物であった(Jones 1655；Chippindale 2012：47–48)。

ジョーンズは、古典文献をもとに、古代のブリテン人は「未開の野蛮人」(Jones 1655：7)だったことを強調し、そのうえでローマの歴史家タキトゥスの『アグリコラ』を援用する。タキトゥスの岳父にあたるアグリコラは、ブーディカの反乱の鎮圧に従軍し、そして七七–八三年、属州ブリテンの総督として、クラウディウス帝が四三年に着手した征服事業を完成させたが、タキトゥスによれば、それと並行して、アグリコラはこの野蛮人の「文明開化」にも尽力し、ブリテン人をローマの「平和」になじませようと「神殿や市場や家を建てさせた」(タキトゥス 1965：336；Jones 1655：13)。こうしてジョーンズは、ストーン・ヘンジの建設年代を次のように測定する。

> ストーン・ヘンジは、アグリコラによって建立されたのではないにしても、おそらく、今からおよそ一五五〇年前に建てられたと結論してよいだろう。それは、アグリコラの統治の少し後の頃で、「彼の後継者に、平穏無事の状態のまま、属州が引き渡され」、ブリテン人は野蛮状態から秩序正しい文明状態に移行し、ローマ人はすべての技芸と科学において光り輝いていた時代であった。(Jones 1655：75)

引用中の鉤括弧の部分は『アグリコラ』からの引用である(タキトゥス 1965：346)。ジョーンズは、ストーン・ヘンジとその周辺から「雄牛や雌鹿などの動物の頭部」や「大量の木炭」が発掘されることから、ストーン・ヘンジは、生贄を執り行う「寺院」として建立されたと結論した(Jones 1655：75–76)。図2と図3はともに『ストーン・ヘンジ復元』のもので、図2はRFとは違い、この時期の荒れ果てた遺跡の実情を忠実に写し取っており、そして図3は、

図２　廃墟としてのストーン・ヘンジ

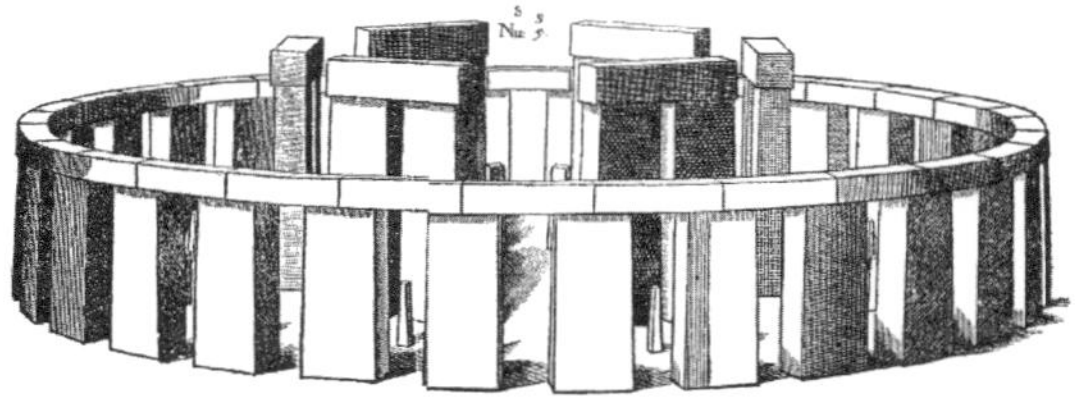

図３　ローマ風寺院としてのストーン・ヘンジ

ローマ風寺院の「復元」図である。なお、図２から図３にいたるジョーンズの思索については、イエイツのたいへん刺激的な分析がある(イエイツ 1978)。

一六二二年、ジョーンズは、イギリスにおけるルネサンス様式建築の最高傑作とされる「迎賓館(Banqueting House)」を建てた。それは、大陸風の華麗な宮廷文化を夢見たジェームズ一世、そしてチャールズ一世のホワイト・ホール宮殿大改造計画の一環をなすものだった。しかし、内戦で破れたチャールズ一世は一六四九年、他ならぬその迎賓館の真ん前で処刑されてしまう(見市 1999：81-82)。また、ジョーンズは、『ストーン・ヘンジ復元』のなかで自らのイタリア留学体験を誇示し(Jones 1655：1, 70-71)、カムデンらは「海外の古事物」を知らないのだと極めつけてもいた(同前：33, 35)。イタリアの地で壮大な古代ローマの遺跡をいくつも目の当たりにし、そして本場のルネサンス建築様式の導入を夢見たジョーンズにとって、そもそも大陸に比べて「ローマ化」が浅く、そのため目ぼしいローマ・ブリテン時代の遺跡に事欠く「辺境」の島国にあって、せめてストーン・ヘンジだけは、ぜひとも「ローマ人」の建てた「寺院」でなければならなかったのだ(同前：72)。

おわりに

近世イギリスにあって、カムデンをはじめとする古事物学者は、この島国の自画像の文字通り原点となるものを描いた（見市 2011 : 9）。そうして描かれる国土には驚異が点在していた。やがて、それらの驚異の地点は「世俗化」する、つまり観光名所化する。

ストーン・ヘンジも、その例外ではなかった（Chippindale 2012 : 90ff）。しかしながら、一二世紀に、モンマスのジェオフリーがストーン・ヘンジを壮大な歴史ドラマのなかに組み込んだように、また、一七世紀にイニゴー・ジョーンズがそこに古代ローマの栄光をみたように、一八世紀になると、古代ブリテンのドルイド信仰の「再発見」によって、今一度、新たな物語が紡がれることになる。第三幕のはじまりである。

注

（1）今日のストーン・ヘンジ研究の最高権威として、チッピンデールの『ストーン・ヘンジ大全』（Chippindale 2012）がある。本章もそれに依るところが大きい。

第10章　月から見える万里の長城

武田雅哉

1　長城という驚異

万里の長城は、戦国時代（前四〇三―前二二一年）に構築された軍事的防壁をもとに、秦始皇帝（前二五九―前二一〇年）がこれをつなげて作ったものであるとされる。『史記』「秦始皇列伝」に見える「臨洮《りんとう》から遼東まで、蜿蜒一万余里であった」という、その長大さを形容する文言から、「万里の長城」の名が生まれた。長城はその後、崩壊もし、また増築と整備もされたが、秦始皇帝以来、もっとも大きな長城建造工事を進めたのが、明王朝の永楽帝（在位一四〇二―二四年）であった。こうして完成した、東の山海関から西の嘉峪関《かよくかん》まで、六〇〇〇キロになんなんとする明の長城だったが、それも清朝にいたっては、ほぼ放棄され、自然の力と人為的な理由により、崩壊していった。

長い城壁という意味の「長城」の長さについては、諸説あるうえに、計算方法によってもまちまちである。現在、中国の学校で一般に教えられているのは「東の端の山海関から西の端の嘉峪関まで、一万三〇〇〇里あまりの長さ」というものであり、ここでいう一里とはおおよそ〇・五キロメートルであるから、六五〇〇キロ強ということになろう。

現存する長城を実際に目の当たりにするならば、確かにこれは、強大な政治力と技術力の、いずれが欠けても完成しえなかった建造物であることに想到しよう。だがそれを「驚異」の文化史という観点から見るならば、その驚異は、むしろ実物を見ていないところからスタートしなければならない。

「万里の長城は、月（あるいは宇宙）から肉眼で見える唯一の建築物である」――いつのころからか、長城を形容する、このような言い回しが世界を席捲していた。おそらくは、いまでも多くの人類が、長城の形容として好んで用いているに相違ない。結論から言うと、長城を月から目視するのは不可能である。これは、ちょっとした計算で容易に否定できる「都市伝説」のたぐいなのだが、真理とは逆の方向にむかい、暴走していくのもまた、人間の持つ癖である。本章では、中国人だけではない、人類のすべてが、この「長城」という巨大建築に対し「驚異たれ！」と逆《さか》しまに求めてやまなかった想念について、きわめて簡単ではあるがメモしておこう(1)。

2　「月から見える長城」の誕生

西洋世界では、いつごろから中国の長城が認識されていたかという問いには、確たる回答がない。四世紀ローマの歴史家マルケリヌス・アンミアヌスの著『歴史』には、「東方の牆壁」への言及があるというし（植村 1979：補記）、イスラームでは、世界の北東に「ゴグとマゴグの障壁」が存在するとの伝説が語られていて、『大旅行記』の著者イブン・バットゥータは、福建省泉州に滞在中に、このことをたずねている。

これらと中国の長城とのなんらかの関係を指摘するむきもあるが、長城が驚異の建造物として具体性をもって認識されはじめるのは、やはり明代の大修復以降のことのようだ。長城への言及は、一六世紀のポルトガル人による報告あたりから始まり、ガルパール・ダ・クルス『中国誌』（一五六九年）などは、長城をやや詳しく紹介している。ちなみに、これより早い一三世紀のマルコ・ポーロ『東方見聞録』には長城への言及はなく、このことを理由に、マルコ・ポーロなる人物の中国入りそのものを疑う考えもあるが、かれのいた時代の長城は、明代の修復以前のものであったために、驚異の建造物として話題にのぼるようなものではなかったとの想像も許されよう。

いまのところ、「月から見える長城」という観念の古層に属するものは、一八世紀イギリスの、古代遺跡研究家ウィリアム・ステュークリ（一六八七―一七六五年）が残した、一七五四年八月のウェールズ大公妃宛て書簡に見えるようだ。かれはイギリス北部を横切る、ハドリアヌス帝の「長城」に関する報告をするという文脈で、それが唯一ひけを取っているものが、中国の「壁《ウォール》」であり、それは「地球儀の上では目を引く形状を呈していて、月から見分けることができるかもしれません」と綴っている（Stukeley 1882-87 : vol. 3, 142)。

図1　ホンディウス『中国図』の長城（1606年）

ハドリアヌス帝の長城と、中国の長城とを並べて論ずるというのは、ダニエル・デフォーの『ロビンソン・クルーソーのその後の冒険』（一七一九年）にも見える趣向である。ステュークリその人が、この神話の発起人であると断言することは、もちろんできないが、一八世紀半ばという時期の「月から見える万里の長城」の用例として、記憶に留めておこう。

一八世紀の末には、実際に万里の長城を歩いて、初歩的な調査をした西洋人がいた。ジョージ・マカートニーを団長とする、イギリスの中国訪問使節である。マカートニーは、その日記のなかで「もし、ほかの部分もまた、わたしが見たのと同じ様子であるとすれば、まちがいなく、人類の手で作られた工事のなかで、もっとも巨大なものであろう（一七九三年九月五日）」と記している。

使節団の会計係ジョン・バローは、その『中国での旅』（一八〇四年）のなかで、こう書いている。「この驚異の建築に使われた材料の量を、別の方法で認識していただくには、高さ六フィート、幅二フィートの壁を作った場合、地球の赤道を二周するのに十分な以上のものがある、と言ってもよいだろう」（Barrow 1804 : 334-335)。

図2　トーマス・アロムの鋼版画「万里の長城」(1843年)

バローの「地球」を用いた表現は、その後、多くの啓蒙書のなかで、長城の巨大さを伝えるのに好んで援用されることとなった。それは「月から見える」とは別物ではあるが、この神話の拡大に貢献しうるだけの、驚異のセンスは持っていただろう。

さらに、マカートニー使節団に随行した砲兵中尉ヘンリー・ウィリアム・パリシュは、長城の構造図や、印象的な長城の眺望を描いたスケッチをいくつも描いた。これらはのちに、使節の副使であったジョージ・レナード・ストーントンが刊行した図版集(一七九七年)に収録されるや、典型的な長城の図版として、世界地理の教科書はじめ、さまざまな出版物に転載され、ヨーロッパ人の長城イメージを育てることに貢献した。

一八四三年、ロンドンとパリで刊行された『中国の景観』は、トーマス・アロムの鋼版画とG・N・ライト師による解説文から構成されているものだが、ここでもパリシュの描いた長城をもとに、アロムがあらたに描きなおしたものが掲載されている(図2)。ライトは次のように言う。

キャセイの名だたるモニュメントのなかでも、最高の驚異をもたらすものは、王宮の道、無数の運河、巨大なアーチ橋、そしてピラミッドのような塔、そしてなによりも長城だ。それは、東洋の誇張的な表現によって「万里の長城」と呼ばれているが、実は、その長さの半分、すなわち一五〇〇マイルにわたって伸びているだけである。高い山々を越え、深い谷を横切り、広い河を渡って。(Allom and Wright 1843 : preface)

一九世紀には、ユックとガベーの両神父、プルジェワルスキーなど、ヨーロッパの探検家が長城を訪れて、多くのコメントを残している。それらはおおむね、確かに壮大ではあるが、神秘というほどではない、異国の珍奇な建造物である、といった冷静な筆致で綴られている。

3　だれかが見た長城

ロミン・ヒッチコックの「中国の長城」という紀行文は、その冒頭で、長城のことを「だれかが地球の表面をざっと見渡しただけでも、その注意を引くのに十分なだけの巨大さを誇る人類唯一の建造物」と表現する（Hitchcock 1893：328）。

この文のなかで、「地球の表面をざっと見渡」す「だれか」には、遠い天空から地球に視線を向ける、なにかしらの存在を想定しているようである。ならばこれもまた、月や宇宙から長城を見るという表現の類似物といえるのかもしれない。

総じて一九世紀末の西洋人による旅行記のたぐいには、「月から見ることのできる地球上で唯一の人間の手になる建造物」という言い回しが好んで使われ、人口に膾炙していったことがわかる。さらに二〇世紀に入ると、長城は外国人にとっても世界観光の対象物となり、もはやそのキャッチコピーなしでは、長城のことは語れないかのようにまで増長する。

アメリカ人の旅行家にして、イギリス王立地理学協会の会員ウィリアム・エドガー・ギール（一八六五―一九二五年）は、一九〇三年の長江遡行探険を皮切りに、中国各地を歩きまわった人物だが、その長城踏破の記録『中国の長城』（一九〇九年）などには、このような表現が頻出する。いわく――

月の住人（*lunar inhabitant*）からは、地球の表面を走る黒い帯のように見えるという巨大な建築。（Geil 1909：10）

中国の文人によって「万里の長城」すなわち「一万マイルの城壁」と称される建築物は、唯一、神秘的な月の人

(*Man in the Moon*) のみが、はっきりと描写することができるのかもしれない。(同前：17)

それはかくも巨大であるがゆえに、月にあって、唯一の肉眼で見ることのできる人類の建造物であるかもしれない。(同前：201)

『ナショナル・ジオグラフィック・マガジン』は、その一九二三年二月号に、「中国の長城に沿って千マイル」と題する、アダム・ワーウィックの記事を掲載している。彼はその冒頭で、次のように書いている。

天文学者によれば、月から肉眼で見える人間の手で作られた唯一の建造物は、中国の万里の長城であるという。(Warwick 1923：113)

図3　ヴァン・ルーン『地理学』に描かれた「月から見える長城」(1932年，日本語版1933年)

この時期には、「天文学者によれば……」という添え書きが多用されるようになる。もちろんここで言っているのは、地球の天文学者のことであろう。また、「月から見える長城」を、通俗読物をとおし、地球的規模で広めるのに功績があったと思われるのが、オランダ生まれのアメリカ人作家ヘンドリック・ウィルレム・ヴァン・ルーン（一八八二―一九四四年）が書いた『ヴァン・ルーンの地理学――わたしたちの住んでいる世界の物語』（一九三二年）であろう。英語版刊行の翌年には、日本や中国でも翻訳が刊行されている。ヴァン・ルーンは、この本の中国について書かれたページに、一枚の自筆の漫画的な挿絵（図3）を入れて、このようなキャプションを添えている。

人工建造物のなかで、中国の長城は、月の上の天文学者が見ることのできる唯一のものである。（ルーン 1933：

345)

ヴァン・ルーンが「月の上の天文学者」と言っていることは、注目に値しよう。高度な科学文明を築いている「月球人」の天文学者がいたとしたら、かれら異星人は、かれらの望遠鏡で、地球という星の表面を観察し、そこに万里の長城を見ることであろう。それはあたかも、ガリレオ・ガリレイのごとき地球の天文学者が、望遠鏡で月面の構造を観察したように……。ヴァン・ルーンの文は、そのような意味あいで書かれているものなのである。

4　火星人も長城を見ている？

月どころではない、火星からも見えるというバージョンも散見する。

ジュリエット・ブレダンの北京ガイド『北京——その興味深い主要地点の歴史的本質的記述』(一九二二年)では、長城のことを、「それは火星から見える、人間の手になる唯一の建造物であろうと思われる」と説明しているし(Bredon 1922: 523)、中国生まれの中国研究家ニュートン・ヘイズの『中国の長城』(一九二九年)にも「天文学者がわれわれに言うには、人類の創造物のなかで、万里の長城は、火星から肉眼で見える唯一のものである」(Hayes 1929: 1-2)とある。

おもしろいのは、日本の海軍軍人、佐藤鉄太郎が、その著『帝国国防史論』(一九〇八年)のなかで、この「火星から見える長城」に言及していることだ。ただし佐藤が言いたいのは、「万里の長城、ピラミッド、スエズ運河などの巨大建築とても、しょせんは火星から見られるほどのものではない」ということなのである。いずれにしても、火星バージョンは、一九世紀末にまでさかのぼることができるかもしれない。

このような観念には、一九世紀後半の火星大接近(最大のものは一八七七年)によってもたらされた火星ブーム、そして火星人が作ったとされる「運河」への関心と興奮とが影響していると考えてよいだろう。

さらに、月や火星から長城が見えるであろうという観念には、一九世紀後半に始まる「世界三大運河」の建設が影響してはいないだろうか。スエズ運河（一八五九年着工）、パナマ運河（一八八〇年着工）、キール運河（一八八七年着工）は、地球の火星観測者によって幻視された「運河」の鏡像であるともいえよう。地球の天文学者が、火星表面に運河を見いだしたのであれば、火星の天文学者は、地球上の巨大建造物を観察しているに相違ない。建造中の巨大な運河、そしてすでに建造された中国の長城を……。ならば、長城を見る観察点としての「月」などは、遠い火星などよりは、よっぽど容易に受け入れられてしかるべき、適度な距離にある天体なのであった(2)。

5　「月の男」の変貌

では、そもそも月から長城を見るのは、だれなのか。

おそらく最初の段階では、わが国で言うなら「月のウサギ」のような、『マザーグースの歌』でいうなら「月の男」のような、月面の模様から想像された、素朴で神話的な月に住まう存在であったのだろう（グールド 2007）。なにしろ巨大なものだから、お月さんからも見えるにちがいない。もともとは、そのような「冗談」だったのかもしれない。

それが、天文学者が高性能の巨大望遠鏡を空に向けはじめた一九世紀には、月（もしくは火星）という異世界に生息している知的生命体としての「月球人（もしくは火星人）」という異星人のイメージに変貌したのかもしれない。

二〇世紀をむかえ、人類が宇宙旅行を模索する時代になると、異星人の幻想は影をひそめ、「月（もしくは火星）まで飛んでいくであろう宇宙飛行士（地球人）」へと、「見る者」は、さらなる変貌を遂げる。ある時期から冒頭に掲げられるようになった「天文学者によれば……」が、その証拠であろう。一九六九年のアポロ一一号の月面着陸によって、「月の人」は、「ニール・アームストロング」という具体的な人名に仮託されることにもなった。

神話伝説の「月の人」は、新しい時代の語彙に変換されて、「月にいる異星人」となり、さらには「地球人の宇宙飛行士」に変貌を遂げたのではないだろうか。

これら三段階の「月の人」は、それぞれの背景や意味するところは、まったく異なるものであるにもかかわらず、「遠くから長城を見る者」としては、それぞれの段階において、もっとも適切な配役なのであった。

科学は確かに進歩していき、それにともなって「月の人／火星の人」は、人類が知りえた科学的真実との距離を縮めていくように、文言の操作がなされた。そして、その科学性に反比例するかのように、ほんとうのところ長城の「可視性」はどうなのだという「科学」の議論からは、ますます隔たっていき、人びとは、それが真剣に議論されてもよい問題だということさえ、すっかり忘れてしまう。

そして、現在では、長城を望見するにふさわしい場としては、「月」よりはむしろ「宇宙」が主流のようである。ここでいう「宇宙」とは、国際宇宙ステーションの軌道がある、地上四〇〇キロほどの空間を指している。そして「見る者」は、そこにいる搭乗員である。アポロ計画の終了後、人類の宇宙開発の関心が、月に立つことよりも宇宙ステーションに移行していったのと、これは歩調を調えている。それとともに、三八万キロのかなたの月から長城を見るのは、ちょっと無理かもしれないが、四〇〇キロならなんとか見えそうだ、というリアリティも加担していよう。しかしながら、宇宙ステーションから長城を肉眼で目視した者は、いまもっていないようだ。

いまの中国人が、「月／宇宙から見える万里の長城」という文言を大いに気に入って使いはじめたのは、文化大革命後、一九八〇年代になってからである。長城は、偉大な文化遺産として保護され、内外からの莫大な数の観光客を呼び寄せる、巨大な観光資源となった。「……から見える長城」が、その驚異の建造物を謳うための格好のキャッチコピーであることを、かれらは発見したのであった。

そして二〇〇三年。「神舟五号」で中国初の宇宙飛行士となった楊利偉《ようりい》は、帰還後のテレビのインタビューに答えて、「宇宙から長城は見えなかった」と言ってしまった。これをきっかけに、中国ではちょっとした騒動とあいなり、さまざまな意見が飛び交った。「自分はなんでも世界一だと思う中国人の悪癖を反省しよう」というものから、「見えないのであれば照明を点けるなどして、見えるようにしよう」という本末転倒のものまで。さらに「宇宙から見える長城」に触れていた教科書の教材も、削除されることとなった(武田 2011)。

あらためて確認するが、「月／火星／宇宙から見える長城」という言い回しは、中国人の発明ではない。東方からもたらされた、驚異の巨大建造物の伝聞にすなおに反応した、西洋人の発明品、もしくは冗談なのである。「驚異」とは、つねに「遠きにありて想うもの」であるという定理が、ここにも見いだされる。

注

(1) 本章で書いた内容について、さらに詳しくは、武田 2011 を参照されたい。また、Waldron 1990 ; Lovell 2006 ; Rojas 2011 なども、この問題に言及している。

(2) 火星から見える長城については、Waldron 1990 : 253 も参照。当時の火星人問題については、クロウ 2001、ウィルフォード 1992 などを参照。月の知的生命体が地球を見たらどのように見えるかという観念は、ヨハネス・ケプラー『夢』(一六三四年)などにもうかがえる。ケプラー 1985 参照。

第 IV 部

驚異の転生

第1章　ヨーロッパ近世の驚異
――怪物と魔女

黒川正剛

はじめに

一五六〇年頃から一六三〇年頃にかけて、西ヨーロッパを舞台に魔女狩りが猛威を振るった。すでにその兆候は一四三〇年代のアルプス山脈西方一帯で現れ始めていたが、一六世紀第2四半期の小康状態の期間をはさんで本格化するのは同世紀後半以降のことである。一五世紀前半から一八世紀後半までに、約四万人が魔女として処刑されたと言われている。ヨーロッパ人たちが魔女狩りの熱病に冒された時代、それが近世という時代であったが、この時代は「驚異の時代」でもあった。怪物の発見、奇形の誕生、彗星の飛来、異国の珍奇な動植物のヨーロッパへの到来など驚異に関わる様々な出来事がヨーロッパ人たちの耳目を驚かせたのである。言うまでもなく、中世も「驚異の時代」であり、とりわけ一二―一三世紀は驚異が増殖した時代であった (Le Goff 1999 : 711)。このことを考えれば、近世は中世に次ぐ「第二の驚異増殖の時代」と言えるだろう。

本章では、「驚異増殖」と「魔女狩り」が同時代に起こったことに着目し、近世ヨーロッパにおける「驚異」の特質を明らかにしたい。具体的な対象として取り上げるのは、当時の驚異を代表する「怪物」と「魔女」である。前者については「奇形」を含めて、また後者については「驚異」の隣接概念としての「奇跡」と「魔術」の問題を絡めて論じることにしたい。

1　ヨーロッパ近世における驚異・怪物の増殖

一六世紀に入ると俄かに驚異が増殖する。その理由として三つの背景が考えられる。一つは、一五世紀末から一六世紀前半にかけて終末論的風潮がヨーロッパ社会を覆ったことである（ベーメ 1994：66-68；ヴァールブルク 2004：122-129, 148）。一四八四年、黄道一二宮のうちの天蠍宮《てんかつきゅう》で土星と木星が「合」（惑星が太陽と同方向に来る天体現象）の位置を取るために世界の破滅が訪れるとされ、人々を震撼させた。当時は占星術が広く信じられ、星辰の位置は個人の運命だけでなく、国家や世界の運命をも占うものとみなされていたのである。また一五〇〇年も世界終末の年であるとされた。これに触発されたドイツ・ルネサンス期最大の画家アルブレヒト・デューラーが、その名を一躍国際的に知らしめた木版画集「ヨハネの黙示録」を発表したのはその二年前のことである。さらに一五二四年には二〇の「合」が生じ、そのうち一六が双魚宮という水と縁の深い宮で起こるとされ、世界大洪水が起こると信じられていた。一五三一年には彗星が現れ、禍事《まがごと》の兆しとみなされ人々を怯えさせた。これはハレー彗星であったが、当時の人々が天体の周期性を知るはずもなかった。一五一九年から二四年のわずか六年間に、ドイツでは世界終末の到来を論じた書物が一三〇冊も出版された。

二つめの背景は宗教改革の勃発である。一五一七年、ヴィッテンベルク大学神学教授マルティン・ルターがカトリック教会の贖宥状販売に対して「九五箇条の論題」を表明し、これを批判、宗教改革が燎原の火のごとくヨーロッパ中に広がった。中世以来の一枚岩的なカトリック＝キリスト教世界はプロテスタントとカトリックに分裂し、時代はキリスト教徒同士が抗争を繰り広げる宗教戦争の時代に突入した。社会的混乱にともなう社会不安が蔓延したのである。

三つめの背景は大航海時代の幕開けである。一四九二年に大西洋を西航し、西インド諸島に到達したクリストフォロ・コロンボをはじめとする多くの航海者・探検家たちが「新大陸」アメリカやアジア、アフリカなどに金銀・香辛料などを求めて遠征し、異国の情報とともに珍奇な物産をヨーロッパ本土にもたらした。本土ではありえない不可思議な事柄に関する情報やモノに人々は遭遇することになったのである。

以上のような背景のもとに驚異が増殖したが、その中身については中世と比較すると違いが見られる。典型的な中世の驚異は無頭人種やバシリスク（息・眼光で人を殺す怪物）など異国の種族や生き物であったが、一五世紀末から一六世紀においては奇形や怪物が典型的な位置を占めるようになるのである（Daston and Park 2001：173）。

よく知られた例として、「ラヴェンナの怪物」を見てみよう（同前：177-187）。一五一二年三月、フィレンツェの薬屋ルカ・ランドゥッチは日記に次のように書いている。「一体の怪物がラヴェンナで産まれたと聞いた。その絵がここに送られてきた。頭部には一本の角があり、剣のように真っ直ぐ立っている。腕の代わりに蝙蝠のような翼が二つある。一方の乳房にはY型の、もう一方には十字型の印がついており、腰の下部には二匹の蛇がまとわりついている。両性具有である。右膝に一つ眼がついており、左脚は鷲のようだ。私は彩色されたものを見た。望む者なら誰でもフィレンツェでこの絵を見ることができる」。それから約三週間後の日記には次のように記されている。教皇軍、スペイン軍、フランス軍が「ラヴェンナを攻め落として略奪し、数多の残虐行為が行われた。〔中略〕これで例の怪物が意味していたのがどのような災いであったのか明らかとなった。そのようなものが産まれる都市には、常に何らかの悲惨な不幸がふりかかるように思われる。同様のことはヴォルテッラでも起こった。そこでも同種の怪物が誕生して、ほどなくして略奪にみまわれた」。ここで言及されているのは、一五世紀末から一六世紀前半にかけてイタリア支配をめぐり行われたイタリア戦争における、一地方の戦闘のことである。その戦闘の勃発を予言したものとして怪物の誕生が理解されているわけである。

この種の怪物の誕生は、人類の罪に対する「神の怒り」を示すものとして解釈された。フランス人の年代記作者ヨハネス・ムルティヴァリッスはランドゥッチと同時期にラヴェンナの怪物について次のように述べている。「角はうぬぼれ、翼は軽薄さと移り気、腕がないのは善き仕事がないことを示す。猛禽類の脚は強欲、高利貸し、あらゆる種類の貪欲を、膝の一つ眼は俗事にのみ関心をはらう心のありようを、両性具有は同性愛を示す。こうした悪徳のために、イタリアは戦争の苦しみに苛まれたのだ。それをフランス王は自分の力によってではなく、神のくだす罰としてのみ与えたのである」。そもそも怪物（英語の monster）の語源が、ラテン語の *moneo*「警告する」という意味であることに留意する必要がある。当時のヨーロッパ社会には、「神の警告としての怪物誕生＝驚異」という観念が行き渡っていたのである。

怪物の誕生と増殖は、終末論の観点からも解釈された。エルザス出身のプロテスタントの人文主義者コンラート・ヴォルフハルト、通称リュコステネスは『驚異と予兆の年代記』（一五五七年）の献辞において、終末論に結びつけて引用されることが多かった旧約聖書外典「エスドラス第二書」五章の次の記述を引用している。「突然太陽が夜中に、月が昼間に輝き始めるであろう。血が木から滴り落ち、石が呟き始めるであろう。［中略］野生動物は生息地から出て徘徊し、怪物の女が怪物を産み落とすであろう」。『驚異と予兆の年代記』が対象としているのは四五〇〇年間だが、リュコステネスはそのほぼ十分の一の分量を一五五〇年から五七年のわずか七年間に起こった驚異に当てた。驚異のこのような著しい増殖ぶりは、驚異に関わる情報を一枚刷り版画やビラの形で社会に大量に流通させることを可能にした活版印刷術の所産だが、当時の人々にとっては世界の終末が差し迫っていることを切実に感じさせるものであった。一五世紀中頃に誕生した活版印刷術の普及にともなって、文字とならんで図像も木版画という形態できわめて重要な情報伝達手段として広くヨーロッパに浸透した。それはビラや書籍の挿絵として多用され、文字を読むことができない人々に対しても大きな情報発信力をもっていた。

以上の例に見るように、ヨーロッパの近世社会では怪物の誕生を含む驚異に関する情報が溢れ出し、それを文字で書きとめ、また図像で表象することが盛んに行われた。次節では、その典型例で、この時代の驚異の特質を教えてくれる重要な史料を取り上げることにしたい。驚異の歴史研究において夙に有名な、アンブロワーズ・パレが著した『怪物と驚異について』（一五八五年版）である。

2　驚異と自然

パレは床屋外科出身でありながら、フランス王国の軍医を務めるなど臨床経験を多く積み、一五六四年頃以降、国王付筆頭外科医となった人物である。「近代外科学の父」とも称される。外科学に関する著作を多く残し、一五七五年には全集を刊行している。『怪物と驚異について』は一五七三年に初めて出版されたが、一五七九年版においてフランス人のフランシスコ会修道士アンドレ・テヴェによる異境情報を盛り込み、大幅に増補された。テヴェはブラジル渡航経験があり、それをもとにして『普遍的世界誌』を一五七五年に刊行している。パレはこれを参照したのである。この例に見られるように、『怪物と驚異について』の全内容がパレのオリジナルというわけではない。ピエール・ボエステュオの『驚異の歴史』(一五六六年)、クロード・ド・トゥスランの『一四の驚異報告』(一五六八年頃)、コンラート・ゲスナーの『動物誌』(一五五一—五六年)、ギヨーム・ロンドレの『海の魚についての書』(一五五四—五五年)など先行する類似書を大いに参照し、引用している。その意味で、パレの『怪物と驚異について』は当時の驚異論・怪物論の集大成と言ってよい。

パレは第一章「怪物の原因について」において次のように述べている。「怪物の原因はいくつもある。第一は神の栄光。第二は神の怒り。第三は精液の過剰。第四は精液の過少。第五は想像。第六は子宮の狭窄と小ささ。第七は母親の慎みのない座り方。妊娠しているにもかかわらず、長時間足を組んで腹部を締めつける姿勢をとり続けるように。第八は妊娠している母親の転倒、もしくはその腹部に対して加えられる打撃。第九は遺伝病、あるいは偶発性の病によるもの。第一〇は精液の腐敗と汚染。第一一は精液の混交・混合。第一二はみすぼらしい乞食のペテンによるもの。第一三は悪魔によるものである」(Paré 1971 : 4)。「精液の過剰や過少」によって手足の数の過剰や過少が生じるということが示唆されているわけだが、これは奇形のことである。奇形は怪物と同一視される存在であった。パレは多くの事例を引用し説明を加えているが、そこに添えられた図像の効果によって怪物は読者に迫真力をもって迫ってくる。

パレの著作は図像がもつ視覚に訴えかける力を存分に利用した例と言えるであろう。たとえば第三章「神の怒りの例」では、前節でふれた「ラヴェンナの怪物」が取り上げられている。「大抵の場合、それらの怪物的な (monstrueuses)、そして驚異的な (prodigieuses) 生き物が神の裁きに由来することは確かである。［中略］教皇ユリウス二世がイタリアに多くの不幸を引き起こし、国王ルイ一二世と戦火を交えたとき［一五一二年］のことだが、その戦いに続いてラヴェンナ郊外で激しい戦闘が行われた。その後間もなくして同じ町で頭部に一本の角、二つの翼、猛禽類の足に似た一本足、膝には一つ目をもつ両性具有の怪物が産まれたのが発見された。この図像でおわかりになるように」(同前：6-8)（図1）。このような怪物が実在するはずはないが、パレは真実として書きとめるのである。ここではまた、「怪物」と「驚異」という言葉が互換的に使われていることに注意しておきたい。

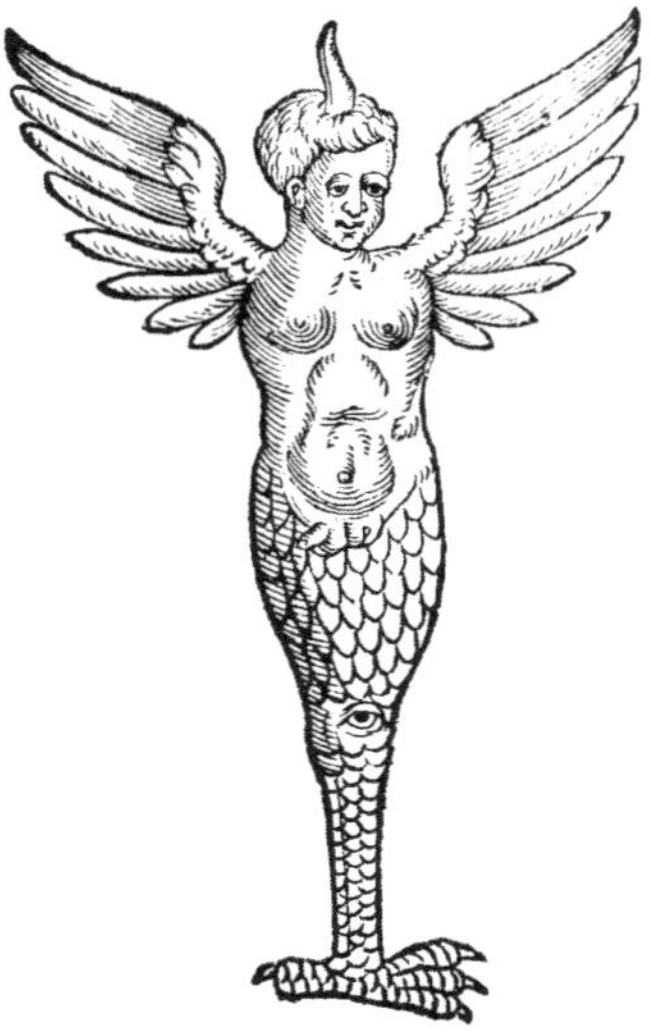

図1　ラヴェンナの怪物

第四章「精液の過剰の例」で述べられている事例の一つは次のようなものである。「ピエモンテ地方のトリノから約五リーグ離れたキエーリ市で、ある貞淑な婦人が一五七八年の一月一七日の晩の八時に一匹の怪物を出産した。顔面はそのすべての部分でよく整っていたが、頭部の残りの部分で怪物であることがわかった。雄羊の角に似た五本の角があり、額の上に互い違いに並んでいた。そして後頭部には奥方様がかぶる頭巾のように長い肉片が背中に垂れ下がっていた。［中略］指先はある種の猛禽類の爪に似ていた。［中略］この怪物が産まれたとき大声で吠えたため、産婆とすべての同席者は恐怖に陥ること甚だしく、彼らはその場所から立ち去ったと言われている。この知らせはピエモンテ公のもとにまで達し、御覧になりたいと希望され怪物を取り寄せられた。怪物を前にしていろいろな人々が様々な見解を述べた。その図像はここにありのままに示されている」(同前：12-13)。果たしてこれは実在したのだろうか。

実在する「怪物＝奇形」についてもパレは相当の頁数を割

いて述べている。次のものはその一例である。「プファルツ地方、ハイデルベルクの近くのロルバルキと呼ばれる村で、背中でくっついている双子の子供が産まれた。この絵でわかるように両性具有である」(同前 : 26)。これはシャム双生児と両性具有の結合であり、実在の可能性はある。ただしパレがこの奇形に関して述べている原因論は次のようなものであった。「女が男と同程度に精液を供給してしまうと、通常類似物を作ろうとする形態付与の徳が――すなわち男性の物質からは男性を、女性の物質からは女性を作るものが――作用し、ときどき両性具有と呼ばれる、二つの性別が同一の身体に見出されるということが起こる」(同前 : 24)。

パレの関心は動物学的な領域にも向けられている。第三四章「今こそ、海の怪物について語ろう」にも多くの怪物の記述と版画が掲載されている。そのうちの一つは次のようなものである。「ロンドレが述べているもう一つの怪物は鱗に覆われ、その図像でおわかりのように司教のような格好で、司教冠をかぶり教皇の祭服を身につけているかのようである。それはゲスナーが述べているように一五三一年にポーランドで目撃された」(同前 : 103–104)。パレが時代的に先行するゲスナーやロンドレの驚異論を参照していることがはっきりわかる。「海の怪物」で取り上げられているのは、このような「怪物」だけではない。図像にされることでかなりデフォルメされてはいるが、サメ、ワニ、蟹、貝など実在する生物も多く取り上げられている。ヨーロッパ近海では見ることができない種々様々な生き物に対して「驚異」の念を感じているのであろう。中世以来、「驚異」は「多様性（*diversitas*）」と関連づけられてきた。「多様性」の反対語が「通常（*solitum*）」である（Bynum 1997 : 7）。パレもこのような驚異概念の伝統のもとにある。パレは「貝の多様性＝驚異」に関して次のように述べている。「海には非常に奇妙で様々な種類の貝類が存在するので、自然、偉大なる神の小間使いがそれらを創り出すことにおいて戯れているのだと言うことができる」(Paré 1971 : 117)。「神のように創造行為を行う自然」という考え方は、アウグスティヌスの「自然、すなわち神（*natura*, id est Deus）」という言葉との関連性を想起させる。怪物・驚異誕生の背後には必ず神および自然がひかえているのである。

第三五章「翼のある怪物」では鳥類がいくつか取り上げられている。そのうちの一つは、ブラジル航海者テヴェの文献に依拠しながら次のように述べられている。「テヴェはその『普遍的世界誌』のなかで、新大陸で野蛮人たちが

図2　鳥トゥカン

図3　野獣ハイット

わけのわからぬ言語でトゥカンと呼んでいる鳥を見たと述べている。それは体長よりも大きくて長いくちばしをもっており、非常に怪物的で不恰好である。また胡椒を食べて生きている」(同前：128–129)(図2)。

つづく第三六章「地上の怪物」ではキリンやカメレオンなど実在する動物とならんで一二本の脚をもつ怪物や人面獣体の怪物が版画を添えて説明されている。そのうちの一つは次のように述べられている。「テヴェはその『普遍的世界誌』第二巻第三章のなかで、アフリカには野蛮人がハイットと呼ぶ野獣が存在すると述べている。それは非常に不恰好であり、見たことがない者にとってそのようなものがいるということはほとんど信じることができない。それは巨大なオナガザルの大きさで［中略］顔と頭部は［人間の］子供のものにそっくりである」。添えられた版画(図3)の説明文には次のようにある。「ハイットと呼ばれる怪物的な野獣の像。それは空気しか食べない」(同前：137–138)。

パレが『怪物と驚異について』のなかで取り上げている怪物・驚異は以上のほか、魔術、彗星、火山活動、地震など多岐にわたるが、その定義に「自然」という問題が深く関わっていることを忘れてはならない。序章でパレは次のように述べている。「怪物とは、一本腕、二つの頭部、また普通の数以上の手足をもって産まれてきた子供のように、自然の流れを脱して(outre le cours de Nature)現れるものである(大抵の場合、来るべき何らかの不幸の徴である)。驚異とは、蛇や犬、あるいは自然にまったく反するものを出産する女のように、自然にまったく反して(du tout contre Nature)起こるものである」

(同前 : 3)。

驚異を自然との関係で捉える視点はアウグスティヌスにさかのぼる。アウグスティヌスが『神の国』(第二一巻第八章) で述べるには、驚異が「神の意志によって起こるとき」、それは自然に反していない。そして「前兆は自然に反して起こるのではなく、自然として知られているところのものに反して起こるのである」。アウグスティヌスは、「すべての前兆」が一般的には「自然に反している」と言われるものであると認める。しかし実際は「そうではない」と否定する。なぜなら自然を含む万物が神の創造による以上、驚異も「自然に反して」起こるはずがないからである。またアウグスティヌスは自然のすべて、換言すれば世界を奇跡とみなして称賛した(『神の国』第二一巻第七章)。したがって、自然が「創造主＝神」の意志を現実化したものだとすれば、奇跡を「反自然」として捉えることも同じく無意味なことであった (Daston 1991 : 95)。アウグスティヌスにとって、驚異も奇跡も神の力が人知を超越していることを証明するものにほかならず、驚異と奇跡のあいだに明確な断層はなかったのである。このようなアウグスティヌスの解釈を踏襲して、中世初期のラテン語の諸テキストは、多かれ少なかれ驚異と奇跡を互換的に使用していた。

このようなアウグスティヌスの見解に対して、驚異と奇跡を分けたのがトマス・アクィナスである。アクィナスによれば、奇跡は創造主である神が自然に直接介入することによって引き起こされるものであり、「超自然 (*supra naturam*)」である。一方、驚異は「自然」自体によっても引き起こされるが、天使や悪魔といった被造物によっても引き起こされる「脱自然 (*praeter naturam*)」であるとされた。「自然」と明白に対立する領域としての「超自然」を発明したのはアクィナスであった (Daston 1998 : 154–155)。

一六世紀初めの段階で驚異、奇跡と自然の相互関係を考える際に一般的に受け入れられていた見解は、折り合わせるのが困難なアウグスティヌスとアクィナスのものであった。しかし、「脱自然である驚異」と「超自然である奇跡」を区別しようとする傾向は一三世紀以降進んでおり、より重視されていたのはアクィナスの見解であった。そしてこの区別は、「脱自然」が魔術に代表される悪魔の活動に、より一層緊密に結びつけられるようになった一六世紀に強化されたのである (Daston 1991 : 98–99)。この時代、驚異と魔術の癒着は密接なものになっていた。上記のパレの驚異・怪物定義は以上のような中世以来の奇跡・驚異・魔術・自然をめぐる複雑な議論のもとに捉えなければならない。

かくして近世ヨーロッパにおいて「脱自然」が流行する。ことに一六世紀前半に始まった宗教改革を経て同世紀後半の反宗教改革と宗教戦争の時代に突入すると、宗教的混乱にともなう政治的混乱も相まって「脱自然」に対する知的関心が生じ、一方では不可思議な出来事が起こった場合に前兆的な意味を誇張する態度を、もう一方では神の業と悪魔によるペテンを明確に切り分けようとする態度を生み出すことになった。「脱自然」は近世の驚異に関わる文献のなかで「頑強に自己主張」し、一七世紀末まで「現象学的同質性」を保持していた。この点で悪魔や魔女の諸行為について探究し、魔女裁判の理論的支柱を提供した悪魔学は重要な位置づけをもっていた（同前：101, 106）。悪魔学は驚異、すなわち「脱自然」の出来事を魔女や悪魔の諸行為との関連性のもとで捉えようとしたものだったからである。

以上見てきたように、ヨーロッパ中・近世における驚異について理解しようとする場合、「自然」をめぐる諸概念がきわめて重要な役割を果たしていることがわかるだろう。このことは驚異の隣接概念である奇跡と魔術についても同様であった。次節では、このことを中世末と近世における代表的な悪魔学論文の解読を通して具体的に検討してみたい。

3　魔女言説における驚異・奇跡・魔術と自然

中世末の悪魔学論文として、ドミニコ会修道士で異端審問官であったハインリヒ・クラーメルが著した『魔女の槌』（一四八六年）、および近世のものとしてフランスの思想家・政治学者として著名なジャン・ボダンの『魔術師の悪魔狂』（一五八〇年）を取り上げることにしたい。いずれも魔女狩りを熱烈に支持した書として魔女裁判研究の分野ではよく知られたものである。『魔女の槌』は魔女狩りの手引書として一六世紀以降も再版され続け、近世の魔女狩りに大きな影響を与えたので、『魔術師の悪魔狂』とともに検討することによって近世における驚異と奇跡・魔術、そしてこれらと「自然」との関係についてある程度迫ることは可能であると思われる。

まず、『魔女の槌』から見ていくことにしよう。驚異と奇跡について、クラーメルは次のように述べている。「魔女と悪魔の現世における働きが奇跡の働きとみなされるべきかどうかという問題に関しては［中略］私たちにはわからない創造行為を通して、私たちが知っている［神によって］創造された自然の秩序を脱した(*praeter*)方法でそれが起こっているという限りで、そのようにみなされると言われるべきである。しかしながら正確に言えば、それは創造された自然の全体の秩序を脱する方法で生じているのだから奇跡ではない」(Institoris 1580 : 283 ; Mackay 2009 : 337)。魔女と悪魔の行為が「脱自然」の驚異として捉えられており、奇跡と区別されている。しかしことはそう簡単ではない。クラーメルは先の引用箇所の少しあとで次のように述べている。「善き人によりなされた奇跡(*miracula*)は、悪しき人によって行われたそれから少なくとも三つの点で区別される」。一つめの違いは作用する力の効果である。善き人によって行われるしるし(*signa*)は神の力によるのであり真実であるが、悪しき人のものは悪魔のペテンである。第二の違いは有用性である。善き人のしるしは病気を治癒するように役に立つが、悪しき人のものは手足に麻痺を起こすなど有害無益である。第三の違いは目的である。善き人のしるしは信仰を強固にするためのものだが、悪しき人のものは信仰に明白な損害を与えることを目的とする。このように述べたあとで、次の言葉が続く。「その上たずさわる方法に関しても違いがある。善き人は敬虔かつ恭しく神の名に祈願することによって驚異(*mirabilia*)を行う。されど魔女と悪しき人はある種の妄想と悪魔の召喚によってこれを行う」(Institoris 1580 : 284–285 ; Mackay 2009 : 337–338)。奇跡と驚異が互換的に使用されており、『魔女の槌』がアウグスティヌス的伝統のなかでも驚異を捉えていたことがわかる。「奇跡と驚異が癒着」していると同時に二つを峻別しようとする揺らぎが見られるのである。『魔女の槌』には、驚異・奇跡をめぐってアウグスティヌス的解釈とアクィナス的解釈が同居していると言えよう。

さらに先の引用箇所に続けて、クラーメルは「悪魔によって行われる驚異」について次のように述べている。「確かに、使徒が悪魔とアンチキリストの活動を偽りのしるしと呼んでいること［新約聖書『テサロニケの信徒への手紙二』二・九—一〇］に支障はない。なぜならそのとき［世界終末の時代］、神の許しのもとに悪魔によって行われる驚異はある点で真実であり、別の点で嘘でもあるからである。真実であるというのは、悪魔の力が及びうる範囲でことをなす点においてである。嘘であるというのは、死者を蘇らせたり盲人の目を開いたりするように、悪魔の力が及びえない範囲でことをなすからである」(Institoris 1580 : 285 ; Mackay 2009 : 338)。死者の蘇生や盲人開眼は神のみがなしうる奇跡であって、悪魔がそれを行うことができるというのは「嘘」であり「偽りのしるし」を示すものである。そしてこう断言する。「アンチキリストと魔女のあらゆる驚異の活動 (*omnia mirabilis opera*) は偽りのしるしとすら言われる」(同前)。

結局、『魔女の槌』は、驚異・奇跡・魔術と「自然」の関係をどのように捉えていたと言えるのだろうか。その議論はいささか錯綜している。クラーメルは奇跡について、このような「推論」もあると断ったうえで次のように述べる。「ある種の奇跡は自然を超越し (*supra naturam*)、別の奇跡は自然に反し (*contra naturam*)、またほかの奇跡は自然を脱している (*praeter naturam*) ために、それ「魔女の行為」は何らかの点で奇跡とみなされうる。超自然というのは処女が出産するがごとき、自然と自然の力のなかに類似のものが存在しないことである。反自然は盲人の開眼のように、自然に反した操作によって行われるが自然に調和していると述べられるものである。脱自然というのは杖が蛇に変化したように、自然の秩序に類似したやり方で行われる」(Institoris 1580 : 285–286 ; Mackay 2009 : 338–339)。キリスト教の伝統のなかで処女マリアのイエス懐胎と出産、イエスによる盲人開眼は奇跡とみなされる。よって奇跡は「超自然」「反自然」として捉えられていることになる。

「脱自然」に関して言及されている蛇に変身する杖の話は旧約聖書『出エジプト記』(七・一二)に出てくるもので、モーセの兄アロンがエジプト王ファラオの前で投げた杖が蛇に変身した話のことである。この蛇はファラオが魔術師に命じて同じように杖から変身させた蛇を呑み込んでしまう。この勝敗が意味するのはアロンの蛇が神の所産すなわち奇跡であるのに対し、魔術師の蛇が悪魔の所産にすぎないということである。そしてクラーメルは述べる。「かくして魔術師の仕業は驚異と呼ばれる」(同前)。これは度々言及してきた、魔女の行為は驚異であり、「脱自然」であるという見解と一致する。ただ驚異の究極的な動因が悪魔ではなく、神であることを忘れてはならない。「偉大なる驚異をなしたまうは［神］御身ただ一人」とクラーメルは述べている（Institoris 1580 : 75 ; Mackay 2009 : 153）。悪魔の活動は「神の許しのもと」で行われるという考え方が『魔女の槌』の大原則であったのだ。

ところで奇跡の特徴として「反自然」が挙げられているが、これには注意が必要である。なぜなら「反自然」は古代ローマ時代以来、ヨーロッパ社会で負の意味を担わされてきたからである。三世紀頃のローマでは奴隷身分が「反自然」とみなされ、六世紀の東ローマ帝国皇帝ユスティニアヌス一世の「新勅法」では同性愛・獣姦・近親相姦など非道な性行為が「反自然」とされた。さらに一一世紀以降、ヨーロッパ社会にキリスト教が浸透していくなかで、異端、そしてユダヤ教徒やイスラム教徒に対しても「反自然」の言葉が投げかけられた。たとえばムハンマドは「自然の敵」とされ、キリスト教徒とユダヤ教徒・イスラム教徒の性関係も「反自然」とされた。「信仰上の錯誤」が「反自然」と結びつけられた理由は、自然と神が等しいものとみなされていたからである。アウグスティヌスの「自然、すなわち神」という言葉は、一二世紀以降、大開墾時代の到来による自然に対する関心の増大とともに盛んに言及されるようになった。よって、「反自然」は神と悪魔双方の領域に関わっていたことになる。

以上から、次のようにまとめることができる。①奇跡、驚異、魔術のいずれにせよ、その究極の動因は神である。神は奇跡のみならず驚異も起こす。悪魔の管轄下にある魔術も「神の許しのもとで」のみ可能である。悪魔に自律的な位置を与えてしまえば、マニ教的な二元論になってしまう。②奇跡は完全に神の領域であり、それは「超自然」「反自然」である。③驚異は悪魔によっても引き起こすことが可能であり、それは「脱自然」である。

次に『魔術師の悪魔狂』を見てみよう。ラテン語で書かれている『魔女の槌』と比較すると、フランス語で書かれている『魔術師の悪魔狂』の言葉遣いは曖昧である。たとえばボダンは次のように述べている。「自然の秩序を脱して（outre）生じる怪物（monstres）としるし（signes）に関しては、悔悟させ回心させるために神が人間にお与えになる怒りと警告のなんらかの意味をともなっていることを否定できない。そして自然において変異、変化するものは何もなく、怪物は質料の欠如が原因でのみ生じると主張するアリストテレスの有害な見解には従えない。その見解にもとづけば、自然の流れに反して（contre）起こされ、生じるすべての御業と驚異（merueilles）を神から奪ってしまうことになろう」(Bodin 1988 : fol. 48r-49v)。ボダンは「脱自然としての怪物」「反自然としての驚異」という分類を行っているが、この見解はパレと同じである。

またボダンは彗星についてこう述べる。「すべての古代の経験から、常に神の怒りのしるしであり、そうであった彗星に関しては、それが自然の通常の流れを脱した事柄であることをアリストテレスは否定することはできない」(同前 : fol. 49v)。ボダンは怪物の誕生と彗星の出現を前兆として捉え、そこに神の怒りを見た。これは前節で確認したように、典型的な一六世紀の驚異観・怪物観である。ただしボダンはこの引用箇所の少し後で「自然の秩序に反して生じる奇妙な怪物」(同前 : fol. 50v) という表現もしており、「脱自然」と「反自然」の明確な使い分けがなされているわけではない。両者は錯綜しながら、広く「脱自然」領域を構成していると言えようか。ちなみにパレが述べているように彗星は「天空の怪物」として認識されるものであり、「驚異」概念と「怪物」概念は互換的に使用されるものであったと言ってよい。

またボダンは次のようにも述べている。「ヨセフが言うように、エルサレム占領前にはまる一年間、神殿の上空に火炎が現れた。したがってそれは自然の事柄でも通常の事柄でもなく、自然の流れを超えて (outre) 起こる奇跡 (miracles) であり、それは祈りと悔悟によってあらかじめ防ぐことができる神の怒りを私たちに伝えているということを認めなければならない」(同前)。おそらく火炎は彗星のことを指している。そうだとすれば、当時一般的に驚異と考えられていた彗星の出現が文脈に応じては奇跡として捉えられていることになる。またここでは訳語について、フランス語の outre という前置詞を奇跡と結びつく場合は「超えて」、驚異と結びつく場合は「脱して」と訳し分けをしたが、それはラテン語の *supra* (超えて) と *praeter* (脱して) のそれぞれに該当するフランス語が『魔術師の悪魔狂』では使い分けられておらず、outre 一語で代替されているためである。ヨーロッパ文化圏における驚異について研究する際には、このようなラテン語と俗語という言語間の差異にも気を配る必要がある。以上から、奇跡と驚異の癒着、「超自然」「反自然」「脱自然」の癒着が見られるのが、『魔術師の悪魔狂』の特徴と言えるであろう。

ボダンが魔女の問題を驚異の領域のもとで認識していたことは、次の言葉からうかがい知ることができる。「一五七八年四月最後の日に私が招集された一人の魔女に対して行われた裁判が、異国のすべての人々には驚異(merueilles)に、またある人々には信じ難いものに思われている魔女の主題を明らかにするために、私にペンを取らせたのである。私が言う魔女はコンピエーニュ近郊のヴェルヴェリ生まれのジャンヌ・アルイエという者で、尋問も拷問もなく自白した通り、数多くの人間・家畜を殺害した咎により告発されたのである」(同前：preface, 1)。

おわりに

ヨーロッパ近世における驚異について考える場合、「自然」をめぐる諸概念を抜きにしてはありえない。このことは近世だけでなく、中世についても言えることである。「超自然」「脱自然」「反自然」といった一見言葉遊びにも思われる概念が驚異の理解に深く関係していた。そしてこの「自然」が天地万物の創造主である神が創造したものであることから、当然ながらキリスト教の「神」の存在なくしては驚異について理解することはできない。以上のことは驚異の隣接概念である奇跡と魔術にも当てはまることである。

近世においては、ことに「脱自然としての驚異」が重要視された。ロレーヌ・ダストンによれば、近世から近代に移り変わるなかで、怪物誕生に典型的に見られる「脱自然」的な現象がもっていた前兆という宗教的意味は次第に失われていった。しかしその一方で進行したのが「脱自然」的な現象の「自然化」であった。イングランドの王立協会など近代自然科学研究の先鞭をつけた各国の学術団体が注目したのが「脱自然としての怪物＝奇形」であったが、それは科学的な「事実(*fact*)」として重要な自然科学研究の対象となったのである(Daston 1991：108–112)。このようにヨーロッパ近世の驚異は、近代自然科学の誕生とも深く関係しているのである。

第2章　驚異の部屋「ヴンダーカンマー」の時代

小宮正安

はじめに

天井から吊るされた巨大なワニやカメの剝製。壁一面に並べられたキャビネットの中にびっしりと収められた標本や古物や土産物……。これぞ、日本語で「驚異の部屋」「珍品蒐集室」などと訳される「ヴンダーカンマー（Wunderkammer）」である。

ヴンダーカンマーは、近代ヨーロッパの博物館や美術館の元祖と言われることが多いが、見た目はもちろん、基本的な考え方も相当に異なっている。何しろヴンダーカンマーが栄えたのは、ヨーロッパが近代を迎える以前、いわゆる近世のはなしなのだ。

Wunder（驚異）とKammer（部屋）という二つのドイツ語を掛け合わせ、「ヴンダーカンマー」なる語が初めて文書に登場したのは、一六世紀半ばのこと。フローベン・クリストフ・フォン・ツィンメルン（一五一九—一六六年）というドイツの貴族が編んだ年代記（『ツィンメルン年代記』）の中に記されたKunst- und Wunderkammerなる一語が、初出であると言われている。

当時は、ルネサンスが終焉を迎えた頃である。そのような時代に「ヴンダーカンマー」なる語がようやく文書にお目見えした状況を考えると、ルネサンス時代からすでに、驚異の念を催させる珍品を満載した部屋がヨーロッパのそこかしこに出現し始めていた、と考えられるだろう。じっさいヴンダーカンマー登場の経緯を考えるとき、ルネサンスを抜きにして語ることなど到底不可能なのだから。

1　ストゥディオーロからヴンダーカンマーへ

珍品を蒐集するという行為自体は、ルネサンスの専売特許ではない。ルネサンス以前の中世に遡ってみても、教会や貴族の宝物館、あるいは古い時禱書やタペストリーといった記録物から、珍品蒐集がおこなわれていたことがうかがえる。

だがそうした中世の蒐集品の多くが、教会の力の強かった時代に呼応するかのように聖遺物をはじめとする宗教関係の品々を中心としているのに対し、ルネサンスのそれは質量ともに大きく異なっている。というのもルネサンス期において、井の中の蛙の状態に置かれてきたヨーロッパは、大海を知ることとなったからだ。人文学的、および自然学的な知への目覚めによって、世界に関する多元的な関心が芽生えた。大航海時代の幕開けによって、各地からもたらされる多種多様な文物が人々の好奇心を掻き立てることとなった……。

そのような状況の中で生まれた蒐集室が、「ストゥディオーロ（Studiolo）」である。ストゥディオーロは元々書斎を指すイタリア語だが、ルネサンス期には各種の書物はもちろんのこと、その中に記述されているじっさいのモノが熱心に蒐集されるようになった。その結果、ストゥディオーロは書物とモノで溢れかえるようになり、やがては書物以上にモノのほうが空間を占めるヴンダーカンマーの誕生へと繋がってゆく。

というわけで、数多の珍品と並んで書籍が収められているヴンダーカンマー、あるいは書斎や書棚がヴンダーカンマーに隣接しているというケースは、けっして珍しくなかった。またヴンダーカンマーの様子や収蔵品を描いた、紙上ヴンダーカンマーともいえる書物も数多く存在しており（図1）、ここにもストゥディオーロとヴンダーカンマーとの親近性が見て取れる。

なお、ストゥディオーロとヴンダーカンマーの親近性を特徴づけるキーワードとして、「術」が挙げられる。イタリア語ではArte、ドイツ語ではKunstに相当する言葉で、元々は頭や手を用いた人間の創造活動全般を指していた。ストゥディオーロは、そのような創造活動の一つである「学術」を振り出しに、やがては「医術」「占星術」といった、様々な術に奉仕する空間と化していったのである。

この考え方が顕著に現れている一例が、ウルビーノ公爵フェデリーコ・ダ・モンテフェルトロ（一四二二—八二年）のストゥディオーロだろう。壁には精巧な寄木細工が嵌め込まれており、それだけで人間の業を駆使した「術」を目の当たりにできる。しかも寄木細工によって描かれているのは、書物や楽器や武具を収めたキャビネットであり、遠近法やだまし絵といった高度の「術」が惜しげもなく注がれているのが特徴だ。

図1　ナポリに存在した，フェランテ・インペラート（1525?-1615年?）のヴンダーカンマー。様々な珍品に混じり，右側には書棚が見えている。インペラート著『自然誌』（1599年）所収。

かくなる具合に「術」を前面に押し出すことができたのも、ルネサンスという時代があらばこそだった。というのもそれ以前の中世においては、人間の創造行為自体が後ろめたいものと見なされていたからである。聖書によれば、神は自らの手を用い、自身の姿に似せて最初の人間であるアダムを創造したのだが、逆に被造物である人間が頭や手を使って何かを作り出すことは、神の領域を侵す行為に他ならなかった（その最たるものがカラクリ仕掛けの制作であり、人間が神の創造の技を真似るかのように、自らの意のままに動く機械を作ることは、きわめて罪深いとされていた）。

そうした見方が緩和されるためには、教会を中心とした中世的世界観が揺るがなければならない。この変化が劇的に起きたのがルネサンスであって、神から人間へという価値転換の中、神ではなく人間による創造活動が評価されるようになり、それが「術」を駆使したストゥディオーロの誕生にもつながったのである。

2 「術」の満てる空間

このような事情を考えるとき、冒頭で触れた『ツィンメルン年代記』に Kunst- und Wunderkammer なる語がお目見えした理由もよく分かる。ヴンダーカンマーは、たしかに珍品を集めた空間ではあるのだが、そこに「術」の要素が色濃く入り込んでいるのが特徴だ。そのため、「ヴンダーカンマー」とほぼ同じ意味で、「クンストカンマー（Kunst-kammer）」という語もしばしば用いられる。

となると、ヴンダーカンマーに収められた珍品が珍品たるゆえんとは、単に物珍しいだけではなく、そこに驚異的な「術」が具わっているか否かということになる。例えばヴンダーカンマーの収蔵品として、風景や動物や人間の顔を彷彿させるような模様が浮かび上がった石や、木彫りの人形のごとき姿をした木の根——いわゆるマンドレイクやアルラウネ——がしばしば見受けられるのも、それらが神の、あるいは神によって創造された自然が生み出した何らかの「術」を、観る者に想起させるからに他ならない。

そのような「術」の顕著な例が、錬金術である。神の手によって創造された自然物の中でもっとも価値が高く、人工的な製造が不可能である金を、術を駆使することであえて人間が生み出そうという試み。金の製造にあたっては、世界を構成していると考えられていた「地水火風」の四大元素をいかに組み合わせるかが重要であって、またその組み合わせの中に、神の創造の秘密を読み取ろうとする動きが見られるようになる。

同様に「クンストカンマー」たる「ヴンダーカンマー」も、四大元素によって綾なされる世界を表象する空間としての役割を担い、神の手の技を人間が密かに窺い知ることのできるような、きわめて「術」の匂いがする部屋となっていった。

それを示す一例が、サミュエル・フォン・クヴィッヒェベルク（一五二九―六七年）によって編み出された、ヴンダーカンマーの収蔵品に関する理論である。クヴィッヒェベルクは南ドイツで活躍した人文学者で、バイエルン公爵アルブレヒト五世（一五二八―七九年）がミュンヘンにヴンダーカンマーを建設するにあたり、その収納方法や展示方法に関して様々なアドヴァイスを与えた。

その際クヴィッヒェベルクは、ヴンダーカンマーの収蔵品を四つの種類に分けることを提案した。具体的には「ナトゥラリア（自然の物）・ミラビリア（珍奇な物）」「アルテファクタ（人工の物）」「スキエンティフィカ（科学の物）」「アンティクィタス（古代の物）・エクソティカ（外来の物）」という内容で、細目としては六つのカテゴリーながら、大きく見れば四大元素の「四」と対応する四つのカテゴリーとなっている。

こうして分類された蒐集品は、小物であれば箱や抽斗に収納され、ある程度の大きさのものは観音開きのキャビネットに入れられた。特にキャビネットについては、それぞれのカテゴリーによって内部の色分けをおこなうのが望ましいとされ、ナトゥラリアは緑、アルテファクタは赤、スキエンティフィカは青、エクソティカは黄といった具合に、一目で「四」への志向が分かる工夫が施されていた。

しかも、すべての蒐集品があくまで一つの部屋の中に収められるのが重要なポイントだった。キャビネットや箱を一部屋に配置するのはもちろん、それらに入りきらない大きなものは床や机の上に置いたり、壁にかけたり天上からぶら下げたりといった具合に、部屋の中にあらゆるモノを集積することが目指された。それもこれも四大元素によって一つの世界／宇宙が形作られているという考え方に根差したものであり、大宇宙のエッセンスを凝縮した小宇宙こそがヴンダーカンマーである、というわけだった。

そうした事情を受け、宇宙や世界を象徴しその秘密を解き明かすかのように、ヴンダーカンマーには天球儀や地球儀が置かれる場合が多かった。あるいは、ルネサンス期に長足の進歩を遂げた占星術と医術、さらには解剖学との照応関係から、大宇宙の動きが小宇宙である人体に影響を及ぼすということが盛んに唱えられるようになったという事情も手伝って、人体の秘密を開示するかのような模型や動物のホルマリン漬けなども、ヴンダーカンマーの必需品と化していった。

3　「驚異」のディスプレイ方法

「術」というオカルトめいた要素を具えたヴンダーカンマーだが、もちろんその奥底に脈打っているのは「驚異」への感覚である。大航海時代の幕開けにより、それまで伝説の地でしかなかったアフリカやアジアから、未知の文物が次々とヨーロッパに流入し始めた頃のこと。となると、驚きのあまり拒絶反応が示されるいっぽうで、逆にそれらを熱心に集めようとする蒐集家が出現していったのも頷ける。

このような状況が生まれた背景としては、当の大航海時代をもたらすこととなったルネサンス期の新たな志向も見逃せない。その一例こそ、ネオプラトニズム（新プラトン主義）である。ネオプラトニズムにおいては、絶対的な一者から出るオーラが、他者に影響を及ぼし、またそうしたオーラを受けた他者がさらなる他者に影響を及ぼし……といった具合に、生々流転する宇宙の在りようが念頭に置かれている。つまり、ネオプラトニズムでは宇宙が動的に捉えられており、それは教会のドグマの下に静的な世界を目指した、例えばスコラ哲学の基盤となったアリストテレス的な静的宇宙観とは決定的に異なるものだった。

このように世界を動的に捉える視座が生じることで、従来のヨーロッパが知りえなかった文物や情報を実際に目の前にしたとき、それを積極的かつ貪欲に捉えてゆこうという姿勢が育まれてゆくこととなる。しかも既存の枠組みでは測り知れない「驚異」を前に、それを取り入れようとする姿勢は、いわば従来の人間とモノとの関係を一新する新手の「錬金術」だったとさえいえるかもしれない。モノは人に従属するのではなく、今や「驚異」の要素を漲らせ、人の生き方に大きな影響を与え始めたのである。

では、この「驚異」を表象する場として、ヴンダーカンマーではどのようなディスプレイがおこなわれたのだろう。多くの場合、先述したクヴィッヒェベルクのごとき、四大元素に基づく世界観による分類方法がとられていたとはいえ、数字に縛られた規則的な――あるいは静的な――部屋が志向されていたわけではない。むしろ、動的な世界の在りようをこれでもかと映し出すかのように、あらゆるモノを一つの空間に詰め込んだ、秩序よりも混沌という表現がふさわしい空間が作られた。

これもまた、世界各地からすさまじい勢いでヨーロッパに迫りつつあった各種の驚異をいかに鮮明に提示するか、という実験だったといえよう。驚異の要素をあえて何倍にも濃厚にして提示するという行為そのものが、「術」の空間であるヴンダーカンマーにおいてはこの上なくふさわしく、またそうした方法によって提示されるモノの数々は、単体では発揮しえないような複合体としての強烈なオーラをまとって立ち現れた。

（1）秘密性とカラクリ仕掛け

驚異をいかにディスプレイするかという意識。それは、ヴンダーカンマーをどこに配置するか、という発想にもつながってゆく。じっさいヴンダーカンマーは、城や館の中に作られた秘密の部屋や別館といった、ごく目立たない部分に構えられることが多かった。

これには、珍しい宝を外敵から守るという目的に加え、あえて秘密性を付与することでヴンダーカンマーに具わった驚異の魅力を一層高めようとする狙いがあった、と考えられる。例えば床の下に仕込まれた秘密の階段を伝い、幾つもの鍵が施された扉を開け、ようやく入口にたどり着けるといったケースがしばしば見受けられた。しかも入口の先も往々にして外光が遮断され、闇が黒々と広がっている。

だが、蠟燭やランプの光をたよりに部屋の中へ入った途端、闇の奥から驚くべき蒐集品が次々と浮かび上がった。それはさながら、珍しい鉱石に見られるように数々の秘密を宿した秘密地下世界に降りてゆく鉱夫の歩み――当時の錬金術において、鉱夫は宇宙の秘密を知る象徴とされていた――を彷彿させるアプローチに他ならなかった。

ところで、ヴンダーカンマーに足を踏み入れるにあたって「鍵」が必要だと述べた。この鍵も、単にヴンダーカンマーへの扉を開けるために（あるいはヴンダーカンマーを外敵から守るために）必要な道具というだけにとどまらない。鍵そのものが、ヴンダーカンマーの蒐集品の中においては、「アルテファクタ」の一部を成す重要な存在であった。

様々な人々が地続きに往来するヨーロッパにおいて、古来「鍵」は敵の侵入を防ぐために不可欠だった。しかも時代が下るにしたがって、鍵には複雑きわまりないメカニズムが搭載されてゆくこととなるのだが、それは例えばカラクリ仕掛けにも応用されるようになり、ルネサンスの時代には人間の手の技と知恵の結晶として驚異の対象と化してゆく。

その結果ヴンダーカンマーには、鍵、あるいは様々なカラクリ仕掛けが蒐集品として収められるのだが、収蔵品を収めるキャビネット自体にも複雑な仕掛けの鍵が施されたり、キャビネット自体がカラクリ箱のようになっていたりする例もしばしば見られた。いや一つキャビネットに限らず、ヴンダーカンマーへの複雑きわまりないアプローチを考えた場合、ヴンダーカンマー自体が巨大なカラクリだったとはいえないか。ヨハネス・ケプラー（一五七一―一六三〇年）の唱えた幾何学的宇宙モデルと同様、宇宙の神秘を表象するヴンダーカンマーもまた、秘密に満ちたカラクリの部屋だったのである。

（2）笑いの要素、溢れる

ヴンダーカンマーに具わった秘密性は、ヴンダーカンマーの所有者が誰であったのか、という問題と密接に結びつく。端的に言えば、多様なモノを蒐集できる人々であり、また彼らにはそれを可能にする経済力、政治力、社会力等々が必要だった。となるとヴンダーカンマーを構えられたのは、王侯貴族や聖職者、メディチ家のような豪商といった、特権階級の人間がほとんどだったということになる。

そんなヴンダーカンマーに魅せられた一人が、ヨーロッパの貴族の中でも名門中の名門、ハプスブルク家の直系に属するティロル大公のフェルディナント(一五二九—九五年)だ。彼はオーストリアのインスブルック郊外に位置する山城を改造し、アンブラス城という城を建て、そこにヴンダーカンマーを構えたことで有名な人物である。

なおアンブラス城は、Lustschlossという建物のカテゴリーに入る。直訳すれば「愉しみ(Lust)」の「城(Schloss)」。別荘あるいは離宮といった性格が強く、フェルディナントは貴賤結婚の相手である市民出身の妻フィリピーネ・ヴェルザー(一五二七—八〇年)と水入らずの時間を過ごすべく、わざわざこの城を造った。

フェルディナントは、アンブラス城に心許せるごく一部の人々を招き、しばしば宴会を催した。しかも宴にあたっては、本物の果物そっくりの形をした石のオブジェを果物籠の中に忍ばせたり、滑稽な形の食器を机のそこかしこ配したりといった具合に、手の込んだ冗談グッズを用いて、客人を驚かせかつ笑わせる工夫が凝らされた。

あるいは、うっかり座ると身体中にロックがかけられてしまう「縛り椅子」なるものがあり、この椅子に縛られたら最後、手渡された杯を飲み干さないと解放してもらえないというゲームがおこなわれた。そうでなくても、宴会ではチェスやカードなどのゲームもなされるのが普通だった。そして笑いや愉悦の要素を含んだこれらの宴会グッズは、城内に構えられたヴンダーカンマーに収蔵されていったのである。

もちろん、こうしたモノがヴンダーカンマー入りを果たすにあたって、高価な材料、あるいは洗練された技術や知識の駆使といった「驚異」を喚起させる要素を含んでいることが重要だった。その一例ともいえるのが、「象牙の塔」である。

これは当時きわめて珍しかった象牙を用い、超人的な技を具えた職人が、そこにミリ単位の細やかな一本彫りに仕上げてゆく、という高度な技術が施された置物だった(ちなみに慎重かつ精緻な作業ゆえに周囲から隔絶した環境が職人にとって必要となり、それが「象牙の塔」という表現につながった)。ただしその用途はと言えば、例えば塔の周囲に螺旋状に彫られた軌道に沿って玉を上から下まで転がして遊ぶといった具合であり、あくまで宴の余興に用いられる高価な玩具といった役割だった(図2)。

もちろんここにも、自然の手が作り出したものに人間の手が加わるという「術」の考え方が濃厚に現れている、と

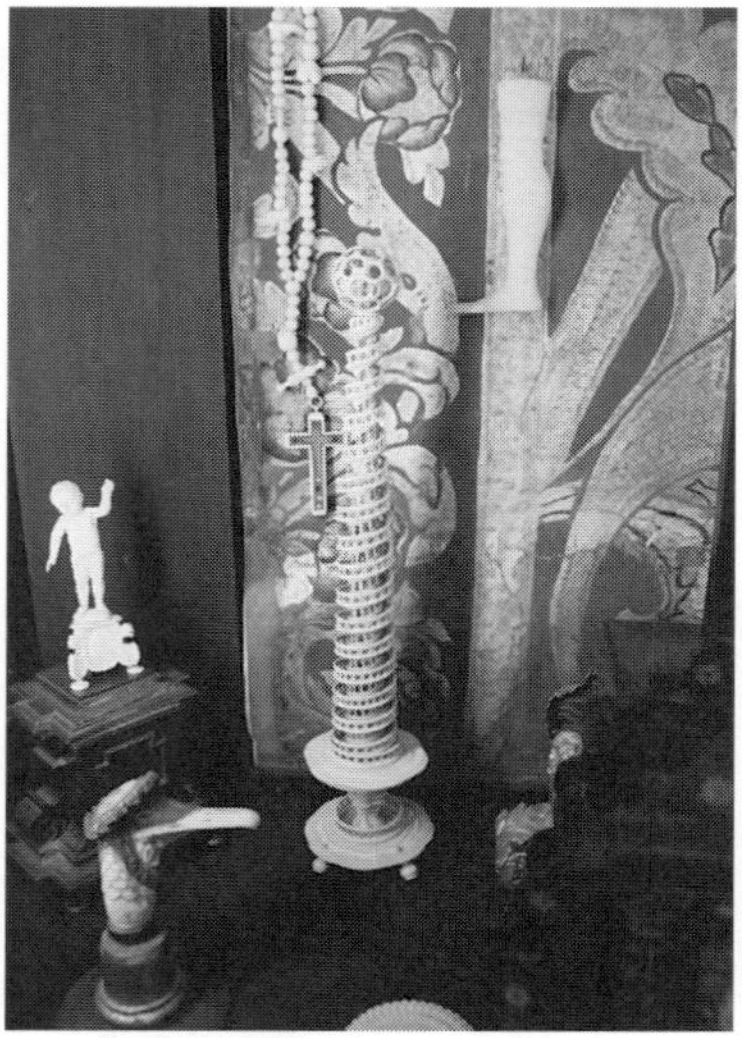

図2　象牙の塔（中央）。ザルツブルク大司教宮殿のヴンダーカンマーにて（著者撮影）。

考えることは可能だろう。ただしそれが、単に真面目な思考に終始するのではなく、「笑い」の要素がまぶされている点が重要だ。ルネサンスは、中世を支配した教会のドグマが緩み、人間的な営みが評価を受けるようになった時代だが、そのような人間的な営みの典型的な特徴が笑いでありユーモアだった。

となると、ヴンダーカンマーやそれが生まれた時代においては、驚異の表出にあたり、笑いの要素も含めてあらゆる手段が駆使されたといえる。しかも、ヴンダーカンマーの収蔵品に見られる高度な技術、あるいは幾何学的・数学的な知が、現在のように実学的な方向性へと向かうのではなく、「笑い」と結びついていたということも。ヴンダーカンマーは秘教的な要素と並んで、笑いの要素が満ち溢れる空間だったのである。

4　「異形」をめぐるコレクション

ところで、当時の宴会、さらにヴンダーカンマーに欠かせないもう一つの重要な要素が、「異形」である。現代社会においては、異形の人々を宴の見世物にし、彼らを一種の慰み者として権力者が自らのもとに囲うなどという行為は、人道的見地から許されまい。だが逆にそうした考え方が芽生える前の社会において、それは当たり前だった。

例えば身長が平均に比べて遥かに大きいか小さいといった人々は、アトラクション的な役割を担う存在として、宴会に欠かせなかった。また彼らを描いた肖像画や、彼らがまとっていた装身具が、珍品蒐集の空間であるヴンダーカンマーの収蔵品となる場合もしばしばだった。

ただし、このような人々が差別的待遇を受けるだけの立場に置かれていたのかと言えば、必ずしもそうではない。例えばカナリア諸島出身で、顔全体が毛で覆われた人間として有名なペドロ・ゴンザレス（一五三七―一六一八年）の場合。フランス王アンリ二世（一五一九―五九年）やパルマ公妃マルゲリータ（一五二二―八六年）の宮廷に仕えた彼は、やがてその容貌がヨーロッパ中に知られることとなり、ついには肖像画がアンブラス城のヴンダーカンマーに収められるまでになった（なおその子供たちも父親と同じ特徴を持っていたのだが、彼らの肖像画もまたアンブラス城のヴンダーカンマーのコレクションとなっている）（図3）。

つまり、異形の人間は単なる慰み者の立場に押し込められるのではなく、場合によっては公の場に華々しく登場し、時には権力者のかたわらにまで姿を見せる地位にあったということだ。つまり異形であるがゆえに一目置かれた存在であり、彼らをそば近くに置いてその姿を折に触れて世に見せることが、権力者にとって一つのステイタスであった。

こうした状況を顧みるに、「異形」は当時の社会的文脈からすると、「驚異」であると同時に「畏怖」あるいは「畏敬」の対象であったといえる。とりわけキリスト教の文脈で捉えた場合、「異形」が神によって創り出された特別の奇跡であると考えるならば、「異形」の中にこそ世界や宇宙を司る神の手の秘密中の秘密が隠されている、という発想にすら至るだろう。

図3　ペドロ・ゴンザレスの肖像画。アンブラス城のヴンダーカンマーにて（著者撮影）。

神の手の技＝宇宙に秘められた術を映し出す空間がヴンダーカンマーであるとすると、術の究極的な形ともいえる異形の存在をヴンダーカンマーに収蔵することには、単に物珍しいものを集めるといった以上の意味が具わっていた。さらに言えばヴンダーカンマーは、現代社会の価値観では測り知れない、あるいはそこから抜け落ちてしまっている価値観の上に成り立っていた。人間にとって本来知ることを許されない神の秘密を、好奇心と畏れの中に何としてでも窺い知ろうとする意気込みが、ヴンダーカンマーにおける異形のコレクションの背後には脈打っている。

（1）キメラの空間

そうでなくても、異形とヴンダーカンマーとは、切っても切れない関係にある。というのも先ほど軽く触れたように、ヴンダーカンマーという言葉が初めて文書に登場した一六世紀半ばには、ルネサンスが終焉し、特に美術史の世界においては、「マニエリスム」という新たな時代が始まったからだ。

マニエリスムとは、英語で書くとMannerism。元々はイタリア語で手法や様式を意味するManieraから来ている。ヴンダーカンマーを貫く「術」の思想にも通じる「手」の技が前面に押し出された美術様式であって、均衡や調和を第一とするルネサンス的な造形感覚が飽和状態に陥る中、それらを手の技を用いて意図的に歪め、異形のものを作り出そうという動きを指す。

この動きは、ルネサンス期に理想とされた均衡や調和に満ちた社会の在り方の行き詰まりとも呼応している。ルネサンスは個人の解放や目覚めが起きた時代だが、逆にそれはヨーロッパ世界を一枚岩として支えていたカトリック教会の弱体化、さらにはカトリックとプロテスタントとの分裂を招き、両者の対立は宗教的問題にとどまらず政治的問題として、一六世紀を貫く不安材料と化していった。

そうした状況の中で、調和や均衡を重んじる価値観を意図的に歪めた作品が生まれ、それらを指して「マニエリスム」という概念が生まれた。となると、それと同じ時代に登場したヴンダーカンマーも、マニエリスムの申し子ではなかったか。単に珍しいものを集めるだけでなく、オカルト的要素を濃厚に湛えた世界観が加わり、整理整頓よりかは種々雑多なモノを一堂に詰め込むことが優先された空間。つまりヴンダーカンマーそのものが、異形の存在だったといっても過言ではない。

このような、マニエリスム的な異形の空間の誇る典型的なコレクションが、様々な生物を組み合わせ、それがあたかも一つの生物であるかのような加工を施されたキメラである。そしてキメラと言えば、摩訶不思議な絵画で一世を風靡したイタリア出身の画家ジュゼッペ・アルチンボルド（一五二七―九三年）を忘れるわけにはゆかない。アルチンボルドは、花であれば花といった自然物を、それらの創造者である神もかくやというハイパーリアリズムで写し取り、人間の手の驚異を見せつける技に長けていた。またそれにとどまらず、人間の業の極致と言わんばかりに、今度はそれらの花を組み合わせて人間の顔を作るという画を幾つも書いた。その結果、彼の作品――あるいは彼を真似て作られた絵画――はヴンダーカンマーの必需品として、コレクションを賑わわせたのである。

図4　キメラのオブジェ。フォルヒテンシュタイン城のヴンダーカンマーにて（著者撮影）。

しかもキメラへの志向は、二次元的な絵画のみにとどまらず、三次元的な蒐集品にも現れた。それが、ヒトデやノコギリザメの歯やサンゴやアルマジロの剝製等々、それだけでも充分ヴンダーカンマーにふさわしい珍品を組み合わせて作られた巨大なオブジェである。しかもこの奇怪な形のオブジェは、天井から吊るされ、ヴンダーカンマーを訪れた者の目をくぎ付けにするような強烈な外観を呈している（図4）。

そもそもヴンダーカンマーでは、ワニや巨大なカメの剝製を天井から吊るすということがしばしばおこなわれていた。ワニには魔除けの意味が具わっていたため、術の空間であるヴンダーカンマーを守るという役割、また珍獣を目立つ形で展示することで視覚的な驚異を高めようとする狙いがあったのだろう。となると、キメラのオブジェもこの延長線上に位置するものではあるのだが、サンゴを羽根に見立ててオブジェの両側に付け、中央の部分には様々な珍獣が連なっている様は、未曾有の怪鳥が現れたかのようである。

さらにヴンダーカンマーにおけるキメラのコレクションとして、忘れてはならないモノがある。想像上の生物を、剝製あるいはミイラにしたと称するものだ。ドラゴン、バジリスク、ジェニー・ハニヴァー、人魚といった自然の「驚異」が、たしかにヴンダーカンマーの収蔵品として重要な位置を占めていた。

もちろん、それらが紛い物であることは言うまでもない。例えばジェニー・ハニヴァーのミイラと言われるものは、エイの顔と胴をひっくり返し、尾の近くに人工的な目を付けた代物である。あるいは、例えば猫の頭部にリスの胴体をつけることによってそれをドラゴンと称するといった具合に、キメラの技を駆使した様々な怪物がヴンダーカンマー入りを果たした（なおこうした「怪物」の中には、珍品を求めてやって来るヨーロッパ人を目当てに、日本をはじめとする東アジアの人間が作成・販売したものも少なくない）。

もちろんこれらは、現在でこそ実在していないことが分かっているものばかりだが、世界が未だ様々な謎に満ちていた当時は別だった。ワニやカメといった実在するものですら、未知の怪物めいた生き物にも思える状況の中、何が想像上の産物なのか否かを判断することはきわめて難しかったからである。さらに聖書をはじめ、神話や伝説といった社会的権威を背景にしたストーリーの中で語られている文物については、たとえ未発見のものであっても、それが必ずどこかに実在するのだという考え方が存在した。

しかもヴンダーカンマーは、世界の、そして宇宙の森羅万象を映し出す小宇宙に他ならない。となれば、とにもかくにも存在しうると考えられるモノ、くわえて人々に驚異をもたらすモノは、すべからく蒐集してしまおう、という思考が働く。こうしてヴンダーカンマーは、想像上の存在も数多収められたキメラの園と化していったのである。

5　三〇年戦争前後のヴンダーカンマー

ヴンダーカンマーはマニエリスムの産物であると書いたが、マニエリスムの時代における支配者で、ヴンダーカンマーと密接な関係を持つ人物、ルドルフ二世（一五五二―一六一二年）を忘れるわけにはゆかない。名門ハプスブルク家の直系として、オーストリアを中心に、多民族多言語から成る巨大帝国を支配していた彼は、ルネサンス的均衡が破綻し、カトリック対プロテスタントの争いが深刻化していた状況のさなかにあって、この巨大帝国を維持することに心血を注いだ。

ただしその方法として、政治や経済や軍事といった直截的な手段よりも、錬金術や占星術をはじめとする「術」に頼ろうとしたあたりが、きわめてマニエリスム的だった。そもそもルドルフには支配者として現実的な才覚が欠けており、政治を臣下任せにしていただけでなく、カトリックとプロテスタントの融和ではなくプロテスタント弾圧を強めることで、かえって帝国内の諸地域の反感を買ってしまった経歴の持ち主だった。さらに人嫌いであったものの、非常に高度な教養を具えているという複雑な人間だった。

というわけでルドルフは、世界や宇宙の秘密が宿ると考えられていた占星術や錬金術に入れあげ、それによって混迷をきわめる帝国の諸問題を解決しようとした。なかんずく、自らの居城であるチェコのプラハ城の中にヴンダーカンマーを作り、そこに籠ることによって、巨大帝国を治めてゆくための魔術的術《すべ》を身に付けようとした（前述したアルチンボルドも、ルドルフから庇護され、ヴンダーカンマーの整備をはじめ宮廷の諸事に携わった）。

しかしあまりにも現実性を欠いていたルドルフは、帝位を追放されてしまう。そしてその後まもなくして、プラハ城で起きた政治的暴動を皮切りに、カトリック対プロテスタントの宗教対立に名を借りた大紛争＝三〇年戦争（一六一八―四八年）が勃発した。それはとりもなおさず、強大な支配者すら魅了してやまないヴンダーカンマーの魔術的な力が現実的な力の前に敗れ去った瞬間だった、といえるかもしれない。

こうした状況の中、ドイツの生まれで幼い頃から戦争に翻弄されながらも、ヴンダーカンマーの歴史に多大な功績を残した人物がいる。彼の名前は、アタナシウス・キルヒャー（一六〇一―八〇年）。長じてからイエズス会の司祭となり、カトリックの総本山であったローマのコレギウム・ロマネウム（現在のグレゴリアン大学）で教師ならびに研究者として後半生を送った。

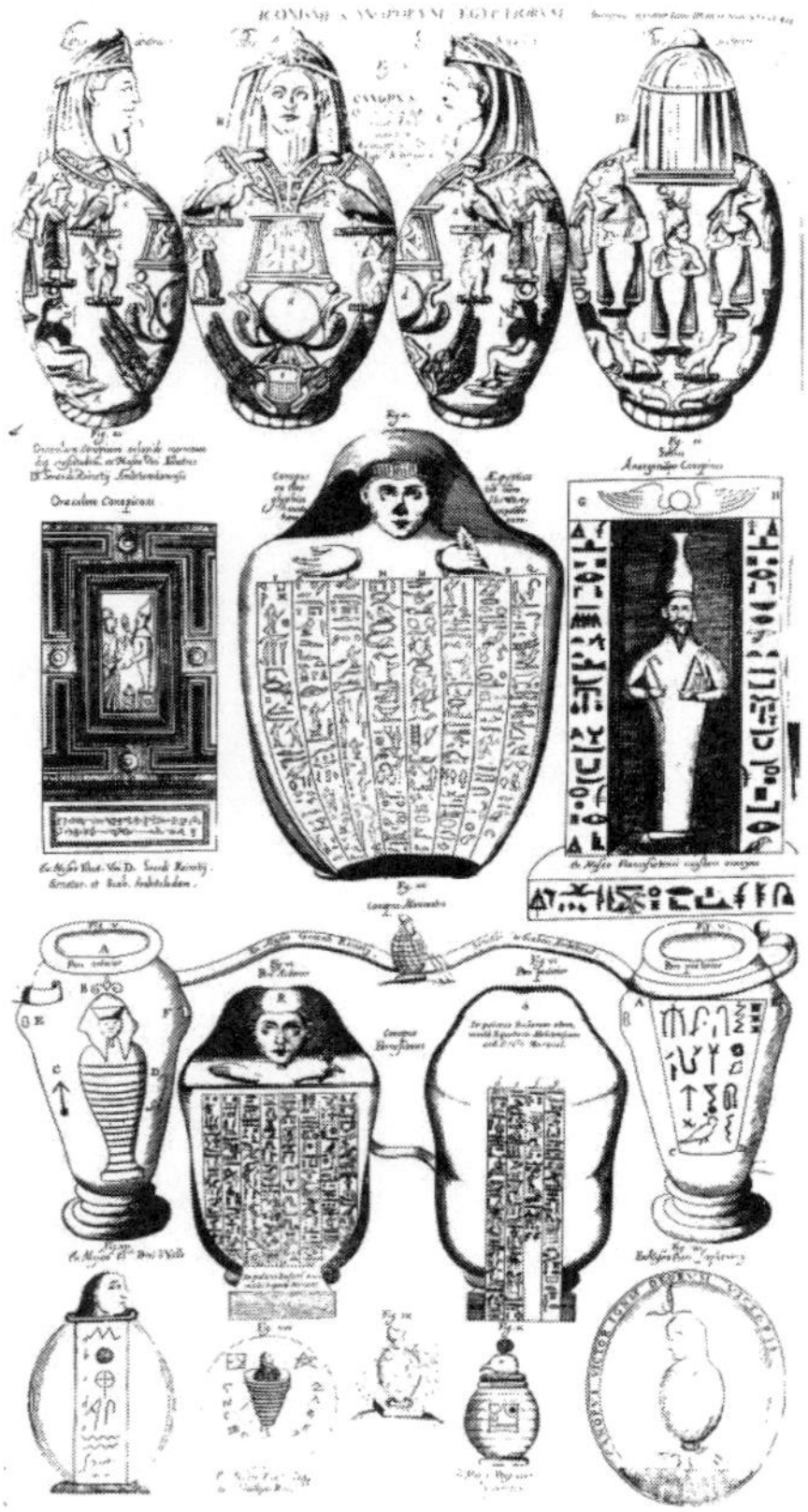

図5　キルヒャーのエジプト・コレクションの一部。キルヒャー著『エジプトのオイディプス』(1652–55年)所収。

このキルヒャーだが、万能知の天才ともいえる才能を発揮し、世界中の驚異を蒐集、解明しようとする姿勢の持ち主だった。古代エジプトや中国といった時間的にも空間的にも遠く隔たった地域の言語や習俗、数学や物理学や天文学、さらには種々の機械の発明プランといった具合に、幅広い分野に関して図説入りの著作をものしただけでなく、執筆にあたっては関係するあらゆる書籍やモノを熱心に蒐集していった(図5)。

このようにして自らの蒐集品、さらにコレギウム・ロマネウムが従来集めてきた数々の珍品を一堂に蒐集し、キルヒャーは博物館をオープンさせる。これがムセウム・キルヘリアヌム、英語表記に従えば「キルヒャー・ミュージアム」と呼ばれるものだが、それは従来のヴンダーカンマーのように驚異のコレクションを擁しながらも、それを大学という場で一般公開しようという発想に基づいていた。ここにヴンダーカンマーは、それまでの秘教的かつ限定的な場から、徐々に公開されるべき空間へと性格を変化させてゆく。

もちろんルネサンス以降、公開を目的とした博物館は大学の施設を中心に登場しつつあり、またそれらがヴンダーカンマー的な知や好奇心に溢れた研究者によって企画・運営されていたケースも存在する。だがキルヒャーというい　わば途方もないスケールを具えた「人間ヴンダーカンマー」的存在がプロデュースしたこの博物館は、まさにヴンダーカンマーの集大成であり、またその新たな分岐点となるものだった。

6　ヴンダーカンマーの変容と終焉

じっさい一七世紀半ば頃から、ヴンダーカンマーは徐々に変容を遂げてゆく。

まずは、キルヒャー・ミュージアムを典型とする公開型のヴンダーカンマーの場合。これはある意味で、一般の人々に開かれた近代的な博物館の先駆的存在である反面、特権階級のヴンダーカンマーに具わっていたような秘教的な要素は徐々に薄れていった。そうでなくてもキルヒャーに限らず、時代が下るにつれ、特権階級以外でもヴンダーカンマー的なコレクションルームを構える者が出てきた。そして彼らの多くも、みずからのコレクションルームを一般公開してゆくという方針をとるようになっていった(例えばイギリスの事例の場合、ジョン・トラデスカント(一五七〇年頃―一六三八年)のコレクションが一六二八年頃にロンドンで一般市民に公開され、後にオックスフォード大学附属のアシュモリアン博物館となるが、それについては次章をご参照いただきたい)。

いっぽう特権階級の側はというと、これまでとはいささか異なる傾向のヴンダーカンマーを所有する者が増えていった。背景には、先述した三〇年戦争にともなって生まれた新たな政治的思想が挙げられる。戦争以前のヨーロッパでは――もちろん帝国や王国といったものは存在したものの――、実質的には地方分権が続いていた。ところがそうした政治体制ゆえ、ひとたび各地域の支配者同士の対立に宗教問題が絡まれば、三〇年戦争のような大紛争が勃発する危険性は避けられなかった。となると、この危険性を回避するには、絶対的力を具えた君主が中央集権的政治をおこなうしかない。

こうして一八世紀半ば以降のヨーロッパでは絶対君主が誕生してゆくのだが、彼らは強大な支配者として自身のオーラを高め、それを世界に見せつけるべく、徹底して豪壮華麗な様式に走り始めた。これが「バロック」と言われる様式の基となるのだが、そうなると「驚異」を表象する際にも、豪壮華麗さが具わっていることが重要となる。

当初はマニエリスム的な性格が強かったヴンダーカンマーも、こうした変化の中でバロック的要素を濃厚に湛えるようになってゆく。コレクションの中身も、絢爛豪華さに満ちた、いわば「芸術品」が数多く集められるようになった。

ただしその眩さのいっぽうで、キメラや紛い物といった怪しげな蒐集品の存在はいきおい色あせざるをえなくなる。さらにはあまりにも収蔵物が多くなってしまったため、ヴンダーカンマーに幾つもの部屋が充てられてゆくようになる。となると、宇宙の森羅万象を詰め込んだかのような混沌とした空間が特徴だったはずのヴンダーカンマーに、整理整頓の意志が入り込むのは、時間の問題となってゆくだろう。

このように変質を余儀なくされつつあったヴンダーカンマーに、さらなる一撃が加わる。近代科学と啓蒙主義の勃興、またフランス革命に見られる旧特権階級の没落だ。特に前者は、「術」そのものの空間であるヴンダーカンマーにとって大きな脅威だった。錬金術や占星術に具わっていたオカルト的な側面は、近代科学によって否定され、後には実証性や再現性が重要視される物理学や天文学が誕生することとなる。キメラや怪物の存在は、啓蒙主義によって迷信の産物と見なされ、消し去られていく。

さらにルネサンス以降始まった世界の拡大が加速し、情報が未曾有の増大を遂げてゆく、あるいは社会や経済のシステムが複雑化してゆくにつれ、すべての情報や知識を一人の人間が収集・所有することが不可能と化していった。そこで生まれたのが、分業や専門化というシステムなのだが、世界や宇宙を一つの空間に容れようとするヴンダーカンマーの姿勢が、それと相容れないことは言うまでもない。

ここにヴンダーカンマーは、雑多な要素が集積された旧態依然たるコレクションルームとして整理、解体されてゆく。そして一九世紀に入ると、自然科学的価値のあると見なされたものは自然史博物館に、芸術的価値があると考えられたものは美術史美術館に、民族（民俗）資料的価値があると判断されたものは民族学博物館に、といった具合に、ヴンダーカンマーの収蔵品は各種の枝分かれした近代的博物館に細分化されていった。またそれに合致しないものは怪しげな品々と見なされ、古物商に売られたり廃棄されたり、という運命をたどっていったのである。

おわりに

だが一九世紀末から二〇世紀初頭にかけて、早くも近代科学や近代社会の行き詰まりが指摘されるようになる。そして近代的価値観では捉えきれない――超常現象をも含んだ――様々な「驚異」が世界には未だ数多存在していることが分かるに連れ、ヴンダーカンマー復活のきざしが徐々に見られるようになった。シュールレアリストたちのアルチンボルド再評価を典型的な例として、ヴンダーカンマーに関する著作が刊行されたり、さらにはヴンダーカンマーそのものの再発見や修復がおこなわれたりするようになっていった。

ルネサンスの時代に加速した「驚異」の表象は、一六世紀から一八世紀にかけてヴンダーカンマーとともに大きく花開いた。そしてヴンダーカンマー的な知と好奇心の在り方は、様々な点で近代的問題を引きずり続ける現代社会において、今なお多くの示唆を宿している。「専門性」の名のもとに細分化されタコツボ化された挙句、硬直しきった近現代の価値観に揺さぶりをかけるヴンダーカンマーの力は、今なお健在なのである。

第3章　自然誌と博物館

——近世イギリスの驚異の行方

見市雅俊

はじめに——驚異の時代

ヨーロッパにおける驚異の文化は、一五世紀中頃から一七世紀中頃にかけて、その全面開花の時代を迎え、王侯貴族から都市の下層の人びとまで社会全体を巻きこむ、時代の一大トレンドとなった。しかし、一七世紀も後半になると、少なくとも有識者の世界からは、驚異の文化は急速に退潮してゆく。

イギリスにおいて、この「驚異の時代」の文字通り掉尾を飾ったのが、ロバート・プロット（一六四〇—九六年）である。プロットは、世界で最初の本格的な近代的公共博物館である「アシュモリアン博物館」の栄えある初代館長であり（Findlen 1989 : 71）、また「科学革命」を牽引したロンドンの「王立協会」の有力メンバーのひとりでもあった。また、プロットは、イギリスにおける最初の本格的な二冊の「自然誌（Natural History）」をものにした。博物館も、自然誌も、そして科学革命も驚異の文化と深くかかわる。プロットに焦点をしぼりつつ、驚異の文化の黄金期から黄昏時への流れを追うことにしよう。(1)

1　「驚異」と「好奇心」

一二世紀から一三世紀は、ヨーロッパにおける驚異の文化にとって、ひとつの大きな画期点となった。「驚異」は、ロマンス語系であればmarvel、ゲルマン語系であればwonderと、そのヴォキャブラリーが明確になる(Daston and Park 2001 : 16)。

そのうえで、驚異の領域が区画される。本書の第IV部第1章でも述べられているように、アウグスティヌス以来のキリスト教神学においては、森羅万象はすべて万能の神の摂理に帰せられ、一見すると自然の尋常の流れを逸脱しているかのようにみえる不可思議な現象も、じつは奇蹟のひとつの表現であるとされた。しかるに、中世ヨーロッパのキリスト教神学の最高峰に位置するトマス・アクィナスにいたって、第IV部第1章でもみたように、「自然」は、自然(natural＝尋常の自然)、超自然(supernatural＝神の摂理にもとづく奇蹟)、脱自然(preternatural＝神以外の原因による、尋常ならざる現象)の三種類に区別されるようになった。

「脱自然」の「原因」は、自然そのものであることもあれば、天使、ないし悪魔であることもありえた。いずれにしても、神と自然という、それまでの安定した二分法的世界像に亀裂が入り、その秩序をつねに攪乱する可能性をもつ「グレー・ゾーン」、つまり驚異という領域が明確に区画されたのであった(Daston 1991 : 106–107 ; Daston and Park 2001 : 121–122, 162)。

それと並行して、それまで「普遍」的なものを扱う「自然哲学(Natural Philosophy)」に対して従属的に位置づけられていた、「個々の自然現象」を扱う「自然誌」が、一個の学問領域として自立してゆく(Daston 1991 : 110 ; Daston and Park 2001 : 114, 159)。

そのなかで、不可思議な事象の「事実」を物語るだけでよかった驚異「譚」の伝統に対して、事実そのものは疑わないまま、しかし「自然」の現象として説明しようとする「自然化(naturalization)」の動きがはっきりしてくる

(Ashworth 1991 : 133 ; Daston and Park 2001 : 361)。

第IV部第1章でも取り上げられたアンブロワーズ・パレの有名な『怪物と驚異について』(一五七三年) においては、怪物の現象は二種類に分けられ、怪物の出現をなんらかの「前兆」とみなす伝統的な言説が保持されつつも、他方では「科学」的な説明が適宜なされていた。たとえば、近世驚異譚の「花形」である「結合双生児」、いわゆるシャム双生児 (図1) についてパレはつぎのように言う。

図1　シャム双生児

> この怪物の原因は［中略］子宮の欠陥だった可能性がある。つまり、小さすぎたのである。二人の子どもを創造することを欲した自然は、そこが小さすぎることがわかり［中略］、種が圧迫された状態になって凝結する。そこから、結合して一体となった二人の子供が形成されたのである。

パレは外科医であり、怪物という驚異の現象も、ヒトの生殖にかんする科学的な考察の延長線上に位置づけられたのであった (Pallister 1982 : xxiii, 14–15 ; Ashworth 1991 : 117)。

この自然化の流れは、「驚異の念」から「好奇心 (curiosity)」への移行と言いかえることができる。レアな事物に接した場合に、それに感嘆ないし畏怖する、その心的状態に受け身的にとどまるのが驚異の念だとすれば、好奇心とは、積極的に対象の「正体」を知ろうとする心がまえのことである。それまで「驚異の事物 (wonders)」と表記されてきたものが、プロットの自然誌もそうなのだが、「好奇の事物 (curiosities)」と表記されるようになる (Whitaker 1996 : 80–81 ; Daston and Park 2001 : 218)。

自然化の流れを汲みとりつつ、自然誌の学問としての自立を高らかに宣言したのがフランシス・ベーコンの『学問の進歩』(一六〇五年) であった。そこでは、驚異「学」が、あるべき自然誌の中核にすえられていた。ベーコンはいう。

自然の歴史には三種類ある。すなわち、正常な自然の歴史と、異常あるいは型はずれな自然の歴史と、人工によって変えられた自然の歴史である。言いかえれば、被造物の歴史と、驚異の歴史（history of marvels）と、技術の歴史である。そのうち最初のものはたしかに現存しており、しかも立派に完全な状態にあるが、後の二者は、そのとり扱い方がおざなりで役にも立たぬもので、欠けているとわたしは指摘したい。

ベーコンによれば、「ありふれた熟知の例」にのみ立脚する「自然の歴史」に対して、「技術の歴史」と「驚異の歴史」こそ、「自然の秘密」を「かぎつける」最良の道筋であり、さらに、「自然の驚異から出発するのが人工の驚異を実演する術を見つける一番の近道」なのである（ベーコン 1974 : 127 ; Daston and Park 2001 : 221ff.）。このようなベーコンのうったえに、もっともよく応えたのがプロットの自然誌だった。

2　トラデスカント・コレクションとアシュモリアン博物館

現在もオックスフォードにおいて開館しているアシュモリアン博物館の起源は、トラデスカント父子のコレクションにさかのぼる。

ジョン・トラデスカント（一五七〇年代―一六三八年）は、王室をふくむイギリス上流階級の庭師として知られ、エリザベス女王、そしてジェームズ一世の治世期の最有力政治家であるウィリアムとロバートのセシル親子、さらにジェームズ一世とチャールズ一世の寵臣であるバッキンガム公爵の庇護を受けた。そのつてで、ロシアには外交使節団の一員として、アルジェリアには海賊討伐軍の一員として随行し、また一六二七年には、フランス西部に派遣されたユグノー支援軍にも随行している。これらの大陸「旅行」のさいにトラデスカントは、「とにかく変わったもの（Anything that Is strang）」の蒐集につとめた。父の職業を継いだ同名の息子（一六〇八―一六六二年）もヴァージニア植民地において同様の蒐集をおこなった (MacGregor 1983a ; Id. 1983b : 20)。

こうして形成されたトラデスカント・コレクションは、一六二八年頃、ロンドンのランベスにおいて公開された。不特定多数の市民に対して恒常的に公開されたという点では、同時代のイギリスの他のコレクションとは異なっており、近代的な博物館のはしりとみることも可能である (MacGregor 1983a : 23 ; Id. 1985 : 150)。「ノアの箱舟」とも称せられた、このコレクションについては、ドイツ人、ゲオルグ・シュティルンの有名な報告がある。

ジョン・トラデスカントの博物館には、次のようなものがある。まず、中庭には、鯨の肋骨が二本、それから樹皮製の非常に精巧な小型ボートが置かれている。ついで庭園には、ありとあらゆる種類の外来種の植物。それについては、トラデスカント氏が出版した小冊子を参照のこと。そして博物館。アフリカのサンショウウオ、カメレオン、ペリカン、コバンザメ。スコットランドの白ヤマウズラ、木の上で生息するガチョウ。インドのモモンガ。魚に似たリス。ありとあらゆる種類の極彩色の鳥。骨に付着した人間の肉、ゲーラミ、オリーブ、木片、猿の頭、チーズ等などが石に変化したもの。ありとあらゆる種類の貝。人魚の頭。ミイラの腕。ガラス容器におさめられた本物そっくりの蠟の腕。ありとあらゆる種類の宝石。コイン。羽毛に描かれた絵。聖十字架 (the cross of Christ) の小さな木片。絵の真ん中に、鏡面加工されたスティールを立てると、そこにフランスのアンリ四世とルイ一三世が本物のように映る装置。景色が遠近法でみえる小さな箱。コンスタンティノープルの聖ソフィア大聖堂所蔵の絵画をユダヤ人が模写して本にまとめたもの。「ツノサイチョウ」のカップ状の突起物が二つ。一種の一角獣である東インドのカワセミ (*alcedo*) のカップ状の突起物がひとつ。トルコをはじめとする外国製の靴が多数。ツノメドリ。ガマアンコウ。三本のかぎ爪のあるヘラジカの蹄。鳩ほどの大きさの蝙蝠。重さが四二ポンドもある人骨。西インドで死刑執行人が用いるインディアンの矢——死刑が決まると、その矢で背中を切り開き、それで絶命する。ユダヤ人が割礼に用いる道具。アフリカ産の非常に軽い材木。ヴァージニアの王の衣服。インド瑪瑙の酒杯がいくつか。トルコ人がエルサレムにおいて身にまとうガードル。キリストの受難が繊細に刻まれたプラムストーン。大きな磁石。ガラス容器におさめられた、蠟製の聖フランチェスコ、聖ヒエロニムス、ローマ教皇グレゴリウス一五世のロザリオ。東西インド産のパイプ。西インドの水中から見つかった、イエス、マリア、ヨセフが刻まれた石。バッキンガム公爵からの贈り物で、四大要素を意味する金とダイアモンドが添えられた羽根。イシドルスの「人間の本性」の写本。カール五世が自らを鞭打つときに使用したとされる鞭。蛇の骨製の帽子のリボン。(MacGregor 1983b : 21)

このような品揃えは、じつは、前章でも取り上げられたようなヨーロッパ大陸の驚異のコレクションではすでにお馴染みものだった。そもそも希少価値をほこるべきはずの驚異のコレクションが、その流行の結果として、どれをとってもだいたい同じ、というまことに皮肉な状況になっていた(Olmi 1993 : 243)。その意味での国際水準に、この島国ではトラデスカント・コレクションがはじめて到達したのである(MacGregor 1985 : 151)。

コレクションは、息子のトラデスカントの死後、けっして誉められないやり方でエリアス・アシュモール(一六一七―九二年)の手に移った。アシュモールは錬金術や占星術に深く手を染めた人物で、一六六一年の「王立協会」の創立メンバーのひとりでもあった。コレクションは、トラデスカント父子の名前が抹消されるかたちでオックスフォード大学に寄贈されることになった。当初のアシュモールの計画では、大学側は陳列室だけを用意することになっていた。ところが、計画は大きくなり、一六八三年に開館したときには、「アシュモリアン博物館」の部屋と並んで、講義室および公開実験室が付設されていた。この計画変更は、なによりもロバート・プロットの存在によるものだった。

プロットは化学者として知られ、また、アシュモール同様、錬金術にも手を染め、医薬品の開発・販売をおこなったこともある。その名前を世に広く知らしめたのは、一六七七年に出版された『オックスフォードシャー州自然誌』であった(Plot 1677)。ベーコンの提言をふまえた、イギリス最初の本格的な自然誌と評価されたのである。プロットは王立協会の会員に選出され、一時期は『王立協会紀要』の編集という重責も担った。

国際水準に到達したコレクションと自然誌。オックスフォード大学は、トラデスカント・コレクションの受け入れを機に、プロットが主宰する講座を併せて開講することにし、四五〇〇ポンドという当時としては「破格」の出費をおこなった。初代の博物館館長に任命されたプロットはトラデスカント・コレクションの展示を仕切り、くわえて「化学の教授」として週三回の講義をおこない、さらに公開実験も主宰した (Welch 1983 ; Gunther 1968 ; MacGregor 1985 : 152 ; Arnold 2006 : 50–51)。そして一六八六年、著者名プロットに「アシュモリアン博物館館長・オックスフォード大学化学教授」という肩書を添えて、『スタッフォードシャー州自然誌』が出版された (Plot 1686)。プロット自然誌二部作の完成である。

3　プロット自然誌

『オックスフォードシャー州自然誌』は本文が三五八頁。『スタッフォードシャー州自然誌』は本文が四五〇頁。いずれも一〇章構成で、章のタイトルも同じである。すなわち、第一章、天上と空気。第二章、水。第三章、大地。第四章、石。第五章、形状石。第六章、植物。第七章、動物。第八章、男性と女性。第九章、技芸。第一〇章、古事物。

『オックスフォードシャー州自然誌』の冒頭においてプロットは、ベーコンの公式にしたがって、三種類の「自然」、すなわち、天地創造以来の、そのままの自然、「怪物」などの「過剰と欠落」の自然、そして「人の手が加わった」自然を研究対象とすると宣言する (Plot 1677 : 1)。「人の手が加わった」自然は、同時代の生産活動にかかわるものと、歴史にかかわるものとからなる。前者にかんしては、当時の技術革新、労働災害、農業の品種改良などについて詳細な報告が随所におりこまれる。また、歴史については、古代からピューリタン革命にいたるまでの地域の歴史が、「古事物」の章を中心にして語られる。

このように、対象とする地域について、「歴史」と「風土」とをいわば経糸と横糸にして織り合わせることにより、その全体像を立体的に浮かび上がらせようとする試みは「古事物学」と呼ばれ、ルネサンス期のイタリアに端を発して、ヨーロッパ全土に広まり、イギリスではウィリアム・カムデンの『ブリタニア』(初版は一五八六年)によって確立された(見市 2011)。プロットの自然誌は、カムデンが確立した古事物学の手法を継承し、対象とする地域について、その風土、ないし自然界に力点を置き、さらに驚異の事象に焦点を合わせつつ、マクロの天上の世界から、ミクロの顕微鏡の世界まで余すことなく描こうとする壮大な試みであった。

「過剰と欠落」の自然。具体的にみてみよう。『スタッフォードシャー州自然誌』の第七章、「動物」の冒頭部分でプロットはいう。ここで主に扱うのは、これまで文献上に記録されたことのない未知の生物体と、「まことに尋常ならざる事故」である(Plot 1686 : 228)。その一部には図版が添えられていた。図2の1は、房が頭と喉に生えているアヒル(同前 : 229)。2は、リッチフィールドのコーヒー・ハウスで実際に見たというくちばしが奇形のワタリガラス(同前 : 234)。3は、新発見の水生生物(同前 : 239–240)。4と5も新発見(同前 : 240, 252)。6は「事故」(同前 : 253)。7と8は、雑種犬(同前 : 254)。9は巨大な豚の歯、10は豚の「不規則」な骨(同前 : 255)。11と12は、雄鹿の「不規則」な角(同前 : 260)。13は、胎内で死んだ子牛の骨(同前 : 262)。14は、子牛の体内で見つかった「毛玉(hair ball)」(同前 : 263)。15は、牛肉の心臓部分で見つかった骨(同前 : 265)。最後に16は、雌馬の耳に生えた骨(同前 : 266)。

図2　「過剰と欠落」の自然

さきにみたパレのシャム双生児の図版と比べてみれば、ここでは対象をできるだけ写実的に写し取ろうとする姿勢がうかがわれよう。さらに個々の「事故」の「事実」そのものはほとんど疑われずに、多くの場合、それが発生した日時や場所、あるいは目撃者などについての詳細なデータが添えられていた。図版もふくめて、驚異「譚」ではなく、「自然化」を標榜する驚異「学」の世界、ということである。プロットはいう。彗星が戦争や飢饉の「前兆」ではないように、たとえば一時に三人以上の子どもが生まれたとすれば、それは「自然」の「事故」なのであって、そのような「過剰と欠落」にこそ自然の「秘密」を解き明かすカギがあるのだ、と(Plot 1677 : 191)。

そして、「脱自然」＝驚異の現象は、自然そのものだけではなく、天使ないし悪魔もまたその原因でありえた。その意味で、「驚異の時代」と「魔女狩りの時代」とが大きく重なり合うのはけっして偶然ではなかった。両者が揃って登場する場面をみてみよう。

プロットの二つの自然誌の第一章、「天上と空気」では、「幻日(mock sun)」、暴風、気象、こだま、彗星、落雷などが扱われるが、スタッフォードシャー州の落雷の箇所で、プロットは次のように書く。

ここで、わたしたちが草地において目撃し、また人びとが妖精のサークル(Fairly circles)と一般に呼んでいる輪について、その性質と成因について考察してみても、大きな寄り道にはなるまい。それは稲妻によってできたのか。それとも、魔女の集合場所なのだろうか。それとも、人びとが小妖精もしくは妖精と呼ぶ小人の精霊(pygmy Spirits)の踊り場なのだろうか。(Plot 1686 : 9–10)

自身の観察と住民の証言を交えて、プロットはサークルを三つに分類する。

これらのサークルの縁は、大小を問わず、一フット［三〇・四八センチメートル］より狭いことはめったになく、一ヤード［九一・四センチメートル］を超えることもめったにない。さて、第一のサークルの縁は小道状に地表が露出している。第二のサークルの縁はあずき色に焦げている。両者ともに中央部分の草は緑が濃い。そして第三のサークルの縁は黒っぽく、新鮮な緑色をしており、内部の草は茶色がかっている。最初に挙げたサークルの直径は五ないし六ヤード［四・五七メートルないし五・四八四メートル］を下回ることはほとんどない。あとの二つのサークルは、大きさがまちまちである。そして、以上三者について共通することであるが、円が完成しているものもあれば、未完成のものもある。すなわち、四分の三円、半円、四分円、さらに六分の一円までゆかないものもある。（同前：10）

三つのサークルのうち、第一のサークルの「原因」は「魔女」、ないし「小人の妖精」とされ、あとの二つは「自然」現象とされる。後者は、さらに二つに分類される。小型のサークル。これはモグラやタマジカなどの動物の行動によるとされる。たとえば、タマジカは「発情期になると何日も一緒に同じ輪を踏んで歩く」（同前：14–15）。いっぽう、大型のサークルは「稲妻のなせるわざ」だとされる。プロットによれば、「稲妻」は「粘性の硫黄分」からなり、雲を突き破るさいに発火し、「円錐状」になって四方に広がり、そうして地面に衝突し、サークルがつくられるのである（同前：15–18）。図3はそれを図解したもの。

図3　稲妻のなせるわざ

そして、魔女と妖精系のサークルについてプロットはこう書く。

魔法使いと魔女が野外の秘密集会をもち、輪になって踊ることがあることについては、信頼できる著述家の証言が数多くある。そのなかには判事もいて、彼らによって断罪された被告人自身から自白を得ている。そのすべてが（もし信じるならば）、彼らはつねに丸くなって踊るということで一致しているのである。（同前：10）

プロットは一六世紀フランスの有名な魔女狩り判事、ニコラス・レミの魔女狩りの手引書として知られる『悪魔崇拝論』（一五九五年）に収録されたサバトの目撃証言を詳しく紹介したうえで、こう結論する。

彼らが踊っていた場所には、丸い円ができていた。そこには、競馬場を走る馬がつくるのとまったく同じように、足の蹄で踏みつけたあとがはっきりのこっていた。レミ自身も証拠として検分している。(同前 : 12)

「小人の妖精」については、プロットは、伝統的な驚異譚にしばしば登場する「小人(ピグミー)」について分析し、そのうえで、一六八二年のエクセターにおける魔女裁判の記録を引く。それによれば、「そのうちの何人かは、拷問なしで、悪魔が背の低い黒人の姿をしてすぐそばに現れたと告白した」。プロットは、「よく口にされる妖精」とは、悪魔が変身したもので、それがサークルをつくったのかもしれないとしつつ、「あとは読者の判断に委ねたい」とする(同前 : 14)。

実際には、これらのサークルの大半は、「菌輪」と呼ばれる、「キノコの生活の本体である菌糸が土のなかで放射状に伸び広がる」さいに、菌糸の先端部分付近の土壌の栄養状態がよくなって、その結果、「その部分の草だけが丈が高くなり、濃い緑をして生えそろう」現象だったと推測される(Westwood and Simpson 2005 : 529 ; 今関 1986)。

4 化石——自然の造形力

プロットの自然誌のなかでもっともよく知られているのが、化石論である。洋の東西を問わず、化石の存在は古くから広く認知されてきた。もちろん、驚異の文化にあっても、化石は花形スターであり、トラデスカント・コレクションにも登場していた。プロットの自然誌二部作では、第五章の「形状石(Formed stones)」において詳細な分析がなされる。その数は、『オックスフォードシャー州自然誌』がおよそ五一種類、『スタッフォードシャー州自然誌』がおよそ三五種類。後者はその半数以上が寄贈であるのに対し、前者の相当数はプロット自身の、石切り場などでのフィールドワークによって蒐集されたものだった。

プロットの時代、とくに海洋生物に酷似した化石が山地をふくむ内陸部で発見される謎について、大別して二つの見方があった。ひとつは、生物起源のものとして理解し、ノアの大洪水をはじめとする地殻変動によって、海洋生物が内陸に運ばれ、石化したとする見方。もうひとつは、化石の主たるものを「自然の戯れ」として理解する見方であって、アリストテレスの「自然発生論」、もしくは、新プラトン主義における、地球そのものに秘められた「親和力」という概念をベースに、自然そのものの「造形力」として化石を理解しようとする見方である (Findlen 1990 : 313 ; 見市 2009 : 59–74)。プロットは後者の急先鋒として位置づけられる。プロットはいう。

　母なる自然 (Dame Nature) は、地中の奥底や暗い洞窟のなかでも怠惰でいるわけではないのだ。彼女はそこで絶え間なく幾何学者の役割を演じ、そうして、われわれに対して、石のかたちで、ほぼすべての種類の物体を提供してくれるのである。(Plot 1677 : 80)

「母なる自然」という表現に注目しよう。プロットは、生物体が石化するケースを認めつつも、「形状石」の主要部分は「自然」そのものの被造物とみた。一言でいえば、「地球の造形力 (plastic power of the Earth)」、ないし「地球の戯れの (sportive) 造形力」、ということである (同前 : 115, 132)。

「自然の戯れ」派に投げかけられた最大の批判は、万能の神の創造物である自然には、無駄があろうはずがない、自然がこのような意味不明の石を造形したとみるのは摂理に反する見方だ、というものであった。プロットはそれに対して、「効用」よりもむしろ「感嘆 (admiration)」、ないし「喜び (delight)」のためにつくられたのだとする (同前 : 80)。別のところでは、プロットは、チューリップやアネモネのように、ほとんど実利性のない花々と同じように化石も、「その多様な姿によって世界を美しくする」ためにつくられたのであって、摂理には相反していないと反論する (同前 : 121)。このような議論は、地の涯に棲息するという犬頭人間、傘足人間、半獣人、巨人と小人、長命族等などを列挙したあとのプリニウスの以下の結論に通底する (Findlen 1990 : 296)。

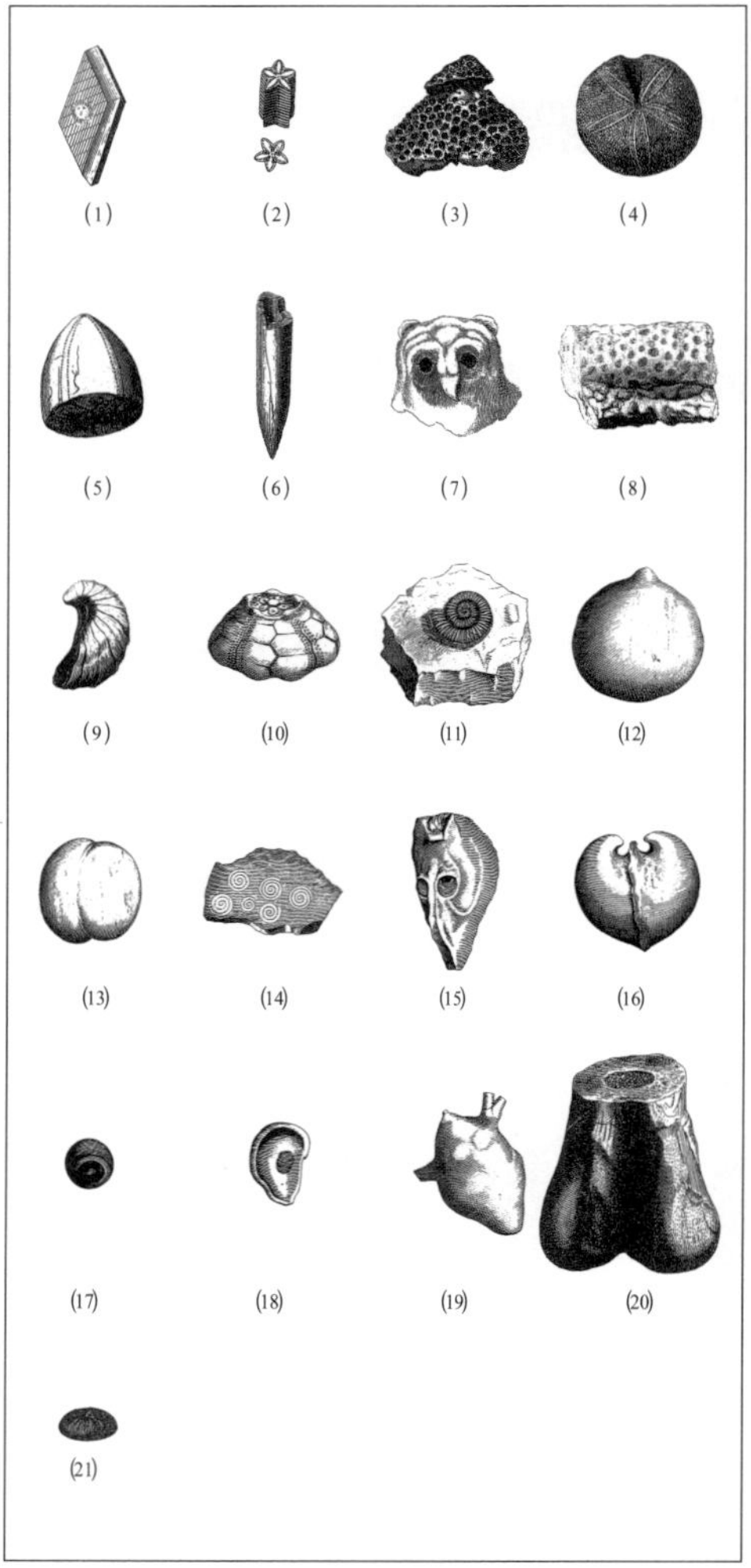

図4　自然の戯れ

これらの、そしてこれに類似の人類のさまざまは、自然がその妙工により、自分自身の慰みに、またわれわれをびっくりさせるためにつくったものだ。(プリニウス 1986 : 302)

プロットは、関連する古今の文献の記述と照らし合わせながら、自ら石切り場などにおいて蒐集した、もしくは寄贈された「形状石」を、「自然のデザイン」(Plot 1686 : 180)、すなわち類似性を基準に、自然誌全体の章立てに従って「天上と空気」、「水の王国」、「植物と動物」、「技芸」の四種類に分類した。『オックスフォードシャー州自然誌』について、その主だったものをみることにしよう[2]。

まず、「天上と空気」。図4の(1)は、「月石 (Selenites, Moon Stone)」。いわゆる月長石であって、今日理解される「化石」ではない。(2)は、「星石 (Star Stone)」。ウミユリ類の化石。(3)は「星座石 (Starry Stones)」。サンゴ類の化石。(4)は

「雷石（Brontiae）」。ウニ類の化石で、プロットによると、オックスフォードシャー州ではよく見つかる（Plot 1677 : 90）。(5)は「帽子石（Cap stone）」。これもウニ類の化石。プロットによれば、「田舎の人びとから、帽子に似ているのでそう呼ばれる」（同前 : 92）。(6)は「落雷石（Thunder-bolt）」。頭足類軟体動物の化石。「無学な者は、天上からの投げ矢だと考えている」（同前 : 93）。(7)は、プロットによれば、どの本にも書かれていない新発見であり、「梟の頭」に酷似しているので、「梟石（Lapis Bubonius）」（同前 : 95）。オックスフォード大学自然史博物館の解説には、こうある。"Flint（火打石）＋ imagination ?"（Oxford University Museum of Natural History 2014 : 5）。

つぎに、「水の王国」。(8)は、「コイを表象しているように見える」（Plot 1677 : 98）。(9)は、プロットの見立てでは、カキが「石化液（petrifying juice）」によって石化したもの。彼のいう「形状石」ではない。ウースターシャー州では、「カラス石、カラスのコップ（Crow-cups）、卵石」などと呼ばれている（同前 : 102、105）。(10)は、プロットの見立てでは、「甲殻類」だが、その形状から、プロットは「山嵐石（Porcupine stone）」と呼ぶ（同前 : 105–106）。実際はウニ類。(11)は、アンモナイト。大小合わせて八種類が紹介されている。「オックスフォード市のとくに東地区では、地下室、あるいは土台をつくるために地面を掘ると、ごく普通に遭遇する」（同前 : 108）。

三番目は、「植物」。(12)は西洋梨、(13)はアプリコットにそれぞれ似た石（同前 : 124）。おそらく「化石」ではなく、文字通りの「形状石」である（Oxford University Museum of Natural History 2014 : 7）。四番目は「動物」で、(14)は「這い虫石（Worm stone）」（同前 : 126）。(15)は、オックスフォードの石切り場ではよく目にするが、これまで書物に書かれたことはない。その形状から、「馬面石（Hippocephaloides）」（同前 : 127）。実際は、二枚貝類の化石である。角度によっては、この化石はそう見えなくもないとされる。(7)の梟石と併せて、プロットの思い込みに作画者がすり寄ったのであろう。ちなみに、プリニウスは、海には陸上の動物によく似た生物が棲息しているとしたうえで、こう続けている。それゆえ、「きわめて小さいコックル「トリ貝」にウマの頭が突出していることなども、さして驚くに足らぬことになる」（プリニウス 1986 : 394）。(16)は、「牛の心臓石（Bulls hearts）」（Plot 1677 : 127）。これも二枚貝類。人間の身体の各部分に似た形状石として、(17)は眼球、(18)は耳、(19)は心臓である。

そして⒇は地元の名家の主から寄贈されたもの。中は空洞になっていて、底部分の円周は二フィート（六〇・九六センチメートル）、頂上部分は一五インチ（三八・一センチメートル）。重さは二〇ポンド（九・〇八キログラム）（同前：131–132）。プロットによれば、これは「本物の骨が石化した」ものである（同前：132）。今日では、これは肉食恐竜のメガロサウルスの大腿骨であることが確認されている（Oxford University Museum of Natural History 2014：4）。この種の巨大な骨については、しばしばゾウであるとの説が唱えられてきた。イギリスの場合は、四三年のローマ皇帝クラディウスの率いる征服軍が連れてきたゾウの骨だとする説があったが、プロットは、一六七六年にオックスフォードにおいて実物のゾウを観察した経験もふまえて、この骨はゾウではなく、おそらく人間のものだと結論し、そのうえでプリニウスの『博物誌』の以下の文章を引く。

われわれの時代に見られた最長の人は、故クラディウス陛下の治世に、アラビアから連れて来られたガッバラという人で、その丈は九ペス二分の一［二九五センチメートル］であった。（プリニウス 1986：310）

プロットは、クラディウス帝がこのガッパラをブリテンに連れてきたのではないかと推測する（Plot 1677：132–137）。さらにプロットは、巨人論を展開する。「現在の、両インドの野蛮な国民」は「文明」の「官能的な快楽」によって堕落しておらず、旅行記の記述を信じるならば、巨人が存在するらしい。しかしながら、プロットによれば、総じて巨人は「偶発的な出来事」なのである（同前：138–139）。

最後は、自然が人間世界を「模倣」する「技芸」の化石であって、㉑の「ボタン石」がそれである。プロットはいう。「母なる自然は技芸を模倣することもあるようだ」（同前：80）。

5　驚異の文化の終焉

プロットの自然誌二部作で描かれた自然とは、「造形力」を有し、同時に「過剰」と「欠落」という「事故」を頻繁に引き起こす、柔らかな、「母」的な存在であった。それは、中世の絶対神の摂理の支配下に置かれた自然とも、分類と法則によって「規律化」された後代の自然とも異なる、おそらく近世に固有の、そして驚異の黄金時代を貫く自然観であった (Findlen 1990 : 323)。しかし、すでにプロットの時代、そのような自然の勝手気ままな振る舞いを許さない、近代科学の時代が到来しつつあった。そこでは、自然はきちんと法則に従うものとされ、「事故」は文字通り事故でしかなくなる (Oimi 1993 : 258–259)。驚異の居場所は、もはや知的世界の表通りではなくなる。こうして、プロットの自然誌二部作は、プリニウス以来のヨーロッパにおける驚異の文化の終焉を飾るものとなったのである。

注

（1）今日、驚異史研究の最高峰に立つのは、ダストンとパークの共著『驚異と自然の摂理——一一五〇—一七五〇年』(初版は一九九八年) であり、本章もその研究の到達点から出発する (Daston and Park 2001)。
（2）プロットの化石図の今日の学名などについては、Oxford University Museum of Natural History 2014.

第4章 「驚異の地インド」の内在化

小倉智史

はじめに

ここまでの章で述べられてきたように、驚異を驚異たらしめる一つの要因が、日常からの地理的・時間的・価値的な「遠さ」であることは間違いないだろう。地理的な遠さとは、その驚異の対象がある場所に自分では到底行くことができず、旅行者や船乗りなどから伝えられる断片的な情報を頼りに、読者や聞き手が好奇心を膨らませるような状況をさす。中世ヨーロッパにおける「東方」などがその代表例である。時間的な遠さとは、読者や聞き手にとっての現在と、対象となる事物が作られたり生じたりした瞬間との間が何世紀も離れているような状況である。未来予知など現在と未来との隔たりによる驚異もあるが、多くの場合は過去との隔たりに因む驚異であり、恐竜や古代生物の化石、ピラミッドや万里の長城などがこれにあたる。価値的な遠さとは、己が信じる宗教において摂理と信じられているものから逸脱した現象や、規範・価値観が大きく異なっているために行動原理が理解できないような風習や儀礼をさす。

このような「遠さ」が驚異を生じさせるという考えに基づくならば、インドは確かに驚異の宝庫であっただろう。ヨーロッパや中東からは地理的に遠く、豊かな自然と動物相を持ち、いつ作られたとも知れぬ偶像や建造物が多く残り、そこいらを歩いている半裸の男が「ヴェーダ」などという深遠な内容の聖典を朗誦し、人々は死者を焼いてその灰を川に流すような風習を持っている。本書第II部第1章で紹介された地理書・旅行記や、第II部第2章で紹介された百科全書といった書物において、インドはまさに驚異の地とされている。例えばイブン・フルダーズビフ（八二〇年頃―九一二年）による地理書『諸道と諸国の書』では、インド人の間に七つの階級、四二の宗派があることが記されているが、一方で念じるだけで何かを発生させたり、天候を操ったりするような超能力がインド人の特性とされてもいる（Ibn Khurdādhbih 1889（1967）: 71-72）。またトゥースィーの『被造物の驚異と万物の珍奇』には、セイロン島では王が死ぬと遺体を四つに引き裂いて四つの寺院で火葬する、といった慣習の情報や（Ṭūsī 1966 : 233）、パンジャーブ地方のジャランダル境域の湖に棲む、月夜に岸辺に現れては踊りを踊る美女のジンの話（同前 : 507）、更にはインドの人々があまりにも長命であるために、増えすぎた老人たちが打ち捨てられているといった話（同前 : 478-479）など、様々な驚異譚が縷々と綴られている。

イスラーム世界においてこれら地理書や百科全書の編纂が始まった九―一〇世紀は、ムスリム軍のインド亜大陸進出が一時的に停滞していた時期でもあった。八世紀前半にムハンマド・ブン・アル＝カースィム率いるアラブ・ムスリム軍がインダス川下流域を征服することに成功したものの、アフガニスタン東部を支配していたテュルク勢力の強烈な抵抗という外的な要因と、アッバース革命やそれに続く地方王朝の分立によるカリフ権威の弱体化という内的な要因のために、その後二世紀以上にわたってムスリム勢力はインド亜大陸の中心部を前に足踏みを続けていたのである（稲葉 2007 : 64-69）。いきおいインダス川下流域の更にその先の様子について知ろうとするならば、旅行者や船乗りたちからの伝聞か、アッバース朝の「知恵の館」などにもたらされたインドに由来するいくつかの書物の情報に頼るしかなかった。インド人のカーストや信仰についての様々な情報と摩訶不思議な逸話が混在するこの頃の地理書や百科全書の記述は、そのような歴史的背景に由来する。当時インドはまだ遠かったのである。

しかし、一一世紀にテュルク系ムスリムの北西インドへの進出が本格化し、一三世紀初頭に都をデリーに置くムスリム王朝が確立すると、亜大陸に定着したムスリムはかつて西方からインドをうかがっていた人々とは異なるインドのイメージを形成してゆく。インドに移り住んだムスリムの第二世代以降の人々や、別の宗教から改宗したムスリムにとってインドは東方の異郷ではなく生まれ育った故郷なのであり、ここに驚異の要因となる地理的な遠さは失われる。更に在地の異教徒との共生・協業を通じて彼らに対する知識や理解が深まっていくことで、価値的な遠さも減退してゆくことになる。本章では、インド亜大陸に定着したムスリムの中で、インドに対するイメージが不可思議なものから体系的・記述的なものへと変化し、彼らの中でインドという驚異が知識として内在化していった諸相を取り上げる。特に注目するのは、ムスリム宮廷で進められたサンスクリット文献の翻訳活動を通じた、インド在来文化の受容とその影響である。

1　ムスリム宮廷におけるサンスクリット文献の翻訳活動

初めに、インド亜大陸のムスリム宮廷で行われた、インド古典の翻訳事業について概観しておこう。北インドのムスリム君主がサンスクリット語の文献を翻訳させたという記録は、一四世紀から確認できる。トゥグルク朝のフィールーズ・シャー（在位一三五一—八八年）がヒマーチャル・プラデーシュのカングラにある女神の寺院を攻撃した際、書庫に所蔵されていたおよそ一三〇〇点のサンスクリット文献を持ち帰り、後にヴァラーハミヒラの『占星術大集成』をペルシア語に翻訳させたという（Sarma 2002: 74）。またカシミールの君主ザイヌルアービディーン（在位一四一八、一四二〇—七〇年）の宮廷でも『マハーバーラタ』や『説話の川が流れこむ海』など多くのサンスクリット文献がペルシア語に翻訳されたが（Śrīvara 1966: 1, 5, 86）、しかしこのときに翻訳された文献はほとんどが散逸しており、ムガル帝国第四代皇帝ジャハーンギール（在位一六〇五—二七年）の治世に改訳された『説話の川が流れこむ海』ペルシア語訳のテキストが残るのみである。王朝の公的事業として翻訳が行われたことが確認され、またペルシア語訳のテキストが数多く残っているのは、ムガル帝国の事例である。第三代皇帝アクバル（在位一五五六—一六〇五年）が建設した王都ファトフプル・スィークリーには宮廷翻訳局（マクタブハーナ）が設置され、ムスリムの学者とパンディットと呼ばれるサンスクリット文献に通暁したバラモンが共同で翻訳の編纂に携わっていた。アクバル時代に翻訳された文献は、『マハーバーラタ』や『ラーマーヤナ』といったサンスクリット叙事詩のほか、数学書『リーラーヴァティー』、アラビア語地理書の『諸国総覧』、ポルトガル語の福音書なども含まれる。後述するアブルファズルが自ら筆を執った『マハーバーラタ』ペルシア語訳の序文によれば、当時ムスリムやユダヤ教徒、ヒンドゥーたちの間で宗派対立や相互の非難が深刻化していたことをアクバルは重く受け止め、諸宗派の重要な文献をお互いに知ることで、人々が互いの非難・敵対から離れるようにするために、翻訳事業を構想したのだという（真下 2011：88）。ムガル宮廷における翻訳事業の思想的背景についてはなお検討の余地があるものの、少なくともこの記述が普遍的平和（スルヒ・クッル）を目指していたアクバルの政策指針と一致するものであったことは指摘できるだろう。また『説話の川が流れこむ海』のザイヌルアービディーン宮廷訳を改訂したアッバースィーは、旧訳にアラビア語の語彙が度を越して多く用いられており、文章が一般民衆にとって理解し難いものになっていることを非難している（'Abbāsī 1997：4）。訳文は民衆の理解しやすい簡潔な文章であるべきというアッバースィーのポリシーから、この翻訳事業の対象が宮廷の知識人サロン内にとどまるものではなく、より広い階層の人々に向けられたものであったことが理解されよう。実際、多くの翻訳文献は凝った修辞を含まない、平易なペルシア語で書かれている。このような翻訳事業を通じてインド在来文化の知識のムスリムへの浸透が促されたわけだが、次節以降でかつての地理書・百科全書のようにインドを「驚異」として記述するのではなく、知識として体系的に記述している文献を紹介しよう。

2 『アクバル会典』におけるインドの思想と習俗(1)

ムスリムがインドの思想や習俗を知識として体系的に扱った文献は、早くもガズナ朝時代の一一世紀半ばに現れる。

君主マフムード（在位九九八—一〇三〇年）に仕えた大学者、ビールーニー（九七三—一〇四八年）は、インド哲学の一学派、パタンジャリのヨーガ学派の根本経典である『ヨーガスートラ』をアラビア語に翻訳したほか、自らの知見に基づいたインド社会に関する書『インド誌』を残している。『インド誌』ではヒンドゥーを主とするインドの異教徒たちの信仰や儀礼などがつとめて理性的に記されているものの、当時ガズナ朝の支配領域が現在のパキスタンから北西インドの一部に限られていたため、彼の知見もまた同時代のインド亜大陸全域をカバーするものではなかった。こうした翻訳事業の成果を援用した上で、インドに関する知識をより網羅的・体系的に整理してみせたペルシア語文献が、アブルファズルの『アクバル会典』である。

この書の著者アブルファズルは一五五一年にアーグラーで学者シャイフ・ムバーラクの息子として生まれ、二〇代半ばにアクバル宮廷に出仕した。若くして諸宗派の信徒たちが討議する場で頭角を現し、一六〇二年に暗殺されるまでアクバルの近臣として特定の官職に就かず、彼の政策を支えるイデオローグとして活躍した。翻訳事業にも深く関与し、前述の通り『マハーバーラタ』ペルシア語訳の序文を執筆したほか、福音書のペルシア語訳や、『ウルグ・ベク天文表』のサンスクリット語訳にも携わっている（真下他 2013：73；Sarma 2008：106）。『アクバル会典』は歴史書『アクバルの書』の最終冊をなすもので、序文、五部からなる本文、結語によって構成されている。第一部は宮廷の諸部局・諸制度についての記述、第二部は軍隊、第三部は税務、第四部がインド概説、第五部がアクバル箴言集であり、第四部におけるインド在来の学問や習俗に関する部分は以下のような構成になっている。

(1)九つの学派：ニヤーヤ、ヴァイシェーシカ、ミーマーンサー、ヴェーダーンタ、サーンキヤ、パタンジャリのヨーガ、ジャイナ教、仏教、順世派

(2)一八の学問分野：

一—四：ヴェーダ（リグ・ヴェーダ、ヤジュル・ヴェーダ、サーマ・ヴェーダ、アタルヴァ・ヴェーダ）

五：［マハー］プラーナ

六：ウパプラーナ・スムリティ・ウパスムリティ
七：音声学（シクシャー）
八：祭式学（カルパ）
九：文法学（ヴィヤーカラナ）
一〇：語源学（ニルクタ）
一一：占星術（ジョーティシャ）
一二：韻律学（チャンダス）
一三：聖典解釈学（ミーマーンサー）
一四：論理学（ニヤーヤ）
一五：アーユルヴェーダ
一六：武術（ダヌルヴェーダ）
一七：音楽（ガンダルヴァヴェーダ）
一八：実利論（アルタシャーストラ）

(3)芸術や科学の諸分野：果報（カルマヴィパーカ）、吐息の占い（スヴァラ）、呪法（アーガマ）、鳥占い（シャクナ）、手相学（サームドリカ）、毒蛇の扱い（ガルダ）、魔術（インドラジャーラ）、錬金術（ラサヴィドヤー）、宝石学（ラトナパリークシャー）、性愛学（カーマシャーストラ）、文学（サーヒティヤ）、音楽（サンギータ）、舞踊（アカーラー）、治世学（ラージャニーティ）、訴訟法（ヴィヤヴァハーラ）

(4)ヒンドゥーの慣習・儀礼など：四住期（アーシュラマ）の説明、神像礼拝儀礼（プージャー）、供犠（ヤジュニャ）、布施（ダーナ）、祖先崇拝（シュラッダー）、顕現（アヴァターラ）の説明、浄と不浄の説明および浄化の手続き、避けるべき服装、禁じられている食べ物、料理と食事に関する儀礼の説明、断食の方法、罪の種類、巡礼地の説明、結婚に関する慣習、衣服の飾り、宝石、職人の説明、新生児の儀礼、ヒンドゥーの祭り、火葬の方

法、望ましい死に方

本文中には随所でサンスクリット語・中期インド語の単語が用いられているが、アブルファズルは独自の表記法によってこれらの単語をアラビア文字で表記しており、当時のサンスクリット語・中期インド語の発音を知る上での貴重な対音資料になっている。

内容面でまず注目すべきなのは、最初に紹介されているインドの学派の説明である。本文においてアブルファズルは九つの学派のうち最初の六つ、すなわちニヤーヤ、ヴァイシェーシカ、ミーマーンサー、ヴェーダーンタ、サーンキヤ、パタンジャリのヨーガをまとめて、「カト・ダルサン」という表記とともに「六つの学派（*shish rawish-i dān-ish*）」と呼んでいる（Abū al-Faḍl 1867: 2, 62）。これはサンスクリット語の「シャド・ダルシャナ」に由来するもので、その束ね方は近代ヨーロッパで成立したインド学において「六派哲学」と言われる学派の分類と完全に一致するものであるが、この分類は実は先行するサンスクリット語の学説綱要集には見出されないものである。それらの文献ではより多く十数もの学派がまとめられていたり、あるいは六という数字は一致するものの、その中に仏教やジャイナ教が含められ、代わりに上述の学派のうちのどれかが抜け落ちたりしている（丸井 2005: 25–31）。六派哲学という概念が成立し、その構成が確定したのがいつ頃のことなのか未だに定説はないが、少なくとも我々が知る限りにおいて、『アクバル会典』は現代のインド学のそれと同じ形で諸学派を分類した最初期の文献なのである。

ここで「六つの学派」の中のヴェーダーンタ学派に関するアブルファズルの説明を一部引用しておこう。

> ヴェーダーンタ　この崇高なる学派の創設者は賢人ヴィヤーサである。インドの人々は彼を以下に挙げる九名の長命な人物たちの中に含めている：ローマサ、マールカンデーヤ、ヴィヤーサ、アシュヴァッターマン、ヴァリ、ハヌマーン、ヴィビーシャナ、クリパーチャーリヤ、パラシュラーマ。これら九名の驚くべき長寿の人物たちについては、いくつもの逸話が語られている。
>
> この有力な学派の智者たちは類概念（パダールタ）と正しい認識手段（プラマーナ）その他の点についてミーマー

ンサー学派の［見解に］賛同している。また［クマーリラ・］バッタの見解の多くを受け入れている。しかし天国や地獄や応報や罰など、この無常の現世における幻術的なものは、現実には存在しないものが顕しだされたもの［に過ぎない］と彼らは考える。彼らの書物の一部では、二つの類概念が語られる。一つ目は見るもの（ドリク）すなわちアートマン、二つ目は見られるもの（ドリシュヤ）すなわち被造物である。比類なき主宰神以外に存在するものは何もないと考え、世界は［現実には］存在しない幻影に過ぎないとみなす。ちょうどある人間が眠っているときに、想像上のものを目にして、幾千の悲しみと喜びを生じさせるが、目覚めているときもそれと同じようなことだとみなすように。輝く一条の光が様々に表現されて多様な名前を持つのである［後略］。（Abū al-Faḍl 1867 : 2, 79–80）

他の学派についてもヴェーダーンタと同様に、創始者、神の捉え方、事物の認識の仕方、根本経典の構成、他学派との主張の違いなどを整理しており、その網羅性は先行する地理書はもちろんのこと、ビールーニーの『インド誌』も大きく上回る。(2) 各々の叙述は淡々としたもので、要所に逸話を挟んでいる百科全書の叙述などと比べると、読者は退屈な印象を持つかもしれない。いずれの学派についてもアブルファズルはそれぞれの根本経典の内容を知り得ていたことが推測され、ヴェーダーンタに関しては『アクバル会典』の記述が『ブラフマスートラ』と『ヴェーダーンタサーラ』に基づいている可能性が高い。

またヒンドゥーたちの宗教儀礼については、このように説明している。

イーシュヴァラ・プージャー　彼らの考えでは、比類なき主宰神は元素による形態をとり、全能というスカートの上に埃がかかることはない。最初に彼らは金やその他の物によって様々な偶像を［神の］イメージに基づいて作り、そして一歩一歩偶像を崇拝することから精神を逸らしてゆき、魔術的な［存在の］海へと沈んでゆく。それは一六の事柄（儀礼）によって達成される。［信仰者は］清めとサンディヤーとホーマ［の儀礼］を済ませた後、東あるいは北に向いてあぐらをかいて座り、これから主宰神の崇拝が始まるという考えとともに、水と少量の米を手につかんで［偶像に］振りかける。それから、カラシャ・プージャーを行う。この礼拝において必要とされる壺に対して特別な方法で祈禱する。その次に、シャンカ・プージャーを実行する。崇拝のときに白い貝殻に水を注ぎ、それを偶像に振りかけるのだが、その貝殻が崇敬される。それを済ませた後にガンター・プージャー［を行う］。鐘に白檀香を塗り、それを尊崇する。これらのプージャーを実行してから、少量の米を振りかけ、その神聖なものが降臨しますようにと考える。これが一六の事柄の第一である［後略］。（同前：2, 159–160）

『アクバル会典』の記述が、儀礼を執行する異教徒たちの行動原理から説き起こし、手順を丁寧に記していることが理解されよう。

冒頭で述べたように九世紀から一〇世紀にかけて成立した地理書・百科全書の著者たちはインドについて断片的な情報に頼らざるを得ず、結果インドの宗派や習俗に関する記述に伝承経路ごとに様々なヴァリエーションを生じさせ、また実相から乖離した不可思議な情報を混入させてきた。しかしムスリム王朝がインド亜大陸に定着し、在来の知識が集積されたことで、異教徒が持つ経典の内容や実際の観察に基づき、より現実に即し、そして体系的にインドは記述されるようになっていったのである。(3)

3　地続きになる遠い過去——『カシミール史』のイスラーム前史

では、インド亜大陸に住むムスリムは、自分たちが住んでいる場所の遠い過去、すなわち、ムスリムたちが亜大陸に到来する前の出来事（以降、「イスラーム前史」と表記）に関する情報を、どのように「歴史」として受容していったのだろうか。本節では一つの事例として一七世紀前半に記されたペルシア語のカシミール地方史を取り上げるが、その前にインドで編纂されたペルシア語の中での、イスラーム前史の扱いを概観しよう。

地理書・百科全書においてインド・イスラーム前史は、しばしばアレクサンドロス物語や、ジャーヒリーヤ時代の残滓と関連づけられて語られてきた。例えばマスウーディー（八九六年頃–九五六年頃）の『黄金の牧場と宝石の鉱山』をはじめ、フィルドウスィー（九三四–一〇二五年）の『王書』、先述のトゥースィーによる『被造物の驚異と万物の珍奇』などの文献には、インドの王カイドとアレクサンドロスがお互いに、女奴隷、油を入れた壺、針などといったものを次々に贈りあい、後にそれぞれの贈り物がどのような意味を持っていたのかが謎解きされるという逸話が収録されている（Ṭūsī 1966 : 6）。またガルディーズィー（一〇四九年以降没）の『諸情報の飾り』や『被造物の驚異』などにおいては、インド西部のカーティアーワール半島にあるヒンドゥー教の聖地、ソームナートがジャーヒリーヤ時代にアラブ人の間で崇拝されていた三女神の一人、マナートと結びつけられ、その依代たる黒石がアラビア半島からソームナートへと運ばれたことが語られる。この逸話においてソームナートはあくまでジャーヒリーヤ時代の残滓であり、そこにあった寺院に本来祀られていたヒンドゥーの神格に対する関心は希薄である。(4) しかしビールーニーの『インド誌』や、一四世紀初めにイル・ハーン朝治下のタブリーズで編纂されたラシードゥッディーンの『集史』などにインド思想の時間概念や異教徒の王朝史に関する情報が現れ、更にインド・ムスリム王朝、特にムガル帝国の翻訳活動を通じてサンスクリット語の叙事詩やプラーナ文献がペルシア語に翻訳されたことで、イスラーム前史として異教徒たちが信じている事柄がムスリムたちの間でも知られるようになってきた。一六世紀終わりから一七世紀初頭にかけて相次いで編纂されたペルシア語史書の一部には、翻訳文献から得られた知識を反映して、インド思想の時間概念である「四つのユガ」や、『マハーバーラタ』の主題であるバーラタ戦争の大要が挿入されている（真下 2011）。しかし、それらの歴史書の中で、サンスクリット文献で語られている過去は、必ずしも歴史としての地位を与えられたわけではない。イスラームの時間概念・歴史観は、アッラーによる世界創造という起点と最後の審判という終点を持ち、またアダムやノアを預言者としていることからも分かるように、古代史の経過を概ね旧約聖書の内容に沿うものと位置づけている。これは聖書をアッラーの啓示が人の手によって一部歪められたものと考え、クルアーンと一致する部分については正しいものとみなすイスラームの基本的な考え方に照らせば、自明のことと言えるだろう。しかしサンスクリット文献に記されている過去は循環する時間概念に基づいており、異教徒たちの言葉を素直に受け止めるならば、アッラーによるアダムの創造よりも前の出来事が記録されていることになってしまう。ここにイスラームの歴史観との決定的な対立が生じることになる。例えばアクバルの宮廷で翻訳活動に携わっていたバダーウーニー（一五四〇―一六一五年）は、このような愚痴をこぼしている。

『マハーバーラタ』はインドの偉大な書物で、種々の物語、教訓話、指南、道徳、礼儀作法、知識、教義、信仰の諸派と流儀［の説明］からなる。それらはカウラヴァ族とパーンダヴァ族との戦争の中で語られる。一部の者はその戦争が四千年前のことだと言う。一般的見解ではそれは八万年以上も前のこととされており、明らかにアダムの時代よりも前になってしまう。［中略］一万八千世界の話も驚きのこのばかげた戯言の一八巻のうち、二巻が三、四カ月で翻訳された。［こんな仕事に携わって］どのような批判が［私に］あるだろうか。それこそ誰も聞いたことがないような、私がハラームな食事を口にして、このような［違法な］仕事をしているのだといった。しかしこの書物に携わることは、言わば小生に課せられた運命なのである。運命は正しいのだ［後略］。
(Badā'ūnī 1864–69 : 2, 319–320)

彼にしてみれば「ばかげた戯言」でしかない文献をペルシア語に翻訳するというやりたくもない仕事を、運命とみなすことで自らを慰めている様が見て取れる。実際、ペルシア語歴史書の中で引用されるサンスクリット文献の所伝は、それらの歴史書を通貫する歴史の流れからは外れた位置に置かれることが多い。真下裕之の研究によると、インド・イスラーム前史の要素を持つペルシア語史書は一六世紀末から一七世紀初頭にかけて登場し、その構成要素は前述の『アクバル会典』に加えて、サブザワーリー『ターヒルたちの園』とフィリシュタ『イブラーヒームの薔薇園』という三書によってほぼ出尽くした。しかしインド・イスラーム前史は、『アクバル会典』では断片的な地方史の集成として、また『ターヒルたちの園』ではイスラーム史と接続しない閉じた物語として扱われている。また『イブラーヒームの薔薇園』においては、タバリー以来しばしばアラビア語・ペルシア語史書に登場するインド人がノアの息子ハムに由来するという説と『マハーバーラタ』の所伝を対比した上で、前者を真説とし、後者を明確に謬説と退ける（真下 2011：89–92）。当時ムガル朝やデカンのムスリム王朝の宮廷ではテュルク人がヤペテに由来するという説が広く支持されており、インド人ハム起源説はそのような背景から歴史家に支持されたと考えられるが（同前：91）、要するにサンスクリット文献に見られる過去は、旧訳的な「歴史」とは接続しない「逸脱した物語」と位置づけられたのである。とはいえ、そのような謬説や物語とみなされた情報がペルシア語史書から完全に排除されるわけではなく、一応引用されているという事実は、当時のムスリム知識人がこのような情報に関心を持っていたことを裏づけていると言えるだろう。

では、ここでインドの一地方であるカシミールの歴史叙述に目を向けてみよう。カシミールを取り上げる理由は、ひとえに同地がサンスクリット語の歴史叙述の伝統を持っていたことによる。一二世紀半ば以来五人のバラモンによって『諸王の流れ』というサンスクリット歴史叙事詩が次々に編纂されたが、個々の叙事詩と空白部分を埋めるサプリメントの内容を合わせると、カシミール盆地が出来上がった先史時代から同地がムガル朝に併合されるまでの数千年の歴史がほぼ一直線に描かれている。この点でカシミールのイスラーム前史はインド亜大陸の他の地方のそれを情報量で圧倒しているのである。そして『諸王の流れ』もまた、アクバル宮廷の翻訳事業の中でペルシア語に翻訳されていた。しかし、『諸王の流れ』の情報は当時のムスリム史家たちに必ずしも採用されていたわけではない(5)。前節で紹介した『アクバル会典』では、カシミール地誌の中で『マハーバーラタ』の時代を生きたとされているゴーナンダ一世以下、百数十名の諸王の名前と在位期間が列挙されているものの、『アクバル会典』と同時期に編纂された『アクバル史話』や『ターヒルたちの園』、『イブラーヒームの薔薇園』では、カシミール最初のムスリム王朝、シャーミール朝（一三三九–一五六一年）の最初の君主、シャムスッディーン（在位一三三九–四二年）の治世以前の歴史は全てカットされている。これはそれぞれの著者がインド亜大陸諸地域のムスリム政権成立以降の歴史を叙述することを意図していたことによる。しかし一六二一年に『カシミール史』が登場したことで、ペルシア語のカシミール地方史において、『諸王の流れ』に依拠しつつ古代から当代までを通史的に叙述するスタイルが確立する。

『カシミール史』の著者ハイダル・マリクはスリナガル近郊にあるチャードゥーラ村の出身で、元々シャーミール朝の次の王朝であるチャク朝（一五六一—八六年）の宮廷に出仕していたが、カシミールがムガル帝国に併合されてからは一時期ベンガルに渡っていた。そこで反乱を起こしたシェール・アフガン・クリーハーン[6]の殺害と彼の妻ミフル・アン＝ニサー（後のジャハーンギールの王妃ヌール・ジャハーン）の保護に際して功があったとのことで、後にジャハーンギールによってカシミール地方の地方長官に任じられている。彼はまたカシミールの有力な氏族、チャンドラ族の後裔でもあった。『諸王の流れ』によると、チャンドラ族は元々前述のカングラを本拠とするクシャトリヤ階級の一族であったらしい。一二世紀半ばにカシミールに移住して以来、彼らは四世紀以上にわたってカシミールの宮廷に有力者を輩出してきた。ハイダル・マリク本人の言葉を信じるならば、チャンドラ族はシャーミール朝時代に一人のスーフィーの導きによってイスラームに改宗したという。彼が『カシミール史』を執筆した動機はチャンドラ族の起源と系譜を知りたいというジャハーンギールの希望によるものだが、それは一族がイスラームに改宗する前、まだ彼らが異教徒であった頃の事績をも含むものであった。果たしてハイダル・マリクにとって、遠い先祖の武勲や功績は信ずるに値しない「逸脱した物語」であっただろうか。答えは逆である。彼にとってチャンドラ族の人々の事績は、たとえそれが非ムスリムの諸王の時代に関するものであっても、史実として肯定されるべきものであった。例えばハイダル・マリクは、カングラからやって来てカシミールのヒンドゥー王ジャヤシンハ（在位一一二八—五五年）に仕えた先祖、マッラ・チャンドラがテュルクの軍勢と戦った際の武勲を次のように詳細に語る。

ジャヤシンハデーヴァ王は敵軍の総数、能力、情勢を正確に把握すること、先駆けとなる者［の候補］が王の意志に結びつくことを欲した。マッラ・チャンドラを除いてほかに相応しいものはおらず、王自ら彼に敵の状態を調べることを実行してくれる誰かを欲しているとの旨を伝えた。勇敢さと無鉄砲さを備えたマッラ・チャンドラは王の意図を理解した。努力というベルトを結び、夜に単身敵軍の中に向かっていった。彼は敵の情報を得て、軍隊長のテントの中に入った。彼は自分の存在を知らせるために靴を置き、次のような手紙を書いた。「私は王の臣下の者である。これこれの時間にお前の許に来た。お前の息の根を止めることを私は望んでいるが、半分死んだような状態である眠りの最中に敵を殺すことは、男らしさと高潔さに悖る。そのような行為は私を盗人へと成り下がらせるのだ。残念なことだが、だからお前をここでは殺さない。［中略］もしお前が和平を望むのならば、首尾よく逃亡の道へと進め。さもなくば自ら破滅の道を歩むことになるだろう」。朝になって手紙の内容を知ると、軍隊長は震えて和平に同意した。(Ḥaydar Malik 2013 : 42–43)

マッラ・チャンドラの英雄譚は『諸王の流れ』の叙述と大筋で一致するものであるが (Jonarāja 1967 : 32–36)、細部はドラマチックに誇張されている。先祖の偉業を誇らんとするハイダル・マリクの興奮が伝わってくるかのようである。

このようにチャンドラ族の事績を肯定したことで、彼はまた『諸王の流れ』のイスラーム前史をも、史実として受け入れたのである。事例をいくつか見てみよう。

ハイダル・マリクはカシミール盆地がかつて巨大な湖であり、それがシヴァの妻パールヴァティーの住処であったこと、その湖には悪魔が棲み人々を苦しめていたが、ヴィシュヌが湖の水を流して悪魔を殺害したこと、乾いた大地に人が移り住んだことを同地の起源説話として伝える (Ḥaydar Malik 2013 : 5–6 ; Zutshi 2013 : 207)。一連の起源説話は八世紀頃に成立したとされるサンスクリット文献『ニーラマタ・プラーナ』の内容と概ね一致するもので (*Nīlamata Purāṇa* 1936 : 71–187)、彼が『諸王の流れ』以外のサンスクリット文献の情報も知り得ていたことを推測させる。この起源説話の直後に、カシミール盆地の形成をソロモンに仕えた二匹のジンの所業に帰する、より旧約的な所伝も異説として紹介していることから (Ḥaydar Malik 2013 : 6–7 ; Zutshi 2013 : 207)、ハイダル・マリクは『ニーラマタ・プラーナ』に由来する所伝に違和感を覚えていたものと考えられる。しかし、『マハーバーラタ』の所伝を謬説として退けるフィリシュタとは異なり、彼は二つの説の真正性について判断を措いている。

また、古代にカシミールを治めていたアーリヤラージャ王が退位後、カモシカの革を身にまとってある洞窟に入り、二度と出てこなかったという『諸王の流れ』の所伝（Kalhaṇa 1900 : 2, 152–165）を紹介したのち、彼はアーリヤラージャが消えたとされる洞窟に自ら入ったことを書き記す。

最初の王がプラターパーディティヤ、最後の王がアーリヤラージャである［この王朝の］六人の諸王の統治期間は一一九年であった。上で述べられたブームズーの洞窟についての話は次のとおりである。この歴史の紙葉の編纂者である卑しきハイダル・マリクは、スルターン権の避難所たる帝王である、ジャハーンギール帝王——神が彼の王権を永からしめますよう——がシャーハーバードの泉の観光に行幸あそばされたときに命じられて、この洞窟に入った。一人ひとりが灯り用の油を二アーサール持った、一二人の蠟燭持ちを同行させた。それぞれの蠟燭持ちの間の距離が、お互いに光がぎりぎり届く程度になるように配置させて、一昼夜かけて［中を］進んでいった。これほどの距離を進んだ後、広大なドーム［状の空間］に出くわした。ここには三つの道がある。一つは正面にあり、下に向かって傾斜している。もう一つは左にあり、上に向かっている。三つ目は右にある。灯り用の油が少なくなったので、その場所から引き返した。この洞窟の終端は至高なる神のみが知っている。（Haydar Malik 2013 : 17–18）

『諸王の流れ』に語られる場所を著者自ら訪れ、それを追体験することで、『カシミール史』は『諸王の流れ』に基づいたイスラーム前史の叙述に得も言われぬ臨場感を与えている。

更にハイダル・マリクはムハンマドのヒジュラがラナーディティヤ王の治世と同時代であったことに言及し、それ以降異教徒の王の没年をヒジュラ暦で記すようになる。一つに『諸王の流れ』には歴代の王の統治期間が明記されているため、計算によって絶対年代を導けるという理由があるが、一連の出来事の編年をヒジュラ暦に基づいて整理することで、『諸王の流れ』の叙述をイスラーム史と接続させようとするハイダル・マリクの意図を汲み取ることは容易であろう。また彼はあるカシミールのイスラーム前史の事柄を綴った直後に、それと類似した内容を持つイスラーム史の逸話を挿入するというテクニックを多用する。例えば前述のマッラ・チャンドラの英雄譚の直後には、セルジューク朝の宰相ニザーム・アル＝ムルクのテントにニザール派のハサン・サッバーフが弟子の下手人を送ったものの、かつての二人の交友関係を考慮してハサンは暗殺を実行させず、彼が寝ている間に左右の地面に短剣を突き立てさせるだけで帰還させたという逸話を紹介している（同前：43）。この逸話は恐らく前述の二人とウマル・ハイヤームが若い頃に学友であったという伝説に由来するものと考えられるが、ハイダル・マリクが何に依拠してこの逸話を挿入したのかは明らかではない。また、プラヴァラセーナがスリナガルを造営したことを記した直後に、アッバース朝第二代カリフ、マンスールによるバグダード造営に関する逸話を挿入している（同前：21-22）。これらの逸話は必ずしもクロノロジカルに挿入されているわけではないものの、ハイダル・マリクがカシミールのイスラーム前史を綴る中で、常にイスラーム史との繋がりを考慮し、前者に歴史としての地位を与えるべく、あの手この手を駆使していたことが理解されよう。ただ、このようなハイダル・マリクの試みを、第Ⅰ部第1章で説明されたような「歴史的な知による驚異の回収」に含めてしまうことには些かの躊躇を覚える。確かに『カシミール史』においてインドの遠い過去という驚異はイスラームの歴史と結びつけられたものの、それはイスラームの倫理であるとか、あるいは科学的精神に基づくものではなく、あくまでインド在来の異教徒を先祖に持つハイダル・マリクの個人的な事情に由来するものと考えられるからである。このケースにおいては著者のインドとの内在的な繋がりが驚異を歴史にせしめたと言えるだろう(7)。

おわりに

以上、本章ではいくつかの文献を取り上げて、インドの思想・習俗や過去の伝承がムスリムの中で「驚異」から「知識」へと変容していったさまを論じた。本章で扱い得た文献は僅かであり、「驚異の地インド」が飼い慣らされていく過程のほんの一部を明らかにしたに過ぎない。驚異研究の視点からインド亜大陸の諸文献を分析した研究は未だに少なく、今後個別に研究を蓄積していくことが求められる。

ところで、翻訳事業が行われていたのと同じ頃、ムガル帝国の宮廷にはイエズス会修道士やイギリス東インド会社の使節など、多くのヨーロッパ人が訪れていた。彼らの記録によると、宮廷の人々はヨーロッパからもたらされた絵画やオルガンなどの楽器、その他ガラス細工や玩具、更にはスパニエル犬などに並々ならぬ関心を寄せていたという。当時東インド会社が所有していた船の船長の記録には、宮廷の人々に贈るために、様々な奇妙な (strange) 物品をイギリスからの船便に積むように求める手紙が残っている (Nicholas Downton 1967 : 11, 172)。ひょっとすると、ムガル宮廷の人々は、すでに慣れ親しんでしまったインドよりも、むしろはるか西方のヨーロッパに驚異を見出していたのかもしれない。

注

(1) 本節の内容は、多くを榊和良氏のご教示に拠っている。ご教示くださった内容を本章で取り上げることをご快諾くださったことに対して、記して謝意を表す。なお原典の訳出は全て筆者による。

(2)『インド誌』におけるビールーニーの六つの学派に関する知識は、ほぼサーンキヤとパタンジャリのヨーガの二派に限られる。なお六つの学派それぞれの根本経典は、ビールーニーがインドに到来するはるか前、遅くともグプタ朝時代までには現存するテキストの形を備えていたと考えられている (丸井 2005 : 26)。

(3)『アクバル会典』と同じようにムガル朝時代にインド亜大陸の諸宗教の教義や儀礼を体系的にまとめた文献として、一七世紀半ばに成立したズルフィカール・アルディスターニーの『諸宗派の学校』がある。

(4) 例えばトゥースィーは「ソームナート」という街の名前を「スー」と「マナート」に分解して、「スー」が街の名前であると誤解している (Ṭūsī 2008 : 242–243)。ただしビールーニーは『インド誌』の中でソームナートという名をサンスクリット語の意味に即して説明し、祀られている神格がシヴァであることを正確に記している。

(5) カシミールの歴史を伝えるペルシア語史書としては、『集史』のインド史が最も古い。カシミール史のインフォーマントはカマーラシュリーという名の仏教徒であったとされるが、カシミール史の内容に目を向けてみると、歴代の王の顔ぶれは一部『諸王の流れ』と一致するものの、殆どの部分で『諸王の流れ』とは無関係な物語が綴られている。中でもラリターディディヤ・ムクターピーダ王（在位七二四―六〇年）に関しては、彼が実は二本角アレクサンドロスであったという説を紹介し、中国からマグリブまで支配したという驚異譚を伝える（Rashīd al-Dīn 2005：70）。この所伝は『集史』に拠ったことが明白な著者不明のカシミール地方史『王の庭園』（一六一四年）以外には一切確認されず、出典は不明である。

（6）スール朝（一五三九―五五年）の創始者、シェール・シャーとは別人。

（7）『カシミール史』と同じようにインド・イスラーム前史をイスラーム史に接続させた歴史書として、一七世紀後半に成立したバンワーリー・ダース『ラージャーヴァリー』がある。著者はシャー・ジャハーンの王子ダーラー・シコー（一六一五―五九年）に仕えた書記で、非ムスリムであった（真下 2011：95-96）。ヴェーダーンタ学派の思想に基づいたサンスクリット語劇『悟りの月の出』をペルシア語に翻訳したことでも知られている。

第5章　イスタンブルの民衆と奇物

——驚異から日常の中の異常へ

宮下　遼

1　オスマン朝における驚異の記録

一三世紀に建国して以降、近代に至るまでアラブ・ペルシア文化を広く取り入れたオスマン朝では、「驚異」という言葉もまた、アラビア語の伝来の *ʿacâib* がそのまま用いられるのが普通であった。畢竟、同王朝では単なる語彙に留まらず、本書の第II部で解説された、いわゆる驚異集（オスマン語では *ʿacâib*、あるいは *ʿacâib-nâme*）の類も受容された。たとえばカズウィーニーの『被造物の驚異と万物の珍奇』は、イスタンブル征服前の一五世紀前半には早くもオスマン語へ翻訳されている (Bîcân 1999)。ただし、本章で扱うのはこうしたアラブ・ペルシア的驚異集の伝統を引き継ぎつつ探索された神の創造の妙の表徴として、博物書や地誌書に記された驚異では必ずしもない。右記のごとき史料と並んで、オスマン朝ではインドや両聖地への旅行記、巡礼記などには、異国の驚異についての記述が一定量、散見されるからである。こうした旅人の中で帝国内外の驚異を広く記録した人物の筆頭として挙げられるのが、帝国期最大の地誌的旅行記を著したエヴリヤ・チェレビー（一六一一—一六八二年）である。一七世紀イスタンブルに生まれ育った彼は、読み書きの能力を備えた当時の選良層としては異例とも言うべき趣味嗜好を有し、庶民的な遊興や迷信、奇譚、笑い話の類に関心を寄せた「通俗的ムスリム名士」と呼ぶべき人物である。

さて、古代エジプトからギリシア・ローマ期、イスラーム期の遺構を擁し、いまなおピラミッドやミイラの呪いのごときオカルティックな「驚異」を作り出すエジプトを訪れた際、このオスマン朝人士はこんな言葉を記している。

　エジプトは数多くの奇物と驚異に満ちた国である。(Evliya Çelebi 2007 : 165–166)

『旅行記』第一〇巻の劈頭でこう概括した彼は、続いてマクリーズィー(一三六四―一四四二年)のような地元の地理学者が取り上げなかった不可思議な遺構群を列挙していく。それが右の引用に見える謎めいた「奇物」である。彼が長大な旅の途上で書き留めた驚異譚は、ゼペット爺さんよろしく鯨の腹に飲まれて生還した男の話や、荒野の洞窟から這い出す魔物の噂など多岐にわたるが、その中でも常に気にかけられ、その存在がつぶさに書き留められるのがこの「奇物」なのである。

ここで「奇物」と訳出した言葉の原語は *tılsım* (複数形 *tılsımât, mutalsamât*) である。字義通りに取るのであれば「魔除け」、「魔法のかかった事物」程度の意味合いのアラビア語であり、英語の talisman の語源ともなっている。しかし、ここで筆者が敢えて「奇物」という訳語を用いる対象は、オスマン朝で用いられた魔除けの護符 (*tılsım mühri*) ではなく、円柱や廃墟、あるいは転用モスクといった古代からビザンティン期にかけて築かれた遺構や建築物を指す。これらの中でも、不可思議な力が宿り、ときに魔を払い、ときに祟りめいた力を発揮し、あるいはとくに実生活に影響があるとは思われない類の怪異を顕現させるのが「奇物」なのである (Naili 1973 : 133)。

エヴリヤ・チェレビーは——実際に足跡を記したかは措くとしても——帝国の東西南北あまたにわたる地域を巡る旅の中で、自然条件、都市施設、都市名士というアラブの地誌書の伝統を踏まえた叙述を行いながらも(三浦 1997 : 18–19)、その傍らでご当地の「奇物」について熱心に記し続けているのだが、この奇物がもっとも多く所在するとされるのが、他ならない彼の故郷であり、オスマン朝支配の頂点に位置した帝都イスタンブルである。そこで本章では、一七世紀イスタンブルの街に宿る奇物にまつわる怪異譚を通して、帝都住民たちの日常生活の裏側にたゆたう驚異について検討してみたい。あらかじめ断っておけば、我々の「オカルト・ツアー」の対象となる奇物群は、近世帝都の目抜き通りたる御前会議所通り（Dîvân Yolu）近辺に所在し、その多くは今日なお残存する有名な遺構ばかりである。

2　帝都イスタンブルの奇物

（1）アヤソフィアの奇物群

世界的知名度を誇る現在のアヤソフィア博物館は、イスタンブルでも最古の大規模建築物の一つとしてこの都市のランドマークの役割を担っている。もとは六世紀にユスティニアヌス一世によって再建された聖ハギア・ソフィア総主教座大聖堂を前身とし、ビザンティン期には東方正教会の総本山として崇められ、イスタンブル征服後の一四五三年以降一九三五年までの期間にはアヤソフィア・モスクとしてムスリムの祈りの場とされていた施設である。このようにイスタンブル征服後にモスクへ転用されたビザンティン期の施設は多いが、わけてもアヤソフィアはスルタンが頻繁に金曜礼拝を行う帝国一の格を持つとされた大伽藍であった（Ayvansarayî et al. 2001 : 42-45）。当然、帝国の詩人たちは惜しみない賛辞をアヤソフィアに捧げたし、ときにはオスマン朝期に入ってから建造された「国産」のファーティフ・モスクなどと比較しつつ、後者の建築学的・宗教的優位性を称賛するための踏み台として扱うこともあった。いずれにせよオスマン朝期のアヤソフィアは、もとは教会でありながらもオスマン朝人士が無視し得ない存在感を発するモスクであったわけだ。ところが、『旅行記』を開くと、そこには詩人のごとき文化的選良たちが描くのとは全く異なった、奇物の展示場とも言うべき異教的なアヤソフィアの姿が立ち現れる。

①アヤソフィア姫の創建伝説

エヴリヤ・チェレビーによればアヤソフィアの建造者は、最初の堂宇を布置したコンスタンティヌス一世でも、ニケの乱ののちに今日の大伽藍を再建したユスティニアヌス一世でもなく、アヤソフィア姫という王女なのだという。

曰く、当時のイスタンブルの王が街を新たに建設すると聞きつけ、財貨を携えて都に上った王妹アヤソフィア姫——ブルガリアのソフィアの街に生まれた美姫であるためにこう呼ばれたという——が建立した建物なり（Evliya Çelebi 1914/15 : 125–128 ; Id. 1989 : 11a ; Id. 1996 : 15–16, 49 ; Id. 2003 : 13–14, 83）。

エヴリヤ・チェレビーが開陳する創建伝説は、現代人の度肝を抜く荒唐無稽なものであるのだが、実のところアヤソフィアという名の姫（Ayasofya, Ayasûfiye, Asafiya など）の伝説はオスマン朝に広く流布していたようで、その名は一四九一年に書写された作者不詳の驚異集や、[1] カズウィーニーの訳者として知られる地理学者ビージャーン（一四六六年没）の『秘められたる真珠』[2] のような奇譚的地理書、さらにはビザンティン期の史料にも見られる（Evliya Çelebi 1914/15 : 125–128 ; Id. 1989 : 11a, 33b–34a ; Id. 1996 : 15–16, 49 ; Id. 2003 : 13–14, 83 ; Majeska 2007 : 128–129 ; Yerasimos 1990 : 28–30）。いずれの史料が直接の種本かは不明であるものの——エヴリヤ・チェレビーはビージャーンの著作には目を通していたようであるが——『旅行記』の記述が当時流布していた歴史書や驚異集からの引き写しであるのは確かである。

ただし、『旅行記』が他の史料と異なるのは、アヤソフィア姫にまつわる奇物としてその棺に言及する点である。エヴリヤ・チェレビーによれば、ミフラーブ近くの扉の中に安置されたアヤソフィア姫の黄色い棺に触れると、たちまちにして大伽藍が崩れ落ちてしまうのだという（Evliya Çelebi 1914/15 : 125–128 ; Id. 1989 : 33b–34a ; Id. 1996 : 49 ; Id. 2003 : 83）。つまり、作者自身が信じていたかは措くにしても、この一七世紀のムスリム名士はアヤソフィア姫を単なる伝説上の創建者としてのみならず、棺という実体を伴った奇物を介して、今日的な力を保持する存在として描いているのである。

②ノアの方舟の扉

アヤソフィアには他にも数多くの奇物が存在する。たとえばその扉群は、ノアの方舟の建材でできているとされ、幾度数えても一つ多くなってしまうのだという。どことなく一三階段の怪談を髣髴とさせるが、学校の七不思議などよりよほど由緒正しい伝説でもある。それというのも、同様の奇譚はやはり一四九一年写本にも散見されるし

(Yerasimos 1990: 131)、イスタンブル征服以前の一四世紀にこの聖堂を訪れたノヴゴロド公国のステパンという正教徒の巡礼者や、姓名不詳のロシア人旅行者らも同様の理由を以て聖遺物に数えているからである（Majeska 2007: 32-33；浅野 2003: 157-158）。このように奇物譚の中には、ビザンティン期のキリスト教徒の伝承が一部、オスマン朝のムスリムたちに継承され、形成されたと思しきものも散見される。

③ アヤソフィアの四天使

一方、今日も現存する大ドームの四隅に描かれた四天使の絵（図1・2）や、ビザンティン期に堂外の南面にあったとされる四天使の塑像を戴く円柱群も『旅行記』では奇物に数えられている。エヴリヤ・チェレビーによれば、これらはジブリール、ミカール、イスラフィール、アズラーイールというイスラームの四天使であり、往古の昔には作物の出来高や反乱の有無、ペストの発生、王の崩御、あるいはそれぞれの天使が向いている方角の出来事などを知

図1　ドーム下の天使像（筆者撮影）

図2　17世紀の画家グルロによる写生。大ドームの四隅に天使の絵が顔を覗かせる。

せていたが、預言者ムハンマドが誕生するとともにその効力を失ったのだという。『旅行記』には「預言者の生誕によって効力が失われた」という説明書きが付された奇物が他にも幾つか見られるが[3]、図像や彫像に対する偶像崇拝を回避するためのイスラーム的な正当化として付与されていると考えるならば、エヴリヤ・チェレビーは異端的な領域に踏み込む危険を冒してまで、奇物譚を話題にしていたことになる。

④汗　柱

他方で、アヤソフィア堂内に立つ汗柱という角柱も奇物とみなされている。汗柱の名称は結露した水が柱の窪み——一説には聖母マリアの手形とも言われる——に溜まることに由来し、第四次十字軍の時代から病の治癒に効果があると信じられていて（浅野 2003 : 177-179 ; ド・クラリ 1995）、現在でも観光客がその「手形」に触れて記念写真を撮る観光スポットとなっている。

エヴリヤ・チェレビーはこの柱が「汗」をかく理由について三つの説を紹介する。(1)柱の下に財宝が埋まっているから。(2)炎に焼かれたヤーヴェドゥード・スルタン（イスタンブルの伝説の創建者の一人）の呪いがかかっているから。(3)預言者ムハンマド様のよだれが柱の下の石灰に混じっているから。ちなみに、(1)の説はアヤソフィア建設が資金難に陥った際に聖者が現れて地面に埋まった財貨の位置を指し示したという伝説によるものと思われるが（Yerasimos 1990 : 132）、その他の説の起源は不明である。ここでは、一つ一つの説の科学的根拠や、歴史的妥当性は措いて、エヴリヤ・チェレビーが少なくとも三種類の俗信が併存していることを認識し、かつ併記している点に注目したい。奇物の中で複数の説が紹介されるのはこの汗柱のみであるため、おそらくいずれの説もそれなりによく知られた俗信であったはずである。また、三種の説の中に明らかに異教由来の伝説（ヤーヴェドゥード・スルタンの説）と、イスラーム的なそれ（ムハンマドのよだれ）が混在している点は、奇物に対峙した際の住民たちの多彩な反応をも窺わせる。どうやら、汗柱のごとき有名な奇物ともなれば、複数の俗信が同時並行的に流布する事態も見られたようである。

ではここで俗信の世界から現実の世界に戻って、一七世紀のアヤソフィア堂内の光景を思い描いてみよう。この時代、堂内にはミフラーブやミンバルのようなイスラームの礼拝施設が増築される一方、モザイク画や壁画が漆喰で塗り固められていたのは周知の事実である。ところが、同時期の西欧人旅行者の証言を繙くとモザイク画や壁画の中には塗りつぶされていない――あるいは漆喰が剝離した――箇所が多数、存在していたことが分かる（Grelot 1680 : 122 ; Id. 1998 : 100-101）。つまり、近世のアヤソフィアは一見、帝国最高の格を誇るモスクとしての体裁を保ちつつも、二階の柱廊の陰や大ドームの端に目を凝らせばビザンティン期の「偶像」がそこかしこに顔を覗かせる、ムスリムから見れば異教的な空間でもあったわけである。となれば、一見不可解な奇物譚の数々は、視覚的に露わな異教の産物を目にした当時の信徒たちが、キリスト教徒住民の伝承を受け継ぎ、あるいはそれを打ち消すイスラーム的伝承を織り交ぜつつ俗信に昇華することで、帝都一とされるモスクの背後に横たわる古代からビザンティン期にかけての異教的・キリスト教的な歴史背景をおぼろげに感知していた証左とも捉えられるのではなかろうか。

（2）アト・メイダヌの奇物群

ではアヤソフィアを出て、その南面に広がる広場まで足を運んでみよう。目前に広がるのは、アヤソフィアのみならず、オスマン朝において四〇〇年にわたって君主の宮殿として機能したトプカプ宮殿、のちにはスルタン・アフメト・モスク（ブルーモスク）も隣接するようになる帝都最大の広場、アト・メイダヌである。馬広場（At Meydanı）というトルコ語の名称が示すように、ローマ帝国時代に築かれた戦車競技場（Hippodrom）を前身とする。そのため往時には、トラック状の馬場の中心部にスピナが設けられ、数々の柱が立ち並んでいた。今日も残るのは北から順にオベリスク（トルコ語では垂直石）、やや南西の離れた場所にコロッスス（トルコ語では石積み石）と呼ばれる角柱、三匹の蛇が互いに絡み合う銅製の三つ首蛇の円柱（トルコ語では捻じれ柱）の三本であるが、少なくとも一六世紀半ばまでは他に七基の円柱と、観客席の一部も残存していたようである（Gylli 1632 : 120-122 ; Gilles 1998 : 76-77）。

都のアト・メイダヌは善き者の集会場にして喜びの鉱脈。

そこには貴賤を問わぬ人々が集い、あたかも人の海のようだ。

あらゆる地域から物見高い衆がやって来るので、人の海は川のように流れる。

高所から見晴らしたなら、地中海の島々に臨み、
海面には［舟遊びに興じる］佳人の頬が映り、きらめく。

天国にあるという大樹《トゥーバー》や、威風堂々たる樹木が並び、
その樹冠では空を飛ぶ鳥が羽を休め、樹の足元（の木陰）は貴人方のための天幕となる。

また、二、三匹の竜が絡み合う奇物がある。

多くの石造りの円柱があり、その頭上にはただ蒼穹が広がるのみ［というほどに高い］。

ああまさに、アト・メイダヌこそがこの偉大なる都を輝かしむる。(Levend 1958 : 105–106)

これは一六世紀前半を代表する軍人にして詩人ヤフヤー・ベイ（一五八二年没）の抒情詩である。詩人が詠むのは、今日も残るスズカケの大樹が木陰を作り、集った物見高い衆が織りなす人波が絶えず行き交う盛り場、ないしは観光名所としての広場の姿なのだが、その帝国一の広場の只中にやはり奇物が登場している点に注目したい。なぜならこの詩からは、奇物が人知れない山奥や遠い異国ではなく、不特定多数の都市住民が日夜行き交う生活空間の只中に存在していたことをよく伝えているように思われるからである。では、コロッススと三つ首蛇の円柱にまつわる奇物譚を見てみよう。

①コロッスス

コロッススは石積みのシンプルな形状の角柱で、オスマン朝期の祝祭では登頂を果たした者に褒賞が与えられるなど、出し物の一部にも利用されたため（Gylli 1632 : 128 ; Gilles 1998 : 81 ; Grelot 1680 : 81 ; Id. 1998 : 68–69 ; Eremya Çelebi Kömürcüyan 1952 : 5 ; Thévenot 1980 : 56）、数多くの細密画にも描かれる有名な柱である（図3）。ただし、歴史的来歴が

図3　16世紀のアト・メイダヌ。左頁左端にコロッスス，左頁右寄りに三つ首蛇の円柱，右頁右端にオベリスクが立ち，この三基のスピナを軸に，皇子の割礼を祝う祝祭行列が反時計回りに行進する。

明らかなオベリスク、三つ首蛇の円柱とは異なり、この角柱の原型がいつごろ建てられたかはいまなお判明していない（Gylli 1632 : 127–129 ; Gilles 1998 : 80–81 ; İnciciyan 1976 : 65 ; Sumner-Boyd and Freely 2000 : 123）。ところが、エヴリヤ・チェレビーは、コロッススはコンスタンティヌス大帝の時代に諸公から献上された様々な色の石を積んで作られた柱である、と断言する。現代の考古学者でさえ建造年代についてはっきりとした答えを得られずにいるのを尻目に、なぜ彼はコンスタンティヌス大帝の名前を持ち出すのだろうか。その答えは、おそらくこの柱の基部に刻まれたギリシア語碑文の中にある。

> この四角形の畏怖すべき外見を持つ驚異的な記念碑は、時を経るとともに荒廃したが、いま帝国の誉れである皇帝ロマノスの息子である皇帝コンスタンティヌスによって往時の姿に倣いつつ、よりよい状態にされた。（Sinanlar 2005 : 16）

コンスタンティヌス大帝（一世）の父親はコンスタンティウス一世（在位三〇五―三〇六年）であるから、この碑文に刻まれた皇帝はコンスタンティヌス七世（在位九一三―九五九年、共同皇帝時代を含む）である。よって、エヴリヤ・チェレビーは皇帝を取り違えているのだが、その一方では一世か七世かという差こそあれ「コンスタンティヌス」という名前の皇帝が建設に関わった事実は把握していることになる。これは、奇物についての俗信が単に遺構の外見的特徴のみならず、ときには碑文のような征服の遥か以前まで遡る伝聞情報を取り込んで形成されていたことを示唆するだろう。

②三つ首蛇の円柱

一方、三つ首蛇の円柱はその特殊な形状も相俟って奇物の中でももっとも有名な遺構である。現在ではあらかた地面に埋まってしまっているこの円柱は、もともとはプラタエアの会戦（前四七九年）でアケメネス朝ペルシア帝国を退けた勝利を祝してデルフォイ神殿に奉納され、のちにコンスタンティノポリスに移築された記念碑である（Gylli 1632 : 130–131 ; Gilles 1998 : 82–83 ; İnciciyan 1976 : 65–66）。一五四〇年代にイスタンブルを訪れ、ビザンティン期の建築物をつぶさに調査したフランス人ギリウスは、三つ首蛇の円柱についてこう述べている。

住民の間にはこの柱の建設にまつわる信じがたく、下らない物語が見られるが、これは彼らの祖先の歴史に対する無関心さによるものだ。（Gylli 1632 : 130 ; Gilles 1998 : 82）

ギリウスが「無関心さ」と切って捨てるとおり、イスタンブルのムスリムはもとより、キリスト教徒の間でもその由来が忘れられていたのは事実で、学識あるアルメニア人聖職者でさえこの円柱の創建者をレオン三世と比定する誤りを犯している（Eremya Çelebi Kömürcüyan 1952 : 4, 6–7）。では、老人文主義者が嘆いた「下らない物語」はどのようなものかと言えば、エヴリヤ・チェレビーを筆頭に複数の同時代人が伝える「蛇を払う魔力」を宿すという俗信がこれに当たる。もっとも、この俗信自体はビザンティン期からすでに見られるものであるから（Evliya Çelebi 1914/15 : 65–66 ; Id. 1989 : 17b ; Id. 1996 : 25–26 ; Id. 2003 : 35–36 ; Eremya Çelebi Kömürcüyan 1952 : 4 ; Yerasimos 1990 : 24）、コロッスと同じく征服以前の俗信が引き継がれていることになる。

なお、『旅行記』にはかつてアヤソフィアの敷地内に立ち、海から攻め寄せる敵に炎を吐いて撃退したというもう一本の三つ首蛇の円柱について言及が見られる。結論から言えば、これはアト・メイダヌのものと同一の円柱である。なぜなら、三つ首蛇の円柱はデルフォイから移築された当初、アヤソフィアの敷地内に建てられ――年代は定かでないものの――ビザンティン期にアト・メイダヌのスピナの中へ移築された経緯を持つからだ（Summer-Boyd and Freely 2000 : 122）。エヴリヤ・チェレビーはアヤソフィアとアト・メイダヌの三つ首蛇の円柱が別々の柱だと勘違いしてはいるものの、円柱そのものが往時には別の場所に立っていた事実を、おぼろげながらに聞き及んでいたことになる。ここでも、奇物譚の中に征服を跨ぐ伝聞情報が取り入れられている点に留意しておきたい。

征服以前からの俗信の継続性を踏まえつつ、柱頭の三匹の蛇頭に注目してみよう。今日では蛇の頭部は三つとも失われ、一部が博物館に収められているのみだが、エヴリヤ・チェレビーは蛇頭喪失の経緯を、あるときセリム二世（在位一五六六—七四年）が投げた手斧が円柱に当たって頭部が欠損し、以来帝都には蛇が現れるようになったと説明する（Evliya Çelebi 1914/15 : 65–66 ; idem 1989 : 17b ; Id. 1996 : 25–26 ; Id. 2003 : 35–36）。これと相似する蛇頭破壊譚は他にも見られ、たとえばスレイマン一世の大宰相イブラヒム・パシャ（一四九三—一五三六年）が儀式の最中に誤って手斧を飛ばし破壊したとする逸話や、メフメト二世を破壊者とする伝承が伝わる（İnciciyan 1976 : 65 ; Sinanlar 2005 : 51–52）。

これらの逸話の真偽のほどは別として、ここで目を引くのは逸話の質そのものである。すなわち、生物を象った偶像を破壊する行為自体はイスラームの教義に適うはずであるし、それが貴顕の手によって為されたとなれば正当化されそうなところを、むしろそのせいで祟りが起きたと主張されているからだ。これはアヤソフィア姫の棺の場合と同様、奇物がときにイスラームの正統的な教義をも凌駕する超常的な力を発揮すると信じられていたことを証立てるだろう。

（3）市内各所の古代円柱

①コンスタンティヌスの円柱

アト・メイダヌを出て御前会議所通りを西へ歩いていくと、通りの右側に立つひときわ大きな円柱が見えてくる。これがコンスタンティヌスの円柱（トルコ語では輪っか石。図4）である。もとはローマにあったものをコンスタンティヌス一世が移築し、往時には柱頭に皇帝自身の彫像が鎮座していた。大帝の彫像は失われてしまったが、いまでも円柱の表面の、イエスのパンの奇跡の様子やノアの方舟を描いた浅浮き彫りは残り、路面電車の駅名ともなっている有名な円柱である。

一七世紀後半にイスタンブルに一五年以上滞在したフランス人モトライユ（一六七四―一七四三年）は、当時のトルコ人たちがコンスタンティヌスの円柱が幾度火災に遭っても倒れないので不吉な遺構だと恐れていると報告しているが（Motraye 2007 : 122）、エヴリヤ・チェレビーはこれとは異なる奇物譚を書き留めている。なんでも、この円柱はアレクサンドロス大王よりも前の時代に建てられ、のちにコンスタンティヌス大帝が意匠を施したというのである。アレクサンドロス大王より前の時代というのは真赤な嘘に違いないのだが、浅浮き彫りについては実際にコンスタンティヌス大帝が彫らせたものなので（Gylli 1632 : 202–203 ; Gilles 1998 : 132）、彼の記述は一部にせよ歴史的事実を踏まえている。

ではどのような怪異が宿っているのかというと、この浅浮き彫りの鳥が年に一度、空を舞うのだという。円柱の規模や立地、特徴的な外見に比して、一羽の鳥のみが取り上げられるのは奇妙にも思える。そこで近世の街並みに目を転ずると、はたしてこの柱のすぐ北側には家禽市場（Tavukpazarı）が存在していた。あくまで推測ではあるものの、家禽を商う市場の存在を念頭に置いて「鳥」という要素だけが抜き出されて成立した俗信なのではないだろうか。もしそうであれば、コンスタンティヌスの円柱の俗信は同時代の都市の実景を反映していることになるのかもしれないが、真偽のほどは不明である。

図4　コンスタンティヌスの円柱（筆者撮影）

②テオドシウスの円柱

一方、コンスタンティヌスの円柱から西に一〇分弱歩いたところにはテオドシウスの円柱が立っていた。「立っていた」と言うのは、ベヤズィト・モスク建設（一五〇六年）の際に取り壊されてしまったからだ（Gylli 1632 : 231 ; Gilles 1998 : 150）。つまりエヴリヤ・チェレビーの時代にはこの円柱は影も形もなかったことになる。ところが、彼はテオドシウスの円柱の存在を確かに認識していて、こんな俗信を伝えている。曰く、テオドシウスの円柱はかつてペスト除けの円柱として建てられ、イスタンブル征服後もそのご利益を保っていたが、ベヤズィト二世が柱を壊して浴場を建てたため王子の一人はペストで身罷り、以来、帝都では疫病が猛威を振るうようになった（Evliya Çelebi 1914/15 : 65 ; Id. 1989 : 17a ; Id. 1996 : 25 ; Id. 2003 : 34）。

三つ首蛇の円柱と同じく、このテオドシウスの円柱の俗信にも征服以後の歴史的事実が取り込まれ、遺構が取り壊されて一世紀余りを経た時代にまでその存在が語り継がれているわけである。そのうえ、他ならないスルタンがその祟りの引き金を引いたとされるのだから、奇物に宿った超常の力がいかに強力なものと信じられていたのかが窺えようというものだ。

③六本大理石

御前会議所から南に下り旧市街南部に至ると、トルコ語でアルトゥ・メルメルと呼ばれる地名が残っている。名前の由来はこの場所にかつて六本──実際には七本──の大理石の円柱（Altı Mermer）が建っていたためである。いまは失われ、その正確な所在地についても不明であるが、おそらく現在のヘキムオール・アリー・パシャ・モスクの庭園内に所在したようだ（Summer-Boyd and Freely 2000 : 123）。もっとも、一五三七年の帝都の姿を写し取り、数多くの円柱群も記載するナスーフ（一五六四年没）の都市図などにはこの遺構は全く記されていないため、わざわざ絵に起こすほど大きな円柱ではなかったようだ。

そうした中、オスマン朝人士としては例外的に六本大理石に言及するのは、やはりエヴリヤ・チェレビーである。『旅行記』を開いてみると、一〇巻に及ぶ大著『旅行記』にあって、その最初の巻のそれも劈頭の導入部でこの円柱群が取り上げられ、「ハエの円柱」、「蚊の円柱」、「コウノトリの円柱」、「鶏の円柱」、「狼の円柱」、「恋人の円柱」、「老夫婦の円柱」という七本の円柱について詳述され、それぞれに縁結びや縁断ち、厄除けや虫除けといった奇跡が宿っているとされている（Evliya Çelebi 1914/15 : 33–34 ; Id. 1989 : 16b–17a ; Id. 1996 : 24–25 ; Id. 2003 : 33–34）。彼の列挙する円柱の名前は、先述のフランス人ギリウスが活写した六本大理石の浅浮き彫りと多くの共通点を有するので（Gylli

1632 : 314–315 ; Gilles 1998 : 206)、どうやら六本大理石の奇物譚はその外見的特徴から生じたものであるらしい。奇物の中には、こうした外見的特徴から想起されるイメージをもととして形成されたと思しき、ときに短絡的とも思える俗信も少なくない。

3　「異教の気配」としての帝都の歴史的重層性

（1）奇物譚の受容層

前節で近世帝都のオカルト・ツアーを敢行する際に、多分に推測も交えざるを得なかった点は反省しなければならないが、それにはわけがある。そもそも奇物について相応に体系的な情報を書き残したのは、庶民の行状や風俗に関心を寄せた当時としては特異な通俗的ムスリム名士エヴリヤ・チェレビーのみであるという史料的制約が存在するためである。ただし、詩人のような選良層や、西欧人旅行者のごとき異邦人の著作に僅かなりとも奇物への言及が見られる点は注目に値するだろう。なぜなら、記述の僅少さという事実そのものが、奇物の受容形態について二つのことを示唆するからである。

第一に、オスマン朝人士のあるべき道徳的観を説いたヴェフビーが「奇物の知識などに喜びを見出すなかれ」(Vehbî 2011 : 74) と詠んだように、奇物にまつわる俗信はスンナ派イスラーム信仰を正道とする王朝の支配階層からしてみれば、その存在を認知してはいても積極的にテクストに記し、真面目に論じるべき対象ではなかったという異端性である。この点は諸々の奇物譚が神の被造物であるという教義的原則論からは外れないにしても、少なくとも王朝の選良層が拠って立つべき正統的なスンナ派信仰とはさほどの親和性を有さない土俗的な存在であり、都市伝説や民間信仰、あるいは迷信[4]が渾然一体となった「俗信」と呼ぶべき異端的な地位に甘んじていたことを示すだろう。

第二に――逆説的であることを承知で言えば――それでもなお古典詩や西欧人の旅行記などに奇物についての言

及が露頭を覗かせる事実もまた、決して軽んずるべきではない。この点は、実社会において奇物譚が社会上層の人々の耳にまで達し、ときに西欧人のごとき異邦人にさえ口にされる日常性を持っていたことを仄めかしてもいるからだ。そのため主に庶民たちが信じた俗信群は、実際にテクストに記された以上に広く流布していたと考えても、過解釈にはならないように思える。

（2）奇物の力の正体——異教の気配

では、奇物が発する怪異や奇跡、驚異はいったい何を意味するのだろう。手掛かりとなるのは、これまで見てきた奇物がいずれもギリシア・ローマ、ビザンティン期に宗教施設、ないしは記念碑として広場や御前会議所通りのような目抜き通り沿いに築かれた石造りの大規模建築物であるという、被視認性の高さ、あるいは顕著性である。そして、主要な港湾群の比重変化を除けば基本的にはビザンティン期の都市プランをそのまま引き継いだオスマン朝期の帝都にあっても、奇物の多くは引き続き盛り場として機能した都市空間の只中に残存し、常に多くの人々の視線に晒されるという日常性を胚胎するモニュメント群であり続けた。

さらに、フランスの老人文主義者が嘆いたように、ムスリムはもとよりギリシア正教徒やアルメニア正教徒たちの多くに至るまでのこの街に暮らす人々が、遺構の由来を忘却していた事実を勘案すれば、奇物とみなされた建築物群は住民たちが日常的に接しながらも、その建造者や建造年代、あるいは建造方法が理解できない都市空間内の異物であり、「異教の気配」と呼ぶべき未知性、ないしは理解不可能性によって彼らの常識を浸食する存在ともなっていたと推察することができる。したがって奇物とは、かくのごとき「異教の気配」を発する遺構に対峙した際、征服以前に遡る碑銘や伝承や、歴史的事実、都市の実景、イスラーム的解釈といった様々な要素を援用しつつ俗信に昇華することで理解可能な対象へと変換し、受容した帝都庶民たちの都市体験の所産とみなし得るだろう。

換言すれば、帝都イスタンブルのムスリムたちはビュザンティオンやコンスタンティノポリスと呼ばれたころから連綿と折り重なるイスタンブルの歴史的重層性を、奇物という驚異に再解釈することで認知していたのである。

4　驚異の日常化

ローマのコロセウムやカイロのピラミッドの例を思い出すまでもなく、古代の文化的影響を残した後継国家群が長らく存在した地中海沿岸地域にあっては、その残滓が遺構という形で街の周囲や、ときに市街地の只中に取り残される例は少なくない。そのため、建築学的見地から見れば「異教の気配」と本章で呼んだ歴史的重層性の残り香を漂わせる都市は、なにもイスタンブルだけではない。ただし、イスタンブルという都市がスンナ派イスラームを奉じるオスマン朝という巨大な国家の帝都であるというその政治的・文化的中心性を思えば、征服以前に建てられた遺構や巨大なランドマーク群が市街地に埋没することなく、住民たちによって視覚的にも、また彼らの意識の中でも明瞭に認識され得る都市空間が維持され続けた点は稀有である。

ここに既存の建築物を再利用する都市開発や、納税の義務が履行される限りにおいて非ムスリム臣民の精神的領野へ積極的に踏み込もうとはしなかったオスマン朝の柔軟な支配体制の在り様を見て取ることもできようが、同時にオスマン朝帝都に住まう人々の驚異に対する態度の一端を垣間見ることも不可能ではあるまい。すなわち、もともとは異教徒のものであった都市を帝都とし、数多くのキリスト教徒臣民を従えたオスマン朝においては、異教的要素との共生関係構築の必要性が生じたのであるが、種々の奇物譚はそのインフォーマルな具体例の一つとも位置づけられ得るように思われるのである。そしてそれは、かつては驚異であった巨大建築物が考古学研究の発展によって超常的な驚異性を失い「考古学的史料」としての死を迎える以前、驚異が徐々に日常の中の異常へと変化していく「驚異の日常化」の過程を示唆しているのではないだろうか。

注

（1）Yerasimos 1990 にフランス語訳所収。また、トルコ語訳本 Yerasimos 1993 はオスマン語版を所収する。

（2）この書はビージャーンがオスマン語に訳したカズウィーニー『被造物の驚異』に倣って著した地理書である。İhsanoğlu and Şeşen eds. 2000, Vol. 1 : 4–11 ; N. Sakaoğlu, "Dürr-i Meknûn'un Yazarı Yazıcıoğlu Ahmed Bîcan Efendi," in Bîcân 1999 : 10–14.

（3）宮殿岬にあったという魚の像は預言者の生誕によってその効力を「一時的に」喪失し海中に没したが、その残骸が海の中に残っているため、いまもなお豊漁のご利益をもたらしているという。なお、この像は、セヴェルス帝がアヤソフィアの近くに建てたゼウクスィップス公衆浴場（Zeuxippus）にあった多数の円柱や像のうちのいずれかに当たると思われる（Gylli 1632 : 127–129 ; Gilles 1998 : 70–72 ; Eremya Çelebi Kömürcüyan 1952 : 12）。

（4）各々の定義は桜井 1968 : 9–14 ; ブルヴァン 1997 : 14, 21 に拠る。

第6章　歴史的パレスチナにおける奇跡譚の今

――聖者ハディル崇敬の事例

菅瀬晶子

はじめに

中東のムスリムと非ムスリム一神教徒は、近隣に住んでいれば日常的に接触し、市場などの公共の場のみならず、家庭など私的な場でも隣人、友人として親しく交流する。人びとは互いの祝祭に際しては贈り物を持参して家庭を訪問し、それぞれの宗教コミュニティの代表であるイマームや大司教が、ラマダーンの到来や復活祭を祝福するメッセージを公式に発表する。また、一部の祝祭がムスリムと非ムスリム一神教徒のあいだで共有されているのも、長らく彼らが共存してきた中東の一部地域、ことに東地中海沿岸部の特徴であろう。アブラハム一神教はすべてユダヤ教から派生し、聖典を共有しているため、聖典に登場する預言者などの聖人・聖者を記念する祝祭は、彼らすべてにとって聖なる祝祭となるのである。代表例としては、エルサレムで一九二〇年代までムスリムと非ムスリム一神教徒に共有されてきた、ナビー・ムーサー祭が挙げられるであろう。七日間続くこの祭は、エルサレムとエリコを結ぶ街道沿いにあるムーサー（モーセ）の廟への巡礼をおこなう祭とされているが、もとはユダヤ教徒の過越祭、キリスト教徒の復活祭にあわせ、ともに華やかで神聖な祝祭期間を共有するために、オスマン帝国によってもうけられた祭である。しかしパレスチナのムスリムにとって、この祭はユダヤ教徒やキリスト教徒と祭を共有し、親交を深める機会であり続けた（藤田 1989：156–159）。イスラームには聖者崇敬が多数存在し、人びとは日々、彼ら聖者の名を唱える。そうすることで神へのとりなしを願い、ときにはその内容は非常に個人的で、試験合格や宝くじの当選など、現世利益的な内容を色濃く帯びている。キリスト教徒やユダヤ教徒と共有する聖人・聖者たちももちろんその対象となっており、日常生活のさまざまな場面で、彼らに祈りが捧げられているのである。聖者崇敬こそが、教義の一部を共有し、混ざり合って暮らす一神教徒たちの共存を助けてきたといっても、過言ではない。

日常生活に密着した聖者崇敬には、バラケがつきものである。バラケとは聖者に祈ることによってもたらされる恩寵、霊験を意味し、バラケが与えられることによって、病の治癒や困難な状況からの脱却など、祈り手の望みが果たされる。バラケはときにアジーベ、あるいは複数形のアジャーイブとも言い換えられる。本書ではこれまで、未知の世界の珍奇な事物や、人智を超えた現象についての語り、すなわち驚異譚をアジャーイブと呼んできたが、ここで用いられるアジーベ／アジャーイブは驚きの要素は含みつつも、博物誌的な関心の対象としての驚異でなく、聖者によって引き起こされる不思議な出来事を意味する。よって本章では、以下よりバラケを「霊験」、アジーベ／アジャーイブを「奇跡（譚）」と訳すこととする。霊験と奇跡のあいだに厳密な区別はなく、強いて言えば奇跡には驚きの要素や、ローマ教皇庁など教会総本山による認定などの宗教的権威づけが含まれる。しかし双方とも、神や聖者を信じていれば、当然起こりうるものだと信じられていることは共通している。第Ⅰ部第2章で登場した「ムウジザ」あるいは「カラーマ」といった奇跡に相当する言葉が、パレスチナやヨルダンの聖者崇敬の実践において使われることはない。教会が発行している聖者伝や奇跡譚集ではムウジザが使われているが、(1) 会話の中で使われることはない。これは聖者崇敬の担い手がスーフィズムや古典文学の知識を持たない一般民衆であることと関連しているのであろう。また、聖者はおうおうにして、一神教以前の要素を多分に帯びている存在であり、聖者に祈る者たちもそれを承知している。しかしながら、聖者崇敬の場において、一神教以前の多神教や自然崇拝が意識されることはない。時間の流れや一般民衆とエリートの差異などが意識されることもなく、霊験も奇跡も、日常の一部として起こるのである。

本章は、そのような聖者崇敬のなかで、歴史的パレスチナ（歴史的に、パレスチナと呼ばれてきた地域。現在イスラエルが支配している全地域をさす）とヨルダンにおける「緑の男」と呼ばれる聖者への崇敬を扱う。アラビア語でハディル、ホドル、あるいはヒドルと呼ばれるこの聖者であるが、調査対象地域のアラビア語方言にあわせ、ここではハディルと統一したい。永遠に生き続けて世界を経巡り、姿は見えないもののその名を唱えるだけでその者のそばに駆けつけ、降雨から病気の治癒、子宝の授与から事故からの救済まで、あらゆる願いを叶えるとされる聖者ハディルへの崇敬はイスラーム世界全域でみられるものであるが、歴史的パレスチナにおけるそれは、他地域とはかなり様相を異にしている。現在みられる聖者崇敬の様態を紹介し、語り継がれる聖者の奇跡譚を読み解くことによって、この聖者がなぜ今に至るまで篤く崇敬されているのかを解き明かしてゆきたい。

1　聖者ハディルとは

聖者崇敬とは、ある特定の聖者に日常的に祈りを捧げ、さまざまな現世利益を祈願する行為をさす。一神教では一般的に、聖者や聖人たちはあくまで唯一神にとりなしをおこなう、神と人間の仲介役と定義されている。そのため、たとえ聖者の名において祈っても、祈りそのものは聖者を仲介して神に捧げていることになるため、なんら問題はない。ただし、偶像崇拝的な一面も持ち合わせているため、厳格な一神教徒の場合、聖者崇敬をよこしまな宗教実践とみなして否定する者もいる。イスラーム主義の台頭によって、近年はこのような意見を持つ者が増えつつある。

そのなかで、ハディルは現在に至るまで、広範囲で崇敬を受ける聖者である。その性格を、（1）イスラームにおける一般理解のなかでのハディル像、（2）スーフィズムにおけるハディル像、（3）アレクサンドロス（二本角）伝説におけるハディル像、（4）民間信仰においてキリスト教徒、ユダヤ教徒と共有される聖者としてのハディル像の三点にまとめて紹介してみたい。

（1）クルアーンとハディースにおけるハディル像

ハディルはクルアーンの「洞窟の章」五九（六〇）節から八一（八二）節にかけて登場する。この物語の主人公はムーサー（モーセ）であり、「二つの海が会う所へ行き着くまで」旅をする彼の目の前に、唐突にあらわれる。教えを乞うムーサーを不可解な行動で混乱させるが、実はすべてはムーサーの忍耐力を試すためであり、最後に神のはからいの深遠さについて教えを授け、去ってゆく。

ただし、この物語の聖者には名前がなく、クルアーン解釈の補助書であるハディースではじめてハディルであると明かされている。ハディース内の「知識の書」一六節—一九節、同四四節、「契約の条件」一二節、「預言者達」二七節、「クルアーン解釈の書」二節—四節、「神の唯一性」三一節と、実に多くの節でハディルとムーサーの物語が取り上げられており、この物語に対するイスラーム法学者たちの関心の高さがうかがえる。ただし、その内容はほぼすべて同じものである。クルアーンとハディースのみを基準にしたイスラームにおける一般理解のなかでは、ハディルは「ムーサーに教えを授けた神のしもべ」であり、「神出鬼没の神秘的存在」であるとまとめることができよう。ただし、そのなかで唯一ハディースの「預言者達」二七節には、ほかの箇所にはない特異な記述がみられる。

アブー・フライラによると、預言者は「ハディル（緑の人）は、或るとき草木もない地面に座っていると、突然それが緑色になって彼の後から動き出したため、このように呼ばれるようになった」と言った。（『ハディース』1993–94：中巻、197）

「地面が突然緑色になって動き出した」というのはいかにも奇怪だが、これは草木が勢いよく萌えいづる表現であろう。つまり、ハディルはそこにいるだけで、不毛の大地に緑を茂らせる、つまり豊穣をもたらす存在であると言い換えることができる。さらに、豊穣をもたらすということは、すなわち水を自在に操る力を持つということである。ハディルと水とのかかわりは、クルアーン「洞窟の章」におけるムーサーとの出逢いの場所が、「二つの海が会う所」であったことからもうかがえる。

（2）スーフィズムにおけるハディル像

スーフィズムは必ずしもすべてのムスリムに受容されているわけではなく、人によっては邪道とみなすこともある。しかしながら、ハディルはスーフィズムで重要視されており、民間信仰におけるハディル像に色濃く影響をおよぼしている。

ハディルは、神を正しく畏れ敬い、神に愛される「神の友（*walī Allāh*）」のひとりに数えられ、幽隠《ガイバ》、すなわち生きながらにして審判の日まで姿を隠している状態にあり、ときに顕現する者とみなされている。隠された真理をあきらかにする者という定義づけもなされているが（van Lint 2005：370）、これは「洞窟の章」の物語の結末に由来している。また、預言者とは別の叡智を持つ者と考えられているようである。ガザーリーは、その著書『神秘書簡』において、ハディルが神から得た「知識」は、預言者の時代のみに下されていた啓示（*waḥy*）によるものではなく、預言者ではない者にも獲得できる霊感（*ilhām*）によるものであると述べている。それゆえ、神の友でありたいと望むものは、ハディルから直接叡智を授けられることが重要となる（同前：369–370）。ムーサーが彼に教えを請うたのは、これゆえである。

また、イブン・アラビー学派においては、ハディルはイドリース、イルヤース、イーサーとともに、高位の聖者とみなされている（同前：370）。ここで注目すべきは、ハディルを含めたこの四人の共通点である。イドリースは旧約聖書創世記に登場するエノク、イルヤースは同列王記の預言者エリヤ、イーサーはイエスのことであるが、このうちイドリースとイルヤースは、死なずに天に上げられた者として有名である。イエスの死と復活、神の子としての神性については、イスラームでは否定されているものの、彼の死についてはクルアーンでは言及されておらず、彼もまた不死の存在といえる。彼ら同様、ハディルもまた不死の存在とみなされている。これら四人の聖者は今でも生きており、審判の日まで現世にとどまっていると考えられている。

ハディルは通常不可視であるが、徳高く、研鑽を積んだ者であればハディルを目視でき、実際多くのスーフィーたちがハディルと会ったと証言している。イブン・アラビーは月夜に水の上を歩くハディルに遭遇したが、その足は水に濡れておらず、しかもその歩みは驚異的な速さであった、と記している。(2) また、イブラーヒーム・イブン・アドハムは、荒野での四年間の修行の間、ハディルを師としていたと語っている。(3) 一二世紀の著名なスーフィーであり詩人のルーズビハーン・バクリーは、神秘体験のさなかにハディルと出会い、彼から手渡されたりんごを食べることによって、叡智を授かった(同前：371)。このようにスーフィズムにおいて、ハディルは至高の叡智をそなえた隠れ聖者ではあるが、修行者の心構え次第では会うことができ、また臨在するという面が強調されているようである。

(3) アレクサンドロス(二本角)伝説におけるハディル像

中東世界には前イスラーム的要素を持つ伝承も数多くあり、アレクサンドロス(二本角)伝説はその代表格である。「二本角」とは、クルアーン「洞窟の章」のハディルの逸話の直後に登場する人物であり、もとはユダヤ教の救世主がそなえる特徴をさしていた。前二世紀ごろ、アレクサンドリアのユダヤ教徒のあいだでアレクサンドロスを二本角と同一視する説がうまれ、その説はシリア語話者の初期キリスト教徒にも伝わっていたようである。さらにユダヤ教徒の影響を受けたムハンマドによって、アレクサンドロス＝二本角伝説はイスラームに取り込まれ、今に至っている(山中 2009：126–132)。

中東におけるアレクサンドロス伝説のなかでもよく知られているのが、「生命の泉の水」を求めて旅するエピソードである。サアラビーによる『預言者伝選集』では、ハディルは生命の泉を探す二本角一行に同行者として突然加わり、ただひとり泉に到達して沐浴し、その水を飲む人物として登場する(同前：163–164)。その結果、二本角はおのれの征服欲の不遜さや愚かしさを悟ることになり、ハディルが主人公の気づきを促すという役割を担っている点がクルアーンの「洞窟の章」と共通している。

生命の泉をめぐる逸話は、幾度となく写本挿絵にあらわされており、人気のある物語であることがうかがえる。そこではハディルは、ターバンを巻いた白髯の老人として描写されている。また、作品によってはハディルは単独ではなく、預言者エリヤとともに二本角の前にあらわれ、生命の泉の探索に加わる(Eraysar 2008)。二人でひと組、いわば一心同体であるかのように描写されているのが特徴的である。

また、ニザーミーの『アレクサンドロスの書』に登場するハディルは、アレクサンドロスの物語の本筋にかかわると同時に、語り手であるニザーミーに働きかけ、彼を導く霊的な師として登場するところが『預言者伝選集』とは異なっている。ハディルは、彼が述べたことばをそのまま詩に紡ぐことができるようにと、ニザーミーに「ことばの杯」を手渡す。それを飲み干したニザーミーに、「流れる水のように語ることができるようになるであろう」と、ハディルは確約するのである (van Lint 2005 : 373)。このように、アレクサンドロス伝説でもハディルは豊穣や不死、水とかかわりのある神秘的存在として語られているのである。

(4) 民間信仰におけるハディル像

ハディルは民話の世界でも重要な存在である。後述するように、ときにはマカーム、あるいはマザールと呼ばれる聖所に祀られ、現世利益祈願の対象として崇敬を受ける、民間信仰の対象となっている。家島彦一によれば、ペルシア湾岸やインド洋の船乗りの守護者として、ハディルが厚く崇敬されている (家島 1991a)。船乗りの守護者であるのは、これらの場所が偶然海に面し、漁労や海上交通のさかんな場所であるためであり、そのほかのイスラーム圏内においては、むしろ海水ではなく天水、つまり泉や湧水の守護者として崇敬されるほうが一般的であり、同時に女性に子宝を授ける神秘的存在とみなされている。家島はまた、トルコのサマンダーウに、ハディルとムーサーが出逢ったとされる聖岩があると記している (家島 2006 : 658–660)。インドからパキスタンにかけてのハディル崇敬を追った村山和之は、ウェブサイトの情報からハディル崇敬の中心地として上記のサマンダーウに加え、ウズベキスタンのサマルカンドとパキスタンのサッカルを挙げ、中央アジアにもハディル崇敬が広がっていることを指摘している (村山 2007 : 324)。また彼によれば、スリランカ南部のカタラガマにあるヒンドゥーと仏教の聖地に、ムスリムがハディルを祀っているという (同前 : 324)。村山はサッカルやバローチスターン地方でみられるハディル崇敬の様態を報告しているが、そのいずれにも共通するのは、やはり水とのかかわりである。川の中洲や港町に祀られたハディルの聖所では、航海の安全や豊漁が祈願される（同前：337-343）。

以上が、イスラーム世界一般におけるハディル像である。次節以下では、歴史的パレスチナとヨルダンの具体例をもとに、現代の民間信仰におけるハディル像を浮き彫りにしてゆく。

2　現代の歴史的パレスチナにおけるハディル像

まず、現代の事例を述べる前に、二〇世紀前半までの記録において、ハディル崇敬がどのように語られてきたのかをまとめておきたい。

民間信仰の事例が公式の記録に残ることはまれであり、歴史的パレスチナのようなオスマン帝国の周縁ではなおさらである。しかしながら、一七世紀以降宣教師や旅行者の手によって聖地訪問の記録が残されるようになり、そのなかでハディルはたびたび言及されるようになった。たとえば、歴史的パレスチナにおけるハディル崇敬の中心地のひとつに、ハイファのカルメル山があるが、ここでは後述するように、毎年七月二〇日に預言者エリヤ祭が開催される。この祭には、ハイファやガリラヤ地方に住むキリスト教徒やムスリム、ユダヤ教徒、ドルーズ信徒がつめかけ、ハディルの霊験を求めるが、この様子は一七世紀前半のローマ・カトリック教会の記録に残されている（Augustinović 1972：30）。また、一九世紀末に歴史的パレスチナを訪れたユダヤ人ローレンス・オリファントも、祭の猥雑かつ活気に満ちた様子を手記に詳細に書き綴っている（Oliphant 1887：77）。さらに、エルサレムやダマスクスで長く聖務にあたった英国教会の聖職者、J・E・ハナウアーは、一九〇七年に出版した『聖地のフォークロア』で、ハディルに一章を割いてその伝承を書き留めている。彼はハディルと呼ばれる神秘的存在が、あらゆる肉体的・精神的治癒、ことに精神錯乱の治癒に霊験を発揮するとして、歴史的パレスチナ各地で崇敬されている事実を紹介し、ハイファ・カルメル山の事例も詳しく扱っている。ほかにも、キリストの聖体を床に落とした罪で、膝に穴が空き苦しんでいた東方正教の修道士が、ハディルに祈ったことで癒されたという、非常に印象的な奇跡の物語も紹介されている（Hanauer 1907 : 46–53）。民衆にとっては、神の怒りさえ超越する奇跡を起こす聖者として認識されていたことがうかがえる。

　外国人によるこれらの記述、ことにハナウアーの影響を受けて、パレスチナ人としてはじめて自身のフォークロアについての研究をおこなったのが、タウフィーク・カナァーンである。彼の『イスラームの聖者とパレスチナにおける聖所』にも、ハディルは歴史的パレスチナとヨルダンで崇敬される代表的な聖者のひとりとして登場する。しかしながら、カナァーンはハディル崇敬の起源という、想像の領域に頼らざるをえないことは追究せず、あくまで一九二〇年代当時におこなわれていた聖者崇敬の様態を忠実に記述することに徹している。彼によれば、当時歴史的パレスチナとヨルダンでは、ハディルの聖所が二一か所存在していた。また、彼はこれらの聖所がどの宗教に属しているか、誰が祈りに来るのかについても簡単に記しているが、そのうちキリスト教徒とムスリムの双方によって神聖視されているのが明確であるのは五か所である。[4] ただし、カナァーンはガリラヤ地方については詳細な調査をおこなってはおらず、のちに郷土史家のシュクリー・アッラーフが、カナァーンの聖者崇敬研究を補完している。彼は歴史的パレスチナだけで、実に六九か所にもおよぶハディルの聖所を挙げているが、なかにはすでに廃れてしまったものも多い（ʻArrāf 1993）。筆者は、現時点で聖所として機能しているのは、二〇か所であると確認している（菅瀬 2012）。一九世紀末に詳細なハディル崇敬の記録が残るようになってから、筆者が調査を開始した一九九〇年代後半までのあいだに、約一一〇年の時間が経過しているが、オリファントやハナウアーが記述したハディル崇敬の様態と、今のそれにはほとんど差がない。つまり、少なくとも一七世紀前半には存在し、一九世紀末には今と変わりないかたちで実践されていたといえよう。

　次に、筆者が歴史的パレスチナおよびその周辺地域で、一般のムスリムより聞き取ったハディル像をまとめておきたい。彼らはクルアーンの知識はあるが、ハディースにはそれほど詳しくなく、スーフィズムについてはまったく関心がないという人びとである。

　彼らにハディルとは誰か、と問うと、必ず返ってくる答えが、「不老不死の聖者である」というものである。一般的に、ムスリムは彼を白髯の老人、あるいは白髯を生やしている若者のイメージで思い浮かべる。呼び名のとおり、緑の衣を纏っていると考える者もいる。アレクサンドロス伝説で述べられているように、彼は生命の泉の水を飲んだために不死を獲得したといわれているが、飲んだ水はザムザムの泉、あるいはスライマーン（ソロモン）の貯水池のものであるという説もある。また、彼は一週間に二度しか食事をせず、エルサレム旧市街の南に位置するシルワーンの泉で沐浴するのを習慣としている（Hanauer 1935：47；Sirḥān 1977–81, 1989：I, 33–34）。ここで興味深いのは、ザムザムの泉やスライマーンの貯水池、シルワーンの泉が、生命の泉と同種のものとして語られていることである。ザムザムの泉は周知のとおり、メッカのハラム・モスクにある有名な聖なる泉であるが、アラブ諸国への渡航が困難なパレスチナ人たち、ことにイスラエルのアラブ人市民たちにとっては、訪れることの難しい、縁遠い存在である。いっぽうシルワーンの泉とスライマーンの貯水池は、どちらも聖書ゆかりの旧跡であり、地元の人びとにはなじみの散策スポットであるが、歴史的パレスチナ以外の土地で生まれ育った人びとには、あまり知られていない。遠い聖地よりも、身近な場所と関連づけることで、ハディルを「パレスチナの聖者」として再定義しようとしているのではなかろうか。

ハディルの姿は常人には見ることができないのだと、歴史的パレスチナに住むムスリムは語る。目には見えないのだが、ハディルは常に世界中を経巡っている。エルサレム旧市街のハラム・アッ・シャリーフには、ハディルに捧げられた一角があり、ここに毎週木曜日の晩に祈りに訪れると信じられている。ほかにも、歴史的パレスチナとその周辺各地には、「マカーム・ハディル」と呼ばれるハディルの聖所があり、これらの場所にはハディルが毎週祈りに訪れる、あるいはかつて祈った場所である、という伝承が残っている。また、ハディルの名を唱えて祈りを捧げると、彼はたちどころに駆けつけ、その者の背後に立ち、祈りを聞き届けるのだという。

なお、「生命の泉の水を飲む」というエピソードは、歴史的パレスチナにひろく伝わる民話、「賢いハサン」の物語にもみられる（Muhawi and Kanaana 1989：188–198）。前述のアレクサンドロス伝説に登場するハディルも、生命の泉への案内人という役割を担っていることから、賢いハサンの物語がハディル伝承、あるいはアレクサンドロス伝説に影響を受けて成立したとも考えられる。

ファン・リントは、クルアーンとハディース、スーフィズムにおけるハディル概念をまとめたうえで、この聖者の特徴を以下の四点にまとめている (van Lint 2005 : 363–365)。

①神出鬼没であり、幸運をもたらす
②永遠を生きる (不死)
③自然、ことに水とのかかわり
④祈りを捧げる者

いずれも、筆者の聞き取りで得た情報と一致している。全体的に、スーフィズムとアレクサンドロス伝説におけるハディル像が、現代の民間信仰におけるハディル像にも色濃く影響を与えていることがわかる。アレクサンドロス伝説がイスラーム、さらには一神教以前の要素を多分に持っていることから、ハディルそのものが一神教以前から存在する神秘的存在であるといえよう。

3　ハディル崇敬の特徴と奇跡譚

前述のように、ハディル崇敬はイスラーム世界全域でみられるものだが、現代の歴史的パレスチナではほかではみられない特徴がある。その特徴は、以下の三点に集約される。

(1) 聖ゲオルギオス、および預言者エリヤとの同一視

ハディルは他地域でもさまざまな人物と同一視される傾向があるが[5]、歴史的パレスチナでは聖ゲオルギオス、あるいは預言者エリヤと同一視されている。

図1　聖ゲオルギオスのイコン（ヨルダン・マダバにて撮影）

聖ゲオルギオスはキリスト初期教会の殉教者である。カッパドキアに生まれ、ローマ帝国の百人隊長として活躍したが、キリスト教徒であったため逮捕され、歴史的パレスチナのリッダで四世紀初頭に処刑されたとされる。逮捕の際、彼は「キリストの力をかりて、パレスチナを征服した者」と名乗っている（ヤコブス・デ・ウォラギネ 1979–87 : II, 80）。

預言者エリヤは旧約聖書の列王記上一七章から同下二章に登場する、イスラエル王国で活躍する預言者である。カルメル山の山頂で、悪王アハブが傾倒するカナァン・フェニキアの豊穣神バァルの祭司たちと対決し、これに勝利して雨を降らせたというエピソードが有名である。

さらに現代の歴史的パレスチナで特徴的であるのは、ムスリムがむしろハディルを聖ゲオルギオス（マール・ジルジス、マール・ジュリエス）、あるいは預言者エリヤ（マール・エリヤス）のことをさすイスラームの呼称だとみなしており、通常ムスリムが思い描く白髯の老人というイメージよりも、イコンに描かれる聖ゲオルギオスのイメージ（図1）でとらえる傾向がはるかに強いということである。白髯の老人という姿は、イコンに描かれる預言者エリヤの姿も共通するが、歴史的パレスチナでは聖ゲオルギオスとの同一視のほうが一般的であるため、龍を殺す騎士姿の聖ゲオルギオスのイメージが流布しているようである。

（2）地元出身の英雄

歴史的パレスチナにおいて、ハディルは地元出身の英雄である。ことに聖ゲオルギオスの場合、この点が強調される。というのも、聖ゲオルギオスの母親はベツレヘム郊外の出身であり、ゲオルギオス自身も幼少時をそこで送ったという伝承が残っているためである。その村はハディルおよびホサーン（馬の意。聖ゲオルギオスが乗る馬にちなんでいる）と呼ばれており、東方正教に属する聖ゲオルギオス聖堂が今も残っている。現在、ハディルとホサーンの住民はすべてムスリムだが、彼らもしばしば聖堂に祈りに訪れ、鍵を管理しているのも地元のムスリムである。

いっぽう、預言者エリヤはヨルダン川東岸のティシュベ出身といわれているが、ヨルダン川西岸地区のタイベにある洞窟で預言者としての最初の日々を送り、その後ガリラヤ地方でおもに活躍した。先にも述べたように、彼のもっとも有名な逸話の舞台はガリラヤ地方のカルメル山であるため、その意味では彼もまた、地元出身の英雄ということができる。

（3）キリスト教徒主導による一神教徒全体からの崇敬

歴史的パレスチナでは、ハディル崇敬をキリスト教徒が主導しているのが大きな特徴である。これはもちろん、聖ゲオルギオスや預言者エリヤと同一視され、聖者崇敬の拠点となるマカームの多くが教会、および教会内にある祭壇であることと密接にかかわっている。

冒頭に述べたように、アブラハム一神教は聖典や聖者たちを共有しており、なかには聖母マリアやモーセなど、宗教・教派を越えた崇敬の対象になっている聖者もいる。そのなかで、ハディルこそはもっとも宗教・教派の垣根を越えて、ひろく崇敬される聖者といっても過言ではない。

4　ハディル崇敬の場所とその霊験

歴史的パレスチナ全土には、現在ハディル崇敬の拠点である聖所が二〇か所存在する。[6] ハディルはおもにこれらの聖所で崇敬され、崇敬を実践することによって、人びとは霊験（バラケ）が得られると信じている。いくつかの類型ちが語るような神秘体験とは様相を異にする。

（1）病の治癒

ハディルの霊験のうち、もっとも高名なものが病の治癒である。歴史的パレスチナ各地のハディルのマカームで、人びとが祈る内容のほぼすべてが、病の治癒やその予防に関するものであるといっても、過言ではない。

①リッダの事例

図2　聖ゲオルギオスの墓にオリーブオイルを捧げる人びと（リッダにて撮影）

歴史的パレスチナ中部のリッダは、ハディルこと聖ゲオルギオスが殉教を遂げた場所であるとされ、その墓所の上に現在は東方正教の聖ゲオルギオス聖堂が建っている。聖堂の地下にはハディルの墓所があり、聖堂が開いているときはいつでも、誰でもそこで祈ることができる。この聖堂では毎年一一月一六日に、ゲオルギオスの殉教を祝う祭、通称リッダ祭がおこなわれ、その前夜から多くの参拝者が訪れ、祈りを捧げる。

この祭は、後述するように歴史的パレスチナの四季と農耕において重要な地位を占め、収穫祭という意味合いも有している。ちょうどオリーブの収穫時期の終わりにあたるため、ハディルの廟に詣でる人びとは新物のオリーブオイルを持参する。彼らは聖堂地下にあるハディル（聖ゲオルギオス）の墓所にオイルを注ぎ、感謝の意を捧げてから、少量のみこのオイルを持ち帰る（図2）。聖者に捧げたオイルには、霊験が宿るとされ、彼らは腹痛や頭痛を感じた折にみずからの体に塗るのである。実際にそうすると症状が軽減する、あるいはおさまると彼らは語る。

②ハディル村の事例

また、ヨルダン川西岸地区のハディル村には、前述の東方正教の聖ゲオルギオス聖堂があり、ここも病の治癒に霊験があると有名である。毎日曜日には、近隣の町や村から聖体礼儀に参加するためにやってきたキリスト教徒で混雑し、彼らの多くは聖体礼儀の前後、祭壇の右にあるハディルのマカームに願を懸ける。特定の病がなくとも、この聖所で祈れば病から逃れられると信じられており、隣村であるベイト・ジャーラ出身のキリスト教徒女性（二〇〇八年聞き取り時五〇代後半）は、「ここに定期的に祈りに来ているから、子ども五人が大きな病にかかることなく、立派に育ってくれた」と語る。また、聖堂の鍵を管理している向かいの家庭のムスリム女性（二〇〇八年聞き取り時二〇代）は、「うちには子どもがたくさんいるけれど、風邪をひいて熱を出したり、怪我をして痛がるときなどは、必ず祈りに行きます。おかげさまで翌日には、ちゃんと治りますよ」と語った。

このハディル村の聖ゲオルギオス聖堂で有名なのが、「聖ゲオルギオスの鎖」と呼ばれる聖遺物を用いた祈禱である。参拝者はこれを身体に巻いたり、身体をくぐらせたりして、日々の健康や病の快癒を祈る。聖ゲオルギオスが獄につながれていたときに使用されたとされるこの鎖だが、実はほかにもリッダなど数か所、聖ゲオルギオスを記念する聖堂に同様の鎖が存在する。現在はおもに首から下の身体の不調を治すための祈願に用いられているが、かつては精神錯乱を癒す力があると信じられ、むしろそちらのほうが有名であった。精神の均衡を失った者をこの鎖でいましめ、ひと晩聖堂内に放置すると、快癒すると信じられていたのである。医療の進歩と人びとの意識の変化のため、現在は聖堂内に精神錯乱者が閉じ込められることはなくなった。

③ハイファ・カルメル山の事例

同様に、ハイファのカルメル山上にあるローマ・カトリックのステラ・マリス修道院内にある聖エリヤ聖堂も、病の治癒に霊験があると信じられている。ここはエリヤがバアルの神官との対決を制したのち、アハブの追及を逃れて身を隠していたとされる場所である。この聖堂では七月二〇日に預言者エリヤ祭がおこなわれることはすでに述べたが、ハイファのみならずガリラヤ地方を中心に、歴史的パレスチナ各地から巡礼者が訪れる。彼らは一様に、聖堂内にある半地下の祭壇に燈明を捧げ、自身や家族の健康を祈る。なかには祭壇上のエリヤ像をハンカチやタオルで拭き、持ち帰る者もいる。彼らによれば、「祭は夏のさなかにおこなわれるので、マール・エリヤスも汗をおかきになる。それを拭って持ち帰れば、霊験を得られる」ということである（菅瀬 2009：163-164）。リッダ祭のオリーブオイルと

図3　「預言者エリヤの洞窟」シナゴーグの内部。女性用の礼拝所の一角が洞窟になっており，願懸けのしるしのスカーフなどがたくさん結びつけられている（ハイファにて筆者撮影）。

同様に扱われていることがわかる。

　また、カルメル山の麓には、「預言者エリヤの洞窟」と呼ばれるシナゴーグがある。この場所は一九四八年まで地元のムスリムが管理するモスクであったが（Mansour 2007：129）、イスラエル建国後にシナゴーグに改装された。この中にはステラ・マリス同様、エリヤが身を隠していたとされる洞窟があり、周囲に住むモロッコ系ユダヤ教徒を中心に熱心な願懸けの場所となっている。洞窟内には金網がもうけられているが、願を懸ける人びとはここに緑色の布や赤い糸、果てはスカーフや針金、市場で野菜を入れるために使われるビニール袋などを結びつけ、自身や家族の健康を祈る（図3）。緑色の布はムスリム、赤い糸はユダヤ教徒が願懸けをするときに用いるもので、ほかの聖者崇敬の聖所でもしばしばみかけるものであるが、ほかはおそらくありあわせのものを使用した結果であり、ここまで雑多なモノを使用した願懸けの様態はめずらしい。また、願を懸けるのはユダヤ教徒のみならず、地元のムスリムがいまだに願懸けに訪れる場所としても有名である。地元のラビや、いつも祈りに訪れるという信徒たちからは、「ここがかつてモスクだったことは知っている。ならばアラブ人が祈りに訪れるのは当然」という声が聞かれた。ラビは願懸けも至極当然のことと受け止め、「神に祈る心に、ムスリムのやりかたもユダヤのやりかたもない」と、寛容な態度を示した（菅瀬 2012：50–52）。

（2）降雨の祈願

ハディル崇敬は常に降雨、豊穣と密接なかかわりがある。それを裏付けるのが、歴史的パレスチナに流布する農耕暦の存在である。一年のはじまりを、エルサレムでイエスが磔刑に処されたときに使用された十字架が発見されたことを祝う十字架祭（九月一五日）とし、およそ五〇日ごとに区分して、農作業をおこなうというものである（Sirhān 1977–1981, 1989 : I, 176–184）。それぞれの季節の分かれ目が、すべて東方正教の祝祭日となっているため、おそらく東方正教徒によって考案されたものである。しかしながら、東方正教以外のキリスト教徒やムスリムにも流布しており、今もなおこの暦に従って農作業がおこなわれる。この農耕暦において、ハディルゆかりの三つの祝祭が重要な季節の区切りとされており、いずれも降雨にかかわりが深い。九月一五日からはじまる最初の季節は、ブドウとオリーブの収穫、圧搾の季節とされており、その次の区切りは一一月一六日、リッダ祭（聖ゲオルギオス殉教祭）である。歴史的パレスチナでは、この日から雨季がはじまるといわれており、それが終了するのが五月六日、聖ゲオルギオス祭である。こちらの祭は、彼が龍を退治したことを記念するものである。また、七月二〇日には預言者エリヤ祭がおこなわれるが、この日は来たるべき雨季に向けて、雨雲が動き出す日といわれている。東地中海世界で古来おこなわれてきた天水農耕において、降雨ほど重要なものはない。この地域では、雨はすなわち豊穣をもたらすものである。雨と密接なかかわりを持つハディルは豊穣の守護者であり、事実彼に祈れば豊かな降雨がもたらされると考えられている。

また、歴史的パレスチナでは空に雷鳴がとどろくことを、「マール・ジュリエスが馬に乗って、天を駆け回っている」と表現する（同前 : I, 177）。実際にこのような表現が日常で使われているところを聞いたことはないが、今でも年齢を問わず、パレスチナ人であれば誰もが知っている表現である。

①タイベの事例

ヨルダン川西岸タイベにある東方正教の聖ゲオルギオス聖堂は、現在聖堂としては機能していない遺構であるにもかかわらず、頻繁に願懸けに訪れる人びとがいる。ここも周辺の村落に住むムスリムが数多く訪れる聖所であり、彼らもまたキリスト教徒同様、羊を供犠して降雨や現世利益を祈願する。

歴史的パレスチナのハディル崇敬で、動物供犠をともなう願懸けについて、近隣のローマ・カトリック教会の司祭は否定的な見解を述べたが、東方正教やメルキト派カトリックの司祭は「昔からある慣習なので」と、黙認している。

（3）安全祈願

歴史的パレスチナでは、キリスト教徒の集落や家屋の入り口に、しばしば聖ゲオルギオスのイコンやレリーフが飾られている光景を目にすることができる。ことにハディル崇敬の強いベツレヘムとその周辺、ハイファなどでみられる風習で、ハディルが預言者エリヤと同一視される地域ではエリヤのイコンや像などが飾られることもある。これはハディル崇敬が家内安全（家そのものの安全、およびそこに住む者の安全）をもたらすと考えられているためである。

そのほか道中に安全を祈願することもしばしばある。

5　ハディルの奇跡譚

本節では、いよいよ具体的な奇跡譚の内容を見てゆきたい。

（1）奇跡譚その1——聖者の出現と盲目の少女の治癒

以下はヨルダンのサルトにある、メルキト派の聖ゲオルギオス聖堂で聞き取った奇跡譚である。

①聖者の出現

ある晩、真夜中に聖堂の中で突然、まばゆい光が輝きはじめた。あまりにまぶしくて人びとは近寄ることもできず、ただ事態を見守るしかなかった。そのさなか、どこからともなく馬のいななきが聞こえ、人びとはハディルことマール・ジュリエスが出現したに違いないと、口々に噂した。

②聖者の出現後に起きた変化

翌朝、聖堂内に入った人びとは、聖堂内部に数々の異変が起きていることに気がついた。聖堂内後方の石の床が一か所、足形に大きくくぼんでいたほか、壁に若い男性の横顔や、イエス磔刑像が浮かび上がっていた。人びとは、これはマール・ジュリエスが出現した証拠にほかならず、足形のくぼみと若い男性の横顔はマール・ジュリエスのものだと断じた。

③盲目の少女の治癒

また、聖堂のマール・ジュリエスやイエス磔刑像が浮き出した場所で祈った盲目の少女が、翌朝癒されていたという。前者二点はいつのことか不明であるが、これのみはごく最近、二〇〇九年一月に起こった奇跡であるという。

（2）奇跡譚その2——交通事故からの救済

二〇〇一年暮れに、筆者はハイファ在住のキリスト教徒の女性（当時二〇代）から、以下のような話を聞いた。当日は雨が降っており、筆者はこの女性の運転する車に乗っていた。すると彼女は道中で、同じような状況で車を運転していたといういとこと叔母の体験談を語りだした。

私の話じゃなくて、（カナダに住んでいる）叔母といとこの話よ。雨の日に、叔母といとこが車に乗っていたら、横から車が急に飛び出してきて、（運転していた）いとこは急ブレーキを踏んだの。そしたら車がすごい勢いで、スリップしたんだって。とっさに叔母は、「ああ、マール・ジュリエス、マール・エリヤス！」って叫んで祈ったそうよ。叔母といとこはもちろん、車も無傷で済んだって。マール・ジュリエスとマール・エリヤスの名にかけて、本当の話よ。聖者様の霊験のおかげだと思うわ。[7]

この話を聞く数か月前、筆者はこの女性の叔母に実際に会う機会を得ていた。彼女は自身が人と比べるとかなり信心深いといつも言っており、その理由として、生まれつき体が弱いことと、若くして親許を離れ、移民したことを挙げた。また、彼女の姉であり、先の奇跡譚の語り手の母親は、彼女が極度の心配性であり、常に家族の身を案じているので、祈ることで心の平安を得ているのだと語った。彼女がハイファにある姉の家に滞在中、七月二〇日の預言者エリヤ祭があったが、彼女は姉や姪とともにステラ・マリス修道院の聖堂を訪れ、エリヤの洞窟に燈明を捧げて祈った後、熱心に露店の土産物を物色した。その末に、巨大な聖ゲオルギオスの複製イコンを二枚購入し、一枚は姉に贈り、もう一枚はカナダの自宅へ大切に持ち帰った。同様のものをカナダでも買えるのではないかという筆者の質問に、彼女はこう答えた。「買えるだろうけれど、比べものにならないわ。だってこのイコンは、お祭で売られていたものだもの。マール・エリヤスとマール・ジュリエスの霊験そのものじゃない」。祭そのものは預言者エリヤの祭であるが、露店ではゲオルギオスのイコンも数多く売られており、彼女はエリヤではなくゲオルギオスのイコンを選んだ。地元の聖者ハディルとして、ともにパレスチナ人の間で突出した人気を誇る両者に、崇敬を実践する人びとはほとんど差異を感じていないといえる。

6　奇跡と霊験のあいだ

歴史的パレスチナおよびヨルダンの霊験、あるいは奇跡譚に共通するのは、いずれも日常生活のなかでごく自然に起こる出来事だということである。人びとは風邪や腹痛などの軽い体調不良を感じるとき、気軽にハディルの聖所へ詣で、快癒すれば感謝を捧げる。何時間にもわたる手術を受けるときも同様である。また、農民は降雨を祈り、豊作を得られればハディルに感謝を捧げる。

奇跡、奇跡譚を意味するアラビア語のアジーベは、先に述べたように驚異譚も指す。たとえば聖母マリアが出現したり、偶然採ってきた貝殻や木の切り株の模様が聖人の姿に酷似していたりという超常的な現象は、ローマ教皇庁など教会の総本山が奇跡と認定していようといまいと、アジーベと呼ばれる。いっぽう、聖者崇敬の実践によって日常的に得られる霊験は、おしなべてバラケと呼ばれる。しかしながら、奇跡譚その1で語られるような超常現象（アジーベ）と、母親が聖所に詣でることによって子どもの熱が下がったという出来事（バラケ）のあいだに、大きな差異があるとみなされている訳ではない。強いていえば、どちらも日常の一環ではあるが、アジーベにはその語源のとおり、日常を逸脱した「驚異」が含まれ、バラケはゆるぎない信仰心があれば、必ず与えられると彼らは信じている。実際、奇跡譚その1を語った青年は、聖堂に起こった異変をアジーベと表現したが、盲目の少女が癒されたことについてはバラケと表現している。奇跡譚その2の女性も、叔母といとこが祈りによって交通事故から救われたことを、バラケであると語った。

霊験はもちろんのこと、奇跡もまた現在進行形で起こっている。二〇〇九年一二月一〇日、カイロのワッラークにあるコプト教会の聖堂で、光り輝く聖母マリアが出現し、たいへんな話題をさらった。筆者は当時ちょうど国際学会でカイロに滞在中であり、このとき同席したパレスチナ人やエジプト人の研究者たちは、この現象をアジーベと表現していた。ちなみに当時の映像は、今でもYouTubeで視聴することができる。[8]コプト教会の聖堂に聖母マリアが出現したのはこれがはじめてではなく、なかでも一九六八年から七一年にかけて、カイロのザイトゥーンにある聖堂で出現した事件が有名である。

また、ガリラヤ地方北部のアラブ人の町タルシーハで起こったという奇跡を、イスラエルの日刊紙ハアレッツが二〇一四年二月一二日に報じている。記事によれば、地元のキリスト教徒が自宅の居間に置いている聖母マリアが油の涙を流し、この一家は実際にマリア像の目から涙が頬を伝っているさまを目撃しているという。連日見物人が殺到し、記事に添えられた写真からは、ムスリムも来ていることが確認できる。[9]

奇跡も霊験も、日常に存在する。第一次世界大戦以降、政情不安定な状態が続いている歴史的パレスチナで、聖者崇敬と一神教徒によるその共有が存続していること自体が、むしろ奇跡的ですらある。かつては六九か所も存在したというハディルの聖所は、現在二〇か所に減り、そのうちのいくつかが消滅した原因は、一九四八年のイスラエル建国時とその前後に起こった混乱（ナクバ）にある。また、存続している聖者崇敬も、その様態はナクバによって大きく変化した。たとえばオリファントやハナウアーの記録にあるように、かつてハイファ・カルメル山の預言者エリヤ祭には、歴史的パレスチナに居住する地元のユダヤ教徒も参加していた。しかしながら現在、祭はキリスト教徒とムスリム、そして若干のドルーズのものであり、ユダヤ人の参加はみられない。なぜなら現在ハイファに暮らすユダヤ人市民のほとんどは、イスラエル建国以降に他国から移住してきた者であり、彼らにキリスト教徒やムスリムと聖者を共有するという習慣はおよびもつかなかったためだ。カルメル山の麓にある「預言者エリヤの洞窟」シナゴーグでは、ユダヤ人市民とムスリムが聖者崇敬を共有するさまがかろうじて観察されるが、これはシナゴーグをおもに使用しているのがモロッコ系やカザフ系など、ミズラヒーム（中東系ユダヤ人）と呼ばれる人びとであり、彼らにはムスリムと聖者を共有する習慣があったためである。

また、歴史的パレスチナと歴史や文化を共有していたシリアでは、現在「イスラーム国」を自称するイスラーム主義過激派集団の手によって、数々の聖者崇敬の聖所が破壊され、実践の担い手であった住民たちは離散の憂き目にあっている。聖者崇敬はイスラーム的ではないと切り捨てられ、聖者崇敬が象徴する一神教徒の共存もまた否定される現在の中東において、奇跡も霊験もいまや風前の灯の運命であるのかもしれない。しかしながらそのいっぽうで、精神的な救いを求めて聖者に祈る人びとがいまだに絶えないことも事実である。政情不安定な状態が長く続き、常に不安を抱えた土地に生きながら、宗教がアイデンティティと直結するほど強い信仰心を抱き続ける人びとにとって、それは当然のことであるのだろう。

注

（1）シリアのサイドナーヤで筆者が入手した聖人伝『輝かしき聖者にして熱烈なる預言者イーリヤース』では、レバノン南部のサレプタ（現サラファンド）で預言者エリヤがおこなった奇跡の物語にのみ、ムウジザという言葉が使われている。また、カイロ旧市街の聖ゲオルギオス修道院が数多く発行している奇跡譚集でも、ムウジザという単語は頻繁に使用されている。ただし、歴史的パレスチナやヨルダンにおいて、コプト正教の影響力は微弱である。また、ことに歴史的パレスチナは周辺アラブ諸国との物流が不自由であるため、カイロなどで発行された聖人伝や奇跡譚集を一般信徒が手に取る機会はほとんどない。

（2）http://www.ibnalarabi.com/ar/futuhat/page/186. html（最終確認：二〇一五年五月一九日）。

（3）*The Concise Encyclopedia of Islam*, al-Khidr の項参照。

（4）筆者の調査で、カナァーンが挙げているリストのうちさらに一か所が、キリスト教徒とムスリムに共有される聖所であることがあきらかになっている（菅瀬 2012）。
（5）聖ゲオルギオスと預言者エリヤのほかに、洗礼者ヨハネや聖セルジオスとの同一視が知られている。
（6）ゴラン高原を含めた数である。なお、一九四八年以前に存在したが、現存しない場所は含まない。詳細な内容については菅瀬 2012 を参照されたい。
（7）二〇〇一年一二月、ハイファにて聞き取り。
（8）http://www.youtube.com/watch?v=mb6kGPJpgTU など（最終確認：二〇一五年六月二三日）。
（9）http://www.haaretz.com/news/national/1.573781 を参照のこと（最終確認：二〇一五年六月二三日）。

あとがき

この世のどこかに存在する(かもしれない)「驚異」。それがもっとも生き生きと語られ、描かれた中世という時代を中心に据えて、その対象である物や現象が何であり、そしてどのように表象されてきたかを、言説だけでなく、視覚的な表象との連関も含めて、本書では考察してきた。またそれを通して、古代から中世、中世から近世への時代的な変遷をも大陸規模で解明しようと試みてきた。これは、一人の研究者が取り組むには壮大すぎる課題であり、そのため本書は共同著作というかたちをとっている。

執筆者の大部分は、二〇一〇年度から二〇一三年度にかけて国立民族学博物館で定期的に開かれた共同研究会「驚異譚にみる文化交流の諸相――中東・ヨーロッパを中心に」のメンバーやゲストスピーカーである。西洋古典文学、西洋中世文学、西洋近世史、中世・近世中東史、美術史、比較文学といった異分野の専門家が集まったこの共同研究では毎回、共通の課題設定のもとに発表と議論が繰り返され、複雑に絡み合うヨーロッパと中東の精神史の展開を、相対的かつ正確に捉えることを目指した。

この共同研究は、二〇一〇年度から二〇一四年度に交付を受けた科学研究費補助金(基盤B)による研究プロジェクト「中東およびヨーロッパにおける驚異譚の比較文学的研究」とも連関している。年毎にネットワークが広がり、また出席率も高く、斯学の大家から新進気鋭の若手研究者までが、活発に議論するフォーラムとなった。さらに、研究会にはご参加いただいていなかったにもかかわらず、本にまとめる段階で欠かせないと思われたオスマン朝の事例については、宮下遼氏がご執筆を引き受けてくださった。それぞれの専門分野から貴重な貢献をしてくださったお一人お一人にお礼を申し上げたい。一冊の本になってみると、日本人の研究者だけでこれだけのドリームチームを組むことができたことの幸運をあらためて感じる。

しかし大変悲しいことに、立ち上げ当初のメンバーであった、西洋古典がご専門の橋本隆夫氏が、プロジェクトの二年目にあたる二〇一一年にご病気のため亡くなられた。病と闘いながらも積極的にご発表いただいたことに心から感謝するとともに、謹んで哀悼の意を表する。橋本先生のお原稿を本書に含めることができなかったのが、本当に残念である。

本書の出版にあたっては、国立民族学博物館の外部出版助成金を得た。本書の第一の読者となった同館の出版委員会メンバーと匿名の査読者の方々の貴重なご意見に深く感謝する。

イスラームを基礎とする文明圏と西欧文明は、対立という文脈において議論されがちであるが、共有する部分を丹念に、実証的に考察した研究は意外と少ないかもしれない。本書は学際的な執筆陣のおかげで、古代世界の知的遺産や旅人の見聞に基づいて中世の一神教的世界観がどのように築き上げられていたかを、驚異というテーマを通して浮かび上がらせ、さらなる比較研究の基盤を作ることができたと思う。

だが、序章でも触れたように、本の形にまとめるという作業を通して、残された多くの課題も浮き彫りになってきた。本書では、共通に流布していたモチーフとして、龍、一角獣、巨大魚、巨大蟻、女人族、古代遺跡などを採りあげ対照させたが、ほかにも比較の題材となるモチーフ——人魚、人喰い族、天変地異など——は、まだまだある。

また、驚異の空間《トポス》としては、東方（インド）、アフリカ、北方などが、ヨーロッパと中東イスラーム世界でどのように描かれたかを検討した結果、地上の楽園をはるか東方に位置づける、中世ヨーロッパ人のオリエント憧憬は、中世中東イスラーム世界には見られないということが浮かび上がってきた。逆に、イスラーム世界においては身近な空間において、じゅうたんや庭園を天上の楽園に見立てることがあるのは興味深いといえよう。今後この方向でもう少し詳しく比較してみたいのは、世界地図の図法や、聖書的地理観とクルアーン的地理観である。

驚異の時間《クロノス》に関していえば、物質的に現存する古代遺物が驚異と見られたという点が共通していて、人間が建てたと思われないほど巨大な遺跡や古生物の骨が太古の巨人族と結びつけられて説明される事例がいずれにおいても見られた。だが、驚異とみなされた古代の遺物がソロモン（スライマーン）、エノク（イドリース）など聖書／聖典に登場する古の預言者たちの建造物とされ、旧約聖書的な古代観と結びつく例が多いのはやはり、聖書の中の土地が身近にある中東であった。ヨーロッパから見て、聖書的過去は「東方」という、地理的な位置づけはややおぼろげな、驚異の空間と重なるものだった。

本書のいくつかの章で触れたとおり、古代ギリシア世界の「アレクサンドロス物語」がユーラシア大陸に広く伝播したため、アレクサンドロスはヨーロッパでも中東でも驚異の由来の説明においてしばしば登場する。一方、古代の形象としてのウェルギリウス伝承は、管見の限り中東イスラーム世界の驚異譚には見られず、イタリアからヨーロッパに広まるにとどまったようだ。ただし、本書では対象外としたヘブライ文学には、魔術師ウェルギリウスが登場するので、ヨーロッパのウェルギリウス伝説との関係について、専門家の意見を請いたい。

中世ヨーロッパとイスラーム世界の哲学・美学・神学的思弁における驚異の概念の相互関係は、今後より詳細に比較検討する必要がある。特に、奇跡・驚異・自然・神の関係性について、自然哲学や神学の書などを細かく比較してゆくべきであろう。ヨーロッパでは中世末から近世にかけて、驚異と奇跡の隣接概念である魔術の存在が際立つようになる。イスラーム世界における錬金術の歴史との対照が今後の課題として考えられる。また、本書ではヨーロッパキリスト教世界における悪魔の概念についてはいくつかの章で触れたが、『クルアーン』にも登場するジン（魔人）やジンの一種とされる「イブリース」や「シャイターン」——前者はギリシア語の *diabolos* からきているという説が有力で、後者は *satan* と語源を同じくする——との比較は必要であろう。少し立ち入るなら、ジンは人間と同じように神の創造物であることが、『クルアーン』に書かれている。聖典には、神は「陶土のような乾いた土から人間を創られ、また火の炎からジン（幽精）を創られた」(55：14–15)とあり、人間が土から生まれたのに対して、ジンは炎から創られたとされている。人間には通常見えないが、実世界にれっきとした存在を持つものとして認められているのである。民間伝承においては、例えば沙漠のつむじ風や奇形など、自然界の不思議な現象は、「ジンの仕業」とされてきた。第II部第2章で見たように、イスラーム世界の百科全書においては、天使やジン、シャイターンは、世界の万物の体系の中に神の被造物の一形態として位置づけられている。イスラームにおける悪霊は、信仰を試すために神の許しを得て人を誘惑するが、神に対抗するほどの力を持つことはなく、驚異ではあっても「脅威」にはならなかった。中世末期のヨーロッパにおいて神の業と魔女や悪魔の行いとを区別するために生まれた「悪魔学」が、イスラーム世界では発展しなかったという点に、悪魔観の違いが現れているといえるかもしれない。

人の移動と交易の歴史との関連も、まだまだ検討の余地がある。オックスフォード大学のアシュモリアン博物館でイスラーム貨幣の研究をするルーク・トレッドウェル博士と、商業ルートを通して語りが運ばれたという話をしていた際に、氏は、「驚異譚も一種の通貨だったのかもしれないよ」(Tales of wonders were also a kind of currency)という指摘をしてくれた。貨幣学が専門で、イスラーム初期の交易史に物質文化から迫る研究に携わっている氏ならではの、鋭い洞察である。異国人同士の取引や外交の場において驚異譚は、貴重な情報の一種とみなされていたのかもしれない。相手を驚かせて気を惹き、交渉の場を和める逸話(それは長編小説のように長くても困る)を語る、それは外交官や商人にとって欠かせない技だったのだろう。また驚異譚は、交易で取引される資源に付加価値を与える情報でもあった。例えば、解毒作用があると信じられた「ユニコーンの角」として北極海の海獣イッカクの牙が生薬の材料として取引され、江戸期の日本にも「ウニコウル」としてオランダ商人を介して入ってきている。これなどは、驚異譚からグローバル展開した人気商品が生まれた例であるといえよう。さらに、驚異譚に刺激された好奇心や支配欲が実際の人の移動の原動力となった。マルコ・ポーロの『東方見聞録』に登場する黄金の国ジパングを求めて、コロンブスが大航海に発ったことは周知のとおりである。逆に、貴重な資源に人を近寄らせないための警告という役割を果たすこともあったかもしれない。食人種や凶暴な女ばかりの島の驚異を「脅威」として広めたのは水先案内人で、それはローカルな資源をよそ者から守るためであったという説もある(弘末 2004：76-87)。近世の「驚異の部屋」との関連においては、モノとして取引された驚異についての先行研究はあるが、中世の驚異譚は「経済価値」という視点からは、あまり研究されていないように思う。

さらには、近代・近世における驚異の展開については、従来ヨーロッパのみに注目が集まり、イスラーム世界でどのように発展したのかに関心が払われてこなかった。ヨーロッパにおいて、驚異への関心から近代科学の芽が生まれる一五―一六世紀は、イスラーム世界の科学的探究の「凋落」が始まる時期と重なるというのが、科学史の分野においても定説のようである。科学的探究の活力がこのように「衰退」した背景には、「知識に対するヘレニズム的なアプローチが、歴史の変遷とともに、科学を、イスラムの天啓に規定されている救済への道筋を照らす実用的な『道具』として限定するイスラム的な観念に席を譲ってゆくプロセス」があるとターナーは述べている（ターナー 2001：239-248）。しかし、科学が信仰の道具となってしまったために近世イスラーム世界において科学的進展がなかったというシナリオは西洋中心主義的であり、各地のムスリム王朝下で成し遂げられた学問的功績を、正当に評価していない。例えば、ティムール朝時代のサマルカンドにウルグ・ベグが一四一七年から一四二〇年の間に建設した天文台や、イスラーム世界の天文学とインドの数学を融合させて建設されたムガル朝時代の天文台（ジャンタル・マンタルと呼ばれるジャイプルのものが有名）では、当時のヨーロッパに引けをとらない正確な観測が行われ、重要な発見がなされた。オスマン朝もまた、「大航海時代」の波に乗って、一六世紀には中南米まで船隊を送り、居留地を巡ってスペインと拮抗していたのである。序文でも述べたが、今後はこの時代の中東の地理学、自然科学、博物学などの展開について、様々な専門家が共同で考察してゆかなければならない。

そして、さらなる展開としては、本書で明らかになってきたことを、東アジアの「怪異」についての研究と照らし合わせ、驚異と怪異の比較検討をしてゆきたい。「驚異」と「怪異」は共に、既知の世界の彼方にある不可知なるものを知ろうとする人間の営みが生み出したものであり、これらを比較することによって、人間の想像力と表象物の相関関係や、背景にある宗教観・世界像などを解明することができるはずである。二〇一三年に立ち上げた人間文化研究機構連携研究「驚異と怪異の表象――比較研究の試み」において、国際日本文化研究センターの小松和彦氏や東アジア恠異学会などの怪異の研究者たちとともにこの新たな方向性を探り始めたところであり、彼らとの議論を通して、一神教世界の特性というものがより明確に浮かび上がってきている。

驚異と怪異を比較するにあたっては、具体的には、「不思議」、「稀」、「奇跡」、「魔術・妖術」といった隣接概念との関係性を明らかにしながら、語彙の変遷を時代ごとに一次資料に沿って確認した上で、驚異や怪異として語られ、描かれるモチーフの類似性や相違性を議論すべきであろう。例えば「人魚」(幻獣)、「犬頭族／犬戎」(異形の民族)、あるいは「彗星」(天変地異)といったような東西の共通項となり得るモチーフが考察の糸口として想定される。さらに、「驚異・怪異のトポグラフィー」、「言説と視覚表象」、「驚異・怪異と身体」、「驚異・怪異と神・自然」といったような共通テーマも考えられる。本書は、主として歴史学・文学・美術史の観点から驚異に迫ったが、怪異という概念を対峙させるにあたっては、人類学・民俗学・宗教学の視点もいっそう取り入れなければならないであろう。

最後になるが、名古屋大学出版会の橘宗吾氏には、二〇〇九年刊行の拙著『アレクサンドロス変相——古代から中世イスラームへ』の時と同様、時に厳しくも的確な助言をいただいた。感謝と敬意の念が募るばかりである。同会の三原大地氏にも校正作業において大変お世話になった。また、研究会運営や編集実務においては研究室アシスタントの岡田祐子さんのサポートがなければ、本書も実現しなかったであろう。研究以外の業務に費やさざるを得ない時間が年々増えてゆく中、手が届かないところをきちんと押さえてくれる彼女の手腕のありがたさが身に染みる。

異なるものに対して驚き、好奇心を感じる。そしてこの世の全てを知りたいと欲する。驚異の背景には、そうした人間の根本的な欲望が見えてくる。知識がますます専門化し、細分化してしまった今、本書が中世の「総合知」の在り方を、まさに総合的な視点から見直してみる機会となれば嬉しい。また、読者の知的好奇心を満たし、多少は楽しくもある本となったことを願う。

二〇一五年九月

山中　由里子

100BC
100
300
500
700
800
900
1000
1100
1200
MONGOLICA
1300
1400
1500
1600
1700
1800

イスラーム黄金期

632 預言者ムハンマドの死
651 サーサーン朝滅亡

762 カリフ・マンスールによるバグダード建設開始

980-1037 イブン・スィーナー

1058-1111 ガザーリー

1187 サラディンによるエルサレム奪還

1258 モンゴル軍によるバグダード破壊

1354 イブン・バットゥータの帰還

1453 オスマン軍によるコンスタンティノープル陥落

イスラーム世界のアジャーイブ関連書

『アレクサンドロス物語』パフラヴィー語訳6世紀以前？シリア語訳6世紀頃？

『中国とインドの諸情報』850頃

イブン・フルダーズビフ『諸道と諸国の書』885

イブン・ファドラーン『リサーラ(ヴォルガ・ブルガール旅行記)』922-923

ブズルク・ブン・シャフリヤール『インドの驚異譚』977/78頃

マルワズィー『動物誌』1120頃

イドリースィー『諸国横断を望む者の慰め』1154

ガルナーティー『理性の贈り物と驚異の精選』1162

トゥースィー『被造物の驚異と万物の珍奇』1170頃

カズウィーニー『被造物の驚異と万物の珍奇』1280頃

イブン・バットゥータ『大旅行記』1354

アリー・アクバル・ヒターイー『中国の書』1516

ピーリー・レイス『海洋の書』1521

セイディ・アリ・レイス『諸国の鏡』1557

マフムード・バルヒー『秘密の海』1631

エヴリヤ・チェレビー『旅行記』1663頃

ヨーロッパのミラビリア関連書

プリニウス『博物誌』77

『フュシオロゴス』2 世紀？4 世紀？

ソリヌス『珍奇集成』3 世紀

『聖ブレンダヌス航海記』8 世紀後半

ナポリのレオ訳『アレクサンドロス物語』953 頃

ウェールズのギラルドゥス『アイルランド地誌』1188

ティルベリのゲルウァシウス『皇帝の閑暇』1215 頃

ヴァンサン・ド・ボーヴェ『自然の鑑』1250

マルコ・ポーロ『東方見聞録』1298

『マンデヴィルの旅行記』1356 頃

ニコル・オレーム『驚異の原因について』1370 頃

アンブロワーズ・パレ『怪物と驚異について』1573

『ヴォルム博物館』1655

ロバート・プロット『オックスフォードシャー州自然誌』1677

アタナシウス・キルヒャー『バベルの塔』1679

384-322BC　アリストテレス

30-36 頃　キリストの死

354-430　アウグスティヌス

1095-1272　十字軍

1204　コンスタンティノープル攻略（第 4 回十字軍）

1225-74　トマス・アクィナス

1295　マルコ・ポーロの帰還

1455　グーテンベルグ聖書印刷開始

1492　レコンキスタの終結，コロンブス「新大陸」上陸

1581-95　トリーアの魔女裁判

1600　東インド会社設立

1605　フランシス・ベーコン『学問の進歩』

1683　アシュモリアン博物館開館

ルネサンス

《編者略歴》

山《やま》中《なか》由《ゆ》里《り》子《こ》

1966 年　神奈川県に生まれる
1993 年　東京大学大学院総合文化研究科博士課程中途退学
　　　　東京大学東洋文化研究所助手などを経て
現　在　国立民族学博物館教授，博士（学術）
著　書　『アレクサンドロス変相——古代から中世イスラームへ』（名古屋大学出版会，2009 年）
　　　　The Arabian Nights and Orientalism : Perspectives from East and West（共編，I.B. Tauris, 2006）他

〈驚異〉の文化史

2015 年 11 月 10 日　初版第 1 刷発行
2022 年 4 月 30 日　初版第 2 刷発行

定価はカバーに
表示しています

編　者　山 中 由 里 子
発行者　西 澤 泰 彦

発行所　一般財団法人　名古屋大学出版会
〒 464-0814　名古屋市千種区不老町 1 名古屋大学構内
電話（052）781-5027/FAX（052）781-0697

Printed in Japan
印刷・製本 ㈱太洋社
ISBN978-4-8158-0817-4
乱丁・落丁はお取替えいたします。

執筆者一覧（執筆順）

山中《やまなか》由《ゆ》里《り》子《こ》（編者，国立民族学博物館教授）

池上《いけがみ》俊一《しゅんいち》（東京大学名誉教授）

二《にの》宮《みや》文《あや》子《こ》（青山学院大学教授）

亀《かめ》谷《や》学《まなぶ》（弘前大学准教授）

守《もり》川《かわ》知《とも》子《こ》（東京大学准教授）

大《おお》沼《ぬま》由《ゆ》布《ふ》（同志社大学教授）

黒《くろ》川《かわ》正《まさ》剛《たけ》（太成学院大学教授）

辻《つじ》明《あ》日《す》香《か》（川村学園女子大学准教授）

林《はやし》則《のり》仁《ひと》（龍谷大学准教授）

小《こ》林《ばやし》一《かず》枝《え》（早稲田大学講師）

松《まつ》田《だ》隆《たか》美《み》（慶應義塾大学教授）

金《かな》沢《ざわ》百《もも》枝《え》（多摩美術大学教授）

杉《すぎ》田《た》英《ひで》明《あき》（東京大学名誉教授）

家《や》島《じま》彦《ひこ》一《いち》（東京外国語大学名誉教授）

鈴《すず》木《き》英《ひで》明《あき》（国立民族学博物館准教授）

見《み》市《いち》雅《まさ》俊《とし》（中央大学名誉教授）

武《たけ》田《だ》雅《まさ》哉《や》（北海道大学特任教授）

小《こ》宮《みや》正《まさ》安《やす》（横浜国立大学教授）

小《お》倉《ぐら》智《さと》史《し》（東京外国語大学准教授）

宮《みや》下《した》遼《りょう》（大阪大学准教授）

菅《すが》瀬《せ》晶《あき》子《こ》（国立民族学博物館准教授）

索　引

人　名

ア　行

アーサー王　King Arthur　185-188, 192, 193, 196, 329
アウグスティヌス　Aurelius Augustinus　10, 27, 116, 120, 124, 125, 129, 171, 178, 180, 208, 211, 354, 356, 358, 360, 383
アウレリウス・アンブロシウス（ブリトン人指導者）　Aurelius Ambrosius　329, 333
アクィナス　Thomas Aquinas　8, 10, 28, 169, 356, 383
アクバル　Akbar　400-402, 404-406, 408, 409, 414
アシュモール　Elias Ashmole　387
アダム　Adam　79, 97, 168, 171, 187-189, 195, 269, 324, 365, 407, 408
アダム，ブレーメンの　Adam von Bremen　207, 271, 273
アッタール　ʻAṭṭār　158
アッリアノス　Arrianus　223-225, 233
アデラルデゥス，バースの　Adelard of Bath　39
アドネ・ル・ロワ　Adenet le Roi　216, 217
アブー・ドゥラフ　Abū Dulaf　61
アブルファズル　Abū al-Faḍl　401, 402, 404, 405
アプレイウス　Lucius Apuleius　209
アポロニウス，ティアナの　Apollonius of Tyana　84
アミーン・ラーズィー　Amīn Rāzī　289
アリストテレス　Aristoteles　1, 2, 10, 11, 14, 16, 21, 22, 35, 84, 96, 103-105, 107, 108, 110, 112, 191, 212, 217, 265, 266, 312, 360, 361, 368, 393
アリプランド　Aliprando　217
アルチンボルド　Giuseppe Arcimboldo　375, 377, 381
アルブレヒト5世　Albrecht V　367
アルベルトゥス・マグヌス　Albertus Magnus　39, 207, 212
アルミシュ　Almïsh, Almush, Almïsh b. Iltuwar　277
アレーニ（艾儒略）　Giulio Aleni　252
アレクサンドロス　Alexandros　3, 13, 22, 34, 35, 61, 79, 96, 103-105, 107, 108, 110, 112, 121, 151, 162, 165, 168, 170, 184-191, 198, 204, 223, 234, 256, 259, 260, 263-266, 274, 287, 288, 318, 320, 325, 407, 415, 427, 435, 438, 439, 442, 443, 459
アロム　Thomas Allom　340
アントニオス　Antonius　129, 135
アンブロシウス（ミラノの）　Ambrosius　211
アンミアヌス・マルケリヌス　Ammianus Marcellinus　338
アンリ2世　Henri II de France　373
イーサー（イエス）　ʻĪsā　13, 437
イエイツ　Frances Yates　335
イエス　13, 38, 100, 359, 387, 426, 437, 449-451
イシドルス，セビリャの　Isidorus Hispalensis, Isidor da Sevilla　27, 35, 116, 171, 180, 204, 207, 243, 387
イスタフリー　Iṣṭakhrī　85, 292, 294, 295
イドリース　Idrīs　313-315, 437, 459
イドリースィー　Muḥammad Idrīsī　7, 257, 262, 299-304, 312
イドリースィー（『ピラミッドの秘密』著者）　307, 311-315
イブラーヒーム・イブン・アドハム　Ibrāhīm ibn Adham　438
イブン・アサーキル　Ibn ʻAsākir　65-67, 71, 73
イブン・アラビー　Muḥī al-Dīn Ibn ʻArabī　437
イブン・ジュバイル　Ibn Jubayr　59, 62-64
イブン・スィーナー（アヴィケンナ）　Ibn Sīnā (Avicennna)　10, 11, 85, 94, 294
イブン・ハウカル　Ibn Ḥawqal　85, 291, 292, 294, 295
イブン・バットゥータ　Ibn Baṭṭūṭa　5, 21, 59-61, 63, 168, 302, 304, 338
イブン・バフティーシュー　Ibn Bakhtīshū　141, 157, 159, 163
イブン・ハルドゥーン　Ibn Khaldūn　293, 294
イブン・ファキーフ　Ibn Faqīh al-Hamadānī　85, 293, 296
イブン・ファドラーン　Ibn Faḍlān　5, 60, 61, 63, 85, 275-289

イブン・フルダーズビフ　Ibn Khurdādhbih　61, 168, 292, 293, 308, 319, 320, 399
イブン・マンマーティー　Ibn Mammātī　314, 316
イブン・ワスィーフ・シャー　Ibn Waṣīf Shāh　267, 269
イルヤース　Ilyās　437
インペラート　Ferrante Imperato　365
ウァッロ　Marcus Terentius Varro　209
ヴァラーハミヒラ　Varāhamihira　400
ヴァルター，シュパイエルの　Walter von Speyer　34
ヴァン・ルーン，ヘンドリック・ウィルレム　Hendrik Willem Van Loon　342, 343
ヴァンサン・ド・ボーヴェ　Vincentius Bellovacensis, Vincent de Beauvais　117, 124–127, 228
ウィリアム・ルブルック　Willelmi de Rubruc, William of Rubruck　106
ウェールズ大公妃　Princess of Wales　339
ウェッブ　John Webb　334
ウェルギリウス　Publius Vergilius Maro　119, 209–219, 459
ヴェルザー　Philippine Welser　371
ヴォルム　Ole Worm　333
ウマル・ハイヤーム　ʻUmar Khayyām　324, 413
ウルグ・ベグ　Uluġ Beg　461
永楽帝　337
エヴァ　171, 187–189, 195
エウセビオス，カエサレアの　Eusebius of Caesarea　211
エヴリヤ・チェレビー　Evliya Çelebi　416–421, 424–429
エノク　Enoch　313, 437, 459
エリザベス女王　Elizabeth I　330, 331, 333, 385
エリナン，フロワモンの　Hélinand de Froidmont　216
エリヤ（預言者）　Elijah　437, 438, 440, 443–445, 447–455
オウィディウス　Publius Ovidius Naso　209, 212
オットー1世　Otto I　271, 272
オットー4世　Otto IV　17, 114
オデュセウス　Odysseus　188, 197
オドー，マンの　Odo de Meung　35
オベロン　Oberon　38, 219
オラウス・マグヌス　Olaus Magnus　207, 255
オルフェウス　Orpheus　195

カ　行

カーミル　Kāmil　311
郭璞　19, 20, 268
ガザーリー　Muḥammad Ghazālī　10, 11, 44, 87, 240, 437
カズウィーニー　Zakariyā Qazwīnī　5, 8, 15–18, 20, 23, 24, 50, 93, 94, 141–144, 148–153, 156, 159, 240, 271, 272, 289, 301, 416, 419, 432
ガスパール・ダ・クルス　Gaspar da Cruz　338
葛洪　250
桂川甫周　253
カナァーン，タウフィーク　Taufik Canaan　441, 455
カナール　Marius Canard　289
ガベー　Joseph Gabet　340
カムデン　William Camden　331–336, 389
ガラン　Antoine Galland　237, 238
ガルナーティー　Gharnāṭī, Abū Ḥāmid　11–14, 20, 59, 61, 64–69, 71–73, 75, 112, 269, 270
ガレノス　Galenus　21, 84, 261, 273
ギール　William Edgar Geil　341
偽カリステネス　Pseudo-Callisthenes　35, 190, 273
キケロ　Marcus Tullius Cicero　117, 209
ギスカール　Robert Guiscard　191
ギヨーム・ル・クレール　Guillaume le Clerc　180
ギラルドゥス，ウェールズの　Giraldus Kambrensis　113–115, 117, 121, 122, 124, 206
ギリウス　Petrus Gyllius, Pierre Gilles　425, 428
ギルダス　Gildas　329
キルヒャー　Athanasius Kircher　377–379
クヴィッヒェベルク　Samuel Quiccheberg　367, 369
クテシアス　Ktesias　115, 163
クトゥブッディーン・バフティヤール　Quṭb al-Dīn Bakhtiyār　50, 51
クラーメル　Heinrich Kramer　357–360
グリエルモ2世　Guglielmo II　192
クルティウス・ルフス　Quintus Curtius Rufus　259
グルロ　Guillaume-Joseph Grelot　420
グレゴリウス，トゥールの　Gregorius Florentius, Gregory of Tours　33, 387
クレチャン・ド・トロワ　Chrétien de Troyes　35
ゲスナー　Konrad von Gesner　352, 354
ケプラー　Johannes Kepler　346, 370

ゲルウァシウス，ティルベリの　Gervase of Tilbury　17, 18, 22, 27, 28, 35, 105, 111, 113, 114, 117–120, 124, 125, 170, 192, 202, 213–215, 227, 228, 331, 332
コロンブス　Christopher Colombus　247, 460
ゴンザレス　Pedro Gonzalez　373
コンスタンティヌス大帝　Favuus Valerius Aurelius Constantinus　211, 328, 424, 426, 427
コンパレッティ　Domenico Comparetti　212, 215
コンラート，クヴェルフルトの　Konrad von Querfurt　212, 215

サ　行

サー・ジェフリ・ラトレル　Sir Geoffrey Luttrell　176
サイード　Edward W. Said　122, 301
ザイヌルアービディーン　Zayn al-ʻĀbidīn　400, 401
ザッハーク　Żaḥḥāk　79
サッラーム　Sallām al-Turjumān　274, 275, 283
佐藤鉄太郎　343
サラディン　Ṣalāḥ al-Dīn　310
シェーデル　Hartman Schedel　117
ジェームズ１世　James I　334, 335, 385
ジェオフリー，モンマスの　Geoffrey of Monmouth　192, 328–330, 334, 336
シェヌート　Shenute　130
シェバの女王（ビルキース）　Queen of Sheba (Bilqīs)　186, 187, 193–195
ジェルベール（教皇シルウェステル２世）　Gerbert d'Aurillac (Silvester II)　212
竺法護　249
シゲルス，ブラバンの　Sigerus Brabantius, Sigeri di Brabante　39
司祭ヨハネ　→プレスター・ジョン
シドニー　Philip Sidney　330, 332
シメオン（柱頭行者）　Symeon　137
シモン・マルミオン　Simon Marmion　173–175
ジャーヒズ　Jāḥiẓ　239
ジャイハーニー　Jayhānī　278, 289
ジャハーンギール　Jahāngīr　400, 410, 412
シャルル禿頭王　Charles II, le Chauve　34
ジャン・ドゥトルムーズ　Jean d'Outremeuse　216
ジャンヌ・ダルク　Jeanne d'Arc　38
周去非　269
シュクリー・アッラーフ　Shukrī 'Arrāf　441
シュティルン　Georg Stirn　386
ジュリエット・ブレダン　Juliet Bredon　343
ジュワイニー　Juvaynī　142
蕭繹（南朝梁元帝）　251
ジョーンズ　Inigo Jones　334–336
ジョン，ソールズベリの　John of Salisbury　212
シンドバード　Sindbād　158, 162, 163, 237, 241, 254
秦始皇帝　337
スーサン・アッ＝ラスィー　Sūsan al-Rassī　278
スーフィー　Ṣūfī, Abd al-Raḥmān　85, 153, 160
スーリード　Sūrīd　313–316
ステュークリ　William Stukeley　339
ストーントン　George Leonard Staunton　340
ストラボン　Strabon　223–225, 227, 233
スヒンドレル　Frederik Willem Schindeler　253
スライマーン　→ソロモン
スルターン・フィールーズ・シャー　Sulṭān Fīrūz Shāh　52–54, 400
聖カスバート　Saint Cuthbert　33
聖ギルギス（ゲオルギオス，ジョージ）　Mar Guirguis, St. George　132, 160, 443–447, 449, 450–452, 454, 455
聖メルコリウス　Mar Mercurius　132
セリム１世　Selim I　247
セルウィウス　Servius Honoratus　209
ソリヌス　Gaius Julius Solinus　27, 35, 116, 125, 204, 207, 209, 229, 235, 243
ソロモン（スライマーン）　Salomon, Solomon, Sulaymān　159, 185–187, 193–195, 217, 321–325, 411, 442, 459

タ　行

ダーニヤール　Dāniyāl　79
ダイイ　Pierre d'Ailly　117
タキトゥス　Cornelius Tacitus　334
タバリー　Ṭabarī　85, 408
ダビデ王　King David　193, 195
タフムーラス　Ṭahmūrath　79
チャールズ１世　Charles I　335, 385
チャールトン　Walter Charleton　333
趙汝适　269
ツィンメルン　Froben Christoph von Zimmern　363, 366
ディオスコリデス　Dioscorides　154
ディオドロス　Diodoros　259, 263, 318
ディクイル　Dicuil　34

テヴェ　André Thevet　352, 354, 355
デフォー　Daniel Defoe　331, 339
デュボスト　Francis Dubost　31
トゥースィー　Muḥammad Ṭūsī　5, 10, 13-15, 20, 50, 56, 77, 80-94, 141, 142, 153, 234, 264, 265, 271, 272, 316, 321, 322, 399, 407, 414
トゥグリル・ブン・アルスラーン・ブン・トゥグリル　Toghrïl b. Arslān b. Toghrïl　289
トゥグリル3世　Ṭughril　13, 77, 82, 92
トゥスラン　Claude de Tesserant　352
トマ・ド・カンタンプレ　Thomas de Cantimpré　117, 124-126, 228
トラデスカント（父子）　John Tradescant　379, 385-388, 392

ナ　行

ナーセル・ホスロー　Nāṣir-i Khusraw　62, 63
ナズィール・アル＝ハラミー　Nadhīr al-Ḥaramī　278
ナスル・ブン・アフマド　Naṣr b. Aḥmad　278
ニコル・オレーム　Nicole Oresme　39
ニザーミー　Niẓāmī　150, 162, 264, 439
ニザーム・アル＝ムルク　Niẓām al-Mulk　13, 87, 413
ニザームッディーン・アウリヤー　Niẓām al-Dīn Awliyā　46
西川如見　252
ヌーフ／ノア　Nūḥ　79, 184, 187, 189, 196, 407, 408, 419
ネッカム，アレクサンダー　Alexander Neckam　212, 215, 216

ハ　行

ハイダル・マリク　Ḥaydar Malik　410-413
ハインリヒ6世（神聖ローマ皇帝）　Heinrich VI　212
バクリー　Bakrī　270, 272
ハサン・サッバーフ　Ḥasan Ṣabbāḥ　413
バダーウーニー　Badā'ūnī　408
ハディル　Khadir / Khidr / Khodor　435-450, 452, 453
ハドリアヌス帝　Publius Aelius Hadrianus　339
ハムダーニー　Ḥamdānī　260, 293
バルアミー　Bal'amī　86
バルクーク（スルタン）　Barquq　135
バルスーマー　Barsuma　137
ハルトベルト（ヒルデスハイム修道院長）　Hartbert von Hildesheim　212
バルトロマエウス　Bartholomaeus Anglicus　117, 124-126
パレ　Ambroise Paré　351-356, 361, 384, 389
バロー　John Barrow　339, 340
ビージャーン　Yazcıoğlı Ahmed Bîcân　419, 432
ピーリー・レイス　Pîrî Reis bin el-Hacı Muhammad　247, 248, 253
ビールーニー　Abū Rayḥān Bīrūnī　85, 141, 168, 299, 402, 405, 407, 414
ヒエロニムス　Hieronymus　211, 387
ヒッチコック　Romyn Hitchcock　341
ヒドル　→ハディル
ヒポクラテス　Hippokrates　21, 84, 258, 261, 273
ヒュギヌス　Hyginus　209
ファフルッディーン・ラーズィー　Fakhr al-Dīn Rāzī　49
フィリップ・オーギュスト（フランス王）　Philippe II Auguste　36
フィルドウスィー　Firdawsī　86, 143, 150, 158, 263, 407
ブーディカ　Boudica　333, 334
フェルディナント　Ferdinand II. von Österreich　371
ブズルク・ブン・シャフリヤール　Buzurk ibn Shahriyār al-Rāmhuruzī　5, 63, 85, 234, 235, 239, 240, 266, 290, 295, 305
プトレマイオス　Ptolemaios　21, 22, 84, 258, 260-262, 273, 294, 295, 299, 300
フラグ　Hülägü　139
プリニウス（大）　Gaius Plinius Secundus　27, 91, 116, 125, 171, 181, 204, 207, 209, 224-226, 229, 233, 235, 243, 256, 393-397
プルジェワルスキー　Nikolai Mikhailovich Przhevalskii　340
プルタルコス　Plutarchos　259
ブレイク　William Blake　330
プレスター・ジョン（司祭ヨハネ）　Prester John　22, 35, 170, 171, 205, 226-228, 230, 232
ブレンダヌス　St. Brendanus, Brandanus　172, 206, 244-248, 252, 253
プロット　Robert Plot　382, 384, 385, 387-397
フワーリズミー　Khwārizmī　273
ヘイズ　Newton Hayes　343
ベーコン，フランシス　Francis Bacon　384, 385, 387, 388
ベーコン，ロジャー　Roger Bacon　39
ベーダ　Beda Venerabilis　33
ヘフナーゲル　Joris Hoefnagel　333

ヘラクレス　Herakles　257
ヘルメス・トリスメギストス　Hermes Trismegistos　309, 313, 314, 316
ヘロドトス　Herodotos　115, 222–225, 232, 233, 256, 258, 263, 306
ベンヤミン，トゥデラの　Benjamin of Tudela　60, 194
ヘンリ2世（イングランド王）　Henry II of England　28
ヘンリー，ハンティグドンの　Henry of Huntingdon　327, 331
ボエステュオ　Pierre Boaistuau　352
ボダン　Jean Bodin　357, 360, 361
ホッブズ　Thomas Hobbes　331, 332
ホドル　→ハディル
ボドワン（フランドル伯）　Baldwin IX of Flanders　35
ホノリウス・アウグストドゥネンシス　Honorius Augustodunensis　35
ホメロス　Homeros　115
ホラティウス　Quintus Horatius Flaccus　212
ホルコット　Robert Holcot　179

マ　行

マーガレット・オブ・ヨーク　Margaret of York　173
マアムーン　Ma'mūn　310
マカートニー　George Macartney　339, 340
マクリーズィー　Maqrīzī　417
マスウーディー　Mas'ūdī　293, 295–298, 310, 407
マフムード　Maḥmūd　402
マリ・ド・フランス　Marie de France　35, 206
マリク・アズィーズ　Malik al-'Azīz　310, 314
マルケッルス　Marcellus　212
マルゲリータ　Margherita d'Austria　373
マルコ・ポーロ　Marco Polo　21, 60, 96–100, 102–104, 108–111, 170, 338, 460
マルワズィー　Marwazī　261, 289, 298
マンデヴィル　John Mandeville　60, 96, 99–105, 107, 109–112, 170–172, 229–232, 235
ミヌキウス＝フェリックス　Minicius Felix　211
ムアーウィヤ　Mu'āwiya　73
ムーサー（モーセ）　Mūsā（Moses）　313, 359, 433, 436, 437, 439, 445
ムカッダスィー　Muqaddasī　289, 292–295
ムタナッビー　Mutanabbī　302, 308
ムハンマド（預言者）　Muḥammad（rasūl Allāh）　17, 61, 89, 90, 139, 157, 158, 281, 282, 288, 360, 412, 421, 438
ムハンマド・アミーン・ウマリー　Muḥammad Amīn 'Umarī　48
ムハンマド・ブン・アル＝カースィム　Muḥammad b. al-Qāsim　399
ムルクス・アル＝アントゥーニー　Murqus al-Antuni　133–136
メガステネス　Megasthenes　115, 163, 223, 224
メラ　Pomponius Mela　116, 175, 176, 188, 195, 197, 209, 374–376, 380
メルラン（マーリン）　Merlin　193, 329, 330
モトライユ　Aubry de la Motraye　427
森島中良　253
モンテフェルトロ　Federico da Montefeltro　365

ヤ　行

ヤークート　Yāqūt al-Ḥamawī al-Rūmī Yāqūt　61, 287, 289, 301, 302
ヤコブス，ヴィトリの　Jacques de Vitry　27
ヤコブス・デ・ウォラギネ　Jacobus de Voragine　33, 125, 444
ヤンス・エニケル　Jans Enikel　216, 217
ユック　Evariste Regis Huc　340
ユニアヌス　Justinus Junianius　259
揚雄　251
楊利偉　345

ラ・ワ行

ライト　G. N. Wright　340
ラクタンティウス　Caecilius Firmianus Lactantius　211
ラシードゥッディーン　Rashīd al-Dīn　407
ラッバーバルバルハナー　Rabbah Bar Bar Ḥanah　238, 239, 254
ラバヌス・マウルス　Rabanus Maurus　34
ラングレー　Louis Mathieu Langlès　237, 238
ランベルトゥス，サン＝トメールの　Lambert de Saint-Omer　35, 117
リチャード獅子心王（イングランド王）　Richard the Lionheart　36
李昉　251
劉歆　250, 251
リュコステネス　Conrad Lycosthenes　351
ルーズビハーン・バクリー　Rūzbihān Baqlī　438
ルキアノス　Lucianos　70, 71
ルチフェル　Lucifer　173

ルッジェロ2世（シチリア王） Ruggero II 7, 262, 299, 312
ルドルフ2世 Rudolf II 377
ルナール Jean-Bruno Renard 31
ルワイス Ruwais 133, 134
レオ，ナポリの Leo, Archpriest of Naples 35, 190
レミ Nicholas Rémy 170, 391, 392
ロンドレ Guillaume Rondelet 352, 354
ワーウィック Adam Warwick 342
ワースィク Wāthiq 274, 275

書名

ア行

『アイルランド地誌』（ギラルドゥス・カンブレンシス著） *Topographia Hibernica* 113-115, 117, 121, 122, 124, 206
『アクバル会典』（アブルファズル著） *Ā'īn-i Akbarī* 401, 402, 404-406, 408, 409, 414
『悪魔崇拝論』（レミ著） *Daemonolatreiae libri tres* 391
『アグリコラ』（タキトゥス著） *Agricola* 334
『アラビア半島誌』（ハムダーニー著） *Ṣifa jazīra al-'arab* 260, 293
『アラビアン・ナイト』 →『千夜一夜物語』
『アレクサンドロス大王からアリストテレス宛の手紙』 *Alexander's Letter to Aristotle* 22, 35, 96, 103-105, 107, 108, 112, 191
『アレクサンドロス物語』 *Alexander Romance* 34, 35, 121, 186, 190, 191, 254, 273, 288, 438, 439, 442, 443
『アントニオス伝』（アタナシウス著） *Vita Antonii* 129
『イスケンデル・ナーメ』（アフメディー著） *İskendernâme* 151
『イングランドの七不思議』（シドニー著） *The 7. Wonders of England* 330
『イングランド国民史』（ハンティグドンのヘンリー著） *The History of the English People* 327
『インド誌』（アッリアノス著） *Indika* 223
『インド史』（クテシアス著） *Indika* 115
『インド誌』（ビールーニー著） *Taḥqīq mā li 'l-Hind* 402, 405, 407, 417
『インド誌』（メガステネス著） *Indika* 115
『インドの怪物について』 *De monstris Indie* 35
『インドの驚異譚』（ブズルク・ブン・シャフリヤール著） *'Ajā'ib al-Hind* 5, 60, 63, 85, 234, 239, 266, 268, 269, 295, 296, 299
『ヴァン・ルーンの地理学』 *Van Loon's Geography* 342
『ヴェーダ』 Veda 399, 402
『宇宙について』（ラバヌス・マウルス著） *De universo* 34
『海の魚についての報告』（ギヨーム・ロンドレ著） *Libri de piscibus marinis* 352
『エジプトのオイディプス』（キルヒャー著） *Oedipus Aegyptiacus* 378
『エノク書』 33
『エルサレム』（ブレイク著） *Jerusalem* 330
『黄金伝説』（ヤコブス・デ・ウォラギネ著） *Legenda aurea* 33, 125
『黄金の牧場と宝石の鉱山』（マスウーディー著） *Kitāb murūj al-dhahab wa ma'ādin al-jawhar* 295, 299, 407
『黄金のロバ』（アプレイウス著） *Asinus aureus* 209
『王書（シャー・ナーメ）』（フィルドウスィー著） *Shāh nāma* 86, 141, 143, 144, 150, 158, 162, 164, 168, 263, 407
『大いなる鑑』 *Speculum maius* 228, 229
『オックスフォード州自然誌』（プロット著） *The Natural History of Oxfordshire* 387, 388, 392, 394
『オベロン物語』 29
『オリエントの驚異的事物について』 *De rebus in Oriente mirabilibus* 34

カ行

『怪物と驚異について』（パレ著） *Des Monstres et prodiges* 351, 352, 355, 384
『怪物の書』 *Liber monstrorum* 34
『学問の進歩』（ベーコン著） *The Advancement of learning* 384
『カシミール史』（ハイダル・マリク著） *Tārīkh-i Kashmīr* 409, 410, 412, 413, 415
『神の国』（アウグスティヌス著） *De civitate Dei*

116, 124, 125, 171, 208, 356
『神の唯一性』 *Kitāb al-tawḥīd* 436
『カリーラとディムナ』（イブン・アル＝ムカッファア訳） *Kalīla wa Dimna* 162
『技芸の珍奇』 *Ghara'ib al-funūn wa mulaḥ* al-'uyūn 76, 80, 86, 92–94, 273
『宮廷人の無駄話』（ウォルター・マップ著） *De nugis curialium* 28
『旧約聖書』 114, 159, 160, 175, 184, 204, 313, 351, 407, 459
『驚異抄』（イブン・ワスィーフ・シャー著） *Mukhtaṣar 'ajā'ib al-dunyā* 267, 269
『驚異と予兆の年代記』（リュコステネス著） *Prodigiorum ac ostentorum chronicon* 351
『驚異の原因について』（ニコル・オレーム著） *De causis mirabilium* 39
『驚異の書』（マルコ・ポーロ著） →『東方見聞録』
『驚異の歴史』（ボエステュオ著） *Histoires prodigieuses* 352
『巨人の踊りの輪』（チャールトン著） *Chorea gigantum* 333
『金樓子』（蕭繹撰） 250, 251
『寓話』（ヒュギヌス著） *Fabulae* 209
『求道者の鍵』 *Miftāḥ al-Ṭālibīn* 50–52, 56
『クルアーン』 *Qur'ān* 10, 12, 16, 20, 47, 56, 62, 73, 78, 80–84, 89–91, 154, 274, 282, 286–288, 312, 407, 436, 443
『クルアーン解釈の書』 *Kitāb al-tafsīr* 436
『クレオマデス物語』（アドネ・ル・ロワ著） *Cléomadès* 216, 217
『形而上学』（アリストテレス著） *Metaphysika* 1, 14, 16
『契約の条件』 *Kitāb al-shurūt* 436
『ゲスタ・ロマノールム』 *Gesta Romanorum* 125, 126, 216
『皇帝年代記』 *Kaiserchronik* 35
『皇帝の閑暇』（ティルベリのゲルウァシウス著） *Otia imperialia* 17, 27, 105, 113, 114, 117, 118, 120, 124, 170, 192, 213, 227, 228, 331, 332
『紅毛雑話』（森島中良著） 253
『語源論』（セビリャのイシドルス著） *Etymologiae* 116, 171, 180, 243
『コログラフィア』（ポンポニウス・メラ著） *De chorographia* 209
『コンスタンティノポリス地誌』（ギリウス著） *De topographia Constantinopoleos* 425, 428

サ　行

『サーンの書』 *Book of Cerne* 176
『詩学』（アリストテレス著） *Peri poetikes* 10
『史記』（司馬遷） 337
『自然史』（インペラート著） *Dell'historia naturale* 365
『自然の鑑』（ヴァンサン・ド・ボーヴェ著） *Speculum naturale* 117, 125–127, 228–231, 235
『自然の本性について』（アレクサンダー・ネッカム著） *De naturis rerum* 212
『時代の情報』 *Akhbār al-zamān* 299
『事物の属性について』（バルトロマエウス・アングリクス著） *De proprietatibus rerum* 117, 125, 126
『事物の本質についての書』（トマ・ド・カンタンプレ著） *Liber de natura rerum* 117, 126, 228–231, 235
『詩篇』 175–180
『宗教諸学の復興』（ガザーリー） *Iḥyā' 'ulūm al-dīn* 240
『集史』（ラシードゥッディーン著） *Jāmi' al-tawārīkh* 407, 414, 415
『一四の驚異報告』（クロード・ド・トゥスラン著） *Quatorze histoires prodigieuse adioustées aux precedentes* 352
『生経』 *Jātaka* 249, 250, 254
『諸王の流れ』（カルハナ他著） *Rājataraṅgiṇī* 409–412, 415
『職方外紀』（艾儒略） 252, 253
『諸国横断を望む者の慰め』（イドリースィー著） *Kitāb nuzha al-mushtāq fī ikhtirāq al-āfāq* 262, 299
『諸国集成』（ヤークート著） *Mu'jam al-buldān* 61, 289, 301
『諸国の記念物』（カズウィーニー著） *Āthar al-bilād wa akhbār al-'ibād* 271
『諸国の書』（イブン・ファキーフ著） *Kitāb al-buldān* 85, 293
『諸国の分類』（アンダルースィー著） *Kitāb ṭabaqāt al-umam* 293
『諸州の知識に関する最良の区分の書』（ムカッダスィー著） *Aḥsan al-taqāsīm fī ma'rifa al-aqālīm* 292
『諸道と諸国の書』（イスタフリー著） *Kitāb al-masālik wa'l-mamālik* 85, 292
『諸道と諸国の書』（イブン・フルダーズビフ著） *Kitāb al-masālik wa'l-mamālik* 61, 292, 309,

399
『諸道と諸国の書』（バクリー著） *Kitāb al-masālik wa'l-mamālik* 270
『諸蕃志』（趙汝适） 269
『神曲』（ダンテ著） *La Divina Commedia* 170, 172
『心魂の慰め』（ムスタウフィー・カズヴィーニー著） *Nuzhat al-qulūb* 270
『神秘書簡』（ガザーリー著） *Risāla al-laduniyya* 437
『新約聖書』 131, 160, 242
『過ぎし時代の痕跡』（ビールーニー著） *Kitāb al-āthār al-bāqiya* 141
『スタッフォードシャー州自然誌』（プロット著） *The Natural History of Staffordshire* 388, 389, 392
『ストーン・ヘンジ復元』（ジョーンズ著） *Stone-heng Restored* 334, 335
『聖クリストフォルス伝』（シュパイエルのヴァルター著） *Vita et Passio Sancti Christophori Martyris* 34
『西京雜記』（劉歆選・葛洪編） 250, 251
『星座の書』（スーフィー著） *Kitāb ṣuwar al-kawākib* 85, 153, 160
『聖書』 221, 246
『聖ブレンダヌス航海記』 *Navigatio Sancti Brendani* 172, 206, 244, 246, 247, 252, 253
『西方の驚異のいくつかを明らかにするもの』（ガルナーティー著） *Mu'rib 'an ba'ḍ 'ajā'ib al-Maghrib* 67, 71–73
『聖マルティヌス伝』 *Vita Sancti Martini* 33
『世界諸境域誌』 *Ḥudūd al-'ālam* 262
『世界像』（オータンのホノリウス著） *Imago mundi* 117
『世界像』（ピエール・ダイイ著） *Ymago Mundi* 117
『世界像』（ホノリウス・アウグストドゥネンシス著） *De imagine mundi* 35
『世界年代記』（ハルトマン・シェーデル著） *Liber Cronicarum* 117
『世界年代記』（ヤンス・エニケル著） *Weltchronik* 216, 217
『世界の記』（マルコ・ポーロ著） →『東方見聞録』
『説話の川が流れこむ海』（ソーマデーヴァ著） *Kathāsaritsāgara* 400, 401
『山海経』 19, 20, 268
『占星術大集成』（ヴァラーハミヒラ著） *Bṛhat-saṃhitā* 400
『全世界の測定』（ディクイル著） *De mensura orbis terrae* 34
『千夜一夜物語』 *'Alf layla wa layla* 9, 13, 162, 163, 237, 238
『荘子』 253
「創世記」 114, 246
『増補華夷通商考』（西川如見） 252

タ 行

『大英国回覧記』（デフォー著） *A Tour thro' the Whole Island of Great Britain* 332
『大地の姿』（フワーリズミー著） *Kitāb ṣūrat al-arḍ* 273
『大地の姿』（イブン・ハウカル著） *Kitāb ṣūra al-arḍ* 273, 291, 292
『第二の書』（アブー・ザイド著） *Kitāb al-thānī* 295–297
『太平御覽』（李昉等編） 251, 252
『太陽と木星』（アッサール著） *Mihr va mushtarī* 152
『大旅行記』（イブン・バットゥータ著） *Riḥla* 5, 338
『タルムード』 *Talmud* 238, 254
『地誌』（マクリーズィー著） *Mawā'iẓ wa-l-i'tibār bi dhikr al-khitat wa-l-āthār* 416
『中国誌』（ガスパール・ダ・クルス著） *Tractado em que se cõtam muito por estẽso as cousas da China, cõ suas particularidades, e assi do reyno dormuz* 338
『中国での旅』（ジョン・バロー著） *Travels in China* 339
『中国とインドの諸情報』 *Akhbār al-Ṣīn wa 'l-Hind* 5, 60
『中国の景観』（トマス・アローム，G・N・ライト著） *China, in a series of views, displaying, The Scenery, Architecture, Social Habits, of That Ancient Empire* 340
『中国の長城』（ウイリアム・エドガー・ギール著） *The Great Wall of China* 341
『中国の長城』（ニュートン・ヘイズ著） *The Great Wall of China* 343
『中国の長城』（ロミン・ヒッチコック著） *The Great Wall of China* 340
『中国の長城に沿って千マイル』（アダム・ワーウィック著） *A Thousand Miles Along the Great Wall of China* 342
『地理誌』（ストラボン著） *Geographika* 223, 224
『地理書』（イブン・サイード著） *Kitāb jughrā-*

fīyā fī al-aqārim al-sab'ā 301, 302, 304
『珍奇集成』（ソリヌス著） *Collectanea rerum memorabilium* 116, 209, 243
『ツィンメルン年代記』 *Zimmerische Chronik* 363, 366
『提言と再考の書』（マスウーディー著） *Kitāb al-tanbīh wa al-ishrāf* 295
『帝国国防史論』（佐藤鉄太郎著） 343
『テトラビブロス』（プトレマイオス著） *Tetrabiblos* 258, 262, 273
『テリアカ（解毒）の書』（偽ガレーノス著） *De theriaca ad pisonem* 154
『転身物語』（オウィディウス著） *Metamorphoses* 209
『トゥヌクダルスの幻視』 *Visio Tnugdali* 172–174
『動物誌』 *Bestiarium*（ラテン語）／ *Bestiary*（英語）／ *Bestiaire*（フランス語） 226, 229, 243, 244
『動物誌』（コンラート・ゲスナー著） *Historia animalium* 352
『動物誌』（マルワズィー著） *Ṭabā'ī' al-ḥayawān* 261, 299
『動物の効用』（イブン・バフティーシュー著） *Kitāb manāfi' al-ḥayawān* 141, 157, 159, 163
『動物の書』（ジャーヒズ著） *Kitāb al-ḥayawān* 239
『東方見聞録』（マルコ・ポーロ著） *Il Milione* 96, 97, 99, 100, 108, 111, 170, 338, 460
『東方の諸論点』 *Mabāḥith al-mashriqiyya* 49
『東洋の歴史』（ヴィトリのヤコブス著） *Historia orientalis* 27
『鳥の言葉』（アッタール著） *Manṭiq al-ṭayr* 158

ナ 行

『ナポリ年代記』 *Cronaca di Partenope* 215
『人間と動物の怪物的本性』 *De monstris hominum naturis atque ferarum* 35
『農夫ピアズの夢』（ウィリアム・ラングランド著） *Piers Plowman* 178
『能力論』（トマス・アクィナス著） *De potentia Dei* 169

ハ 行

『バヴァー・バトラー』 *Bava Batra* 238
『パウロの黙示録』 33
『博物誌』（プリニウス著） *Naturalis historia* 91, 116, 171, 209, 224, 229, 233, 243, 256, 396
『華の書』（サン＝トメールのランベルトゥス著） *Liber floridus* 35, 117
『ハムサ（五部作）』（ニザーミー著） *Khamsa* 150, 162
『薔薇物語』 *Le Roman de la Rose* 170
『ハンブルク司教事蹟録』（ブレーメンのアダム著） *Gesta Hammaburgensis ecclesiae pontificum* 207, 271
『ピークの驚異』（ホッブズ著） *De mirabilius pecci* 331
『被造物の驚異と万物の珍奇』（カズウィーニー著） *'Ajā'ib al-makhlūqāt wa gharā'ib al-mawjūdāt* 15, 50, 93, 94, 139, 141–153, 156, 159–161, 163, 165–167, 240, 289, 301–303, 321–323, 325, 407, 416, 432
『被造物の驚異と万物の珍奇』（トゥースィー著） *'Ajā'ibal-makhlūqāt wa gharā'ib al-mawjūdāt* 5, 10, 13, 14, 50, 56, 76–78, 80, 82–88, 91–94, 141, 142, 153, 234, 264, 265, 316, 399
『秘められたる真珠』（アフメド・ビージャーン著） *Dürr-i meknûn* 419
『ピラミッドの秘密の開示についての天体の神々しき光』（イドリースィー著） *Anwār 'ulwī al-ajrām fī kashf 'an asrār al-ahrām* 311, 312
『フィールーズ・シャーの歴史』 *Tārīkh-i Fīrūz Shāhī* 52, 53
『佛說鼈喩經』 249
『普遍的世界誌』（アンドレ・テヴェ著） *La Cosmographie universelle* 352, 354, 355
『フュシオロゴス』／『フュシオログス』 *Physiologos*（ギリシア語版）／ *Physiologus*（ラテン語版） 38, 159, 180, 185, 209, 229, 235, 241–246, 250, 252, 254
『ブリタニア』（カムデン著） *Britannia* 331–333, 389
『ブリタニア列王史』（モンマスのジェオフリー著） *Historia Regum Britanniae* 192, 328–330
『ブリテンの滅亡』（ギルダス著） *The Ruin of Britain* 329
『ブリトン人の歴史』（伝ネンニウス著） *Historia Brittonum* 192
『ブルハーンの書』 *Kitāb al-Burhān* 142
『プレスター・ジョンの手紙』 *Prester John's Letter* 22, 226–228, 230, 232
『ブレンダヌス伝』 *Vita Brendani*（ラテン語） *Betha Brénainn*（アイルランド語） 244
『北京』（ジュリエット・ブレダン著） *Peking* 343

『弁術論』（アリストテレス著） *Techne rhetorike* 2, 10
『牧歌』（ウェルギリウス著） *Eclogae* 211, 212
『北方民族文化誌』（オラウス・マグヌス著） *Historia de Gentibus Septentrionalibus* 207, 255
『ポリクラティクス』（ソールズベリのジョン著） *Policraticus* 212
『本当の話』（ルキアノス著） *Alēthē Diēgēata* 71

マ 行

『マケル・フロリドゥス』（マンのオドー著） *Macer Floridus de viribus herbarum* 35
『マザーグースの歌』 *Mother Goose Rhymes* 344
『魔術師の悪魔狂』（ジャン・ボダン著） *De la démonomanie des sorciers* 357, 360, 361
『魔女の槌』（ハインリヒ・クラーメル著） *Malleus maleficarum* 357–360
『マスウード典範』（ビールーニー著） *Qānūn al-Mas'ūdī* 299
『マンデヴィルの旅行記』 *Mandeville's Travels* 96, 99–103, 105, 107, 109, 111, 112, 170, 172, 229–232, 235
『ムルクス・アルアントゥーニー伝』 *Sira anba Murqus al-Antuni* 133–137
『メアリ女王の詩篇』 *Queen Mary's Psalter* 179–181, 183

ヤ 行

『薬物誌』（ディオスコリデス著） *De materia medica libriquinque* 154
『ユオン・ド・ボルドー』 *Huon de Bordeaux* 38
『ヨーガスートラ』（伝パタンジャリ著） *Yoga-sūtra* 402
『預言者達』 *Kitāb aḥādīth al-qnbiyā'* 436
『ヨハネの黙示録』 160, 349
『ヨブ記』 180

ラ 行

『ラトレル詩篇』 *Luttrell Psalter* 176, 177, 179, 180
『リサーラ（報告書，ヴォルガ・ブルガール旅行記）』（イブン・ファドラーン著） *Risāla* 60, 85, 275, 277–279, 289
『理性の贈り物と驚異の精選』（ガルナーティー著） *Tuḥfat al-albāb wa-nukhbat al-i'jāb* 12, 67, 71–74, 269
『領外代答』（周去非著） 269
『旅行記』（イブン・ジュバイル著） *Riḥla* 64, 425, 428
『旅行記』（エヴリヤ・チェレビー著） *Seyahat-nâme* 417–421
『リンディスファーンの福音書』 *Lindisfarne Gospels* 176
『ルナール・ル・コントルフェ（偽作狐のルナール）』 *Renart le Contrefait* 175, 217
『ルワイス伝』 *Sira anba Ruwais* 133, 134, 137
『嶺南異物志』 251
『歴史』（ヘロドトス著） *Historiae* 115, 222–224, 258, 306
『歴史』（マルケリヌス・アンミアヌス著） *Res Gestae* 338
『歴史の鏡』（ジャン・ドゥトルムーズ著） *Myreur des histors* 216
『ロビンソン・クルーソーのその後の冒険』（ダニエル・デフォー著） *The Farther Adventures of Robinson Crusoe* 339

地 名

ア 行

アイルランド 113–115, 117, 121, 122, 124, 172, 173, 176, 205, 206, 244, 245, 329, 330
アスユート 134
アト・メイダヌ 422, 423–426
アドリア海 186, 188, 199
アフガニスタン 76, 205, 399
アフリカ（北アフリカ，東アフリカも参照） 21, 22, 94, 121, 171, 208, 234, 235, 247, 256, 290, 291, 293–297, 299, 300, 302, 329, 350, 355, 368, 386, 458
アム川 274, 278, 280
アラビア半島 84, 260, 293, 407
アラル海 275, 277, 280
アレクサンドリア 62, 66, 190, 254, 260, 318–

カ　行

サ　行

タ　行

ナ　行

ハ　行

マ　行

ヤ・ラ・ワ行

事　項

ア　行

カ　行

サ　行

タ　行

ナ　行

ハ　行

マ　行

ヤ　行

ラ・ワ行

図版一覧

カヴァー

表：玉座のソロモン王と被造物，イラン，1570–90年頃（Harvard Art Museums / Arthur M. Sackler Museum, The Norma Jean Calderwood Collection of Islamic Art, 2002. 50. 37）

裏：天地創造，『時禱書』挿絵，フランス，1525–50年頃（Bodleian Library, University of Oxford, MS. Douce 135, fol. 17v）

表紙　異形の民族と世界図，ハルトマン・シェーデル『ニュルンベルク年代記』挿絵（Schedel 1493 : Blat XII–XIII より作成）

序　章

図1　食人族と犬頭人，トゥースィー『被造物の驚異』挿絵，イラク，1388年（フランス国立図書館蔵，BnF Ms. Suppl. persan 332, fol. 218r）…… 14

図2　形天，郭璞伝，蔣応鎬絵図『山海経』（早稲田大学蔵，ル05_00355_005，八巻之七，四頁）…… 19

第I部

部扉　上：「シナ海の島」の無頭人，カズウィーニー『被造物の驚異』挿絵，イラン，1566年（University of Cambridge Library, MS Nn. 3. 74, 240 [a] v）Reproduced by kind permission of the Syndics of Cambridge University Library

下：無頭人，マルコ・ポーロ『東方見聞録』挿絵，フランス，1410–12年頃（フランス国立図書館蔵，BnF Ms. Français 2810 fol. 194v）

第II部

部扉　上：アンカー，カズウィーニー『被造物の驚異』挿絵，イラン，1566年（University of Cambridge Library, MS Nn. 3. 74, 228v）Reproduced by kind permission of the Syndics of Cambridge University Library

下：フェニックス，『フュシオロゴス』挿絵，ローマ，1585年（フランス国立図書館蔵，BnF Ms. Grec 834, fol. 52）

第6章

図1　龍，カズウィーニー『被造物の驚異』挿絵，ワースィト（イラク），1280年（バイエルン州立図書館蔵，Ms. Cod. Arab. 464, fol.73b）…… 145

図2　犬頭人，カズウィーニー『被造物の驚異』挿絵，ヘラート？，1503–1504年（© The British Library Board, Or. 12220, fol. 68v）…… 145

図3　天界の天使，カズウィーニー『被造物の驚異』挿絵，ワースィト（イラク），1280年（バイエルン州立図書館蔵，Ms. Cod. Arab. 464, fol.33b）…… 147

図4　堕落天使ハールートとマールート，カズウィーニー『被造物の驚異』挿絵，イラク，1300年頃（© The British Library Board, Or. 14140, fol.66a）…… 148

図5　一角獣，カズウィーニー『被造物の驚異』挿絵，イラン，1475年頃（イギリス王

立アジア協会蔵，Royal Asiatic Society of Great Britain Ms. 178, fol.381a） 149
図6 キリン，カズウィーニー『被造物の驚異』挿絵，イラクまたは東トルコ，15世紀前半（フリーア美術館蔵，F1954.88v） 149

第7章
図1 ケンタウロスとグリフォン，ムシャター離宮ストゥッコ浮彫り，ヨルダン，ウマイヤ朝（8世紀前半）（ベルリン国立博物館イスラーム美術館蔵，筆者撮影） 156
図2 アジュダハー（龍），カズウィーニー『被造物の驚異』挿絵，イラン，15世紀前半（ベルリン国立博物館イスラーム美術館蔵，I.6943, fol.95v. Gierlichs 1993 : Tafel. 2） 161
図3 カルカッダン，イブン・バフティーシュー『動物の効用』挿絵，マラーゲ（イラン），1297–98年（ニューヨーク，ピエポント・モーガン図書館蔵，M500, fol.14v. ライフブックス編集部 1970，139頁） 163
図4 象とカルカッダン，ラスター彩浮彫タイル，カーシャーン（イラン），13世紀（ベルリン国立博物館イスラーム美術館蔵，Gierlichs 1993 : Tafel. 11） 164
図5 巻頭口絵，カズウィーニー『被造物の驚異』，イラン，15世紀前半（メトロポリタン美術館蔵，Inv. 34.109. Bernus-Taylor 2001 : 32–33, 58） 165
図6 メダイヨン・狩猟文絨毯（サングスク絨毯）部分，イラン，16世紀末（MIHO美術館蔵，杉村棟（編）1999，216頁，図版124a） 167

第8章
図1 「マッパ・ムンディ」の驚異。（左）異形の種族（1265年頃，© The British Library Board, Add. 28681, f. 9r），（右）地上楽園を追放されたアダムとイブ（1300年頃，Hereford Map） 171
図2 シモン・マルミオン挿絵の『トゥヌクダルスの幻視』，フランス，1475年（J・ポール・ゲッティ美術館蔵，Ms. 30, fols. 17. 30）。Digital image courtesy of the Getty's Open Content Program. 173
図3 『詩篇』ピカルディー地方，1325年頃（個人蔵） 176
図4 『ラトレル詩篇』（106 : 28）に描かれたバブイン（© The British Library Board, MS Add. 42130, f.192v） 177
図5 『ラトレル詩篇』（105 : 13）に描かれたバブイン（© The British Library Board, MS Add. 42130, f.186v） 177
図6 「7つの大罪」の擬人像，15世紀（Saxl and Kurz 1942 : plate 31［d］） 179
図7 『メアリ女王の詩篇』，イングランド，1310–20年（©The British Library Board, MS Royal 2. B. VII, f.132r.） 180
図8 （左）象の出産，（中）櫓をのせた象，『メアリ女王の詩篇』，イングランド，1310–20年（© The British Library Board, MS Royal 2. B. VII, ff. 118v–119r），（右）象を絞め殺すドラゴン，「ベスティアリウム」，イングランド，13世紀（© The British Library Board, MS Harley 4751, fol.58v） 181
図9 時禱書写本，フランス，15世紀（個人蔵） 182
図10 『聖母マリアの時禱書』パリ，シモン・ヴォートル印行，1508年頃 183

第9章

図1　オトラント大聖堂　床モザイク全図（筆者撮影，以下同）…… 187
図2　「楽園の扉」…… 188
図3　大樹の頂きのアダムとエヴァと「堕落」…… 188
図4　「ノアの大洪水」…… 189
図5　「バベルの塔」とアレクサンドロス大王 …… 189
図6　アーサー王と怪猫？ …… 192
図7　シェバの女王（左）とソロモン王（右）とヤツガシラ …… 194
図8　ヤツガシラ …… 194
図9　円環枠の並ぶ交差部 …… 195
図10　木の枝に首を締められた人 …… 196
図11　首輪をつけた犬と奇妙な怪物，枝に食いつく獣 …… 197
図12　片足のみ靴をはいた猫 …… 197
図13　ハーピー？ …… 198
図14　人面多頭四足獣と口から枝を吐く獣 …… 198
図15　ブリンディシ大聖堂の床モザイク断片。片足だけ靴を履いた怪物，右足だけフックになった鹿 …… 199

第III部

部扉　上：犬頭人，マルコ・ポーロ『東方見聞録』挿絵，フランス，1410–12年頃（フランス国立図書館蔵，BnF Ms. Français 2810 fol. 76v）
下：犬頭人，カズウィーニー『被造物の驚異』挿絵，イラン，1566年（University of Cambridge Library, MS Nn. 3. 74, 66r）Reproduced by kind permission of the Syndics of Cambridge University Library

第2章

図1　獣として描かれる巨大蟻，『メアリ女王の詩篇』，イングランド，1310–20年（© The British Library Board, MS Royal 2 B VII, f. 96r）…… 221
図2　巨大蟻，トゥースィー『被造物の驚異』挿絵（Baltimore, Walters Art Museum, MS W. 593, f. 56v）…… 234

第3章

図1　ラテン語版『フュシオログス』ベルン写本挿絵（9世紀）。画面（外枠）は9.3×13.2センチメートル（Codex Bongarsianus lat. 318, folio 16r, Bern, Burgerbibliothek. Mariño Ferro, 1996 : 78より）…… 243
図2　ラテン語版『動物誌』写本挿絵（オックスフォード大学ボドレー図書館蔵，MS. Bodl. 602, folio 22v. Klingender 1971 : 385, pl. 218a）…… 243
図3　揺籃期本ドイツ語版『聖ブランダン航海記』（アウクスブルク，1476年）挿絵。復刻版：Sankt Brandans Seefahrt, Wiesbaden : Guido Pressler, 1969, p. 3. 原本には頁番号が欠けているので，私に付した。…… 247
図4　ピーリー・レイスの世界図断片（1513年）の部分拡大図。断片の全体は90×63センチメートル，拡大図は39×29.5センチメートル（トプカプ宮殿博物館附属図書館蔵，R. 1633 mük. Topkapı Sarayı Müzesi Kütübhanesi, Istanbul. Soucek 1992 : 271,

Fig. 14.7 : Detail of the Caribbean from the 1513 World Map）…… 248

第 4 章
図 1　アマゾンの島，イドリースィー『諸国横断を望む者の慰め』挿絵，マグリブ，1300 年頃（フランス国立図書館蔵，BnF Ms. Arabe 2221, fol. 342v–343）…… 262
図 2　アード族の女戦士とアレクサンドロス軍の戦い，トゥースィー『被造物の驚異』挿絵，イラク，1388 年（フランス国立図書館蔵，BnF Ms. Suppl. persan 332, fol. 201r）…… 265
図 3　女子国（左下），郭璞伝，蔣応鎬絵図『山海経』（早稲田大学蔵，ル 05_00355_0005 巻之七，六）…… 268

第 5 章
図 1　10 世紀初頭の交易ルート（------）とイブン・ファドラーン一行の旅程（・・・・・・）… 276

第 6 章
図 1　イブン・ハウカル『大地の姿』に掲載されている世界地図，15 世紀（フランス国立図書館蔵，BnF Ms. Arabe 2214, fols. 52v–53）…… 291

第 8 章
図 1　ペルセポリスの「朝貢の図」レリーフ（筆者撮影）…… 322
図 2　ペルセポリスの「百柱の間」（筆者撮影）…… 324

第 9 章
図 1　ストーンヘンジ，カムデン『ブリタニア』図版，1600 年（Camden 1600 : 219）…… 333
図 2　廃墟としてのストーン・ヘンジ，ジョーンズ『ストーンヘンジ復元』図版，1655 年（Jones 1655 : NP［94 と 95 の間］）…… 335
図 3　ローマ風寺院としてのストーン・ヘンジ，ジョーンズ『ストーンヘンジ復元』図版，1655 年（Jones 1655 : No. 5）…… 335

第 10 章
図 1　ホンディウス『中国図』の長城，オランダ，1606 年 …… 339
図 2　トーマス・アロムの鋼版画「万里の長城」，1843 年 …… 340
図 3　ヴァン・ルーン『地理学』に描かれた「月から見える長城」，1932 年，日本語版 1933 年 …… 342

第 IV 部
部扉　上：マンドラゴラ，イブン・ブトラーン『健康全書』のラテン語訳，ドイツ，15 世紀（フランス国立図書館蔵，BnF Ms. Latin 9333, fol. 37）
下：マンドラゴラの採取，カズウィーニー『被造物の驚異』挿絵，トルコ，1685 年（フランス国立図書館蔵，BnF Ms. Suppl. turc 1063, fol. 17v）

第 1 章
図 1　ラヴェンナの怪物，アンブロワーズ・パレ『怪物と驚異について』，パリ，1573

年初版（Paré 1971 : 8）…… 353
図 2　鳥トゥカン，パレ『怪物と驚異について』（Paré 1971 : 129）…… 355
図 3　野獣ハイット，パレ『怪物と驚異について』（Paré 1971 : 138）…… 355

第 2 章

図 1　インペラートのヴンダーカンマー，インペラート『自然誌』扉絵，ナポリ，1599 年（Imperato 1599）…… 365
図 2　象牙の塔。ザルツブルク大司教宮殿のヴンダーカンマー（筆者撮影）。…… 372
図 3　ペドロ・ゴンザレスの肖像画。アンブラス城のヴンダーカンマー（筆者撮影）。…… 373
図 4　キメラのオブジェ。フォルヒテンシュタイン城のヴンダーカンマー（筆者撮影）。…… 375
図 5　キルヒャー『エジプトのオイディプス』，ローマ，1652–54 年（Kircher 1652-54, tom. 3, NP［434 と 435 の間］）…… 378

第 3 章

図 1　シャム双生児（Pare 1982 : 14–15）…… 384
図 2　「過剰と欠落」の自然，ロバート・プロット『スタッフォードシャー州自然誌』，オックスフォード，1686 年（Plot 1686 : Table 22）…… 389
図 3　稲妻のなせるわざ，ロバート・プロット『スタッフォードシャー州自然誌』，オックスフォード，1686 年（Plot 1686 : Table 1）…… 391
図 4　自然の戯れ，ロバート・プロット『オックスフォードシャー州自然誌』第 5 章「形状石」より，オックスフォード，1677 年（Plot 1677）…… 394

第 5 章

図 1　ドーム下の天使像，アヤソフィア，イスタンブール（筆者撮影）…… 420
図 2　アヤソフィア内部，グルロ『コンスタンティノープル旅行記』図版，パリ，1680 年（Grelot 1680 : NP［150 と 151 の間］）…… 420
図 3　アト広場，『祝祭の書』，トルコ，1582 年(トプカプサライ美術館蔵，Hazine 1344, fols. 338b–339a）…… 424
図 4　コンスタンティヌスの円柱（筆者撮影）…… 427

第 6 章

図 1　聖ゲオルギオスのイコン，ヨルダン，マダバ（筆者撮影）…… 444
図 2　聖ゲオルギオスの墓にオリーブオイルを捧げる人びと，リッダ（筆者撮影）…… 446
図 3　「預言者エリアの洞窟」シナゴーグの内部，ハイファ（筆者撮影）…… 448

参考文献

一次資料

【アラビア語・ペルシア語・トルコ語・サンスクリット語・ヘブライ語】

‘Abbāsī, Muṣṭafā Khāliqdād. 1997. *Daryā-yi asmār,* eds. Tara Chand and S. A. Ḥ. ‘Abidi, New Delhi : Persian Research Centre.

Abū al-Faḍl. 1867. *Ā’īn-i Akbarī*, 2 vols., ed. H. Blochmann, Calcutta : Asiatic Society of Bengal.

Abū al-Fidā’. 1890. *Taqwīm al-buldān*, eds. J. T. Reinaud and W. MacGuckin de Slane, Paris : Imprimerie royale.

Abū al-Ṣalt al-Andalusī. 1991. “al-Risālat al-Miṣrīya” in *Nawādir al-makhṭūṭāt,* vol. 1, ed. Abū ‘Abd al-Salām Hārūn, Beirut : Dār al-jīl.

‘Afīf, Shams Sirāj. 1888–91. *Tārīkh-i fīrūz shāhī*, ed. W. Husayn, Calcutta : Asiatic Society.

Akhbār al-zamān. 1938. ed. ‘Abd Allāh Ismā‘īl al-Ṣāwī, Cairo : ‘Abd al-Ḥamīd Aḥmad Ḥanafī.

Andalūsī, Ṣa’id b. Aḥmad. 1912. *Kitāb ṭabaqāt al-umam*, ed. Louis Cheikho, Beirut : al-Maṭba’a al-Kāthūlīkiyya.

‘Arrāf, Shukrī. 1993. *Ṭabaqāt al-anbiyā’ wa al-awliyā’ al-ṣāliḥīn fī al-arḍ al-muqaddasa,* Tarshīhā : Maṭba‘a ikhwān makhūl.

Ayvansarayî et al. 2001. *Hadîkatü’l-cevâmi‘ : İstanbul Camileri ve Diğer Dînî-Sivil Mi‘mârî Yapılar,* ed. A. N. Galtekin, Istanbul : İşaret Yayınları.

Baba Bathra. 1976. *Baba Bathra, Hebrew-English Edition of the Babylonian Talmud*, 2 vols., trans. and notes Maurice Simon and Israel W. Slotki, London/Jerusalem/New York : Soncino Press.

Badā’ūnī, ‘Abd al-Qādir. 1864–69. *Muntakhab al-tawārīkh*, 3 vols., eds. A. ‘Alī and K. Aḥmad, Calcutta : Asiatic Society of Bengal.

Bakrī, Abū ‘Ubayd. 1992. *Kitāb masālik wa-al-mamālik,* eds. A. P. van Leeuwen and A. Ferre, Tunis : Dār al-‘arabīya li ’l-kitāb.

Bîcân, Yazıcıoğlu Ahmed. 1999. *Dürr-i Meknun : Saklı İnciler*, trans. and notes N. Sakaoğlu, Istanbul : Türkiye Ekonomik ve Toplumsal Tarih Vakfı.

Bīrūnī, Abū Rayḥān Muḥammad ibn Aḥmad. 1954–56. *Qānūn al-Mas‘ūdī*, Hyderabad : Maṭba‘a majlis dā’ira al-ma‘ārif al-‘uthmānīya.

Buzurk b. Shahriyār. 1883–86. *Kitāb ‘ajā’ib al-Hind*, ed. P.A. van der Lith, Leiden : Brill.

Dimashqī, Shams al-Dīn Muḥammad. 1866. *Nukhbat al-dahr fī ‘ajā’ib al-barr wa al-baḥr*, ed. A. F. Mehren, Saint-Pétersbourg : Académie impériale des sciences.

Eremya Çelebi Kömürcüyan. 1952. *İstanbul Tarihi : XVII. Asırda İstanbul,* trans. H. D. Andreasyan, Istanbul : Kutulmuş Basımevi.

Evliya Çelebi. 1334 (1914/15). *Evliya Çelebi Seyahatnamesi,* 1.–2. Cilt, Istanbul : İkdam Matbaası.

————. 1989. *Evliya Çelebi Seyahatname : Topkapı Sarayı Bağdat 304 Yazmasının Tıpkıbasımı,* intro. F. İz, Cambridge, Mass. : Harvard University.

————. 1996. *Evliya Çelebi Seyahatnâmesi 1. Kitap,* ed. O. Ş. Gökyay, Istanbul : Yapı Kredi Yayınları.

————. 2003. *Günümüz Türkçesiyle Evliyâ Çelebi Seyahatnâmesi 1. Kitap,* 2 vols., eds. S. A.

Kahraman and Y. Dağlı, Istanbul : Yapı Kredi Yayınları.
———. 2007. *Evliya Çelebi Seyahatnâmesi 10. Kitap*, eds. S. A. Kahraman and Y. Dağlı and R. Dankoff, Istanbul : Yapı Kredi Yayınları.
Fawā'id al-fu'ād. 1996. *Spiritual and Literary Discourses,* trans. Ziya-ul-Ḥasan Faruqi, New Delhi : D. K. Printworld.
———. 2007. New Delhi : Khwāja Sayyid Ḥasan Thānī Dihlawī.
Firdawsī. 1988–2008. *Shāhnāma,* 8 vols., ed. Djalal Khaleghi-Motlagh, New York : Bibliotheca Persica.
Gharā'ib al-funūn wa mulaḥ al-'uyūn. 2014. *The Book of Curiosities : an Eleventh Century Egyptian Guide to the Universe,* eds. Yossef Rapoport and Emile Savage-Smith, Leiden : Brill.
Gharnāṭī, Abū Ḥāmid. 1925. *Tuḥfat al-albāb wa-nukhbat al-i'jāb,* ed. Gabriel Ferrand, *Journal Asiatique,* 207, pp. 1–148, 193–332.
———. 1953. *Al-Mu'rib 'an ba'ḍ 'ajā'ib al-Maghrib (folios 97–114), Relación de Viaje por Tierras Euroasiáticas,* ed. C. Dubler, Madrid : Consejo Superior de Investigationes Cientificas.
———. 1991. *Al-Mu'rib 'an ba'ḍ 'ayā'ib al-Magrib (Elogio de Algunas Maravillas del Magrib),* ed. and trans. Ingrid Bejarano, Madrid : Consejo Superior de Investigationes Cientificas.
———. 2003. « Du novelles pages du Mu'rib 'an ba'ḍ 'ağā'ib al-Maġrib d'Abū Ḥāmid al-Ġarnāṭī, » ed. J-Ch. Ducène, *Al-Qantara*, 24, pp. 33–76.
———. 2006. *De Grenade à Baghdad : La relation de voyage d'Abu Hamid al-Gharnati (1080–1168),* trans. J-Ch. Ducène, Paris : L'Harmattan.
Ghazālī, Abū Ḥāmid Muḥammad. n.d. *Iḥyā' 'ulūm al-dīn*, 5 vols., Beirut : Dār al-qalam.
———. 1985. *Kīmiyā-yi sa'ādat*, 2 vols. Tehran : Entishārāt-e 'elmī va farhangī.
Hamdānī, al-Ḥasan ibn Aḥmad. 1884. *Ṣifāt jazīrat al-'Arab (Geography of the Arabian Peninsula),* ed. D. H. Müller, Leiden : Brill.
Ḥaydar Malik. 2013. *Tārīkh-i Kashmīr*, ed. R. Bano, Srinagar : Jaykay Books.
Ḥudūd al-'ālam. 1937. *The regions of the world : a Persian geography ; 372 A. H. – 982 A.D.,* trans. Vladimir F. Minorskij, London : Luzac & Co.
Ḥudūd al-'ālam. 1962. ed. Manuchehr Sotūdeh, Tehran : Tehran University Press.
Ibn al-Faqīh al-Hamadānī. 1885. *Mukhtaṣar kitāb al-buldān*, ed. M. J. De Goeje, Leiden : Brill.
Ibn 'Asākir. 1995–2001. *Ta'rīkh madīnat Dimashq*, 80 vols., ed. Muḥibb al-Dīn Abī Sa'īd 'Umar b. Gharāma al-'Amrawī, Beirut : Dār al-fikr.
Ibn Baṭṭūṭa. 2006. *Tuḥfat al-nuẓẓār fī gharā'ib al-amṣār wa 'ajā'ib al-asfār*, ed. Darwīsh al-Jawīdī, 2 vols., Beirut : Maktaba al-'aṣriyya.
Ibn Faḍlān. *Riḥla* →二次資料 Canard 1958/1973 ; Togan 1939.
Ibn Ḥawqal, Abū al-Qāsim. 1938. *Kitāb ṣūrat al-arḍ,* ed. J. H. Kramers, Leiden : Brill (Repr. 1967).
Ibn Khaldūn. n.d. *Muqaddimat Ibn Khaldūn*, Beirut : Dār al-kutub al-'ilmīya.
Ibn Khurdādhbih, Abū al-Qāsim. 1889. *Kitāb al-masālik wa 'l-mamālik*, ed. M. J. De Goeje. B. G. A. VI, Leiden : Brill (Repr. 1967).
Ibn Rusta. 1967. *Kitāb al-a'lāq al-nafīsa,* ed. M. J. De Goeje, Leiden : Brill (Repr. 1892).
Ibn Sa'īd. 1970. *Kitāb jughrāfīyā fī al-aqālīm al-sab'a*, ed. Ismā'īl al-'Arabī, Beirut : al-Maktab al-tijarīya.
Ibn Waṣīf Shāh, Ibrāhīm. 1898. *L'Abrégé des merveilles,* trans. Carra de Vaux, Paris : Klincksieck (Repr. Islamic Geography 196, 1994).
———. 2001. *Mukhtaṣar 'ajā'ib al-dunyā,* Beirut : Nashr kutub al-sunna wa-'l-jamā'a.

Idrīsī, Abū 'Abd Allāh Muḥammad. 1994. *Nuzha al-mushtāq fī ikhtirāq al-āfāq*, 2 vols., eds. Alesio Bombaci et al., Cairo : Maktaba al-thaqāfa al-dīnīya (Repr. of Napoli and Leiden 1970–84).

Idrīsī, Abū Ja'far Muḥammad b. 'Abd al-'Azīz al-Ḥusaynī. 1991. *Anwār 'ulwā al-ajrām fī kashf 'an asrār al-ahrām (Das Pyramidenbuch des Abū Ga'far al-Idrīsī (st. 649/1251))*, ed. Ulrich Haarmann, Beirut : Franz Steiner Verlag.

Iṣṭakhrī, Abū Isḥāq. 1889. *Kitāb masālik wa al-mamālik,* ed. M. J. De Goeje, Leiden : Brill (Repr. 1967).

Jāḥiẓ. 1965–69. *Kitāb al-ḥayawān*, 2nd ed., 7 vols., ed. 'Abd al-Salām Muḥammad Hārūn, Beirut : al-Majma' al-'ilmī al-'arabī al-islāmī.

Jonarāja. 1967. *Rājataraṅgiṇī*, ed. S. Kaul, Hoshiarpur : Vishveshvaranand Institute.

Kalhaṇa. 1900. *Rājataraṅgiṇī*, 2 vols., ed. M. A. Stein, Westminster : Constable.

Khwārizmī, Abū-'Abdallāh Muḥammad Ibn-Mūsā. 1926. *Kitāb ṣūrat al-arḍ,* ed. Hans v. Mžik, Leipzig : Harrassowitz.

Langlès, L. 1814. *Les Voyages de Sind-Bâd le marin et la ruse des femmes, contes arabes, traduction littérale, accompagniée du texte et notes*, Paris : Imprimerie royale.

Levend, Agah Sırrı. 1958. *Türk Edebiyatında Şehr-engizler ve Şehr-engizlerde İstanbul,* Istanbul : Baha Matbaası.

Marwazī, Sharaf al-Zamān Ṭāhir. 1942. *Ṭabā'i' al-ḥayawān (Sharaf al-Zamān Tāhir Marvazī on China, the Turks and India)*, ed. and trans. V. Minorsky, London : Royal Asiatic Society.

Mas'ūdī, Abū Ḥasan 'Alī b. Ḥusayn. 1861–77. *Murūj al-dhahab wa ma'ādin al-jawhar,* 9 vols., eds. Barbier de Meynard and Pavet de Courteille, Paris : Imprimerie impériale.

————. 1893. *Kitāb al-tanbīh wa al-ishrāf*, ed. M. J. De Goeje, Leiden : Brill.

Motraye, Aubry de la. 2007. *La Motraye Seyahatnamesi*, trans. N. Demirtaş, Istanbul : İstiklal Kitabevi.

Muhawi, Ibrahim and Sharif Kanaana. 1989. *Speak, Bird, Speak Again : Palestinian Arab Folktales,* Berkeley and Los Angeles : University of California Press.

Muqaddasī, Muḥammad b. Aḥmad. 1906. *Aḥsan al-taqāsīm fī ma'rifa al-aqālīm*, ed. M. J. De Goeje, Leiden : Brill.

Mustawfī Qazwīnī, Ḥamdallāh. 1915. *Nuzhat al-qulūb,* ed. G. Le Strange, Leiden : Brill.

Nahhās, Aḥsān Yūsuf. n.d. *Īlīyās al-qadīs al-majīd wa al-nabī al-ghayūr,* n. p. : al-Akh nahād rabāhīyya.

Nīlamata Purāṇa. 1936. ed. K. de Vreese, Leiden : Brill.

Nizāmī Ganjavī. 1995 (1374s). *Sharafnāma, Iqbālnāma yā Khiradnāma,* ed. W. Dastgerdī, Tehran : Rād.

Qazwīnī, Abū Yaḥyā Zakariyā' ibn Muḥammad. 1849. *'Ajā'ib al-makhlūqāt wa-gharā'ib al-mawjūdāt,* ed. Ferdinand Wüstenfeld, Göttingen : Dieterich (Repr. Frankfurt : Institute for the History of Arabic-Islamic Science, 1994).

————. 2004. *Die Wunder des Himmels und der Erde,* trans. Alma Giese, Lenningen : Erdmann.

————. 1848. *Āthār al-bilād*, ed. Ferdinand Wüstenfeld, Göttingen : Dietrich (Repr. Frankfurt : Institute for the History of Arabic-Islamic Science, 1994).

Rashīd al-Dīn Faḍl Allāh. 2005. *Jāmi' al-tawārīkh, tārīkh-i Hind wa Sind wa Kashmīr*, ed. M. Rawshan, Tehran : Mīrāth-e maktūb.

Sīrāfī, Abū Zayd al-Ḥasan. 1811. *Kitāb al-thānī min akhbār al-Ṣīn wa al-Hind*, in *Silsila al-tawārīkh*, ed. L. Langlès, Paris : Imprimerie royale.

Śrīvara. 1966. *Zaynataraṅgiṇī* and *Rājataraṅgiṇī*, in *Rājataraṅgiṇī of Śrīvara and Śuka*, ed. S. Kaul, Hoshiarpur : Vishveshvaranand Institute.

Talmon-Heller, Daniela. 2002. "The Cited Tales of the Wondrous Doings of the Shaykhs of the Holy Land by Ḍiyā' al-Dīn Abū 'Abd Allāh Muḥammad b. 'Abd al-Wāḥid al-Maqdisī (569/1173-643/1245): Text, Translation and Commentary," *Crusades*, 1, pp. 111-154.

Ṭūsī, Muḥammad Ibn Maḥmūd Ibn Aḥmad. 1966 (1345s). *'Ajā'ib al-makhlūqāt va gharā'ib al-mawjūdāt,* ed. Manūchehr Sotūdeh, Tehran : Entishārāt-e 'elmī va farhangī.

'Umarī, Ibn Faḍl Allāh. 1988-89. *Masālik al-abṣār fī mamālik al-amṣār*, 27 vols., ed. Fuat Sezgin, Frankfurt : Institute for the History of Arabic-Islamic Science.

Vehbî, Sünbül-zâde. 2011. *Lutfiyye-yi Vehbî : Çeviri Yazı, Günümüz Türkçesi, Tıpkıbasımı,* ed. Gülcan Tandır Alıcı, Kahramanmaraş : Ukde Kitaplığı.

Yāqūt, Abū 'Abd Allāh al-Ḥamawī al-Rūmī. 1866-70. *Mu'jam al-buldān, Jacut's Geographisches Wörterbuch*, 6 vols., ed. Ferdinand Wüstenfeld, Leipzig : Brockhaus.

『アラビアン・ナイト』1966-92 全 18 巻，前嶋信次・池田修訳，平凡社東洋文庫。

イブン・ジュバイル 2009『イブン・ジュバイルの旅行記』藤本勝次・池田修訳，講談社学術文庫。

イブン・バットゥータ 1996-2002『大旅行記』全 8 巻，家島彦一訳注，平凡社東洋文庫。

イブン・ファドラーン 2009『ヴォルガ・ブルガール旅行記』家島彦一訳注，平凡社東洋文庫。

『クルアーン』1996『日亜対訳クルアーン 改訂版』三田了一訳，日本ムスリム協会。

『中国とインドの諸情報』2007 全 2 巻，家島彦一訳注，平凡社東洋文庫。

伝ウマル・ハイヤーム 2011『伝ウマル・ハイヤーム著『ノウルーズの書』(附ペルシア語テキスト)』守川知子・稲葉穣訳注・校訂，京都大学人文科学研究所附属東アジア人文情報学研究センター。

トゥースィー，ムハンマド・ブン・マフムード 2009-(15)『被造物の驚異と万物の珍奇』守川知子監訳，ペルシア語百科全書研究会訳注，『イスラーム世界研究』2 : 2, 198-218 ; 3 : 1, 403-441 ; 3 : 2, 378-391 ; 4, 483-550 ; 5, 365-494 ; 6, 549-570 ; 7, 499-532 ; 8, 266-358.

ナースィレ，フスラウ 2005「『旅行記 (Safarnamah)』訳註 (4)」森本一夫監訳『史朋』38 号，北海道大学文学部東洋史研究室，23-50 頁。

『ハディース』1993-94 上中下巻，牧野信也訳，中央公論社。

ブズルク・ブン・シャフリヤール 2011『インドの驚異譚——10 世紀「海のアジア」の説話集』全 2 巻，家島彦一訳注，平凡社東洋文庫。

【欧文】

[*Alexander's Letter to Aristotle*] 1973. "*Epistola Alexandri ad Aristotelem*" ad codicum fidem edidit et commentario critico instruxit, ed. W. Walther Boer, Meisenheim am Glan : Hain.

Allom, Thomas and G. N. Wright. 1843. *China, in a Series of Views, Displaying the Scenery, Architecture, and Social Habits, of that Ancient Empire*, London : Fisher, Son & Co.

Aquinas, Thomas. 1940-44. *Summa theologiae*, 4 vols., ed. the Institute of Medieval Studies in Ottawa, Ottawa : University of Ottawa Press.

Arrianus, Flavius. 1968. *Flavii Arriani quae exstant omnia, vol. 2 : Scripta minora et fragmenta*, eds. A. G. Roos, revised by G. Wirth, Leipzig : Teubner.

Augustinus, Aurelius. 1924. *De civitate dei contra paganos*, London : Society for Promoting Christian Knowledge.

Barrow, John. 1804. *Travels in China*, London : Cadell & Davies.

[*Bestiary*] 2008. *Book of Beasts : A Facsimile of MS. Bodley 764*, intro. Christopher de Hamel, Oxford :

Bodleian Library.

Bolton, Edmund (Philanactophil). 1624. *Nero Caesar, or Monarchie Depraved : An Historical Worke*, London : Snodham.

Bredon, Juliet. 1922. *Peking : a Historical and Intimate Description of its Chief Places of Interest*, Shanghai : Kelly & Walsh.

Camden, William. 1600. *Britannia*, London : Bishop.

————. 1695. *Camden's Britannia, newly translated into English*, ed. E. Gibson, London : F. Collins.

Cerasi, Maurice. 2006. *Divanyolu*, trans. A. Özdemir, Istanbul : Kitap Yayınevi.

Charleton, Walter. 1663. *Chorea Gigantum : or, The most Famous Antiquity of Great Britain, vulgarly called Stone-Heng, Standing on Salisbury Plain, Restored to the Danes*, London : Herringman.

Defoe, Daniel. 1968. *A Tour thro' the Whole Island of Great Britain*, London : Frank Cass.

Geil, William Edger. 1909. *The Great Wall of China*, New York : Sturgis & Walton Company.

Geoffrey of Monmouth. 2007. *The History of the Kings of Britain*, ed. Neil Wright, Woodbridge : Boydell Press.

Gervase of Tilbury. 2002. *Otia imperialia : Recreation for an Emperor*, eds. S. E. Banks and J. W. Binns, Oxford : Clarendon Press.

Gildas. 2002. *The Ruin of Britain and Other Works*, ed. Michael Winterbottom, Chichester : Phillimore.

Gilles, Pierre. 1998. *The Antiquities of Constantinople : Based on the Translation by John Ball*, trans. E. Gardiner, New York : Italica.

Grelot, Guillaume-Joseph. 1680. *Relation nouvelle d'un voyage de Constantinople*, Paris : Pierre Rocolet.

————. 1998. *İstanbul Seyahatnamesi*, trans. M. Selen, Istanbul : Pera Turizm ve Ticaret.

Gylli, Petrus. 1632. *De Constantinopoleos topographia lib. IV*, Leiden : EX Officina Elzeviriana.

Henry of Huntingdon. 1996. *Historia Anglorum : The History of the English People*, ed. D. Greenway, Oxford : Clarendon Press.

Herodotos. 1927. *Herodoti "Historiae,"* 3rd ed., 2 vols., ed. Karl Hude, Oxford : Clarendon.

Hobbes, Thomas. 1678. *De mirabilibus pecci, being the Wonders of the Peak in Darby-shire, commonly called the Devils' Arse of Peak*, London : William Crook.

Imperato, Ferrante. 1599. *Dell'historia natvrale*, Naples.

Institoris, Heinrich. 1580. *Mallevs Maleficarvm*, Frankfurt am Main : apud Nicolaum Bassaeum.

Jacques de Vitry. 2005. *Histoire de l'Orient et des Croisades pour Jérusalem*, trans. François Guizot, Clermont-Ferrand : Editions Paleo.

Jones, Inigo. 1655. *The most notable Antiquity of Great Britain, vulgarly called Stone-Heng on Salisbury Plain Restored*, London : Pakeman.

Kircher, Athanasius. 1652-54. *Oedipus Aegyptiacus*, Rome : Mascardi.

Langland, William. 1995. *The Vision of Piers Plowman*, 2nd ed., ed. A. V. C. Schmidt, London : Everyman.

Mackay, Christopher S. 2009. *The Hammer of Witches : A Complete Translation of the Malleus Maleficarum*, Cambridge : Cambridge University Press.

Mandeville's Travels. 1967. ed. M. C. Seymour, Oxford : Clarendon Press.

[*Mandeville's Travels*] 1973. *The Metrical Version of "Mandeville's Travels" : From the Unique Manuscript in the Coventry Corporation Record Office,* ed. M. C. Seymour, London : Oxford University Press.

[*Mandevilles's Travels*] 2002. *The Defective Version of "Mandeville's Travels,"* ed. M. C. Seymour, Oxford : Oxford University Press.

Navigatio Sancti Brendani. 1989. *Navigatio Sancti Brendani Abbatis, from Early Latin Manuscripts*, ed. Carl Selmer, Dublin : Four Courts Press.

Nicholas Downton. 1967. *The Voyage of Nicholas Downton*, ed. W. Foster, Nendeln : Kraus Reprint.

Oliphant, Laurence. 1887. *Haifa or Life in Modern Palestine*, Edinburgh and London : Harper & Brothers.

Paré, Ambroise. 1971. *Des monstres et prodiges, édition critique et commentée par Jean Céard*, Geneva : Librarie Droz.

————. 1982. *On Monsters and Marvels*, trans. Janis L. Pallister, Chicago : University of Chicago Press.

Physiologus. 1941. "Physiologus Latinus Versio Y," ed. Francis J. Carmody, *University of California Publications in Classical Philology*, Vol. 12, No. 7.

————. 1964. *Physiologus Bernensis : Voll-Faksimile-Ausgabe des Codex Bongarsianus 318 der Burgerbibliothek Bern*, eds. and trans. Christoph von Steiger and Otto Homburger, Basel : Alkuin-Verlag.

————. 2001. *Physiologus : Griechisch / Deutsch*, trans. and ed. Otto Schönberger, Stuttgart : Philipp Reclam.

Piri Reis Haritası. 1966. Istanbul : Çubuklu.

Plinius. 1967. *C. Plini Secvndi "Natvralis historiae" libri XXXVII*, 5 vols., eds. Karl Mayhoff and Ludwig von Jan, Stuttgart : Teubner.

Plot, Robert. 1677. *The Natural History of Oxfordshire, Being an Essay toward the Natural History of England*, Oxford : Printed at the Theater.

————. 1686. *The Natural History of Staffordshire by Robert Plot. LLD. Keeper of the Ashmolean Musæum and Professor of Chymistry in the University of Oxford*, Oxford : Printed at the Theater.

Polo, Marco. 1928. *Il milione : Prima edizione integrale*, ed. Luigi Foscolo Benedetto, Florence : Olschki.

————. 1998. *Milione : Redazione latina del manoscritto Z, versione italiana a fronte*, ed. Alvaro Barbieri, [Milan]: Bembo ; Parma : Guanda.

Prester John's Letter. 1996. F. Zarncke, "Prester John's Letter to the Byzantine Emperor Emanuel, with a Note by B. Hamilton on Additional Latin Manuscripts of the Letter," in *Prester John : The Mongols and the Ten Lost Tribes*, eds. Charles F. Beckingham and Bernard Hamilton, Aldershot : Variorum, pp. 39-102.

Ptolemy. 1971. *Tetrabiblos*, ed. and trans. F. E. Robbins, Cambridge, Mass. : Harvard University Press (Loeb Classical Library 435).

Schedel, Hartman. 1493. [*Weltchronik*], Nurnberg : Anton Koberger.

Sidney, Sir Philip. 1962. *The Poems of Sir Philip Sidney*, Oxford : Clarendon Press.

Strabon. 1852-53. *Strabonis "Geographica,"* 3 vols., ed. August Meineke, Leipzig : Teubner.

Stukeley, William. 1882-87. *The Family Memoirs of the Rev. William Stukeley*, 3 vols., Durham : Surtees Society.

Thévenot, Jean de. 1890. *Voyage du Levant,* eds. S. Yerasimos and P. Simonet, Paris : François Maspero.

Vincentius Bellovacensis [Vincent of Beauvais]. 1624. *Speculum quadruplex ; sive, Speculum maius : Speculum naturale*. Douai. repr. Graz : Akademische Druck- u. Verlagsanstalt (Repr. 1964).

The Visions of Tondal. 1990. *The Visions of Tondal from the Library of Margaret of York*, eds. Thomas Kren and Roger S. Wieck, Malibu, CA : J. Paul Getty Museum.

Walter Map. 1983. *De nugis curialium*, ed. Montague Rhodes James, revised by C. N. L. Brooke and R. A. B. Mynors, Oxford : Clarendon Press.

Willelmi de Rubruc［William of Rubruck］. 1929. "Itinerarium," in *Sinica Franciscana, vol. 1 : Itinera et relationes Fratrum Minorum saeculi XIII et XIV*, ed. Anastasius van den Wyngaert, Karachi and Florence : Bonaventurae, pp. 147-332.

［*Wonders of the East*］1924. *Three Old English Prose Texts in MS. Cotton Vitellius A xv*, ed. Stanley Rypins, London : Oxford University Press（Repr. New York : Kraus, 1971）.

アウグスティヌス 1982-91『神の国』全5巻，服部英次郎・藤本雄三訳，岩波書店。

アッリアノス 2001『アレクサンドロス大王東征記――付インド誌』上下巻，大牟田章訳，岩波書店。

アリストテレス 1959-61『形而上学』上下巻，出隆訳，岩波書店。

――― 1992『弁論術』戸塚七郎訳，岩波書店。

『アレクサンドロス大王からアリストテレス宛の手紙』2009『西洋中世奇譚集成――東方の驚異』池上俊一訳，講談社学術文庫。

オラウス，マグヌス 1991-92『北方民族文化誌』上下巻，谷口幸男訳，溪水社。

カルピニ／ルブルク 1989『中央アジア・蒙古旅行記――遊牧民族の実情の記録』護雅夫訳，光風社。

ギラルドゥス・カンブレンシス 1996『西洋中世綺譚集成――アイルランド地誌』有光秀行訳，青土社。

ケプラー，ヨハネス 1985『ケプラーの夢』渡辺正雄・榎本恵美子訳，講談社。

『司祭ヨハネの手紙』2009『西洋中世奇譚集成――東方の驚異』池上俊一訳，講談社学術文庫。

『ジャンヌ・ダルク処刑裁判』2002 高山一彦編訳，白水社。

ストラボン 1994『ギリシア・ローマ世界地誌』飯尾都人訳，龍溪書舎。

『聖書』1995『聖書・新共同訳――旧訳続編つき』共同訳聖書実行委員会訳，日本聖書教会。

『聖ブランダン航海譚』→二次資料 藤代 1999

タキトゥス 1965「アグリコラ」『タキトゥス』(世界古典文学全集 22) 国原吉之助訳，筑摩書房。

ディオドロス，シクロス 2012「『歴史叢書』第一七巻 アレクサンドロス大王の歴史（その3)」森谷公俊訳注『帝京史学』27号，135-212頁。

ティルベリのゲルウァシウス 2008『西洋中世奇譚集成――皇帝の閑暇』池上俊一訳，講談社学術文庫。

伝カリステネス 2000『アレクサンドロス大王物語』橋本隆夫訳，国文社。

「トゥヌクダルスの幻視」2010『西洋中世奇譚集成――聖パトリックの煉獄』千葉敏之訳，講談社学術文庫。

『東方の驚異』1976「古英散文『東方の驚異』」芳賀重徳訳『片平(中部片平会)』13号，21-34頁。

ド・クラリ，ロベール 1995『コンスタンチノープル遠征記――第四回十字軍』伊藤敏樹訳，筑摩書房。

ヒポクラテス 1997『ヒポクラテス全集』全3巻，大槻真一郎訳，エンタプライズ。

ビュフォン，ジョルジュ＝ルイ・ルクレール 1991『ビュフォンの博物誌』C・S・ソンニーニ原編集，荒俣宏監修・解説，ベカエール直美訳，今泉忠明・財団法人山階鳥類研究所・千石正一協力，工作舎。

プトレマイオス 1986『プトレマイオス地理学』織田武雄監修，中務哲郎訳，東海大学出版会。
プリニウス 1986『プリニウスの博物誌』全3巻，中野定雄・中野里美・中野美代訳，雄山閣。
ベーコン，フランシス 1974『学問の進歩』服部英次郎・多田英次訳，岩波書店。
ヘロドトス 1971-72『歴史』全3巻，松平千明訳，岩波書店。
ポーロ，マルコ，ルスティケッロ・ダ・ピーサ 2013『世界の記——「東方見聞録」対校訳』高田英樹訳，名古屋大学出版会。
ポーロ，マルコ 2002『全訳マルコ・ポーロ東方見聞録——『驚異の書』fr. 2810 写本』月村辰雄・久保田勝一訳，岩波書店。
『マンデヴィルの旅』1997 福井秀加・和田章監訳，大手前女子大学英文学研究会訳，英宝社。
ヤコブス・デ・ウォラギネ 1979-87『黄金伝説』全4巻，前田敬作他訳，人文書院。
ラス・カサス，バルトロメー・デ 1977『コロンブス航海誌』林屋永吉訳，岩波書店。
ルキアノス 1989『本当の話——ルキアノス短篇集』呉茂一訳，ちくま文庫。
ルーン，ヴァン 1933『ヴァン・ルーンの地理学』内山賢次訳，厚生閣書店。

【和文・漢文】

『金樓子』6巻，蕭繹撰。知不足齋叢書，第9集。百子全書，雜家類。
西京雜記 1974『西京雜記』6巻，劉歆撰。漢魏叢書，史籍。影印本＝『和刻本漢籍随筆集』第13集，汲古書院。
『職方外紀』5巻，艾儒略撰。守山閣叢書，史部。
國譯一切經 1930『國譯一切經』本緣部第11，赤沼智善・西尾京雄訳，大東出版社。
『山海経』1975『山海経・列仙伝』前野直彬訳注，集英社。
趙汝适 1990『諸蕃志』藤善真澄訳注，関西大学出版部。
西川如見 1944『日本水土考・水土解辯・增補華夷通商考』飯島忠夫・西川忠幸校訂，岩波文庫。
森島中良 1787『紅毛雜話』須原屋市兵衛。影印本＝『紅毛雜話／蘭畹摘芳』江戸科学古典叢書31，恒和出版 1980。
太平御覽 1936『太平御覽』1000巻，洋装本全7冊，李昉等編 臺灣商務印書館。

二次資料

【欧文その他】

Afnan, S. M. 1964. *Philosophical Terminology in Arabic and in Persian*, Leiden : Brill.
Alam, Muzaffar and Sanjay Subrahmanyam. 2007. *Indo-Persian Travels in the Age of Discoveries, 1400-1800*, Cambridge : Cambridge University Press.
Anawati, C. G. 1991. “Fakhr al-Dīn al-Rāzī,” *Encyclopedia of Islam 2nd ed.*, Leiden : Brill, vol. 2, pp. 751-755.
Arnold, Ken. 2006. *Cabinets for the Curious : Looking Back at Early English Museums*, Farnham : Ashgate.
Arkoun, Mohamed, J. Le Goff, T. Fahd, M. Robinson eds. 1978. *L’étrange et le merveilleux dans l’Islam médiéval : actes du colloque tenu au Collège de France à Paris, en mars 1974*, Paris : Editions J. A.
Ashworth, Jr., William B. 1991. “Remarkable Humans and Singular Beasts,” in *The Age of the Marvelous*, ed. Joy Kenseth, Hanover, New Hampshire : Hood Museum of Art, Dartmouth College.
Auer, Alfred and Eva Irblich. 1999. *Natur und Kunst*, Vienna : Kunsthistorisches Museum Wien.

Augustinović, Augustín. 1972. *"El Khadr" and the Prophet Elijah*, Jerusalem : Franciscan Printing Press.

Badiee, Julie Anne Oeming. 1978. *An Islamic Cosmography : The Illustrations of the Sarre Qazwīnī*, Ph. D. diss., University of Michigan.

Bagci, Serpil. 2010. *Falnama : The Book of Omens*, Thames & Hudson Ltd.

Bargellini, C. 1975. *Studies in Medieval Apulian Floor Mosaics*, Ph. D. diss., Harvard University.

Barral i Altet, X. 2010. *Le décor du pavement au Moyen Age : Les mosaïques de France et d'Italie*, Roma : École française de Rome.

Baynham, E. 2001. "Alexander and the Amazons," *Classical Quarterly* 51. 1.

Beavis, Ian C. 1988. *Insects and Other Invertebrates in Classical Antiquity*, Exeter : University of Exeter Press.

Berlekamp, Persis. 2011. *Wonder, Image, & Cosmos in Medieval Islam*, New Haven and London : Yale University Press.

Bernus-Taylor, Marthe. 2001. *L'Etrange et le merveilleux en terres d'Islam,* catalogue de l'exposition, Paris, Musée du Louvre, Réunion des musées nationaux.

Bildhauer, Bettina and Robert Mills eds. 2003. *The Monstrous Middle Ages*, Toronto-Buffalo : University of Toronto Press.

Bodin, Jean. 1988. *De la démonomanie des sorciers*, Hildesheim : Georg Olms Verlag (Chez Iacques du Puys Libraire Iuré, à la Smaritaine, 1580).

Bosworth, C. E. and I. Afshar. 1985. "'Ajā'eb al-Makhlūqāt," in *Encyclopaedia Iranica,* I, London : Routledge & Kegan Paul, pp. 696–699.

Braungart, Wolfgang. 1989. *Die Kunst der Utopie*, Stuttgart : Metzler.

Brown, Peter. 1971. "The Rise and Function of the Holy Man in Late Antiquity," *Journal of Roman Studies*, 61, pp. 80–101.

Bynum, Caroline Walker. 1997. "Wonder," *American Historical Review*, 102 : 1, pp. 1–26.

Camille, Michael. 1998. *Mirror in Parchment : The Luttrell Psalter and the Making of Medieval England*, London : Reaktion Books.

Campbell, Mary B. 1988. *The Witness and the Other World : Exotic European Travel Writing, 400–1600*, Ithaca : Cornell University Press.

Canaan, Taufik. 1927. "Mohammedan Saints and Sanctuaries in Palestine," London : Luzac & Co.

Canard, Marius. 1958/1973. "La relation du voyage d'Ibn Fadlân chez les Bulgares de la Volga," *Annales de l'Institut d'Études Orientales de la Faculté des Lettres d'Alger*, 16. pp. 41–146. Reprinted : *Miscellanea Orientalia*, Variorum Reprints. London, 1973.

Carboni, Stefano. 1992. *The Wonders of Creation and the Singularities of Ilkhanid Painting : A Study of the London Qazwini British Library Ms. Or. 14140,* Ph. D. diss., SOAS, University of London.

————. 1995. "Constellations, Giant and Angels from al-Qazwini Manuscripts," in *Islamic Art in the Ashmolean Museum, Part one, Oxford Studies in Islamic Art vol. X*, ed. James W. Allan, Oxford : Oxford University Press, pp. 83–97.

Casale, Giancarlo. 2010. *The Ottoman Age of Exploration*. Oxford : Oxford University Press.

Cassanelli, L. V. 1982. *The Shaping Somali Society*, Philadelphia : University of Pennsylvania Press.

Castiñeiras González, M. A. 2006. "D'Alexandre à Arthur : l'imaginaire normand dans la mosaïque d'Otrante," *Les Cahiers de Saint-Michel de Cuxa*, 37, pp. 135–153.

————. 2007. "L'Oriente immaginato nel mosaico di Otranto," in *Medioevo mediterraneo :*

l'Occidente, Bisanzio e l'Islam : atti del convegno internazionale di studi, Parma, 21–25 settembre 2004, ed. A. C. Quitavalle, Parma : Università di Parma, pp. 590–603.

Céard, Jean. 1977. *La nature et les prodiges : L'insolite au XVIe siècle*, Genève : Libraire Droz S. A.

Cerasi, Maurice. 2006. *Divanyolu*, trans. A. Özdemir, Istanbul : Kitap Yayınevi.

Chiffoleau, Jacques. 1996. "Contra naturam. une approche casuistique de la nature au XIIe–XIVe siècle," *Micrologus*, 4, pp. 265–312.

Chippindale, Christopher. 2012. *Stonehenge Complete*, London : Thames & Hudson.

Clayton, P. A. and Martin J. Price eds. 1988. *The Seven Wonders of the Ancient World*, London and New York : Routledge.

Comparetti, Domenico. 1937–41. *Virgilio nel Medioevo*, 3rd ed., 2 vols., Florence : La Nuova Italia.

Contadini, Anna. 2005. "Musical Beasts : The Swan-Phoenix in the Ibn Bakhtishu' Bestiaries," in *The Iconography of Islamic Art, Studies in Honour of Robert Hillenbrand*, ed. Bernard O'Kane, Edinburgh : Edinburgh University Press, pp. 93–102.

Coppola, M. A. 2005. "Il pavimento musivo della Cattedrale di Otranto : in imagine e pubblicazioni più o meno recenti," *Studi Medievali*, 46 : 1, pp. 343–384.

Dagron, G and L. Martin. 1971. "Discours utopique et récit des origines," *Annales*, 26 : 2, pp. 290–327.

Dahhān, Sāmī al-Dahhān. 1959. *Risālat Ibn Faḍlān*, Damascus : Maṭbū'āt al-majma' al-'ilmī al-'arabī bi Dimashq.

Daneshvari, Abbas. 2011. *Of Serpents and Dragons in Islamic Art : An Iconographical Study* (*Bibliotheca Iranica Islamic Art & Architecture*), Costa Mesa : Mazda Publishers.

Dankoff, Robert. 1991. *The Intimate Life of an Ottoman Statesman : Melek Ahmed Pasha (1588–1662) as Portrayed in Evliya Çelebi's Book of Travels*, Albany : State University of New York Press.

————. 2004. *An Ottoman Mentality : the World of Evliya Çelebi*, Leiden-Boston : Brill.

Daston, Lorraine. 1991. "Marvelous Facts and Miraculous Evidence in Early Modern Europe," *Critical Inquiry*, 18 : 1, Autumn, pp. 93–124.

————. 1998. "The Nature of Nature in Early Modern Europe," *Configurations*, 6, pp. 149–172.

Daston, Lorraine and Katharine Park. 2001. *Wonders and the Order of Nature 1150–1750*, New York : Zone Books.

Devic, Marcel. 1883. *Le pays des Zendjs ou la côte orientale d'Afrique au moyen-âge*, Paris : Hachette.

Doufikar-Aerts, Faustina. 2010. *Alexander Magnus Arabicus : A Survey of the Alexander Tradition through Seven Centuries from Pseudo-Callisthenes to Ṣūrī*, Leuven : Peeters.

Dubost, Francis. 1991. *Aspects fantastiques de la littérature narrative médiévale (XIIème–XIIIème siècles) : L'Autre, l'Ailleurs, l'Autrefois*, 2 vols., Paris : Honoré Champion.

Ducène, Jean-Charles. 2001. "L'île des Amazones dans la mer Baltique chez les géographes arabes : confluence du Roman d'Alexandre et d'une tradition germanique," *Rocznik Orientalistyczny*, 54, pp. 171–182.

————. 2011. «Du nouveau sur les Amazones dans les sources arabes et persanes médiévales, » *Rocznik Orientalistyczny*, 64 : 2, pp. 38–45.

El-Daly, O. 2005. *Egyptology : The Missing Millennium - Ancient Egypt in Medieval Arabic Writings*, London : UCL Press.

Elias, Jamal. 2012. *Aisha's Cushion : Religions Art, Perception, and Practice in Islam*, Cambridge, Mass. : Harvard University Press.

Eravşar, Osman. 2008. "Miniature Painting of Prophet Elijah (Ilyas) and al-Khdor (Hidir) in the

Ottomon Period," *ARAM Periodical*, 20, pp. 137–162.

Ettinghausen, Richard. 1947. "Al-Ghazzali on Beauty," in *Art and Thought : Issued in honour of Dr. Ananda K. Coomaraswamy on the occasion of his 70th birthday*, ed. K. Bharatha Iyer, London : Luzac, pp. 160–165.

———. 1950. *Studies in Muslim Iconography I. The Unicorn, Freer Gallery of Art Occasional Papers* 1 : 3, Washington D. C. : Smithsonian Institution.

Fabbri, N. R. 1971. *Eleventh and Twelfth Century Figurative Mosaic Floors in South Italy*, Ph. D diss., Bryn Mawr College.

Ferrand, Gabriel. 1913–14. *Relation de voyages et textes géographiques*, Paris : Ernest Leroux.

Findlen, Paula. 1989. "The Museum : Its Classical Etymology and Renaissance Genealogy," *Journal of the History of Collections*, 1 : 1, pp. 59–78.

———. 1990. "Jokes of Nature and Jokes of Knowledge : The Playfulness of Scientific Discourse in Early Modern Europe," *Renaissance Quarterly*, 43 : 2, pp. 292–331.

———. 1994. *Possessing Nature : Museums, Collecting, and Scientific Culture in Early Modern Italy*, Berkeley : University of California Press.

Findlen, Paula ed. 2004. *Athanasius Kircher*, New York and London : Routledge.

Finucane, Ronald. C. 1977. *Miracles and Pilgrims : Popular Beliefs in Medieval England*, London : J. M. Dent.

Fodor, A. 1970. "The Origins of the Arabic Legends of the Pyramids," *Acta Orientalia Hungarica*, 23, pp. 335–363.

Frankfurter, David. 2003. "Syncretism and the Holy Man in Late Antique Egypt," *Journal of Early Christian Studies*, 11 : 3, pp. 339–385.

Friedman, John Block. 2000. *The Monstrous Races in Medieval Art and Thought*, New York : Syracuse University Press.

Frugoni, C. 1968. "Per una lettura del mosaico pavimentale della Cattedrale di Otranto," *Bulletino dell' Istituto Storico Italiano per il Medio Evo e Archivio Muatoriano*, 80, pp. 222–261.

———. 1970. "Il mosaico di Otranto : modelli culturali e scelte iconografiche," *Bulletino dell' Istituto Storico Italiano per il Medio Evo e Archivio Muatoriano*, 82, pp. 243–276.

Frye, Richard Nelson. 1965. *Bukhara : The Medieval Achivement*, Norman : University of Oklahoma Press.

———. 2005. *Ibn Fadlan's Journey to Russia. A Tenth-Century Traveller from Baghdad to the Volga River*, Princeton : Markus Wiener.

Gabra, Gawdat. 2008. *Historical Dictionary of the Coptic Church*, Cairo : The American University in Cairo Press.

Gadrat, Christine. 2005. *Une image de l'Orient au XIVe siècle : Les Mirabilia descripta de Jordan Catala de Sévérac*, Paris : École des Chartes.

Gaullier-Bougassas, Catherine. 2003. *La tentation de l'Orient dans le roman médiéval : Sur l'imaginaire médiéval de l'Autre*, Paris : Honoré Champion.

Gierlichs, Joachim. 1993. *Drache, Phönix, Doppeladler : Fabelwesen in der islamischen Kunst*, Berlin : Museum für islamiche Kunst.

Gillingham, John. 2000. *The English in the Twelfth Century : Imperialism, National Identity and Political Values*, Woodbridge : Boydell Press.

Graf, Georg. 1944–53. *Geschichte der christlichen arabischen Literatur*, 5 vols., Vatican : Biblioteca

Apostolica Vaticana.
———. 1954. *Verzeichnis arabischer kirchlicher Termini*, 2nd ed., Leuven : Peeters.
Gramlich, Richard. 1987. *Die Wunder der Freunde Gottes : Theologien und Erscheinungsformen des islamischen Heiligenwunders*, Stuttgart : Steiner Verlag Wiesbaden.
Gregor, Helmut. 1964. *Das Indienbild des Abendlandes (bis zum Ende des 13. Jahrhunderts), Wiener Dissertationen aus dem Gebiet der Geschichte*, Wien : Verlag des Wissenschaftlichen Antiquariats H. Geyer.
Gunther, R. T. 1968. *Early Science in Oxford : The Philosophical Society*, London : Dawson of Pall Mall.
Guzman, Gregory G. 1989. "Vincent of Beauvais," in *The Dictionary of the Middle Ages*, vol. 12, eds. Joseph R. Strayer et al., New York : Scribner, pp. 453-455.
Haarmann, U. 1980. "Regional Sentiment in Medieval Islamic Egypt," *Bulletin of the School of Oriental and African Studies*, 43 : 1, pp. 55-66.
———. 1991. "In Quest of the Spectacular : Noble and Learned Visitors to the Pyramids around 1200 A. D.," in *Islamic Studies presented to Charles J. Adams*, ed. Wael B. Hallaq, Leiden : Brill, pp. 57-67.
Hanauer, J. E. 1935. *Folk-lore of the Holy Land : Moslem, Christian and Jewish*, London : Sheldon.
Hayes, Newton. 1929. *The Great Wall of China*, Shanghai : Kelly & Walsh.
Hees, Syrinx von. 2002. *Enzyklopädie als Spiegel des Weltbildes. Qazwīnīs Wunder der Schöpfung - eine Naturkunde des 13. Jahrhunderts. Diskurse der Arabistik 4*, Wiesbaden : Harrassowitz.
———. 2005. "The Astonishing : a Critique and Re-reading of 'Aǧāʾib Literature," *Middle Eastern Literatures*, 8 : 2, pp. 101-120.
———. 2006. "Al-Qazwini's 'Aja'ib al-makhluqat : an encyclopaedia of natural history ?" in *Organizing Knowledge : Encyclopaedic Activities in the Pre-eighteenth Century Islamic World*, ed. Gerhard Endress, Leiden : Brill.
Heuer, Brigitte, B. Kellner-Heinkele, Cl. Schönig eds. 2012. *"Die Wunder der Schöpfung" Mensch und Natur in der türksprachigen Welt*, Wurzburg : Ergon.
Higgins, Iain Macleod. 2004. "Mandeville," in *A Companion to Middle English Prose*, ed. A. S. G. Edwards, Cambridge : Brewer, pp. 99-116.
Historsches Museum der Pfalz Speyer. 2010. *Amazonen : Geheimnisvolle Kriegerinnen*, Munich : Minerva.
Hitchcock, Romyn. 1893. "The Great Wall of China," *The Century Magazine*, 45 : 3, pp. 327-332.
Hoeniger, F. David. 1985. "How Plants and Animals Were Studied in the Mid-Sixteenth Century," in *Science and the Arts in the Renaissance*, eds. John W. Shirley and F. David Hoeniger, Washington, D. C. : Folger Shakespeare Library, pp. 130-148.
Hopkins, J. F. P. 1990. "Geographical and Navigational Literature," in *Religion, Learning, and Science in the 'Abbasid Period, Cambridge History of Arabic Literature*, eds. M. J. L. Young et al., Cambridge : Cambridge University Press, pp. 301-341.
Horton, Mark. 1996. *Shanga : the Archaeology of a Muslim Trading Community on the Coast of East Africa*, London : British Institute in Eastern Africa.
Hudson, Anne. 1978. *Selections from English Wycliffite Writings*, Cambridge : Cambridge University Press.
İhsanoğlu, E., R. Şeşen et al. eds. 2000. *Osmanlı Coğrafya Literatürü Tarihi,* 2 vols. Istanbul : İRCİCA

Yayınları.

İnciciyan, Ğugios. 1976. *XVIII. Asırda İstanbul*, trans. and ed. H. D. Andreasyan, Istanbul : Baha Matbaası (1st ed. 1956).

Insoll, Timothy. 2003. *The Archaeology of Islam in Sub-Saharan Africa*, Cambridge : Cambridge University Press.

Juma, Abdurahman. 2004. *Unguja Ukuu on Zanzibar : An Archaeological Study of Early Urbanism*, Uppsala : Uppsala University.

Kemal, Salim. 1991. *The Poetics of Alfarabi and Avicenna*, Leiden : Brill.

Kendrick, T. D. 1950. *British Antiquity*, London : Methuen.

Kier, H. 1970. *Der mittelalterliche Schmuckfussboden unter besonderer Berücksichtigung des Rheinlandes*, Düsseldorf : Rheinland Verlag.

Kim, Susan M. 1997. "Man-Eating Monsters and Ants as Big as Dogs : The Alienated Language of the Cotton Vitellius A. XV 'Wonders of the East'," in *Animals and the Symbolic in Mediaeval Art and Literature*, ed. L. A. J. R. Houwen, Groningen : Forsten, pp. 39–51.

Klingender, Francis. 1971. Animals in Art and Thought to the End of the Middle Ages, London : Routledge & Kegan Paul.

Kraack, Detlev von. 1997. *Monumentale Zeugnisse der spätmittelalterlichen Adelsreise : Inschriften und Graffiti des 14. –16. Jahrhunderts*, Göttingen : Vandenhoeck & Ruprecht.

Kuehn, Sara. 2011. *The Dragon in Medieval East Christian and Islamic Art*, Leiden : Brill.

Kühnel, Ernst. 1943. "Das Qazwini-Fragment der Islamischen Abeteilung," *Jahrbuch der preussisten kunstsammlungen*, LXIV, pp. 59–72.

Kusimba, C. 1999. *The Rise and Fall of Swahili States*, Walnut Creek : Altamira.

Lasner, J. 1993. *Demonizing the Queen of Sheba : Boundaries of Gender and Culture in Postbiblical Judaism and Medieval Islam*, Chicago and London : University of Chicago Press.

Laue, Georg ed. 2004. *Gedrehte Kostbarkeiten*, München : Kunstkammer Georg Laue.

Le Goff, Jacques. 1980. "The Medieval West and the Indian Ocean," in *Time, Work, and Culture in the Middle Ages*, Chicago : University of Chicago Press, pp. 189–200.

————. 1985. *L'imaginaire médiéval*, Paris : Gallimard.

————. 1988. "Le merveilleux scientifique au Moyen Age," in *Zwischen Wahn, Glaube und Wissenschaft : Magie, Astrologie, Alchemie und Wissenschaftsgeschichte*, ed. Jean-François Bergier, Zürich : Fachvereine, pp. 87–113.

————. 1999. "Merveilleux," in *Dictionnaire raisonné de l'Occident médiéval*, eds. Jacques Le Goff and Jean-Claude Schmitt, Paris : Fayard, pp. 709–724.

————. 2004. *Héros du Moyen Âge, Le roi, le saint, au Moyen Âge*, Paris : Gallimard Quarto.

————. 2005. *Héros et merveilles du Moyen-âge*, Paris : Seuil.

Lecouteux, Claude. 1993. *Les Monstres dans la pensée médiévale européenne*, Paris : Presses de l'Université de Paris-Sorbonne.

————. 1995. *Au-delà du Merveilleux : Des croyances au Moyen Âge*, Paris : Presses de l'Université de Paris-Sorbonne.

Leduc, Guyonne ed. 2008. *Réalité et représentations des Amazones*, Paris : L'Harmattan.

Leithe-Jaspar, Manfred eds. 1991. *Zu GAST in der Kunstkammer*, Wien : Kunsthistorisches Museum Wien.

Lewicki, T. 2001. "al-Kazwini," *Encyclopaedia of Islam, CD-ROM Edition,* v. 1. 1.

Lewis, Bernard. 1982. *The Muslim Discovery of Europe*. New York : George J. Mcleod.

————. 1990. *Race and Slavery in the Middle East : An Historical Enquiry*, Cambridge : Cambridge University Press.

Lovell, Julia. 2006. *The Great Wall : China against the world 1000 BC–AD 2000*, Grove Press.

MacGregor, Arthur. 1983a. “The Tradescants : Gardeners and Botanists,” in *Tradescant’s Rarities : Essays on the Foundation of the Ashmolean Museum 1683 with a Catalogue of the Surviving Early Collections*, ed. Arthur MacGregor, Oxford : Clarendon Press.

————. 1983b. “The Tradescants : As Collectors of Rarities,” in *Tradescant’s Rarities : Essays on the Foundation of the Ashmolean Museum 1683 with a Catalogue of the Surviving Early Collections*, ed. Arthur MacGregor, Oxford : Clarendon Press.

————. 1985. “The Cabinet of Curiosities in Seventeenth Century Britain,” in *The Origins of Museums : The Cabinet of Curiosities in Sixteenth-and Seventeenth Century Europe*, eds. Oliver Impey and Arthur MacGregor, Oxford : Clarendon Press.

Majeska, George. 2007. *Russian Travelers to Constantinople in the Fourteenth and Fifteenth Centuries*, Washington : Dumbarton Oaks Trustees for Harvard University.

Mansour, Johnny. 2007. “The Arab in Haifa During the British Mandate,” in *The Secret of Coexistence : Jews and Arabs in Haifa during the British Mandate in Palestine, 1920–1948*, eds. Daphna Sharfman, Eli Nachmias and Johnny Mansour, BookSurge.

Mantran, Robert. 1994. *Istanbul au siècle de Soliman le Magnifique*, Paris : Hachette（1st ed., *La vie quotidienne à Constantinople au temps de Soliman le Magnifique et de ses successeurs : XVIe et XVIIe siècle*, Paris : Hachette, 1965）.

Mariño Ferro, Xosé Ramon 1996. *Symboles animaux : un dictionnaire des représentations et croyances en Occident*, trans. Christine Girard and Gérard Grenet, Paris : Desclée de Brouwer.

Mauries, Patrick. 2002. *Cabinets of Curiosities*, London : Thames & Hudson.

May, David. 1987. “Dating the Middle English Translations of *Mandeville’s Travels* : The Papal Interpolation,” *Notes & Queries*, ns 34, pp. 175–178.

Meinardus, Otto. 1966. “The Medieval Graffiti in the Monasteries of SS. Antony and Paul,” *Studia Orientalia Christiania Collectania*, 11, pp. 520–527.

Ménard, Philippe. 1979. *Les Lais de Marie de France*, Paris : PUF.

Meslin, Michel ed. 1984. *Le Merveilleux : L’imaginaire et les croyances en Occident*, Paris : Bordas.

Middleton, John. 1992. *The World of the Swahili : An African Mercantile Civilization*. New Haven : Yale University Press.

Minnis, A. J. 1988. *Medieval Theory of Authorship : Scholastic Literary Attitudes in the Later Middle Ages*, 2nd ed., Aldershot : Wildwood.

Miquel, André. 1967–88. *La géographie humaine du monde musulman jusqu’au milieu du 11e siècle*, 4 vols., Paris-La Haye : Mouton.

Monchi-Zadeh, Davoud. 1975. *Topographisch-Historische Studien zum Iranischen Nationalepos*, Wiesbaden : Franz Steiner.

Moor, Bilha. 2010. *Popular Medicine, Divination, and Holy Geography : Sixteenth-Century Illustrations to Ṭūsī’s ‘Ajā’ib al-Makhlūqāt*, Ph. D diss., Hebrew University of Jerusalem.

Moseley, Charles. 1970. “Sir John Mandeville’s Visit to the Pope : The Implications of a Papal Interpolation,” *Neophilologus*, 54, pp. 77–80.

Mottahedeh, Roy P. 1997. “Aja’ib in The Thousand and One Nights,” in *The Thousand and One Nights*

in Arabic Literature and Society, eds. Richard G. Hovannisian and Georges Sabagh, Cambridge : Cambridge University Press, pp. 29-39.

Naili, Pertev. 1973. *Türk Halkbilimi II, 100 Soruda Türk Folkloru : İnanışlar, Töre ve Törenler, Oyunlar*, Istanbul : Gerçek Yayınevi.

Necipoğlu, Gülru. 1995. *The Topkapı Scroll : Geometry and Ornament in Islamic Architecture*, Santa Monica : Getty Center for the History of Art and the Humanities.

Nickel, Helmut. 1989. "About Palug's Cat and the Mosaic of Otranto," *Arthurian Interpretations* 3(2), pp. 96-105.

Ohtoshi, T. 2001. "Conception of 'Egypt' in the Pre-Modern Period : Preliminary Essay," *Mediterranean World*, 16, pp. 15-33.

Olmi, Giuseppe. 1993. "From the Marvellous to the Commonplace : Notes on Natural History Museums (16th-18th Century)," in *Non-verbal Communication in Science Prior to 1900*, ed. Renato G. Mazzolini, Florence : L. S. Olschki.

Onuma Yu. 2006. "'Go to the Ant': Appropriations of the Classical Tradition in *Mandeville's Travels*," *Studies in English Literature,* English number, 47, pp. 1-22.

Oxford University Museum of Natural History. 2014. "Learning More : Robertt Plot," retrieved 11 May 2014, http://www.oum.ox.ac.uk/learning/pdfs/plot.pdf.

Pallister, Janis L. 1982. "Introduction," in *Ambroise Paré on Monsters and Marvels*, trans. J. L. Pallister, Chicago : University of Chicago Press.

Pasquini, L. 2004. "Una nuova lettura iconografica del presbiterio di. Otranto alla luce delle fonti delle fonti scritte : notizie preliminari," in *Atti del IX colloquio dell'associazione italiana per lo studio e la conservazione del mosaic / AISCOM o*, a cura di C. Angelelli, Aosta, pp. 529-544.

Pinault, David. 1992. *Story-Telling Techniques in the Arabian Nights*. Leiden : Brill.

Poirion, Daniel. 1982. *Le Merveilleux dans la littérature française du Moyen Âge*, Paris : PUF.

Powels, Randall L. 1987. *Horn and Crescent : Cultural Change and Traditional Islam on the East African Coast, 800-1900*, Cambridge : Cambridge University Press.

Pryce, Huw. 2001. "British or Welsh ? National Identity in Twelfth-Century Wales," *English Historical Review*, 116, pp. 775-801.

Randall, L. M. C. 1966. *Images in the Margins of Gothic Manuscripts*, Berkeley : University of California Press.

Rauch, Margot. 2003. *Monster und Mirakel*, Innsbruck : Heimatwerbung-Tirol.

Rawson, Jessica. 1984. *Chinese Ornament : The Lotus and the Dragon*, London : British Museum Publications, pp. 145-198.

Renard, Jean-Bruno. 2011. *Le merveilleux : Sociologie de l'extraordinaire*, Paris : CNRS ÉDITIONS.

Renard, John. 2008. *Friends of God : Islamic Images of Piety, Commitment, and Servanthood*, Berkeley : University of California Press.

Rice, David S. 1959. "The Oldest Illustrated Arabic Manuscripts," *Bulletin of the School of Oriental and African Studies*, xxii, pp. 207-220.

Richter-Bernburg, L. 1998. "'Ajāʾib Literature," in *Encyclopedia of Arabic Literature*, vol. 1, London : Routledge, pp. 65-66.

Rizvi, S. A. A. 1975. *Religions and Intellectual History of the Muslims in Akbar's Reign with the Special Reference to Abu 'l Fazl*, New Delhi : Munshiram Manoharlal Publishers.

Rojas, Carlos. 2011. *The Great Wall : a Cultural History*, Cambridge, Mass. and London : Harvard

University Press.
Romm, James S. 1992. *The Edges of the Earth in Ancient Thought : Geography, Exploration, and Fiction*, Princeton : Princeton University Press.
Rubiés, Joan-Pau. 2009. “The Emergence of a Naturalistic and Ethnographic Paradigm in Late Medieval Travel Writing,” in *Medieval Ethnographies : European Perceptions of the World Beyond*, ed. Joan-Pau Rubiés, Farnham : Ashgate, pp. 43-64.
Sabra, A. I. 1987. “The Appropriation and Subsequent Naturalization of Greek Science in Medieval Islam : A Preliminary Statement,” *History of Science*, 25, pp. 223-243.
Sandler, Lucy Freeman. 1997. “The Study of Marginal Imagery : Past, Present, and Future,” *Studies in Iconography*, 18, pp. 1-49.
Sarma, S. R. 2002. “From Yāvanī to Saṃskṛtaṃ, Sanskrit Writing Inspired by Persian Works,” 『インド思想史研究』 14, pp. 71-88.
————. 2008. *The Archaic and the Exotic : Studies in the History of Indian Astronomical Instruments*, New Delhi : Manohar.
Saxl, Fritz and Otto Kurz. 1942. “A Spiritual Encyclopaedia of the Later Middle Ages,” *Journal of the Warburg and Courtauld Institutes*, 5, pp. 82-142.
Schmidt, H. P. 2003. “Simorgh,” in *Encyclopedia Iranica*, Costa Mesa : Mazda Pub.
Schmidt, V. A. 1995. *A Legend and its Image : The Aerial Flight of Alexander the Great in Medieval Art*, Groningen : E. Forsten.
Seipel, Wilflied ed. 1998. *Spielwelten der Kunst*, Vienna : Kunsthistorisches Museum Wien.
———— ed. 2001. *Alle Wunder dieser Welt*, Vienna : Kunsthistorisches Museum Wien.
Seymour, M. C. 1993. *Sir John Mandeville*, Aldershot : Variorum.
Sinanlar, Seza. 2005. *Atmeydanı : Bizans Araba Yarışlarından Osmanlı Şenliklerine*, Istanbul : Kitap Yayınevi.
Sirḥān, Nimr. 1977-81, 1989. *Mawsū‘a al-fulklūr al-Filasṭīnī*, vol. 1-3, Amman : al-Bayādir.
Smalley, Beryl. 1960. *English Friars and Antiquity in the Early Fourteenth Century*, Oxford : Blackwell.
Soucek, Svat. 1992. “Islamic Charting in the Mediterranean,” in *Cartography in the Traditional Islamic and South Asian Societies. The History of Cartography*, vol. 2, book 1, eds. J. B. Hartley and David Woodward, Chicago and London : University of Chicago Press.
Souter, Alexander ed. 1949. *A Glossary of Later Latin*, Oxford : Clarendon Press.
Spargo, John Webster. 1934. *Virgil the Necromancer : Studies in Virgilian Legends*, Cambridge, Mass. : Harvard University Press.
Stanton, Anne Rudloff. 2001. *The Queen Mary Psalter : A Study of Affect and Audience*, Philadelphia : American Philosophical Society.
Sumner-Boyd, Hilary and John Freely. 2000. *Strolling through Istanbul : a Guide to the City*, Istanbul : SEV Matbaacılık (1st ed., Istanbul : Redhouse Press, 1972).
Swanson, Mark N. 2010. *The Coptic Papacy in Islamic Egypt (641-1517)*, Cairo : The American University in Cairo Press.
Tibbetts, G. R. 1979. *A Study of the Arabic Texts Containing Material on South-East Asia*, Leiden : Brill.
Todorov, Tzvetan. 1970. *Introduction à la littérature fantastique*, Paris : Seuil.
Togan, Z. V. 1939. “Ibn Faḍlān’s Reisebericht,” *Abhandlungen für die Kunde des Morgenlandes*, 24 : 3, Leipzig.
Trimingham, J. Spencer. 1964. *Islam in East Africa*, Oxford : Clarendon Press.

Tzanaki, Rosemary. 2003. *Mandeville's Medieval Audiences : A Study on the Reception of the Book of Sir John Mandeville (1371–1550)*, Aldershot : Ashgate.

van Bladel, K. 2009. *The Arabic Hermes : From Pagan Sage to Prophet of Science*, Oxford : Oxford University Press.

van Lint, T. M. 2005. "The Gift of Poetry : Khidr and John the Baptist as Patron Saints of Muslim and Armenian 'Ašiqs – Ašuls," in *Redefining Christian Identity : Cultural Interaction in the Middle East since the Rise of Islam (Orientalia Lovaniensia Analecta 134)*, Leuven : Peeters, pp. 335–378.

Waldron, Arthur. 1990. *The Great Wall of China, From History to Myth*, Cambridge and New York : Cambridge University Press.

Warner, George. 1912. *Queen Mary's Psalter*, London : British Museum.

Warwick, Adam. 1923. "A Thousand Miles along the Great Wall of China, The Mightiest Barrier Ever Built by Man Has Stood Guard Over the land of Chin for Twenty Centuries," *The National Geographic Magazine*, 43 : 2, pp. 113–143.

Weil, Stephen E. 1995. *A Cabinet of Curiosities*, Washington and London : Smithsonian Institution Press.

Welch, Martin. 1983. "The Foundation of the Ashmolean Museum," in *Tradescant's Rarities : Essays on the Foundation of the Ashmolean Museum 1683 with a Catalogue of the Surviving Early Collections*, ed. Arthur MacGregor, Oxford : Clarendon Press.

Westwood, Jennifer. 1985. *Albion : A Guide to Legendary Britain*, London : Granada.

Westwood, Jennifer and Jacqueline Simpson. 2005. *The Lore of the Land : a Guide to England's Legends, from Spring-Headed Jack to the Witches of Warboys*, London : Penguin Books.

Whitaker, Katie. 1996. "The Culture of Curiosity," in *Cultures of Natural History*, eds. N. Jardine, J. A. Secord and E. C. Spray, Cambridge and New York : Cambridge University Press.

Whitfield, Peter. 2011. *Travel : A Literary History*, Oxford : Bodleian Library.

Wieck, Roger. 1992. "Margaret of York's *Visions of Tondal* : Relationship of the Minatures to a Text Transformed by Translator and Illuminator," in *Margaret of York, Simon Marmion, and The Vision of Tondal*, ed. Thomas Kren, Malibu, CA : J. Paul Getty Museum, pp. 119–128.

Willemsen, C. A. 1980. *L'enigma di Otranto : il mosaico pavimentale del presbitero Pantaleone nella cattedrale*, Lecce : Mario Congedo.

Wilson, Dudley. 1993. *Signs and Portents : Monstrous Births from the Middle Ages to the Enlightenment*, London and New York : Routledge.

Wilson, Thomas H. 1982. "Spatial Analysis and Settlement Patterns on the East African Coast," *Paideuma*, 28, pp. 201–219.

Wittkower, Rudolf. 1938. "Miraculous Birds (2) 'Roc' an Eastern Prodigy in a Dutch Engraving," *Journal of the Warburg and Courtauld Institutes*, 1, pp. 255–257.

————. 1942. "Marvels of the East : A Study in the History of Monsters," *Journal of the Warburg and Courtauld Institutes*, 5, pp. 159–197.

————. 1977. *Allegory and the Migration of Symbols*, Boulder : Westview Press.

Yerasimos, Stefanos. 1990. *Légendes d'empire : la fondation de Constantinople et de Sainte-Sophie dans les traditions turques*, Paris : l'Institut français d'études anatoliennes d'Istanbul.

————. 1993. *Kostantiniye ve Ayasofya Efsaneleri*, trans. Ş. Tekeli, Istanbul : İretişim.

Zacher, Christian K. 1976. *Curiosity and Pilgrimage : The Literature of Discovery in Fourteenth-Century England*, Baltimore : Johns Hopkins University Press.

Zadeh, Travis. 2010. "The Wiles of Creation : Philosophy, Fiction, and the 'Ajā'ib Tradition," *Middle*

Eastern Literatures, 13 : 1, pp. 21–48.
————. 2011. *Mapping Frontiers Across Medieval Islam : Geography, Translation, and the ʻAbbāsid Empire*, London : I. B. Tauris.
Ziolkowski, Jan M. and Michael C. J. Putnam eds. 2008. *The Virgilian Tradition : The First Fifteen Hundred Years*, New Haven and London : Yale University Press.
Zutshi, C. 2013. "Past as tradition, past as history : The Rajatarangini narratives in Kashmir's Persian historical tradition," *Indian Economic and Social History Review*, 50 : 2, pp. 201–219.

【日本語】

赤坂憲雄 1992『異人論序説』筑摩書房。
浅野和生 2003『イスタンブールの大聖堂』中公新書。
アトキンソン，R. J. C. 1986『ストーンヘンジ』服部研二訳，中央公論社。
荒俣宏編 1991『バロック科学の驚異』リブロポート。
イエイツ，フランセス 1978『世界劇場』藤田実訳，晶文社。
池上俊一 1999『ロマネスク世界論』名古屋大学出版会。
———— 2012『中世幻想世界への招待』河出文庫。
井筒俊彦 1975『イスラーム思想史 神学・神秘主義・哲学』岩波書店。
伊藤進 1998『怪物のルネサンス』河出書房新社。
稲葉穣 2007「ムスリム諸勢力の南アジア進出」小谷汪之編『南アジア史 2——中世・近世』山川出版社，63–89 頁。
今関六也 1986「菌輪」『日本大百科全書』小学館。
彌永信美 1987『幻想の東洋——オリエンタリズムの系譜』青土社。
ヴァールブルク，アビ 2004『異教的ルネサンス』進藤英樹訳，筑摩書房。
ウィトカウアー，R. 1991『アレゴリーとシンボル——図像の東西交渉史』大野芳材・西野嘉章訳，平凡社。
ウィルフォード，J. R. 1992『火星に魅せられた人びと』河出書房新社。
植村清二 1979『万里の長城』中公文庫（原版は創元選書，創元社，1944）。
大沼由布 2013「『マンデヴィルの旅行記』と「装置」としての語り手」『同志社大学英語英文学研究』91 号，1–18 頁。
———— 2014「幻想のアマゾン族——古代から中世への変遷」『幻想と怪奇の英文学』春風社，82–108 頁。
織田武雄 1998『古地図の博物誌』古今書院。
カウフマン，トマス 1995『綺想の帝国——ルドルフ 2 世をめぐる美術と科学』斉藤栄一訳，工作舎。
樺山紘一 1995『異境の発見』東京大学出版会。
上岡弘二 1999「世界遺産ペルセポリス——遺跡を歩く」上岡弘二編『アジア読本 イラン』河出書房新社，233–241 頁。
紙村徹 1991「『風によって孕む女人国』再考——ニューギニア セピックの『女人の村』伝説に寄せて」『南方文化』18 号，82–118 頁。
私市正年 2009『マグリブ中世社会とイスラーム聖者崇拝』山川出版社。
グタス，ディミトリ 2002『ギリシア思想とアラビア文化——初期アッバース朝の翻訳運動』山本啓二訳，勁草書房。
栗本慎一郎 1981『法・社会・習俗——法社会学序説』同文館出版。

グールド，サビン・バリング 2007『ヨーロッパをさすらう異形の物語――中世の幻想・神話・伝説』上下巻，池上俊一監修，村田綾子他訳，柏書房。
クロウ，マイケル・J. 2001『地球外生命論争 1750-1900』鼓澄治・山本啓二・吉田修訳，工作社。
小林一枝 1998「『ワークワーク』文様の成立に関する一考察――ワークワーク島伝説とペルシアの動物蔓草文をめぐって」『金沢大学考古学紀要』24 号，89-98 頁。
小宮正安 2007『愉悦の蒐集――ヴンダーカンマーの謎』集英社新書。
桜井徳太郎 1968『民間信仰』塙書房（第 2 版）。
甚野尚志 1999「ブレーメンのアダムと北方世界の「発見」――『ハンブルク司教事蹟録』を読む」『岩波講座 世界歴史 12 遭遇と発見――異文化への視野』岩波書店，89-107 頁。
菅瀬晶子 2009『イスラエルのアラブ人キリスト教徒――その社会とアイデンティティ』渓水社。
――― 2012『豊穣と共生への祈り――パレスチナ・イスラエルにおける聖者アル・ハディル崇敬（民族紛争の背景に関する地政学的研究 vol. 19)』大阪大学世界言語研究センター。
杉田英明 1989『動物誌と動物譚』平凡社。
杉村棟編 1999『イスラーム』(世界美術大全集東洋編 17) 小学館。
鈴木英明 2005「カンバルー島の比定をめぐる新解釈」『オリエント』48 巻第 1 号，154-170 頁。
セズネック，ジャン 1977『神々は死なず――ルネサンス芸術における異教神』高田勇訳，美術出版社。
高山宏 1994『魔の王が見る――バロック的想像力』ありな書房。
多木浩二 1992『眼の隠喩――視線の現象学』青土社。
竹田新 1997「アラビア語地理書の世界――ムカッダスィーの世界観・地域観」辛島昇・高山博編『地域のイメージ』山川出版社，56-92 頁。
――― 2000「西暦 9・10 世紀のアラビア語地理文献について――人文地理を中心に（一）」『大阪外国語大学論集』24 号，191-212 頁。
武田雅哉 2011『万里の長城は月から見えるの？』講談社。
ターナー，ハワード・R. 2001『図説 科学で読むイスラム文化』久保儀明訳，青土社。
辻明日香 2012「14 世紀アラビア語コプト聖人伝史料に関する一考察」『オリエント』第 54 巻第 2 号，92-110 頁。
戸田聡 2013「コプト教会・古代」三代川寛子編『東方キリスト教諸教会――基礎データと研究案内（増補版）』上智大学イスラーム地域研究機構，7-9 頁。
中野美代子 1994『中国の青い鳥』平凡社。
中村廣治郎 1977『イスラム 思想と歴史』東京大学出版会。
ニーダム，ジョセフ 1979『中国の科学と文明 第 10 巻 土木工学』田中淡他訳，思索社。
二宮文子 2013「インドにおけるイスラーム聖地の創造――シャムスの貯水池 Ḥauḍ-i Shamsī と『求道者の鍵 Miftāḥ al-Ṭālibīn』」『龍谷史壇』138 号，1-17 頁。
ハクスリー，ロバート編 2009『西洋博物学者列伝――アリストテレスからダーウィンまで』植松靖夫訳，悠書館。
林則仁 2012「ペルシア細密画にみる『創造物の不思議』――イギリス王立アジア協会所蔵・トゥルクマン王朝時代の写本より」『民族藝術』vol. 28，101-109 頁。
原研二 1996『グロテスクの部屋――人工洞窟と書斎のアナロギア』作品社。
バルトルシャイティス，ユルギス 1998『幻想の中世』西野嘉章訳，平凡社ライブラリー。
――― 2009『異形のロマネスク――石に刻まれた中世の奇想』馬杉宗夫訳，講談社。

弘末雅士 2004『東南アジアの港市世界』岩波書店。
フーコー，ミシェル 1974『言葉と物——人文科学の考古学』渡辺一民・佐々木明訳，新潮社。
藤代幸一 1999『聖ブランダン航海譚——中世のベストセラーを読む』法政大学出版局。
藤田進 1989『蘇るパレスチナ——語りはじめた難民たちの証言』東京大学出版会。
ブルヴァン，ジャン・ハロルド 1997『消えるヒッチハイカー——都市の想像力のアメリカ』大月隆寛他訳，新宿書房。
ベーメ，ハルトムート 1994『デューラー《メレンコリア I》』加藤淳夫訳，三元社。
堀内勝 2003「滅びたアラブ・アード族伝承(1)」『中部大学国際関係学部紀要』31 号，65-86 頁。
前島信次 1976「古代アラビアの二民族——アードとサムード」日本サウディアラビア協会・日本クウェイト協会編『アラビア研究論叢——民族と文化』日本サウディアラビア協会。
真下裕之 2011「インド・イスラーム社会の歴史書における「インド史」について」『神戸大学文学部紀要』38 号，51-107 頁。
————他 2013「アブル・ファズル著『アーイーニ・アクバリー』訳注(1)」『神戸大学文学部紀要』40 号，69-118 頁。
桝屋友子 2001「イランに住み着いた中国の鳳凰」東京大学東洋文化研究所編『アジアを知れば世界が見える』小学館。
———— 2014『イスラームの写本絵画』名古屋大学出版会。
松村賢一 1991「冒険と航海の物語」中央大学人文科学研究所編『ケルト 伝統と民俗の想像力』中央大学出版部，123-195 頁。
丸井浩 2005「六つの哲学体系」『菅沼晃博士古稀記念論文集』大東出版社，24-45 頁。
見市雅俊 1999『ロンドン——炎が生んだ世界都市』講談社。
———— 2009「アンモナイトからアトランティスへ——古事物学テキストとしてロバート・フックの『地震学講義』を読む」『紀要』(中央大学文学部史学) 54 号，49-118 頁。
———— 2011「島国の誕生——カムデンからデフォーまで」見市雅俊編『近代イギリスを読む——文学の語りと歴史の語り』法政大学出版局。
三浦徹 1997『イスラームの都市世界』山川出版社。
村山和之 2007「不死なる緑衣を纏う聖者の伝承と現在——ヒドルとヒズルの世界」永澤峻編『死と来世の神話学』言叢社，323-347 頁。
守川知子 2009「伝説から史実へ——イラン・イスラーム社会における古代遺跡と歴史認識」『歴史学研究』増刊号 859，169-177 頁。
———— 2011「ペルシア・イラン世界における翻訳文化——インド・ギリシア，アラブ，そして西洋諸語から」近藤信彰編『ペルシア語文化圏史研究の最前線』東京外国語大学アジア・アフリカ言語文化研究所，151-170 頁。
———— 2013「イスラーム社会の驚異 (アジャーイブ) 集成——アジーブ・ガリーブの世界」『中央評論』284 号，49-58 頁。
モリス，パトリック 2012『奇想の陳列部屋』市川恵里訳，河出書房新社。
森本一夫編 2009『ペルシア語が結んだ世界——もうひとつのユーラシア史』北海道大学出版会。
家島彦一 1967「Ibn Faḍlān のヴォルガ・ブルガール旅行記について」『史学』40 号 2/3，331-350 頁。
———— 1991a「ムスリム海民による航海安全の信仰——とくに Ibn Baṭṭūta の記録にみるヒズルとイリヤースの信仰」『アジア・アフリカ言語文化研究』42 号，117-135 頁。
———— 1991b『イスラム世界の成立と国際商業——国際商業ネットワークの変動を中心に』

岩波書店。
———— 2006『海域から見た歴史——インド洋と地中海を結ぶ交流史』名古屋大学出版会。
———— 2013『イブン・ジュバイルとイブン・バットゥータ——イスラーム世界の交通と旅』山川出版社。
山中由里子 2009『アレクサンドロス変相——古代から中世イスラームへ』名古屋大学出版会。
ヤマンラール水野美奈子 1992「イスラーム美術における龍」アジア民族造形文化研究所編『アジアの龍蛇——造形と象徴』雄山閣出版，199–215 頁。
———— 2003「イスラーム世界の空想動物に見る中国的意匠——楽園思想との接点」シルクロード学研究センター編『装飾意匠にみる東西交流——東漸と西漸の事例研究』シルクロード学研究 vol. 18，43–70 頁。
湯川武 1980「六／十二世紀のシリアにおけるマドラサの発展」『史学』50 巻，343–365 頁。
ライフブックス編集部 1970『ライフ人間世界史 12 巻：イスラム』タイムライフインターナショナル。
ラウファー，ベルトルト 1992『キリン伝来考』福屋正修訳，博品社。
ルイス，バーナード 2003『イスラム世界はなぜ没落したか？——西洋近代と中東』臼杵陽監訳，日本評論社。
ルゴフ，ジャック 1992『中世の夢』池上俊一訳，名古屋大学出版会。
和田久徳 1959「東南アジアにおける初期華僑社会」『東洋学報』42 巻 1 号，76–106 頁。
渡邉浩司 2014「アーサー王によるローザンヌ湖の怪猫退治とその神話的背景（『アーサー王の最初の武勲』787～794 節）」『仏語仏文研究』46 号，中央大学仏語仏文学研究会，1–35 頁。